제2판

Internet Marketing in the Industry 4.0

4차 산업혁명 시대의
인터넷 마케팅

김용호 | 김문태

도서출판 청람

서문(제2판)

인터넷 마케팅 책을 처음 저술한 2001년 이후 20년이 훨씬 넘는 시간이 지났다. 그동안 인터넷 마케팅 환경은 매우 급속도로 변화하였다. 무엇보다도 특징적인 변화는 초기에 많이 볼 수 있었던 인터넷 쇼핑 확산에 대해서 회의적 시각을 가진 전문가나 문헌들도 이제는 거의 존재하지 않는다는 것이다. 이제 인터넷상에서만 존재하는 은행이 생기고 SNS가 대세가 되어 인터넷이나 모바일이 일반 공중파 TV 채널보다 소비자들이 더 많은 시간을 소비하는 중요한 매체가 되어 가고 있다.

특히 최근에는 4차 산업혁명이 시작되어 AI 기술 및 메타버스 기술의 발전으로 마케팅에 이러한 기술이 많이 적용되고 있다. AI 기술을 통하여 소비자는 자신의 취향에 맞는 제품을 추천받고 자신이 원하는 형태와 내용의 정보를 받아 오프라인에서 사는 것과 같은 의사결정을 할 수 있으며 그보다 더 합리적이고 마음에 드는 구매를 가능하게 한다. 또한 최근 관심이 되고 있는 메타버스는 마케팅에 다양한 영향을 미칠 가능성이 높다. 증강현실 환경은 구매자들이 자신의 집에서 편안함을 떠나지 않고 제품과 상호작용할 수 있게 해준다. 최근 비대면적 삶으로 전환되고 있는 소비자 라이프 스타일에 맞춰 메타버스의 세상에서는 실제와 같거나 더 환상적인 매장 내 소비자 경험을 실현시킬 가능성 또한 높다. 메타버스 내에서 가상 광고판과 소비자들이 입는 가상의 옷 또한 오프라인 브랜드 인지도에 영향을 미칠 것이며 NFT(Non-Fungible Token)는 최종 사용자를 위한 브랜드 가상 콘텐츠를 제작하는 데 사용될 수 있다. 결국 학계에서는 메타버스, 인공지능, 기타 디지털 기술이 마케팅 분야에 적용되어 방법 및 효과에 대한 연구와 기타 마케팅 활용성에 대한 연구가 더욱 활성화될 것이 분명하다.

이러한 점에서 기업이 점점 더 경쟁이 치열해지는 비즈니스 세계에서 생존하기 위해서는 디지털 전환의 맥락 안에서 디지털 및 가상 환경에서 경쟁할 수 있는 힘을 기르는 것이 필수적이다. 기업들이 가상환경에서 마케팅 인지도를 넓히고 고객 포트폴리오를 확장하며 브랜드 파워를 기르기 위해서는 메타버스, 인공지능 등 다양한 형태의 디지털 기술에 대한 투자가 필요하다.

본서는 이론에 집중하다보니 실무적인 내용(SNS 광고 세팅, 유튜브 광고 세팅, 구글 애널리틱스 활용법 등) 등은 담지 않았다. 본서의 목표는 인터넷 마케팅에 대한 지식의 양을 늘리고 인터넷 비즈니스를 위한 전략적 사고를 함양하기 위한 부분에 초점을 둔다. 이러한 공부와 더불어 가능하다면 실무적 내용을 유튜브 및 인터넷 마케팅 교육기관을 통해 공부하는 것도 좋을 듯하다(본서 내용에 설명되어 있음).

실질적으로 인터넷 마케팅 7판인 본서는 다음과 같은 부분을 보완 구성하였다. 먼저 4차 산업혁명 기술과 이의 마케팅의 영향에 대한 부분을 대폭 수정하여 보완하였다. 전편에서도 이에 대해 다루었지만 기술발전의 초기라서 자세한 부분을 설명하지 못하였다. 특히 AI, 메타버스, 빅데이터, SNS 마케팅, 퍼널 마케팅 등에 대한 부분을 많이 보완하였는데 최근 문헌 및 실무적 사례 등을 살펴 기본적으로 독자들이 알아야 될 내용들을 최대한 쉽게 설명하려고 노력하였다.

둘째, 인터넷 마케팅 관련 새로운 사례를 많이 추가하였다. 인터넷 마케팅의 사례들은 특히 새로운 사례들이 많이 창출되는 분야이다. 이전 사례 중 중요한 부분을 남기고 최대한 새로운 부분을 본문내용과 사례 부분에 추가하였다.

이러한 노력에도 불구하고 책을 개정하는 과정에서도 끊임 없이 변화하는 인터넷 마케팅 시장 때문에 변화된 부분 그리고 내용과 다른 부분이 있을 거라 생각되는데 이러한 점들에 대해서는 교수님들 및 독자 여러분의 양해를 구하는 바이며 다음 개정판에서 수정하여 반영하도록 노력할 예정이다.

끝으로 항상 좋은 책을 출판하는데 최선의 도움을 주고 계신 도서출판 청람의 이수영 사장님께 감사드리고 저자의 부족한 한글실력을 너무나 꼼꼼하게 보완해주신 편집부에 계신 분들께도 무한한 감사의 말씀을 드리고 싶다.

2023년 1월
저자

| 서문(초판) |

이제 인터넷 마케팅은 기업의 마케팅에 중요한 역할을 차지하고 있으며 기술발전과 더불어 같이 발전 및 진화하고 있다. 2000년대 초 처음 인터넷 마케팅에 대한 관심이 시작되었을 때 수업시간에 인터넷 쇼핑을 하는지 질문하면 수강생들 중 1~2%의 사람들만 한다고 하였는데 2017년 현재는 인터넷 쇼핑을 해보지 않은 사람을 찾기 힘들 정도로 인터넷 쇼핑 및 더 나아가 모바일 쇼핑이 현대인의 생활의 중요한 부분이 되고 있다. 같은 맥락에서 초기에는 인터넷 마케팅 교재에서 인터넷 마케팅의 회의론에 대해서 지면을 할애해서 논의하였지만 지금은 이 부분을 과감하게 제거하여야 할 정도로 그러한 의구심이 사라진지 오래이다.

그동안 인터넷 비즈니스 환경도 많은 변화를 겪었는데 네이버의 지식인, 싸이월드의 미니홈피 등이 한때 인기를 얻었다가 그 인기가 시들해지고 최근에는 SNS라 불리우는 Facebook, Instagram 등이 미국뿐 아니라 한국에서도 큰 인기를 얻고 있다. 소셜커머스 등의 새로운 서비스가 생겨났으며 무엇보다도 인터넷의 중심이 유선에서 스마트폰을 중심으로 하는 무선인터넷으로 크게 옮겨가서 다양한 오프라인의 서비스를 모바일 앱으로 묶은 O2O 서비스도 성업 중이다.

본서는 인터넷 마케팅.COM, 인터넷 마케팅 3.0 등으로 명명되었던 이전 판에서 논의되었듯이 기존 마케팅과 인터넷 마케팅이 기본적으로 차이가 있다는 것을 주장하지는 않는다. 개별마케팅이 유행한다고 하여 표적마케팅이 사라진 것은 아니며 웹 3.0 시대라고 해서 1.0, 2.0 시대의 마케팅이 필요 없다는 것은 아니기에 이 책에서 여전히 과거의 방법들도 중요하게 다루고 있다. 그렇지만 실제 마케팅 운용과정에서는 부분적인 면들이 매우 다를 수 있다는 것을 강조함으로써 그러한 차이점에 좀 더 비중을 두고 설명하고자 노력하였다. 특히 최근에 이슈가 되고 있는 VR, 증강현실 등의 기술을 이용한 모바일 마케팅, 소비자 참여와 공유를 기반으로 하는 많은 소셜네트워크서비스, O2O 비즈니스 모델, 쇼설커머스 등을 추가하고 유통환경에서 옴니채널도 매우 구체적이지는 않지만 기본지식을 언급하려고 노력하였다. 그리고 무엇보다 과거와 달라진 여러 통계수치를 최근수치로 바꾸어 최신 경향을 다루려고 노력하였다. 무엇보다 최근에는 4차 산업혁명에 대한 관심이 뜨겁다. 4차 산업혁명은 인공지능, 빅데이터, 사물인터넷(IoT), 생명공학기술 등 다양한 부문의 신기술들과 이들의 융합 및 사회적 파급효과를 아우르는 용어로 2016년 1월 다보스 포럼에서 "기술혁명이 우리의 삶을 근본적으로 바꿔놓고 있다"며 의제로 제시한 이후 세계적으로 주목하기 시작하였는데 디지털, 바이오 영역 등 다양한 분야의 기술융합을 통한 사이버-물리시스템(Cyber-Physical System)이 구축되면서 혁명적 변화가 진행되고 산업장비, 가전 등 현실 속 사물을 뜻하는 물리적 세계와 인터넷상의 사이버 세계가 네트워크로 연결, 집적된 데이터의 분석과 활용 및 사물 자동제어가 가능해지는 시스템, 그리고 현실 속 각종 사물들이 사물인터넷으로 연결되면서 제품의 생산과 서비스가 자동화 · 지능화되는 새로운 산업 시대가 개막될 것으로 예상되고 있다. 이에 따른 경제 · 사회구조의 변화가 이전 산업혁명에 버금가는 수준이 될 것으로 예상하고 있는 상황이다. 이러한 점에서 본서에서는 과거 인터넷 마케팅 관련 기술과 더불어 4차 산업혁명 기술이 어떻게 비즈니스 환경에 영향을 미치는지에 대한 기초적인 지식을 제공하려고 노력하였다.

위에서 논의된 변화는 어떤 다른 분야보다도 인터넷 분야에서 빠르게 이루어지고 있기에 저자들로 하여금 짧은 주기의 개정판을 요구하게 하는 점에서 힘든 점이 있는 것도 사실이다. 실제, 개정판을 만들고 금방 책이 이야기하는 부분이 진실이 아닌 경우가 많이 존재하는데, 인수 · 합병되어 달라지는 인터넷 기업의 소유구조, 순수인터넷 기업이 더 이상 아니라 오프라인 서점에 진출한 아마존, 사라져 버린 도메인. 전문몰에서 종합몰로 변신한 쇼핑몰, 매체 이용의 급격한 변화, 인터넷 사용에 관련된 많은 지표의 급격한 변화 등 짧은 시간 내에 수도 없이 많은 변화가 발생하며 교재의 내용을 허망하게 만들어 저자들의 출판의지를 꺾기도 한다.

이러한 점에서 책을 개정하는 과정에서 데이터를 찾기 어려운 부분, 그리고 빨리 바뀌어 버린 환경 탓에 강의하는 시점에 맞지 않는 경우도 있을 거라 생각되는데 교수님들 및 독자 여러분의 양해를 구하는 바이며, 이러한 부분은 다음 개정판에서 수정하여 반영하도록 노력할 예정이다.

끝으로 이 책을 출판하는 데 도움을 주신 도서출판 청람의 이수영 사장님, 최윤석 부장님께 감사드리고 너무나 꼼꼼하게 저자의 부족한 한글실력을 보완해주신 편집부에 계신 분들께도 무한한 감사의 말씀을 드리고 싶다.

2017년 8월

저자일동

| 차례 |

CHAPTER 01

4차 산업혁명 기술과 비즈니스 환경 변화

CHAPTER 02

인터넷 비즈니스의 이해

CHAPTER 09

인터넷 소비자 가치

CHAPTER 10

인터넷 소비자 비용

CHAPTER 11

인터넷 소비자 편의성

CHAPTER 12

인터넷 마케팅 커뮤니케이션

Chapter

01 4차 산업혁명 기술과 비즈니스 환경 변화

Chapter 01

4차 산업혁명 기술과 비즈니스 환경 변화

제1절 기술혁명에 의한 비즈니스 환경 변화

1. 비즈니스에 영향을 미친 기술적 힘

[그림 1-1]에서 볼 수 있듯이 산업혁명 이후 가장 중요한 기술적 요인들은 **산업화, 운송수단, 커뮤니케이션 수단,** 그리고 **컴퓨터화**였다. 증기기관의 발명으로 제품의 대량생산이 가능하게 되었으며 더 빠르고 효율적인 운송수단과 첨단 커뮤니케이션 기술의 탄생은 비즈니스를 좀 더 신속하게 이루어지도록 도왔다. 특히 컴퓨터의 상용화로 인해 기업들은 그들의 비즈니스를 정확하고 정교하게 수행할 수 있게 되었다.[1]

1990년대 중반에는 이전의 4가지보다 훨씬 빠르게 전파되고 급속도로 사회전반에 영향을 미치는 5번째 힘이 나타났는데 그것이 바로 **인터넷(internet)**이다.[2] 인터넷, 즉 웹의 이용은 1994년 초기 상업적 적용 이후로 급격히 증가하였다. 짧은 시간 동안, 이는 상당한 시장잠재력을 제공하며 일대일로 의사소통하는 새로운 방식을 제공함으로써 전자시장에서 가장 빨리 성장하고 있는 메커니즘이 되어 왔다.[3] IT가 우리의 세상을 보다 빠르게 변화시켜 왔지만 그 중에서도 특히 인터넷은 사람들이 다른 나라에서 상호 커뮤니케이션하며, 정보를 빨리 그리고 쉽게 검색할 수 있도록 하여 지리적 · 물리적 경계를 없앴다.[4]

인터넷의 중요성은 이용자들에 대한 설문을 통해서도 이해할 수 있다. 과거 20대 젊은 이들을 대상으로 실시한 설문조사에서 참여자의 33%는 인터넷이 그들의 일상생활에서 꼭 필요한 요소라고 응답했고 인터넷은 삶의 필수 요소이기에 없이는 살 수 없다고 응답한 사람도 50%를 넘었으며 전 세계 학생의 40%는 인터넷이 친구관계나 데이트, 그리고 음악감상보다 더 중요하고 답하였다.[5] 이렇듯 인터넷은 현대인의 생활에서 필수적 요소로 자리잡아가고 있다.

그림 1-1 | 기술적 힘들: 산업화에서 가상화까지[6]

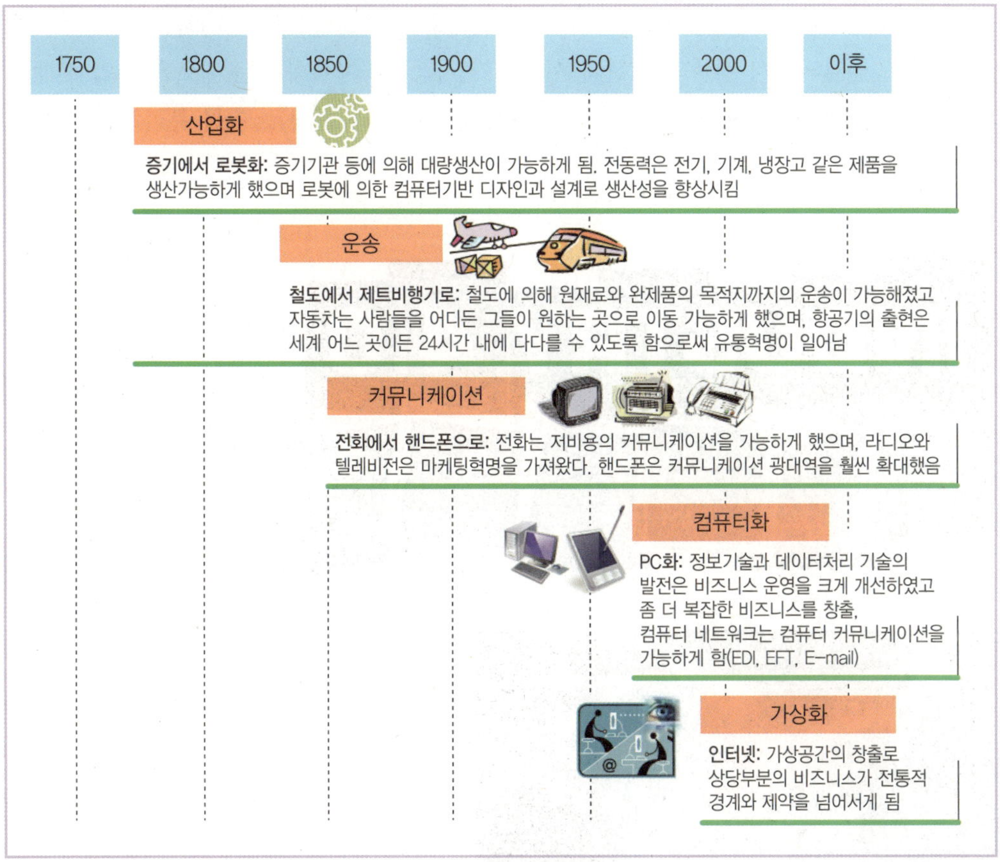

또 최근 **스마트폰** 확산에 따른 무선인터넷 이용자가 급증함에 따라 마케팅의 새로운 장이 열리고 있는데, [그림 1-2]에서 볼 수 있듯이 전화가 단순 커뮤니케이션 도구였다면 스마트폰은 PC처럼 자체 OS(운영체계)를 갖추고 있어 인터넷 풀 브라우징을 할 수 있고, 다양한 프로그램을 다운로드받아 사용할 수 있게끔 해주는 다양한 경험도구로 인기를 얻고 있다.[7]

최근에는 그 무엇보다 **4차 산업혁명에 대한 관심이 뜨겁다.** 4차 산업혁명은 **인공지능, 빅데이터, 사물인터넷(IoT), 생명공학기술** 등 다양한 부문의 신기술들과 이들의 융합 및 사회적 파급효과를 아우르는 용어로[8] 2016년 1월 다보스 포럼에서 "기술혁명이 우리의 삶을 근본적으로 바꿔 놓고 있다"며 의제로 제시한 이후 세계적으로 주목하기 시작하였다. 디지털, 바이오 영역 등 다양한 분야의 **기술융합**을 통한 **사이버-물리시스템(Cyber-Physical System)**이 구축되면서 혁명적 변화가 진행되고 산업장비, 가전 등 현실 속 사물을 뜻하는 물리적 세계와 인터넷상의 사이버 세계가 네트워크로 연결된다. 그리고 집적된 데이터의 분석과 활용 및 사물 자동제어가 가능해지는 시스템, 그리고 현실 속 각종 사물들이 **사물인터넷**으로 연결되면서 제품의 생산과 서비스가 자동화 · 지능화되는 새로운 산업 시대가 개막하는데 이에 따른 경제 · 사회구조의 변화가 이전 산업혁명을 훨씬 능가하는 수준이 될 것으로 예상하고 있다.[9]

4차 산업혁명으로 인공지능 로봇사용의 확대로 노동에 많은 변화가 시작될 것으로 전문가들은 예측한다.[10]

앞으로 이러한 기술적 힘들이 비즈니스에 미치는 영향을 이 책에서 차례로 논의할 것인데 무엇보다도 먼저 주목해할 할 부분은 최근의 기술들은 그 수용시간이 과거보다 훨씬 빠르다는 점이다. 신제품 마케터들이 소비자를 분류할 때 새로운 기술을 받아들이는 속도에 따라 **초기 수용자(early adopter)**와 반대 개념의 **지각 수용자(late adopter)**를 구분하고 있다. 그러나 기술 확산주기가 짧아지면서 두 그룹 간 기술 수용의 속도 차이가 점점 줄어들고 있다. 최근 들어 **스마트폰, 페이스북, 앵그리버드, 스냅젯, 위젯** 등의 기술이 수용된

속도는 항공기나 전화기의 30~50배에 달한다. 우리는 실제 놀라운 정도로 가속화된 시대에 살고 있는 것이다.[11] 또한 **인공지능 기술**은 광범위한 영역에서 등장하고 있는데 의학, 산업 생산 과정, 물류, 경영, 조사 산업은 이에 대한 시행착오를 통해 이 새로운 기술을 받아들이기를 열망하고 있다.[12]

그림 1-2 | 기술 대중화 소요시간[13]

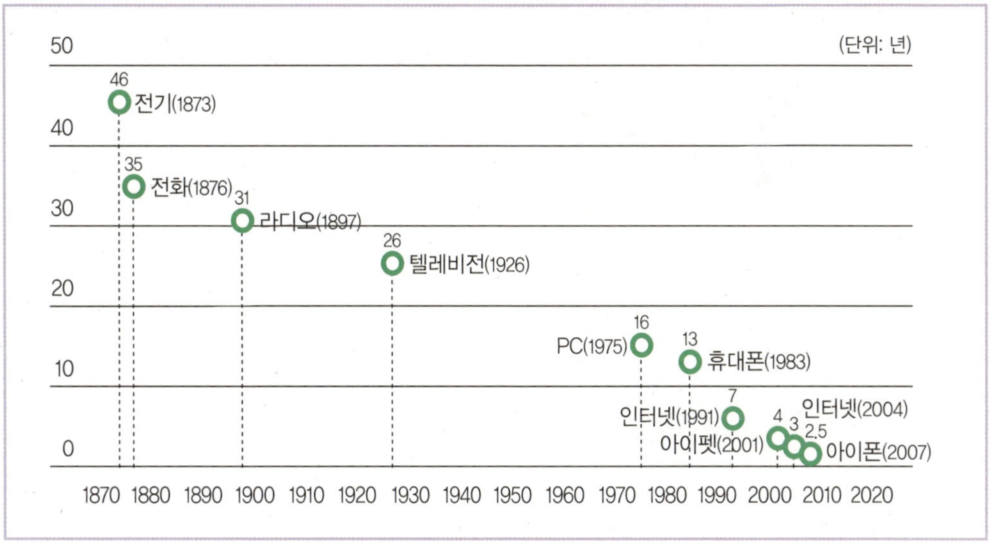

2. 디지털 기술

1) 디지털의 개념

디지털(digital)의 개념은 아주 간단한데 지식이나 정보가 컴퓨터에 0이나 1과 같이 일련의 법칙으로 저장될 때 이것을 디지털이라 부른다. 즉 모든 문자, 그림, 비디오들이 컴퓨터나 디지털 텔레비전이나 인터넷을 통해서 보이는 것은 기계를 통하여 변환되는 다른 일률적인 0이나 1이다. 이런 0과 1을 우리는 비트(bit)라 부르는데 비트는 정보의 가장 작은 단위로 색깔, 크기, 무게가 없으며 빛의 속도로 이동한다.

디지털 컴퓨터에서는 모든 자료를 디지털 방식으로 처리한다. 문서와 통계자료뿐만 아니라 음성, 영상 자료도 이산적인 값으로 처리한다. 디지털 자료는 복사, 삭제, 편집이 간편하여 복사물과 원본의 차이가 없다는 특징을 가지고 있다.[14]

지식이나 정보가 컴퓨터에 0이나 1과 같이 일련의 법칙으로 저장될 때 이것을 디지털이라 부른다.[15]

2) 디지털의 작용방식

최근에는 모든 것이 디지털화되고 있다. 실제 우리는 디지털 워드 프로세서에 의해 책을 출판할 수 있고 컴퓨터 그래픽 프로그램에 의해 그림을 그리며 디지털 카메라로 사진을 찍는다. 또한 우리는 이미 발간된 책이나 도표, 사진 등을 디지털 방식으로 검색한다. 이런 검색은 반드시 그 물품의 정보가 디지털화된 형식으로 변형되어 저장되어 있어야 한다. 아날로그를 디지털로 변환하는 방법은 역시 0이나 1로 된 일련의 숫자로 만드는 것을 기본으로 한다.

3) 새로운 능력의 창조

디지털 변화는 기업들로 하여금 정보를 최대한 많이 그리고 개인화하여 저장할 수 있게 되었고 마케팅에 있어 과거보다 높은 목표설정이 가능해졌고 또한 고객과의 실시간 상호작용 등에 있어 새로운 방법을 제공하고 있다. 실제 많은 기업들이 이전보다 강한 디지털 정보시스템으로 정확히 고객을 파악하고 있으며 인공지능이 탑재된 번역시스템과 같은 기기를 통해 글로벌 시장에 진입할 수 있게 되었다. 특히 이러한 시스템은 다른 언어를 사용하는 여러 국가나 민족의 고객을 대상으로 하거나 진출하려고 하는 기업들에게는 기업의 글로벌화를 쉽게 할 수 있게 도와준다.[16]

Internet Marketing INSIGHT 1-1

4차 산업혁명 시대의 자동차 긴급지원 서비스[17]

당신의 자동차가 해외출장을 위해 공항으로 운전하던 중에 고장났으며 당신은 정비 서비스를 이용할 수 있는 가장 가까운 마을에서 10km가량 떨어져 있다고 가정해보자. 이러한 상황에서 당신은 회의에 지각할 수 있으며, 비행기를 놓칠지도 모른다. 과연 어떻게 해야 하는가?

이제 당신이 직접 자동차를 고치거나, 인심 좋은 운전자가 도와줄 때까지 기다리거나, 혹은 고속도로 긴급전화를 이용해야 하는 시대는 이미 오래 전에 지났다. 아마도 당신은 스마트폰을 가지고 있을 것이다. 그래서 당신은 도움을 요청하고 미리 전화를 걸어 약속시간을 바꾸는 등의 일을 할 수 있다. 전보다 편해졌다고는 하지만 당신은 여전히 전화 등의 어떤 작업을 해야 한다. 가령 당신이 인터넷 접속이 가능한 무선 디지털 전화를 가지고 있다면 바로 인터넷에 접속해서 당신의 문제를 해결해 줄 수 있는 사이트를 검색할 수 있을 것이다. 이런 일에 봉착했을 때 오늘날의 신기술은 다양한 방식으로 당신이 융통성 있게 업무를 처리할 수 있도록 도와주겠지만, 여전히 스스로 처리해야 할 부분도 많고 일정의 상당부분을 바꿔야 할 것이다. 하지만 가까운 미래로 한 걸음 가보자. 그러면 이런 상황에 당신이 해야 할 일은 무엇일까?

결론부터 얘기하자면 당신이 해야 할 일은 아무것도 없다. 당신의 자동차는 인터넷 주소

그림 1-3 | 디지털 기술을 활용한 자동차 긴급 서비스의 개념도

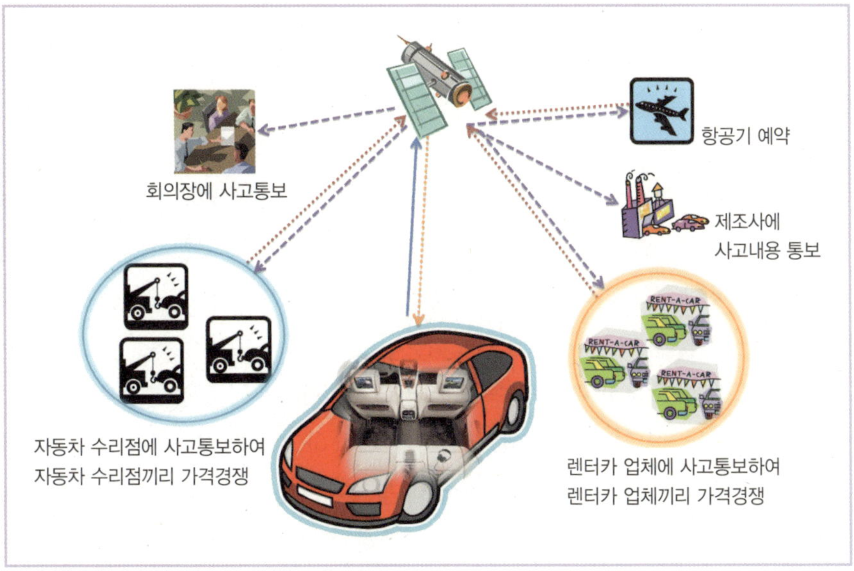

를 가지고 있으며 또한 GPS(Global Positioning System)가 장착되어 있어 위성 서비스에 접속해 당신이 세상 어느 곳에 있든 몇 피트 상간으로 위치를 찾아낼 수 있다. 그리고 그것에는 자체적인 무선 IP 링크가 있어서 당신을 대신해 행동할 수 있다. 그 자동차의 시스템 소프트웨어는 이미 점화장치에 문제가 있다는 진단을 자체적으로 내렸다. 이제 인터넷을 통해 적절한 지역 서비스 기지국과 부품 공급자에게 메시지를 보내 문제를 해결하기 위한 입찰을 서두른다. 또한 당신의 바쁜 일정을 처리할 수 있게끔 또 다른 메시지가 당신에게 가장 좋은 조건의 렌트카를 찾아내려 한다([그림 1-3] 참고).

한편, 그 자동차 제조회사의 데이터베이스 시스템은 그 부품의 결함에 관한 자료를 갱신하고 있다. 이와 같은 결함은 지난 2주 동안에 12번째로 일어난 상황이기 때문에 설계 및 품질관리 부서에 경고 신호가 전달된다.

아울러 당신이 만나기로 했던 사람들에게는 자동적으로 이메일이나 호출이 가서 당신의 지각에 대해 설명한다. 그리고 관련 소프트웨어가 가장 좋은 조건의 가격과 일정을 제시하는 온라인 여행 서비스 공급자를 찾아내 비행기 좌석을 다시 예약해 준다. 당신의 자동차가 멈춘 지 몇 분 후에 계기판은 당신의 승인을 기다리는 일련의 처리 목록을 밝게 비춘다.

제2절 4차 산업혁명 기술과 마케팅

1. 기술발전에 따른 마케팅 관리자의 역할

IBM 창업자 중 한 명인 **토마스 왓슨(Thomas Watson)**은 컴퓨터의 잠재적인 수요는 전 세계에서 다섯 대라고 하였으며 종종 과학기술 예언자들은 미래에도 초기의 기계와 같은 수준의 기계를 사용할 것이라는 잘못된 예언을 하기도 했다. 하지만 누구나 명백하게 알 수 있듯이 그런 예언들은 현실과 매우 다르다.

실제 새로운 기술은 강력하고 유연하다. 이러한 기술들은 새로운 환경을 창출하고 있으며, 무한대의 정보를 저장하여 상황에 적절하게 활용하고, 새로운 이야기를 개발하며 인터넷 사용자들을 교육시킬 수 있다. 사진에서 볼 수 있듯이 이러한 새로운 기술은 광고 등의 촉진, 콘텐츠 및 고객 경험 창출, 사회적 관계의 구축, 커머스 및 판매, 데이터 관리 및 경영관리 등에 폭넓게 사용될 수 있다. 그리고 이를 이용하면 기업은 그들의 마케팅 비용을 큰 폭으로 줄일 수 있으며 소비자를 더 잘 이해하여 효과적인 마케팅을 전개할 수 있다. 이러한 점에서 마케팅 관리자들은 이러한 기술적 발전의 주요한 요소들을 이해하고 새로운 디지털 도구를 비즈니스에 효과적으로 이용하는 방법을 반드시 숙지해야 한다.[18]

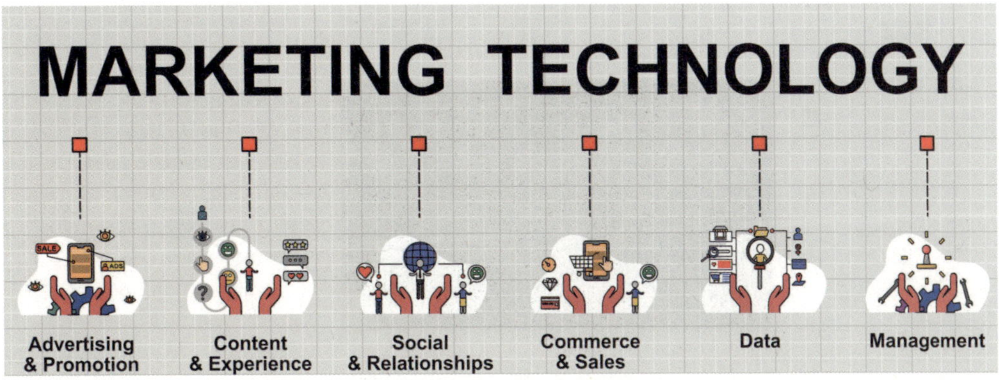

새로운 기술은 새로운 비즈니스 환경을 창출하고 있는데 이들은 무한대의 정보를 저장 · 진열하고, 새로운 이야기를 개발하며 인터넷 사용자들을 교육시킬 수 있다. 마케팅 관리자들은 이러한 기술을 마케팅에 활용하는 방법을 알아야 한다.[19]

자넷 머레이(Janet Murray)는 디지털 커뮤니케이션에 대한 연구에서 디지털 환경을 이해하기 위한 몇 가지 특징을 제시하였는데 그녀는 디지털 환경이 ① **참여적(participatory)**이며, ② **공간적(spatial)**이며, ③ **박학다식(encyclopedic)**하다는 점을 제시하였다.[20] 다음에서는 최근에 생겨난 기술과 이러한 디지털 환경 특성의 매칭을 통해 기술에 대한 간단한 이해를 돕는다.

1) SNS 기술과 마케팅

최근 들어 **온라인 커뮤니티, 페이스북, 인스타그램, 트위터, 블로그,** UCC 등이 급성장하였다. 이러한 SNS(Soical Network Service)는 사용자들의 참여를 확대할 수 있을 때 많은 힘을 가지게 될 수 있다. 참여는 사용자가 적합한 정보를 찾고 온라인 경험을 만족할 수 있도록 해준다.

최근 기업들은 코로나 확산으로 온라인을 통해 소비자의 참여를 유도하는 마케팅을 전개하고 있는데 이러한 SNS는 이러한 마케팅을 가능하게 하는 중요한 수단이다. **소비자 참여형 마케팅**은 소비자가 브랜드 활동 전반에 참여하는 소통형 마케팅인 게 특징이다. 모바일 플랫폼을 적극적으로 활용하는 한편 소비자가 스스로 '브랜드 앰버서더(홍보대사)'가

돼 소속감과 친밀감을 갖게 하는 전략으로 볼 수 있다.[21]

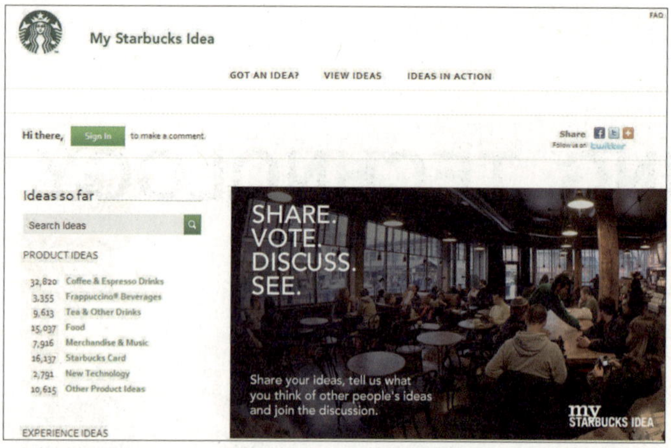

스타벅스는 마이 스타벅스 아이디어(My Starbucks Idea)라는 웹사이트를 비롯한 여러 경로를 통해 고객 제안과 고객 참여를 장려해왔다. 고객들은 스타벅스 경험을 개선시키기 위한 아이디어를 등록하고 다른 고객의 아이디어에 대해 논의하고 다른 고객들의 아이디어를 평가할 수 있다.[22]

참여를 이끄는 중요한 동인 중의 하나는 사용의 편리성이다. 실제 웹의 장점은 수백만의 다른 웹사이트를 접속할 수 있는 방법들을 간단하고 통일화하여 제공하는 능력이다. 최근 사용자의 참여가 급증한 **인스타그램(Instagram)**은 사진 한 장으로 모든 것을 어필하는 형태로 다른 서비스에 비해 편리하며 해시태그로 좀 더 편리하게 과거 콘텐츠를 분류해서 볼 수 있다는 장점을 가지는 것이 그 경쟁력의 원인이라고 할 수 있다.

새로운 인터넷 시대에는 참여가 중심이 된다. 이러한 참여가 없었다면 그리고 이러한 참여를 이끌어 낼 수 있는 환경이 조성되지 않았다면 싸이의 강남스타일의 세계적인 인기는 불가능했을 것이다.

2) 메타버스 기술과 마케팅

디지털 환경의 가상공간 창조 능력은 공상과학 작가의 상상력을 가지고 있다. 이것은 디지털 세상에 대한 큰 희망과 기대 그리고 불안을 만들었다. 예를 들어. 인터넷 게임은 1인칭 관점과 다양한 재료를 결합해서 유저들의 꿈을 실현한다. 이는 디지털 환경의 특성인 공간적(spatial) 특성을 보여주는 중요한 사례라고 볼 수 있다.

디지털 환경 공간구성에 있어 가장 중요한 점은 이용자들에게 친근함과 편안함을 제공하는 것이다. 이러한 측면에서 아바타와 3D를 이용한 실물과 흡사한 공간구성은 온라인 콘텐츠를 쉽고 편안하게 사용할 수 있게 해주는 효과적인 도구가 된다.

최근 이러한 개념은 메타버스(Metaverse)라는 용어로 설명되고 있다. 공상과학 소설가 닐 스티븐슨(Neal Stephenson)은 1992년작 「스노 크래시(Snow Crash)」라는 작품에서 메타버스라는 말을 처음 사용했는데 그는 '가상세계에서 현실세계와 상호작용으로 그 안에서 사회, 경제, 문화 등의 활동이 이루어짐으로 가치를 창출하는 세상'이라고 정의했다. 그리고 지금 메타버스라는 용어의 확산은 엔비디아가 2020년 10월에 개최된 GPU 개발자 컨퍼런스(GTC2020)에서 자사의 옴니버스 서비스를 홍보하기 위해 시작한 것이 시작이었다. 엔비디아의 서비스 홍보를 위해 30년 전의 용어를 되살려낸 것이다.[23]

메타버스는 쉽게 말해 AR과 VR을 통해 액세스할 수 있는 몰입적이고, 연결돼 있으며, 다양한 가상세계다. 게임은 메타버스의 큰 부분이며, 더 깊은 소비자의 참여와 보상을 얻을 수 있는 방법이다. 그리고 다음에서 설명되는 NFT(Non-Fungible Token)는 메타버스에서 존재하는 다른 구성요소로 이는 다음 시대에 디지털 자산 소유권을 가질 수 있는 방법이 될 수 있다.

이러한 세계들은 가상세계와 언제든지 디지털로 호환 가능한 소프트웨어 및 하드웨어 기기들이 핵심적 요소가 될 수 있다. 이러한 수단들을 통해 가상공간에서 과거 텍스트 기반 커뮤니케이션과 다른 요소들을 고객화할 수 있다. 그리고 메타버스의 공간적 특성을 통해 사용자들에게 제공 가능한 높은 몰입도는 가장 중요한 기능적 혁신 중 하나이다.[24]

특히 MZ 세대는 메타버스와 같은 스타일을 선호하기도 하고 이러한 기술에 대한 이해도가 높기 때문에 이렇게 한치 앞을 예측하기 어려운 환경에서는 메타버스는 분명히 소매업의 마케팅 관리자들이 주목해야 할 기술이라고 할 수 있다. 물론 실제가 아니기 때문에 제품의 촉감, 느낌 등의 정보를 얻는 데는 한계가 있지만 장점에 집중했을 때, 즉 비대면으로 생생하게 정보를 얻을 수 있고 이렇게 코로나로 인해 사람들이 움직이거나 모이기 힘든 상황에서 잠재고객들의 소비를 유도하고 쇼핑을 더 많이 할 수 있게끔 하는 마케팅 장치인 것이다.[25] 아래 사진에서 볼 수 있듯이 코로나로 입학식이 어려운 상황에서 대학은 메타버스를 활용하여 더욱 생동감 있는 사이버 공간을 창출하기도 한다.

코로나로 인해 학교를 가지 못하는 상황에서 SK가 만든 국내 최초 메타버스 입학식

최근의 여러 데이터들은 메타버스의 도입이 가속화될 것을 예측하고 있다. 마케팅 이론의 제품수명주기 이론에 따르면 모든 제품에 제품수명주기가 있는데 전문가들은 디지털 세계에서 소셜미디어는 쇠퇴 단계에 있다고 주장하면서 과거 흑백 TV를 대체했던 컬러TV가 나왔듯이 이를 대체할 새로운 제품이 나온다는 것을 주장하는데 그 신제품은 바로 메타버스이다.[26] [Internet Marketing Insight 1-2]는 최근 다양한 메타버스 이용 동향을 보여주고 있다.

Internet Marketing INSIGHT 1-2

메타버스 사례

메타버스의 초기 모델인 세컨드라이프(secondlife.com)는 사이트 내에 구축되어 있는 콘텐츠 개발 도구로 자신이 상상한 거의 모든 형태의 콘텐츠를 만들 수 있었으며 다른 사용자들과 실시간 팀웍으로 프로젝트를 수행할 수도 있게 하였다. 또한 사용자가 다양하게 정의할 수 있는 세밀한 아바타를 통해 개성적이고 독자적인 존재가 될 수 있으며 수백 대의 컴퓨터가 연결되어 운영되는 강력한 시뮬레이션과 지속적인 인구 증가로 인해 사용자는 수만 평에 이르는 가상토지에서 상호작용이 가능한 세계에 깊이 몰두할 수 있었다. 실제 린든(Linden Lab)에 따르면 2006년 기준 3,000명 이상의 사람들이 세컨트라이프 사업에서 실제 돈을 벌고 있으며, 이 금액은 연간 평균 2만 달러라고 한다.[27]

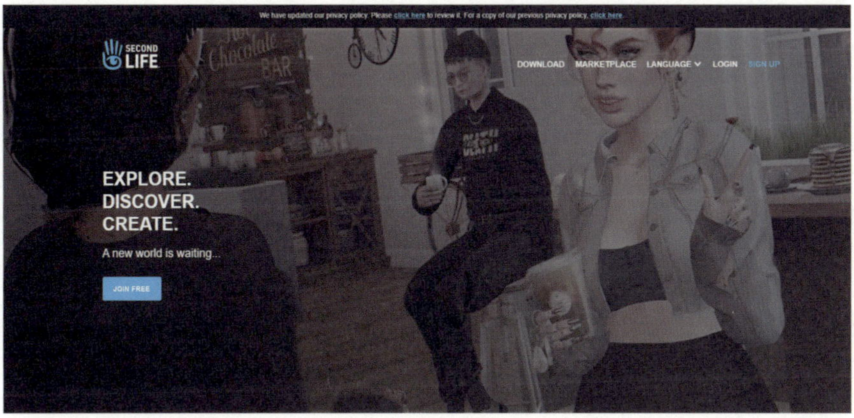

세컨드라이프(secondlife.com)는 전적으로 사용자가 창조하고 참여하여 이루어지는 영속적인 온라인 3D 가상세계로 방대한 공간 속에서 사용자는 자신이 꿈꾸는 모든 일을 할 수 있으며 상상하는 인물을 창조 또는 자신이 그 인물이 될 수 있다.[28]
그러나 전문가들은 이 사이트는 느린 그래픽 속도가 매력을 반감시켜 지속적인 이용을 이끌어내는 데 한계가 있다는 문제점을 제시하기도 한다.[29]

유명 인터넷 기업들의 메타버스에 대한 관심은 매우 높다. 최근 페이스북은 모회사 이름을 '메타'로 바꾸고 R&D에 수십억 달러를 투자하였고, 마이크로소프트는 메타버스가 물리적 장벽과 한계를 넘어 확장할 수 있다고 보고 있다. 과거의 싸이월드 및 세컨드라이프와 같은 서비스가 지금의 메타버스와 비슷해보이지만 기호에 맞게 취향을 드러내는 가상공간이 존재하고 아바타를 활용한다든지, 같은 방에 모여 친분을 과시하는 것 등은 가능하지만 그 공간에 오랜 시간 체류할 이유는 없었다는 점에서 메타버스와는 다른 서비스라고 할 수 있다.

더욱 메타버스에 근접한 최근의 서비스인 ZEPETO는 네이버의 자회사 네이버Z의 스노우에서 출시한 3D AR 아바타 제작 애플리케이션이다. 증강현실(AR)과 인공지능(AI) 기술을 접목해 사용자와 닮은 아바타를 만들 수 있다. 사진을 찍거나 휴대폰 내 저장된 사진을 불러오면 자동으로 가상의 캐릭터가 생성되며, 외형을 마음대로 커스터마이징 할 수 있으며 ZEPETO를 생성할 때 부여되는 코드로 팔로우도 가능하다. 2021년 현재 3억 명 이상이 사용하고 있는 애플리케이션이다.[30]

메타버스를 실험하는 오프라인 브랜드는 패션, 럭셔리, 주류 등인데 이는 이러한 제품들의 정체성이 자기표현이라는 점에서 당연한 부분이라고 할 수 있지만 관련성이 약하다고

제페토 캐릭터들

보여지는 금융 서비스 브랜드 또한 메타버스의 활용에 관심을 가지고 있다. 가상 부동산과 관련한 샌드박스와 HSBC의 파트너십은 스포츠, e스포츠, 게임 마니아를 참여시키고 연결하기 위한 새로운 경험을 개발하고 있다. 이외에도 많은 브랜드에서도 AR 등의 혼합현실 기술을 도입하여 물리적 디지털 격차를 해소하고 있는데 이케아의 플레이스(Place), 로레알의 모디페이스(Modiface), 야후의 퓨처 아트(Future Art) 등이 그 예이다.[31]

3) 블록체인 기술과 마케팅

메타버스와 관련 최근 주목받고 있는 기술인 블록체인 기술은 비즈니스 환경에 점점 더 큰 영향을 미치고 있다.[32] 안전하고 분산된 방식으로 정보와 거래를 저장하는 수단인 블록체인은 마케팅을 위한 많은 잠재적 응용 프로그램을 가지고 있다.[33] 또한 분산성과 보안성을 갖춤으로써 빅데이터 서비스와 애플리케이션을 개선할 수 있는 잠재력이 크다. 전문가들은 앞으로 스마트 시티, 스마트 헬스케어, 스마트 교통, 스마트 그리드 등 다양한 영역에서 블록체인을 사용하게 될 것이라고 주장한다.[34]

블록체인 기술의 일종인 **대체 불가능한 토큰(Non-Fungible Token, NFT)**은 엄청난 성장을 보이고 있으며 NFT가 독립적인 브랜드 가치가 될 엄청난 잠재력을 가지고 있다. 많은 브랜드들은 신발, 의류 또는 예술과 같은 실제 제품을 NFT로 전환하여 브랜드 인지도를 끌어내고 교차판매 기회를 창출하며 특정 브랜드 요소에 대한 더 강한 인식 소유욕을 유발할 수 있다. 여기서 중요한 점은 NFT가 브랜드를 지원하고, 온라인과 오프라인 제품 소유권을 혼합하며, 잠재적으로 브랜드와 소비자 사이의 유대감을 조성할 수 있는 매우 매력적인 브랜드 커뮤니티를 형성하도록 할 수 있다는 것이다.[35]

대체 불가능한 토큰(代替不可能토큰, Non-Fungible Token, NFT)은 블록체인에 저장된 데이터 단위로, 고유하면서 상호 교환할 수 없는 토큰을 뜻한다.[36]
대체 가능(fungible)한 토큰들은 각기 동일한 가치를 지녀 서로 교환이 가능하다. 이에 해당하는 것이 명목화폐, 암호화폐, 귀금속, 채권 등이 있다. 반면 대체 불가능(non-fungible) 토큰은 각기 고유성을 지닌다. NFT는 영구적으로 블록체인에 남음으로써 고유성을 보장받을 수 있다.[37]
최근에는 이러한 기술을 이용하여 메타버스에서 판매할 수 있는 상품이 만들어지고 있다.[38]

4) 인공지능과 마케팅

디지털을 저장하는 데 있어 저렴한 비용은 디지털 환경의 마지막 특징인 **박학다식(encyclopedic)**적 능력을 가능하게 한다. 디지털 환경에서 많은 양의 정보를 쉽고 값싸게 저장 가능할 수 있는 것은 이러한 환경을 하나의 백과사전과 같은 정보의 보고로 만들 수 있다는 것을 의미한다. 이의 좋은 예는 **맥스무비(Max Movie)**와 같은 영화정보 사이트이다. 실제 상당히 두꺼운 영화정보 책도 영화관련 정보를 끝없이 담기에는 한계가 있지만 온라인 데이터베이스는 거의 무한대의 정보를 담을 수 있으며 언제나 분야별로 분류해서 접속 가능하게 하고 있다.

맥스무비(https://www.maxmovie.com) 사이트에는 개봉되는 영화뿐만 아니라 과거 영화의 줄거리, 예고편, 출연배우, 비디오, 게임, 영화평 등을 제공하고 있다.

클라우드 컴퓨팅(cloud computing)은 방대한 정보를 쉽게 저장하는 것을 가능하게 한다. 또한 사용자의 직접적인 활발한 관리 없이, 특히 데이터 스토리지와 컴퓨팅 파워와 같은 컴퓨터 시스템 리소스를 필요시 바로 제공하는 것을 말한다. 일반적으로는 인터넷 기반 컴퓨팅의 일종으로 정보를 자신의 컴퓨터가 아닌 클라우드에 연결된 다른 컴퓨터로 처리하는 기술을 의미한다.[39]

지식의 양뿐만 아니라 최근 들어선 매우 똑똑한 기술이 활용되고 있다. 대표적 기술인 **인공지능(Artificial Intelligence)**은 **'인간의 사고 및 느낌과 같은 인간 고유의 능력을 모방하기 위한 계산 기계의 사용'**으로 정의되어 왔다.[40] 역사적으로 AI는 최초의 컴퓨터와 거의 동시에 등장하였으나, 최근에는 컴퓨터 파워와 광범위한 기술(예: 컴퓨터 비전, 머신러닝, 자연어 처리)의 급속한 발전과 알고리즘을 훈련시킬 수 있는 가용 데이터의 폭발로 인해 새로운 응용이 가능해지면서 그 발전에 탄력을 받고 있다.[41]

[그림 1-4]에서 볼 수 있듯이 AI는 머신러닝과 딥러닝을 포괄하는 종합적인 분야로 학습, 행동, 빠른 속도의 시장에 유연하게 적응하는 것을 포함하여 인간의 지능이 필요한 작업을 수행하고 협력하기 위해 스마트 기술을 사용하는 것을 포함한다.

그림 1-4 | 인공지능, 머신러닝, 딥러닝[42]

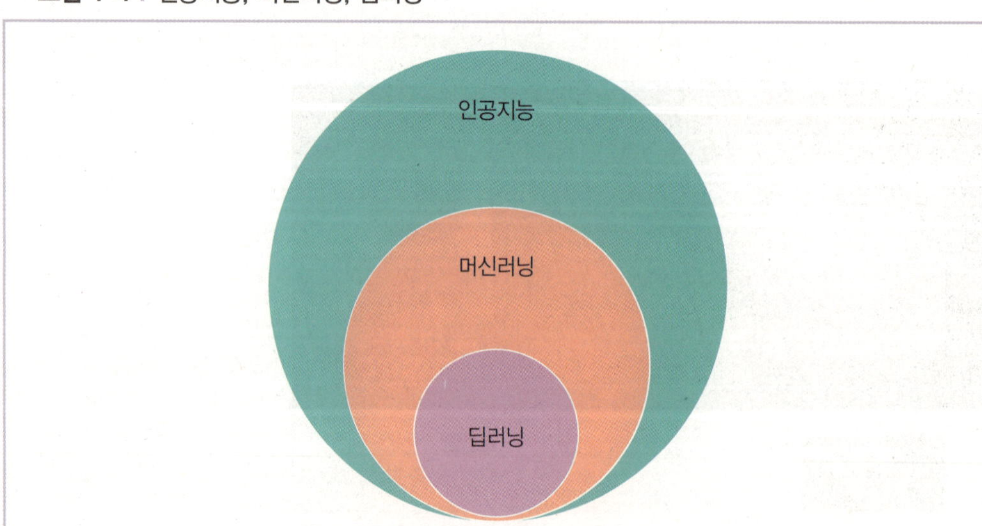

- IBM의 인공지능(AI) 플랫폼인 왓슨은 농담을 하고, 질문에 대답하고, 노래를 쓸 수 있다.
- 구글의 인공지능은 이제 전문가보다 입술을 더 잘 읽을 수 있고 몇 시간 안에 비디오 게임을 마스터할 수 있다.
- MIT의 AI는 시작 2초 전에 비디오에서 동작을 예측할 수 있다.
- 테슬라의 AI는 그 회사의 혁신적인 자율주행차에 힘을 실어준다.[43]

이는 소비자와 기업이 상호작용하는 방식을 빠르게 변화시키고 있는데 실제 많은 비즈니스 사례를 통해 AI가 가장 크게 기여할 수 있는 비즈니스 영역으로 인정받고 있다.[44] 실제 조사에 의하면 CEO들의 50% 이상은 AI가 해당 기업의 제품개발을 개선시켜 줄 수 있다고 확신하고 있으며, 35% 이상은 그들의 의사결정을 혁신하고, 32% 이상은 신제품 개발에 도움이 될 것이라고 생각하고 있어 이를 비즈니스에 적극 도입하고자 한다는 것을 알 수 있다.[45]

시장규모의 성장도 예측되고 있다. 전 세계 마케팅에서 AI의 추정 가치는 2020년 208억 2,000만 달러에서 2028년 1,080억 달러로 증가할 것으로 예상하고 있으며,[46] 또한 PwC(2017)는 AI가 2030년까지 세계경제에 15조 달러의 잠재적 기여를 할 것으로 추정한다.

많은 전문가들은 인공지능이 비즈니스에 통합되어 마케팅을 더욱 경쟁력 있게 만드는 방법을 생각하지 않으면 안 되고 AI 발전의 영향이 비즈니스 환경을 어떻게 변화시키는 것인지를 알고 있어야 한다는 점을 강조하고 있다.[47] 실제 AI는 시장을 보다 명확하게 이해하는 데 도움을 줄 수 있으며, 소비자의 다양한 구매행동(예: 도달, 행동, 전환 및 참여), 소비자 욕구의 이해, 기업에 제공하는 제품에 대한 추천 및 구매에 설득의 모든 단계에 통합될 수 있으며 AI는 고객에 대한 만족도를 매우 증대시켜 기업에게 지속적 가치를 제공할 수 있다.[48]

이렇듯 많은 기업들이 마케팅 개선을 위해 AI를 활용하고 싶어 하지만, 그러나 아직까지 마케팅에서 AI를 활용하는 초기 단계라 볼 수 있으며 앞으로 기술발전에 따라 무궁무진한 활용성을 가질 것으로 예측된다.[49] [표 1-1]은 인공지능을 마케팅 믹스에서 이용할 수 있는 업무들에 대한 예시이다.

| 표 1-1 | 마케팅 믹스에 대한 AI의 영향[50]

제품(product)	가격(price)	촉진(promotion)	유통(place)
• 신제품 개발 • 높은 수준의 개인화 • 자동추천 • 추가적 가치창출 • 제품 범주를 넘어서는 해결책 제시	• 가격관리 및 소비자 특성에 따른 역동적 가격 책정	• 독특한 고객경험의 창출 • 고객화된 커뮤니케이션 • 제품 범주 학습과정을 제거 • 고객에 대한 긍정적 영향 • 고객 실망의 최소화	• 편리한 쇼핑 • 더 빠르고 간소화된 판매과정 • 구매 자동화 • 서비스가 없는 자동화 상점 운영 • 새로운 유통경로 창출 • 상품 조달 자동화

그리고 앞으로 모든 기업, 특히 경쟁이 치열한 부분의 산업에서 기업들은 의사결정 개선을 위해 AI를 활용하고 있는 기업과의 경쟁에 직면하여 AI를 활용한 마케팅 업무를 수행하지 않는다면 경쟁에서 뒤쳐질 수 있다는 점을 명심해야 한다.[51]

2. 디지털 컨버전스

디지털 컨버전스는 사용되고 있는 '**디지털 기술과 기술, 기술과 콘텐츠를 융합하는 것**'을 의미한다. 즉, **컨버전스 제품(convergence product)**은 물리적으로 두 개 이상의 디지털 플랫폼 기술을 한 가지 형태의 제품으로 결합한 디지털 플랫폼 제품을 말한다고 볼 수 있는데(핸드폰 속 디지털 카메라, 노트북 속 DVD 플레이어 등),[52] 쉽게 말하면 디지털 영역에서 제품의 묶음전략을 의미하며 현재 소비자 가전 분야에서 가장 빠르게 성장하는 제품 범주 중에 하나이다.[53]

이는 전혀 새로운 개념이 아니다.[54] 아주 오래 전부터 마케터들은 소비자 선택에 영향을 미치기 위해 둘 이상의 제품 또는 서비스를 단일 제품으로 묶어왔다. 예를 들어, 패스트푸드 레스토랑은 사이드 아이템의 판매를 증가시키기 위한 콤보 식사를 제공하고, 자동차 회사는 소비자가 더 많이 구매하도록 유도하는 옵션 패키지를 제공하고, 항공사는 기존의 경쟁사들과의 경쟁에서 차별화하기 위해 항공기 탑승권과 더불어 휴가 패키지를 제공해 왔다.[55]

최근 스마트폰과 같은 컨버전스 기술이 소비자의 주된 관심제품이 됨에 따라 컨버전스 제품은 기업의 주목을 받고 있다.[56] 그리고 시간이 지남에 따라 정보기술이 급속히 발전되고 있고 소비자 요구 또한 크게 변화하고 있는 부분에 순응하여 여러 분야가 겹치고 통합되는 추세와 이전의 산업 간 구별이 희미해지는 추세가 더욱 확산되고 있다. 이러한 점에서 컨버전스는 새로운 요구를 창출하고 시장 구조를 대폭 변경하며 새로운 정책과 규정을 요구하고, 기업으로 하여금 새로운 연구 및 개발 또는 비즈니스 전략을 수립하며, 사회 전체에 영향을 미칠 수 있으므로 시장 포화 상태에 놓인 IT 업계의 새로운 원동력이 될 수 있다.[57]

앞으로 매체환경 변화와 그에 따른 마케팅 차원의 대응을 논하기 전에 우선 매체융합, 컨버전스가 의미하는 것을 한번 짚어보고 넘어가는 것이 좋을 듯하다. 사전적 의미로 '융합한다'는 것은 '여러 가지 것들이 녹아서(결합 혹은 통합되어) 하나로 합쳐지거나, 차이가 차츰 줄어서 결국 똑같은 것이 된다'는 것이다. 방송과 통신의 융합뿐 아니라 일반적으로 매체융합이라고 했을 때의 의미는 보통 두 가지 의미로 구분할 수 있다. 하나는 ① 종래의 개별적으로 존재하던 매체나 서비스가 말 그대로 물리적인 의미에서 하나의 매체 또는 서비스로 통합된다는 것이고, 다른 의미는 이러한 물리적 통합은 발생하지 않지만 ② 종래에 무관하거나 경합성이 없던 매체나 서비스가 같은 성격과 기능(경합성과 호환성)을 갖게 되어 하나의 시장에 포함되고 경쟁하게 된다는 것이다.[59]

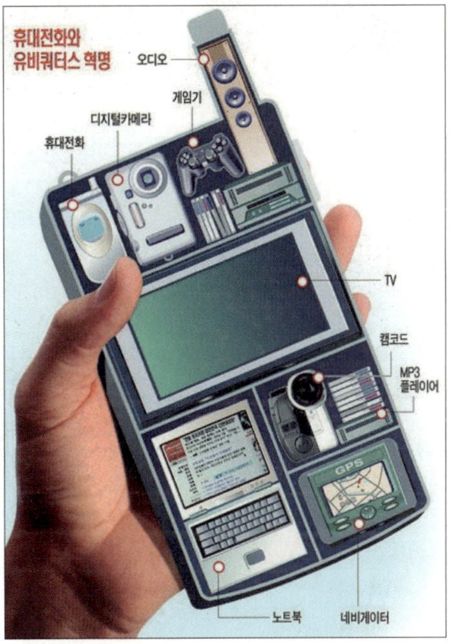

유비쿼터스 시대의 디지털 기술은 휴대전화, 오디오, 디지털 카메라, 게임기, 노트북, 내비게이터, MP3 플레이어, 캠코드 등을 융합하고 있다.[58]

[그림 1-5]에서 볼 수 있듯이 세 가지의 중요한 융합요소는 콘텐츠, 전달방식 그리고 정보기기이다. 예를 들어 디지털 영화 콘텐츠는 네트워크를 통해 컴퓨터에서 상영될 수 있고 컴팩트 디스크는 소프트웨어, 자료 또는 새로운 음악 등을 저장하기 위해 이용될 수 있다.

그림 1-5 | 디지털 컨버전스

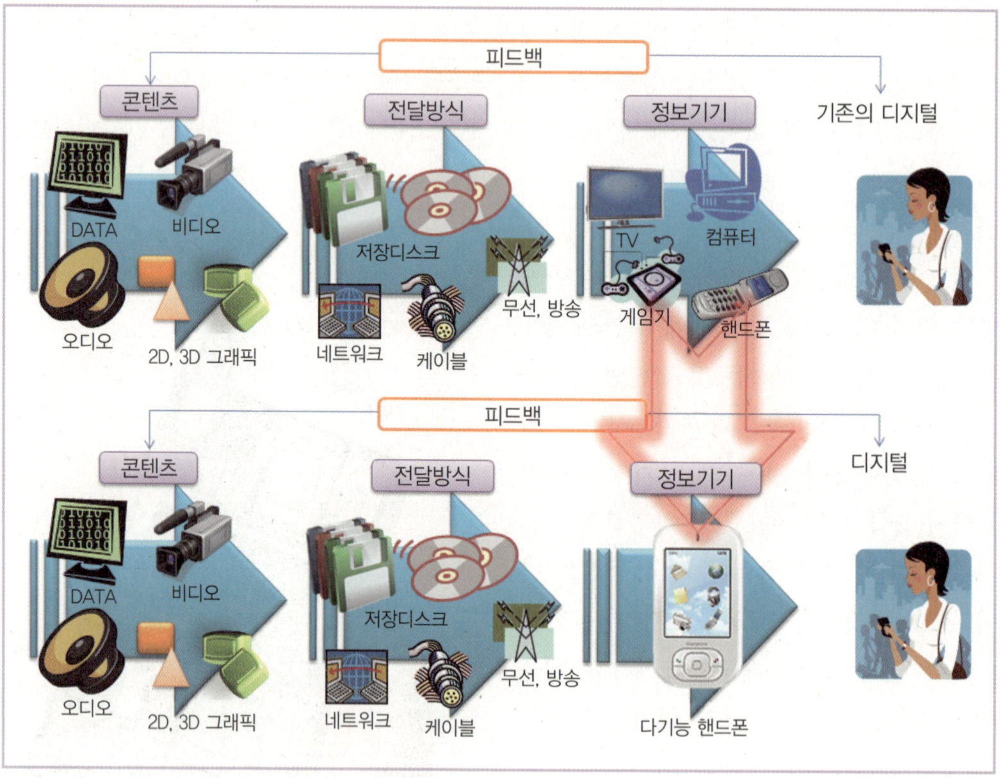

Internet Marketing INSIGHT 1-3

과거 컨버전스 성공 및 실패사례[60]

오디오, 비디오, 통신, 컴퓨터 등과 같이 이제까지 다르게 인식되었던 제품 간 또는 산업 간의 영역 구분이 없어져 새로운 융합제품을 탄생시키게 된다. 즉 통신, 가전, 컴퓨터 등의 기기들이 디지털 기술을 기반으로 상호 융합되어 새로운 형태의 제품과 서비스를 탄생시킨다는 의미의 디지털 컨버전스는 언론매체를 통해 자주 소개되면서 이제 일반인들에게도 낯설지 않은 개념이 되었다.

디지털 컨버전스 제품은 이미 알게 모르게 우리 생활 깊숙이 파고들고 있다. 가장 간단한 예로 디지털 카메라가 있다. 순간적으로 디지털 카메라가 컨버전스 제품이었나 하는 의구심이 생길 수 있지만, 디지털 카메라는 기존에 필름을 사용하던 아날로그 카메라에 디지털 기술을 접목시킨 대표적인 디지털 컨버전스 제품이다. 디지털 카메라는 기존의 아날로그 광학 기술에 일종의 센서인 전하결합소자(Charge-Coupled Device)와 메모리카드, 컴퓨터 기술 등을 사용해 필름 없이 사진을 촬영할 수 있도록 한 차세대 영상기록 매체이다. 1995년 하반기 일본에서 첫 선을 보인 디지털 카메라는 디지털 가전제품 중 가장 빠른 속도로 성장하는 대표적인 기기의 하나로 자리매김했다.

■ 디지털 컨버전스 제품의 성공과 실패

새로운 도약의 계기를 마련하려는 기업들의 높은 기대감에도 불구하고 컨버전스 제품에 대한 소비자들의 반응이 항상 긍정적인 것만은 아니다. 궁극적으로는 컨버전스가 큰 흐름을 이루어 소수의 완전 융합제품이 지배제품으로서 시장을 석권할지도 모른다. 소비자들은 자신이 진정으로 원하는 제품이 무엇인지 정확하게 알지 못하는 경우가 많으며 시장에 출시된 제품을 100% 활용할 능력조차 갖추고 있지 않다.

사정이 이러함에도 불구하고 기업들은 향후 시장을 석권할 완전 융합 제품을 경쟁자보다 먼저 개발함으로써 주도권을 확보하기 위해 다양한 아이디어와 야심찬 계획으로 신개념의 컨버전스 제품들을 출시하기에 여념이 없다. 그러한 제품들이 처음부터 지배제품으로 주목받으며 그 영향력을 행사할 수 있다면 좋겠지만 여러 가지 요인들로 인해 많은 기업들은 시장에서 쓰라린 실패를 경험하고 있다. 과연 어떤 컨버전스 제품들이 시장에서 실패하며, 반면에 어떤 제품들이 어떠한 요인들로 인해 좋은 성과를 경험하게 되는지 [표 1-2]에서 설명하고 있다.

| 표 1-2 | 디지털 컨버전스의 성공과 실패사례

	성공사례	실패사례
시장	• 올바른 목표시장 선정(기업용 인터넷 전화)	• 소비자 니즈 부재(인터넷 단말기) • 잘못된 목표시장 선정(가정용 인터넷 전화)
인프라	• 후방 호환성으로 인프라 공유(DVD 콤비)	• 인프라 미비(DVD 플레이어)
기능	• 기본에 충실하여 기능은 업그레이드(디지털 카메라) • 융합으로 확실한 시너지 제시(카레마폰)	• 단순한 기기의 복합(디지털 카메라 + MP3)
기타	• 합리적인 가격 제시(LCD 모니터)	• 높은 가격(PDP TV) • 규격 논란(DVD 리코더)

궁극적인 디지털 컨버전스 환경으로 가는 과정에서 기업들은 지배제품을 구현하기 위해 앞으로도 수많은 시행착오를 겪어야 할 것이다. 혹은 극단적으로 생각해볼 때 미래는 유연생산 시스템이 엄청나게 고도화된 사회로 개개인의 니즈에 특화된 제품이 합리적인 비

용으로 생산되어 지배제품이 존재하지 않을 가능성도 생각해볼 수 있다.
과도기적인 시점에서 창의적인 기업가정신을 발휘해 다양한 컨버전스 제품을 시도해보는 것도 중요하겠지만 적어도 자사가 개발한 컨버전스 제품이 어정쩡한 제품들의 단순 융합인지 그렇지 않으면 확실한 추가 효용을 소비자들에게 선사할 수 있는지를 냉정하게 판단해보아야 한다.
실험적인 성향의 소수를 제외한 대부분의 소비자들은 과거의 습관을 잊고 새로운 습관에 적응하는 데 많은 시간이 걸리기 때문에 최신 기술을 적용한 신개념 제품의 성공은 더욱 어렵다. 즉 무조건 혁신적인 컨버전스 제품을 시장에 출시하면 소비자들이 긍정적인 반응을 보일 것이라 기대하지만 현실에서는 소비자들도 급속히 발달하는 기술환경에 적응할 시간이 필요하다는 사실을 기억해야 한다. 지금은 한 가지 기능에서라도 소비자를 100% 만족시킨 후에 부가적인 시너지를 줄 수 있는 심플한 컨버전스 제품이 오히려 복잡한 기능이 어설프게 조합된 제품보다 좋은 반응을 얻을 수 있다.

제3절 비즈니스를 위한 인터넷과 모바일 활용

1. 인터넷 활용

1) 인터넷의 등장배경

인터넷은 전화산업이나 TV산업에 의해 창안된 것이 아니라 학문연구의 세계에서 태어났다. 인터넷은 또한 기업의 마케팅 부서에 의해서가 아니라 수백만 명에 이르는 이용자들의 자발적인 요구에 의해서 확산되어 왔다. [그림 1-6]은 2022년 현재 전 세계 국가별 인터넷 이용자 규모를 보여주고 있다. 상당히 많은 국가들의 인터넷 이용률은 거의 100%에 근접하고 있다. 대한민국의 인터넷 이용자의 규모는 비약적으로 향상되어 인구수 대비 이용자 수는 세계에서 수위를 다투고 있다.

인터넷은 인터넷 사용에 필요한 하드웨어나 소프트웨어뿐만 아니라 기업이 인터넷을 통해 팔고자 하는 제품과 서비스 분야에서 새로운 아이디어를 폭발적으로 분출시켰으며 기업의 상거래에 많은 영향을 미치고 있다. 이러한 점에서 많은 학계나 실무계의 사람들은 인터넷의 마케팅과 촉진수단으로써의 잠재력을 강조하여 왔다.[61] 즉, 인터넷을 통해 많은 기업들의 마케팅 활동이 더욱 진화되고 강화될 수 있다는 것이다.

그림 1-6 | 전 세계 국가별 인터넷 이용자 규모(2022년 기준)[62]

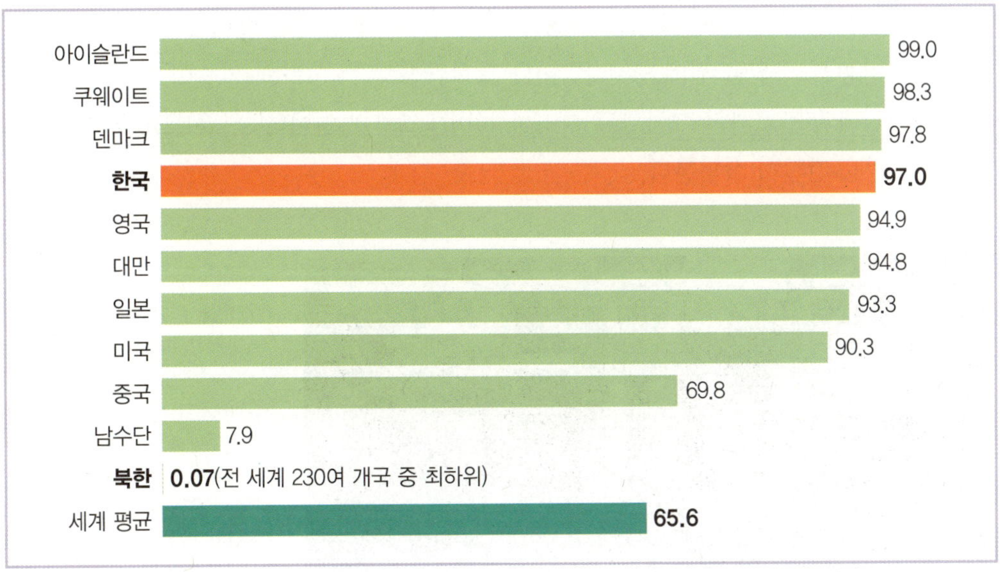

2) 인터넷의 활용성

디지털 경제는 구매자들이 가장 유리한 거래기회를 찾아 인터넷 미로를 헤매고, 판매자들은 새롭고 혁신적인 방법으로 고객들을 유인하고 있다. 인터넷 거래에서 때로는 구매자, 때로는 판매자가 승자가 된다. 이전에 디지털 경제 속에서 한번 불리한 거래를 한 사람도 그것을 교훈으로 다음에 더 유리한 거래기회를 발견할 수 있다. 아직 이 같은 거래에 참여조차 하지 않은 물리적 세계의 소비자와 생산자들이야말로 패배자들이라고 볼 수 있다.

기업은 인터넷상에서만 사업을 영위할 수도 있고, 인터넷을 완전히 무시하고 기존의 방식을 고수할 수도 있으며, 두 가지 방법을 혼합할 수도 있다. 초기의 인터넷에서 전자상거래는 웹사이트를 만들고 여러 사이트에 배너 광고(banner ads)와 상호 링크를 달아 사용자가 특정 단어나 주제를 검색할 때 그 사이트를 잘 찾아올 수 있도록 만들어 고객을 유인하는 것을 의미했다. 그러나 현재의 인터넷 비즈니스에서 마케팅은 까다로운 구매자를 표적시장으로 그들이 원하는 정보에 언제라도 접근할 수 있도록 만들어 주는 새로운 차원으로 발전하였다.[63]

2. 확장된 인터넷

우리는 지하철이나 버스를 타면 손에 들고 있는 작은 소형 액정화면에 몰두해 있는 사람들의 모습을 종종 볼 수 있다. 그 내용도 단순히 휴대폰상에서 클래시 로얄과 같은 '휴대용 간이여흥'의 차원을 넘어, TV시청이나 영화감상 혹은 고도의 기술이 집약된 복잡한 비디오 게임에 이르기까지 그야말로 다양한 하이테크의 경연이다. 다음 글에서는 모바일 기기의 특징을 간단히 살펴본다.

현대인에게 모바일 스마트 기기는 생활 그 자체이다. 시간과 장소의 제약 없이 실시간으로 전 세계에서 일어나는 일을 접하고, 전 세계 사람들과 만날 수 있는 유용한 장치니까 말이다. 길을 걸으면서 주식 거래를 할 수 있고, 눈앞에서 겪은 재미있는 일을 곧바로 세계 사람들과 공유할 수 있다.[64]

2001년 이후 IT 업계의 화두는 단연 움직이는 인터넷 서비스, 즉 무선인터넷이다. 무선인터넷이란 사용자가 이동 중 **무선망(wireless network)**을 통해 인터넷 서비스를 제공받을 수 있는 환경과 기술을 말한다. 무선인터넷을 문자 그대로 보면 가입자가 유선이 아닌 무선을 통해 데이터 등의 인터넷 서비스를 제공받는 것이라 할 수 있는데, 여기서 무선이라는 개념은 '**이동할 수 있다**'는 뜻과 '**선이 없이 통신한다**'라는 2가지를 모두 포괄하는 개념이다. 예를 들어, 가정에서 사용하는 무선전화기나 휴대폰 모두 가입자의 단말이 무선으로 네트워크에 연결되어 있어 무선기기라고 할 수 있는 것이다. 그러므로 일반적으로 무선인터넷은 무선의 개념보다는 **이동(mobile)형 인터넷 서비스**라고 정의할 수 있으며, 최근에는 [그림 1-7]과 같이 다양한 업무를 어디서나 수행할 수 있는 **유비쿼터스(Ubiquitous: 도처에 존재하는, 편재적인)**라는 용어로 널리 쓰이고 있다.

그림 1-7 | 유비쿼터스 세상

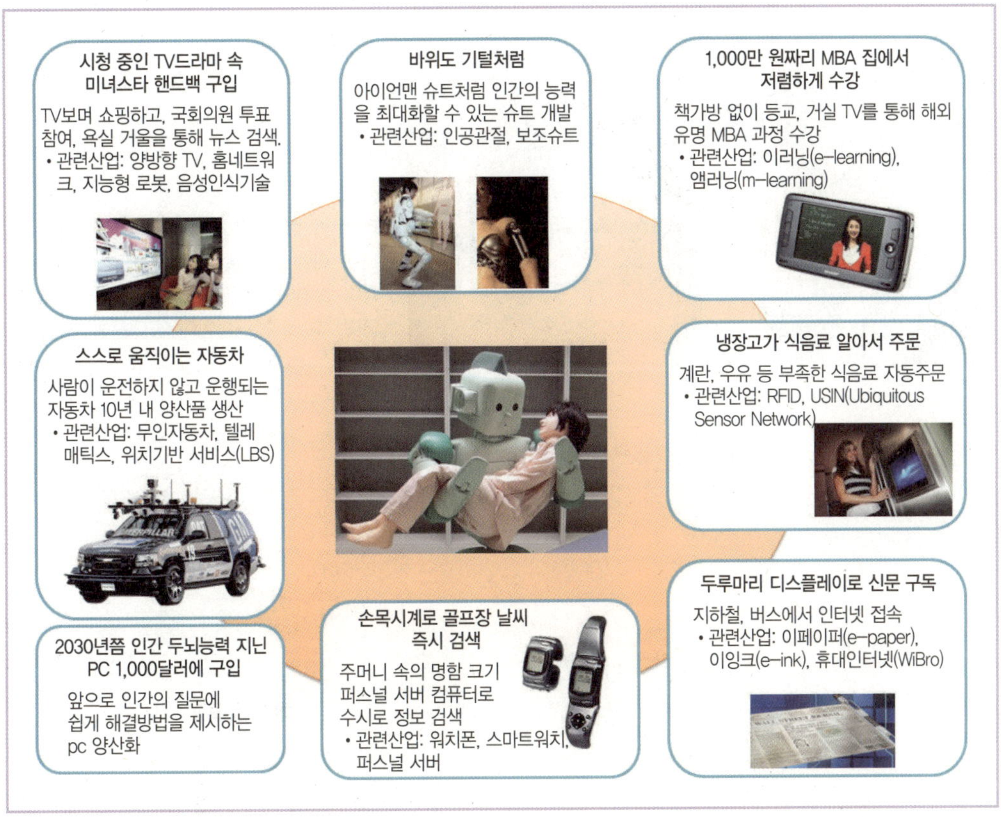

30여 년 전의 호출기로부터 시작하여 핸드폰, 개인 휴대용 통신(PCS), PDA를 거쳐 최근 인터넷으로 파일까지 볼 수 있는 휴대전화인 스마트폰에 이르기까지 이동통신 환경은 엄청난 속도로 발전하고 있다. 이동통신 사업자와 솔루션 개발업체, 콘텐츠 업체들은 지금 무선인터넷을 이용한 비즈니스에 주목하고 있다.[65] 스마트폰은 **앱스토어**라는 다양한 콘텐츠 비즈니스 모델을 시장에 창출함으로써 스마트폰을 통해 이메일을 사용하고, 간단한 문서작업을 수행하는 '**똑똑한 폰**'을 넘어서 다양한 '**엔터테인먼트를 즐길 수 있는 다기능 폰**'의 의미를 만들어냈다.[66]

2022년 현재, 전 세계적으로 48억 8천만 명이 인터넷을 사용하고 있으며, 44억 8천만 명이 소셜미디어를 적극적으로 사용하고 있으며, 52억 7천만 명이 휴대폰을 사용하고 있다.[67]

그림 1-8 | 연도별 모바일 이용률[68]

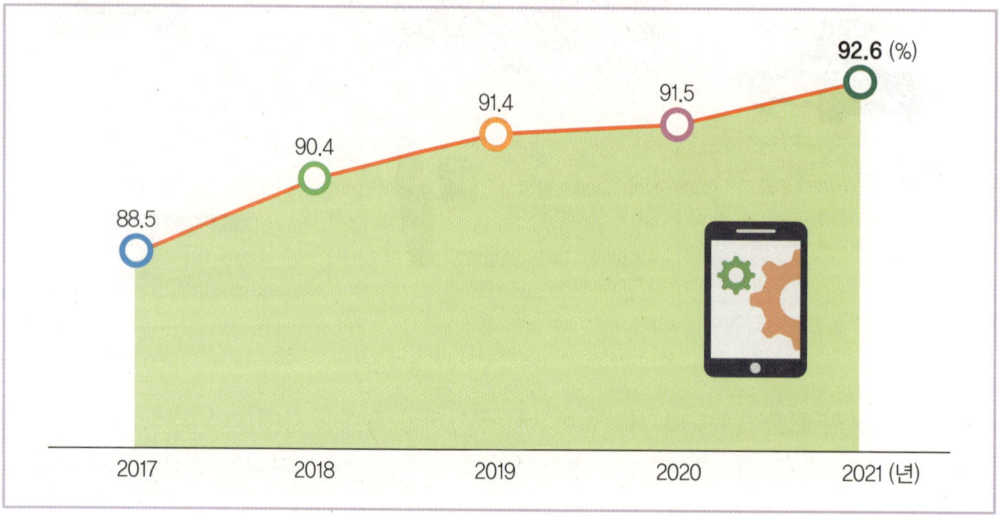

[그림 1-8]에서 볼 수 있듯이 2021년 현재 대한민국의 모바일 이용률은 90%를 넘어서고 있으며 전 세계적으로 모바일 기기의 사용은 유선인터넷 사용을 넘어서는 비율을 보이고 있다. 이러한 부분에서 전문가들은 종종 '스마트폰은 더 이상 우리가 사용하는 기기가 아니라 우리가 사는 곳이 됐다'고 말한다. 이 말이 과언이 아닌 것이 사람들은 디지털 세계에 쉽게 적응하고, 그들 중 대부분은 스마트폰이나 소셜미디어 없이 살 수 없다.[69]

최근 이러한 스마트폰은 다양한 확장성을 가지고 있는데 다양한 사물과 인터넷을 연결하는 **사물인터넷(IoT)**은 모든 것이 온라인으로 연결되는 세상을 말한다. 사물인터넷(IoT)은 제품 회사들에게 IoT 사업을 발전시킬 수 있는 기회를 제공해 왔는데[70] 사람뿐 아니라 사물들도 모바일 환경에 실시간 접속하여 전 지구적인 온라인화를 가속화시킨다. 사물인터넷이 보편화된 세상이 오면 결국 사람에 대한 데이터를 넘어서 사람과 관계를 맺는 사물에 대한 데이터까지도 필요한 세상을 창조하는 것이고 모든 공간에 모든 사람과 사물이 인터넷에 연결된 시대가 도래하는 것이다.[71]

사물인터넷은 사실 새로운 개념은 아니다. 사물인터넷이라는 말이 처음 등장한 것은 1999년 **MIT에서 RFID(Radio Frequency IDentification)** 전문가로 있던 **케빈 아쉬톤(Kevin Ashiton)**이 'RFID 및 기타 센서를 일상생활 속 사물에 탑재함으로써 사물인터넷이 구축될 것'이라고 언급하면서부터이다. 이후 사물인터넷이란 사물에 센서와 통신 모듈을 부착하여 실시간 데이터를 인터넷으로 주고받을 수 있도록 하여 사물이 서로 알아서 정보를 주고받으며 대화를 나누게 되는 것으로 정의되고 있다. 사물이 인터넷 및 타 기기와 연결되면서 ① **정보수집(Sensing)**, ② **수집정보 전달(Data Transferring)**, ③ **정보축적(Data Storing)**, ④ **정보융합 및 신규정보 생성(Data Convergence & New Data Generation)**의 범위와 실시간성이 대폭 확대되었다. 그 결과 자동모니터링 및 측정, 자동프로세싱 및 제어 등 기기의 능동성이 비약적으로 신장되고 있다.[72]

사물인터넷을 통해 스마트 홈은 당신이 하는 일을 예측할 것이다. 일을 마치고 집에 오면 불을 켜고 난방을 틀며, 오븐을 작동할 것이다. 스마트 자동차는 운전자를 인지하고 당신이 선호하는 운전방식, 라디오, 냉난방을 설정하며 옆좌석에 앉은 사람에게는 따뜻한 좌석과 편안한 음악을 틀어주고, 차의 이상을 스스로 감지하여 정비소에 연락할 것이다.[73]

오늘날의 인터넷은 사람 간에 무엇인가를 주고받는 소통의 인터넷이다. 우리는 인터넷에 접속해 정보검색 및 일기, 이메일 전송, 메시지 확인, 음악감상, 비디오 시청, 파일 다운로드 등 다양한 것을 할 수 있다. 사물인터넷은 소통의 인터넷과는 매우 대조적이다. 사람이 데이터에 접근하는 것이 아닌 사물이 데이터에 접근하거나 다른 기기들과 소통한다.[74] 앞으로 우리는 현재 사용하고 있는 인터넷을 계속 사용하겠지만 미래의 인터넷은 **기기–사물 지능통신(M2M: Machine to Machine)**을 위한 주요 통로가 될 것이다.[75]

Internet Marketing INSIGHT 1-4

스마트폰 때문에 사라지는 10가지

'손안의 PC'로 불리는 스마트폰이 대중화되며 한때 필수품이었던 수많은 전자기기가 자취를 감췄다. 스마트폰이 나오기 전까지만 해도 PSP · 닌텐도DS 등 휴대용게임기, 음악이나 동영상을 감상하기 위한 MP3P(디지털 음악 플레이어), 디지털 카메라, 메모와 일정관리를 위한 수첩 등이 필수품이었지만 스마트폰이 출시되면서 이런 기능을 하나로 통합했다.

관련업계에 따르면 미국의 정보통신(IT) 전문잡지 피시월드(PCworld)는 최근 스마트폰 대중화로 사라질 위기에 처한 10가지 목록을 발표했다. 실제 거의 대부분의 예측은 실현되었다. 이 부분은 마케팅 측면에서 상당히 많은 의미가 있다고 생각되기에 과거의 사례지만 지속적으로 게재하여 살펴보도록 한다.

가장 먼저 사라지게 될 위기의 품목 1위는 'MP3P'이다. 두 번째는 닌텐도DS, PSP 등 '휴대용게임기'이다. 최근 애플 응용프로그램(애플리케이션 · 앱) 장터(앱스토어)와 구글 안드로이드마켓 등에서는 저렴하고 품질 좋은 스마트폰용 게임들이 수천 개 이상 팔리고 있다. 이들 앱 장터에서 같은 게임의 경우 스마트폰용 게임이 PSP나 닌텐도DS 게임의 5분의 1 가격에 팔린다.

세 번째는 '소형 디지털 카메라'다. 이 잡지는 소형 디지털 카메라의 기능이 스마트폰의 사진기능보다 절대적으로 우월하지 않다면 굳이 사용할 필요가 없다며 차라리 디지털 일안반사식카메라(DSLR)를 소유하는 것이 낫다고 전했다.

네 번째는 '캠코더'다. 최근 스마트폰으로 촬영한 영화제가 활발히 열리고 있을 만큼 스마트폰의 동영상 화질은 최상급이다.

다섯 번째는 '음성 녹음기'다. 이들 가격은 3~5만 원 정도로 저렴한 편이지만 스마트폰 장터에는 같은 기능의 앱을 2,000원 정도면 내려받을 수 있다.

여섯 번째는 '내비게이션'이다. 이미 스마트폰에서 보행 · 차량 · 대중교통은 물론 목적지까지 찾아주는 앱이 다양하게 나와 있다. 굳이 20~40만 원 이상을 내고 이 기능만 하는 내비게이션을 구입할 이유가 없다는 것이다.

일곱 번째는 개인정보를 관리하거나 컴퓨터와 정보를 주고받을 수 있는 '개인용 휴대단말기(PDA)다. 집이나 사무실에 있는 컴퓨터로 작성한 문서 파일을 집어 넣으면 이동하면서도 계속 작업이 가능하고 개인정보 관리나 일정 관리도 할 수 있어 정보통신 수단으로 각광받았지만 지금은 스마트폰에 '손안의 PC' 자리를 내준 상태다.

여덟 번째는 '손목시계'다. 요즘은 시간 확인은 물론 알람시계 기능도 스마트폰이 대신한다. 아홉 번째는 '종이지도'다. 국내에서는 구글 · 네이버 · 다음지도앱이 가장 많이 쓰인다. 이들 지도앱은 출발 장소와 목적지를 입력하면 교통수단까지 안내해준다.

마지막은 '114전화번호 안내 서비스'다. 114에 전화를 걸어 연결을 기다리거나 안내받은 전화번호를 메모해야 하는 번거로움과 유료 서비스 단점을 최소화한 무료 앱 '스마트다이얼,' '보이스114' 등 다양한 무료 스마트폰 전화번호 안내 앱이 출시되고 있다.[76]

대표적인 MP3 플레이어 기업인 아이리버는 최근 다양한 분야로 사업을 다각화하였다.

닌텐도는 2010~2011년 사이 게임소프트웨어 수익이 전체시장의 70%에서 55% 급격히 하락하였다.

3. 매체환경 변화에 따른 비즈니스 변화

1) 매체산업의 범위와 특징[77]

매체는 정보, 오락 등을 전달하는 매체로 통상 매체산업은 신문, 방송 등 대중을 상대로 하는 대중매체산업을 지칭한다. 신문, 방송 등과 같이 단순한 전달기능뿐 아니라 콘텐츠의 생산기능까지 포괄하는 개념이다.

전통적으로 매체산업은 소수 사업자에 의해 과점과 강력한 규제, 자국시장 중심 등의 특성을 가지고 있었다. 특히 한국의 지상파 방송사는 프로그램 제작 · 전송이 모든 단계를 수직계열화하여 절대적인 영향력을 행사하고 있었으나, 인터넷 매체산업은 생산 · 유통에는 고비용이 소요되나 복제를 위한 한계비용은 제로에 가까운 규모의 경제성 때문에 소수업체가 주도하는 산업구조가 형성되고 있다.

2) 디지털화가 매체산업의 변화를 촉발

디지털 기술이 전통적 매체산업의 특성을 변화시키는 동인으로 작용하고 있다. 디지털 기술은 콘텐츠 생산 · 유통의 비용을 현저히 낮춤으로써 매체산업의 경쟁을 촉발시킴으로써 콘텐츠의 양, 네트워크의 용량, 유통채널이 대폭적으로 확대되고 있다.

또한 디지털 매체로 매체시장이 확대됨에 따라 지역 매체 제공자들이 제공하는 가치는 더 이상 기존의 지리적 영역에 대한 소유권에 의해 보호되지 않고 경쟁 세력에 더욱 취약해졌다.[78] 이렇듯 과점시장에서 경쟁시장으로 변모하면서 산업적인 관점이 부각되고 있으며, **로컬시장(local market)**에서 **글로벌시장(global market)**으로 영역이 확대되고 있다. 또한 [그림 1-9]에서 볼 수 있듯이 유통, 생산, 소비 등 매체산업의 가치사슬 전반에 변화가 이루어지고 있다.

그림 1-9 | 매체산업의 구조변화[79]

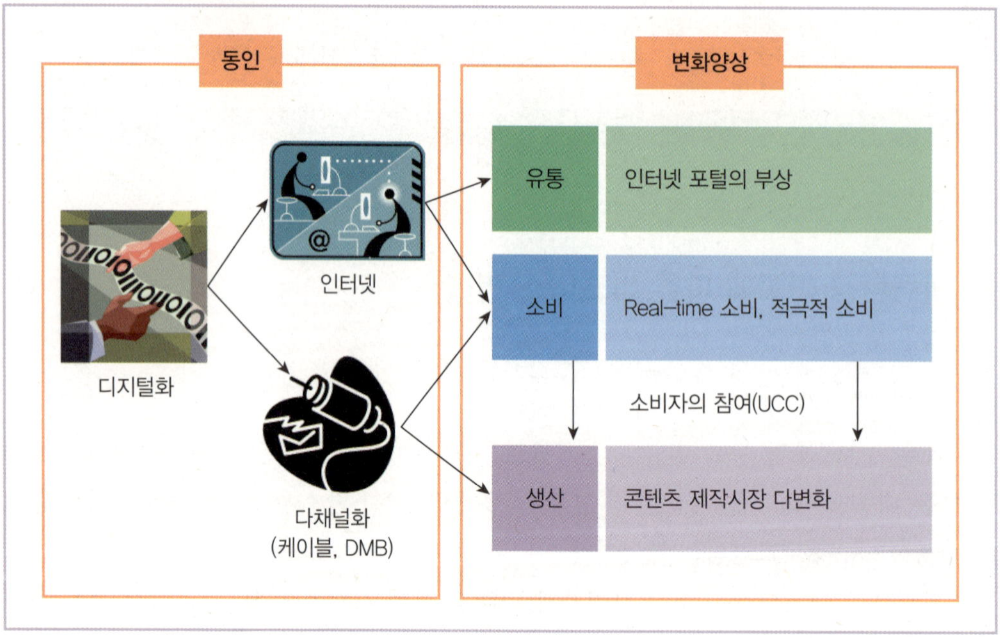

유통 분야는 기존의 신문, 음악 유통채널을 압도하면서 급부상하는 인터넷, 케이블, DMB 등으로 콘텐츠 유통채널이 다양화되고 있고 생산부분은 다채널 환경하에서 콘텐츠의 양적 · 질적 확대가 중요해지면서 제작시장이 다변화하고 있다. 소비부분 역시 신 유통채널의 등장은 기존 매체의 획일성, 시간제약, 지면제약 등의 한계를 넘어 새로운 소비형태를 창출하고 있다.

이렇듯 매체환경 변화에 의해 그리고 여기에 더하여 사회와 여러 제도 등의 급속한 변화에 따라 기업의 마케팅 환경은 지속적으로 변화하고 있으며 예측하기 어려운 환경을 조성하고 있다. 새로운 기술로 인해 사용자가 기업과 제품 등과의 상호작용을 가능하게 하고, 소비자가 다양한 정보에 접근 가능해지고 있다.[80]

또한 빈도가 높지 않으며 비교적 규모가 큰 방송콘텐츠에서 빈도가 높고 규모가 작은 사회적 콘텐츠 쪽으로 사람의 관심이 바뀌고 있다. 예를 들어, 수백만 명이 일주일에 한 번 영화를 보러 가는 형태에서 수십억 명이 몇 분에 한 번씩 거의 계속해서 자신의 디지털 기기로 소셜미디어 자료를 들여다보는 쪽으로 바뀌고 있다는 것이다.[81] [그림 1-10]의 매체별 광고추이는 충분히 이러한 현상의 결과를 설명하고 있다.

그림 1-10 | 매체별 광고추이[82]

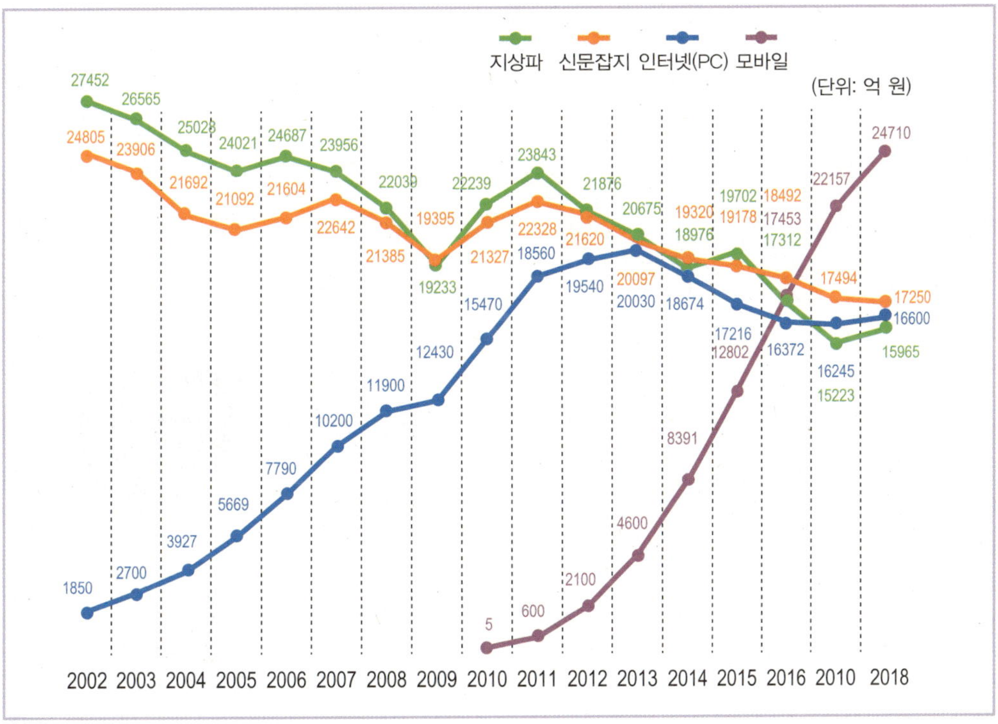

이러한 기술적 변화로 마케팅 커뮤니케이션에 가장 많이 구현된 도구인 전통적 매체를 통한 마케팅은 상대적으로 힘을 잃고 있다. 이미 1994년 광고 분야의 권위있는 학술지 중 하나인 「Journal of Advertising」 문헌에 '광고의 종말'이라는 논문이 기고된 적 있는데 연구자들은 광고는 새로운 매체의 출현으로 그 성질이 변화될 수 있으며 폭넓은 개념으로 광고를 정의해야 해당 업계에서 살아남을 수 있다고 수상한 바 있다.[83]

그리고 과거 많이 이용되던 전통적 매체는 마케팅 비용이 매우 높았다. 아마도 모든 기업들은 적절한 비용으로 표적 고객이나 표적 청중이 누구이고 그들을 어떻게 찾아내고 그들과의 관계를 구축하기를 원할 것이다. 이러한 점에서 전통적 매체는 이용비용이 높고 이러한 정교한 고객선정 및 개인화된 마케팅이 어렵기 때문에 최고로 적합한 매체는 아닌 것이다.[84]

마케팅 실무자인 **서지오 지먼(Sergio Zyman)**은 「마케팅 종말」이라는 서적에서 이제 전통적 광고는 더 이상 통하지 않는데 대부분의 광고가 목표로 하고 있는 인지도의 증가는 판매로 연결되지 못한다는 점을 강조하였다. 특히 광고주와 광고대행사가 TV광고만이 광고의 전부라는 바보 같은 생각에서 헤어나지 못하면서 결국 광고계를 먹여 살리는 일만 하고 있다는 부분을 강조하였다.[85]

같은 맥락에서 **세스 고딘(Seth Godin)**은 눈에 띄는 광고도 모든 소비자들이 아니라 일부 소비자들의 눈에 띄며 거의 모든 텔레비전 광고는 기호학적 소음에 불과하다는 점을 강조한다. 청중들에게 이것이 안전한 브랜드, 당신의 지인들이 잘 아는 브랜드, TV에 광고를 할 수 있는 능력이 있는 기업의 브랜드라는 소음이라는 것이다.[86] 따라서 기업의 마케팅 활동은 다양한 매체를 적절히 역할 분배해서 활용하는 것이 중요해지고 있으며 새로운 매체인 SNS를 적극 활용할 필요성이 높아지고 있다.[87]

Internet Marketing INSIGHT 1-3

국내 인터넷 이용현황(2021년 현재)[88]

■ **인터넷 이용현황**

2021년 12월 현재 만 3세 이상 인터넷 이용률 99.9%로 2015년 7월 당시 인구의 인터넷 이용률 85.1%에 비해 14% 이상 증가한 수준이며 거의 모든 국민이 인터넷을 사용하고 있다고 해도 과언이 아닌 시대가 되었다.

■ **연령별 · 성별 인터넷 이용비율**

2021년 현재 조사 결과 10대(99.4%) 및 20대(99.9%), 30대(99.9%), 40대(99.8%) 대부분이 인터넷을 이용하고 있으며, 50대 인터넷 이용률도 99.2%로 높은 수준이라고 볼 수 있다. 한편 60대 인구 94.5%, 70대 인구 49.7%로 나타나 최근 몇 년간 타 연령 대비 증가율이 매우 두드러진다고 볼 수 있다. 한편, 성별 인터넷 비율은 남성이 4.1% 정도 높은 것으로 나타나고 있다.

그림 1-11 | 인터넷 이용률 및 이용자수 변화추이

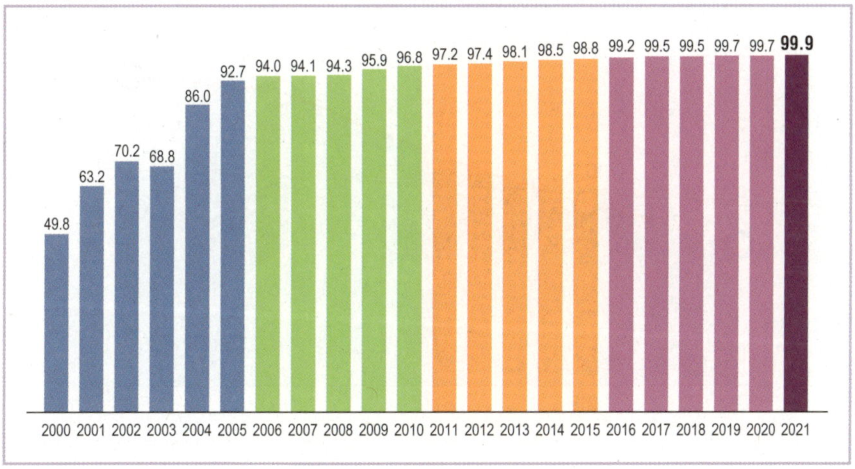

그림 1-12 | 연령별 · 성별 인터넷 이용비율

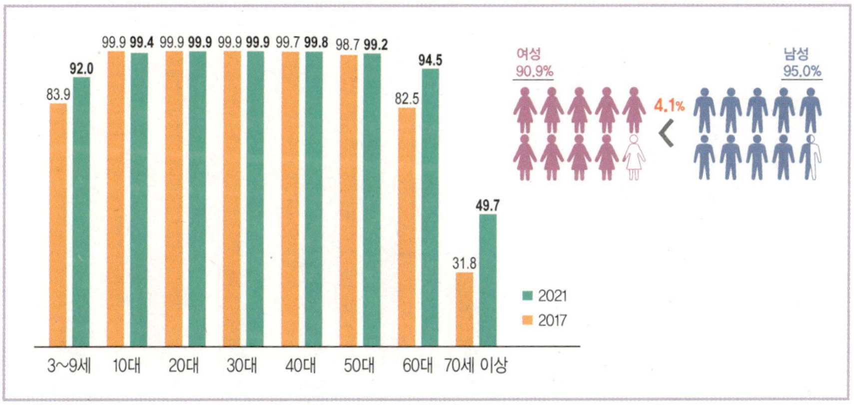

■ 인터넷 이용시간 및 이용목적

주당 인터넷 이용시간은 20.7시간으로 과거에 비해 이용시간이 점점 확대되고 있으며 인터넷을 이용하는 용도로는 SNS, 이메일, 인터넷전화 등 '커뮤니케이션'이 100%로 가장 높았고, 다음은 사진, 업무용 파일 공유가 84.1%로 두 번째 그리고 음성 및 영상통화가 62.9%로 세 번째로 많은 이용목적으로 나타나고 있다.

그림 1-13 | 주당 인터넷 이용시간

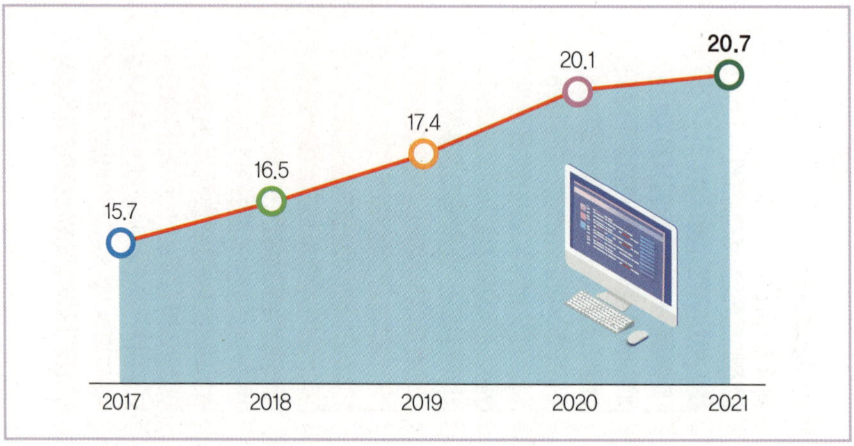

그림 1-14 | 인터넷 이용목적[89]

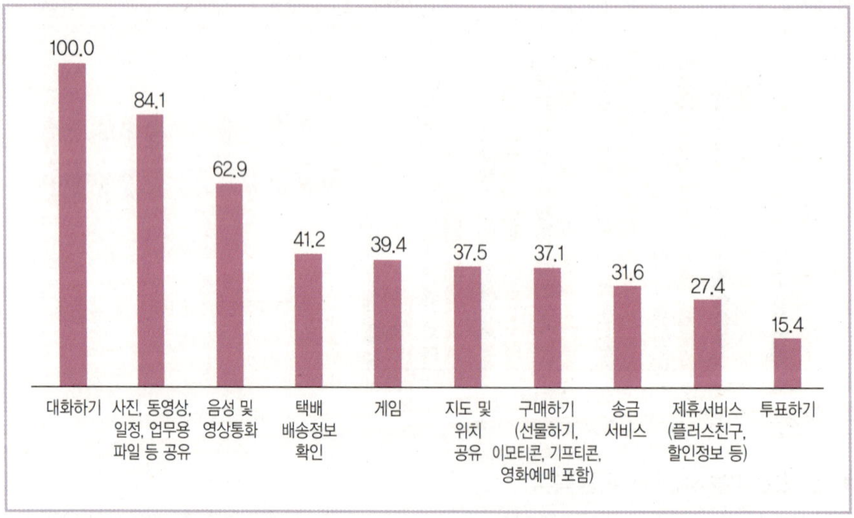

참고문헌 및 더 읽을거리

1 Xu, M., David, J. M., & Kim, S. H.(2018). The fourth industrial revolution: Opportunities and challenges. International Journal of Financial Research, 9(2), 90–95.

2 Stewart, T. R.(2000). The E–Business Trial Wave: Perspectives on Business Tidal in Cyberspace. Deloitte Touche Tohmatsu, 1–13.

3 ITU(2010). 「The World in 2010, ICT Facts and Figures」.

4 Lin, J. C. C., & Lu, H.(2000). Towards an understanding of the behavioural intention to use a web site. International Journal of Information Management, 20(3), 197–208.

5 나탈리 나하이 저/박선령 역(2016). 「끌리는 온라인 마케팅」, 길벗, 서문 중에서 인용함.

6 Stewart, T. R.(2000). The E–Business Trial Wave: Perspectives on Business Tidal in Cyberspace. Deloitte Touche Tohmatsu, 3의 내용을 일부 수정하여 재구성

7 김봉구(2010). 스마트폰이 불러온 모바일 마케팅 혁명. Daehong Communications, Jul_Aug., 15에서 인용함.

8 장필성(2016). 4차 산업혁명시대 산업트렌드와 제조업의 대응 전략. 산업입지, 2016년 여름호 Vol. 62에서 인용함.

9 한국은행 국제경제리뷰. 제4차 산업혁명 주요국의 대응을 중심으로, 2016.8.16./NANONEOPHYTE, The Fourth Industrial Revolution: What it means – How to Respond – Will You be Ready?, https://genesisnanotech.wordpress.com/2016/01/15/

10 사진출처: https://www.gettyimagesbank.com/

11 브렛 킹 외 저/커넥팅랩(백승윤 · 김정아) 역(2016). 「현실 위의 현실, 슈퍼 리얼리티의 세계가 열린다 증강현실」, 미래의 창, 20의 내용을 수정하여 작성

12 Wirth, N.(2018). Hello marketing, what can artificial intelligence help you with?. International Journal of Market Research, 60(5), 435–438.

13 브렛 킹 외 저/커넥팅랩(백승윤 · 김정아) 역(2016). 전게서, 20에서 인용

14 위키백과에서 디지털을 검색하여 나타난 자료 참고

15 사진출처: https://www.gettyimagesbank.com/

16 Hanson, F. and K. Kalyanan(2007). Internet marketing & e–commerce, Thomson, 38.

17 닉 얼, 피터 킨 저/형선호 역(2001). 「닷컴의 수익혁명」, 영진.com, 64–65에서 수정하여 작성

18 Ibid., 40.

19 사진출처: https://www.gettyimagesbank.com/

20 Murray, J. H.(1997). Hamlet on the Holodeck: The Future of Narrative in Cyberspace. The Free Press, New York, 71–94.

21 '직접 쓰고, 찍고, 만들고' … 참여형 마케팅으로 MZ세대 잡는다. 한경경제 https://www.hankyung.com/economy/

22 https://dbr.donga.com/article/view/1401/article_no/6269/ac/magazine의 내용에서 참고하여 작성

23 최원희, 송찬우, 김재혁(2021). 상게서, 24-26의 내용에서 참고하여 인용

24 Seok, H.(2022). The virtual world as a supportive environment for intact communication.-The possibility and task of forming a game user community using a metabus.-. Journal of the Chosun Natural Science, 15(1), 37-48./사진출처: https://www.gettyimagesbank.com

25 셀러뉴스(http://www.sellernews.co.kr)

26 Lenger, A. D.(2022). Digital Transformation in the Digital World the Metaverse: The New Era on the Internet. In Handbook of Research on Digital Transformation Management and Tools(pp. 199-217). IGI Global.

27 Hemp, P.(2006). Avatar-based marketing. Harvard Business Review, 84(6), 48-57.

28 https://secondlife.com/

29 최원희, 송찬우, 김재혁(2021). 「돈이 되는 메타버스」, 포레스트북스, 34에서 참고하여 작성

30 https://ko.wikipedia.org/wiki/ZEPETO

31 '메타버스' 올라탄 마케팅 사례 및 전략 구축법, https://www.ciokorea.com/news/242949

32 Zhu, Q., Bai, C., & Sarkis, J.(2022). Blockchain technology and supply chains: The paradox of the atheoretical research discourse. Transportation Research Part E: Logistics and Transportation Review, 164, 102824.

33 Peres, R., Schreier, M., Schweidel, D. A., & Sorescu, A.(2022). Blockchain Meets Marketing: Opportunities, Threats, and Avenues for Future Research. International Journal of Research in Marketing.

34 Deepa, N., Pham, Q. V., Nguyen, D. C., Bhattacharya, S., Prabadevi, B., Gadekallu, T. R., & Pathirana, P. N.(2022). A survey on blockchain for big data: approaches, opportunities, and future directions. Future Generation Computer Systems.

35 Colicev, A.(2022). How can non-fungible tokens bring value to brands. International Journal of Research in Marketing.

36 Dean, Sam(2021년 3월 11일). $69 million for digital art? The NFT craze, explained. 《Los Angeles Times》(미국 영어). 2021년 4월 8일자

37 위키백과/NFT

38 사진출처: https://www.gettyimagesbank.com/

39 https://ko.wikipedia.org/클라우드컴퓨팅/사진출처: https://www.gettyimagesbank.com/

40 Huang, M. H., & Rust, R. T.(2021). A strategic framework for artificial intelligence in marketing. Journal of the Academy of Marketing Science, 49(1), 30-50.

41 Mariani, M. M., Perez-Vega, R., & Wirtz, J.(2022), AI in marketing, consumer research and psychology: a systematic literature review and research agenda. Psychology & Marketing, 39(4), 755-776.

42 라세 로우하이에넨 저/임세헌 역(2021). 「인공지능, 미래를 위해 반드시 알아야 할 101가지 사항들」, 도서출판 청람, 39에서 인용

43 Conick, H.(2017). The past, present and future of AI in marketing. Marketing News, 51(1), 26-35./사진출처: https://www.gettyimagesbank.com/

44 Chui, M., Manyika, J., Miremadi, M., Henke, N., Chung, R., Nel, P., & Malhotra, S.(2018). Notes from the AI frontier: Insights from hundreds of use cases. McKinsey Global Institute, 28.

45 Davenport, T. H., & Ronanki, R.(2018). Artificial intelligence for the real world. Harvard Business Review, 96(1), 108-116.

46 The Insight Partners(2021). Artficial Intelligence in Maketing Market Forecast to 2028, The Inshight Partners, New York.

47 라세 로우하이에넨 저/임세헌 역(2021). 전게서, 39에서 참고하여 작성

48 Barnes, S., & de Ruyter, K.(2022). Guest editorial: Artificial intelligence as a market-facing technology: getting closer to the consumer through innovation and insight. European Journal of Marketing, 56(6), 1585-1589.

49 Overgoor, G., Chica, M., Rand, W., & Weishampel, A.(2019). Letting the computers take over: Using AI to solve marketing problems. California Management Review, 61(4), 156-185.

50 Jarek, K., & Mazurek, G.(2019). Marketing and artificial intelligence. Central European Business Review, 8(2), 46.

51 Stone, M., Aravopoulou, E., Ekinci, Y., Evans, G., Hobbs, M., Labib, A., & Machtynger, L.(2020). Artificial intelligence(AI) in strategic marketing decision-making: a research agenda. The Bottom Line, 33(2), 183-200.

52 Han, J. K., Chung, S. W., & Sohn, Y. S.(2009). Technology convergence: when do consumers prefer converged products to dedicated products?. Journal of Marketing, 73(4), 97-108.

53 Reinhardt, A., Tashiro, H., & Elgin, B.(2004). THE CAMERA PHONE REVOLUTION; These wildly popular devices will transform the world of photography. Business Week,(3878), 52-52.

54 Lee, S., Lee, J. H., & Garrett, T. C.(2013). A study of the attitude toward convergent products: a focus on the consumer perception of functionalities. Journal of Product Innovation Management, 30(1), 123-135.

55 Guiltinan, J. P.(1987). The price bundling of services: A normative framework. Journal of Marketing, 51(2), 74-85.

56 Gill, T.(2008). Convergent products: what functionalities add more value to the base?. Journal of Marketing, 72(2), 46-62./Gill, T., & Lei, J.(2009). Convergence in the high-technology consumer markets: Not all brands gain equally from adding new

functionalities to products. Marketing Letters, 20(1), 91–103.
57 Guiltinan, J. P.(1987). op. cit.
58 글 및 사진 출처: chosun.com
59 김희진(2007). 미디어 고객주권의 마케팅시대, 기업과 광고회사는 어디로, www.lgad.co.kr
60 한수연(2002). 디지털 컨버전스 제품의 성공과 실패사례」, LG주간경제
61 Yamada, K.(1995). "Information Highway Revs Up," Computer Reseller News, January, 27–28.
62 코람데오닷컴(http://www.kscoramdeo.com)
63 척 마틴 저(1999)/PWC e–business practice팀 역(1999). 「e–비즈니스」, 21세기북스, 39–42.
64 사진 및 글출처: 중앙일보 2012.7.7에서 참고
65 김재윤(2001). 무선인터넷 비즈니스의 이해, 삼성경제연구소, 연구보고서, 11월/안종배(2001), 차세대 대표주자로 떠오른 무선인터넷 마케팅, AD. Information, 8월호 참고
66 김봉구(2010). 스마트폰이 불러온 모바일 마케팅의 변혁, Daehong Communications(Jul_Aug), 15.
67 Lenger, A. D.(2022). Digital Transformation in the Digital World the Metaverse: The New Era on the Internet. In Handbook of Research on Digital Transformation Management and Tools(pp. 199–217). IGI Global.
68 한국인터넷진흥원(2021). 2021 인터넷 이용 실태조사 요약보고서, www.kisa.or.kr
69 Lenger, A. D.(2022). Digital Transformation in the Digital World the Metaverse: The New Era on the Internet. In Handbook of Research on Digital Transformation Management and Tools(pp. 199–217). IGI Global.
70 Lamprecht, C., Gebauer, H., Fleisch, E., & Wortmann, F.(2022). A KPI Set for Steering the IoT Business in Product Companies: Product companies can use the key performance indicators set presented here to manage their Internet of Things business effectively and avoid three pivotal measurement traps. Research–Technology Management, 65(2), 53–63.
71 정주용(2016). 「스마트폰으로 코끼리 사기: O2O 시장의 틀을 바꾸다」, 베가북스, 16–17에서 인용
72 우상재(2014). 사물인터넷이 기업에 주는 과제: 사물인터넷 시대 대응 · 활용을 위한 필수사항을 중심으로, Deloitte Anjin Review 2014 APRIL NO.1
73 마이클 밀러 저/정보람 역(2016). 「생활을 변화시키는 사물 인터넷: IoT」, 영진닷컴, 24에서 참고하여 작성. 사진은 http://www.ilovepc.co.kr/news/articleView.html?idxno=12920에서 가져옴.
74 Nguyen, B., & Simkin, L.(2017). The Internet of Things(IoT) and marketing: the state of play, future trends and the implications for marketing. Journal of Marketing Management, 33(1–2), 1–6.
75 마이클 밀러 저/정보람 역(2016). 전게서, 25에서 참고

76 문영진 기자(2011.4.19). 스마트폰 때문에 사라지는 10가지 파이낸셜타임즈

77 권기덕, 김재윤(2006). 전게서

78 Piepponen, A., Ritala, P., Keränen, J., & Maijanen, P.(2022). Digital transformation of the value proposition: A single case study in the media industry. Journal of Business Research, 150, 311–325.

79 권기덕 · 김재윤(2006). 인터넷이 바꾸는 매체산업, 삼성경제연구소 CEO Information, 6의 그림을 수정하여 작성

80 Jara, A. J., Parra, M. C., & Skarmeta, A. F.(2012, July). Marketing 4.0: A new value added to the Marketing through the Internet of Things. In 2012 Sixth International Conference on Innovative Mobile and Internet Services in Ubiquitous Computing(pp. 852–857). IEEE.

81 Rigby, D.(2014). Online shopping isn't as profitable as you think. Harvard Business Review. August, 21, 2.

82 제일기획 자료 http://www.mediatoday.co.kr/news/articleView.html?idxno=144376에서 참고

83 Rust, R. T., & Oliver, R. W.(1994). The death of advertising. Journal of Advertising, 23(4), 71–77.

84 미치 조엘 저/서동춘 역(2010). 「미래를 지배하는 식스 픽셀」, 세계사, 15에서 참고하여 작성

85 서비오 지먼, 아르민 브로트 저/이승봉 역(2003), 「마케팅 종말」, 청림출판, 25–29 등에서 참고하여 작성

86 세스고딘 저/김태훈 역(2019), 「This Is Marketing」, 쌤앤파커스, 246.

87 Naumovska, L., & Blazeska, D.(2016). Public relation based model of integrated marketing communications. UTMS Journal of Economics, 7(2), 175–186.

88 한국인터넷진흥원(2021). 2021 인터넷 이용 실태조사 요약보고서, www.kisa.or.kr

89 한국인터넷진흥원(2021). 2021 인터넷 이용 실태조사 요약보고서, www.kisa.or.kr

Chapter

02 인터넷 비즈니스의 이해

Chapter 02

인터넷 비즈니스의 이해

제1절 인터넷 비즈니스 관련 개념의 이해

1. 인터넷 비즈니스에 대한 개념정의

웹(web) 환경의 발달과 함께 새로운 신조어들이 많이 등장하고 있다. **인터넷 마케팅(internet marketing)**이나 **웹 마케팅(web marketing)**, **모바일 마케팅(mobile marketing)**, **엠커머스(m-commerce)**, **아이 비즈니스(i-business)**, **이 비즈니스(e-business)**, **인터넷 비즈니스(internet business)** 등 다양한 용어들이 구분 없이 쓰여 인터넷 비즈니스를 공부하는 사람을 혼란스럽게 하고 있는 것도 사실이다. 이렇듯 인터넷 비즈니스의 정의를 찾는 것도 쉽지 않은 일이며, 각각이 쓰고 있는 인터넷 비즈니스의 정확한 개념을 공유하는 작업 역시 쉽지 않다.

일반적으로 인터넷 비즈니스는 정보기술을 기반으로 하여 기업이 **가상공간(cyber space)**에서 창출하는 모든 비즈니스라고 할 수 있다. 특히 최근에는 무선 인터넷 관련 기술이 발전하면서 이 비즈니스의 영역이 많이 확대되고 있는 것이 사실이다. 본서에서는 이러한 인터넷 비즈니스 및 마케팅의 개념을 무선인터넷을 포함하여 다양한 인터넷 관련 비즈니스 이론 및 사례를 다루고 있다.

인터넷 전문회사인 아이비즈넷(i-biznet)은 '**인터넷 비즈니스란 인터넷을 전략적 도구로 활용하여 다양한 경영활동을 수행함으로써 인터넷으로부터의 수익창출이나 원가절감을 달성하고자 하는 비즈니스**'라고[1] 정의하고 인터넷 비즈니스를 좀 더 명확히 이해하기 위하여 이러한 정의에 내포되어 있는 의미를 다음과 같이 설명하고 있다.

■ 우선 인터넷을 전략적 도구로 이용한다는 것이다

인터넷 비즈니스가 기업이 목표하는 바를 달성할 수 있도록 인터넷을 활용하는 것이지 목표에 다른 전략 없이 단순히 기업의 홈페이지를 인터넷에 올리는 것은 의미가 없다는 것이다. 웹사이트를 만들기 전에 이를 어떻게 활용할 것인가에 대한 뚜렷한 목표의식을 가지고 있어야 한다.

■ 인터넷을 이용하여 다양한 경영활동을 수행한다는 것이다

기업의 경영활동은 원재료의 구매에서 생산, 판매라는 본원적인 활동 외에 이를 지원하는 다각적인 마케팅 활동 및 인사, 재무, 회계 등 매우 광범위할 수 있다. 이처럼 광범위한 기업의 경영활동 중에서 일부 또는 전부가 인터넷을 활용하거나 인터넷을 이용할 수 있도록 도와주는 경우를 인터넷 비즈니스라고 할 수 있다

■ 인터넷을 통해 수익을 창출하거나 원가를 절감할 수 있어야 한다는 것이다

인터넷 비즈니스라고 한다면 단기적이든 장기적이든 무언가 기업에 기여를 할 수 있어야 하는데 이러한 기여가 없는 활동은 인터넷 비즈니스라고 보기 힘들다. 이러한 차원에서 보면 인터넷을 통하여 물건을 판매하거나 필요한 인력을 모집한 것 또한 인터넷 비즈니스의 하나라고 볼 수 있다.

꼭 인터넷을 통해 판매하지 않더라도 비즈니스를 위해 인터넷을 활용하기만 해도 인터넷 비즈니스를 하고 있다고 할 수 있다.[2]

| 표 2-1 | 일반 비즈니스와 인터넷 비즈니스의 차이

	일반 비즈니스	인터넷 비즈니스
중요한 자원	물리적인 형태의 투입요소(자본, 인력, 토지)의 규모가 중요	물리적인 투입요소보다 지식, 아이디어, 정보 등이 더 큰 경쟁우위요소가 됨
제품	물리적인 재화와 서비스	일반제품에 더하여 새로운 개념의 디지털 제품 제공가능
고객	한정적인 고객	전 세계 인터넷 사용자를 대상
거래공간	물리적인 매장 필요	가상공간

2. 인터넷 비즈니스와 전자상거래

전자상거래를 의미하는 **이커머스(e-commerce)**와 인터넷 비즈니스는 무엇이 다른 것인가? 일반적으로 e-commerce는 웹 환경을 통한 거래를 의미한다. 전자거래라는 단어로 포괄적으로 표현되기도 하며 **B2B(Business to Business)**나 **B2C(Business to Consumer)** 전자거래를 총괄적으로 지칭한다. e-commerce라고 총괄 지칭하는 경우 B2B나 B2C의 제조 환경이나 상거래 환경을 구별하지 않는 웹을 통한 영업활동을 의미한다.

인터넷 비즈니스는 기업 간의 영업 및 마케팅 활동을 중심으로 기업 간의 정보공유와 의사결정모형을 통합한 확장된 e-commerce의 연결이라고 할 수 있다. 공급자의 기간업무시스템을 **인트라넷(intranet)**, **익스트라넷(extranet)**, 혹은 웹 환경을 통해 중요 거래선, 직원, 자원공급 거래선에 연결한 기존의 전통적 정보시스템 자원과 웹의 무한한 영역의 결합이다. 즉, 인터넷 비즈니스는 각 기업별 완성된 **공급사슬관리(SCM: Supply Chain Management)**를 연결한 확장된 공급사슬관리라고 설명될 수 있다. 이러한 경우 인터넷 비즈니스는 B2B 영업 · 제조 환경에서 익스트라넷 역할을 하는 경우가 대부분인 바, 인터넷 비즈니스를 익스트라넷이라고 설명하는 경우가 여기에 해당된다.

인터넷을 통한 마케팅 활동이 다양해지면서 **인터넷 마케팅(internet marketing)**이나 **웹 마케팅(web marketing)**이라는 개념이 자연스럽게 형성되었고, 전자상거래 영역에서 다루어지지 않는 고객서비스, 프로모션, 마케팅 활동 등이 강화되면서 수주 → 제조 → 납기의 단순한 채널이 무력화되고 웹을 통한 새로운 영업 · 마케팅 활동이 대두되었으며, 이러한 모든 영업 · 마케팅 활동을 인터넷 비즈니스라고 거시적으로 설명하기도 한다.

인터넷 비즈니스를 주제로 토론을 하는 경우, 서로 다른 주장과 방향을 제시하는 경우는 위에서 설명한 바와 같이 인터넷 비즈니스에 대한 정확한 개념공유가 선행되지 않아서이다. B2B 환경을 중심으로 한 익스트라넷이라는 의미로 쓰이는 인터넷 비즈니스와 웹을 통해 설명 가능한 모든 비즈니스의 총체적 집합이라는 의미로 쓰이는 인터넷 비즈니스는 서로 공유되는 부분이 있는 반면 서로 상충되는 부분이 있어, 정확한 사전적 개념정의 이후 토론을 전개하는 것이 바람직하다. 이러한 정의와 영역구분을 토대로 본서에서는 주로 유·무선인터넷 주체로 직접적인 수익을 창출하는 **순수 인터넷 사업자(Pure Internet Player)**에 대한 분석을 주로 하지만 인터넷을 마케팅 수단으로 활용하는 기존의 기업까지 모두 포함하여 일반제품의 인터넷 활용 마케팅까지 다룰 예정이며, 모바일과 사물인터넷의 영역까지 포함하는 마케팅을 논의할 것이다.

| 표 2-2 | 인터넷 비즈니스의 영역[3]

구분	내용	사업의 예
인터넷 신산업	인터넷 비즈니스를 대상으로 하여 새롭게 탄생되는 사업	포털(potal)서비스 SNS
인터넷 활용산업	인터넷을 산업활동의 수단으로 활용하면서 파생되는 사업(일부는 기존산업의 영역을 잠식·대체하면서 발전)	전자상거래 인터넷 중개산업 인터넷 금융 인터넷 교육 인터넷 미디어
인터넷 지원산업	인터넷의 발전을 지원하는 사업	통신네트워크 운영사업 인터넷 장비 제조업

실제 인터넷과 새로운 기술이 우리의 생활에 큰 영향을 미치는 기술혁명을 가져왔고 빅데이터와 인공지능과 같은 것들이 새로운 시대를 여는 방아쇠가 되고 있다. 최근의 사물인터넷의 성장은 빅데이터의 성장을 가속화시키고 인공지능의 비즈니스의 사용을 촉진하고 있는데[4] 이는 인터넷 비즈니스의 새로운 변화를 예고하는 것이라고 볼 수 있다. [Internet Marketing Insight 2-1]에서 최근 30여 년간 국내 인터넷 비즈니스의 진화 추이와 인기 인터넷 비즈니스 브랜드를 소개하고 있는데 향후 10년은 어떻게 변화할 것인지 이를 기반으로 예측해보는 것도 의미 있다고 생각된다.

Internet Marketing INSIGHT 2-1

최근 30여 년간 국내 인터넷 비즈니스의 진화 추이

인터넷 기업들은 전 세계의 저성장 기조에도 각국의 성장 동력으로서의 역할을 담당하고 있다. 2013년 4월 기준, 미국 내 10대 기업 중 애플이 1위, 구글이 3위, 마이크로소프트(이하 MS)가 4위를 차지하는 등 ICT · 인터넷 기업이 최고 수준의 시장가치기업으로 자리매김하며 가치 총합의 약 40%를 차지, 세계시장 시스템을 재편하였다. 실제 과거 몇십년 동안 세계 브랜드 가치 순위 1위를 하던 코카콜라가 인터넷 비즈니스 관련 기업인 애플과 구글에게 그 자리를 내어주었다는 것은 인터넷 비즈니스가 얼마나 비즈니스 전체에서 중요한 역할을 차지하고 있는지 보여주는 증거이다. 인터넷 기업의 변화에서 다음과 같은 특징이 도출되었다.

■ 로컬 강자의 부상

과거에는 미국기업이 중심이었지만, 최근에는 지역별 로컬 강자가 부상하였다. 2010년 시장가치 상위 10대 기업 중 절반이 미국 이외 국가의 기업으로, 중국기업 2개, 일본기업 2개, 한국기업 1개로 아시아 기업의 강세가 뚜렷하게 드러났다. 2010년 시장가치 상위 10% 인터넷기업 중 57%가 미국 이외 국가로, 주요 선도기업의 해외 진출도 확대하였다. 구글, 아마존, 이베이 등은 10년 전에는 미국 중심(70~80%)의 매출 구조를 가졌으나, 최근에는 미국 이외 지역의 매출 비중이 급증하였다.

■ 다양한 콘텐츠/서비스 분야 확대

과거에는 인터넷 서비스를 지원하는 인프라, 솔루션 분야의 기업이 큰 비중을 차지했으나, 최근에는 다양한 서비스 분야가 증가되었다. 10년 전에는 시가총액 상위 10% 인터넷기업 중 인터넷 서비스지원 분야의 기업이 55%를 차지하였고, 최근에는 검색/포털, 전자상거래 부문의 비중이 약 50%이며 SNS, 유튜브 등의 동영상 서비스 등의 인기가 급부상하고 있다. 페이스북, 인스타그램 등의 SNS 인기가 급부상하였으며 주요 인터넷 기업은 지속 성장을 달성하기 위해 이종 분야로 사업을 확장. 핵심 역량과 플랫폼을 기반으로 연관 분야 확장, 사업 다각화, 서비스 확장, 고객층 확대 등이 추진되었다.

■ 플랫폼 비즈니스 강세

플랫폼이란 단어는 본래 물리적 구조물, 예를 들어 철도 플랫폼, 우주선 발사대 등 작업을 위한 공용화된 토대의 의미로 통용되었다. 과거의 플랫폼의 개념에서는 상품(서비스) 제공자와 수용인원의 한계 등 공간의 제약성이 강했다면 ICT의 발전과 함께 플랫폼의 개념은 수많은 상품과 인원이 공간의 제약 없이 교류하며 새로운 가치를 창출하는 공간이라는 의미로 확장되었고, 인터넷 플랫폼은 다양한 인터넷 서비스 · 콘텐츠가 생성 · 유통되는 장으로 API를 통한 서비스 연동 등을 통해 이용자, 서비스 제공자 간 소통의 기반을 제공하는 장소라고 정의할 수 있다.

PC 기반에서 하드웨어를 기반으로 한 플랫폼의 특징은 모바일 시대를 맞이하며 플랫폼 운영의 중심이 소프트웨어로 이동하며 또 한 번 진화를 하고 있다. 현재의 인터넷 플랫폼 비즈니스는 유 · 무선인터넷을 통해 개발자(판매자)와 이용자(사용자) 사이를 연결하여(인터넷 서비스 및 콘텐츠의 생산–유통–이용 촉진을 통해) 새로운 가치 및 다양한 생태계를 창출할 수 있는 서비스 기반구조라고 볼 수 있다.

■ 수익 모델 융복합화 확대

주요 수익 모델은 광고, 상거래 수수료, 서비스 이용료, 콘텐츠 판매 등 4가지 유형으로 발전했으며, 수익모델의 융복합화가 심화되고 있다. 단일 수익 모델 중심에서 4개 유형을 결합한 수익 모델 도입이 확대되고 있으며, 특히 SNS를 중심으로 무료 서비스를 제공하고 소셜게임 등으로 수익을 올리는 '프리미엄(Freemium, 무료+유료)' 모델을 확대하고 있다. 과거에는 없던 다양한 비즈니스 모델로 고수익을 올리는 기업도 증가하고 있으며, 일본의 소셜네트워크 서비스 관련 업체인 그리(Gree), DeNA, 넷이즈(Netease) 등은 커뮤니티 기반의 소셜게임과 부가 서비스 등을 제공하여 2010년 40% 이상의 영업이익률을 달성하고 있다.

■ 동종 인터넷 기업 간 경쟁 → 이종 및 비인터넷 기업 간 경쟁

인터넷 사업과 수익 모델 융합 확대로 인터넷기업 간 경쟁이 심화되고 있다. 이는 동종 분야, 인터넷 기업 간 경쟁을 넘어 전방위 경쟁으로 확대되고 있는 추세이다. 모바일 인터넷의 확산으로 비인터넷 기업 간의 경쟁도 심화. 기기, 통신, 소프트웨어 기업이 앞다투어 인터넷 서비스 분야에 진입하였다.[5]

■ 공유경제 및 메타버스 등의 활성화

공유경제(共有經濟, sharing economy)는 물품을 소유의 개념이 아닌 서로 대여해 주고 차용해 쓰는 개념으로 인식하여 경제활동을 하는 것을 가리키는 표현이다. 현재는 물건이나 공간, 서비스를 빌리고 나눠 쓰는 인터넷과 스마트폰 기반의 사회적 경제 모델이라는 뜻으로 많이 쓰인다. 인터넷과 SNS가 발달함에 따라 시공간의 제약 없이도 공유경제가 확산될 수 있었으며, 자신이 소유하고 있는 것을 타인과 공유, 교환, 대여함으로써 그 가치를 창출해낼 수 있는 협력적 소비의 일종이다. 이러한 서비스 제공자들로 해외에서는 우버, 에어비앤비 등이 크게 성장하였고 국내에서는 카카오T, 야놀자, 여기어때 등의 서비스가 성장했다.[6]

그림 2-1 | 국내 인터넷 업계 진화 추이[7]

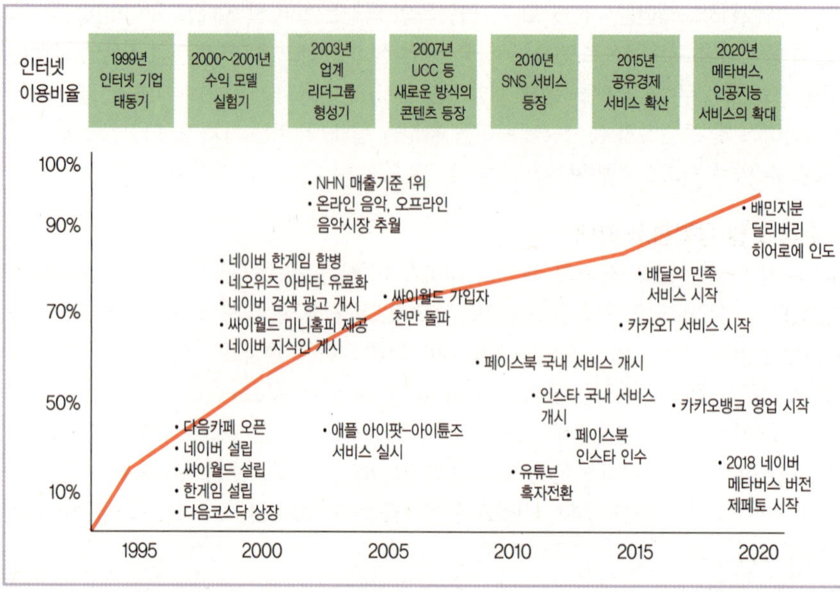

제2절 인터넷 비즈니스의 주체

1. 인터넷 비즈니스의 구분 주체

인터넷 비즈니스의 주체를 분류하는 기준은 분류하는 사람마다 많은 차이를 보이고 있는 것이 사실이다. [그림 2-2]에서 볼 수 있듯이 기업의 수익흐름이 온라인에서 이루어지는가, 오프라인에서 이루어지는가, 또 마케팅 자원할당이 온라인에서 이루어지는가, 오프라인에서 이루어지는가에 따라 4가지 분면으로 분류될 수 있고 여기서 1, 2, 3분면의 기업이 인터넷 비즈니스의 영역이라고 이야기할 수 있을 것이다.

그림 2-2 | 인터넷 비즈니스의 영역

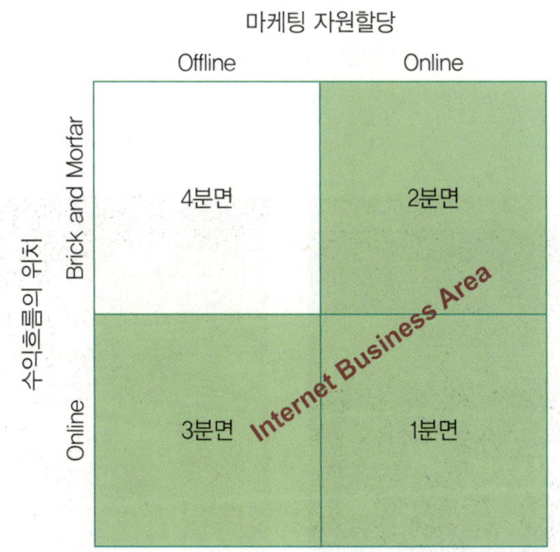

그러나 실제로 어떤 기준에 따라 분류하는가에 따라 특정 사이트나 회사가 속하는 위치는 차이가 날 수 있다. 예를 들어, **바루나(Barura)** 등은 인터넷 비즈니스 참여기업을 **전자네트워크 기업, 애플리케이션 기업, 온라인 중개인, 온라인 거래기업** 등으로 분류하였는데 앞의 두 개 기업유형을 인터넷 비즈니스의 ① **인프라 기업**으로, 그리고 뒤의 두 개 기업유형을 ② **온라인 활동기업**으로 분류하고 있는 것도 하나의 분류방법이 될 수 있다.[8]

본서에서는 앞으로 나오는 두 가지 기준으로 인터넷 비즈니스의 주체를 서술해보았다.

2. 사업위치에 따른 인터넷 비즈니스 기업 분류

1) 순수 인터넷 기업

순수 인터넷 기업(Pure-Player Company)이란 인터넷 영역에서만 사업을 하는 기업을 말한다. 그러므로 사업주체가 인터넷이 되는 것이다. 이러한 기업들은 물리적인 점포를 하나도 가지고 있지 않기에 전형적인 **굴뚝기업(Brick and Mortar)**과 대별된다.[9] 많은 개인사업자들은 인터넷 통신판매업 등록을 하고 인터넷으로만 제품을 판매하는 사업을 하고 있는데 이들이 대표적인 순수 인터넷 기업이 될 수 있다. 실제로 최근 기업의 사업영역을 순수 인터넷 기업으로 한정하는 것은 위험하다는 지적이 많이 제시되고 있다. 거대한 순수 인터넷 기업들은 자금력과 인지도를 바탕으로 오프라인 사업으로 진출하고 있는데 과거 순수 인터넷 기업의 대표였던 **아마존(Amazon.com)**이 오프라인에 서점과 소매점을 개설한 것이 그 보기가 될 수 있다.

2014년 아마존이 오프라인에 서점을 열었다. 아마존은 왜 자신의 강점을 포기하면서 오프라인 서점을 만들었을까? 아마도 아마존은 오프라인 서점만이 고객에게 줄 수 있는 가치에 눈을 뜬 것 같다. 오프라인 서점은 고객이 제품을 보고 만지며 경험해볼 수 있고, 원하면 바로 살 수 있으며, 마지막으로 직원들의 도움을 받을 수 있다는 특성이 있다.[10]

아마존 고(Amazon go). 겉모습만 보아서는 깔끔한 편의점 혹은 슈퍼마켓처럼 보이는 이곳을 특별하게 만들어 주는 것은 3가지다. '대기 줄', '지불 과정', '점원'이 없는 슈퍼마켓. 직원들을 대상으로 오픈한 이곳은 1년의 시험을 거쳐 2018년 1월 22일에 정식으로 오픈을 하게 된다.[11]

2) 온 · 오프라인 통합기업

온 · 오프라인 통합기업(Click and Mortar)은 오프라인에서 사업하다가 온라인으로 확장한 경우와 온라인에서 먼저 사업을 수행하여 오프라인으로 확장한 경우로 나누어 볼 수 있다. 실제로 국내의 많은 대기업들은 물리적 환경에서 사업을 해왔으며 최근에는 인터넷의 중요성을 직시하고 기존사업의 보완으로써 그리고 또는 완전한 새로운 사업의 수단으로 인터넷을 이용하고 있다. 이에 대한 사례로 교보문고는 오프라인으로 시작하여 온라인 서점을 개설하였다. 롯데나 신세계 같은 많은 유통기업은 오프라인에서 사업하다 온라인으로 확장하였다. 이제는 닷컴 기업과 전통적인 기업을 구분하던 명확한 경계선이 사라지고 있는 상황에서 많은 전문가들은 새로운 경제적 환경에서 성공하는 기업은 전통적인 사업과 인터넷 사업을 연계할 수 있는 전략을 실행하는 기업이라는 것을 주장하고 있다.[12]

최근 오프라인 서점들도 오프라인 사업과 더불어 온라인 판매사이트를 만들어 운영하고 있다. 사진은 교보문고 매장과 홈페이지(kyobobook.co.kr)

실제 이러한 부분을 증명하는 연구에서는 온라인으로 사업을 확장한 비즈니스 모델은 기업 정보의 비대칭성을 감소시켜 기업의 위험 감수 능력을 향상시키는 데 도움이 되며 자유로운 시장개척이 가능하고 적은 비용으로 운영이 가능함으로써 전체적으로 수익향상 측면에서도 도움이 될 수 있다는 것을 검증하였다.[13]

3. 사업 분야에 따른 구분

1) 전자상거래 기업

전자상거래 기업은 '**온라인 유통경로를 통해 실제 제품과 실제 화폐를 교환하는 기업**'으로 혹자는 전자상거래를 '**인터넷과 관련이 있는 모든 사업**'을 지칭하기도 하나 '온라인 유통경로를 통해 판매하는 기업'으로 좁게 보는 관점도 있다. 자신이 직접 제품을 생산하거나 조립하는 기업이 있는가 하면, 어떤 기업은 다른 기업이 생산한 제품을 단지 재판매하는 경우도 있다. 이 분야에 속하는 대규모 기업들은 자신들이 생산한 제품을 인터넷을 통해 판매한다. 예를 들어 시스코(Cisco System)는 정보통신 장비를 직접 제조하여 인터넷을 통해 인터넷 서비스 제공업체(ISP: Internet Service Providers)에게 직접 판매한다. 어떤 전자상거래 기업은 인터넷을 통해서만 제품을 판매하고, 어떤 기업은 인터넷과 일반 굴뚝기업(Bricks and Mortar)의 유통경로를 동시에 이용하여 판매한다.

이렇듯 많은 기업들이 복수의 세분시장, 특히 다른 세분시장에서 경쟁하면서 인터넷을 통해 주문을 받는 전자상거래 세분시장에 참여하고 있다. 예를 들어, 인텔(Intel)은 가장

큰 하드웨어 부품 제조업체 가운데 하나이면서 수십억 달러 상당의 부품을 온라인을 통해 판매한다.[14]

코로나19 이후 전 세계적으로 디지털 전환의 가속화와 온 · 오프라인의 경계가 허물어지며 옴니채널의 발전과 함께 전 세계 전자상거래 비중이 증가하게 되었다.[15]

Internet Marketing INSIGHT 2-2

세계 전자상거래 규모 및 현황

온라인(PC, 모바일 등) 매체를 이용해 제품이나 서비스를 구매하는 시장을 의미하는 '이커머스시장'은 이미 오래 전부터 우리 일상 속에 파고들며 그 영역과 규모를 계속해서 넓혀가고 있다.

[그림 2-3]에서 확인할 수 있듯이, 2011년 3.5조 달러 규모를 기록했던 이커머스(소매분야)시장은 2022년 4조 달러 규모를 돌파, 2023년경엔 6.5조 달러 규모까지 성장할 것으로 전망되고 있다. 더욱이 이커머스시장에 대한 이용률 역시 계속해서 증가해 2023년경엔 전체 소매판매의 22% 수준을 넘어설 것으로 예상되는 상황이다.[16] 시장조사분석전문기관인 트랜스포트인텔리전트(TI)가 발표한 '2020~2026년 글로벌 전자상거래 물류시장' 자료에 따르면 2026년 전자상거래 물류시장 규모는 1,037조 2,00억 원으로 엄청난 성장세를 보일 것으로 예측되고 있다.[17] 쉽게 말해서 향후 사람들은 현재보다 온라인을 통해 더 많은 제품을 구매할 것이며, 더 많은 사람들이 이에 동참할 것이라는 것이다.

그림 2-3 | 전 세계 이커머스(소매 분야) 시장규모 및 이용률 추이, 판매액 기준[18]

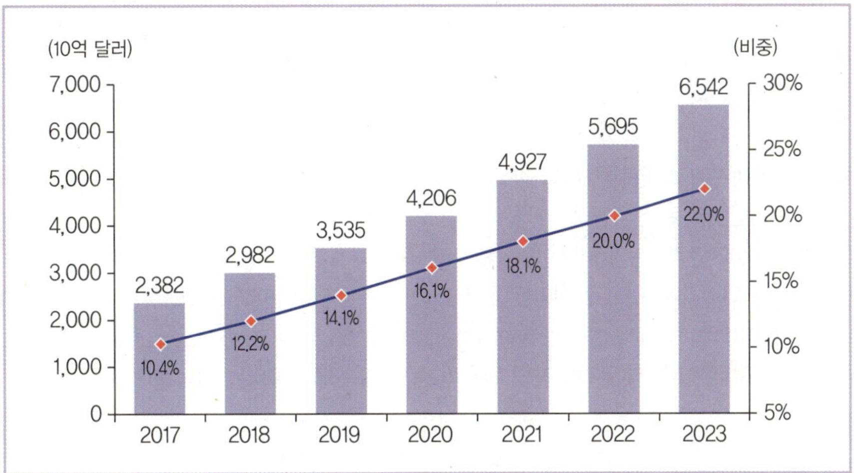

향후 이커머스시장의 성장은 선진시장보다 신흥시장에서 더욱 크게 나타날 것으로 예상된다. 신흥시장의 경우 ① 가계소득 증가세, ② 모바일 기기 보급률 증가, ③ 이동통신 환경 개선, ④ 인구 등 이커머스시장의 성장을 위한 요소들이 잘 갖추어져 있는 상황이다. 그리고 중국과 인도의 빠른 성장세를 고려했을 때 이러한 추세는 보다 가속화될 것으로 기대된다.

표 2-3 | 주요 이커머스시장 판매규모[19]

(단위 : 10억 달러)

순위	국가	2018년	2019년	성장률(%)
1	중국	1,520.10	1,934.78	27.3
2	미국	514.84	585.92	14.0
3	영국	127.98	141.93	10.9
4	일본	110.96	115.40	4.0
5	대한민국	87.60	103.48	18.1
6	독일	75.93	81.85	7.8
7	프랑스	62.27	69.43	11.5
8	캐나다	41.12	49.80	21.1
9	인도	34.91	46.05	31.9
10	러시아	22.68	26.92	18.7

소비자들이 온라인 쇼핑을 선택하는 중요한 이유 중 하나는 신선식품과 같이 과거 오프라인 판매가 주를 이뤘던 품목이 온라인으로 이동했기 때문이다. 또 전자상거래에 익숙하지 않은 고령 소비자들이 처음으로 인터넷 쇼핑에 나서며 온라인 전환이 가속화됐다. 온라인 쇼핑을 시도하는 사례가 늘어난 배경은 정보통신기술 발전과 스마트폰 보급 확산으로 인터넷 사용자가 증가한 것과 무관하지 않다.[20]

이렇듯 전 세계에 스마트폰, 태블릿PC 등 모바일 매체의 보급률이 확대되고 이동통신 환경이 개선될 것으로 전망됨에 따라 이커머스시장은 한 단계 더 성장할 수 있을 것으로 기대된다. 2021년경에는 모바일 매체를 통한 이커머스시장 이용 비중이 전체 73% 수준(2016년 57%)에 이를 것으로 전망된다. 우리나라 역시 2021년 4월 63% 수준이었던 모바일을 통한 이커머스 거래 비중은 올해 같은 달 기준 66.3%까지 증가한 상황이다. 글로벌 시장의 성장세를 고려시 우리나라의 이용 비중도 계속해서 늘어날 가능성이 높다.

그림 2-4 | 전체 이커머스 판매액 중 모바일 매체를 통한 판매액 비중[21]

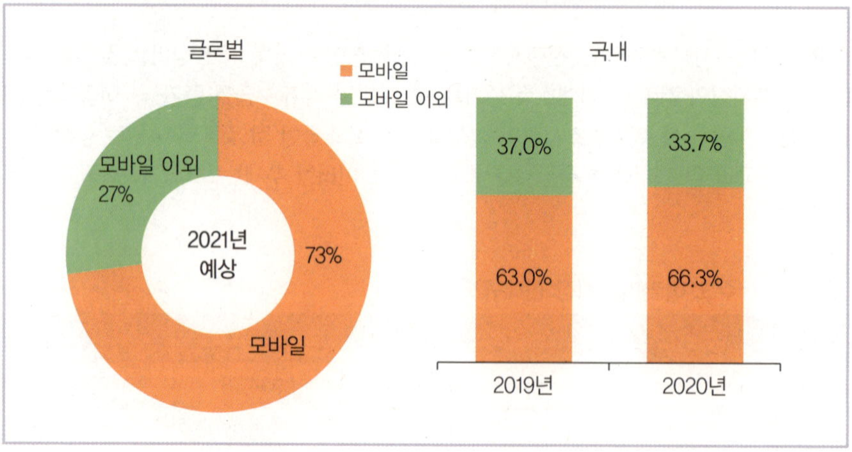

한편, 이커머스시장이 성장하는 과정에서 이와 연관된 산업들 역시 동반성장할 수 있을 것으로 예상된다. 다양한 산업이 있으나 그 중 주목할 만한 분야는 크게 4개로 요약될 수 있다. 먼저 이커머스 생태계를 조성하는 이커머스 플랫폼 비즈니스 분야의 성장이 예상된다. 이커머스 플랫폼은 이커머스시장의 가장 핵심 비즈니스로 구매자와 판매자를 연결하는 플랫폼을 제공하는 역할을 하게 되는데 미국의 아마존닷컴이나 중국의 알리바바 등이 해당 비즈니스의 대표적인 기업으로 볼 수 있다. 시장규모가 확대될 경우 해당 산업은 그 영역을 확장시키며 수익을 증가시킬 것으로 예상된다.

결제 시스템 산업의 성장 역시 주목된다. 이커머스시장은 실물화폐가 아닌 전자화폐(IC카드 등)를 통해 물품에 대한 결제가 이루어지는 특성이 있는데 이커머스시장의 성장에 따른 거래규모 확대로 동반성장이 예상된다. 나아가 배송 및 물류 관련 산업 역시 이 과정에서 발전할 것으로 예상되며 더 빠른 배송에 대한 수요가 확대되고 배송 영역(신선식품) 역시 확장됨에 따라 물류 배송규모는 더욱 큰 폭으로 증가할 가능성이 높다.
또한 판매자들 간의 경쟁이 보다 치열해짐에 따라 홍보를 위한 온라인 광고시장, 인공지능 및 빅데이터 시장 역시 주목받을 것으로 전망되는데 페이스북, 인스타그램, 유튜브 등 SNS는 물론 개인 맞춤상품 추천 기능 등을 이용한 비즈니스에 대한 이용률 확대가 예상될 수 있다.[22]

2) 콘텐츠 종합업체

또 다른 사용자 범주에는 **미디어 기업**(media companies)과 **콘텐츠 제공업자**(content provider) 등이 있다. 미디어 기업과 콘텐츠 제공 기업은 사용자 겸 공급업자로 분류될 수 있는데, 그 이유는 대부분이 다른 사용자에게 정보를 제공하기도 하고 인터넷의 대규모 이용자이기 때문이다. 이들 기업은 콘텐츠 제공업자 겸 주로 정보 종합업체이면서 포털기업이다. 최근 미디어 환경은 큰 변화를 보이고 있는데 이러한 변화를 주도하는 것은 글로벌 온라인 기반 사업자이다. 유튜브는 이미 국내에서 상당히 거대한 영향력을 발휘하고 있다. 또한 콘텐츠 제작자인 동시에 유통업자인 **넷플릭스**는 오징어 게임과 같은 양질의 콘텐츠를 수급하고 제작하여 미디어 판을 흔들고 있다. 변화의 움직임이 일찍부터 시작된 미국의 경우 수년 전부터 미디어 사업자들이 합종연횡과 혁신을 거듭하며 새로운 시대에 기민하게 대응해 왔다. 최근 빠르게 영향력을 확대하고 있는 디즈니+는 기존 방송사업자가 시장의 변화에 기민하게 대응한 산물이다.[23]

넷플릭스(영어: Netflix, Inc.)는 '인터넷(Net)'과 '영화(Flicks)'를 합성한 이름으로 전 세계 190개국 이상의, 2.1억 명의 회원을 보유한 스트리밍 엔터테인먼트 기업으로서 영화와 드라마, TV 프로그램, 다큐멘터리, 애니메이션 등의 매우 다양한 장르의 콘텐츠들을 언제, 어디서나 무제한으로 모든 기기에서 볼 수 있는 플랫폼이다(사진은 넷플릭스의 대표적 히트작 오징어 게임).[24]

넷플릭스는 2021년 행사에서 넷플릭스 파트너 데이를 개최했다. 이날 행사에서 넷플릭스는 한국의 특수분장, 색 및 음향 보정, 더빙과 VFX(특수효과) 전문 기업들과 협업했고, 이를 통해 약 5조 6,000억 원의 경제적 파급효과가 발생했다고 자체 의뢰한 조사기관의 집계 결과를 전했다. 또한 2020년까지 국내 콘텐츠 업계에 단행한 약 7,700억 원의 투자를 기반으로 약 1만 6,000개의 일자리 창출에도 기여했다고 주장했다.

3) 시장 조성업체

기대와는 달리 인터넷 사업에서는 가장 큰 명성을 가지고 있는 많은 기업들이 중간상(intermediaries)의 성격을 갖고 있다. 여기서 기대와 달리라는 표현을 한 것은 사업에 관한 출판물에서 읽을 수 있는 대부분의 기사가 인터넷이 어떻게 중간상을 감소시키는가에 관한 것이기 때문이다. 그러나 이는 사실이 아니다. 사실 인터넷은 중간상을 실제적으로 증가시켜온 것이다. 인터넷은 구매자와 판매자를 모아 그중 한쪽 또는 다른 쪽에 소규모의 거래수수료를 부가하는 새로운 형태의 중간상을 계속 창출하고 있다. 이베이(ebay.com) 같은 경매 사이트가 이러한 사업유형의 대표라고 볼 수 있으며 상당히 많은 제품 범주(인터넷을 이용하는 많은 중개업자들: 증권구매자와 판매자, 은행: 차용자와 대출자, 여행사: 여행 서비스의 구매자와 판매자)에서 발견할 수 있다.[26]

4) 서비스 제공업체

인터넷 서비스는 컨설팅, 아웃소싱, 웹사이트 설계, 전자적 자료의 상호교환, 방화벽, 자료의 저장과 백업과 같은 지원 서비스를 포함한다. 통신 서비스를 제외한 모든 서비스는 이 범주에 속할 수 있다. 수천 개의 기업들이 이러한 서비스를 제공하고 있으나 이 세분시장에 포함되는 기업은 소수에 불과하다. 이들 기업들은 제공 서비스를 기준으로 요금을 부과하는 방식으로 자신들의 서비스나 전문적 기술을 판매하여 수입을 얻고 있다. 예를 들어, EDS(Electronic Data System)의 경우 정보기술 서비스의 아웃소싱에서 명성을 얻은 기업이다.

컴퓨터 산업에 속하지 않는 기업은 자사의 데이터 처리 관리(데이터베이스, 봉급계산, 하드웨어 및 소프트웨어의 업그레이드)에 어려움을 겪는 경우 발주기업인 해당 기업은 다른 기업을 고용하여 자사의 데이터 처리를 완전히 맡기고 경영층은 본래의 사업에 전념할 수 있다. 이를 아웃소싱(outsourcing)이라고 부른다. 앞으로 다양한 분야에서 아웃소싱이 이루어지고 이러한 서비스를 제공하는 기업들이 더 많아질 수 있다. 예를 들어, 블록체인 기술 서비스 업체들의 역할이 중요할 수 있는데 블록체인은 변조가 불가능하고 추적이 가능하며 감사가 가능한 거래 장부를 통해 거래 행위를 부인하거나 조작하지 못하게 함으로써 인터넷에서 신뢰를 구축하는 방법이다. 전자지갑의 공개키만으로 거래자의 신원을 보장하고 암호키에 의해서 거래의 안정성이 또한 보장된다. 이러한 블랙체인 기술이 있어야 가상세계 창작물에 대한 소유권과 진본성을 입증하여 신뢰를 구축하고 이를 통해 거래를 활성화할 수 있는 것이다.[27]

서비스 제공업체 EDS(http://www.electricdatasystems.com/)

5) 인터넷 서비스 제공업체(ISP)

인터넷에 접속하려면 이를 도와주는 인터넷 서비스 제공업체(ISP: Internet Service Providers)가 필요하다. 직접 서버를 구축하여 사용하면 그 서버를 통하여 인터넷에 접속되지만, 일반 고객은 이들 ISP들의 서비스를 받아야 한다. 우리나라의 경우 KT, SK 브로드밴드, LG U플러스 등이 ISP에 속한다고 볼 수 있다.

제3절 인터넷 비즈니스 모델

1. 인터넷 비즈니스 모델의 정의

시간이 지남에 따라 인터넷은 산업구조 조정과 비즈니스 모델 개혁을 촉진하면서 경제 및 사회 시스템에 광범위하게 통합되었다. 인터넷은 전통적인 상거래의 거래 과정을 변화시켜 정확한 소비자 정보 인식으로 적절한 제품과 소비자를 연결하여 비즈니스 모델의 혁신을 위한 기본을 제공했다.[28]

또한 4차 산업혁명의 도래로 인해 인공지능, 빅데이터, 사물인터넷 등과 같은 기술의 빠른 발전과 사용의 급속한 확산으로 사람들의 일상생활에 큰 편리함을 제공하고 있다. 이로 인해 인간의 일과 삶이 점점 쉬워졌고, 비즈니스의 생산성 향상 및 효율성에도 큰 도움이 되고 있다. 이러한 시장 경쟁 속에서 기업들은 새로운 수익 모델의 개발에 점점 더 많은 관심을 기울이고 있다. 이러한 상황에서 기업이 인터넷 비즈니스 모델을 설계하는 것은 끊임없이 변화하는 시장 소비자 수요를 충족시킬 수 있다.[29]

비즈니스 모델(business model)이란 '**사업을 영위하고 이익을 창출하는 방식**'을 의미한다. 뒤에서도 설명되겠지만 기존의 포털 서비스, 경매, 쇼핑몰 등 인터넷상에서 사용자에게 제공하는 기능에 따라 무수한 다른 비즈니스 모델이 존재하고 있다. 실제로는 차별화된 방식을 경쟁자보다 앞서서 고안하는 것이 인터넷 비즈니스 기업에게 있어서 무엇보다도 중요하다고 볼 수 있는데, 실제로 인터넷 기업의 가치는 **비즈니스 모델의 수익 창출력, 모방의 어려움, 기회 선점** 등에 의해 평가를 받는다고 볼 수 있기 때문이다.[30] 그리고 상대적으로 빠르게 사업을 접고 수명주기가 짧은 비즈니스 모델의 난립 속에서 최근에는 비즈니스 모델의 **지속가능성**에 대한 중요성도 강조되고 있다.[31] 예를 들어, 세계 최대의 모빌리티 플랫폼인 **우버(Uber)**는 2040년까지 완전 전기, 무배출 플랫폼으로 거듭나기 위한 노력을 하고 있다. 이는 차량 서비스의 100%가 무배출 차량이나 대중교통, 마이크로 모빌리티로 이루어짐을 의미한다. 기업이 기후 변화 문제에 보다 적극적으로 대응할 책임이 있다고 믿고 이를 위해 승객에게 더 다양한 친환경 차량 서비스를 제공하고, 기사님들이 전기차를 운행할 수 있도록 돕고, 투명성을 최우선으로 하며, NGO 및 민간부문과 협력

우버(영어: Uber Technologies, Inc.)는 스마트폰을 기반으로 한 미국의 승차 공유 서비스이다. 실질적인 우버 서비스의 시작은 2010년부터이다. 이 기업은 고용되거나 공유된 차량의 운전기사와 승객을 모바일 앱을 통해 중개하는 서비스를 제공한다. 현재 전 세계 많은 도시에서 서비스를 제공하고 있다. 2014년 6월 기준 100개 도시 이상에서 서비스 중이다.[32]

하여 깨끗하고 공정한 에너지 전환을 촉진하는 것을 목표로 한다.

2. 인터넷 비즈니스 모델의 유형(거래주체에 따른 유형 구분)[33]

인터넷 비즈니스의 유형을 구분하는 다양한 기준이 있지만 본서에서는 가장 일반적인 분류방법인 거래주체에 따른 비즈니스 모델을 서술하고 [Internet Marketing Insight 2-3]에서는 **팀머스(Timmers)의 인터넷 비즈니스 모델**을 참고로 제시하고 있다.

Internet Marketing INSIGHT 2-3

팀머스(Timmers)의 인터넷 비즈니스 사업 모델[34]

유럽위원회 팀머스 정보통신국장의 사업 모형에 관한 논문은 인터넷이 어떻게 가치사슬의 연계된 활동에 영향을 미치는지를 이해하는 데 중요한 지표가 된다.

- 중개형(brokerage model): 기업은 판매자와 구매자를 위한 거래장소를 빌려주고 수수료를 부가하는 시장 조성업체이다. Ebay, Auction과 같은 온라인 경매 서비스 회사들이 대표적인 예가 될 수 있다.
- 광고형(advertising model): 웹사이트 방문자를 끌어들일 수 있는 콘텐츠를 제공하고 이에 따른 트래픽 증가로 인해 콘텐츠에 광고를 올리는 업자들로부터 수입을 얻는다. 과거 포털 Daum, Yahoo 등이 대표적이라고 볼 수 있으나 이제 이러한 포털들도 상거래의 도입으로 좀 더 사업 모델을 통합해가고 있는 현실이다.
- 정보중개형(informediary model): 기업은 고객구매 습관이나 개인특성에 대한 정보를 수집하고 이 정보들을 고객에게 더 나은 서비스를 제공하는 데 도움이 되는 패턴과 다른 유용한 정보로 가공해 낼 수 있는 기업에게 판매한다. CRM 컨설팅업체들이 대표적인 사례라 할 수 있다.
- 상인형(merchant model): 소매업자가 인터넷상에서 제품을 판매하는 이테일러(e-tailer) 모형으로 CJ몰, SSG, GS숍 등의 쇼핑몰이 대표적인 보기이다.
- 제조형(manufacturing model): 인터넷에서 제조업자는 중간상의 개입 없이 바로 소비자에게 도달할 수 있다. 이를 통해 비용절감 및 고객욕구의 직접적인 파악이 가능하다. Dell컴퓨터는 이 사업 모형을 통해 세계적인 컴퓨터회사로 성장했다.
- 협업형(affiliate model): 이 모델에서 기업은 자신의 웹사이트에 링크시킬 많은 협업자를 구하여 제휴사이트를 통한 방문유도(수수료 제공) 및 반대로 제휴사이트로의 방문유도(수수료 수입)를 하는 형이다.

이밖에도 공동체모형(community model), 고객가입형(subscription model) 등이 있는데, 이러한 모델 중에서 기업의 수익성은 기능통합과 혁신이 많이 된 기업일수록 높게 나타난다.

우리가 여기서 확실히 이해하고 넘어가야 할 부분은 상당히 많은 기업들이 지금부터 분류한 기준을 다중으로 수행하고 있을 수도 있다는 것이다. 앞으로 소비자 간 거래에서 예를 들게 될 이베이의 경우 소비자 대 소비자뿐만 아니라 비즈니스 대 소비자 판매를 중개하고 있으며, 야놀자와 같은 서비스 중개 기업들은 소비자 대 소비자의 서비스 중개로 제시하고 있지만 협력사와의 비즈니스 거래도 하고 있기에 꼭 한 모델로만 한정지을 수는 없다는 것이다.

이베이는 기본적으로 B2C 거래가 주류를 이루지만, 기업 판매자의 경우 외국에서 상품을 수급하고자 하는 기업과 B2B 거래도 성사시킬 수 있으며 50,000여 개에 이르는 수많은 카테고리의 상품들을 아우르는 거대한 시장규모는 그 상품이 어떠한 것이든지 간에 그것이 판매될 수 있는 가능성을 열어주고 있다(사진은 판매자에게 이베이의 장점을 어필하는 페이지). (이베이 코리아 홈페이지: http://www.ebaycbt.co.kr)

야놀자는 지난 2017년부터 호텔, 레저시설, 레스토랑 등 여가산업에 적용할 수 있는 SaaS(Software as a Service) 플랫폼을 개발해 왔고, 2022년 현재 170여 개국 2만 6,000여 개 고객사에 60개 이상의 언어로 서비스를 제공 중이다. 코로나19로 인해 전 세계적으로 언택트 기술에 대한 수요가 증가하자 동남아시아, 아프리카 등 글로벌 선도 기업과의 파트너십을 통해 현지에 최적화된 솔루션을 개발하고 있다.[35]

1) 기업 간 거래(B to B: Business to Business)

(1) 기업 간 거래의 개념[36]

기업 간 거래는 B to B, 2B, B2B 등 다양한 용어로 표현되는데, 일반적으로 기업과 기업 간에 일어나는 다양한 거래로 재화나 용역을 생산하는 데 필요한 제품개발이나 원자재

조달, 재정, 회계 등의 금융업무처리, 그리고 제품의 운송 같은 기업 간의 업무처리 등에 인터넷을 이용하는 비즈니스 모델로 볼 수 있다. 이는 무역 및 제조업부품조달(산업재)에서 주로 많이 활용되는 비즈니스 모델이며 과거 전자상거래에서 가장 많은 비중을 차지하였지만[37] 인터넷 사용자 비율이 높아짐에 따라 2017년 현재는 B to C 금액보다 낮은 비중을 차지하는 것으로 보인다.[38] 이러한 모델은 최근 서비스 기업까지 확대되어 디지털 환경의 산업 마케팅에서 특히 중요한 분야인 기업 간 관계를 위한 디지털 플랫폼의 엄청난 잠재력을 보여주었다.[39]

물리적 상품의 B to B의 대표적 예로는 NTE(National Transportation Exchange/nte.net) 그리고 시스코(cisco.com) 등이 있다. 그리고 디지털 상품의 B to B 모델로서는 1973년부터 법률, 비즈니스, 정부관련 정보를 조직에 제공하는 LEXIS-NEXIS사(www.lexis-nexis.com)가 대표적이다.

기업 간 거래는 B to B, 2B, B2B 등 다양한 용어로 표현되는데, 일반적으로 기업과 기업 간에 일어나는 다양한 거래로 재화나 용역을 생산하는 데 필요한 제품개발이나 원자재조달, 재정, 회계 등의 금융업무처리, 그리고 제품의 운송 같은 기업 간의 업무처리 등에 인터넷을 이용하는 비즈니스 모델로 볼 수 있다.[40]

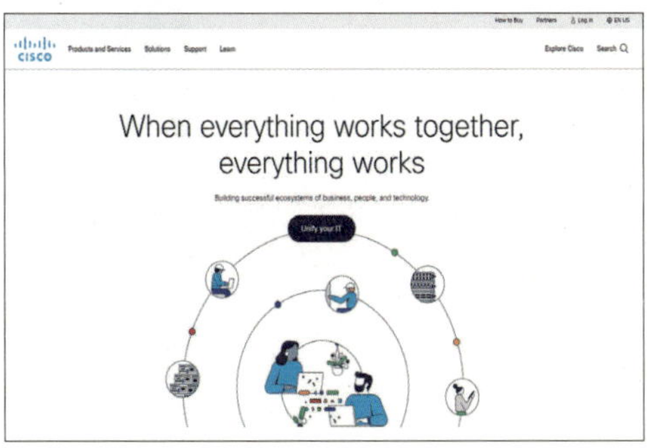

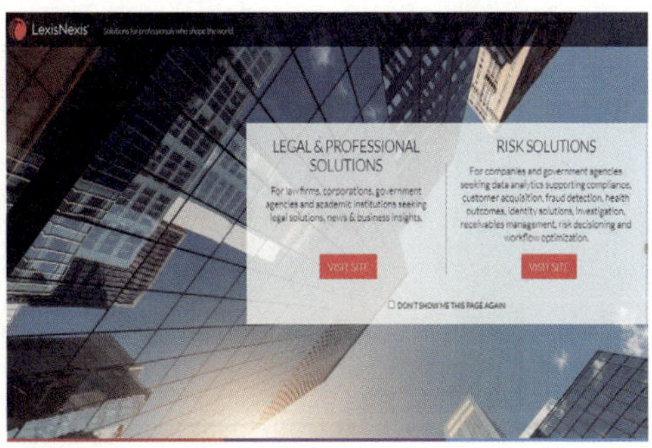

시스코(www.cisco.com)와 LEXIS-NEXIS사(www.lexis-nexus.com)

최근 들어 인터넷상의 기업 간 상거래는 많은 관심을 불러일으키고 있다. 벤처 투자가들은 더 많은 B2B 스타트업에 돈을 투자하고 있으며 심지어 제너럴 모터스나 포드 같은 전통적인 굴뚝기업들도 그들만의 인터넷시장을 설립하여 운영하고 있다.

웹에서 사업을 하는 것의 매력은 분명하다. [그림 2-5]에서 볼 수 있듯이 과거의 전화, 팩스 등에 의존하던 방식을 탈피하여 인터넷을 이용하여 엄청난 수의 구매자와 판매자를 모으고 거래를 자동화함으로써 웹시장은 구매자가 이용할 수 있는 선택권을 넓히고, 판매자가 새로운 고객에게 접근할 수 있도록 하며, 모든 참가자의 거래 비용을 절감한다. B2B 시장 내에서 발생하는 거래에 대한 수수료를 추출함으로써 시장 메이커는 막대한 수익을 얻을 수 있다. 그리고 시장은 전통적인 굴뚝기업의 벽돌과 시멘트가 아닌 소프트웨어로 만들어지기 때문에 최소한의 추가 투자로 확장할 수 있으며 시장이 성장함에 따라 훨씬 더 매력적인 마진을 약속한다.[41]

글로벌시장에서 이러한 가치는 더욱 높다. 지난 수십 년간 국제무역 규제 완화 및 시장 자유화의 상승에 따라 그리고 지식집약적 활동을 지원하는 정보통신기술의 등장은 또한 글로벌시장에서 기업 간 거래의 가치를 획기적으로 변화시켰다. 그리고 빅데이터, 사물인터넷, 인공지능과 같은 디지털 기술의 부상에 따라 이러한 기술들은 연결, 협업 및 혁신의 새로운 시대를 예고하여 글로벌시장에서 기업 간 거래에 대한 많은 성장 기회를 제공하고 있다.[42]

그림 2-5 | 인터넷을 이용한 B to B의 개념

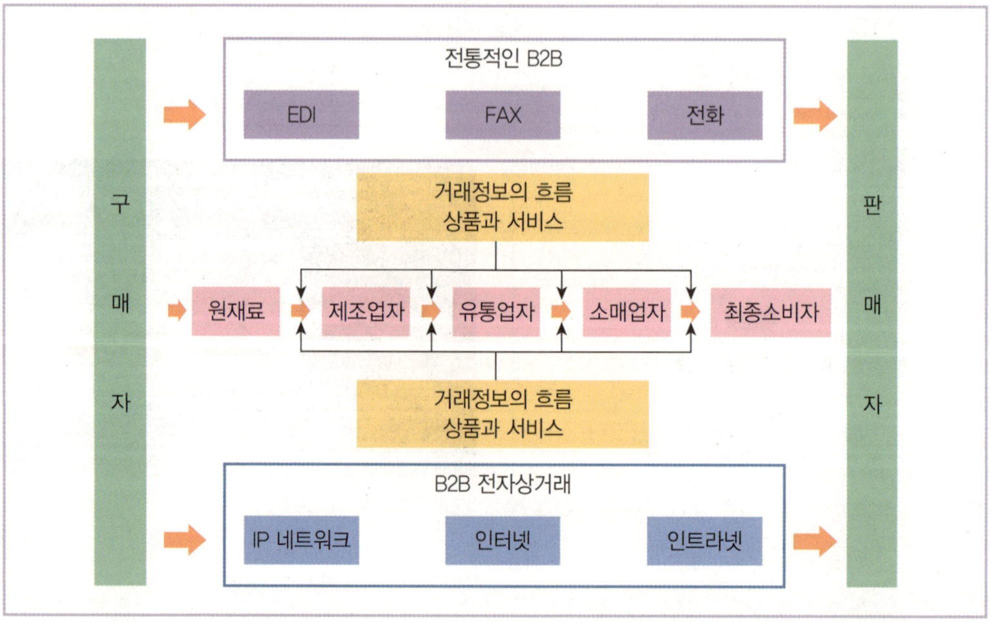

(2) 인터넷으로 인한 기업 간 거래 효익

기업 간 인터넷 비즈니스 모델을 이용하는 기업들은 다음과 같은 이점이 있을 수 있다. 첫째, **구매비용을 절감**할 수 있다. 실제로 기업이 물자 · 서비스를 구입하는 절차는 상당히 복잡하다고 볼 수 있는데, 이러한 복잡한 구조에 인터넷을 사용하면 비용을 많이 절감할 수 있는 것이다. 경제 전체에서 급격한 비용절감이나 편익을 기대할 수는 없으나 몇몇 기업의 사례를 보면 그 가능성은 크게 확대되어가고 있음을 알 수 있다.[43]

둘째, **재고감소**를 이룰 수 있다. 구매처에 자사의 생산계획을 알리는 데 많은 시간이 걸린다면, 기업은 지연과 오차의 가능성을 고려해서 재고를 늘려야만 한다. 또 수요의 변화도 고려해야 한다. 기업이 재고를 많이 가지면 가질수록 경상비용은 상승하고 이익은 저하된다. 인터넷을 이용한 자동주문 시스템은 적절한 재고관리를 가능하게 하며 재고관리가 적절하게 이루어져야 기업은 고객에게 더욱 좋은 서비스를 제공할 수 있고, 동시에 운영비를 절약할 수 있다.

셋째, **사이클타임을 단축**할 수 있다. 사이클타임이란 제품을 만들어내기까지 필요한 시간의 합계이다. 어느 제품이든 생산수준과 별도로 고정비용이 필요하지만 그 크기는 사이클타임과 관련되어 있다. 고정비용이란 시설의 감가상각비, 건물 관련비용, 관리비나 광열비에서 거의 대부분을 차지하는 비용을 말한다. 만약 제품을 생산하는 데 필요한 제조일수가 10일에서 7일로 단축된다면 제조시간이 단축되었기 때문에 제품당 고정비용은 낮아지게 된다. 전자상거래에 의해 사이클타임은 단축될 수 있다. 따라서 같은 비용으로 보다 많은 제품을 생산할 수 있게 되든지, 아니면 같은 양의 제품을 보다 저렴하게 만들 수 있게 된다.

넷째, **고객 서비스를 개선**할 수 있다. 인터넷은 기업 간 거래에서도 고객 서비스 분야에 이용되기 시작했다. 제품소개, 기술지원, 주문정보 등을 온라인으로 전송함으로써 기업은 비용을 절약할 수 있을 뿐 아니라 소비자의 만족을 높일 수 있다.

다섯째, **신규 판매기회를 발생**시킨다. 인터넷은 24시간 중 언제라도, 또 전 세계 어디에서라도 작동하고 있다. 그 결과 웹상에서의 매매는 지금까지 영업사원이나 광고에 의존했을 때는 개척할 수 없었던 새로운 시장을 개척할 수 있게 되었다.[44]

2) 기업 대 소비자 간 거래(B to C: Business to Customer)

기업 대 소비자 간 전자상거래의 대표적인 것은 주로 **전자소매(electronic retailing)**에 해당하는 쇼핑몰이다. 기업과 소비자 간 전자상거래는 임대료, 유지비 등이 저렴하다는 점에서 무엇보다 큰 상대적 이점이 있으며 무엇보다도 과거보다 발전된 보안 시스템, 모바일 판매 연동 등을 통해 최근 급성장한 분야이다.

물리적 상품의 거래에서는 서적, 음반, 소프트웨어가 중심이 되고 있는데, 물리적 상품의 대표적 성공사례로는 고객의 주문에 따라 맞춤형 컴퓨터를 생산 · 보급하고 있는 **델컴퓨터(dell.com)**를 예로 들 수 있다. 또한 한국의 쇼핑몰인 **이마트 트레이더스(traders.ssg.com)**는 인터넷상에 식품점을 개설하여 전통적인 식품점을 공략, 소비자가 웹사이트에 들어가면 각종 제품의 사진과 영상정보를 볼 수 있고 배달장소와 시간을 입력하면 식료품 창고로 정보가 전달되어 배송되며, 유지비용이 적어 저렴한 가격으로 공급이 가능하게 하고 있다.

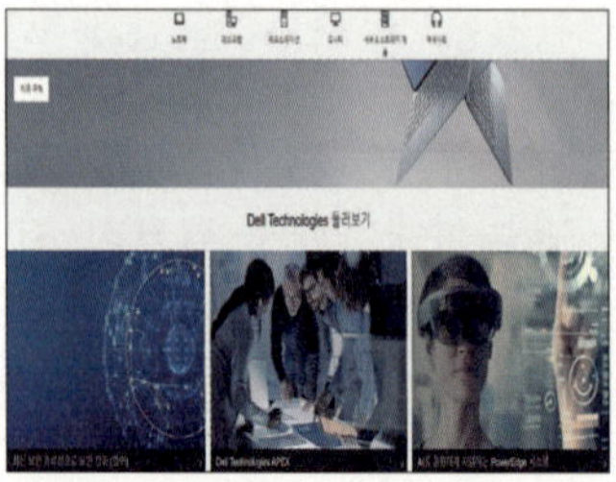

델(dell.co.kr)

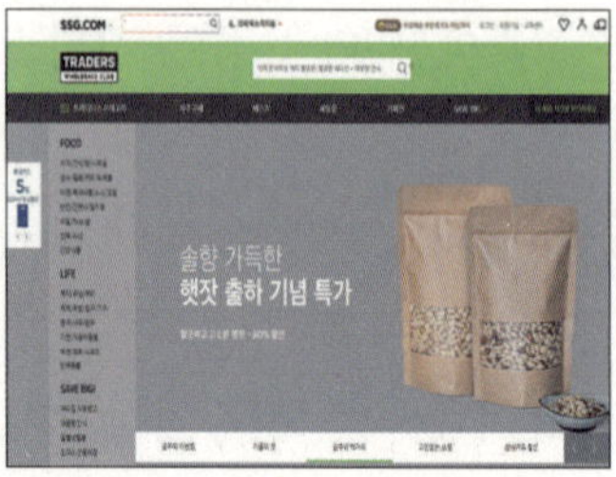

이마트 트레이더스
(https://traders.ssg.com/)

미스터블루(mrblue.com)

| 표 2-4 | 기업 대 기업, 기업 대 소비자 간 전자상거래의 비교

	기업 대 기업 간 전자상거래	기업 대 소비자 간 전자상거래
거래특성	• 불특정 다수의 기업 간 또는 특정 기업 간의 원활한 정보교환과 물품구매, 판매 등의 상거래	• 가상쇼핑몰, 전자결제를 통한 개인소비자와의 거래 • 누구나 가능
도입목적	• 전 세계 기업을 상대로 가장 좋은 조건의 기업과 계약 • 거래비용 절감 • 쌍방 간 전자지불 결제 • 기업홍보 및 광고 • 공급자/재고/배송의 효율화	• 시간제약이 없는 물품주문 및 구매 등의 일반적인 상거래 • 개인재정 관리 • 사회적 상호작용
보안	• 방화벽 적용 및 거래 파트너에게만 접근 허용	• 신용카드 검증을 제외하고 최소한의 보안
응용형태	• 특정 거래당사자(EDI, CALS) • 불특정 거래당사자(Open EDI, 경매 시스템 등)	• 가상쇼핑몰 • IC카드

디지털 상품의 B to C모델은 미스터블루(mrblue.com)와 같은 인터넷 만화방을 예로 들 수 있다. 물리적 재료가 들어가지 않기에 비용절감이 가능하며, 만화를 보는 장소를 대여하고 인력 등을 채용할 필요가 없다는 장점이 있다.

3) 소비자 대 소비자 간 거래(C to C: Customer to Customer)

소비자 간에 1 대 1 거래가 이루어지는 것으로 P to P(Person to Person)와도 약간의 관련성을 가진다고 볼 수 있다. 그러나 여기서는 엄연히 말해 C to C를 위한 중개자가 존재한다는 점에서 P to P와는 다르다고도 할 수 있다. C to C의 경우 소비자가 상품 구매 및 소비의 주체인 동시에 공급의 주체가 되는데, 물리적 환경에서의 경매, 벼룩시장 등이 대표적인 보기가 될 수 있다. 물리적 상품의 C to C 모델로서 경매시장과 벼룩시장의 역할을 동시에 수행하는 이베이(eBay: ebay.com)를 들 수 있다. 이베이는 국내의 옥션(auction.co.kr), G마켓(gmarket.co.kr)을 인수한 명실공히 세계 최대의 경매 사이트이다.

인터넷 중개는 잠재적인 소비자와 공급자를 인터넷이라는 가상공간상에서 연결시켜 주는 사업이다. 즉 다수의 잠재적 구매자와 다수의 공급자가 동일공간, 동일시간대에서 접촉할 수 있다는 점이 강점이다. 실제, 인터넷 경매는 소비자와 소비자 간 거래뿐만 아니라 기업 대 소비자의 거래도 존재할 수 있다. 인터넷이 등장하기 전에는 한 사람이 휴가를 맞아 하와이에 있는 호텔을 하나 예약하려고 한다. 예약방법은 여러 가지가 있다. 주로 거래하는 여행사가 있다면 거기로 전화를 걸어 원하는 조건, 예를 들어 바다가 보이는 호텔을 하나 예약해달라고 하면 된다. 여행사는 그 노력의 대가로 수수료를 받는다. 유선 인터넷 및 모바일이 활성화된 지금은 사진에서 볼 수 있듯이 아고다(agoda.com) 등의 사이트를 이용하여 본인이 원하는 호텔을 한눈에 검색하고 적절한 가격 및 조건을 갖춘 호텔을 예약하면 된다. 이 사이트들은 호텔을 소유하지도, 운영하지도 않는다. 과거 여행사 직원이 그러하였듯이 중간 역할을 할 뿐이다. 여러 호텔 웹사이트에서 사진과 정보를 가

아고다 숙박예약 사이트(https://www.agoda.com)에서 검색된 호텔정보

져와 고객의 요구에 따라 배열하는 일이 그들의 주업무이다.

4) 개인 대 개인 간 거래(P to P: Peer to Peer)

P2P는 'Peer to Peer'의 줄임말로 네트워크에 의한 개인 간 연결을 통해 중앙의 서버 없이도 개개인이 다양한 정보를 직접 교환할 수 있도록 해주는 기술을 의미한다. 이를 통해 P2P 사용자들은 자신의 컴퓨터에 있는 MP3 파일을 비롯한 다양한 멀티미디어 파일은 물론 문서, 대용량의 응용 프로그램들까지 쉽게 주고받을 수 있게 되었다.[45] 몇몇 P2P는 현재 대중화에 성공하고 있으며 여러 콘텐츠 및 웹사이트와 양립하면서 상호 영향을 받으며 발전될 것으로 보인다. 그리고 웹에 기반한 인터넷 비즈니스 역시 P2P에 영향을 받으며 변화 발전하게 될 것이다.[46]

3. 온라인에서 오프라인으로(O2O)

최근 몇 년 동안 온라인에서 오프라인(O2O)의 새로운 비즈니스 모델이 등장했다. 초기 단계의 많은 새로운 모델과 마찬가지로, O2O는 일관성 없는 정의를 가지고 있어 명확하게 구분할 수 없을 뿐만 아니라 O2O를 다른 기존 비즈니스 모델과 차별화할 수 없는 점도 존재한다.[47]

O2O(Online To Offline)라는 용어는 2010년 IT 분야 온라인 매체 'Tech Crunch'가 소셜커머스의 성장세를 주목해 처음으로 언급한 개념이다. O2O의 개념은 사용자에 따라 조금씩 다르지만, '온라인과 오프라인 채널을 유기적으로 연결해 새로운 가치를 창출하는 서비스'를 의미한다.[48] 간단히 말하면 O2O는 오프라인의 모든 것들, 즉 오프라인에서 이루어지던 서비스가 온라인으로 빨려 들어가는 현상을 말한다. TV 광고에서 흔히 볼 수 있는 여기어때나 직방 등이 그 예에 해당한다.[49]

그림 2-6 | O2O의 개념[50]

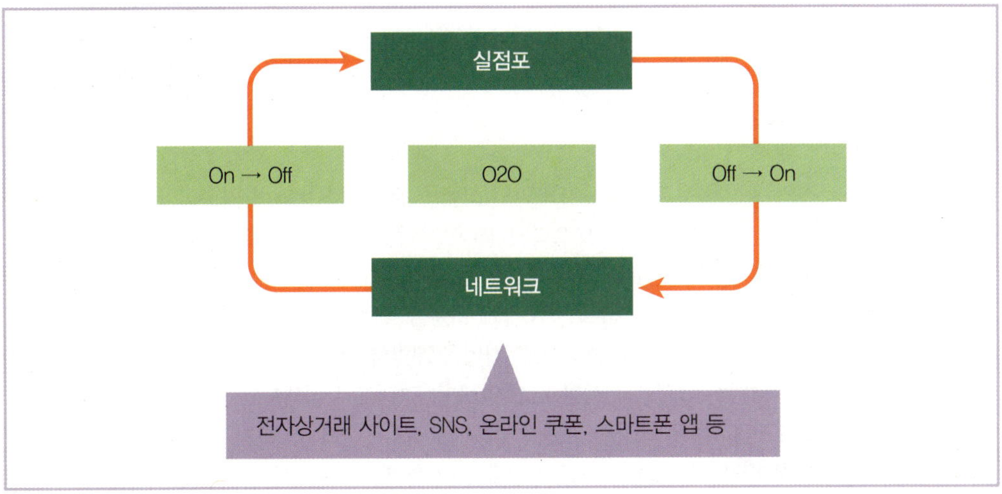

예전에는 단순히 포털 서비스에서 뉴스를 보고 유튜브를 통해서 동영상을 보는 등 대부분이 PC, 스마트폰 안에서 콘텐츠를 소비하는 형식이었으며 O2O라고 해봤자 쇼핑몰 정도였다. 쇼핑몰은 직접 주문을 해서 물건을 배달받음으로 온라인으로 주문하고 오프라인으로 물건을 받아보는 O2O 형식이었기 때문이다.[51]

최근의 O2O 서비스 형태는 크게 4가지로 구분할 수 있다. 앞에서 논의되었듯이 첫 번째는 온라인에서 오프라인으로 사업을 확대하는 유형으로 미국 온라인 유통업체 아마존이 만든 아마존고가 대표적이다. 두 번째는 오프라인 유통업체(백화점, 대형마트 등)가 온라인으로 사업을 확대하는 유형으로 롯데의 스마트픽, SK텔레콤 바로픽업 서비스 등이 대표적이다. 세 번째는 다음카카오, 네이버 등 플랫폼 기반 사업자가 O2O 서비스를 직접 제공하는 유형이며, 마지막으로 에어비앤비(Airbnb), 우버(Uber)와 같이 여러 회사의 서비스 정보를 모아 고객과 연결해주는 유형이다.[52]

O2O의 확산을 가속화시키는 키워드는 **웨어러블(wearable)**이 있다. 애플의 **애플워치**와 운동량을 측정해주는 미국의 **핏빗(Fibit)**, 그리고 무수히 많은 웨어러블 기기들의 시도들이 오늘도 계속 이어지고 있다. 아이폰에서 시작된 스마트 모바일 기기는 이제 우리의 손목으로 눈으로 피부로 확장되고 있다.[53] 이러한 모바일 기기는 실시간으로 장소에 구애받지 않고 소비자들에게 이러한 서비스에 참여하는 부분을 가능하게 하고 있다.

Internet Marketing INSIGHT 2-4

O2O 비즈니스 사례

O2O 비즈니스의 확산은 온라인과 오프라인의 장점을 결합했다는 매력 덕분이다. 소비자는 온라인의 편리성과 지역 기반인 오프라인 서비스의 장점을 모두 누릴 수 있다. 온라인으로 서비스에 관한 정보를 공유하다 보니 다양한 업체를 비교 선택할 수 있는 기회도 생겼다. 업체 입장에서는 영업에 소요되는 시간과 비용을 줄일 수 있다. 실시간으로 누적되는 고객 정보를 효율적으로 활용하면 다양한 사업을 개발할 가능성도 높아진다.

시장이 커지면서 당연히 플랫폼 선점을 두고 업체 간 경쟁도 치열해지고 있다. 국내 O2O 서비스는 스마트지갑 · 주문 · 배달 · 쇼핑 · 부동산 · 택시 · 렌터카 · 숙박 · 맛집 추천 등 다양한 분야로 확대되는 추세다. 위치를 기반으로 한 서비스도 속속 등장하는 중이다.

업체별로 살펴보면 카카오와 네이버가 가장 눈에 띈다. 네이버는 검색 · 주문 · 쇼핑이 한 번에 이루어지는 '쇼핑윈도' 확대에 사활을 걸었다. '1 대 1 쇼핑톡'을 이용하면 온라인에서도 오프라인 매장을 직접 방문한 것 같은 경험을 할 수 있다. 올해 초 카카오택시를 선보인 카카오는 대리운전, 제주 감귤 모바일 유통 등 O2O 플랫폼 선점에 핵심 역량을 기울인다. SK플래닛은 쇼핑 · 외식 등의 편의성을 높인 O2O를 제공한다.[54]

에어비앤비(영어: Airbnb, Inc.)는 2008년 8월 시작된 세계 최대의 숙박 공유 서비스이다.

대표적인 O2O 브랜드인 에어비앤비는 세계적인 숙박 공유 서비스로 많은 이용자를 보유하며 성장해 왔다. 에어비앤비는 디지털 마케팅을 활용한 대표적인 기업으로 온라인을 통해 여행객에게 집을 빌려주는 서비스를 제공하며 시작되었다.

에어비앤비 창업 초기 온라인 생활정보지인 크레이그리스트에 단기주택을 제공하고 찾을 수 있는 플랫폼을 발견하게 된다. 이를 활용하여 크레이그리스트에 숙박 게시글을 올리면 에어비앤비 홈페이지로 넘어가는 시스템을 구축하며 기업을 알리게 되었다. 또한 구글과 협력해 검색 광고에 투자하며 고객 유치에 성공하게 된다.[55]

에어비앤비의 이러한 고객 유치 전략은 '그로스 해킹(growth hacking)'이라고 불린다. 그로스 해킹이란 온라인 데이터를 기반으로 하여 기존의 이용객들을 활용해 새로운 이용객들을 불러 모으는 마케팅 기법을 말한다.
에어비앤비는 기업 성장 과정에서도 다양한 디지털 마케팅을 활용하였다. 2013년 에어비앤비는 짧은 영화를 기획, 제작하였다. 이를 소셜미디어를 통해 공유하며 기업 메시지를 전달할 수 있었다. 또한 에어비앤비는 단순한 숙박 중개뿐 아니라 여행 도시에 대한 답사, 그를 통한 가이드 역할을 한다. 주변 관광지와 음식점을 제공하며 더 편안한 여행을 이끈다.[56]

제4절 인터넷의 비즈니스에 대한 영향

1. 기업의 비즈니스에서 인터넷 이용의 효익

1) 기업 비즈니스의 개선적 효익

웹으로 인해 기업경영활동이 개선될 수 있는 효익은 **마케팅 효과의 증가, 소비자 태도의 변화, 비용절감** 등으로 요약될 수 있다. 좀 더 구체적으로 다음부터는 제품가치의 증대, 효율성, 효과성 등의 측면에서 어떤 이점을 가질 수 있는지 구체적으로 설명하고자 한다. 이들은 즉각적인 판매수익을 야기하는 것은 아니기에 간접적인 효익이라고 볼 수 있다. 그러나 간접적이라고 해도 상당수의 많은 오프라인 기업들에게는 상당히 중요한 부분이다.

(1) 제품가치의 증대

■ 온라인을 통한 브랜드 구축

브랜드 구축은 마케터가 직면하고 있는 가장 중요하고 복잡한 일 중의 하나라고 볼 수 있다. 온라인 브랜드의 구축은 많은 기업들의 궁극적인 목표가 될 수 있다. 웹사이트의 개설로 브랜드의 구축에 좀 더 힘을 실은 좋은 사례는 **디즈니(disney.com)**로 인터넷을 통하여 디즈니는 디즈니의 브랜드를 촉진하고 디즈니 캐릭터의 브랜드 이미지를 고양하는

데 많은 기여를 했다.

실제 웹은 많은 새로운 브랜드를 창출했다. 이는 포털(예: 네이버, 다음, 구글)과 같은 새로운 유형의 서비스, 온라인 공간에서만 존재하는 소매업자(예: 아마존, Yes24), 그리고 SNS(예: 페이스북, 인스타그램) 등을 포함한다. 여기서 제시된 기업들은 앞으로 8장에서 논의되듯이 **아커(Aaker)**가 이야기한 **브랜드 자산(brand equity)**의 차원인 **브랜드 인지, 브랜드 충성도, 지각된 품질, 브랜드 연상** 등을 잘 개발한 사례라고 볼 수 있다.

■ 새로운 제품의 홍보

많은 다른 사이트들, 특히 시장 선도기업의 다른 개선적 전략은 새로운 제품의 홍보이다. 기업은 웹사이트를 방문자에 대한 기업홍보 및 제품교육의 장으로 활용할 수 있으며 이를 통해 기업은 장기적으로 판매가 증대되는 효익을 누릴 수 있다. 인텔(Intel)은 이러한 효익을 잘 활용하고 있는 선도적 기업이다. 인텔은 인텔 쇼케이스(showcase) 사이트를 통하여 펜티엄 칩의 게임, 여행, 사진, 그래픽 측면에 대한 교육을 하였다. 대중이 이러한 멀티미디어를 이용하려면 고성능 컴퓨터가 필요하다. 고성능 웹 비디오의 성능을 시각적으로 보여줌으로써 인텔사는 소비자와 개발자들이 사용하고 있는 컴퓨터의 마이크로프로세서 시장을 점유하고 있기 때문에 이와 같은 범주의 성장으로 직접적인 이익을 얻을 수 있을 것이다.

인텔의 쇼케이스 홍보 화면

■ 온라인을 통한 품질의 개선

품질개선은 마케팅에 있어서 인터넷을 사용하는 절대적으로 중요한 동인이 된다고 볼 수 있다. 마이크로프로세스의 성능은 18개월마다 2배씩 향상되고 컴퓨팅 성능은 18개월마다 2배씩 향상되며 컴퓨팅 가격은 18개월마다 반으로 떨어진다고 이야기했던[57] **무어의 법칙(Moore's Law)**에서 논의되었듯이 디지털 관련 제품들은 점점 더 저렴한 가격으로 공급될 수 있는데, 어느 정도까지 기업들은 그들의 온라인 제공물로 인해 그들의 제품품질을 개선할 수 있었다. 또한 골프존(Golfzon)은 오프라인 매장에서 소비자들이 골프를 치면 온라인으로 경기기록에 대한 자세한 정보 및 저장된 스윙 동영상으로 프로들에게 조언을 구하는 등의 다양한 제품가치를 증대시키기 위한 전략으로 경쟁자와 차별화에 성공하였다. 온라인으로 다양한 정보를 제공하여 오프라인 제품의 품질을 개선하고 있는 좋은 사례가 될 수 있다.

스크린골프 분야에 성공신화를 쓰고 있는 골프존의 성공요인은 우선 매장의 온라인화다. 전국의 시뮬레이션 골프방을 온라인으로 묶는 작업에 성공했다. 이용자들이 스코어를 데이터로 저장해 나중에 일목요연하게 볼 수 있도록 했고 서울의 이용자가 얼굴을 모르는 지방 이용자와 경기를 할 수 있도록 함으로써 매장에서 하는 즐거움 외에 온라인에서 제품의 차별화를 꾀하였다.

(2) 효율성

■ 비용절감

비용절감은 많은 기업들의 웹 투자를 정당화하는 동인이며 많은 상업적 사용을 이끈다. 전자상거래와 인터넷 마케팅과 같은 영역에서 현실적이고 충분한 비용절감은 공격적인 인터넷 비즈니스의 수용을 자극한다. 실제로 제품 매뉴얼과 고객지원 문서들의 온라인 제공은 기업의 상당한 비용절감을 가능하게 할 수 있다. 특히 은행처럼 대부분의 고객응대가 이익보다는 비용을 유발하는 산업에서 유용하게 이용될 수 있는데, 대부분의 은행들은 **인터넷 뱅킹 서비스**를 통해 물리적인 은행 또는 **현금자동인출기(ATM)**보다 저렴하게 서비스를 제공할 수 있게 되었다. 연구결과에 따르면 고객이 지점을 방문하여 종업원으로부터 현금을 출납하는 비용이 1.07달러라면 은행의 수익구조는 점점 더 악화될 수 있다고 한다. 고객이 ATM을 사용한다면 거래 건당 0.27달러로 줄어들 것이다. 1980년대와 1990년대에 은행들은 고객들이 ATM을 사용하도록 유도해 비용을 4분의 1로 절감할 수 있었다. 인터넷은 이보다 훨씬 저렴하다. 동일한 거래로 인한 비용의 증가가 인터넷을 이용하면 거래 건당 0.01달러로 줄어든다. 이는 결국 금전출납원 고용비용보다 99%를 절약할 수 있고 ATM을 이용하는 비용의 95%를 절약할 수 있는 것이다. 이러한 점에서는 최근 온라인을 통한 금융업무 처리는 대세가 되고 있다.

카카오뱅크는 2017년 7월 27일 케이뱅크에 이어 2번째 인터넷 전문은행으로 영업을 시작하였다. 카카오뱅크는 출범 후 약 3개월 동안 수신규모 4조 2천억 원, 여신규모 3조 3,900억 원을 기록하였고 2022년 현재 가입자수 2천만 명에 달하는 은행으로 성장하였다.

■ 낮은 비용의 샘플

무료 시용제품은 많은 온라인 서비스와 소프트웨어 패키지 부문에서 도입되고 있으며 이 또한 제품의 판매를 위한 좋은 동인이 될 수 있다. 인터넷 교육 서비스의 경우 아직 서비스의 품질을 경험하지 못한 상태에서 5분 정도의 강좌를 무료로 경험해보거나, 인터넷 소프트웨어를 무료로 다운받아 일정기간 사용해보는 것은 효율적인 판매 프로세스라고 볼 수 있다.

(3) 효과성

효과성(effectiveness)은 웹 이익의 또 다른 중요한 범주이다. 이러한 노력은 일반적으로 공급업자, 딜러 그리고 유통 파트너의 공급체인 지원을 포함하는 것이다. **공급체인(value chain)**의 효과성은 기업의 성과와 서비스 만족을 결정하는 데 매우 중요하다고 볼 수 있다. 인터넷을 이용한 공급체인 지원은 다양한 형태를 띤다. 특히 컴퓨터 하드웨어와 소프트웨어 판매상과 같은 많은 기업들은 높은 품질, 쉽게 접속할 수 있는 고객지원 서비스에 많은 요구를 받고 있다. FAQ 파일에 서비스를 첨가하고 정보를 처리함으로써 고객 서비스 운영에 드는 인건비를 감소시킬 수 있으며 반복되는 질문에 대한 해답을 제공함으로써 지겨움을 없앨 수 있다. 또한 질문과 문제해결은 이메일과 파일전송을 사용함으로써 효율적으로 처리될 수 있다.

무엇보다 인터넷은 중소기업에게 이전에 이용할 수 없었던 보다 효율적인 판매지원 메커니즘을 제공할 수 있다. 이메일을 통해서 판매원들은 고객의 질문에 응답하기 위해 자사에 적합한 사람들 또는 고객과 접촉하기 위해 인터넷을 사용할 수 있는 기술자와 교신함으로써 신속하게 최신 정보를 획득할 수 있다.[58]

2) 수익 기반 비즈니스 모델

Silkroute Holdings Ltd.의 회장인 윙 툰킹은 2000년 초 '10개의 인터넷 신생기업들 중에서 1개만이 미국에서 생존할 것이다. 하지만 내가 볼 때 여기 아시아에서는 40개 중에서 1개도 못될 것이다. 너무나도 많은 사이트들이 낡은 아이디어를 모방하면서 새로운 것은 전혀 보여주지 않고 있다. 그리고 이런 과거의 주장은 현실로 나타나고 있다'라고 지적하면서 인터넷에서 수익을 창출하기가 어렵다고 주장하였다.[59] 그리고 이런 과거의 주장은 현실로 나타나고 있다.

인터넷 마케터의 가장 흥미 있는 도전 중의 하나는 이러한 수익원천을 잘 조절하는 것이다.[60]

인터넷이 주도하는 이 시대에는 비즈니스 모델이 있어야 비즈니스 전략을 수행할 수 있다. 기술기반의 사업 모델만으로는 비즈니스 전략을 수행할 수 없으며 수익을 창출할 수 있는 비즈니스 모델을 만들어내기 힘들다. 인터넷을 기술로만 보는 것은 닷컴 방식의 사고로 이런 기반에서는 웹사이트의 설계만 생각하게 된다. 즉 최종목표는 기술이 되어서는 안 되고 사업이 되어야 하는 것이다.

많은 다양한 방법의 **수익 기반 비즈니스 모델(Revenue-Based Business Model)**이 인터넷에서 논의되고 있다. 이러한 수익 모델의 유형을 나누는 가장 기본적인 기준은 웹 사용자가 원천이 되는가 아니면 해당 웹사이트에 광고, 제휴 등을 원하는 제공자들이 수익의 원천인가 하는 것이다.[61] 많은 기업들이 이러한 수익 모델을 혼합하여 사용하고 있지만 여기서는 이 기준들을 자세히 나누어 분류해보고 예를 들어 설명한다.

유튜브는 무료로 콘텐츠를 제공하고 있지만 유튜브 프리미엄으로 제공자 기반 수익 모델이 아닌 사용자 기반 수익 모델을 같이 활용하고 있기도 하다.[62]

(1) 제공자 기반 수익 모델

제공자 기반 수익 모델(Provider-Based Revenue Model)은 웹사이트 사용자에 도달하기를 원하는 다른 기업들이 웹사이트에 사용료를 지불하는 것을 말하는 것으로 **콘텐츠 스폰서십, 소매제휴, 배너 광고, 클릭당 수수료, 판매수수료** 등이 대표적인 예가 될 수 있다. 인터넷 마케터의 가장 흥미 있는 도전 중의 하나는 이러한 수익원천을 잘 조절하는 것이다.

- 콘텐츠 스폰서십(content sponsorship)

콘텐츠 스폰서의 원천은 라디오가 도입되던 시절로 돌아간다. 초기 라디오는 3가지 문제가 있었다. 첫째, 프로그램 제작자가 제작비용을 충당해야 했으며, 둘째 라디오 청취자에게 청취료를 받을 수가 없었고, 셋째 **스팟 광고(spot advertising)**가 불법이었다는 것이다. 이러한 문제에 대한 해결책은 스폰서를 구하는 것이었다. 사이트 제공자가 좀 더 높은 접속률과 양질의 콘텐츠를 구성하려고 하다 보니 이러한 스폰서 형식은 온라인에서도 모습을 드러내고 있다.

- 소매제휴(retail alliances)

소매제휴는 가장 두드러진 온라인 수익형태의 하나로 서적, 음반, 자동차 등의 제품범주에 있어 선호되는 수익 모델이다. 실제로 온라인 소매제휴를 통해서 사이트는 반대급부로 좀 더 많은 클릭률과 그로 인한 구매연결 등의 수익을 얻을 수 있는데, 일반적으로 물리적 소매업자는 좋은 입지를 선점하는 것을 소매업 성공의 매우 중요한 열쇠로 생각했지만 온라인에서는 매우 다른 양상을 보인다. 웹사이트의 소비자는 세계 어떤 지역의 소매점에도 다다를 수 있다. 소매업자가 입지선정에 관련해서 해야 할 노력은 단지 좋은 웹주소를 통해 웹사이트를 개설하는 것뿐이다.

- 배너 광고(banner advertising)

배너 광고는 제공업자 기반 모델에서 가장 보편적인 모델로 1994년 HotWired 사이트가 처음 배너를 게재한 후 배너 광고는 급속도로 광고의 한 형태로 자리잡았다. 웹 광고의 가장 뛰어난 장점은 측정가능성에 있다. 개개 광고의 정확한 생산성 지수가 측정될 수 있다. 배너 광고에 대해서는 12장의 인터넷 커뮤니케이션 부분에서 자세히 설명하기로 한다.

- 클릭당 수수료(prospect fees)

웹 배너 광고가 사이트의 접속률에 의거한 수입이라면 이는 어떠한 행동을 취한, 예를 들어 클릭을 통해 해당 웹사이트를 방문했다거나 소프트웨어를 다운로드했다거나 등을 기준으로 대가를 지불하는 형태이다.

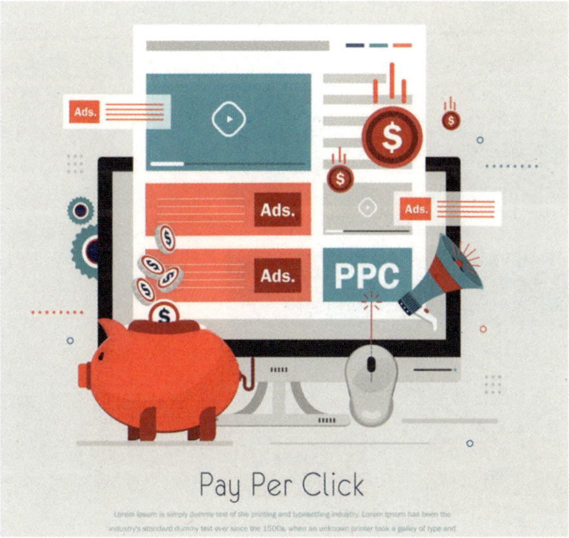

클릭당 수수료는 클릭을 통해 해당 웹사이트를 방문했다거나 소프트웨어를 다운로드했다거나 등을 기준으로 대가를 지불하는 형태이다.[63]

- 판매수수료(sales commissions)

이 모델은 협업 프로그램(공동판매) 등 소매파트너와의 협력에 의해 해당 사이트를 통해 방문 구매가 이루어진 경우 해당 제품의 판매금액의 일정부분을 수수료로 제공하는 형태로 반드시 실제 판매가 이루어진 경우만 해당되기에 좀 더 현실적인 모델이라고 볼 수 있다. 아마존은 온라인 협업 프로그램의 선두자다. 아마존은 세계 약 10만 가량의 사이트를 협업파트너로 활용했으며 수수료는 약 15~5%선으로 책정하였다. 이러한 협업은 적은 비용과 빠른 구매 확산을 가능하게 한다.

여기서 마케팅 관리자가 주목해야 할 부분은 대체로 스폰서십 → 배너 광고 → 클릭당 수수료 → 판매수수료로 갈수록 웹사이트에 지불되는 금액은 안정적이지 못하다고 볼 수 있다. 실제로 스폰서십 같은 경우 특정 기간 동안 일정한 요율로 책정되어 있기에 가장 덜 위험한 형태로 볼 수 있다. 그러나 클릭당 수수료, 판매수수료 쪽으로 옮겨갈수록 사이트는 더 위험할 수 있다. 사이트의 수입이 해당 사이트의 능력뿐만 아니라 광고주의 능력에 상당부분 의존하기 때문이다. 즉 자기 사이트만 열심히 노력한다고 해서 되는 것이 아니라는 것이다.[64]

그림 2-7 | 온라인 수익의 다양한 방법[65]

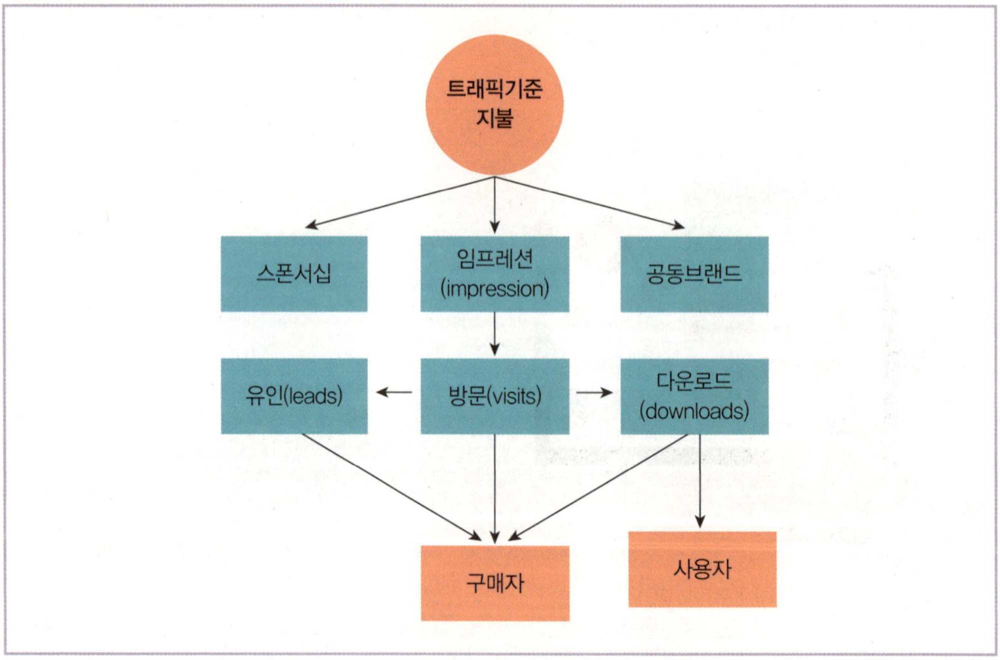

(2) 사용자 기반 수익 모델(User-Based Revenue Models)

이제 좀 더 컴퓨터에 용이하게, 그리고 좀 더 빠른 스피드로 접근할 수 있게 됨에 따라 델컴퓨터나 시스코와 같은 기업들은 온라인으로 몇 억 달러에 해당하는 제품을 판매하고 있다. 국내에서도 많은 쇼핑몰 등은 온라인에서 제품을 판매하여 수익을 올리고 있으며, 콘텐츠 판매회사들도 직접적인 소비자의 구매를 통해 수익을 현실화하고 있는 것이 사실이다.

사용자 기반 사업 모델의 상당수는 정보 제공 및 제품 선택에 대해 돈을 지급하게 하는데 몇 가지 다른 방법이 있다. 먼저 **사용당 지불(pay-per-use)**은 제품 이용건당 돈을 지불하게 하는 것이다. 많은 쇼핑몰들은 제품건당 가격을 지불하게 하고 있으며 파일공유 서비스들은 해당 파일당 정해진 가격을 지불하게 하고 있다.

콘텐츠나 정보 서비스 분야에서 좀 더 일반적인 방법은 정보판매에 있어 **묶음(bundle) 가격**이다. 프레젠테이션 툴로 유명한 **프레지 사이트(prezi.com)**에서는 특정한 기간을 설정하여 패키지의 가치 측면에서 차등화된 가격의 정규회비를 받고 프레지가 제공하는 콘텐츠에 접근할 수 있다.

혜택: 세 가지 제품을 한 플랫폼에서	Standard $5/1개월 무료 세험	Plus $12/1개월 무료 체험	Premium $16/1개월 무료 체험
Prezi Video NEW ?	✓	✓	✓
Prezi Design NEW ?	✓	✓	✓
Prezi Present ?			
무제한 시각적 컨텐츠	✓	✓	✓
공개 범위 설정	✓	✓	✓
제어할 수 있는 공유 링크 ?	✓	✓	✓
프리미엄 이미지, 아이콘, 배경 ?	✓	✓	✓
고급 이미지 편집 ?	✓	✓	✓
강화된 스토리 블록 ?	✓	✓	✓
파워포인트 변환기 ?	✓	✓	✓
맞춤형 브랜딩 ?	—	✓	✓
오프라인 이용 (데스크탑 앱)	—	✓	✓
휴대용 프레젠테이션 ?	—	✓	✓
발표자 화면 ?	—	✓	✓

프레지(prezi.com)의 묶음가격 소개

혼합모델(hybrid model)은 온라인에서 흔히 볼 수 있다. 국내의 **벅스뮤직(bugs.co.kr)**이나 다양한 사진과 동영상을 이용할 수 있는 게티이미지뱅크(gettyimagebank.com) 등이 대표적이다. 실제 이러한 서비스들은 무료샘플을 제공하고, 방대한 음악과 사진 등에 대한 사용건당 비용을 부과하며, 정기구독을 신청하거나 기간 상품을 구입할 때는 할인해주고 특별한 프로모션을 제공하기도 한다.

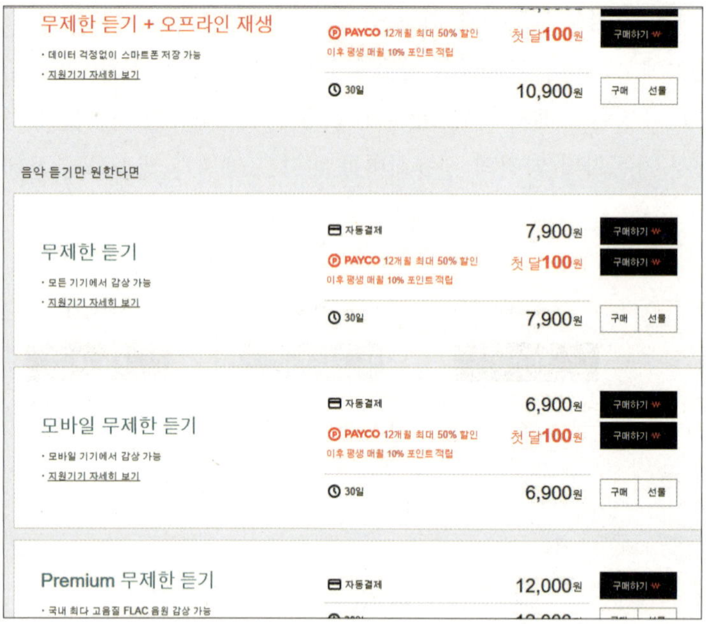

벅스뮤직(bugs.co.kr)의 다양한 결제방법

2. 글로벌 경영의 가속화 수단으로서 인터넷

1) 인터넷 기업의 글로벌화

과거로부터 정보기술의 발전은 기업의 글로벌 마케팅 전략에 지속적인 영향을 미쳐왔으며,[66] 특히 온라인화는 전 세계의 경쟁업체들과 경쟁을 하는 동시에 세계 각국의 모든 고객들 한명 한명을 개별적으로 대해야 할 필요성을 가진다. 인터넷은 영토와 국경이 없는 세계의 표현인 글로벌화 시대를 한층 더 앞당기고 있다. 실제 인터넷은 과거에 국내 판매에만 머물 수밖에 없었던 것들의 자연스러운 글로벌화를 가능하게 하는 측면이 있다. 세계시장 기업에서 사용하는 전통적인 마케팅 도구 이외로 소셜미디어는 오늘날 친구나 가족과의 상호작용뿐만 아니라 마케팅 목적으로도 사용된다. 한국의 제품은 지금 새로운 한국의 가수나 콘텐츠 때문에 더욱 유행하고 있고 사진의 블랙핑크 사례에서도 볼 수 있듯이 한국의 가수나 콘텐츠들은 과거와 달리 전 세계적인 인기를 보이는 양상이다.

신생기업이라고 하더라도 페이스북, 트위터, 인스타그램 등을 활용해 브랜드 인지도를 높이고 전 세계 고객들과 소통하는 것만으로 세계 각지의 고객을 확보할 수 있다. 이는 과거 국내 기업들이 새로운 거래처를 확보하기 위해 외국 바이어를 만나는 그런 일과는 비교도 되지 않는 간단한 업무라고 할 수 있다. 이렇듯 기업의 소셜미디어는 사이트에 저장된 정보를 사용하여 자신의 브랜드에 대한 전 세계 사용자 경험을 개선하고 글로벌 기업가정신을 촉진하는 최고의 도구로 평가받고 있다.[67]

많은 전문가들은 블랙핑크의 세계적 인기의 원인을 유튜브나 인스타 같은 SNS에서 찾기도 한다. 2022년 현재 블랙핑크의 유튜브 구독자수는 전 세계 아티스트를 통틀어 1위이고 블랙핑크는 K-팝 걸그룹 뮤직비디오 2억 조회수를 최단으로 기록하는 한편, 19억 조회수를 달성한 '뚜두뚜두'를 비롯해 10억 조회수가 넘는 영상을 6개를 보유하고 있기도 하다.[68]

이렇듯 가상공간에서 사업의 규모가 확대됨에 따라 국가적 장벽과 다른 물리적인 경계와 제약들이 해소될 수 있다는 점에서 인터넷의 글로벌 경영의 가속화 수단으로서의 가치는 매우 높을 수 있다.[69] 이에 따라 국제적 전자상거래는 경제정책 강화, 고객행동 변화, 물류 및 기술 개선이라는 순풍에 의해 추진되고 있는 강력한 세계적 추세가 되어가고 있다. 이러한 점에서 마케팅 관리자들은 경쟁기업이 많아지는 이 상황에서 기업의 글로벌 온라인 마케팅 역량은 매우 중요 부분이지만 이 부분의 성과를 올리기 쉽지 않을 수 있다는 점도 충분히 생각해야 한다.[70]

이제는 많은 제품에 대한 이야기가 전 세계 인터넷 유저들에게 쉽게 이동할 수 있는 시대이다.[71]

2) 인터넷 비즈니스의 글로벌화에서 고려해야 할 문제

기업의 글로벌화는 국내시장보다 다양한 시나리오에 직면하게 될 가능성을 높이기에 마케팅 관리자는 예기치 못한 상황에 신속하게 적응할 수 있는 민첩성을 개발해야 한다. 이들 통해 그들은 이러한 추세가 제공할 수 있는 기회를 활용하고 그것들의 위협을 최소화할 수 있을 것이다. 이 부분에서는 이러한 국내시장과 다른 글로벌화의 문제들 중 일부를 확인하고 글로벌 마케팅 전략에 미칠 수 있는 시사점을 논의해본다.[72]

(1) 국제적인 가격

기업이 인터넷 사이트를 운영한다는 것은 범세계적 관문으로 들어섰다는 것을 의미한다. 서울에서 보여지는 웹사이트는 일본 동경, 중국 북경에서도 볼 수 있는데, 이는 선진국의 제품가격이 개발도상국에서도 그대로 적용되어 보여진다는 것을 의미하는 것이다. 성공적인 비즈니스를 위해서 특정 국가에 맞는 가격체제를 도입하는 것은 매우 중요하지만 이러한 특정 국가의 가격적용이 인터넷에서는 어려운 것이 사실이다. 실제로 선진국에서 제공하는 가격할인이 개발도상국에서는 그만큼의 유인책으로 받아들여지지 않는 것이 사실이다. 이러한 상황을 해결하는 방안으로 웹사이트에서 구매자의 현지국 가격기준에 준하는 제품가격의 디스플레이를 보여줄 필요가 있다.[73]

(2) 범세계적인 브랜딩

글로벌 브랜딩을 위한 도구로 인터넷은 매우 중요한 역할을 할 수 있다.[74] 웹페이지가 몇 국가에서 보여지기에 기업에 직면하는 새로운 도전은 글로벌한 브랜드와 기업명 로고 개발 등이라고 할 수 있다. 소비자들은 기업이 다른 포맷, 이미지, 메시지, 콘텐츠의 웹사이트를 가지고 있다면 혼동될 수도 있다. 그러므로 기업은 그들의 인터넷 브랜드 정책을 명확하게 할 필요가 있다. 예를 들어, 3M은 전체 제품라인에 한 사이트만을 가짐으로써 기업 아이덴티티와 자회사에 대한 마케팅 활동 통제에 초점을 맞추고 있다. 그렇지만 각각의 브랜드가 시장 내에서 차별화되는 이미지를 정립하고 있다면 비용이 많이 들지 모르지만 각 브랜드당 하나의 사이트 개발을 고려하는 것이 바람직하다.

(3) 콘텐츠 현지화

전 세계를 거래하는 전자상거래 사이트들이 직면하는 첫째 문제는 콘텐츠를 지역별로 **현지화시켜(localized)** 제공하는 일이다. 즉, 사이트마다 외국어 버전들을 갖추어야 하고, 사용자의 소재지에 따라 그에 맞게 콘텐츠를 **세분화(specialized)** 해야 한다.[75] 실제 사진에서 볼 수 있듯이 유튜브는 콘텐츠를 자국뿐 아니라 세계적으로 시청될 수 있도록 돕고 있는데 해당 국가의 언어를 추가할 수 있도록 지원하고 다른 나라에서 별도의 지원 채널을 만드는 것들을 지원하고 있다.

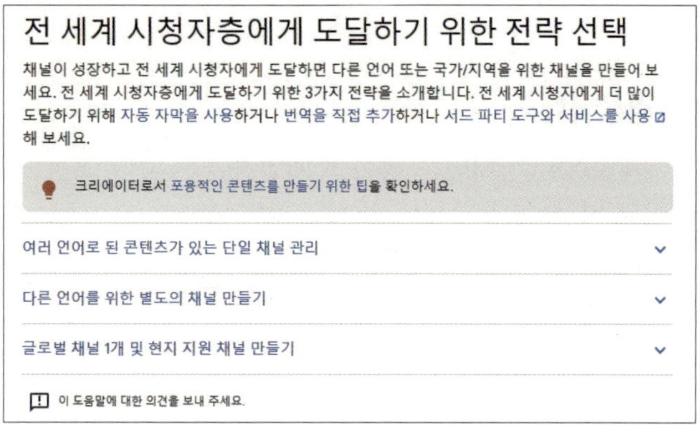

유튜브는 콘텐츠의 글로벌화를 이끌고 있고 실제 이를 지원하고 있다.[76]

(4) 법적인 문제들

현재 상거래 관련 국제법이나 관례들은 거의 마련되지 않은 상태이다. 한 회사가 국지화한 콘텐츠를 어떤 국가나 국지적인 콘텐츠를 제공하다보면 달갑지 않은 이런저런 법률 및 규제 관련 문제들에 봉착할 수 있다. 예를 들어, 유튜브와 같은 전 세계적으로 인기 있는 사이트 또한 특정 국가에서는 연결이 차단되어 사업이 어려운 경우가 있다.

인터넷을 특정 지역에서 띄운다면 해당국 정부는 그 인터넷 사이트의 호스팅이 어디에서 이루어지든 또는 선적이 어디에서 발생하든 상관없이, 그 기업이 자국에서 사업을 벌이는 것으로 간주한다. 따라서 이 기업은 그 나라의 상거래 규제들을 준수해야 한다.

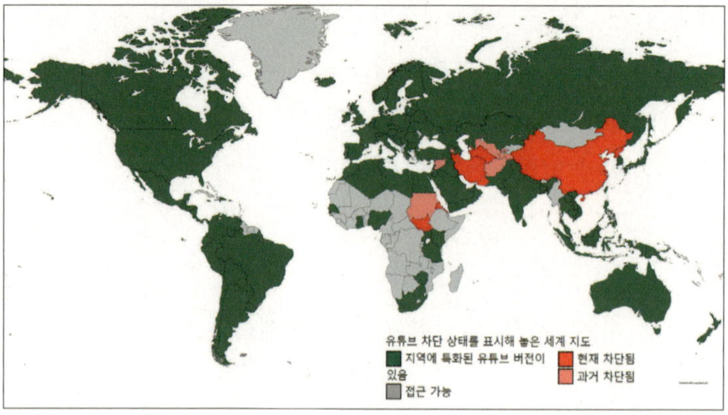

유튜브 전 세계 이용지도[77]

(5) 상품 선정

국제시장을 상대하는 많은 소매업자들은 나라 또는 지역에 따라 서로 다른 상품 구색을 갖추고 있다. 어떤 상품 구색을 갖출 것인가를 결정할 때는 다음 사항을 고려해야 한다. 국가나 지역에 따라서 상품 특성들에 대한 선호도와 반응이 다르게 나타날 수 있다. 모든 지역에 한 가지 상품만을 제시해도 되고, 지역에 따라 다른 상품들을 제시해도 된다. 어떤 지역에 어떤 상품들을 제시할 것인지 결정 못했으면 기본적인 상품 구색을 제시해야 하는데, 이 경우 혼선과 마찰을 빚을 수 있다.

(6) 마케팅 및 확장 전략

인터넷을 통하면 물리적 소매 매장에 비해 상품 구색을 폭넓게 제시할 수 있기 때문에 다양한 상품 구색 및 판촉에 대한 모든 국가와 지역의 반응을 추적할 수 있다. 판매정보를 이용해서 전자상거래는 물론 물리적 소매 채널들에서의 마케팅 및 상품 배치 결정에 반영할 수 있다. 기업 입장에서는 사업확장을 결정하는 데 도움이 된다. 전자상거래 사이트에서 얻은 상품 수요 통계들을 보면 지역마다 수요변동 상황을 알 수 있기 때문에 특히 그러하다.[78]

참고문헌 및 더 읽을거리

1 @i-biznet.com(2000). 「인터넷비즈니스」, 21세기북스, 46-47.

2 사진출처: https://www.gettyimagesbank.com/

3 김재윤, 노재범(1999). 산업지도를 바꾸는 인터넷 비즈니스, CEO Information, 삼성경제연구소

4 Vidal-García, J., Vidal, M., & Barros, R. H.(2019). Computational business intelligence, big data, and their role in business decisions in the age of the internet of things. In Web services: Concepts, methodologies, tools, and applications(pp. 1048-1067). IGI Global.

5 권기덕(2011). 지난 10년, 인터넷 업계 지형 변화, SERI 경영보고서, 삼성경제연구소/인터넷 플랫폼 비즈니스 동향분석 및 정책적 제언, 한국인터넷진흥원 www.kisa.or.kr/uploadfile/201406/201406160959582237.pdf 등에서 참고하여 정리

6 https://ko.wikipedia.org/wiki/공유경제

7 권기덕(2006). 인터넷 비즈니스 모델의 진화와 시사점, 삼성경제연구소, 1의 그림을 활용하여 최근의 상황을 반영하여 수정하여 정리

8 Barua, A., Whinston, A. B., & Yin, F.(2000). Value and productivity in the Internet economy. Computer, 33(5), 102-105.

9 Coupey, E.(2001). 「Marketing and the Internet」, Prentice-Hall Inc., 75.

10 https://brunch.co.kr/@lifidea/8

11 https://post.naver.com/viewer/의 내용 중에서 참고하여 인용

12 Gulati, R., & Garino, J.(2000). Get the right mix of bricks & clicks. Harvard Business Review, 78(3), 107-107.

13 Li, L., & Yang, S.(2022). The Internet-Based Business Model and Corporate Risk-Taking: An Empirical Study from the Information Empowerment Perspective. Discrete Dynamics in Nature and Society, 2022.

14 어떤 기업은 단순히 전자상거래 기업으로 분류될 수 있을 것이다: 순수하게 판매만 하는 기업(소매업자 또는 재판매업자)과 온라인으로 판매는 하지만 비인터넷 사업 내에서 경쟁하는 기업이 이에 해당한다.

15 전자상거래(e-commerce) 시장과 구독경제, 글로벌 ICT 포털, https://www.globalict.kr/사진출처: https://www.gettyimagesbank.com/

16 이커머스시장(E-Commerce)의 성장세는 계속될 전망, https://www.samsungpop.com/mobile/invest

17 2026년 전자상거래 물류시장, "1,037"조, https://www.cargonews.co.kr/news/articleView.html?idxno=49519

18 eMarketer(2019.5). 삼성증권 포트폴리오전략팀

19 eMarketer(2019.5). 삼성증권 포트폴리오전략팀

20 [TECH웨이브] 코로나가 앞당긴 전자상거래 시대… "올해 세계시장 6,474조로 성장," 테크월드뉴스(http://www.epnc.co.kr)

21 eMarketer(2019.5). 삼성증권 포트폴리오전략팀

22 이커머스시장(E-Commerce)의 성장세는 계속될 전망, https://www.samsungpop.com/mobile/invest

23 김대규(2021). 변화하는 미디어 환경과 방송의 공적 책임, https://www.good21.net/에서 참고하여 작성

24 https://ko.wikipedia.org/wiki/넷플릭스

25 https://www.hankyung.com/life/article/202110083970H에서 인용

26 오현아 역(2001). 「인터넷 딥브랜딩」, 시대의창, 31에서 참고하여 작성

27 최원희, 송찬우, 김재혁(2021). 「돈이 되는 메타버스」, 포레스트북스, 49의 내용에서 참고하여 인용

28 Chang, H.(2022). Research on Innovation of New Business Model Based on Internet Precision Marketing. Frontiers in Business, Economics and Management, 5(1), 98-101.

29 Yao, S.(2022). Design of Brand Business Model Based on Big Data and Internet of Things Technology Application, Computational Intelligence & Neuroscience.

30 인터넷 비즈니스 모델의 성공조건(2000). 삼성경제연구소, CEO Information.

31 Höse, K., Süß, A., & Götze, U.(2022). Sustainability-Related Strategic Evaluation of Business Models, Sustainability, 14(12), 7285.

32 https://ko.wikipedia.org/wiki/우버/사진출처: https://www.seoul.co.kr/news/

33 한국 커머스넷 EC연구회(2000), 정재윤, 정진명 공저. 「전자상거래관리사」, 영진.com, 24-32; 김진우, HCI Lab 공저(2000).「Internet Business.com」, 영진.com, 88-97./차원용, 정무관, 손형수, 김종석(2001). 「디지털비즈니스게임」, 청아출판사, 99-159 등을 참고하여 작성함.

34 자세한 것은 Timmers, P.(1998). Business models for electronic markets. Electronic Markets, 8(2), 3-8을 참고

35 야놀자, 글로벌 B2B 거래액 11조원 돌파, 서울파이낸스, https://www.seoulfn.com/news/

36 Gattiker, U. E., Perlusz, S., & Bohmann, K.(2000). Using the Internet for B2B activities: a review and future directions for research. Internet Research, 10(2), 126-140을 참고

37 Ng, H. I., Pan, Y. J., & Wilson, T. D.(1998). Business use of the World Wide Web: A report on further investigations, International Journal of Information Management, 18(5), 291-314.

38 https://ko.vpnmentor.com/blog/vital-internet-trends/의 자료에서 참고함

39 Veile, J. W., Schmidt, M. C., & Voigt, K. I.(2022). Toward a new era of cooperation: How industrial digital platforms transform business models in Industry 4.0. Journal of Business Research, 143, 387-405.

40 사진출처: https://www.gettyimagesbank.com/

41 Kaplan, S., & Sawhney, M.(2000). E-hubs: the new B2B marketplaces, Harvard

Business Review, 78(3), 97−97.

42 Loonam, J., & O'Regan, N.(2022). Global value chains and digital platforms: Implications for strategy, Strategic Change, 31(1), 161−177.

43 Lundstrom, S.(1997). Internet Enabled Indirect Procurement: A Low Risk/High Return Project?. Advanced Manufacturing Research, Inc, July, 12−19.

44 U. S. Department E Commerce 저/신동기 역(1999). 「디지털 이코노미」, 씨앗을 뿌리는 사람들, 40−53.

45 정재영(2005). P2P의 가능성에 주목하라, LG주간경제 12. 7, 21−25.

46 김성원(2000). P2P의 비즈니스 가능성, 이비즈그룹, Working Paper, No. 8, 11월 17일.

47 Lee, P. T. Y., Feiyu, E., & Chau, M.(2022). Defining online to offline(O2O): a systematic approach to defining an emerging business model. Internet Research(ahead−of−print).

48 마케팅(Marketing)의 변화, O2O(Online To Offline) 기본알기!, http://post.mk.co.kr/archives/23925

49 정주용(2016). 상게서, 15에서 인용

50 https://www.mk.co.kr/economy/view/2015/1171348/에서 인용

51 이학준(2015). 지도 서비스 통해 O2O 영역 강화 및 수익성 증대 … 모바일 시장 트렌드, http://platum.kr/archives/45733

52 http://post.mk.co.kr/archives/23925

53 정주용(2016). 「스마트폰으로 코끼리 사기: O2O 시장의 틀을 바꾸다」, 베가북스, 17에서 인용

54 세상을 바꾸는 'O2O 비즈니스', https://www.mk.co.kr/economy/view/2015/1171348/

55 한성국의 매거진, 에어비앤비는 어떻게 호텔 업계를 위협하게 되었을까?, http://www.openads.co.kr/content/

56 에어비앤비의 성장과 함께한 … 디지털 마케팅, 소비자평가(http://www.iconsumer.or.kr)

57 google 위키백과에서 참고

58 Washburn, B.(1995). Ready or not, the Electronic Mall is Coming, Business Week, 14, November, pp. 84−85.

59 인터넷 수익모델에 대한 내용에 대해 자세한 내용은 Earle, N. and K. Peter(2000). From.com to. profit, Jossey−Bass Inc./형선호 역(2001). 「닷컴의 수익혁명」, 영진.com을 참조하세요.

60 사진출처: https://www.gettyimagesbank.com/

61 Chaffey, D.(2011). 8 Online revenue model options for Internet businesses, http://www.smartinsights.com/digital−marketing−strategy

62 https://www.youtube.com/premium

63 사진출처: https://www.gettyimagesbank.com/

64 Hanson, W.(2000). Internet Marketing, South−Western College Publishing, 131−136./Wilson, DR. R. F.(1999). Multiple Streams of Revenue for Your Website, Web Marketing Today, Issue 52, January(http://www.wilsonweb.com/wmt4/990101revenue−streams.htm)

65 Hanson, W.(2000). op. cit., 137.

66 Melewar, T. C., & Nichola, S.(2003). The Internet revolution: some global marketing implications. Marketing Intelligence & Planning, 21(6), 363-369.

67 Pineda, M., Calo, P. D. M., & Red, E. R. Effectiveness of Social Media Platforms as Marketing Tool in Global Selling.

68 '빌보드 200 1위' 블랙핑크, 글로벌 시장에서 어떻게 흥했나. http://www.iconsumer.or.kr/

69 Stewart, T. R., op. cit., 13.

70 Tolstoy, D., Nordman, E. R., & Vu, U.(2022). The indirect effect of online marketing capabilities on the international performance of e-commerce SMEs. International Business Review, 31(3), 101946.

71 사진출처: https://www.gettyimagesbank.com/

72 Schlegelmilch, B. B.(2022). The Future of Global Marketing Strategy. In Global Marketing Strategy(pp. 383-416). Springer, Cham.

73 Fred, P., & Paul, H.(1998). International marketing tool: the Internet. Industrial Management & Data Systems, 98(6), 253-261.

74 Schlegelmilch, B. B.(2022). Global branding and communication. In Global Marketing Strategy(pp. 253-288). Springer, Cham.

75 Fort Point Partners(1999). E-Commerce Globalization: Issues for Global Retail Internet, CommerceNeT(February 12).

76 https://support.google.com/youtube/answer/6070467?hl=ko

77 https://ko.wikipedia.org/wiki/유튜브검열

78 Quelch, J. A., & Klein, L. R.(2007). The Internet and International Marketing. Readings In Modern Marketing, 381-385.

Chapter

03 인터넷 마케팅의 개념 및 특징

Chapter 03

인터넷 마케팅의 개념 및 특징

제1절 마케팅 패러다임의 변화

1. 변하지 않는 마케팅의 기본

인터넷 플랫폼을 사용하여 소비자에게 다가가는 것은 이제 마케팅 관리자들의 당연한 의무이며 여전히 더 진화하는 영역이다. 전통적인 마케팅 도구 또한 이미 광범위하게 운영되고 있지만[1] 그럼에도 불구하고 현재의 경쟁적 시장 추세는 전통적인 방법을 바꾸고 첨단 디지털 매체로 전환하여 소비자의 관심을 널리 사로잡고 있다. 소비자는 또한 이메일, 소셜미디어, 모바일 앱, 웹사이트 등의 디지털 수단을 광범위하게 활용하여 제품정보를 수집하고 있으며 다양한 인터넷 플랫폼에서 정보를 얻음으로써 제품에 대한 이해를 높이기 위해 노력하고 있다.[2]

그리고 인터넷의 출현은 기업으로 하여금 마케팅 활동의 혁신을 요구하고 이제까지 보편적이던 불특정 다수를 향하여 일관적인 메시지를 제공하던 광고, 그리고 누구를 위한 것인지 모를 상품을 마구 만들어내는 생산체계, 복잡한 유통 단계로 인하여 엄청난 비용을 최종 소비자에게 전가시키는 유통체계에 변화를 요구하고 있다.

그러나 마케팅을 공부하는 학생으로서 중요한 부분은 가장 성공적인 결과를 얻어내기 위한 원칙, 즉 '**표적고객에게 꼭 필요한 제품을 편리하고 가치 있게 제공하는 것**'은[3] 절대 변하지 않는다는 점을 기본적으로 명심하고 세부적인 면에서 인터넷 비즈니스 및 마케팅이 어떻게 다른가 하는 점을 이해할 필요가 있다.

실제로 인터넷 마케팅은 기존의 전통적인 마케팅과 구별되는 독특한 성격을 가지고 있다. 과거의 대중적인 접근방법에서 소비자별로 일 대 일 접근이 가능해졌고 거래구조도 전통적인 거래공간인 물리적 장소가 없어도 되고, 영업시간도 24시간 중 언제라도 쉽게 이루어질 수 있다. 특히 최근의 모바일 확산은 소비자 행동의 변화를 야기하고 있다. 청소년들은 이전보다 TV를 많이 보지 않으며 자신이 선택한 플랫폼에서 자기가 원하는 조건에 맞추어 즐거움을 누리기를 기대한다. 이러한 기대에 부응하지 못하는 것은 사업상의 사망선고나 마찬가지일 수 있다.[4]

이렇듯 인터넷 및 모바일 마케팅은 기존의 전통적 마케팅 환경과는 구별되는 독특한 성격을 갖고 있기 때문에 인터넷을 기본으로 하는 **가상사회**(virtual community)에서 마케팅 기능은 어떻게 요구되어지며 패러다임은 어떻게 변화되고 있는지 알아야 한다.[5] 기본적으로 설명할 수 있는 부분은 온라인 마케팅이 판매를 증대시키고, 운영비용을 절감하며 클릭률 및 전환율에 대한 관찰 및 파악을 통해 고객을 행동하게 할 수 있는 장점이 크기에 분명 모든 마케팅의 핵심이 될 것이 확실하다. 이 장에서는 인터넷 및 모바일 마케팅 개념을 이해하고 그 차별적 특징에 대한 이해를 돕는다.[6]

2. 마케팅 목표의 변화

기존의 마케팅 개념하에서는 마케팅 활동의 효과성이나 효율성을 측정하는 중요한 개념으로 주로 **규모의 경제**(economies of scale)나 **시장점유율**(market share), **브랜드 충성도**(brand loyalty)가 사용되었다. 그러나 새로운 마케팅 패러다임하에서는 시장점유율에 비해 **고객점유율**(share of customer), 규모의 경제보다는 **범위의 경제**(economies of scope), 브랜드 충성도 대신에 **고객 충성도**(customer loyalty)가 더욱 중요한 개념으로 대두되고 있다. 그 이유는 기존의 마케팅 환경에서는 고객의 유지보다는 고객창조에 역점을 두었지만 **관계 마케팅**(relationship marketing)에서는 고객창조보다는 고객유지에 더 큰 비중을 두고 있기 때문에 이런 변화를 반영할 수 있는 성과측정 방법이 필요한 것이다([그림 3-1] 참고).

이러한 용어들에 대한 예를 들어 좀 더 쉽게 설명해보면 먼저 고객점유율이란 기업이 특정 제품에서 한 고객의 연간 내지 평생 구매량의 몇 퍼센트를 차지하고 있는가 하는 것과 관련되는 것으로, 예를 들어 한 고객이 평생 구매한 인터넷 만화 중에서 미스터블루라는 인터넷 만화 사이트를 통한 구매가 80% 정도 차지한다면 해당 고객에 대한 고객점유율은 80%가 되는 것이다.

일반적으로 시장점유율이 높은 기업들이 많은 수익을 올릴 것이라는 생각을 할 수 있지만 예외의 경우도 많이 존재한다. A&P는 몇 년 동안 미국의 슈퍼마켓체인점 가운데 가장 규모가 크고 시장점유율이 높았으나 수익성이 높지 않았고 IBM, SEARS, GE 같은 굴지의 대기업들은 1980년대 소규모의 경쟁기업들에게 많은 어려움을 겪었다.[7]

범위의 경제는 한 기업이 다른 범주의 제품으로 확장하고자 할 때 기존 범주의 제품영역을 활용해 얼마나 비용절감을 꾀할 수 있는가 하는 것으로, 은행이 보험업계로 진출한다고 하면 기존의 지점을 활용할 수도 있으므로 은행이 제과업계로 진출하는 것보다는 범위의 경제를 달성하기가 용이하다고 볼 수 있다.

브랜드 충성도란 시간이 지남에 따라 특정 브랜드를 지속적으로 구입함으로써 특정 브랜드에 대한 우호적인 태도를 갖게 되는 것을 말하는 반면, 고객 충성도는 브랜드 충성도와는 달리 관계 마케팅에서 언급되는 상호작용 특성과 관련된 것으로 기업이나 종업원에 대한 고객의 관여를 의미한다고 볼 수 있다.

그림 3-1 | 마케팅 패러다임의 변화

마케팅 목표	시장점유율 (market share)	→	고객점유율 (cutomer share)
마케팅 전략	대중, 목표 마케팅 (mass, target marketing)	→	일 대 일 마케팅 (one to one marketing)
마케팅 과정	거래 마케팅 (transaction markeiting)	→	관계 마케팅 (relationship marketing)
마케팅 커뮤니케이션	일방향 의사소통 (one-way)	→	양방향 의사소통 (two-way)

3. 마케팅 전략 초점의 변화

1) 대량 마케팅

대량 마케팅(mass marketing)에서 판매업자는 한 제품을 모든 소비자를 대상으로 대량 생산하여 대량 유통시키고, 대량 촉진을 한다. 이러한 시장 전략은 모든 구매자에게 T형

Ford만을 제공한 헨리 포드(Henry Ford)의 포드사가 대표적이다. Coca-Cola가 6.5온스 병의 한 가지 크기로만 Coke을 판매하였을 때 역시 오랫동안 대량 마케팅을 수행하였었다. 대량 마케팅에 대한 주장은 대량 마케팅이 가장 큰 잠재시장을 창조하며, 그로 인해 최저의 원가가 이루어지며, 따라서 가격이 낮아지거나 더 많은 마진을 획득할 수 있게 된다는 것이다. 그러나 상당수 비판가들은 시장이 점차 분리되어 대량 마케팅을 수행하기 어렵다는 사실을 지적한다.

그러나 **맥켄나(McKenna)**는 소비자들이 여러 가지 방식, 즉 거대한 쇼핑센터, 전문점, 그리고 슈퍼마켓, 홈쇼핑, 인터넷 쇼핑몰 등을 이용하여 쇼핑한다는 점을 강조한다.[8] 그리고 소비자들은 TV, 라디오, 신문 등의 전통적 매체뿐만 아니라 인터넷, 스마트폰, 그리고 구체적으로 표적시장 및 개별 고객에 맞는 다양한 채널을 통해 제시되는 메시지 세례를 받고 있다. 이러한 점에서 자명한 것은 '**모든 것에 맞는 한 가지 규격(one size fits all)**'의 마케팅을 실행하기가 어렵게 되었다는 것이다.

Internet Marketing INSIGHT 3-1

웹에서 대량 마케팅은 맞지 않다(Volvo의 사례)[9]

인터넷에서 매스 마케팅은 적합하지 않다. 마케팅 담당자가 수백만 명을 상대로 특정 브랜드 이미지를 강화할 수 있다는 생각은 텔레비전이나 인쇄물 광고에서나 가능하다. 웹에서는 결코 현실적이지 못한 망상에 불과하다.

웹에서의 마케팅은 엄청난 잠재력을 지니고 있다. 그러나 수많은 마케팅 담당자들은 여전히 웹의 강점을 이해하지 못한 채, 기존과 같은 방식으로 웹을 이용하고 있다.

1994년 가을 자동차 업계에서 처음으로 등장한 스웨덴의 볼보사는 인기 사이트들의 초기 광고주의 하나였다. 웹의 초기 시절인 당시에 핫와이어드, 타임워너의 패스파인터, ESPN 스포츠존 그리고 플레이보이와 같은 가장 인기 있는 사이트들은 3개월간 이 회사의 로고 또는 배너 광고에 3만 달러에서 10만 달러를 부과하고 있었다.

웹에서 배너 광고를 실시한 볼보가 원한 건 바로 브랜드 이미지를 강화하는 것이었다. 볼보의 미국 마케팅 담당 이사인 보브 오스틴(Bob Austin)에 따르면, 이 회사는 볼보의 사이트로 웹 이용자들을 끌어들여 호화 자동차시장의 소비자들에게 볼보를 더욱 진지하게 고려하도록 새로운 정보수단을 제공하고자 했다. 그는 성인 인구의 6%만이 최소 3만 달러에 달하는 자동차를 구매할 수 있는 자금과 의향이 있다고 지적한다. 그는 그러한 소비자층이 초기 웹 이용자들이 여러모로 일치한다고 본 것이다.

"볼보의 잠재적인 구매자들은 부유층에 속하고, 새로운 기술에 상대적으로 빨리 적응하며, 이를 즐기는 층에 해당한다"고 오스틴은 말한다. 그 결과 볼보는 본질적으로 전자 브로슈어에 불과한 사이트를 개발하고 광고하는 데 약 10만 달러를 지출했다. 그러나 볼보

VOLVO 웹페이지(www.volvo.com)

사이트는 구매 촉진에 실패했을 뿐만 아니라 본의 아니게 새로운 문제를 야기시켰다. 이 사이트에서 진정한 의미의 쌍방향적인 부분은 뉴저지주에 소재한 볼보의 미국 본사로 전자메일을 보내는 것뿐이었다. “사람들은 이따금 이런 메일을 보내왔지요. 웹사이트가 참 멋있군요. 그런데 제 자동차 지붕에 물이 샙니다”라고 오스틴은 말한다. 미국의 여러 주에서는 이러한 불만을 몇 주 내에 응답해 주지 않으면 제조업자가 제품을 수거해야 한다는 관련 법규를 마련하고 있었다. 불만사항에 적절히 대처할 웹 담당 인력을 제대로 두지 못했던 볼보에게 웹사이트는 구매를 촉진하는 도구가 아니라 손해를 끼칠 수 있는 번거로운 애물단지가 돼버렸다. 결국 몇 주 못 가 전자메일은 폐쇄되었다.

이러한 쓰라린 경험 끝에 볼보는 모든 웹 광고를 취소하고 텔레비전과 인쇄 광고를 통해서만 웹사이트를 홍보하기 시작하였다. 오스틴에 따르면 웹 광고를 통해서는 구체적으로 누가 볼보 사이트에 접속해 왔는지 알 수 없었기 때문에 지출된 돈이 아무런 의미가 없었다고 한다. “웹사이트에 광고하기 위해 돈을 쓴다는 일이 그다지 마음에 들지 않는다”고 그는 말한다. “우리는 웹사이트를 팔고자 하는 것이 아니다. 웹사이트는 자동차 판매를 위해 존재해야 한다”는 것이다.

2) 세분시장 마케팅

세분시장(market segment)은 어떤 시장 내에서 비슷한 욕구, 구매력, 지리적 위치, 구매태도 및 습관을 가진 큰 동질적인 그룹(집단)으로 구성된다. 예를 들면, 자동차 회사는 4개의 넓은 세분시장을 확인할 수 있다. 주로 ① 기본적인 수송을 추구하는 자동차 구매자, ② 고성능을 추구하는 구매자, ③ 사치스러움 그리고 ④ 안전을 추구하는 구매자 등이 그 예이다. 세분화는 대량 마케팅과 개별 마케팅의 중간적 접근이다. 각 세분시장의 구매자들은 욕구와 필요에 있어 매우 유사한 것으로 가정하지만 어떠한 구매자도 동일하지는 않다.

스포츠에 관심이 있는 사람은 스포츠용품에도 관심이 많을 가능성이 많다. 해당제품들은 이렇게 표적시장에게 접근한다.

세분시장 마케팅(segment marketing)은 대량 마케팅에 비해 여러 가지 이점을 제공할 수 있는데, 즉 표적청중들에게 잘 어울리는 제품 및 서비스를 창출하고, 또한 적절하게 가격을 결정할 수 있다. 유통경로와 커뮤니케이션 경로를 선택하기도 상당히 용이하다.

3) 틈새시장 마케팅

틈새시장(niche market)이란 더 규모가 작고 특별하게 정의된 집단으로서, 일반적으로 소규모 집단의 욕구는 잘 충족되지 않는다는 점에서 중소기업 등이 기업이 소구(appeal)하기 좋은 시장이다. 틈새시장 속에 큰 부가 있다는 강력한 증거도 있다. 헤르만 지몬(Hermann Simon)은 「숨은 챔피언들(Hidden Champions)」이라는 저서에서 대중들에게는 거의 알려지지 않았지만, 각각의 틈새시장에서 전 세계 50% 이상의 점유율을 차지하며 높은 수익을 올리는 독일기업들(Tetra: 세계 열대어시장의 80%, Hohner: 세계 하모니카시장의 85%, Becher: 세계 대형우산시장의 50%, Steiner Optical: 세계 군사용 야전망원경시장의 80%)을 소개하였다. 우리나라에서도 은성사의 낚싯대, 진웅의 텐트, 영안모자의 모자, 홍진크라운의 헬멧 등은 시장규모가 작지만 틈새시장 마케팅(niche marketing)을 통해 세계 시장점유율 1위를 달성하는 기업들이다.

Internet Marketing INSIGHT 3-2

틈새시장을 공략하는 인터넷 사이트 사례

인터넷 업계에는 이처럼 알찬 경영으로 수익을 올리는 개미군단이 많다. 너무 작아서 공룡업체들의 레이더망을 효과적으로 피할 수 있었으며 건전한 수익을 확보할 수 있었던 탓이다. 국내에서도 이런 사례는 흔히 볼 수 있다. 인터넷 쇼핑몰이 어려운 경제상황 속에서 특화된 남성패션, 빅사이즈라는 틈새시장 공략으로 매출 신장을 이뤄내 주목을 끌고 있다.

여성의류 쇼핑몰인 위쉬몰(wishe.co.kr)은 '빅사이즈'라는 틈새시장 공략에 성공한 사례이

빅사이즈 분야의 유명한 쇼핑몰 위쉬몰(wishe.co.kr)

다. 매년 꾸준히 50%의 매출성장률을 기록하며 연매출 20억 원에 이르고 있다. 여성의류 빅사이즈부문 1위(랭키닷컴 조사)이고 판매하는 제품 수량도 1만 7,500여 개이다.[10]

버티컬 커머스의 성장 배경은 나에게 딱 맞는 상품을 찾는 '개인화'된 MZ세대의 소비 트렌드다. 업계는 MZ세대가 자신에게 꼭 필요한 것이 무엇인지 명확히 알고 싶어하고, 검색과 학습을 통해 필요한 제품을 적극적으로 소비한다는 점에 주목했다. MZ세대의 가치 소비 경향과 버티컬 커머스의 전문성 및 신뢰성이 맞물린 것이다.

주류 전문 앱 '달리', 건강기능식품 전문 이커머스 '아이허브', 육류 전문몰 '정육각' 등은 빠르게 성장 중인 식품 버티컬 커머스의 대표주자다.

앱을 통해 주문하고 음식점에서 픽업하는 서비스를 이용하는 달리[11]

주류 픽업 쇼핑몰인 달리는 위스키, 보드카, 와인, 사케 등 다양한 주류를 앱에서 간편하게 주문하고 집 근처 음식점에서 픽업하는 서비스를 제공하고 있다. 이러한 스마트 오더 기능뿐 아니라 주류기반 온라인 커뮤니티 공간도 제공한다. 대부분 MZ세대 주류 애호가인 달리 사용자들은 자신이 직접 촬영한 사진과 동영상을 커뮤니티 게시판에 게재하며 정보를 교류하고 실시간 소통한다.

아이허브는 초창기부터 한국어 서비스를 제공하고 한국어로 질의응답이 가능한 시스템을 구축했다. 해외직구 버티컬 커머스 플랫폼으로 입소문이 나면서 한국 소비자들의 구매가 늘어났다. 직접 제품을 구매하고 사용해본 소비자만 리뷰를 남길 수 있도록 해 소비자 간 활발한 정보 교환이 가능한 커뮤니티 기능을 제공한 점이 주효했다.[12]

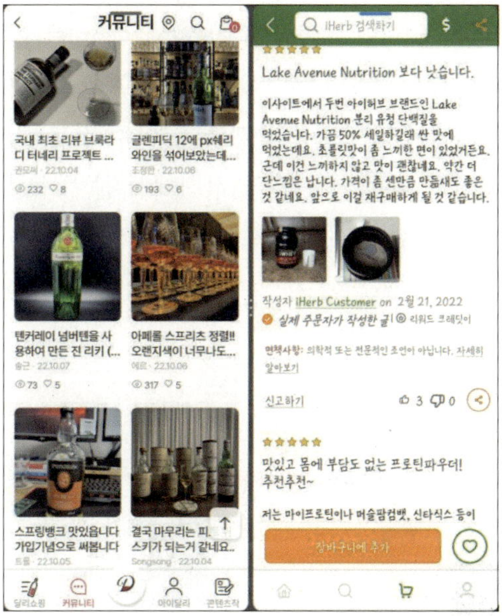

건강기능식품 전문 해외직구몰 아이허브에 게재된 구매자 댓글 아이허브 앱 캡쳐[13]

4) 개별 마케팅

세분화의 최종 수준은 '**하나의 세분시장**', '**고객 맞춤화 마케팅**', 또는 '**일 대 일 마케팅(one to one marketing)**'이다. 과거에 양복점은 고객에 맞도록 의복을 만들었으며, 또한 양화점은 개인을 위해 구두를 디자인하였었다. 오늘날 기업 대 기업 마케팅이 상당수 고객 맞춤화되고 있는데, 어떤 제조업자는 각각의 주요 거래처에 대해 제공물, 물적유통과 커뮤니케이션(의사소통) 및 금융조건을 고객 한명 한명에 맞추어 제공하고 있다. 미디어의 발달은 더 많은 지식과 정보를 교류할 수 있게 했고, 그로 인해 필요와 욕구가 다양하게 변하게 되었다. 전에는 전혀 알지 못하던 것을 보게 되었고 그럼으로써 필요와 욕구로써 전혀 나타나지 않았던 것이 새로운 필요와 욕구로 나타나고 있다.[14]

고객화 마케팅(customized marketing)과 대량 고객화 마케팅(mass customized marketing)은 차이가 있다. 고객 맞춤 마케팅은 맞춤 양복점이나 과외수업과 같이 판매자가 처음부터 한 고객을 위해 제품을 만들어내는 것이다. 대량 맞춤은 자동차나 맞춤 아파트 등과 같이 미리 정해진 기본사양들이 있어서, 각 고객에 맞게 여러 가지 방식으로 조합되는 것이다.

개인화는 적시적소에 적정한 고객에게 적정한 제품과 서비스를 제공하는 것으로 정의된다.[15] 인터넷 마케팅에서 주된 전략 초점은 **'얼마나 개인화(individualization)를 잘하는가'** 하는 것이다.[16] **페이스북(Facebook)**과 같은 SNS에의 접속은 누구나 할 수 있지만(대량 마케팅) 일단 로그인하게 되면 회원별로 다른 페이지가 보여지게 되니, 아주 정교한 **개별 마케팅(individual marketing)**이 이루어지고 있는 것이다. 그리고 사진에서 볼 수 있듯이 컴퓨터에 저장된 쿠키를 통하여 최근에 많이 검색했던 제품을 신문사 사이트나 블로그 등에 띄어주기에 해당 페이지의 구성은 한 사람만 보게 되는 세상에 1개 뿐인 화면이 되는 것이다.

소비자가 평소에 검색하는 제품들이 신문사 사이트 곳곳에 떠 있다. 이러한 방법으로 개별 고객이 관심있는 제품에 대한 지속적인 마케팅이 가능하다.[17]

4. 마케팅 과정의 변화

마케팅 과정(marketing process)이란 '**시장조사를 통한 제품기획으로부터 제품의 판매와 사후서비스에 이르는 일련의 마케팅 프로세스**'를 말한다. 인터넷 마케팅의 목표와 전략이 변화함에 따라 마케팅 과정에도 변화가 이루어지고 있는데, 과거 **마케팅 컨셉**(marketing concept)에서는 고객창조를 통한 기업이윤의 추구라는 기업목표를 갖게 함으로써 주로 개별 거래의 창조적 측면에만 주된 관심을 두었으며 장기적인 고객 및 집단과의 가치가 있는 관계유지에 대한 관심은 상대적으로 미미한 편이었다.[18]

그러나 최근에는 고객 창조적 측면보다 고객 유지적 측면에서의 노력이 더욱 효율적인 마케팅 활동이라는 인식이 점차 대두되고 있다. 따라서 한번 고객은 영원한 고객이라는 고객과의 장기적인 관계를 중요시하는 관계 마케팅이 변화의 초점이 되고 있다. **관계 마케팅**(relationship marketing)이라는 용어는 처음으로 **베리**(Berry)[19]가 서비스 마케팅에서 제시한 후에, 이는 강력한 고객관계의 구축에서 지속적인 경쟁우위를 취득하는 수단을 의미하게 되었다.

이렇듯 고객점유율을 목표로 하고 일 대 일 마케팅 전략을 추구하는 마케팅 환경에서는 이러한 대중 마케팅 과정에서 중요시하는 문제변화를 많이 요구하고 있다. 이 패러다임 하에서는 제품을 보다 많은 고객에게 판매하는 것이 아니라 특정 고객들에게 **상향판매**(up-selling)나 **교차판매**(cross-selling)[20]를 실현함으로써 장기적인 고객과의 관계를 유지시켜 가는 것이다.

5. 마케팅 커뮤니케이션의 변화

기존의 4대 매체(TV, 라디오, 신문, 잡지)에 이어 탄생한 인터넷이라는 매체는 기존의 매체가 가지고 있지 못한 **쌍방향적 커뮤니케이션**(two-way communication)을 지원하여 메시지를 주는 사람과 받는 사람과의 상호작용을 가능하게 한다. 인터넷의 이러한 특성은 대중매체에서 추구하는 제품이나 브랜드에 대한 단순 인식의 수준을 넘어 구매를 위한 의사결정과 구매, 그리고 구매 이후의 관계 형성에까지도 중요한 역할을 담당한다. 인터넷의 등장은 전통적인 마케팅 커뮤니케이션에 획기적인 전환을 가져다주었다. 실제, **호프만**(Hoffman)과 **노박**(Novak)[21]은 광범위한 범위의 대체적인 커뮤니케이션 방법들을 비교하기 위해 통계적인 기법을 이용했는데, 그들은 인터넷이 어떻게 유연한 기술이 될 수 있는

그림 3-2 | 매체 변화에 따른 시장 형태의 변화[22]

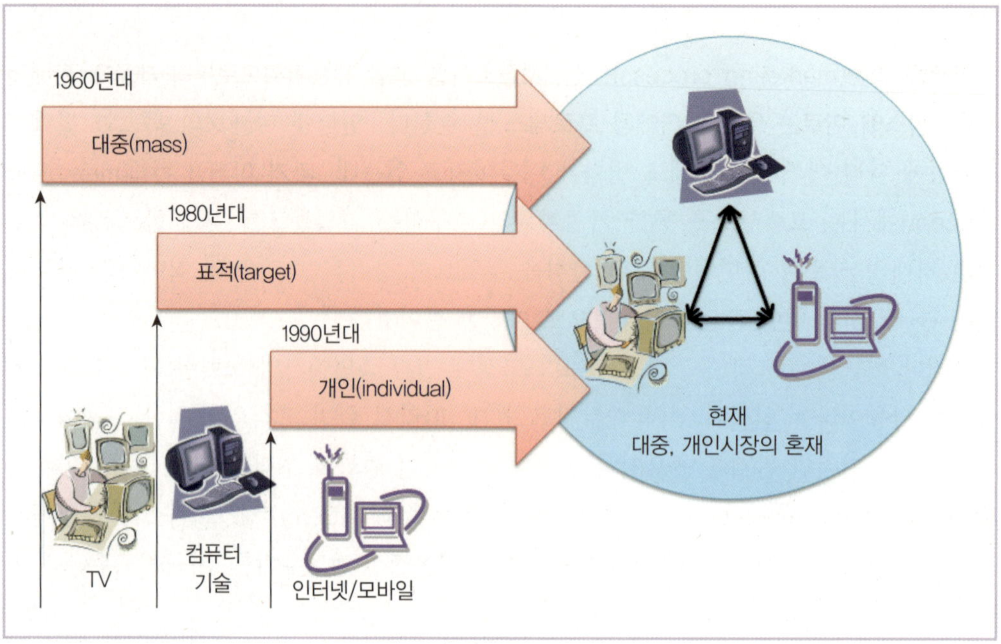

지를 자세하게 설명하였다. 다음은 이러한 다양한 커뮤니케이션 방법들에 대해 설명한다.

1) 일 대 다수 모델

대중매체를 이용한 전통적인 커뮤니케이션 모델은 기업이 일방적인 메시지를 만들어 불특정 다수의 고객에게 전달하는 것을 목적으로 하는 일 대 다수(one to many) 방식의 커뮤니케이션이다. 일 대 다수 모델은 다음의 세 가지의 특성을 가지고 있다.

첫째, 매체는 정보전달을 하는 하나의 배관역할만을 수행한다. 즉 다양한 정보원을 결합시켜 새로운 정보가 새로운 의미를 창출하지도 못하고, 콘텐츠에 어떤 의미도 부여하지 못하고, 단지 주어진 정보를 고객에게 전달하는 단일의 배관역할만을 수행하는 것이다.

둘째, 고객들은 청취자이며 전달되는 정보에 대한 동일한 기호를 가지고 있는 것으로 가정하고 있다. 일 대 다수 커뮤니케이션 방식에서는 고객별로 다른 정보를 제공할 수 있는 방법이 없다. 따라서 고객들은 비슷한 정보욕구를 지니고 있는 것으로 가정하고, 강렬한 구매욕구를 자극할 수 있는 정보를 전달함으로써 커뮤니케이션 효과를 극대화하고자 노력한다.

셋째, 고객과 기업 간에는 어떠한 상호작용도 없다는 것이다. 고객들에게 일방적으로 정보를 전달할 뿐 기업이 전달한 정보를 피드백받을 수 있는 어떠한 방법도 기본적으로 기존의 매체는 지니고 있지 못하다.

2) 일 대 일 모델

인터넷을 이용한 개인 대 개인(one-to-one) 커뮤니케이션 모델은 전통적인 개인 상호 간의 커뮤니케이션 모델로서 한편에는 송신자, 다른 한편에는 수신자가 있는 방식의 모델이다.[23] 이 모델은 다수의 송신자와 수신자가 참여하는 그룹미팅이나 원격회의 등이 가능하여 쉽게 다수 대 다수의 모델로 확장이 가능해진다.

이 모델의 특징은 우선 컴퓨터를 이용함으로써 상호작용이 가능하다는 것을 자신의 컴퓨터 또는 중앙에 있는 컴퓨터에 자신의 메시지를 보내면 다른 사람이 이 메시지를 보고 자신의 의견을 제시하는 형태로 컴퓨터에 접속된 사람 간의 의사소통이 이루어지는 상호작용이 가능해진다. 또한 이 모델에서는 문자, 그래픽, 음성, 화상 등의 다양한 형태의 정보를 전달할 수 있다. 컴퓨터 기술의 발전에 따라 문자와 그래픽의 전달이 가능할 뿐만 아니라 컴퓨터가 멀티미디어 환경을 구현할 수 있도록 함으로써 음성이나 화상도 주고받을 수 있게 된 것이다.

현대카드 광고(좌)는 대체로 표적시장 및 대중들에게 일방적인 메시지만을 전달하는 반면, 위의 인터넷 사이트(우)는 고객이 해당 카드로 어떤 혜택을 구체적으로 얻을 수 있고 기존고객이라면 다양한 고객만의 맞춤화된 정보를 통해 고객을 지원하고 있다.

3) 다수 대 다수 모델

인터넷은 새로운 커뮤니케이션 모델을 제시한다. 기본적으로 누구든지 커뮤니케이션에 참여할 수 있도록 하는 **다수 대 다수(many-to-many)**의 커뮤니케이션이 가능하면서도 커뮤니케이션에 참여하는 사람을 차별화시켜 일 대 일 커뮤니케이션을 부분적이나마 지향한다.

이 모델은 몇 가지 특징을 지니고 있다. 우선, 개인이든 기업이든 관계없이 커뮤니케이션을 할 수 있는 동등한 기회를 부여한다는 것이다. 일반적으로 다른 커뮤니케이션 방식은 개인과 기업에게 동등한 기회를 부여하기보다는 실질적으로 기업이 주도권을 행사하는 가운데 커뮤니케이션이 이루어지나 인터넷은 커뮤니케이션에 참여하는 개체를 차별화하지 않는다.

둘째로, 메시지를 전달하는 방식을 다양하게 제공한다. 웹사이트를 구축하여 많은 사람에게 체계적이고 충실한 정보를 담은 콘텐츠를 제공할 수도 있고, 인터넷이 제공하는 이메일이나 채팅, SNS 등을 통하여 순간적인 대응을 하는 형태의 메시지 제공이 가능하다.

셋째로, 메시지를 전달받는 것은 기본적으로 개인과 기업의 선택에 의해 이루어진다. 수많은 정보 중 자기에게 필요한 정보만을 선택하여 취하고, 이에 대응하는 사용자의 선택에 따른 개별화된 커뮤니케이션이 이루어진다.

넷째로, 개인과 기업 모두가 참여자로서 상호작용이 이루어진다. 누구도 일방적인 수신자나 일방적인 송신자가 아니라 자기가 원하면 언제든지 송신자가 될 수 있으며, 송신자의 입장에 서면 아주 적극적인 참여자가 될 수 있다.[24] 실제 인터넷에는 고객 참여가 매우 중요한 최종 성과의 수단이 되고 있다. 고객 참여는 브랜드가 고객의 제품 구매과정에서

| 표 3-1 | 마케팅 개념의 변화에 따라 요구되는 도구의 변화

	마케팅 컨셉의 변화				
	생산	판매	브랜드 관리	고객 관리	가치주도
마케팅 대상의 규모	대중	범세계적	범세계적, 목표시장	글로벌, 개인	글로벌, 개인
경쟁적인 도구	가격, 제조	가격, 경로, 광고	포지셔닝, 브랜딩	브랜딩, 고객화, 사용편의성, 신속성	사회, 감성 마케팅
주요 기술	대량생산시설	라디오, 전화	TV, 데이터베이스, 물류	TV, 데이터베이스, 이메일, 인터넷	인터넷, 스마트폰, SNS, 인공지능, 사물인터넷
주요 측정대상	제품원가, 총판매량	마진, 시장점유율	시장점유율, 브랜드 자산	브랜드 인지, 고객평생가치	기업의 비전과 가치에 대한 평가

의미 있는 상호작용을 통해 고객과 지속적인 관계를 적극적으로 구축하는 것을 말한다. 결국 이러한 관계를 발전시킴으로써 브랜드는 고객 사이에서 높은 충성도와 새로운 제품에 대한 기대감을 키울 수 있다.[25]

그림 3-3 | 커뮤니케이션 특성의 진화[26]

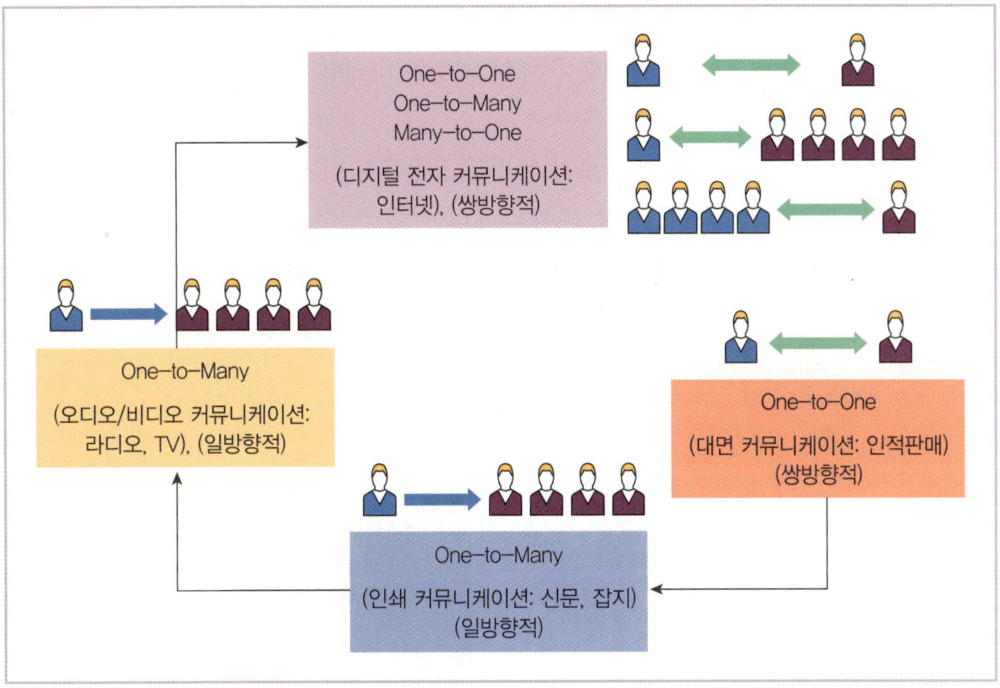

제2절 인터넷 마케팅의 정의와 특징

1. 인터넷 마케팅의 정의

인터넷 마케팅, 스포츠 마케팅, 텔레 마케팅, 데이터베이스 마케팅, 원투원 마케팅 등은 마케팅의 하위개념이라고 볼 수 있다. 미국마케팅협회(AMA)에서 정의했듯이 마케팅의 개념을 "**생산자로부터 소비자나 사용자에게로의 제품이나 서비스의 흐름을 다루는 기업행위의 수행**(Marketing is performance of business activities that direct the flow of goods and services from producer to consumer or use)"[27]이라고 규정한다면 인터넷 마케팅은 인터넷 기반에서 새로 탄생한 브랜드에 대한 마케팅과 오프라인 브랜드들의 인터넷을 이용한 마케팅 활동을 포함하는 개념이라 볼 수 있다.

사이버 마케팅(cyber marketing)이란 개념은 사이버 공간을 매개체로 수행이 된다는 점에서 기존의 기업들이 행했던 모든 마케팅 활동의 범위를 의미하지는 않는다. 인터넷 마케팅=사이버 마케팅의 개념이 적용되는 예는 현재 순수 온라인 기업들이라고 볼 수 있는데, 이는 아마존이 물리적 마케팅을 최대한 배제한 마케팅 활동을 수행하고 있기 때문이다.

그러나 많은 순수 인터넷 기업들 또한 물리적 공간에서 마케팅 활동을 하고 있는데 포털사이트들의 TV 광고, 이벤트 활동 등이 대표적인 보기라고 볼 수 있다. 그러므로 **마케팅>인터넷 마케팅>사이버 마케팅**의 등호관계가 성립한다고 볼 수 있다.

그림 3-4 | 인터넷 마케팅의 범위

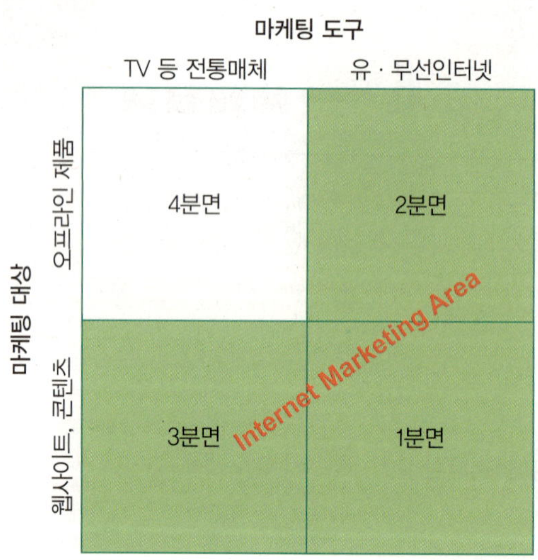

인터넷 마케팅은 바이럴, 커뮤니티, 블로그, 웹사이트, SEO 등과 같은 요소들이 활용된다(사진출처: https://www.gettyimagesbank.com/).

2. 인터넷 마케팅의 특징

이전에는 인터넷이 광고영역에서 가장 효과적인 촉진도구로 증명되었고 실례로 물리적인 공간에서 시작한 유명한 기업들은 앞다투어 도메인 등록을 하고 사이트를 개설해 왔다. 이렇듯 인터넷은 많은 다른 방법으로 마케팅에 영향을 미쳐왔고 현재도 미치고 있는 것이다. 이미 기업들은 그들의 제품과 서비스를 광고하고 마케팅하며 유통하는 데 성공적인 방법으로 생각하고 있으며 이제 인터넷을 이용하지 않는 기업은 거의 찾아볼 수 없는 상황이다.

컴퓨터의 보급과 급속도로 수용된 스마트폰 때문에 온라인 서비스는 좀 더 많은 사람들을 인터넷으로 끌어들일 수 있으며, 90% 이상에 달하는 인터넷 사용자 비율은 이제 인구통계적 오류를 거의 제거하고 모든 연령층에 다다를 수 있는 것을 실현했기에[28] 마케터들은 좀 더 창의적인 마케팅 기법들을 도입할 필요성이 있으며, 인터넷 쇼핑을 소비자들에 더욱 편리한 것으로 인식시켜 더 많은 소비자들이 쉽고 안전하고 거래할 수 있도록 해야 한다.[29]

실제, 2000년 초 이후로 정보화 기술은 본류시장에 스며들어와 이른바 **뉴웨이브(new wave) 기술**로 진화했다. 뉴웨이브 기술이란 한마디로 개인이나 집단 간의 **연결성(connectivity)**과 **상호작용성(interactivity)**을 용이하게 해주는 기술을 의미한다. 이 기술은 세 가지 핵심요소로 구성된다. **저렴한 컴퓨터와 휴대전화, 저비용 인터넷, 오픈소스(open source)**가 그것이다.[30] 참여의 시대 사람들은 뉴스, 아이디어, 오락을 소비할 뿐만 아니라 창조하기도 하며 그러한 콘텐츠를 추천하여 다른 사람에게 급속도로 전파시키기도 하며 같이 공유하기를 원한다.[31] 그리고 최근에는 4차 산업혁명 기술과 함께 인공지능 기술의 발달로 이러한 인공지능을 마케팅에 활용하는 시대가 될 것이라는 것을 많은 전문가들이 강조하고 있다. 물론 기술이 완벽히 구현된 것은 아니지만 이러한 기술은 점점 우리의 비즈니스 환경에 스며들어 새로운 차원의 마케팅을 전개하게 할 것이다([Internet Marketing Insight 3-3] 참고).

Internet Marketing INSIGHT 3-3

웹 2.0(마케팅 2.0)에서 웹 4.0(마케팅 4.0)까지[32]

일반적으로 2000년부터 2010년까지는 웹 2.0의 시대라고 하고 있다. 웹 2.0 시대라고 새롭게 규정할 수 있었던 이유는 웹상의 텍스트와 문서가 기존의 공급자 전달방식이 아니라 문서, 사진, 동영상 등의 멀티미디어를 이용해 사용자 간 개방과 공유 그리고 참여가 이루어질 수 있기 때문이다. 웹 2.0을 대표하는 서비스인 블로그는 누구나 쉽게 인터넷에 자신만의 공간을 형성하고 공유할 수 있게 했으며, 2001년 '모두의 백과사전' 위키피디아의 등장은 소수 엘리트 집단으로부터 정의되어 대중에게 전해지던 지식과 지성의 형성과정을 완전히 바꾸었다.

마케팅 역시 예외가 아니다. 기존의 마케팅이 방송 · 신문 등 매스미디어 중심으로 이루어져 왔다면, 지금은 새로운 커뮤니케이션 공간으로 확대되고 있다. 온라인 커뮤니티와 블로그를 통해 제품에 대한 다양한 의견이 교환되고, 사용후기 등이 구매결정에 막대한 영향력을 행사하고 있다. 이렇게 새로운 접점으로 쌍방향 커뮤니케이션 채널의 비중이 커지고 소비자들의 참여가 확대되는 현상을 '마케팅 2.0'이라 일컫는다.

그림 3-5 | 웹의 진화[33]

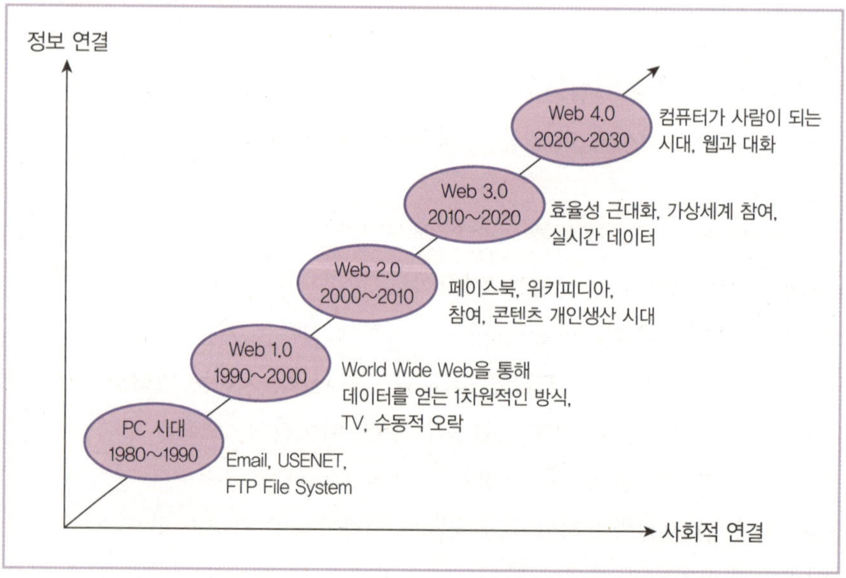

기존의 마케팅 활동은 다수의 소비자들에게 기업이 전달하고자 하는 메시지를 일방적으로 방송하는 데 주력했다. 기업은 가능한 많은 소비자들을 대상으로 광고를 하며 그 무리들 중에 자사의 제품에 관심이 있는 사람들에게 운 좋게 메시지가 전달되기를 희망했다. 그러다 보니 자연히 브랜드 인지도와 매스 커뮤니케이션의 역할, 그리고 적정 임계치를 넘는 광고물량 등을 강조하게 되었다.

그러나 블로그와 온라인 네트워크가 확산된 웹 2.0 시대에는 일방적인 전달이 아닌 쌍방향의 대화가 중요해졌다. 특히 기업과 소비자와의 대화보다도 다수의 소비자들 사이에 자연스럽게 발생하는 커뮤니케이션의 영향력이 더 커지고 있다. 기업이 아무리 세심하게 기획하고 다듬은 메시지라 하더라도 소비자들에게 의도한 대로 전달되지 못한 채 복잡하고 예측 불가능한 군중들의 대화를 거치며 수정되어 버린다. 그 와중에 수많은 소비자들이 그들의 의견을 불특정 다수에게 적극적으로 확산시키는 것이다.

웹 2.0과 웹 3.0은 그 태생에서부터 차이가 있다. 웹 2.0의 참여와 개방과 공유라는 성격이 데이터와 정보중심의 상호작용에 의해 비롯되는 사회적 · 경제적 조류를 지칭하는 사후적 성격이라면, 웹 3.0은 지식과 네트워크 중심의 데이터와 정보를 맞춤하는 개인화 과정으로 지능화된 웹 환경을 구축하기 위한 기술적 측면을 강조하는 사전적 조류라는 것이다.

웹 3.0을 대표하는 키워드는 단연 차세대 지능형 웹 기술인 '시맨틱 웹(Semantic Web)'이다. 기존의 웹페이지는 사람만 이해할 수 있었지만 앞으로는 확장된 인터넷 언어인 XML 기술로 데이터와 기계도 읽을 수 있게끔 메타데이터를 포함시키겠다는 의미다. 예컨대 판사의 예상 판결문을 사람이 아닌 검색엔진이 미리 제시할 수 있다는 얘기다. 이는 집단지성의 주체가 사람에서 똑똑해진 웹과 에이전트(인공지능 컴퓨터)로 교체된다는 것을 뜻한다. 시맨틱 웹 환경이 더욱 발전하면 인간과 사물, 나아가 사물과 사물 간에도 대화가 가능한 유비쿼터스 웹시대(웹 4.0)로의 진화 가능성도 엿볼 수 있다. 빅데이터, 딥러닝, 인공지능, 사물인터넷 등 미래의 기술변화로 인해 지속적인 마케팅부문의 변화도 불가피해지고 있다. 웹 4.0은 쉽게 정의하면 컴퓨터가 사람이 되는 시대를 말한다. 인공지능 기술의 발달로 이제 컴퓨터는 사람의 말을 이해할 수 있으며 이러한 부분으로 웹 환경은 매우 달라질 수 있다는 것이다.[34]

시장과 소비자가 변화해 오면서 마케팅도 진화해 왔다. 1.0 시장에서 마케팅은 '거래지향적', 즉 판매방법에만 초점을 맞췄다. 2.0 시장에서는 '관계지향적'이 되어 소비자가 다시 돌아와 더 많이 구매하도록 하는 방법에 집중했다. 3.0 시장에서 마케팅은 회사의 제품 혹은 커뮤니케이션 개발에 '소비자의 참여'를 이끌어내는 쪽으로 이동하고 있다는 분석이다. 3.0 시장이란 상품력으로 승부하던 1.0 시장이나 서비스와 고객만족으로 승부하던 2.0 시장의 연장선이지만 그것들과 본질적으로 다르며 그 파급력은 더욱 크다고 본다. 이 변화는 '세계화'와 '소셜네트워크의 확대' 그리고 '점점 더 창의적이고 영적으로 변화하는 세계'가 만들어낸 것이라는 분석이다.

인스타그램을 통해 정보를 나누고 페이스북을 통해 철학을 공유하면 그 어떤 광고나 프로모션보다 서로의 말을 더 신뢰한다. 똑똑하고 현명해진 소비자들은 이제 제품 기획자이자 서비스의 이행자이자 마케터이자 홍보대사로서 기업의 목줄을 쥔 새로운 오너가 되었다. 그리고 이들이 만들어가는 새로운 시장이 바로 마켓 3.0이다.

필립 코틀러는 최근 「마켓 4.0」이라는 서적에서 기술 트렌드가 급격히 변화하기 때문에 브랜드는 더 유연해지고 적응성이 뛰어나야 한다는 것을 강조하고 있다. 그리고 고객의 참여를 강화하는 시대이기에 인간 대 인간의 연결을 활용하는 한편, 마케팅 생산성을 높이기 위해 기계 대 기계의 연결성과 인공지능을 활용하는 마케팅을 전개한다는 것을 강조하였다.[35]

그림 3-6 | 웹의 진화와 특성[36]

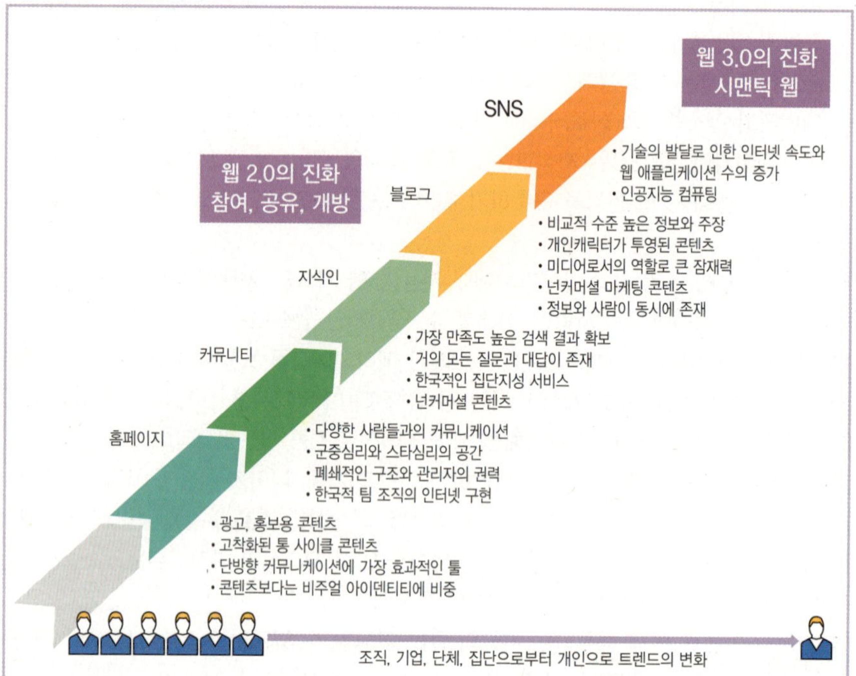

인터넷 마케팅에서는 기존의 4P(Product, Price, Promotion, Place)를 4C(Customer value, Cost, Communication, Convenience)로 설명한다는 점 이외에도 **온라인 커뮤니티**(online community)를 통한 마케팅이 중요하며 앞에서도 언급되었던 **개인화**(individualization)와 더불어 소비자와의 **상호작용성**(interactivity)이 상당히 중요한 마케팅 초점이 될 수 있다([그림 3-7] 참고).

그림 3-7 | 인터넷 마케팅의 개요

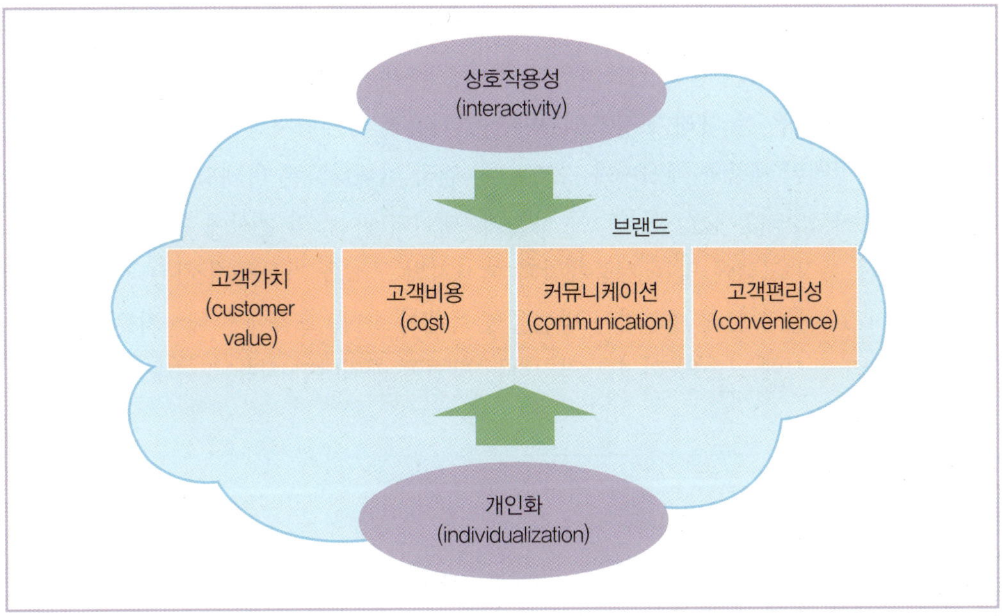

인터넷은 마케팅을 위해 전통적인 매체에서는 이용 불가능한 몇 가지 효익을 제공한다. 인터넷은 마케터가 게시할 유연한 정보를 창조하고 상호작용적 기술로 폭넓고 심층적인 정보를 제공하게 하며 기존의 TV, 라디오, 인쇄매체에서 제공하던 문자, 비디오, 소리를 단일의 매체로 제공할 수 있다는 것이다.[37] 다음에서는 인터넷의 마케팅 도구로서의 특징에 대해서 자세히 알아보자.

1) 상호작용성

(1) 소비자-기업 간 상호작용성

상호작용성(interactivity)이라는 용어는 해석상 두 가지 의미를 가지고 있다. 개개인에게 말을 걸 수 있는 능력과 개개인의 반응을 모으고 기억하는 능력이다. 이러한 두 가지 특징은 세 번째 특징을 가능하게 한다. 즉 개개인의 독특한 반응을 충분히 고려하여 가장 적절한 방법으로 다시 한 번 접근해 말을 건넬 수 있는 능력이 그것이다. 그래서 상호작용성은 마케팅을 고객과의 좋은 대화로 전환시켜 주는 도구라고 볼 수 있게 한다. 상호작용성의 미래는 규모의 경제를 잃지 않으면서 보다 많은 사람들을 현실적으로 시장거래로 끌어들일 수 있는 능력에 의해 좌우된다.[38]

기술적 진화가 계속됨에 따라 기업들은 인터넷을 소비자와의 상호작용성을 높이는 중요한 도구로 이용하고 있다.[39] 과거 연구결과에 따르면 웹은 가장 자주 이용되는 상호작용을 위한 마케팅 도구라는 점을 강조하였다.[40] 대중 마케팅시장에서는 대중매체를 통한 커뮤니케이션에 기반을 둔 거래가 강조되지만 상호작용적 마케팅시장에서는 개별고객의 필요에 맞추어 설계된 제품과 메시지가 강조된다. 결국 마케터들은 마케팅을 일방적인 대화인 설득으로 파악하려는 습성을 버려야 하는데, 데이터베이스의 분석에 관계된 새로운 개념적 기술들, 특정 고객에 맞는 제품제안과 메시지의 구성을 가능하게 하는 기술들을 개발해야 하며 고객들과 함께 대화하는 방법을 습득해야 한다. 그들에게 메시지를 전달하는 것뿐만 아니라 동시에 그들의 의견을 경청하는 방법을 배워야만 하는 것이다.

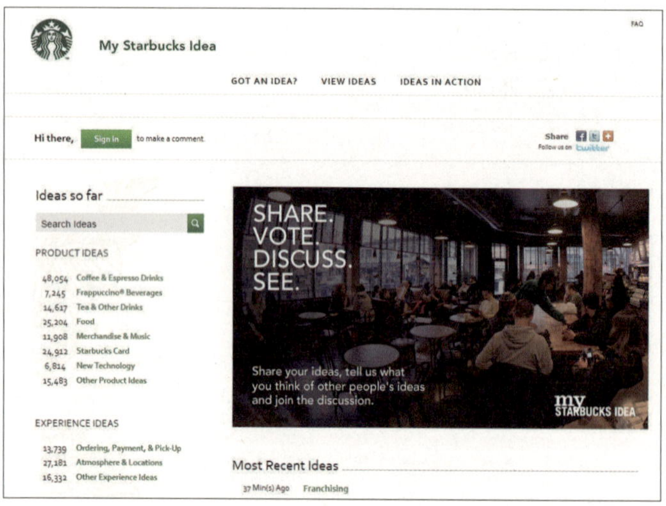

스타벅스의 마이 스타벅스 아이디어(http://mystarbucksidea.force.com/) 사이트는 고객들이 사이트에서 더 나은 제품을 만들 수 있는 아이디어, 고객경험을 향상시킬 수 있는 아이디어를 제시함으로써 스타벅스와 상호작용할 수 있다.[41]

이렇듯 상호작용성이 증대됨에 따라 고객은 좀 더 서비스를 자주 이용하고 서비스의 시설을 이해하는 데 더 많은 시간을 투자하며 결과적으로 고객은 온라인 활동을 지속하게 된다.[42] 이는 개인화, 커뮤니티 구축, 다른 여러 실시간 마케팅의 기회를 창조한다. 이는 기업과 소비자 간의 비즈니스 양을 증대시키는 것이며 좀 더 많은 접촉을 가능하게 하는 것이다. 상호작용성은 다음과 같은 것에 기반을 두고 있다.

- 직접적인 커뮤니케이션(direct communication)

피드백을 거르거나 가로막는 중간 개입자 없이 마케터와 고객 간의 직접적인 커뮤니케이션이 있을 때 마케터와 고객 간의 직접적인 대화가 가능하다.

■ 개별적인 선택(individual choice)

웹은 단순한 커뮤니케이션 매체 이상의 것으로 구색갖춤, 정보제공, 선택, 거래 등의 전달수단이 될 수 있다.

■ 친근한 기술(friendly technology)

인터넷은 사용자에게 어렵고 도전적인 환경이 될 수 있다. 매체의 잠재력을 인식하기 위해서는 기업이 좀 더 인터넷을 친숙하게 이용하게 하고 일반적으로 소비자가 가정에서 일상적으로 이용하는 가전도구를 쓰는 것과 같은 느낌을 주도록 노력할 필요가 있다.

그림 3-8 | 상호작용 커뮤니케이션의 구조[43]

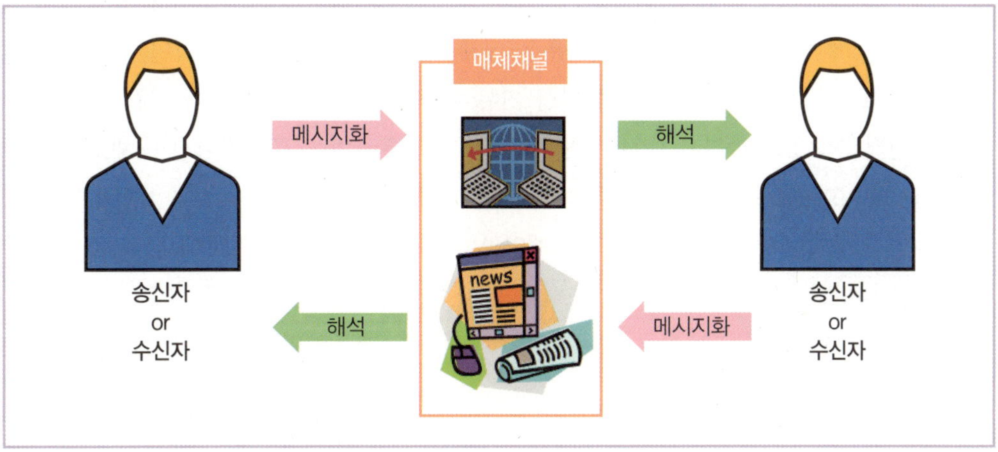

(2) 소비자–소비자 간 상호작용성

온라인 기업들은 자사 웹사이트에 대한 고객 충성도를 높이기 위한 하나의 방안으로 소비자 간 상호작용성을 매우 중요시하고 있다.[44] 즉 고객 개개인들 간의 상호작용을 인터넷 쇼핑몰이나 웹사이트에서 전략적으로 구현한다면 고객을 끌어들이고 장기적으로 유지하여 고객점유율을 높이고, 경쟁우위를 가지는데 기여할 수 있는 것이다.

대체로 많은 연구에서는 회원 간의 상호작용성이 활발한 커뮤니티는 오랫동안 유지되며, 그렇지 않은 경우는 얼마가지 않아 폐쇄되는 결과를 보여준다. 이 연구들은 소비자 간 상호작용성이 온라인 소비자의 행동적 변화를 야기하는 매우 중요한 요인이 될 수 있음을 검증하였으며 사이트에서 상호작용성이 높을수록 해당 사이트에 대한 지속적 방문 의도가 높을 수 있음을 제시하고 있다.[45]

특히, SNS 분야에서는 소비자 간 상호작용성이 매우 중요하다고 볼 수 있다. 지난 십여 년 동안 새로 등장한 소셜네트워크 서비스는 기존의 디지털 매체 환경을 다시 정의하고 있으며 마케팅 메시지의 전달 방식에 있어 기존의 틀을 완전히 변화시키고 있다.[46] 이러한 소셜네트워킹의 핵심은 소비자 간 공유를 통한 관계구축으로 사람들의 생각, 콘텐츠(글, 사진, 오디오, 비디오), 관심 등을 공유하게 하는데, 즉 이는 공통의 관심사를 가진 사람들을 모아주며 그리하여 사람들이 새로운 관계와 커뮤니티를 형성할 수 있도록 도와준다.[47]

2) 개인화

많은 마케터들은 소비자들에게 그들의 상품과 서비스에 대한 정보를 제공하고 실제로 많은 경우 온라인으로 판매를 하기 위한 상호작용적인 매체로서의 인터넷에 초점을 두고 있다. 인터넷에 의해 대표되는 상호작용적 매체는 컴퓨터와 같은 기술적인 수단에 의해 마케터와 소비자 간에 실시간으로 유연한 커뮤니케이션을 가능하게 한다. 이러한 상호작용성은 인터넷을 TV, 라디오, 인쇄매체 등과 같은 전통적인 커뮤니케이션 매체로부터 차별화하는 것이다. 또한 상호작용성은 마케터가 다양한 목표고객의 니즈에 부합하는 정보를 맞추어 제공할 수 있게 한다. 이러한 **개인화**는 인터넷에 의해 가능하게 된 소비자와 마케터 간의 쌍방향 커뮤니케이션에 기초하고 있다.[48]

예를 들면, 대부분의 카드회사들은 인터넷 서비스를 제공하면서 나만의 영역을 만들어

유튜브에서 특정 콘텐츠를 보게 되면 관련 콘텐츠를 우측에서 지속적으로 추천해준다.

철저하게 개인화하여 제공하고 있다. 또한 대부분의 포털사이트는 **나의 페이지(My page)** 등을 운영하고 있으며 인터넷 서점은 내가 관심 있어 하는 분야의 책을 기본적으로 추천해준다. 그리고 페이스북과 같은 SNS는 내가 평소에 관심 있어 했던 정보나 구독하고 싶어하는 정보를 기본적으로 뉴스피드에 보여주며, 유튜브는 내가 주로 검색했던 것과 비슷한 콘텐츠를 지속적으로 추천해준다.

슐로모 베나치(Shlomo Benartzi)와 **조나 레러(Jonah Lehrer)**는 「The Smarter Screen: Surprising Ways to Influence and Improve Online Behavior」라는 책에서 나만의 정보의 강력한 힘을 실험 사례로 증명하였으며 이러한 정보가 주의력과 만족도를 확실히 높이며 소비자를 몰입시키는 중요한 원동력이 될 수 있음을 강조하였다.[49] 구체적으로 필요한 시점에 고객에게 개인화된 실시간 정보를 제공하는 상황별 마케팅 접근방식은 전자상거래에서 경쟁우위를 확보할 수 있다는 것들이 많이 주장되었는데[50] 이제는 이러한 것들이 인공지능 기술을 활용하여 제시되고 이러한 기술을 통한 개인화는 기존 마케팅 방식에 비해 성과를 눈에 띄게 향상시키는데 도움이 되고 있다는 것을 많은 연구들은 검증하고 있다.[51]

3) 정보지향성

앞에서 이야기했듯이 인터넷은 기업 측면에서 매우 다양한 정보의 원천이 될 수 있다. 기업은 기업의 마케팅 문제에 관련된 정보를 검색엔진과 같은 도구를 이용하고 더욱 쉽게 그리고 직접적으로 다가갈 수 있게 된다. 일반적으로 **정보경제학(Information Economics)**에서는 정보의 양과 정보를 보는 사람의 수는 상충관계에 있다고 보아왔다. 예를 들면, TV나 라디오에서 나오는 광고는 광범위하게 많은 사람들에게 정보를 전달할 수 있기는 하나 매우 적은 양의 정보만을 제공할 수 있을 때

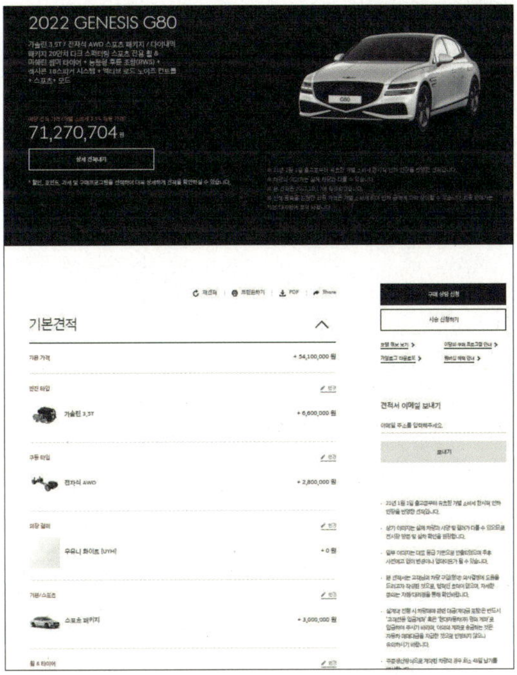

다양한 옵션을 선택하면 정확한 가격과 구매조건을 알려주는 G80 홈페이지(https://www.genesis.com/kr/)

름이다. 하지만 인터넷은 웹사이트를 통해서는 매우 많은 사람들이 참여할 수 있을 뿐만 아니라 정보의 양 또한 거의 무한대로 제공해 줄 수 있기 때문이다.

신차에 대해 광고를 한다고 가정을 해보면 TV나 신문 등에서는 충분하게 알리고 싶은 정보를 알릴 수 없고 단지 자동차가 달리는 멋진 모습이나 몇 가지 성능, 외형 등만을 강조할 수밖에 없다. 그러나 인터넷을 이용하면 엄청나게 많은 양의 정보를 원하는 모든 고객에게 제공해 줄 수 있으며, 심지어 매장에 방문하지 않고서도 사진의 G80 사례에서와 같이 다양한 옵션을 선택해서 최종 자동차를 선택했을 때 정확한 가격과 구매조건을 알 수 있다.

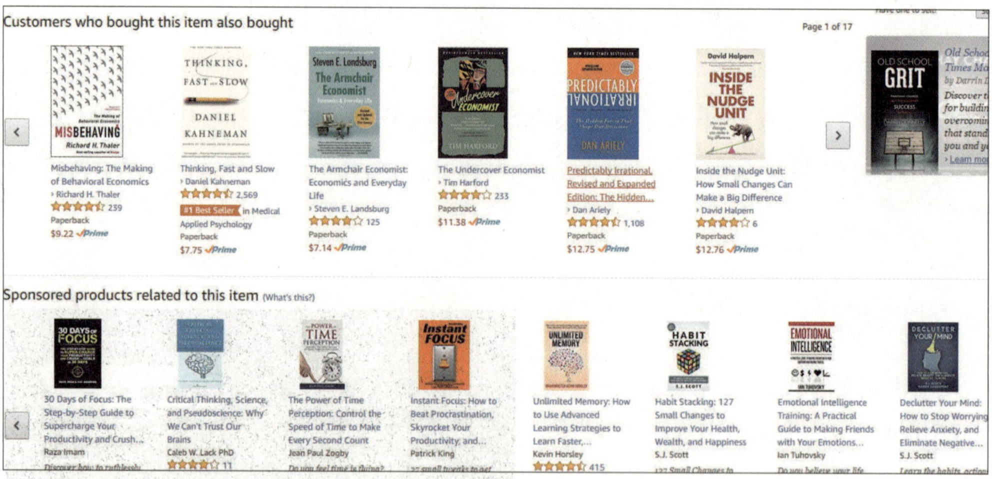

아마존은 300만 종이 넘는 각각의 책에 대한 많은 정보를 제공하는데 책의 전 내용은 아니지만 저자의 견해라든지, 책 서평 등의 내용도 있다. 이런 엄청난 정보량과 정보의 전달은 물리적 공간에서는 도저히 생각할 수도 없는 것이다. 아무리 큰 서점이라고 해도 수십만 종류의 책을 쌓아둘 수 없을 뿐만 아니라 각 책에 대한 다양한 정보를 제공할 수 없기 때문이다. 이렇게 방대한 정보를 축적함으로써 고객들은 자기가 원하는 책들을 언제든지 편리하게 구입할 수 있게 되는 것이다.

이렇듯 자세한 정보 그리고 양질의 정보를 적시에 제공하는 것은 표적고객을 끌어들이기 위한 중요한 수단이 된다. 결국 정보는 인터넷의 가장 원초적인 제품이 될 수 있는 것이다. 정보를 제대로 제공하는 것은 제품과 서비스에 부가적인 가치를 더해 줄 수 있으며 결국 이는 기업 마케팅 활동에 커다란 도움이 될 수 있다. 만약 인터넷 사용자가 기업이 제공한 가치 있는 정보를 찾는다면 그들은 해당 사이트를 다른 사람에게 이야기해 줄 수 있을 것이고 이는 계속적인 신규고객의 유입과 기존고객의 유지를 가능하게 하는 것이다.[52]

4) 실시간 운영

물리적 거래에서 판매나 고객 서비스와 같은 마케팅 활동은 주로 업무시간에 진행된다고 하지만 인터넷은 1년 365일, 24시간 운영될 수 있다. 이러한 특징은 고객이 편한 시간에 자신의 일정에 따라 물건을 구매하거나 정보를 제공받을 수 있도록 해 마케팅 활동의 시간적 영역을 무한대로 만들어 놓고 있다. 인터넷은 공간 또한 제약이 없는데 영업 대상 지역이 특정한 지역에 국한되지 않고 전 세계가 될 수 있으며, 제품을 전시할 수 있는 공간도 컴퓨터 용량이 문제가 될 뿐 거의 제한이 없다.

5) 측정가능성

물리적 공간의 백화점들이 하루에 몇 명의 방문자가 있었고, 그 방문자 중 어떤 사람이 어떤 물건을 샀는지를 과연 어느 정도 정확하게 측정하고 있을까? 대충 부문별로 얼마라고 정보만 파악하고 있는 것이 일반적일 것이다. 하지만 인터넷은 이런 수준이 아니라 '몇 명의 고객이 방문했으며, 어떤 고객이 어떤 물건을 몇 시에 얼마만큼 구매했고 그 고객이 지금까지 구매해 간 금액은 총 얼마이다'라는 매우 상세한 정보를 제공해준다. 이에 더하여 이 고객이 물건은 비록 구매하지 않았지만 관심을 가졌던 물건에 대해서도 정보를 가질 수 있다. 예를 들어, 특정한 고객이 조회한 웹페이지와 구매를 위하여 쇼핑 카트에 담았던 물건에 대한 정보를 분석함으로써 그 고객이 관심을 보였던 물건을 알 수 있게 된다.

6) 유연성

실물세계에서는 물리적인 공간의 개념이 매우 중요하다. 따라서 이를 위해 많은 투자를 해야 한다. 좋은 상권에 위치하여야 하고 디스플레이도 시선을 끌만큼 화려해야 할 필요도 있다. 이러한 공간의 개념은 한 번 투자하면 변경하기가 쉽지 않다. 안에 있는 디자인을 한 번 바꾸더라도 상당한 시간과 비용이 발생한다. 이와 달리 인터넷은 매우 유연하다. 웹사이트를 구성하는 것부터가 아무런 공간의 제약을 받지 않을 뿐더러 웹사이트의 변경 또한 상대적으로 그렇게 어렵지 않다. 실제 유명한 사이트들은 그 구성을 변경하는데 상당히 많은 비용이 투자된다. 하지만 실물세계에 비하면 대단히 작은 것이라 볼 수 있다.

인터넷은 이러한 물리적인 공간의 문제 이외에도 마케팅 환경의 변화에 맞게 신속하게 대처할 수 있다. 예를 들어, 고객이 원하는 형태의 서비스 유형이 바뀌었다면 웹사이트들은 그들이 가지고 있는 각종 콘텐츠를 발빠르게 수정하거나 새로운 서비스를 제공해 줄 수 있다. 새로운 정보의 추가와 기존정보의 삭제는 인터넷에서는 쉽게 이루어질 수 있다.

7) 비용효율성

물리적 공간에서 마케팅 활동을 전개한다고 생각해보면 가장 쉽게 생각할 수 있는 것이 판매채널을 구축하는 것이다. 자신의 물건을 소비자에게 판매할 소매상을 모아야 하며, 소매상까지 제품을 공급할 수 있는 도매상을 끌어들여야 한다. 이 과정에서 자기 기업의 제품이 눈에 잘 뜨이는 곳에 진열되도록 하기 위해서는 많은 인센티브를 주어야 하며, 이들 도매상과 소매상을 관리하기 위해서는 직원을 채용해야 한다. 결코 적지 않은 비용이 소요되는 것이다.

실제 웹사이트를 통하여 고객 서비스를 할 경우 콜센터를 통하여 수행할 때보다 비용을 50% 정도 줄일 수 있다고 한다. 더욱이 웹을 통하여 서비스를 하므로 서비스의 질도 크게 향상될 수 있다. 결론적으로 인터넷은 마케팅 활동을 위하여 기초적으로 투자되어야 할 비용을 획기적으로 감소시킬 수 있는 것이다(삼성전자의 서비스센터 인터넷 페이지).

재고비용 또한 만만치 않다. 전국 또는 전 세계에 걸쳐 제품을 효과적으로 공급하기 위해서는 지역마다 물류센터를 마련해야 하고 물류센터를 구축하기 위해서는 넓은 부지와 건물, 그리고 이를 관리하기 위한 인력을 채용해야 한다. 결코 적지 않은 비용이 소모되는 것이다. 또한 모든 물류센터에서 각각 적정한 규모의 제품 재고를 유지하기 위해서는 전체적으로 보아 최적의 재고라고 보이는 것보다 많은 재고를 갖고 있어야 한다.

고객 서비스 비용도 만만치 않다. 각 지역마다 적정한 수의 고객 서비스 요원들을 채용해야 하고, 콜센터를 통하여 서비스를 실시한다 하더라도 콜센터의 구축과 유지를 위하여 적지 않은 전산투자와 전화 상담원을 고용해야 한다.

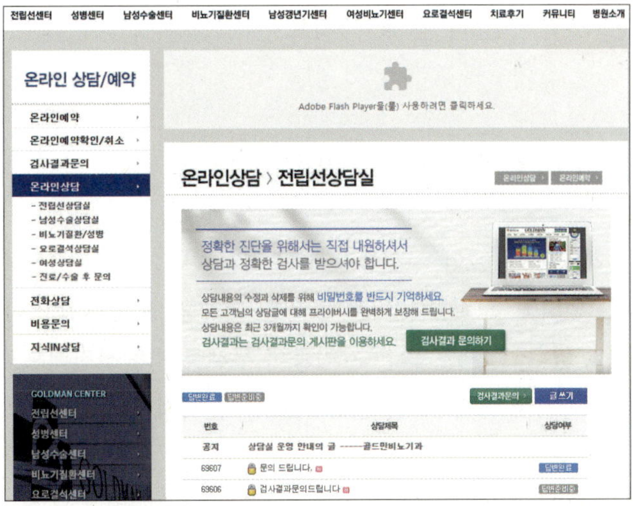

은밀한 답변을 원하는 비뇨기과나 성형외과의 경우는 홈페이지를 중요한 마케팅 수단으로 이용할 수 있다.

인터넷에서는 이러한 마케팅 비용을 획기적으로 감축할 수 있다. 채널을 구축하기 위해서 도매상과 소매상을 모을 필요 없이 자사의 웹사이트를 통해 전 세계에 직접 판매를 할 수 있다. 재고도 전사에 걸쳐 하나 또는 중요한 지역에 몇 개의 물류센터만 구축하여도 효과적으로 제품을 공급할 수 있는 것이다. 물류센터 구축비용을 절감할 수 있을 뿐만 아니라 제품의 재고도 획기적으로 줄일 수 있으며, 콜센터의 규모도 크게 줄일 수 있다.

| 표 3-2 | 마케팅은 인터넷과 함께 어떻게 변화할 것인가?[53]

마케팅 활동	전통적 마케팅	인터넷 마케팅
광고	인쇄, 비디오 또는 음성카피를 준비하고, 텔레비전, 라디오, 신문 및 잡지 같은 표준매체 수단을 사용한다. 일반적으로 매우 제한적인 정보만 제시된다.	광범위한 정보를 설계하고 그것을 회사의 웹페이지에 게재하며 다른 사이트에 배너 광고를 게재하며 SNS에 브랜드 사이트를 만들어 '좋아요'를 유도한다.
고객 서비스	상점에서 일주일에 5일 하루에 8시간 동안 서비스를 제공하거나, 고객이 전화를 걸면 전화를 통해 서비스한다. 유지나 보수를 위해 현장을 방문하기도 한다.	일주일 내내, 24시간 서비스를 제공한다. 전화, 팩스 또는 메일로 해결책을 보내준다. 온라인 대화를 진행하고, 컴퓨터 진단을 통해 멀리 떨어진 곳에서 문제를 해결해준다.
판매	잠재고객과 고객에게 전화를 걸거나 방문하고, 상품을 있는 그대로 보여준다.	잠재고객에게 상품을 컴퓨터 화면을 통해 보여주거나 증강현실 기술을 활용하여 실제와 가깝게 표현하여 보여준다.
마케팅 조사	개인적 인터뷰, 포커스그룹, 그리고 우편 및 전화조사를 실시한다.	온라인 조사 사이트를 통해 설문을 실시한다. 빅데이터 분석툴을 이용하여 소비자의 선호 및 구매 행동을 확인한다.

제3절 모바일 마케팅

1. 모바일 마케팅의 개념 및 특징

2000년대 들어 무선통신과 관련된 비즈니스의 규모가 급격히 확대되면서 **무선인터넷, 사물인터넷, 모바일 커머스, 모바일 마케팅, 모바일 비즈니스** 등의 용어들이 빈번하게 사용되고 있다. 실제로 많은 기업들이 무선통신과 직접적으로 관련된 비즈니스를 통해 수익을 창출하거나 혹은 무선 환경을 활용하여 경쟁력을 강화시키려는 다각적인 노력을 기울이고 있다.[54]

[그림 3-9]에서 볼 수 있듯이 한국갤럽의 최근 조사에서 대한민국 국민들에게 스마트폰 사용 여부를 물은 결과 95%의 이용률을 보이고 있으며 최근 조사에서는 60대 이상의 스마트폰 사용률이 처음으로 80%대에 올라섰으며 다른 연령대와 달리 성별 차이를 보였다(남성 90%, 여성 77%).[55]

이렇듯 모바일 시대라고 불러도 과언이 아닌 오늘날, 인간은 깨어있는 모든 시간 모바일과 소통한다.[56] 스마트폰은 모바일 기기의 주요 특징인 **언제든지(anytime), 어디에서나**

그림 3-9 | 국내 스마트폰 이용 비율(2021년까지)

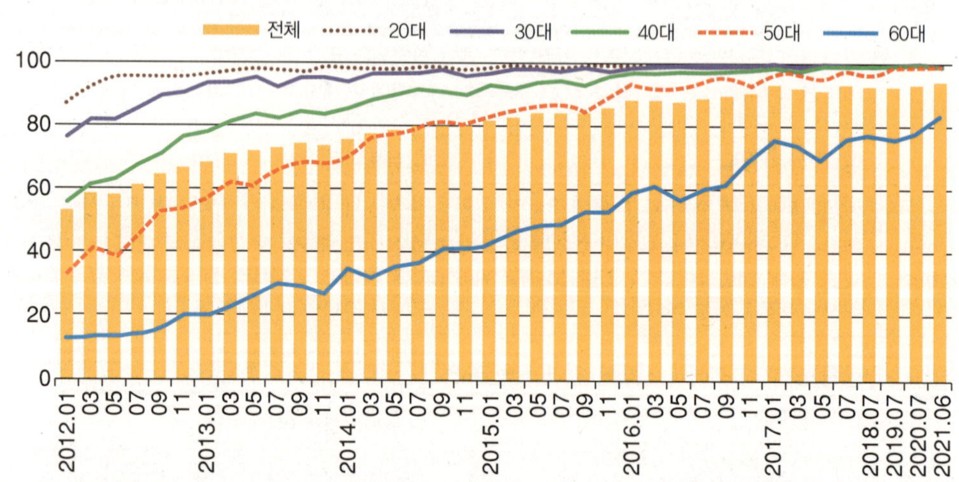

• 전국 성인 기준. 2012~2017년은 한국갤럽 데일리 오피니언 월별 통합 결과에서 홀수월만 제시
• 월별 조사 사례수는 최소 3,014명에서 최대 7,831명(표본오차 ±1.8~1.1%포인트, 95% 신뢰수준)
• 2018~2021년 월별 사례수는 약 1,000명(표본오차 ±3.1%포인트, 95% 신뢰수준)

(anywhere), **어떤 기기로든지(any device)** 모바일 인터넷 이용을 가능하게 함으로써 더욱 빠르고 쉽게 상품 및 서비스 등의 거래를 하고 싶어 하는 소비자들의 욕구를 충족시키고 이들의 소비패턴을 변화시키는 원동력이 되고 있다.[57]

마케팅 측면에서 보면 **모바일 마케팅(mobile marketing)**은 기존 인터넷 마케팅과 여러 가지 차이점을 가지고 있다. 그 중 가장 큰 특징은 모바일 마케팅은 ① 시간이나 장소에 구애받지 않고 사용자의 개인화된 성향에 따른 고도화된 맞춤 서비스가 가능하다는 점과 ② 제품과 서비스에 대한 이해를 높이는 것에서 실제 구매행동까지 이르게 할 수 있다는 것이다. 특히 모바일 마케팅은 그동안 완벽하게 수행되지 못했던 **원투원 마케팅(one to one marketing)**을 가능하게 한다는 차별성을 가진다.[58] 즉 한 IP를 이용하는 사람은 여러 명이 될 수 있지만 이동통신은 개인에게 귀속되는 경향이 있기에 유선인터넷에서 완벽하게 추구하지 못했던 개인화가 가능하다는 것이다.

모바일 마케팅의 수행은 일찍부터 시작되었다. 페덱스(Fedex)의 경우 디지털 고객관계를 관리하기 위한 단 하나의 도구로써 웹사이트를 이용하지 않았다. 페덱스는 1988년에 고객의 메일공간에 설치한 페덱스 소유의 **파워십 터미널(powership terminal)**은 고객의 요구에 맞는 디지털 상호작용을 제공했다. 오늘날 페덱스는 고객과 한층 긴밀한 관계를 창출하고 있다. 페덱스 고객들은 소포를 추적하기 위해서 또는 소포를 발송하기 위한 가장 가까운 위치를 찾기 위해서 이동 단말기를 사용하고 있다. 머지않은 장래에 고객이 세계 어느 곳에 있든 그들의 무선전화기를 통해 선적 꼬리표나 소포의 디지털 추적 기록을 만들어낼 수 있게 될 것이다.[59]

아메리칸 익스프레스(American Express)는 청구서를 확인하기 위한 고객의 간헐적인 사이트 방문보다는 고객과의 디지털 관계를 개발하고 유지하는 것이 더 큰 의미가 있다는 것을 알고 있었다. 이상적으로 고객이 아메리칸 익스프레스 카드를 사용할 때마다 고객과의 관계가 강화되어야 한다. 그렇기 때문에 아메리칸 익스프레스는 고객의 신용카드 번호와 배송정보 같은 온라인 구매 데이터를 입력하는 과정을 자동화한 전자지갑을 개발한 것이다.

이 전자지갑은 고객들이 온라인 정보를 일일이 입력하는 작업을 덜어줌으로써 고객들의 충성도를 높일 수 있다. 무엇보다도 중요한 것은 전자지갑을 통해 고객 데이터를 확보할 수 있고 **교차판매(cross-selling)**가 가능하도록 했다. 전자지갑은 고객이 원한다면 고객이 이동 단말기를 가지고 웹을 검색하거나 인터넷에 접속했을 경우 그들의 경로를 추적할 수 있고 그 결과 회사는 고객에 대한 귀중한 정보를 얻을 수 있을 것이다.[60] 요즈음은 스마트폰에 카드를 넣어 다니는 것으로 이러한 기능이 진화되어 가고 있다. 카카오페이

최근의 결제시장에서는 네이버, 카카오, 구글 등 대형 포털사의 간편 결제 시스템들의 경쟁이 매우 치열하다(사진은 카카오페이).

같은 간편결제 서비스도 많이 확산되고 있다.

또한, 모바일 시대로 접어들면서 트렌드가 장문에서 단문으로 또 이미지로 보다 간단하고 직관적인 형태로 진화하고 있는 것도 최근의 추세이다. 스마트폰 디스플레이가 발달하고 인터넷이 어디서든 접속가능한 시대이기에 문자를 통한 공유보다는 시각적인 즐거움을 주는 SNS가 눈에 띄게 성장하고 있다.[61] 최근에는 이러한 성과를 검증하는 모바일 마케팅에서 중요한 결정사항에 대한 연구들이 많이 이루어지고 있다. 기업들의 모바일 마케팅 프로세스의 최적화는 모바일 사용자 경험과 모바일을 통한 구매 프로세스에 대한 만족도에 긍정적인 영향을 미칠 수 있으며 모바일을 통해 소비자에게 판매하는 전자상거래 기업의 경쟁력과 가치를 증가시킬 수 있다.[62]

인스타그램은 모바일 디바이스에 최적화되어 있으며 사진 한 장으로 모든걸 어필할 수 있다는 장점을 가지고 있다. 이니스프리 인스타그램 피드[64]

이러한 점에서 소비자의 모바일 경험에 디자인의 영향력은 현재 디지털 시대에 수행해야 할 가장 중요한 전략이라고 볼 수 있다. 소셜미디어의 모바일 최적의 경험 설계는 중요한 마케팅 솔루션이 될 수 있지만 회사 예산의 많은 부분을 차지하지는 않을 수 있다. 결국 기업은 모바일에서 최적의 경험을 제공하는 마케팅을 통하여 브랜드 인지도를 높이고 고객 참여를 증대시켜 결국 기업의 수익을 높이는 결과를 유도할 수 있다.[63]

Internet Marketing INSIGHT 3-4

모바일 기기 시대의 증강현실 기술

기술의 발전에 따라 추가로 가능한 서비스도 많이 생겨나고 있다. 최근 스마트폰에서 가장 주목받는 서비스 중의 하나가 증강현실(augmented reality) 기술이다. 실제 환경에 가상으로 생성된 정보를 혼합한 것을 의미하는 증강현실 기능은 카메라 기능을 접목하여 스마트폰에서 매장으로 제품을 구매하는 것과 같은 느낌의 고객 맞춤형 서비스를 제공할 수 있다. 미국의 온라인 쇼핑몰 Tobi의 경우는 가상 드레싱(virtual dressing) 기술을 선보인 바 있으며 사진에서 볼 수 있듯이 로레알은 화장품을 얼굴에 직접 바르지 않고도 화장 후의 얼굴을 보여주는 가상거울(virtual mirror) 서비스를 내놓아 눈길을 끈 적이 있다.[65]

로레알의 가상거울

의류업계에서도 가상거울의 도입은 확산될 것이라고 한다. 실제 최근 조사에 따르면, eShoppers는 그들이 주문한 옷의 약 70%까지도 반품한다고 한다. 그 사실은 온라인 쇼핑이 아무리 인기가 많아지더라도, 그것은 오프라인의 의류 상점을 대체할 수 없을 것이라는 것을 나타낸다.[66] 이러한 상황에서 오프라인 매장에서도 소비자가 귀찮게 옷을 입어보지 않고서도 많은 옷 중에서 본인에게 어울리는 옷을 선택할 수 있는 기술이 개발되어 주목을 받고 있다.

의류점의 가상거울(virtual mirror) 기술

이케아는 카탈로그만큼은 최첨단 기술을 적용하는 데 발빠르게 나서고 있다. 카탈로그는 이케아가 마케팅에서 가장 공을 들이는 분야이다. 카탈로그에 컴퓨터 그래픽 기술과 증강현실 기술을 도입해 가구업계 기술을 선도하고 있는 것이다.

지난해 카탈로그에는 스마트폰이나 태블릿의 카메라로 사용자의 방을 비추면 3D 가구 이미지가 기기의 화면 위에 떠오르는 기술을 도입했다. 사용자가 가구의 크기, 색깔, 스타일 등이 방과 어울리는지 확인해 볼 수 있도록 했다. 이같은 이케아의 시도는 해외 언론과 소비자로부터 대체로 호평을 받고 있다. 이케아는 증강현실을 도입한 첫 해에 90개 제품에만 기술을 적용했지만, 이듬해엔 세 배가 넘는 300개 제품에 증강현실 기술을 적용한 것으로 알려졌다.

이케아의 증강현실 카탈로그

실제 이케아의 카탈로그에서 나온대로 거실을 꾸민 해외 소비자들은 실제 사용하고 있는 제품 이미지를 인터넷 커뮤니티에 올리기도 했다. 이들은 모서리가 부서지거나 흠이 있는 가구 사진을 올려 현실은 카탈로그 속의 완벽한 이미지와 다르다고 평했다.[67]

2. 모바일 마케팅의 특징

1) 일 대 일 마케팅

모바일 마케팅의 가장 큰 특징은 앞에서 언급한 것처럼 좀 더 완벽에 가까운 일 대 일 마케팅이 가능하다는 점이다. 컴퓨터와 인터넷은 상대적으로 많은 사람들이 동시에 한 IP를 통해 이용할 수 있지만 휴대폰을 그렇게 이용하는 사람은 드물 것이기에 공략하고자 하는 대상에게 직접적인 마케팅을 하기에 더욱 용이한 매체가 될 수 있다는 것이다. 그리고 소비자는 이미 정보 과부화의 시대에 단순히 정보가 아니라 구매시점에 관련되고 개인화되고 상황에 맞는 제품을 필요로 하는데[68] 바로 이에 최적화된 도구가 모바일 마케팅인 것이다.

예를 들어, A라는 회사가 자사의 잠재고객들에게 새로 나온 20대 여성용 상품에 대해 판촉활동을 하려고 한다면 보통의 경우 TV나 신문, 또는 웹사이트를 통해 광고를 집행하려 할 것이다. 하지만 이처럼 대중적인 매체를 이용하게 되면 이 제품을 원하는 정확한 표적시장 집단에 대한 마케팅 집중을 하지 못할 것이다. 자사 웹사이트를 통해 등록한 회원들을 분석해 서울에 사는 20대 여성을 추출해 이 회원들을 대상으로 광고용 이메일을 발송한다 하더라도 다른 매체보다 효과는 좀 더 있을지 모르겠으나 회원들이 정작 이 광고 메일을 열어봤는지, 그리고 열어봤다면 실제로 이 제품 사이트로 이동해 관련 정보를 살펴보고 구매행위까지 이르렀는지에 대해 정확하게 파악할 수가 없다.

하지만 모바일을 통한 마케팅 전략을 기획한다면 상황은 달라질 수 있다. 이미 자사 웹사이트에 등록된 고객의 핸드폰 번호를 통해 새로 출시된 상품을 구매할 가능성이 높은 표적시장 집단에 신속하게 메시지를 전달할 수 있다. 유선인터넷과 모바일 단말기를 적절하게 혼합한 **마케팅 믹스(marketing mix)** 원천을 대상으로 원하는 표적시장 마케팅 활동을 집중할 수 있고 이를 구매로 연계시킬 수 있을 전략을 구사한다면 이처럼 상황에 따른 철저하게 개인화된 마케팅 기법으로 기업과 사용자 모두에게 만족할 만한 결과를 제공할 수 있는 이점이 있다. 특히 모바일 마케팅은 인구 통계학적 특성뿐 아니라 **쿠기 데이터베이스(Cookie DB)**를 통해 특정 분야에 관심이 많은 소비자에게만 접근할 수 있는 근원적 장점이 존재한다.[69]

| 표 3-3 | 모바일 비즈니스의 가능 서비스

서비스 항목	서비스 내용
위치 기반 서비스	무선단말기를 휴대하고 이동하는 사용자를 대상으로 한다. 사용자의 위치를 중심으로 주변의 지리 안내나 타인의 위치파악 서비스 등을 제공한다.
모바일 뱅킹 서비스	무선단말기를 통해서 이루어지는 금융거래를 뜻한다. 예금이체나 증권거래 등의 서비스를 제공한다.
모바일 오피스 서비스	전통적인 의미의 사무실을 벗어나 어디서라도 회사의 업무를 처리할 수 있게 된다. 업무수행 중에 회사의 서버에 접속하여 업무에 필요한 자료를 조회하거나 업무수행 결과를 즉시 전달할 수 있다.
모바일 엔터테인먼트 서비스	무선단말기를 이용해 간단한 게임이나 퀴즈, 가상 캐릭터, 교육용 프로그램 등의 다양한 응용이 가능하다.
모바일 구매 서비스	전자상점을 통해 물품구매나 예매, MP3 다운로드 등이 가능하다.
모바일 정보처리 서비스	뉴스나 날씨 등 생활정보 수신, 이메일과 채팅이 가능하다.

2) 위치 기반 마케팅

모바일 마케팅의 백미는 **위치 기반 서비스(location based service)**라고 할 수 있다. 유럽에서는 십여년 전부터 이런 서비스를 실시하고 있으며 MLS(Mobile Location Service)라고 칭하고 있다. 일본 모바일 콘텐츠 포럼의 조사에 의하면 사용자들이 향후 휴대전화에서 가장 희망하는 기능은 자신의 현 위치에 기반한 내비게이션 기능으로 나타났다. 이처럼 위치 기반 테크놀로지는 모바일 마케팅의 수준을 한 단계 업그레이드시키는 변수로 작용할 것으로 기대된다.

예를 들어, 모바일 고객 데이터베이스가 구축된 패밀리 레스토랑이나 대형 슈퍼마켓의 마케터는 모바일 가입자가 매장의 50m 근방에 있으면 자동으로 메시지를 발송해 그 날 또는 그 주의 스페셜 상품이나 메뉴를 알려준다. 동시에 고객의 핸드폰에는 와인을 25% 할인받을 수 있는 전자쿠폰이 뜨게 되고 이는 고객을 유치하는 새로운 마케팅 수단이 될 수 있을 것이다.[70]

가트너 그룹은 위치 기반 모바일 서비스의 영역을 크게 3가지로 나누고 있다. 첫 번째는 정보제공 서비스로 옐로우페이지와 같이 식당, 날씨, 교통정보 등에 대한 정보를 제공하는 서비스이다. 두 번째는 응급신고 및 보안으로 도로 순찰, 자동위치 추적, 자동차 사고, 응급 사고시에 사용될 수 있다. 세 번째는 트래킹으로 친구찾기, 위치기반 게임 등에 응용할 수 있다. 과거 포켓몬고가 대표적인 위치 기반 서비스의 사례이다. 증강현실을 이용해서 현실에서 나타나는 포켓몬을 잡거나 즐기는 컨셉의 게임으로 열풍수준의 인기를 보였다.

위치 기반 서비스는 더 많은 제품군으로 확대되고 있다.[71]

3) 폰 마케팅

상품에 대한 자세한 정보를 알려면 아직까지 상당히 불편하고 많은 절차를 거쳐야 한다. 이에 반해 휴대폰으로 메시지를 전달하면서 원하는 제품을 구매할 수 있도록 버튼만 누르면 해당업체 담당자에게 바로 전화로 연결되는 서비스이다. 모바일로 물건을 주문하거나 상품에 대해 흥미가 있는 메시지를 받으면 바로 담당자에게 전화를 걸어 원하는 정보를 얻을 수 있거나, 원하는 상품을 구매할 수 있도록 할 수 있는 것이 폰 마케팅의 강점이다. 모바일은 텍스트, 음성, 동영상, 애플리케이션 등 다양한 방법을 통해서 소비자의 구매행위를 효과적으로 자극할 수 있을 뿐만 아니라 쌍방향 커뮤니케이션이 가능한 특징으로 인해 구매 및 가입과 같은 행동을 유도하는 데도 효과가 있다.[72]

4) 휴대성 마케팅

핸드폰은 항상 이제 우리의 생활 속으로 들어와 잠잘 때를 빼고는 어디든지 함께하는 생활 필수품으로 떠올랐다. 핸드폰의 이러한 휴대성은 마케팅의 입장에서 보면 대단히 유용한 도구다. 실제로 TV는 아침이나 저녁 몇 시간 외에는 사람들에게 노출되기 어렵고, 신문 역시 간편하게 들고 다닐 수는 있지만 아침 출근시간이나 퇴근시간에 한 번 읽고 나면 그 가치가 소멸된다.

반면 휴대폰은 항상 잠재고객과 함께 하기 때문에 원하는 시간에 정해진 마케팅 활동을 하기에는 최적인 도구이다. 이를 마케팅적 관점에서 정의하면 **입는 마케팅(wearable marketing)**이라고도 부를 수 있다. 실제 상당수의 많은 골프장, 호텔 등은 실시간으로 해당 서비스업에 대한 예약을 제공하는 서비스를 제공하고 있고 타임세일을 제공하기에 소비자들은 이동 중에도 좋은 조건의 거래를 성사시킬 수 있다.

제4절 인터넷 마케팅에 대한 도전적 문제

1. 인터넷 마케팅에 대한 기대

앞에서 살펴본 바와 같이 인터넷 마케팅은 경제의 여러 부분에서 많은 변화를 초래하고 있다. 직접 주문할 수 있는 소비자들의 능력은 어떤 특별한 집단, 특히 여행사, 증권 브로커, 보험판매원, 자동차 판매상 및 서점주들을 심각하게 위협하고 있으며,[73] 동시에 어떠한 새로운 중개역할이 정보제공 중간상이라고 하는 새로운 온라인 중간상의 형태로 발생하고 있는데, 이러한 **정보중간상(informediaries)**은 소비자들로 하여금 보다 용이하게 또한 저가격으로 쇼핑할 수 있도록 도움을 주고 있다.

열렬한 인터넷 마케팅 지지자들은 역시 인터넷 마케팅을 세계 상거래를 변화시키는 것으로 인식하고 있다. 특히 기술 혁신과 4차 산업혁명은 마케팅 활동에 큰 영향을 미치고 있다는 것은 명백하다고 볼 수 있다. 거의 모든 사람, 사회, 조직, 그리고 심지어 정부조차도 인터넷 활용으로 향상된 연결성과 상호작용의 결과로 어느 정도의 변혁을 경험했다. 이제 소비자의 기대, 반응 및 행동을 더 잘 이해하기 위해서는 4차 산업혁명으로 인한 마케팅 활용성 변화를 잘 관찰하고 적응하는 것이 필수적이다.[74]

2. 인터넷 마케팅에 대한 도전적 문제

이와 동시에 비관적인 인터넷 전문가들은 인터넷 마케팅 기업들이 직면하고 있는 여러 가지 도전적인 문제점을 제시하면서 이러한 문제에 대한 객관적 평가와 책임을 강조한다. 온라인 기업의 사회적 책임 강화는 기업의 비즈니스 평판 및 이미지 개선에 도움이 되고, 따라서 추가 고객을 유치하는 데 도움이 될 수 있다.[75]

■ 혼란과 혼잡

인터넷은 수백만 개의 웹사이트와 매우 많은 정보를 제공한다. 이는 웹을 탐색하는 데 좌절감과 귀찮음을 야기할 수 있다. 실제로 수많은 사이트들이 알려지지 않고 있으며 또한 탐색된 사이트까지도 8초 이내에 이용자들의 주의를 장악해야지 그렇지 못하면 다른 사이트로 전환하게 된다.

■ 보안

소비자들은 파렴치한 침입자들이 그들의 신용카드 정보를 가로 챌 것이라고 걱정한다. 기업들은 다른 기업들이 스파이 목적 또는 파괴의 목적으로 그들의 컴퓨터 시스템에 침입할 것을 걱정한다. 인터넷은 보다 보완되어야 하지만, 새로운 보안 방법과 새로운 코드파괴 방법의 진보 · 발전 사이의 경주가 계속되고 있다.

■ 윤리적 문제

소비자들은 사생활 침해에 대해 걱정하기 시작했다. 기업들은 제품을 다른 사람들에게 판매하는 것처럼 소비자들의 이름과 정보를 허락받지 않고 이용한다. FTC는 674개의 상업적 웹사이트를 조사한 결과 92%가 개인정보를 수집하였으나, 단지 14%만이 개인정보를 이용하였음을 밝혔다. 그 후 점차 많은 웹기업들에게 사생활 침해에 대한 정책을 준수하도록 정부의 개입에 대한 위협이 가해지고 있다. 또한 다른 사생활 침해의 관심사는 인터넷 마케팅 기업들에 의해 쿠키(cookies)가 널리 이용되고 있다는 것이다. 쿠키란 이용자가 웹사이트를 다시 방문하는 경우 그 사람을 확인하기 위해 이용자의 컴퓨터에 내재되는 문서파일이다. 쿠키가 이용자들에게 자신을 확인 · 규명하려고 하는 것에 대한 항의를 할 수 있게 하고 또한 이용자들이 웹사이트에 가려고 할 때마다 패스워드를 부여하게 했지만, 쿠키는 사용자의 모든 움직임을 조사할 수 있다. 쿠키는 고객들이 얼마나 오랫동안 상이한 제품을 주시하고 있는가를 웹기업들에게 알려 줄 수 있다. 그 후 웹기업들은 웹윈도우 쇼핑자들을 추적할 수 있고 또한 그들로 하여금 다시 방문하도록 촉진을 표적화할 수 있는 정보를 이용할 수 있다. 역시 인터넷은 고소득층 소비자들로 하여금 보다 효율적으로 쇼핑하도록 도움을 주는 반면에, 인터넷은 거의 접촉하지 않는 저소득층 소비자들에게는 더 비싼 가격으로 지불하도록 하는 윤리적인 문제가 있다.[76]

■ 소비자 운동의 용이성

웹이 과거보다도 더 많은 제품정보를 소비자들에게 제공함으로써 소비자들에게 힘을 이전하고 있다. 유튜브에는 기업 제품의 부정적 측면을 알리는 크리에이터들이 수도 없이 활동하고 있으며 기업의 안티적인 웹페이지나 커뮤니티를 만들어 소비자들의 불편사례를 모으고 공유하기도 한다. 여기에 있는 정보가 맞는 정보일 수도 있지만, 근거 없이 유포된 정보도 허다할 수 있다. 특히 많은 대기업들은 이러한 페이지를 무시하기도 하지만 법적 대처를 한 만큼 큰 문제에 직면하기도 한다.[77]

참고문헌 및 더 읽을거리

1 Waheed, A., Yang, J., Khan, I. U., Khan, S. U., & Farrukh, M.(2018). The Comparison Between Traditional vs. Advanced Means of Marketing Communications. In Diverse Methods in Customer Relationship Marketing and Management (pp. 181–201). IGI Global.

2 Waheed, A., Afzal, N., Shahzad, M. F., Arif, F., Usman, M., & Rashid, Y.(2022). Exploring the Impact of E-Marketing on Consumers' Online Cognitive and Affective Tendencies in Developing Nations: How to Win Over Digital Consumers in the Digital Era. International Journal of Online Marketing (IJOM), 12(1), 1–14./Bawm, Z. L., & Nath, R. P. D.(2014, December). A Conceptual Model for effective email marketing. In 2014 17th International Conference on Computer and Information Technology (ICCIT) (pp. 250–256). IEEE.

3 마크 브론스타인, 에드워드 H. 레빈 저/오현아 역(2000). 「인터넷 딥 브랜딩」, 시대의 창, 33.

4 나탈리 나하이 저/박선령 역(2016). 「끌리는 온라인 마케팅」, 길벗, 41에서 인용함.

5 임언석(2000). 고객중심의 인터넷 마케팅 전략수립 및 활용, Marketing Communication Review, 6(1), (Summer), 76.

6 Denga, E. M., Vajjhala, N. R., & Rakshit, S.(2022). The Role of Digital Marketing in Achieving Sustainable Competitive Advantage. Digital Transformation and Internationalization Strategies in Organizations, 44–60.

7 Kotler, P.(1999). Kotler on Marketing, The Free Press, 7.

8 McKenna, R.(1991). Marketing is everything. Harvard Business Review, 69(January–February), 65–79.

9 Schwartz, E. I.(1997). Webnomics. Broadway Books, 47–48.

10 육동인, 미니닷컴 승승장구, 한경비즈니스, No. 278, 2001.4.2./2008년 6월 25일자 아시안 경제 (www.asiaeconomy.co.kr)

11 https://www.daligo.co.kr

12 전문성 앞세운 '버티컬 커머스' MZ세대 소비트렌드 급부상, https://www.fnnews.com/news/20221012

13 아이허브 앱 캡처, 전문성 앞세운 '버티컬 커머스' MZ세대 소비트렌드 급부상, https://www.fnnews.com/news/20221012

14 정해동(2007). 소비자에게 힘을 실어준 상호작용 커뮤니케이션, 광고정보, 22–25.

15 Sunikka, A., & Bragge, J.(2012). Applying text-mining to personalization and customization research literature-Who, what and where?. Expert Systems with Applications, 39(11), 10049–10058.

16 Ho, S. Y.(2006). The attraction of internet personalization to web users. Electronic

Markets, 16(1), 41–50.

17 http://www.sportsseoul.com/news/read/1168187 신문에 떠있는 광고캡처

18 Kotler, P. and G. Amstrong(1996). Principle of Marketing, 7th ed., Prentice–Hall, 78.

19 Berry, L. L.(1983). Relationship Marketing, In Emerging Perspective on Services Marketing, Eds., Berry, L. L., Shostack, G. L., and Upah, G. D., Chicago: American Marketing Association, 25–28.

20 상향판매란 한 쇼핑몰에서 만 원의 가치 물건을 구매하던 고객이 2만 원, 3만 원 이상 가치의 물건을 구매하게 하는 판매액 증대방법이고, 교차판매란 컴퓨터를 구매하는 고객에게 스캐너나 프린터 등의 주변기기를 같이 구매하게 하는 방법을 말한다.

21 Hoffman, D. L., & Novak, T. P.(1996). Marketing in hypermedia computer–mediated environments: Conceptual foundations. Journal of Marketing, 60(3), 50–68.

22 정해동(2007). 소비자에게 힘을 실어준 상호작용 커뮤니케이션, 광고정보, 23에서 수정하여 작성

23 Peppers, D., Rogers, M., & Dorf, B.(1999). Is your company ready for one–to–one marketing. Harvard Business Review, 77(1), 151–160.

24 Kiani, G. R.(1998). Marketing Opportunities in the Digital World. Internet Research, 8(2), 185–94.

25 Ozuem, W., & Willis, M.(2022). Participation and Customer Involvement. In Digital Marketing Strategies for Value Co–creation (pp. 17–35). Palgrave Macmillan, Cham.

26 정해동(2007). 소비자에게 힘을 실어준 상호작용 커뮤니케이션, 광고정보, 23에서 수정하여 작성

27 Committee on Terms(1960). Marketing Definitions: A Glossary of Marketing Terms, American Marketing Association.

28 한국인터넷진흥원(2015), 2015 인터넷 이용 실태조사 요약보고서, www.kisa.or.kr

29 Herbig, P., & Hale, B.(1997). Internet: the marketing challenge of the twentieth century. Internet Research. Electronic Networking Applications and Policy, 7(2), 95–100.

30 필립 코틀러는 '뉴웨이브 기술'이라는 용어를 마이클 V 코프랜드(Micheal V Copeland), 옴 말리크(Om Malik), "How to Ride the Fifth Wave," Business 2.0. 2005.7에서 인용되었던 제5물결 컴퓨팅(fifth–wave computing)이라는 용어에서 영감을 받아 이용한 언어라고 언급/필립 코틀러 지음/안진환 역(2010), 「마켓 3.0」, 타임비즈, 24에서 인용

31 Ellison, N., & Boyd, D. M.(2013). Sociality through social network sites., In The Oxford Handbook of Internet Studies (Ed. William H. Dutton). Oxford: Oxford University Press.

32 장강일 (2007). 웹 2.0 시대의 브랜드 살아남기, www. lgad.co.kr; 강병준, @전자신문, etnews.co.kr, 2008.2.21 등에서 정리/김택천(2009a), 웹 3.0 시대의 미래기술의 방향, 한국인터넷진흥원 issue inside: 박윤정(2009), 웹 3.0 정보서비스의 사례와 시사점, 한국인터넷진흥원, New Issue, 36–43./김택천(2009a) 동아일보 2009년 3월 2일자 '웹 3.0 시대의 사회'/ http://www.donga.com/fbin/output?n=200903020080/필립 코틀러 지음, 안진환 역(2010), 「마켓 3.0」, 타임비즈 등에서 정리/KBS 제작진(2016). 「명견만리: 미래의 기회편」, 인플루엔셜, 86–88에서 참고

33 Radar networks & Nova Spivack의 자료를 수정하여 인용

34 https://www.kocca.kr/kocca/bbs/view/의 내용에서 참고하여 정리

35 필립 코틀러, 허마원 카타자야, 이완 세티아완 공저/이진원 옮김(2017). 「필립 코틀러의 마켓 4.0」, 더퀘스트, 91-92의 내용에서 참고하여 작성

36 세이하쿠(2007). 「한국형 블로그 마케팅」, 매일경제신문사, 253의 내용을 수정하여 정리

37 Coupey, E.(2001). 「Marketing and the Internet」, Prentice-Hall, Inc., 8-10.

38 Deighton, J., & Sorrell, M.(1996). The future of interactive marketing. Harvard Business Review, 74(6), 151-160.

39 Song, J. H., & Zinkhan, G. M.(2008). Determinants of perceived web site interactivity. Journal of Marketing, 72(2), 99-113.

40 Barwise, P., & Farley, J. U.(2005). The state of interactive marketing in seven countries: interactive marketing comes of age. Journal of Interactive Marketing, 19(3), 67-80.

41 김동균, 바아이티컨설팅 저(2016). 「마케팅의 미래 고객 인게이지먼트」, 김앤김, 26-27에서 인용

42 Vendemia, M. A.(2017). When do consumers buy the company? Perceptions of interactivity in company-consumer interactions on social networking sites. Computers in Human Behavior, 71, 99-109.

43 정해동(2007). 소비자에게 힘을 실어준 상호작용 커뮤니케이션, 광고정보, 25의 내용을 수정하여 그림

44 Kim, Y., S. Choi. and M. Kim(2011). Understanding the Interacting Roles of Online and Offline Brand Communities in Building Brand Loyalty. Journal of Korean Marketing Management, 16(4), 99-124.

45 Kim, M. Choi, S. and J. Lee(2006). Building Brand Loyalty Through Online and Offline Brand Community, Pan-Pacific Business Association, Conference in Busan XXIII./Chan, K. W., & Li, S. Y.(2010). Understanding consumer-to-consumer interactions in virtual communities: The salience of reciprocity. Journal of Business Research, 63(9-10), 1033-1040.

46 Lipsman, A., Mudd, G., Rich, M., & Bruich, S.(2012). The power of "like": How brands reach (and influence) fans through social-media marketing. Journal of Advertising Research, 52(1), 40-52./Phelps, C. E.(2011). Parasocial relationships and social media usage. Rochester Institute of Technology. The Rochester Institute of Technology Department of Communication College of Liberal Arts/A Thesis Submitted in partial fulfillment of the Master of Science degree in Communication & Media Technologies.

47 Choi, J.(2009). SNS, a New Focus of Communication Paradigm, Cheil Worldwide, October, 18-25./Laroche, M., Habibi, M. R., Richard, M. O., & Sankaranarayanan, R.(2012). The effects of social media based brand communities on brand community markers, value creation practices, brand trust and brand loyalty. Computers in Human Behavior, 28(5), 1755-1767.

48 Coupey, E., op. cit., 6-7.

49 솔로모 베나치, 조나 레러 저/박진경 역(2016). 「온라인 소비자, 무엇을 사고 무엇을 사지 않는가」, 갈매나무, 178-182(자세한 내용은 이 부분의 내용을 참고하세요)

50 Luo, X., & Seyedian, M.(2003). Contextual marketing and customer-orientation strategy for e-commerce: an empirical analysis. International Journal of Electronic Commerce, 8(2), 95-118.

51 Pan, Q., & Yang, G.(2022). Application of mining algorithm in personalized Internet marketing strategy in massive data environment. Journal of Intelligent Systems, 31(1), 237-244.

52 Anderson, M. D., and C. Joobin(1996). Marketing on the Internet, Information Strategy. The Executive's Journal, 12(Summer), 22-29.

53 Kotler, P.(1999). Kotler on Marketing, The Free Press, 219의 내용을 2022년 현재 상황에 맞게 업데이트하여 작성

54 박찬욱(2002). 「모바일마케팅」, 시그마인사이드, 15-17.

55 [한국갤럽] 2021년 한국 성인 스마트폰 사용률 95% … 저연령대 브랜드 선택이 미래 점유율로 이어져/https://www.madtimes.org/news/한국갤럽 자료에서 재인용된 부분

56 정주용(2016). 「스마트폰으로 코끼리 사기: O2O 시장의 틀을 바꾸다」, 베가북스, 26에서 참고하여 작성

57 Brandon. C., and T. Husson(2011). LG Business Insight, 5월 25일자

58 김재윤(2001). "무선인터넷 비즈니스의 이해", 삼성경제연구소, 연구보고서, 11월/안종배(2001), 차세대 대표주자로 떠오른 무선인터넷 마케팅, AD. Information, 8월 등에서 참고

59 이승준(2001). Being Mobile Marketing, 소프트뱅크리서치, 10월 30일

60 Kenny, D., & Marshall, J. F.(2000). Contextual marketing. Harvard Business Review, 78(6), 119-125.

61 임헌수(2016), 「인스타그램 마케팅」, 라온북, 27.

62 Stefko, R., Bacik, R., Fedorko, R., & Olearova, M.(2022). Gender-generation characteristic in relation to the customer behavior and purchasing process in terms of mobile marketing. Oeconomia Copernicana, 13(1), 181-223.

63 Pujadi, T., Simamora, B. H., Kumar, V., Sugandi, L., Wena, H. A., Subyantoro, T., & Dewi, L. The Influence of Mobile Experience Design on Brand Satisfaction./ieomsociety.org.

64 사진출처: https://blog.socialmkt.co.kr/m/554

65 이태영(2011). 「모바일 마케팅의 차별화 포인트」, LG Business Insight, 5월 25일자, 29.

66 https://www.quytech.com/blog/how-virtual-mirror-technology-will-change-the-way-you-shop/

67 비즈니스와치(2015.5.7). http://www.bizwatch.co.kr/

68 Luo, X.(2015). Contextual Marketing: The New Business Model for Electronic Commerce.

In Creating and Delivering Value in Marketing (pp. 196–196). Springer, Cham.

69 김봉주(2010). 「스마트폰이 불러온 모바일 마케팅의 대변혁」, DAEHONG COMMUNICATIONS, JUL_AUG, 14–15.

70 http://www.vitalm.kr/

71 사진출처: https://www.gettyimagesbank.com/

72 김봉주(2010), 전게서/Florido–Benitez, L., B. del Alcazar, and E. M. Gonzalez(2017), Impact of Mobile Marketing on Passengers' Satisfaction and Experience at Airports. Journal of Airport Management, 11(1), 58–74.

73 Joseph, A. et. al.(1997). Interactive Home Shopping: Consumer, Retailer, and Manufacturer Incentives to Participate in Electronic Marketplaces, Journal of Marketing, Vol. 61(July), 38–53.

74 Yakut, E.(2022). Effects of Technological Innovations on Consumer Behavior: Marketing 4.0 Perspective. In Industry 4.0 and Global Businesses. Emerald Publishing Limited.

75 Ihnatenko, M., Levaieva, L., & Pospolit, V.(2022). Use of marketing technologies in the development of enterprises and their implementation of social responsibility in conditions of electronic commerce. University Economic Bulletin, (52), 40–47.

76 Bush, V. D., B. T. Venable and A. J. Bush(2000). Ethics and Marketing on the Internet: Practitioners' Perceptions of Societal, Industry and Company Concerns. Journal of Business Ethics, 23, 237–248.

77 Kotler, P.(2000). Marketing Management, Millenium Edition, Prentice–Hall, 669–672.

Chapter

04 인터넷 소비자행동의 이해

제1절 소비자, 고객의 발전과 변화

제2절 인터넷 소비자 의사결정과정

제3절 인터넷 구전 마케팅

Chapter 04

인터넷 소비자행동의 이해

제1절 소비자, 고객의 발전과 변화

1. 디지털 시대의 고객 변화

1) 고객으로 힘의 이동

대부분의 경제활동은 이제 거대한 글로벌 네트워크 안에서 이루어지고 있다. 그러므로 개별경제 주체들은 원하든 원치 않든 간에 네트워크로부터 파생되는 효과에 영향을 받는다. 초기에 많은 사람들이 인터넷이 상업적으로 사용되는 것에 반대하였지만 이러한 인터넷 네트워크는 보다 편리한 상거래의 플랫폼으로 그 역할이 더욱 증대되고 있다. 기업들은 온라인 쇼핑이 제공하는 다양한 마케팅 기회 때문에 온라인 쇼핑의 사용을 널리 채택해 왔다.[1]

과거 연구들은 소비자들이 사생활 침해 및 개인정보 도용에 대한 심각한 위협 때문에 인터넷을 통한 쇼핑을 꺼린다는 것을 밝혀냈다.[2] 하지만 이런 부분을 강조하는 최근의 연구는 거의 존재하지 않는다. [그림 4-1]에서 볼 수 있듯이 시간이 지날수록 전체 구매에서 인터넷을 통해 구매하는 비율이 급속도로 증가한다는 것은 이러한 위험이 크게 중요한 부분이 아니라는 것을 반증하는 것이다.

그림 4-1 | 국내 인터넷 쇼핑 비율[3]

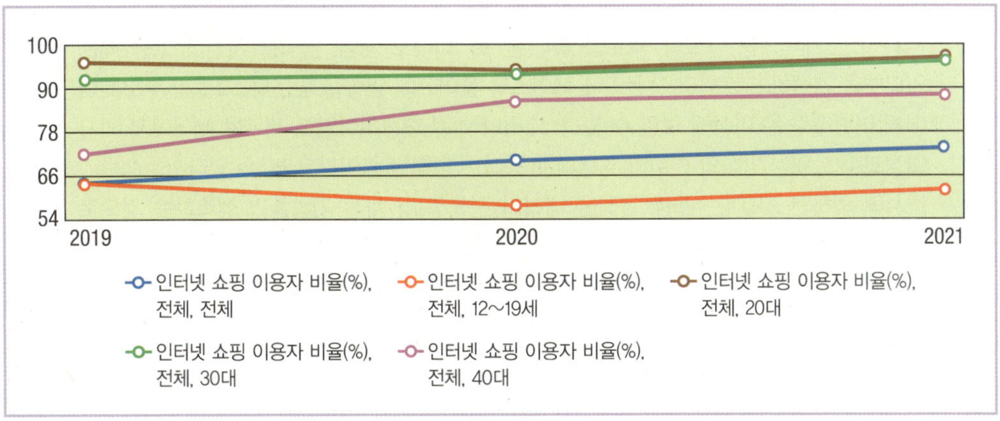

[그림 4-1]의 최근에 조사된 온라인 쇼핑 비율에서 볼 수 있듯이 전체 소비자들의 인터넷 쇼핑 비율도 70% 이상으로 매우 높지만 특히 20대와 30대에서 높은 비율을 보이고 있다. 그리고 [Internet Marketing Insight 4-1]에서 알 수 있듯이 최근에는 많은 학자나 마케팅 관리자들은 **Z세대(Generation Z)**의 이해에 대한 중요성을 매우 강조하고 있다.

Internet Marketing INSIGHT 4-1

Z세대(Generation Z)

이 세대와 다른 사람들 사이의 가장 큰 차이점은 오늘날 아이들이 개인화된 컴퓨터를 주머니 속에 항상 가지고 다니며 정보를 주고받고 의견을 나눌 수 있으며 기업과 브랜드는 연중무휴, 24시간 액세스 할 수 있다는 것이다.[4]

인구통계학자나 연구자들은 Z세대를 일반적으로 1990년대 중반부터 2000년대 초반 사이에 출생한 자를 지칭하는데 아직까지 출생 연도를 나타내는 데 있어 정확한 의견일치가 없다.[5] 이들은 TV 프로그램이 특정 채널, 특정 시간에만 방송되던 시대를 이해하지 못하며, 보고 싶은 프로그램이 있다면 아무 때나 보면 그만이다. 이 세대는 기계에 대한 적응력이 뛰어나지만 이들의 모든 생활과 결정은 전적으로 주변에 존재하는 기술에 달려 있다.[6] 음악을 들을 때 이들은 구글을 검색하거나 유튜브로 시청하는데 이들은 VHS 테이프, 카세트 플레이어 등을 들으며 자라지 않았다. 이들의 언어나 어휘 역시 이전 세대와는 다르다. 새로운 휴대폰, 옷, 비디오 게임, 음악을 사거나 고를 때는 인터넷을 검색하고 트워터 댓글이나 페이스북 좋아요에 영향을 받는다. 그들의 부모세대에게 이런 행동은 이상해 보일 수 있다. 그러나 이런 현상이야말로 새로운 세대에서 의사 결정과 네트워킹 방식의 변화가 일어나고 있다는 명백한 증거라고 볼 수 있다.[7]

조사에 의하면 Z세대는 구매 결정을 내리기 전에 여러 차례 기업들과 접촉하는 것으로 보인다. 인스타그램은 Z세대 럭셔리 패션 고객들이 사용하는 핵심 매체이며 조사에 의하면 인스타그램, 트위터, 틱톡, 페이스북과 같은 여러 모바일 플랫폼의 광고를 고려하는 것으로 보인다.[8]

이러한 이 세대의 특성은 다음과 같이 요약될 수 있다.

사진출처[9]

- 온라인으로 대화하는 것이 직접 대면해 대화하는 것보다 편하다고 생각한다.
- 인터넷 스타(특히 유튜브 스타)들을 좋아하고 동경한다.
- 많은 새로운 것들을 유튜브로 배우는 '스스로 학습자'이다.
- 새롭고 재미있는 것이 나왔는데 알지 못하거나 자신들의 또래집단이 아는 것을 자기가 알지 못하는 것에 대해 두려움을 가지고 있다.
- 수동적인 정보수집 태도만을 보이는 것이 아니라 적극적으로 유튜브나 페이스북 등을 통해 자신을 표현하기도 한다.
- TV를 볼 때 항상 웹서핑을 동시에 한다.
- 집중시간이 매우 짧고 잘 읽지 않거나 속독해버린다.
- 환경과 경제에 대한 불안감을 가지고 있으며 매우 현실적이다.
- 자신을 만족시키지 못하는 콘텐츠에 집중하지 않는다.
- 브랜드에 대해서 SNS와 유튜브 등으로 배운다.
- 글보다는 동영상을 선호하고 글은 동영상을 보조하는 역할을 한다.
- 콘텐츠 소비 플랫폼은 모바일이 중심이 될 것이다.[10]

이렇게 인터넷으로 쇼핑하는 비율이 높다는 것은 정보와 거래에서 주도권이 소비자에게 넘어간다는 것을 의미한다. 물리적 세계에서 고객은 기업을 이길 수 없다. 정확히 말해서 이기기가 힘들다. 이것은 기업이 대부분의 정보를 확보하고 있기 때문인데 결국 정보를 소유하고 있는 측이 유리한 고지를 점령하게 되는 셈이다. **기업이 고객을 기만하는 현상**(Organizational Cheating: 가령 고객은 어떤 제품의 원가를 정확히 알기 힘들기에 기업들이 담합한다면 고객 스스로가 느끼는 가치 이상의 가격을 지불할 수밖에 없다)도 정보와 지식의 불균형으로 인해 파생되는 부조리다.

그러나 인터넷이 열어 가는 신경제에서는 고객이 힘을 갖는다. 예를 들어, 한 전자제품을 구입한다고 할 때 소비자는 온라인으로 해당 모델의 최저 가격을 제공하는 딜러를 확인한다. 그리고 오프라인 매장에서 점원에게 온라인 가격을 이야기하며 더 좋은 조건의 가격을 흥정하는 일은 이제 쉽게 목격할 수 있는 일이다.

2) 공동체지향성

첫째, 그들은 전통적인 소비자들보다 더 **공동체지향적(community-oriented)**이다. 온라인 비즈니스에서 만약 그들이 속았다거나 불만족을 느꼈다면 그들은 즉각 SNS 서비스나 해당 사이트의 커뮤니티 등을 이용해 다른 잠재고객들에게 그들의 불만을 알릴 수 있다. 인터넷 세계에는 이러한 폭로를 주저하지 않는 교육받은 신세대들이 대부분이다. 인터넷 소비자들은 단 하나의 물건을 구매하고자 하는 경우에도 공개된 온라인 브랜드 커뮤니티 또는 유튜브 크리에이터의 제품에 대한 리뷰를 사전에 열람해보고 관련된 정보를 획득하려는 열의를 갖고 있다. 즉 온라인 소비자들은 전통적인 소비자들보다 적극적이고 소비자들 간의 커뮤니케이션이 훨씬 쉽기 때문에 그릇된 정보나 엉터리 물건의 거래는 결코 오래 가지 못한다.

온라인에서는 다른 소비자의 평가가 구매에 매우 큰 영향을 미친다. 최근에는 의도적으로 만들어진 리뷰 또한 많이 존재한다.[11]

3) 정보지향성

인터넷 이용자가 가장 얻고 싶어 하는 것은 **정보(information)**다. 최근 들어 유튜브에서 제품에 대해 자세히 리뷰하는 콘텐츠가 많이 늘어나고 있으며 블로그나 해당 제품를 판매하는 쇼핑몰 등에서도 오프라인에서 구매하는 경우보다 훨씬 더 많은 정보를 검토한 뒤 소비자들이 구입할 수 있도록 하고 있다. 이러한 점에서 인터넷에서의 광고는 같은 맥락에서 제작 취급되어야 한다. 즉 콘텐츠에 근거해야 한다는 얘기다. 현란하고 과장되기만 한 광고는 결코 좋은 결과를 기대할 수 없지만 오프라인 상점에서와 같이 감성적으로 제품을 보여주고자 하는 노력을 간과해서는 안 될 것이다. 또한 고객에게 적절한 제품을 추천해주고 원하는 콘텐츠를 가져다주는 말 그대로 양질의 정보를 제공하는 노력도 매우 중요하다. 기술이 더욱 발전됨에 따라 아마존, 구글, 넷플릭스와 같은 웹사이트와 응용 프로그램에서 개인화된 콘텐츠나 제품을 추천하는 기술은 훨씬 더 자연스럽게 많은 인터넷 기업에게 확대될 필요가 있다.[12]

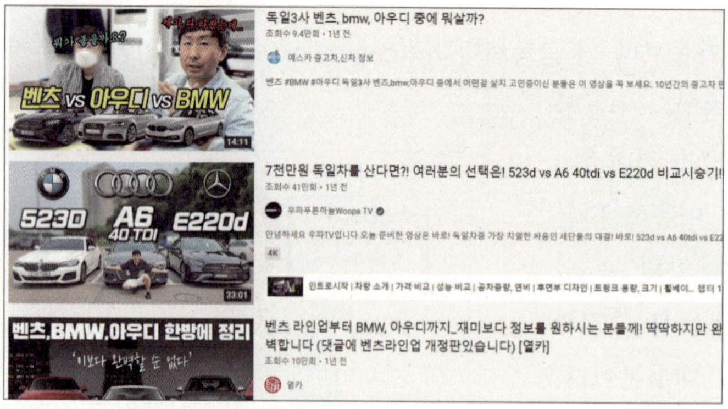

차를 구매하고자 하는 소비자들은 유튜브에서 차량전문가들과 소유자들의 차에 대한 자세한 리뷰를 통해 과거에 비해 많은 정보를 구매 전에 얻을 수 있다.

4) 상호작용성

인터넷은 **상호작용성(interactivity)**을 특징으로 하고 있으며 온라인 소비자는 상호작용적인 사이트에 머물기를 원한다. 인터넷 웹사이트나 가상상점에 접속하는 방문자들은 항상 기업의 비즈니스에 대한 많은 질문 또는 불만을 가지고 있기 때문에 반드시 기업과 접촉할 기회를 주어야 한다.

그리고 비즈니스 사이트라면 빠른 답변을 할 수 있도록 항상 준비하고 있어야 한다. **레고(lego.com)**는 레고 스토어와 레고닷컴 이외에도 55만 건의 유튜브 동영상, 사용자들이 자신이 원하는 디자인을 만들 수 있는 '레고 디지털 디자이너'가 있고 회원들에게 제공되는 '레고 잡지', 고객들과 수시로 대화할 수 있는 소셜미디어, 다수의 블로그와 온라인 포럼들을 운영하고 있다. 이러한 것들을 통하여 레고는 고객들과 수시로 상호작용하면서 그

들이 관심과 참여를 이끌어내고 있다.[13]

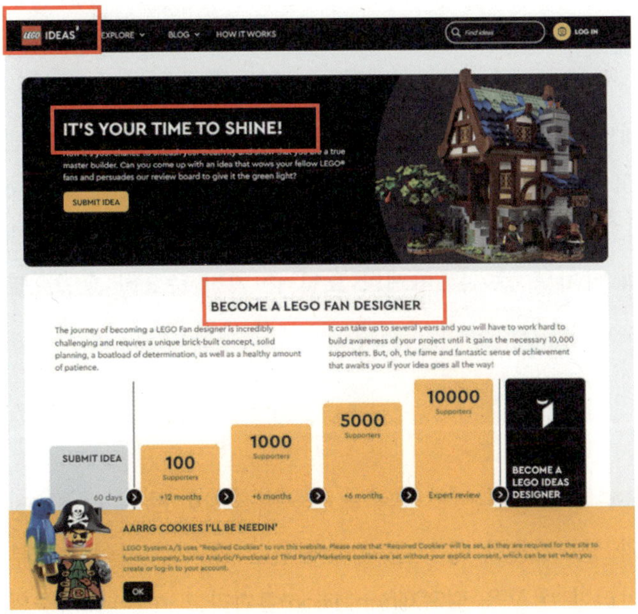

고객들이 직접 자기 제품을 디자인할 수 있는 플랫폼을 갖추고 있는 레고 아이디어 제출 디렉토리(https://ideas.lego.com/projects/create)

5) 조급성

인터넷 소비자들은 모든 것을 지금 당장 갖고 싶어 한다. 예를 들어, 만약 여러분이 운영하는 가상상점이 세 가지 종류의 노트북 컴퓨터를 팔려고 전시하고 있다면 당신의 잠재적 소비자들은 아마도 마우스 버튼 한 번의 클릭으로 그것들의 모든 정보를 보고싶어 할 것이다. 또 그들이 당신의 제품 중 하나를 구입하기로 결정했다면 당장 사용하고 싶어 할 것이다. 만약 여러분이 전시한 제품들이 어떤 온라인 잡지에서 훌륭한 평가를 받았던 적이 있다면 그 잡지에 즉시 접속할 수 있도록 링크해 두어야 한다. 즉 잠재적 소비자들이 마우스 버튼을 클릭함으로써 그

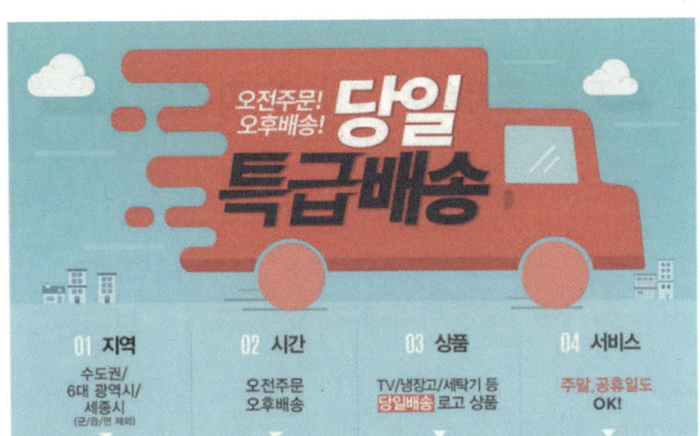

온라인에서 팔기에 늦게 배달되는 것이 당연하다고 생각하는 상점은 이제 경쟁력이 없다.[14]

들이 원하는 모든 것, 그리고 여러분이 알리고자 하는 모든 것이 곧바로 전달 가능하도록 해야 한다.

5) 새로움 추구

인터넷 사용자들은 새로운 것에 대한 강박 관념이 있다. 광고를 포함한 사이트의 콘텐츠들이 다른 미디어와는 다르게 적어도 일주일에 한 번은 바뀌지 않으면 안 된다. 인터넷 비즈니스 사이트는 반드시 지속적으로 변화를 주어야 하고 새롭게 갱신되어야 한다. 실제 많은 연구에서는 온라인 브랜드의 가치를 높이는 마케팅 요인 중 가장 중요한 요인으로 양질의 콘텐츠를 꼽고 있다.[15]

6) 솔직성

인터넷의 익명성은 사람들을 솔직하게 만드는데 이는 때로는 긍정적이고 때로는 부정적이다. 사람들은 사람보다 화면과 상호작용할 때 더욱 솔직하다. 각종 리뷰 사이트의 부정적인 평가도 이를 증명한다. 이러한 현상을 **탈억제(inhibition)효과**라고 하는데 기술의 발전으로 한층 촉진되고 있다. 심리학자 **애덤 조인슨(Adam Joinson)**에 따르면 화면은 타인에게 평가받을 때의 불안감이나 자의식을 없애기 때문에 탈억제를 유발한다고 한다. 소셜미디어상에서 사람들이 일상에 대한 소회나 감상을 솔직하게 털어놓는 것부터 공격적인 댓글에 이르기까지 평소 오프라인에서와 달리 자신의 감정을 강하게 피력하기도 한다.[16]

2. 디지털 경제에서 여성의 파워증대

전통적인 사회에서 남성은 '일'의 상징이었고, 여성은 '가정'을 의미했었다. 선진국의 경우 그나마 나은 형편이지만 남성 우월주의는 전 지구적으로 보편적인 패러다임이 아닐 수 없다. 하지만 이제 남자와 여자를 가르는 경계는 흐려지고 있다. 인터넷 혁명의 초기에 남성과 여성의 인터넷 사용자 비율은 19세 이상을 기준으로 8 대 2 수준이었다. 하지만 1999년 1월을 기점으로 그 수준은 5 대 5로 여성 사용자층이 급성장, 그야말로 e-Woman 시대가 열리고 있는 셈이다.

한국의 경우 남성 우월주의는 보편을 넘어 당연시되는 현상이지만 벌써 이 경계의 파괴 움직임은 곳곳에서 발견되고 있다. 인터넷을 철저히 비즈니스 대상으로 규정할 때 앞으로 여성이 인터넷 시대의 중심이 될 것으로 예상된다.

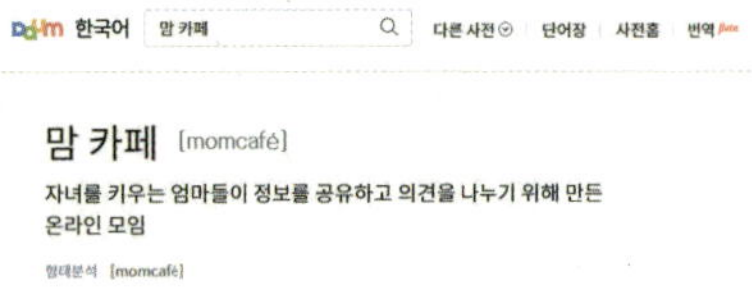

여성과 육아에 대한 정보로 가득한 맘카페, 여성만의 주제, 그들만의 문제점을 토론하는 장으로 활용되고 있다.

3. 역시장의 형성

역시장(reverse market)은 공급자가 주도하는 기존의 개념에 반대되는 시장을 말한다. 즉, 고객이 공급자에 비해 많은 정보를 가지고 고객 자신을 만족시킬 수 있는 공급자를 보다 쉽게 찾을 수 있게 되어 나타나는 시장이다. 고객은 과거와는 달리 손쉽게 공급자들과 그들의 상품에 관한 정보에 접근할 수 있으며 네트워크 안에서 가상의 구매집단을 형성하여 공급자의 경쟁을 유발할 수 있는 구매력을 창출하게 된다. 이런 가상의 거대시장은 공급자들을 끌어들이는 '자석'으로 활용되어 고객들은 경쟁하는 공급자들 중 선택하는 단계에 이르게 된다. 최근에서 '온라인상에서 재화나 서비스를 사고 파는 행위에 있어서 소셜 미디어 및 온라인미디어를 연계하여 소비자 인맥을 마케팅에 활용하는 **소셜커머스(social commerce)**가 이 역시장의 대표적인 보기가 될 수 있다.[17]

2008년 미국 시카고에서 설립된 **그루폰(Groupon)**이 공동구매형 소셜커머스 비즈니스 모델을 처음 만들어 성공을 거둔 후 본격적으로 알려지기 시작한 후[18] 최근 본격적으로 발전하고 있다. 이제는 공급자가 고객을 찾아 나서는 시대가 아니다. 고객이 자신에게 최적의 조건을 제시할 수 있는 공급자를 네트워크의 힘을 빌려 찾아 나선다. 즉, 고객들은 가상공간에 모여 자신들의 욕구를 결집함으로써 공급자들의 경쟁적 참여를 유발하고 이를 통해 보다 나은 조건의 거래가 이루어질 수 있다.

4. 프로슈머의 등장

프로슈머(Prosumer, Producer와 Consumer의 합성어)란 스스로가 생산자이자 소비자가 된다는 개념으로 미래학자 앨빈 토플러가 자신의 책 「제3의 물결」에서 예언한 바 있다. 네트워크 시대에 이는 이미 현실로 완성되어 가고 있다. 가상사회에서 고객은 더 이상 피동적이지 않으며 스스로 생산에 참여하고 가치를 생성한다.

예를 들어, 과거 고객은 공급자가 제공해 주는 CD들 중에서 자신의 욕구와 가장 가까운 하나를 선택하였지만 이제는 스스로가 원하는 곡들만 수록한 자신만의 앨범을 만든다. 또한 이와는 또 다른 방식으로 고객들은 가치를 창조한다. 실제 수많은 사이트에서 콘텐츠의 생산은 공급자의 몫일 뿐 아니라 고객의 몫이기도 하다.

개인 사용자들이 혼자 집에서 만들어 유튜브에 올린 영상들이 '대박'을 터뜨리면서 개인 사용자들의 유튜브 참여율이 높아지고 있다. 유튜브가 단순히 동영상을 보고 즐기는 소비형 공간에 그치지 않고 사용자들이 영상을 만들고 제작해서 올리는 생산형 커뮤니티가 되어가는 것이다. 최근 유튜브는 많은 구독자를 확보한 인기 '**유튜브 크리에이터**(Youtube Creator: 유튜브에 동영상을 정기적으로 올리는 사용자)'를 중심으로 진행했던 파트너 제도를 개인 사용자에게 확대했다. 개인 사용자라도 누구든지 자신이 제작한 동영상의 앞, 뒤, 혹은 중간에 붙는 광고를 통해 광고 수익을 벌어들일 수 있다는 말이다.[19]

유튜브에 올린 영상들이 '대박'을 터뜨리면서 개인 사용자들의 유튜브 참여율이 높아지고 있다. 상당히 많은 양질의 콘텐츠들이 양산되어 이제는 많은 시청자들의 시선이 유튜브 쪽으로 옮겨간지 오래이다(사진은 어려운 내용을 쉽게 설명해서 짧은 시간 내에 많은 구독자를 확보하고 있는 지식한입).[20]

이러한 가상사회의 참여자들이 서로의 의견을 기존의 정보보다 더 중요하게 여기는 현상은 어디서든 목격되고 있다. 예를 들어, 아마존의 '일반인의 서평' 코너는 전문적인 비평가의 평론보다 훨씬 인기가 좋다. 전문가보다 일반인의 의견에 더 끌린다는 것이 쉽게 이해되지 않지만 조금만 돌려 생각하면 당연한 일이다. 우리는 제품에 대해 더 많은 지식을 가지고 있는 영업사원의 친절한 권유보다 친한 친구의 의견에 더 마음이 끌리게 마련이다. 아마존의 '일반인의 서평' 코너는 한 전문가 개인의 의견보다 광범위한 유형의 경험과 의견이 더 가치가 있을 수 있음을 보여주는 단적인 예가 된다. 이러한 상황에서 공급자는 항상 고객 한 명 한 명에게 신경쓰지 않을 수 없다. 가령 고객들이 한 기업의 제품에 대해 부정적인 의견을 교환하게 되었을 때 네트워크를 통해 확산되는 불평의 속도는 상상을 초월하기 때문이다.

5. 가치의 공동창조

인터넷상에서 촉진은 조직의 웹사이트 이외 그밖에 다른 수단으로 수행될 수 있다. 검색엔진은 특정 검색을 위한 리스트가 스크린에 나타날 광고 공간을 판매한다. '구매'라는 특정 단어로 한 기업의 메시지는 잠재고객이 관련 주제에 관해 검색할 때만 나타날 것이다.[21] 규모가 작은 기업들이 이용할 수 있는 특히 유용한 도구는 웹사이트에 **자주 묻는 질문(FAQs)**에 대한 대답을 포함시키는 **부가가치향상(value-added) 능력**이다. 이것은 정보를 커뮤니케이트하는 데 덜 노동집약적이며 비용이 저렴한 방법을 제공한다.[22]

또한 고객 관계는 중요한 정보에 대한 접근의 편리함 향상을 통해 구축 혹은 강화될 수 있으며 새로운 비즈니스의 지배권은 인터넷 사이트에서 제공되는 거래가 용이할 때 향상된다.[23] 앞에서 논의되었듯이 인터넷은 중소기업들이 자사를 그들의 고객들에게 더욱 밀접하게 연결시키는 데 비교적 비용이 저렴한 수단이다.

이렇듯 인터넷을 비롯한 정보통신의 발달은 소비자를 정보에 쉽게 접근할 수 있도록 함으로써 고객의 역할을 수동적 입장에서 능동적 입장으로 바꾸어 놓았다. 이러한 상황에서 기업이 지속적으로 경쟁우위를 확보하기 위해서는 고객의 역량을 활용하는 방법에 관심을 기울여야 한다. 이를 위해 기업은 고객들이 적극적으로 기업과의 대화에 참여하도록 해야 한다. 새로운 환경에서 대화는 기업과 고객이 대등한 입장에서 이루어져야 하며 이를 통해 기업은 고객과 상호작용하는 능력을 개발해야 한다.[24]

앞에서도 논의되었듯이 레고는 레고 아이디어(LEGO idea)를 통해 누구나 제품 아이디어를 제안할 수 있도록 하고 있고 고객들과 함께 새로운 제품을 만들고 공유하며 여기서 만들어진 제품에 대한 위험까지 적극적으로 회사가 감수하며 생산하기도 한다.[25]

| 표 4-1 | 고객의 발전과 변화[26]

	예정된 구매자 집단을 설득	개별구매자와 거래함	개별고객과 평생 유대관계	가치의 공동창조자로서 고객
기간	1970년대~ 1980년대 초	1980년대 후반~ 1990년대 초	1990년대	2000년 이후
비즈니스 교환의 성격과 고객의 역할	고객은 예정된 소비역할을 지닌 수동적 구매자로 간주됨			고객은 강화된 네트워크의 일부로 비즈니스 가치를 공동창조, 즉 협력자, 공동개발자, 경쟁자가 될 수 있다.
경영자의 사고	고객은 평균통계치, 구매자집단은 기업에 의해 예정됨	고객은 거래의 개별통계	고객은 사람이다. 신뢰와 관계를 개발한다.	고객은 개인일 뿐만 아니라 새로운 사회·문화적 구조의 일부임
기업과 고객과의 상호작용 및 제품과 서비스의 개발	전통적인 시장조사와 조회: 제품과 서비스는 많은 피드백 없이 만들어짐	판매에서 벗어나 헬프데스크, 콜센터, 고객 서비스 프로그램을 통해 고객을 지원, 고객으로부터 문제를 발견하여 피드백을 통해 제품과 서비스를 재설계한다.	사용자에 대한 관찰을 통해 고객에게 제공한다. 선도 사용자로부터 해결책을 찾아내고 고객에 대한 깊은 이해에 기초하여 제품과 용역을 재구성한다.	고객은 개인화된 경험의 공동개발자로 기업과 선도고객은 교육, 기대의 구체화, 재화와 용역에 대한 시장수용의 공동창조 등에 공동역할을 수행한다.
커뮤니케이션의 목적과 흐름	예정된 구매자집단에 접근해 목표설정, 일방적인 의사전달	데이터베이스 마케팅, 쌍방향 의사소통	관계 마케팅, 쌍방향 의사소통	기대를 구체화하고 소문을 창출하기 위한 고객과의 적극적인 대화, 다양한 수준의 접근과 의사소통

제2절 인터넷 소비자 의사결정과정

1. 인터넷의 구매의사결정에 영향

인터넷과 같은 **마켓 스페이스(market space)**에서 중요한 것은 고객욕구에 효과적으로 반응하기 위해 소비자의 욕구를 먼저 이해해야 한다는 것이다. 인터넷 마케터는 전통적인 소비자행동 모델이 어떻게 적용될 수 있는지를 검토해야 한다.[27]

분명 전통적인 구매 방식과 많은 차이가 있다. [그림 4-2]에서 볼 수 있듯이 인터넷에

그림 4-2 | 인터넷을 활용한 브랜드 선택 프로세스 예[28]

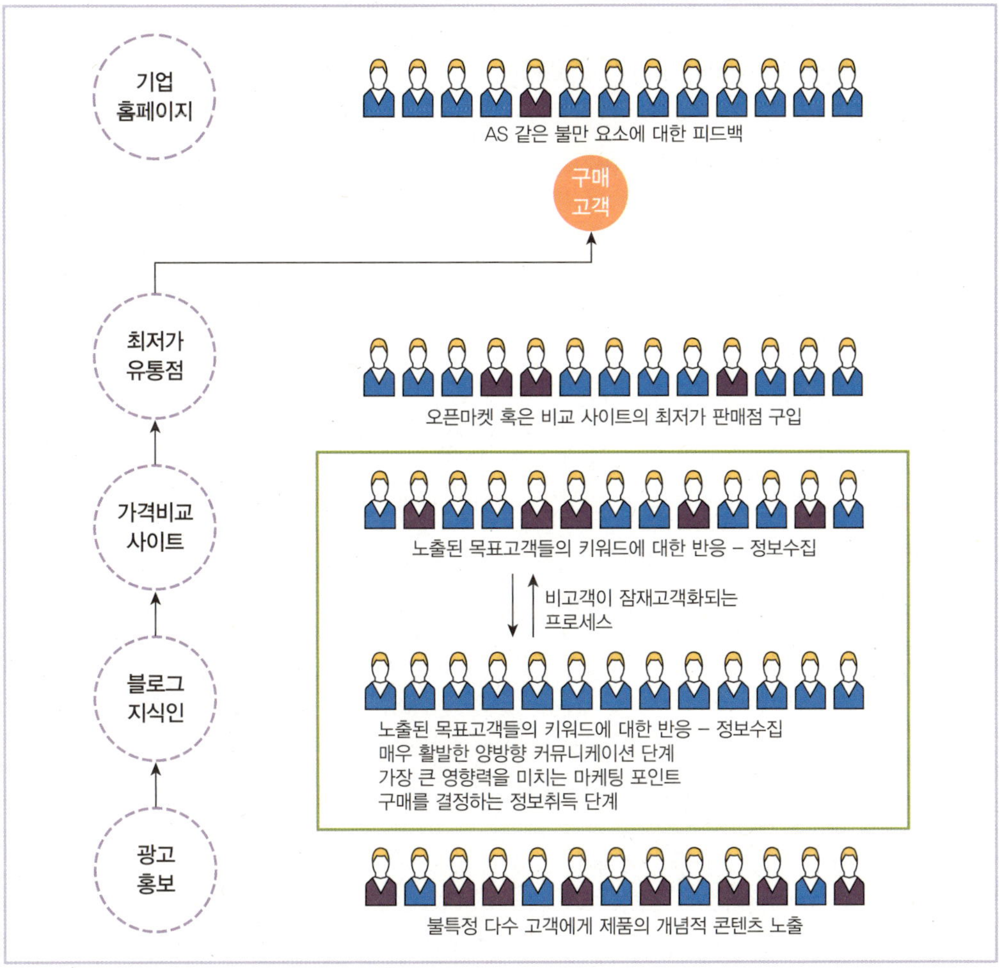

서 제품을 구입하려고 하는 경우 기존 TV 광고나 인터넷 홈페이지 등을 통해 알고 있던 제품을 인터넷 블로그나 페이스북 등의 SNS를 통해 제품에 대한 평판을 파악한 후 몇몇의 브랜드나 특정 브랜드를 결정하고 이 브랜드의 가격들을 가격비교 사이트를 통해 비교한 다음 비교적 신뢰도 가면서 저렴한 가격으로 파는 오픈마켓인 11번가를 통해 구매하고 사용 후 제품에 대한 문제점이나 문의사항 등의 고객지원을 해당 브랜드의 홈페이지에서 받을 수 있을 것이다.

이렇듯 인터넷 마케터가 구매의사결정이 어떻게 이루어지는지를 알고 구매 각 단계를 구명하게 되면 각 단계별 마케팅 전략의 개발이 가능할 것이다. 구매와 판매구조와 프로세스에 기본적인 변화가 있음에도 불구하고 인터넷 마케팅에서도 변하지 않는 하나의 중요한 원칙은 먼저 고객을 이해해야 고객의 요구에 효과적으로 대응할 수 있다는 것이다.[29]

2. 인터넷 소비자 구매의사결정과정

이제까지 물리적 환경에서의 소비자 구매의사결정과정은 [그림 4-3]과 같다. 이는 구매과정의 단계모델을 보여주는 것으로 소비자가 다섯 단계인 **문제인식, 정보탐색, 대안평가, 구매 및 구매 후 행동**을 거치는 것을 볼 수 있다. 이 모델은 실제 구매가 행해지기 오래 전에 구매과정이 시작되고, 또한 구매 후 오랫동안 결과가 남는다는 것을 강조한 바 있다.[30]

인터넷이 도입된 이후도 마찬가지로 이 다섯 단계를 통해 설명할 수 있다. 다만 인터넷의 특성상 정보탐색과 대안평가 등의 과정이 상당히 신속히 이루어질 수 있고, 구매의사결정에 필요한 다양한 지원을 제공함으로써 판단의 객관성과 부족한 정보로 인해 발생하는 문제점을 최소화시킬 수 있다는 특징이 있다. 결국 마케팅 관리자는 의사결정과정의 5단계 모델을 기반으로 온라인 소비자행동이 복잡한 현상이라는 사실을 인식하여 다양한 상황을 가정할 수 있는 유연성이 필요하다고 볼 수 있다.[31]

[그림 4-3]의 모델은 소비자들이 제품을 구입할 때의 다섯 단계 모두를 거친다는 것을 시사한다. 그러나 이 모델이 모든 제품이 구매에 전부 적용되지 않는다. 특히 저관여 구매에는 적용되지 않을 수 있다. 다시 말하면 소비자들은 어떤 단계는 그냥 뛰어넘기도 하고, 심지어는 거꾸로 되기도 한다.

예를 들어, 비교적 저관여 제품인 USB를 인터넷에서 구입하려고 하는 경우 욕구발생 즉시 아무 컴퓨터 소모용품 쇼핑몰에서 그냥 주문하기도 하고 프린터 토너를 구입하려고

그림 4-3 | 인터넷 소비자 의사결정과정[32]

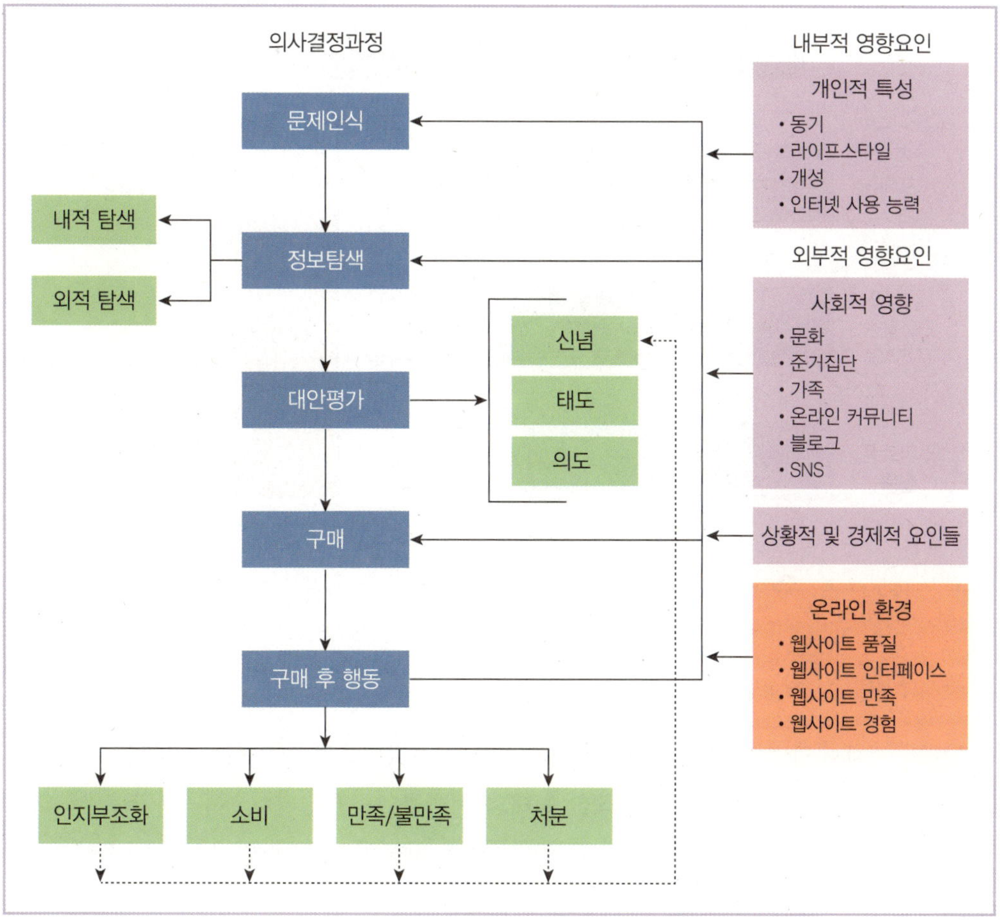

하는 경우도 정해진 모델을 구입하기에 가격비교 사이트에서 가장 저렴한 토너로 선정된 것을 바로 대안평가 없이 주문할 수도 있다. 그리고 특히 구매 후 만족했던 제품을 다시 구매할 경우는 욕구인식에서 바로 구매로 이어질 수도 있다. 그러나 고성능 노트북을 인터넷에서 구입하고자 하는 경우는 이 다섯 단계를 다 거치고 오프라인 구매활동 및 온라인 구매활동이 같이 이루어질 가능성이 높을 것이다. 소비자가 구매하는 모든 과정을 포함하여 공부하기 위해서는 위의 모델의 전 과정을 제대로 살펴보는 것이 요구된다.[33]

특히 이러한 구매의사결정과정을 분석하는 데 있어 인터넷과 모바일이 어떤 상황을 만들어내는지 알아야 할 필요가 있는데 [그림 4-4]에서 볼 수 있듯이 인터넷은 전통적 구매보다 그리고 모바일은 인터넷보다 더 시간활용과 공간활용을 극대화하는 구매의사결정을 가능하게 할 수 있는 것을 나타나고 있다.

그림 4-4 | 전통적 구매의사결정과정과 인터넷, 스마트폰 활용 구매의사결정과정[34]

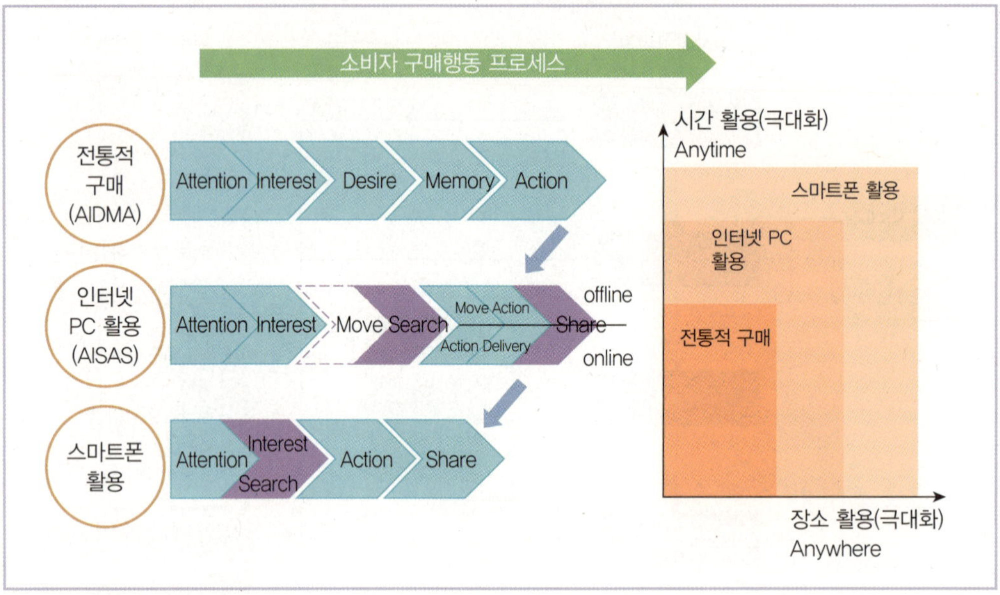

1) 문제인식

소비자 구매에의 의사결정과정은 구매자가 문제 또는 욕구를 인식함으로써 시작된다. 구매자는 자신의 **실제 상태**와 **바람직한 상태**의 차이를 느끼게 된다. 이러한 욕구는 내적 자극 또는 외적 자극에 의해 발생될 수 있다. 내적 자극인 경우에 인간의 정상적인 욕구, 즉 목마름, 배고픔, 성욕 등은 식역수준까지 상승하게 되면 동인이 된다.[35] 욕구는 외적 자극에 의해서도 일어날 수 있다. 예로, A라는 사람은 특정 온라인 사이트를 검색하다 번호이동을 할 때 무료로 최신 스마트폰을 제공한다는 것을 보고 구매를 결정할 수도 있으며 비교적 마음에 들었던 나이키 신발이 오프라인보다 30%나 저렴한 것을 보고 구매를 결정할 수도 있다.

욕구에는 소비자들이 제품으로부터 어떤 종류의 효용이나 혜택을 구하는지에 따라 **실용적 욕구(functional · utilitarian needs)**와 **감성적 욕구(symbolic · hedonic needs)**로 나누어 볼 수 있다. 실용적 욕구라 함은 제품으로부터 기능적인 편익을 추구하고자 하는 욕구를 말하는데, 이를 충족시켜 주는 인터넷상의 제품의 예는 실용적인 효익을 제공하는 브랜드로 인터넷 정보검색 사이트라든지 인터넷 신문 등이 이에 해당한다고 볼 수 있다. 감성적 욕구는 자기표현의 상징적 또는 쾌락적 효용을 얻으려는 욕구를 말하는 것으로 이를 만족시켜 주는 인터넷 제품에는 인터넷 영화, 인터넷 게임 등이 이에 해당한다고 볼 수 있다.

검색과 같이 기능적 효익을 강조하는 네이버와 같은 온라인 포털도 오락이나 게임 만화와 같은 경험적 효익을 동시에 제공하고 있다.

인터넷 마케팅 관리자는 소비자들이 제품에서 추구하고자 하는 효익이 무엇인지를 간파하여 그에 적절한 제품정보를 그들에게 전달해야 한다. 즉, 실용적 욕구충족을 목표로 한 제품에 대해서는 구체적 · 기능적 속성을 강화하는 커뮤니케이션이 필요한 반면, 감성적 욕구충족을 위한 제품을 위해서는 전체적 브랜드 이미지와 경험적 · 쾌락적 측면을 강조하는 이미지 구축과 전달에 힘써야 할 것이다. 물론 모든 제품에 대한 욕구가 실용과 감성의 이분법으로 구분되는 것은 아니다. 그러나 실제로 인터넷 제품은 실용적이고 감성적인 특성을 공유하고 있는 성향이 많다. 예를 들어, 경험적 · 쾌락적 욕구를 강조하는 포털사이트도 이메일 서비스와 정보검색과 같은 실용적인 효익을 제공하고 있는 것이다.

그러나 최근에는 상당히 많은 명품들이 인터넷을 통해 판매되고 있기에 상징적 제품 또한 인터넷을 통해 판매될 수 있다. 현재 명품 브랜드는 **메타버스**를 활발히 사용하며 가상세계에서 경험한 것을 바탕으로 현실에서 제품을 구매하도록 세계와 세계를 연결짓고 있다. 여기서 더 나아가

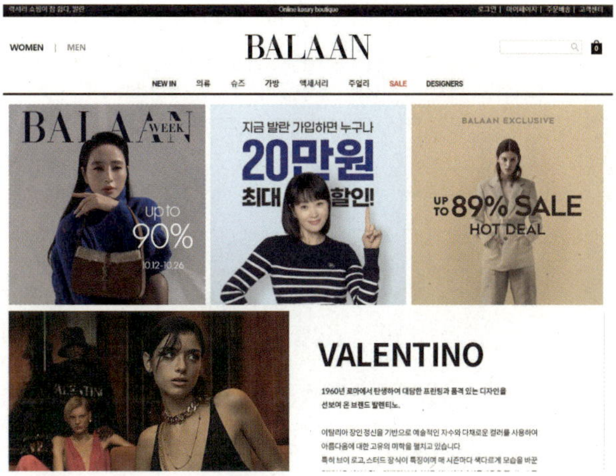

과거에는 명품 분야에서 인터넷은 거의 홍보목적으로만 이용되었으나 이제는 명품도 인터넷으로 구매하는 시대가 되었다. 사진은 명품 쇼핑몰 발란(https://www.balaan.co.kr/)

명품 브랜드는 제품의 고유한 식별 번호를 NFT로 인증서를 발급하고 있다(Internet Marketing Insight 4-2 참고).

Internet Marketing INSIGHT 4-2

NFT, 하이엔드 가치를 더하라

2021년부터 럭셔리 브랜드가 NFT를 가장 적극적으로 활용한 부분은 '디지털 정품 인증서'이다. NFT는 블록체인을 기반으로 소유권과 판매 이력 등 관련 정보가 모두 저장돼 위 · 변조가 불가능하다는 특징을 가지고 있다. 명품 업계의 오랜 과제인 '짝퉁과의 전쟁'에도 효과적으로 대처할 수 있다. 관련 업계는 그간 제품의 고유번호, 각인, 개런티(보증) 카드, 홀로그램 스티커 등 다양한 방법으로 위조품을 분별해 왔다. 럭셔리 제품의 온라인 구매가 더욱 빈번해지고 있는 요즘, 업계는 NFT라는 최신 기술을 활용해 소비자들의 위조품에 대한 불안을 불식시키고자 힘쓰고 있다.

글로벌 대표 럭셔리 기업 LVMH, 리치몬트, 프라다 3사는 앞서 2021년 '아우라' 블록체인 컨소시엄을 구축한 바 있다. 이를 활용한 정품 인증 시스템을 순차적으로 본격 도입할 예정이다. 이들 기업의 제품은 제작 과정에서 아우라가 부여한 고유의 디지털 코드를 받게 된다. 제품에는 전자칩이 내장돼 있어 소비자는 제품 구매 시 이와 연동되는 디지털 정품 인증서를 발급받게 되는 셈이다. 해당 인증서에는 생산부터 판매까지 전 단계에 걸친 상품 이력과 소유권 증명에 관한 정보가 담겨 있다.

'메타 버킨스'라는 제목이 붙은 이 작품은 메이슨 로스차일드라는 이름의 작가가 버킨백의 디지털 그림 파일에 원하는 소재와 색을 입히거나 그림을 그려 작품으로 내놓은 것이다. 이 버킨백 NFT는 약 10억 원어치가 팔릴 정도로 인기를 끌었다. 하지만 버킨백의 저작자인 에르메스는 메타 버킨스를 거세게 비난하고 나섰다. "우리는 수공예 정신으로 만든 실물을 중시하기 때문에 NFT 시장에 진출하지 않았고, 버킨백의 NFT 제작에 동의한 적이 없다"고 했다. 한마디로 메타 버킨스가 에르메스의 상표권 · 저작권을 침해한 NFT라는 것이다.[36]

이보다 앞서 하이엔드 시계 브랜드인 바쉐론 콘스탄틴, 피아제, 브라이틀링도 '아리아니' 라는 컨소시엄을 구성해 위조품을 뿌리 뽑는 데 힘을 모으고 있다. 관련 업계는 럭셔리 브랜드의 이 같은 'NFT 동맹'이 더욱 확대될 것으로 전망하고 있다. 이미 글로벌 무대에서 브랜드와 상품 가치를 인정받은 럭셔리 산업군은 소비자들에게 물리적 경험(실제 제품)과 NFT라는 가상자산 소유권을 동시에 제공함으로써 차별화를 꾀할 수 있는 대목이 많다.

2021년 발표한 돌체앤가바나(D&G)의 NFT 컬렉션 '콜레치오네 제네시(Collezione Genesi)'가 대표적이다. NFT 마켓 UNXD와 협업해 선보인 이 NFT 컬렉션은 모두 돌체앤가바나의 디자인 시리즈인 알타 모다, 알타 사토리아, 알타 조엘레리아 라인에 속하는 것이다. 현실판 진짜 옷과 NFT를 모두 소장한 이들에게는 돌체앤가바나가 기획한 차후 이벤트를 독점해 누릴 수 있게 했다. 반응은 뜨거웠다. 출시 후 총 1885.73 이더리움(약 67억 원)의 낙찰가를 기록했다.

그림 4-5 | 럭셔리 브랜드가 만든 럭셔리 NTF 판매실적[37]

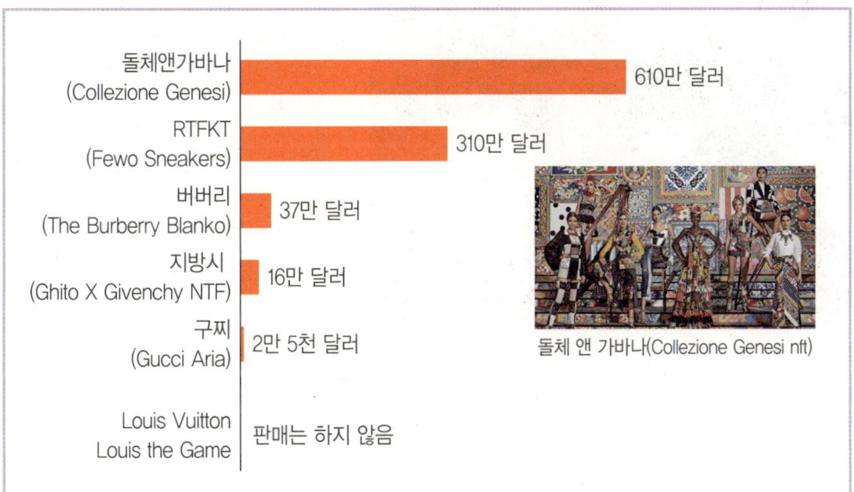

이 같은 대박 성공에 힘입어 돌체앤가바나는 자체 NFT 커뮤니티 'DG 패밀리'를 만들기도 했다. DG 패밀리 박스 NFT를 구매하면 실제 상품을 우선 구매할 수 있는 권한도 준다. '오픈 런'의 수고로움도 덜 수 있고, 자연스레 NFT로 소비자-브랜드 간 공고한 커뮤니티가 형성되는 셈이다. 관련 업계에 따르면 돌체앤가바나의 이 같은 NFT 활용법은 럭셔리 업계 전반으로 확장될 가능성이 높다.[38]

이뿐만이 아니다. 스포츠용품 분야에도 NFT를 적극적으로 활용 중이다. 유명 스포츠 브랜드 나이키는 운동화 정보를 NFT로 만들어 특허를 등록했다. 해당 기술을 적용한 상품에는 '크립토킥스(CryptoKicks)'라는 브랜드를 사용하게 되고, 해당 제품을 구매하면 신발의 고유한 NFT를 함께 받게 된다. 이를 통해 운동화의 소유권을 추적하고, 정품 여부도 확인 가능하다. 나이키도 짝퉁 제품이 많이 생산되기 때문에 진위 파악이 예민한 브랜드에서는 NFT를 활용한 기술이 반가운 시점이다.[39]

상품 개발자들은 NFT를 활용해 온라인과 오프라인 시장을 동시에 공략하는 방식을 구상하고 있다. NFT 시장의 활성화는 가상화폐 폭등과 밀접하게 연결되어 있어 이런 움직임을 부채질한다. 가장 주목할 만한 사건이 2021년 초여름에 일어났다. 구찌가 로블록스에서 475로벅스(미화 5.5달러 · 6,000~7,000원대)에 판매한 '구찌 퀸비 디오니소스' 백이 재판매 과정에서 35만 로벅스(판매시점 기준 4,100달러 · 534만 원 상당)에 거래된 것. 디오니소스 백의 실물이 3,400달러(440만 원대)인데, 가상현실에서만 유효한 버추얼 아이템이 그보다 20% 이상 높은 가격에 판매돼 전 세계적으로 화제였다.

구찌의 네이버 제페토를 이용한 아이템 출시[41]

브랜드는 소비자가 제품의 실물만큼이나 어쩌면 그보다 더 '희소가치'에 주목한다는 사실을 확인하고 NFT를 활용하려는 적극적인 움직임을 보이고 있다. 발빠른 구찌는 크리에이티브 디렉터인 알레산드로 미켈레와 사진작가 플로리아 시지스몬디가 공동 연출 · 제작한 4분짜리 단편영화 '아리아(Aria)'를 NFT로 발행, 세계적인 크리스티 경매에서 2만 5,000달러(3,300만 원 상당)에 거래를 성사시켰다.[40]

2) 정보탐색

욕구가 발생한 소비자들은 더 많은 정보를 탐색하는 경향이 있게 되는데, 두 가지 욕구 발생 수준으로 구분할 수 있다. 첫째, 좀 더 약한 정보탐색 상태를 '높아진 주의'라고 한다. A가 컴퓨터의 구매에 대한 욕구가 발생했을 때 이 수준에서는 컴퓨터에 대한 정보에 수용적이 된다. 즉 A는 컴퓨터 광고에, 친구가 구입한 컴퓨터에, 그리고 컴퓨터에 대한 대화에 주의를 기울인다.

둘째, A는 능동적으로 정보탐색을 하게 될 수도 있는데, 이러한 경우에는 기사를 읽고, 친구에게 전화를 하고, 컴퓨터에 대해 알기 위해 인터넷에서 관련 정보를 검색하는 등의 다른 탐색활동을 한다. 그가 얼마나 많은 정보를 탐색할 것인가 하는 것은 그의 동인의 강도, 그가 최초에 가지고 있던 정보량, 추가적으로 정보를 탐색할 수 있는 용이성, 추가적 정보에 그가 부여하는 가치 및 추가탐색으로부터의 만족도에 달려 있다.

이상의 내용을 다시 정리해보면 소비자가 정보를 탐색하는 과정은 먼저 기억 속에 내재되어 있는 정보를 회상하는 것으로부터 시작되며 이를 **내적 탐색(internal search)**이라 한다. 저관여의 상황에서는 주로 내적 탐색에 의하여 의사결정을 내리게 되지만, 소비자의 관여도가 높아질수록 보다 많은 정보를 외부에서 찾기 위하여 **외적 탐색(external search)**을 하게 된다. 예를 들어, 가격이 관여도에 관련이 있는 경우 인터넷에서 인터넷 방송을 월 3,000원에 시청하려고 하는 경우에는 소비자는 내적 탐색에 의한 정보에 의거하여 쉽게 상표결정을 할 수 있다. 그러나 인터넷에서 명품을 구입하려는 경우는 친구한테도 물어보고 다양한 리뷰를 살펴보는 등 해당 사이트나 제품에 대한 신뢰를 많이 알아보게 될 수 있다. 최근에는 인터넷 기술 발달 및 다양한 정보공유 문화 때문에 쉽게 정보를 구하고 접근가능하기에 전통적인 매체의 정보가치가 약해지며 스마트폰에 크게 의존하고 있는 것으로 나타났다. 이는 기업이 소비자에게 제품에 대한 정보를 제공하는 채널이 상당히 변화되어야 함을 의미하며 매체들의 역할도 재정의해야 할 필요성이 있다는 것을 의미한다.[42]

또한 마케팅 관리자들이 주목해야 할 부분은 TV를 시청하면서 특히 스마트폰을 이용하는 비율은 해가 갈수록 큰 폭으로 높아지고 있다는 점이다. 즉, TV 매체는 프로그램이나 광고에 대한 몰입도가 상대적으로 점차 낮아지고 있다는 것을 의미하며, 여전히 많이 이용하는 매체이기는 하겠지만 예전만큼 TV 콘텐츠의 파급력이나 광고 효율성이 높지 않음을 의미한다.[43]

미국에서 조사된 바에 의하면 94%의 소비자가 구매 전에 인터넷을 검색하는 것으로 나타났으며 60%는 쇼핑의 정보원천으로 검색엔진을 활용하는 것으로 나타났다.[44] 이는 정보제공자나 중개상이 더 이상 과거의 수동적 역할로 살아남기 힘들다는 것을 의미하는 것이다. 또한 소비자는 계속적인 정보 업데이트 사이트에 등록하고 이를 방문하는 것을 일상화할지 모른다. 또한 정보제공이 상당부분 무료로 이루어지기 때문에 정보에 접근하는 비용 또한 무시할 만하다. 그러나 인터넷상의 정보흐름이 무료로 이루어지기에 잠재적으로 정보의 과부하가 있을 수 있으며 마케터는 경쟁적 우위를 점하기 위해 최대한 잘 설계된 정보 패키지를 필요로 한다.

또한 최근에는 소셜미디어의 제품 정보의 수집 창구로서의 영향력이 크게 증대되고 있다. 소셜미디어를 통한 마케팅은 기존 매체와 비교하여 제품이나 서비스를 홍보하기 위해 마케터들에게 새로운 지평을 열어주는 데 집중하기 때문에 최근 매우 효과적인 수단으로 인식되고 있다. 기업들이 소비자와 상호작용하기 위해 소셜미디어 마케팅을 너도 나도 활용하고 있으며 기업의 소비자의 구매행위를 관리하는 방법을 변화시키고 있다. 사람들은 그들의 경험, 리뷰, 정보, 조언, 경고를 공유하기 위해 소셜미디어를 사용한다.[45] 이러한 점에서 유튜브는 가장 강력한 마케팅 수단이 되고 있다. 소비자 구매결정에 영향을 미치는 플랫폼으로 48%의 응답자가 유튜브를 꼽았는데 인터뷰 조사에서는 유튜브의 크리에이터들이 추천하는 책을 구입하게 되었다든지 태블릿을 이용해 그림 그리는 것을 좋아하는데 유튜버가 추천해준 태블릿을 구매하게 되었다는 응답자들의 답변을 하고 있는 것으로 나타났다. 이에 대한 이유로 조사는 소비자가 정말 필요한 정보를 보게 되어 적합성을 크게 느끼기에 그리고 자세한 기능 및 특징에 대한 솔직한 크리에이터의 평가 및 이를 뒷받침하는 많은 댓글들을 보고 그런 판단을 하게 되는 것 등을 제시하고 있다.[46]

이러한 시사점에도 불구하고 인간의 제한된 정보처리 능력은 소비자가 이용 가능한 모든 정보를 처리하지 못할 수 있다는 점은 이미 심리학에서 밝혀진 부분이기에 마케팅 관리자들은 양질의 정보를 제공하는 부분에 주의를 기울일 가치가 있다.[47] 특히 정보검색행동에 있어 인터넷 쇼핑몰의 신뢰성에 대한 정보, 디자인적 정보, 다른 브랜드들과 비교정보, 다른 구매자들의 리뷰정보 등이 제대로 제공되는 것이 해당 사이트에서 구매행동에 긍정적인 영향을 미칠 수 있다.[48]

실제 기업들은 정보탐색이 구매로 이어지게 만드는 기술을 활용하기도 한다. 아우디는 고객경험 향상과 친밀한 고객관리를 위해 애피어의 대화형 마케팅 솔루션인 '봇보니'를 채택했다. 구매를 위한 시승 서비스나 점검 등을 손쉽게 하는 데 공식 라인 메신저를 이른바 '모바일 어시스턴트'로 마이크로 고객관리솔루션(CRM)으로 활용하고, 언제든 궁금한 사항이 있으면 챗봇으로 질문, 시승신청, 서비스센터 예약도 하고, 미리 주행거리 등을 예측하여 다음 예약을 메신저를 통해 보내는 등 묻기 전에 먼저 대응했다.[49]

3) 대안의 평가

소비자는 내적 탐색과 외적 탐색을 거쳐서 수집된 정보를 바탕으로 여러 대안들을 평가한다. 대안의 평가는 평가기준과 방식의 결정으로부터 시작된다. 평가기준이란 여러 대안을 비교 · 평가하는 데 사용되는 제품속성을 말하고, 평가방식이란 최종적인 선택을 위하여 여러 기준에 대한 소비자의 평가를 통합 · 처리하는 방법을 말한다.

소비자가 여러 대안을 평가하는 데 사용하는 평가기준은 개인에 따라 다르고 제품에 따라 다르며 상황에 따라서 달라지기도 한다. 평가기준이 개인에 따라 다른 것은 특정 제품으로부터 얻고자 하는 **효익(benefits)**이나 **효용(utility)**이 사람마다 다르기 때문이다. 예를 들어, 어떤 사람은 인터넷에서 컴퓨터를 구입하려고 할 때 쇼핑몰을 먼저 선정하는 경우 자신의 구매에 중요한 평가기준으로 인터넷 쇼핑몰의 신뢰성을 가장 중요한 기준으로 생각할 수도 있지만 다른 사람은 가격 저렴성을 쇼핑몰을 선택하는 데 있어 가장 중요한 기준으로 정할 수도 있다. 실제로 평가기준이 제품에 따라 다르다는 것은 당연한 것이지만 보다 중요한 것은 평가기준의 수가 제품에 따라 크게 달라질 수도 있다는 것이다. 이는 제품에 따라 관여도가 다르기 때문이다. 보통 고관여 제품일수록 평가기준의 수가 증가한다고 볼 수 있다.

평가기준은 상황에 따라서도 달라지는데, 급박한 구매상황에서는 평상시보다 훨씬 적은 수의 평가기준을 고려하거나 빠른 구매결정을 하는 평가기준을 더 중요하게 생각할 수 있다. 예를 들어, 온라인 수업 동영상을 위해 온라인 동영상 제작 프로그램을 구매하려고 하는 경우 시간이 없는 경우 해당 프로그램을 인터넷에서 급히 다운받는 방법으로 구매를 결정할 수도 있다. 이러한 상황 이외에도 어떤 사람들에게는 온라인에서 가장 적합한 제품이나 서비스를 선택하는 것은 소모적인 과정일 수 있다. 인터넷에 존재하는 많은 판매 사이트들에서 존재하는 해당 제품들을 모두 검토하기는 실제 힘든 일이기에 간단한 의사결정을 통해 제품을 구입할 수 있다. 그러므로 마케팅 관리자는 소비자들의 구매 동기를 살펴보고 의사결정과정에 영향을 미치는 결정요인을 찾아내어 마케팅을 활용할 필요가 있는데[50] 최근 조사결과는 이를 잘 보여준다. 유튜브에서 조사한 결과 코로나 이후 카드 결제 금액 누적 분포를 기준으로 상위 33%의 **고액 소비자(heavy spender)**와 하위 33%의 **저액 소비자(light spender)**를 비교해보면 이들의 소비 성향에 뚜렷한 차이가 난다는 점을 알 수 있다. 저액 소비자는 온라인 쇼핑시 제품 및 서비스의 가격을 가장 중요하게 여기는 반면, 고액 소비자는 제품 및 서비스의 품질과 브랜드, 구매 혜택, 그리고 플랫폼의 평판을 중요하게 생각하는 것으로 나타났다.

그림 4-5 | 온라인 쇼핑시 중요하게 생각하는 요소 비교[51]

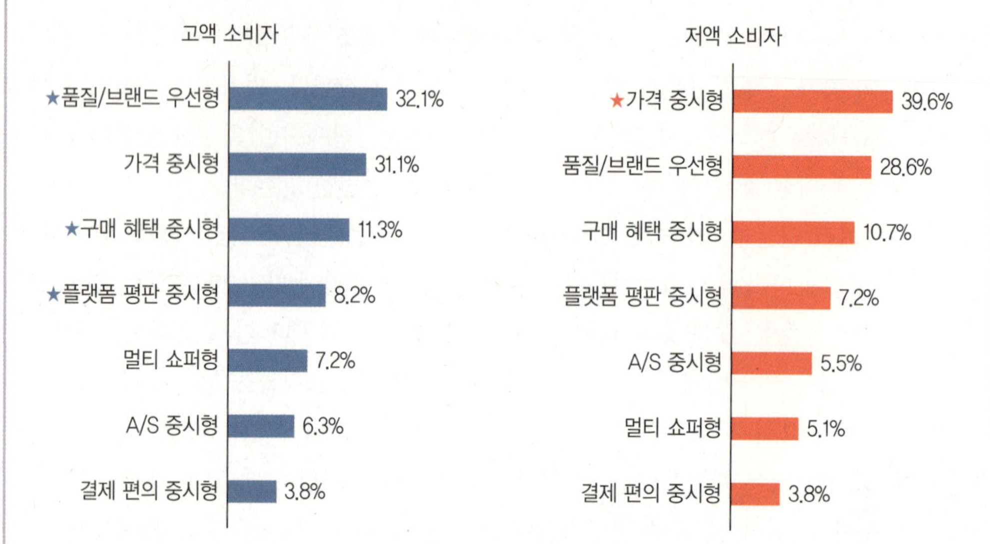

온라인 설문조사 응답자, 고액 소비자 N=1008, 저액 소비자 N=1008(카드 결제 금액 데이터 기준 상위 33%, 하위 33% 기준으로 응답자 분류)
*별표 표시 : 일반 소비자 대비 수치가 높은 항목

4) 구매결정

인터넷 소비자들은 구매대안들을 비교 · 평가한 후 특정 상표를 구매하기로 결정하고 실제의 구매과정으로 들어간다. 대체안에 대한 평가가 종료된 이후에 구매행위가 이루어지는데 이때는 구매하고자 하는 물건을 쇼핑 카트에 넣거나 직접 구매한다. 이러한 과정을 거쳐 제품이 고객에게 도달되어 사용된 후에는 이 제품에 대한 평가와 함께 구입을 하게 된 웹사이트에 대해서도 종합적인 평가를 하게 된다.

구매과정은 특정 브랜드에 대한 **구매결정(purchase decision)**뿐 아니라 그 브랜드를 취급하는 여러 점포들 중 한 점포의 선택 및 그 점포 내에서의 쇼핑과정이 포함된다. 예를 들어, 인터넷 소비자는 인터넷 쇼핑몰을 통하여 컴퓨터를 구매하는 데 있어 삼성 갤럭시 노트북을 구매하기로 결정하고 이를 11번가에서 사기로 결정할 수 있다.

인터넷 소비자는 관여수준과 과거 구매경험에 따라 다양한 구매유형을 보일 수 있는데, 지난번에 구매했던 브랜드를 재구매하거나 또는 새로운 브랜드로 전환할 수 있으며, 쿠팡에서 리바이스 청바지를 특가로 판매하는 것을 보고 계획 없이 충동구매를 하기도 한다. 연구에 의하면 인터넷은 소비자의 온라인 충동구매를 더욱 자극하는 수단이 되고 있다. 구매의 편리성과 파격적인 할인 정책 등이 소비자들에게 더욱 충동적인 쇼핑을 높이는 것

으로 나타난다.[52]

인터넷 소비자는 구매과정에서 상표와 점포에 대한 결정을 하게 된다. 특정 상표를 먼저 결정한 후 어떤 점포를 먼저 방문할 것인가를 고려하기도 하고 혹은 자신이 선호하는 점포를 먼저 결정한 후 그 점포 내의 경쟁상표들을 비교·평가한 후 특정 상표를 결정하기도 한다. 상표 및 점포의 결정과 구매과정에 영향을 미치는 중요한 요인 중의 하나가 상황(situation)이다. 평소에 인터넷으로 나이키 신발을 자주 구매하던 소비자도 선물을 위하여 구입할 때는 모조품이 많은 현실을 고려하여 인터넷 구매보다는 매장 구매를 선호할 수 있다. 인터넷 소비자는 상표를 구매·사용한 후 형성된 지각된 제품성과와 구매 전 기대를 비교·평가하여 구매한 상표에 대한 만족/불만족을 형성한다. 이러한 만족/불만족은 소비자의 재구매에 중요한 영향을 미치게 된다.

실제 전통적인 과거 구매와 달리 최근에는 소비자들이 온라인상에서 보내는 시간이 증가하면서 온라인 활동에 초점을 맞춘 마케팅에도 많은 노력을 확대해 왔다. 온라인이라는 매체의 활성화를 통해 고객의 제품구매 프로세스상에서의 편의는 이전에 비해 대폭 증가되고 있다.[53] 예를 들어, 사진에서 볼 수 있듯이 에스에스에프샵(ssfshop.com)은 고객이 선택한 의류와 잘 어울리는 다양한 다른 의류, 신발 및 액세서리 등을 추천하는 시스템을 구축하였으며 사이즈에 대한 부분을 과거 구매했던 제품과 비교해줌으로써 온라인의 단점을 해소하고 있다.

구매할 제품과 어울리는 제품을 추천함으로써 소비자의 선택을 지원하는 ssf의 지원 프로그램[54]

5) 구매 후 평가

기존 물리적 시장과 인터넷시장, 이 두 가지 유형의 시장에서 중요한 차이점은 전통적인 시장이 '**하이 터치(high touch)**'를 강조한다면 사이버시장은 좀 더 '**하이 테크(high tech)**'를 강조하는 쪽에 가깝다는 것이다. 전자는 관계유지를 위해 좀 더 인간적 상호작용과 개인적 이해를 강조한다는 것이고, 후자는 고객의 니즈를 예측하고 관계를 유지하는 데 정보와 커뮤니케이션 기술을 더욱 더 많이 이용한다는 것이다.[55]

(1) 구매 후 불만족 관리

제품을 구입한 후 인터넷 소비자는 어떤 수준의 만족과 불만족을 경험한다. 인터넷 마케터의 직무는 그 제품이 판매되었을 때 끝나는 것이 아니라 구매 후에도 계속된다. 인터넷 마케터는 구매 후 만족, 구매 후 행동조치, 구매 후 제품사용 및 처리를 조사해야 한다.

또한 인터넷에서는 웹사이트에 대한 평가가 중요하다. 그 이유는 웹사이트에서 제공하는 각종 쇼핑지원 체계나 사후관리 서비스 등이 다시 찾을 필요가 있느냐 아니면 더 이상의 관계를 형성할 필요가 없느냐를 판단하게 되기 때문이다. 실물세계에서는 주로 사전 마케팅 활동이 중요하나 인터넷이라는 가상세계는 고객의 확보와 유지라는 측면이 더 강조되므로 구매 후의 평가에 매우 유념해야 한다. 최종 소비자가 나쁜 평가를 하게 되면 추가했던 북마크에 대한 삭제는 물론이고 구전을 통해 악영향을 미치게 되므로 구매 후의 관리에 보다 집중해야 한다.

어떤 제품을 구매한 후 소비자는 어떤 결함을 발견할 수도 있다. 어떤 구매자는 결함이 있는 제품을 원치 않을 것이지만, 또 어떤 사람들은 그 결함에는 전혀 무관하기도 하며, 또 다른 사람은 그 결함을 제품의 가치를 높이는 것으로까지도 볼 수 있다.[56] 예컨대 유명한 저자의 책 중 첫 번째 판책의 거꾸로 된 페이지로 인해, 그 책은 원래의 구매가격보다 서너 배의 가치가 있는 수집품이 될 수도 있다. 간혹 결함은 소비자에게 위험스러울 수도 있다. 예를 들어 인터넷에서 자동차, 장난감과 의약품을 생산하여 직접 판매하는 기업들은 그 제품이 소비자에게 아주 적은 해를 끼칠지라도 그 제품을 신속하게 회수해야 한다.

온라인에서 소비자는 좋고 싫었던 부분을 쉽게 공유할 수 있다.[57]

(2) 기대 불일치 이론

구매자가 구매에 아주 만족하는지, 조금 만족하는지, 약간 불만족하는지, 또는 아주 불만족하는지를 결정하는 것은 무엇인가? 구매자의 만족은 구매자의 제품에 대한 **기대(expectancy)**와 그 제품에 대한 **지각된 성과(performance)**에 관련된 함수이다.[58] 즉 제품의 성과가 소비자의 기대수준에 미치지 못하면 소비자는 실망하게 되고, 만약 제품이 기대를 충족하면 소비자는 만족한다. 제품의 성과가 기대를 초과하면 고객은 기뻐한다. 물론 이러한 소비자의 느낌에 따라서 고객이 그 제품을 재구매하고, 또한 그 제품에 대해 다른 사람들에게 호의적 · 비호의적으로 이야기할 것인가에 차이가 있다.

인터넷 소비자는 자기의 기대수준을 사이트 정보, 친구나 게시판의 글 또는 기타 다른 정보원천으로 받은 메시지에 근거하여 형성한다. 만일 사이트 정보가 제품의 이점을 과장한다면 인터넷 소비자는 확인될 수 없는 기대수준을 경험하게 되는데, 그 확인할 수 없는 기대수준이 불만족을 초래한다. 즉, 기대수준과 성과 사이의 차이가 크면 클수록 소비자의 불만족은 커진다. 여기에서 소비자의 대응스타일이 나온다. 어떤 소비자들은 그 제품이 불완전할 때 기대와 성과 사이의 차이를 확대하여 아주 불만족하게 된다. 그렇지만 다른 소비자들은 그 차이를 축소하여 거의 불만족하지 않게 되기도 한다.[59]

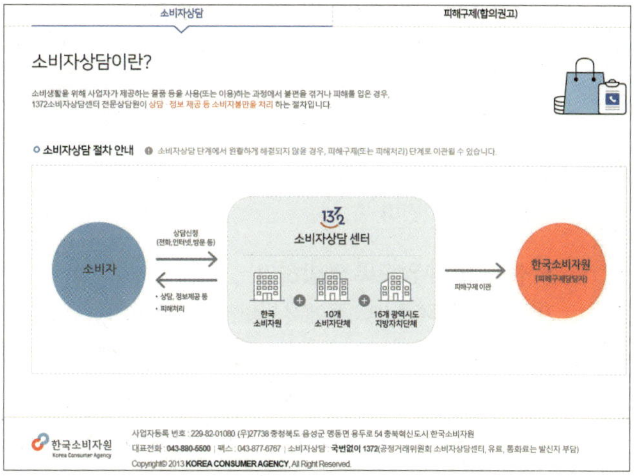

소비자 피해구제 절차를 보여주고 있는 한국소비자원 사이트

Internet Marketing INSIGHT 4-3

인터넷 불만관리의 진화

최근에는 6천5백만 개 이상의 기업이 온라인 브랜드 커뮤니티를 활용하여 고객과 연결하고 온라인 평판, 브랜드 후원 및 고객 지출 증가와 같은 알려진 마케팅 수행의 이점을 달성한다.[60] 그러나 이러한 온라인 커뮤니티는 소비자들의 부정적 구전의 확산과 부정적 영향을 초래하기도 한다.[61]

한 연구는 소셜미디어에서 나타난 소비자 불만은 단기적으로 뿐만 아니라 시간이 지남에

따라 소비자와 그들의 브랜드 판단에 관리상 주의를 기울일 만한 정도로 흔적을 남기는가? 어떤 종류의 부정적 불만이 가장 강력한 파괴력을 가지고 있는가? 등에 대한 조사를 한 적이 있다. 그 결과 영향을 받는 모든 브랜드 중 58%가 단기 브랜드 인식 저하에 시달리고, 40%가 장기적인 부정적 영향을 받는다는 것을 보여주며, 소셜미디어 소비자 불만의 불똥이 실제로 기업에 해를 끼칠 수 있다는 것을 검증하였다.[62]

데니스 헤어하우젠(Dennis Herhausen) 교수 등은 이러한 부정적 영향을 최소화하는 방법에 대한 연구결과를 제시하고 있다.[63] 이전의 연구결과에 따르면 불만의 전염성은 주로 불만을 제기하는 사람의 감정, 그리고 불만을 제기하는 사람과 이를 받아들이는 사람의 관계에 크게 좌우된다. 이런 작업결과, 연구진은 불만을 크게 키울 가능성이 있는 게시물을 찾아내 예방하고, 그럼에도 불만이 확산될 경우 피해를 최소화하는 몇 가지 권고안을 만들었다.

■ 입소문 날 위험이 있는 게시물 식별하기

연구진은 다음과 같은 몇 가지 패턴을 확인했다. 첫째, 극한 감정, 특히 분노, 두려움, 불안, 혐오 등 강렬한 흥분을 일으키는 감정이 담긴 게시물은 다른 게시물보다 더 널리 유포되는 경향이 있었다. 둘째, 게시물 작성자와 커뮤니티 사이의 강한 유대감이 언어적 유사성과 마찬가지로 확산을 유발했다. 셋째, 이 두 요인이 극도의 흥분을 일으키며 확산효과를 증폭시켰다.

■ 불이 붙지 않도록 예방하기

기업은 부정적인 게시물에 신속하게 대응해야 한다. 그 고객을 무시하면 다른 사람들이 가세해서 불만을 지지할 확률이 높아진다. 이 연구에서 대부분의 게시물(70%)은 기업으로부터 적어도 하나의 대응을 끌어냈다. 기업의 대응은 크게 다섯 가지로 분류됐다. 즉, 대화를 비공개 채널로 옮기자고 제안하거나(61%), 사과하거나(53%), 설명하거나(8%), 공감을 표하거나(6%), 보상을 제시했다(3%). 어떤 전술이 가장 잘 먹혔을까? 사과를 하거나 대화를 비공개 채널로 옮기자는 제안이 빠르게 의사소통되는 경우는 대체로 확산성을 낮췄다. 불만 고객에게 보상을 제시하는 방법은 의외로 정반대의 결과를 낳아 연구진을 놀라게 했다. 보통은 공감을 일찍 표하는 것이 설명하는 것보다 더 효과적이었다. 하지만 중요한 예외가 있었다. 특이할 정도로 격한 감정이 실린 게시물이었다. 고객이 극도로 화가 나 있다면 공감을 나타내는 반응이 고객의 흥분을 부채질할 수 있다.

■ 부정적인 게시물이 이미 퍼졌을 때 피해 최소화하기

물론 모든 불만을 억제할 수 있는 건 아니다. 이런 경우 기업은 전략을 조정해야 한다. 일단 불만이 온라인 커뮤니티의 다른 사람들을 자극하고 나면, 기업이 사과하거나 대화 채널을 변경하자고 제안하는 건 효과적이지 않을 뿐더러, 오히려 사람들의 화를 돋우는 경향이 있다. 불만을 품은 고객의 복수 욕구는 시간이 갈수록 커질 수 있으며, 논쟁을 지켜보는 커뮤니티 회원들은 상황이 어떻게 돌아가는지 알 수 없어지는 데 분개할 수 있다고 연구진은 말한다. 반대로 뒤늦게 보상을 제안하는 방법은 확산성을 억제할 수 있다. 단,

이때의 보상은 반드시 설명과 함께 이루어져야 한다. 그렇지 않으면 암묵적으로 유죄를 인정하는 것으로 보일 위험이 있다.
온라인상의 불만에 두루 적용할 수 있는 방법은 없다. 하지만 기업은 민첩하고 적절한 대처로 상당한 성과를 거둘 수 있다. 연구진은 효과적인 대응 전략이 부정적인 게시물의 확산을 11%까지 줄일 수 있다고 추산한다. 이는 불만에 대한 '좋아요'와 공유수를 수백 또는 수천까지 줄이고, 회사의 평판과 재산에 대한 지속적인 피해도 줄일 수 있다.[64]

제3절 인터넷 구전 마케팅

1. 인터넷의 구전활동에 대한 영향

세계 최초의 마케팅은 입을 통한 커뮤니케이션이다. 이러한 구전은 최근엔 영어로 **버즈(buzz: 상품에 대한 떠도는 이야기)**라는 말로 쓰인다. 파격적이거나 첨단적인 제품만이 버즈를 일으킬 수 있다는 말은 이제 거의 유명무실해지고 있다. 분명히 연예계, 특히 영화, 패션산업의 경우에 버즈 현상의 영향이 크다고 할 수 있지만 최근에는 이 버즈 현상의 영향을 받지 않는 곳이 거의 없다고 해도 과언이 아닌데, 그 이유의 하나는 인터넷과 같이 고객들로 하여금 버즈 현상을 신속하게 확산시킬 수 있는 기술적 이노베이션에서 그 이유를 찾을 수 있다.

특히 최근에는 전통적인 대중매체 광고의 불확실성이 높아져서 60%의 소비자들이 광고를 믿지 못한다고 대답하고 있고[65] 소비자들이 지속적으로 전통적인 마케팅 도구를 회피하고 있다는 연구결과들이 제시되고 있다.[66] 결국 이에 따라 소비자들은 다른 사람이나 전문적인 네트워크를 통해 구매의사결정에 크게 영향을 받고 있는 비중이 매우 높아지고 있다.[67] 또한 소셜미디어의 보급은 소비자들에게 인터넷의 광범위한 제품에 대한 온라인 리뷰를 올릴 수 있는 많은 기회를 제공하고 있다.[68]

특히 최근 대한민국에서 실시된 조사에 의하면 코로나19 이후 소비자 10명 중 7명이 제품 후기나 리뷰를 공유하는 등 온라인 쇼핑에서 활발한 활동을 벌이고 있는 것으로 나타났다. 소비자 2명 중 1명은 코로나 이전 대비 후기 및 리뷰를 작성하는 빈도가 증가했다고 대답했는데 코로나가 온라인 활동을 증대시켰으며 기업이 리뷰에 주는 혜택도 이전보다 많아진 부분도 영향을 미친 것으로 볼 수 있다.[69]

이제 소비자들은 전통적인 마케팅 도구를 회피하고 있으며 다른 사람이나 전문적인 네트워크를 통해 구매의사결정에 크게 영향을 받고 있다.[70]

평균적으로 사람들은 매일 1만 6천 단어 분량의 정보를 공유, 매시간 여러 브랜드에 대해 1억 건 이상의 대화를 나누는데 입소문이 전통적 광고보다 효과가 강한 이유는, 첫째 설득력이 훨씬 강하다는 점이다. 모든 광고는 자기네 제품이 최고라 말하기에 신뢰하기 어려운 점이 있지만 그러나 친구의 이야기는 있는 그대로를 알려준다는 것이다. 둘째, 표적시장을 정확히 겨냥한다. 누가 시키지 않아도 관심 있는 고객에게 전해질 수 있다는 것이다.[71]

물론 모든 제품들이 하나같이 버즈 마케팅의 좋은 대상이 되는 것은 아니다. 다음의 두 가지 평가기준이 있다. 첫째, 모양이나 기능성, 사용상의 편리함, 효율성 또는 가격 등에서 특이성을 가지고 있고, 둘째 일반적으로 사람들의 눈에 잘 띈다는 것이다. 구찌(Gucci)의 바게트백과 같은 패션 액세서리의 인기는 그 눈에 띄기 용이함으로써 확산속도가 빠르다.

입소문 마케팅이 주목을 받는 이유는 인터넷이 입소문이 전달될 수 있는 네트워크를 크게 확장시켰기 때문이다. 인터넷은 기존의 입소문 네트워크의 한계인 시간과 공간의 제약을 극복할 수 있는 강력한 네트워크다. 더구나 **멧칼프의 법칙(Metcalfe's Law)**에서 주장하고 있는 것처럼 인터넷 사용자가 급속하게 늘어나면서 네트워크의 효용성은 더 커지고 있다. 10여 년 전만 해도 어떤 제품에 대한 경험을 주변의 가족이나 친구 · 동료에게 전하는데 그쳤을 것이지만, 이제는 인터넷을 통해 자신의 생각을 많으면 수백만 명에게 동시에 전할 수 있게 되었다.

| 표 4-2 | 버즈 현상의 영향[72]

- 미국경제의 3분의 2를 약간 넘는 부분이 버즈 현상의 영향을 받아왔다.
- 13%는 버즈 현상의 큰 영향을 받음: 장난감, 스포츠용품, 영화, 방송, 오락 및 여가 서비스, 패션
- 54%는 부분적으로 버즈 현상의 영향을 받고 있음: 금융(투자상품), 호텔 및 숙박업소, 전자제품, 인쇄 및 출판업, 담배, 자동차, 약품 및 건강관리, 수송, 농업, 식품 및 음료
- 33%는 대체로 버즈 현상으로부터 영향을 받지 않음: 석유, 가스, 화학제품, 철도, 보험, 공익사업

과거에 비해 네티즌들은 자기를 표현하려는 욕구, 자부심을 고취하려는 욕구, 인간관계를 맺으려는 욕구, 불신의 세계 속에서 안전을 추구하려는 욕구, 스트레스를 해소하려는 욕구 등을 이메일 · 검색엔진 · 블로그 · 소비자 사용후기 · 인스타그램 · 유튜브 동영상 등을 통해 충족하고 있다. 그런데 이러한 전자 입소문은 영향력이 매우 크지만, 상당 부분은 마케터의 통제하에 있지 않기 때문에 쉽게 부정적인 입소문에 휘말릴 수 있다. 따라서 마케터는 입소문의 긍정적인 면과 부정적인 면 모두에 대비해야 할 것이다.[73]

2. 인터넷 구전 전략: 바이러스 마케팅

인터넷에서 좀 더 효과적으로 이 버즈를 퍼뜨리기 위한 전술이 바로 바이러스 마케팅이다. 생물학뿐만 아니라 컴퓨터 과학에서도 바이러스는 놀라운 속도로 번식하며 감염자도 기하급수적으로 늘어난다. 이렇듯 **바이러스 마케팅(virus marketing)**은 한 사람이 다른 두 사람에게 말을 하고, 이 두 사람은 또 다른 두 사람에게 말을 하는 식으로 계속 이어지는 상황의 인터넷 버전이라고 할 수 있다. 그러나 인터넷은 의사전달을 보다 효율화하고 또 커뮤니티 구성원들을 더욱 친밀하게 하는 등 구전체계를 더욱 효율적으로 개선함으로써 이러한 유기적인 마케팅을 새로운 차원으로 끌어올렸다.

생물학뿐만 아니라 컴퓨터 과학에서도 바이러스는 놀라운 속도로 번식하며 감염자도 기하급수적으로 늘어난다. 이러한 빠른 확산 특징을 표현하기 위해 바이러스라는 용어가 사용되었다.[74]

바이러스 마케팅이라는 용어는 벤처 캐피털 회사인 DFJ(Draper Fisher Jurvetson)이 1998년에 처음 사용한 것으로 알려지고 있다. 이러한 바이러스 마케팅의 출현으로 **구전광고(word-of-mouth advertising)**의 대표주자는 **인터넷 구전광고(word-of-net advertising)**로 변모해가고 있다. Jupiter Communications의 1999년 12월 자료에 의하면, 전체 온라인 회사 가운데 80%가 어떤 형태로든 바이러스 마케팅의 혜택을 입었다고 한다. 그리고 바이러스 광고 메시지를 받은 사람 가운데 91%는 최소한 그 사람에게 메시지를 전달하였으며, 거의 절반에 가까운 사람들이 두세 사람에게 그 메시지를 보내는 경향이 있다.

인터넷 바이러스 마케팅은 오랜 역사를 가지고 있다. 이는 Netscape에 의해 처음 사용되었다. 웹마스터들은 자신들의 사이트가 가장 최근에 디자인된 웹페이지라는 것을 보여주는 상태표시로, 'Designed for Netscape'라고 하는 작은 아이콘을 처음 사용하였다. 그리고 빌 게이츠는 이 바이러스 마케팅의 위력을 금방 인식하여 곧 'Designed for MS Internet Explorer'라고 하는 아이콘들이 Netscape 아이콘 옆에서 빠른 속도로 번식하기 시작했다.

그로부터 2년 후 아마존의 기발한 마케터들이 지금까지 단순한 링크에 머물러 있던 바이러스 마케팅을 한 차원 끌어올렸다. 아마존은 인터넷 최초의 제휴프로그램을 개발했을 때 자신들의 웹사이트 방문자들에게 아마존 사이트를 열성적으로 홍보할 전혀 새로운 형태의 바이러스 파트너를 탄생시켰다. 오늘날에는 아마존을 홍보하는 제휴업체가 수십만에 달하고 있고, 이들은 자신들이 유도한 모든 매출에 대해 수수료를 받고 있다.

나이키코리아 페이스북 사이트(2022년 10월 현재, 좋아요 35,906,984명)

최근에는 SNS가 바이러스 마케팅을 위한 중요한 도구로 활용되고 있다. 실제로 나이키 한국 페이스북 페이지에 들어가보면, 얼마나 많은 페이스북 친구들이 '좋아요'라고 말하고 있는지 확인할 수 있다. 평소에 나이키가 좋은 제품이라고 생각하고 있던 사용자는 이제 마케팅 관리자들이 말하는 '사회적 증거'라는 것을 얻게 된 것이다. 나이키를 구매할 가치가 있는 제품이라고 확신하면서 자신의 친구들에게 추천해도 좋다고 생각하는 순간 여러분은 좋아요 버튼을 누르고 있을 수 있다. 일단 버튼을 누르면 여러분의 모든 친구에게 뉴스피드 형태도 전달되고, 이를 본 친구들이 덩달아 좋아요 버튼을 누르면서 그 물결이 모든 페이스북 사용자들에게 계속해서 퍼져나간다. 이는 동료압박의 힘을 극단적으로 활용할 수 있는 바이러스 마케팅 사례이다.[75]

3. 바이러스 마케팅의 장 · 단점

평균적으로 사람들은 매일 1만 6천 개 정도의 단어 분량의 정보를 공유하고 매시간 여러 브랜드에 대해 1억 건 이상의 대화를 나눈다. 기본적으로 입소문 마케팅이 전통적 광고보다 효과가 강한 이유는 다음의 두 가지로 요약하여 간단하게 강조해 볼 수 있다. ① 설득력이 훨씬 강하다는 것이다. 모든 광고는 자기네 제품이 최고라 말하기에 신뢰하기 어렵지만 친구의 이야기는 있는 그대로를 알려준다고 생각할 가능성이 많다. ② 타깃을 정확히 겨냥한다. 누가 시키지 않아도 관심 있는 고객에게 전해질 수 있다는 것이다.[76]

이러한 장점에 비해 몇 가지 단점도 존재한다. 첫째, 바이럴 마케팅은 바이러스처럼 빠르게 확산하는 특성을 가졌다고 앞에서 강조했다. 이러한 장점은 동시에 엄청난 단점이 될 수 있다. 누군가 기업의 제품이나 기업의 평판에 악의적인 콘텐츠를 작성해서 퍼트린다면 기업 측면에서 난처한 일이 아닐 수 없다. 기업이 대응하기 전에 이미 나쁜 평판이 퍼져버려 손쓰기 어려운 경우가 생긴다. 둘째, 데이터를 통해 많은 정보를 확인할 수 있는 데이터 마케팅과 달리 바이럴 마케팅은 정량적인 데이터를 확인할 수가 없다. 그렇기에 마케팅을 발전시킬 수 있는 방법을 찾기가 어렵다. 성과를 측정하고 싶은데 측정할 수 없다? 마케터로서 매우 힘든 일이 아닐 수 없다.[77]

4. 효과적인 바이러스 마케팅 전략을 전개하기 위한 조건

바이럴 효과를 갈망하는 회사들은 그들의 마케팅 렌즈에 초점을 소비자들 간의 커뮤니케이션(구두에 의한 것이든, 영상 또는 디지털에 의한 것이든 간에)에 맞추도록 해야 한다. 이러한 바이럴 현상이 일어나는 것은 바로 소비자들의 커뮤니케이션을 통해서다. 다시 말해서 소문을 확산시키기 위해서는 소비자들을 상대로 광고공세를 벌일 생각을 할 것이 아니라 소비자들이 어떤 특정 제품을 화제에 올리게 하거나 그것을 사용하게 함으로써 남들이 그것을 목격하게 되도록 여건을 조성해야 한다.

무료 이메일 서비스인 핫메일(Hotmail)의 창시자들은 이 같은 원리의 타당성을 절실히 깨달았다. 이 회사는 한 사용자의 모든 발신에 점잖게 판매를 권유하는 말(핫메일을 통해 무료 메일을)을 올림으로써 고객들로 하여금 가장 강력한 판매촉진 세력으로 기능하게 한 것이다. 영업을 개시하고 나서 첫 18개월 사이에 핫메일에는 1,200만 명이 가입했다(이와는 대조적으로 AOL의 경우 그 정도의 회원을 확보하는 데 6년도 더 걸렸다). 그런데 이 기간에 이 회사가 광고에 투자한 돈은 불과 50만 달러였다.

무료카드를 친구나 가족에게 보내는 **블루마운틴(BlueMountain.com)**도 바이러스 마케팅으로 성공을 거둔 예로 자주 거론된다. 가장 중요한 성공요인은 카드를 받은 사람이 카드를 열려고 하면 이 사이트에 들어가야 한다는 것이다, 결국 사이트 입장에서 보면 방문자 수가 두 배로 증가하는 셈이다. 또 카드를 받은 사람이 블루마운틴 고객이 될 확률도 높아지는데 이렇게 해서 이메일 카드는 계속 퍼져 나간다.

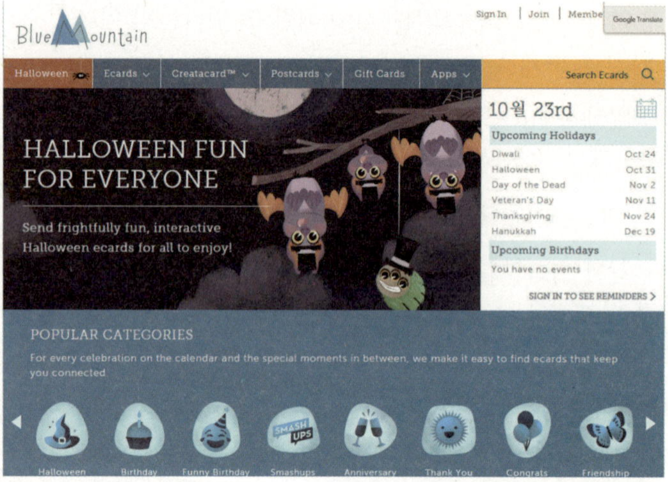

블루마운틴 홈페이지(http://free.bluemountain.com/)

그러나 **바이러스 마케팅(virus marketing)**이라고 불리는 그 같은 프로그램에는 위험성이 따를 수 있는데, 그 이유는 소비자들이 이용당하고 있다는 생각이 들거나 그들 자신이 남을 이용하고 있다는 생각이 들 수도 있기 때문이다. 어떤 회사들은 동료나 친지들의 이름과 이메일 주소를 제공하는 사람들에게 돈을 주고 있는데, 그렇게 이름이 제공된 사람들이 다시 친지를 끌어들임으로써 같은 혜택을 누릴 기회를 갖게 되는 것이다. 이 같은 방법이 피라미드 방식이라는 인상을 주게 되는 날에는 고객을 유치하게 되는 것이 아니라 반감을 사게 되는 역효과를 낳을 공산이 크다.[78] 실제 캐나다 브리티시 컬럼비아대 경영학과 연구진은 소비자들은 미국의 대표적인 인터넷 쇼핑몰인 아마존(Amazon)과 이베이(eBay) 중에서 상품이나 배송에 대한 불만을 싣지 않았던 이베이보다 호평과 불만을 가감없이 공개한 아마존을 신뢰한다는 연구결과를 발표한 적이 있다. 그리고 좀 더 최근의 연구에서 소비자가 일관성 없는 리뷰에 노출될 경우 구매 의도에 대한 정서적 신뢰의 영향이 크게 강화된다는 부분을 검증하였다. 또한 일관성 없는 리뷰의 영향은 남성 소비자보다 여성 소비자가 더 강한 것으로 나타났다.[79]

5. 바이럴 마케팅 활용사례

온라인이 활성화되기 이전부터 입소문 마케팅은 중요한 마케팅 커뮤니케이션 수단으로 활용되고 있었다. 광고를 신뢰하지 못하는 소비자들은 광고에 주목하지 않는 성향을 가지기에 이제 마케팅 관리자들은 메시지를 소비자에게 도달하게 하는 것이 점차 어려워지고 있다는 것을 안다. 이제 소비자들은 TV 광고를 자세히 살펴보기보다는 이미 써보고 믿을 만한 회사나 주변의 현명한 친구들에게 의존한다.[80]

입소문 마케팅 성공사례로 유명한 만도 위니아는 공조기술을 바탕으로 1995년 김치냉장고를 개발한 뒤 판로 개척을 위해 고객단체, 여성단체 등에서 활발하게 활동하는 주부 50명을 선발하여 딤채와 김치를 무료로 쓰게 하였다. 그 뒤 200명의 고객 평가단을 모집하여 딤채를 3개월 동안 무료로 쓴 뒤 절반 값에 사는 이벤트를 진행하였다. 모든 고객들이 구매함으로써 결과는 대성공이었다.[81]

이제는 이러한 입소문 마케팅이 이제 온라인에서 활발하게 전개되고 있다. 온라인은 물리적 공간에서 확산되던 입소문보다 훨씬 더 빠른 속도로 많은 사람에게 전달되는 경향이 있다. 이러한 온라인 구전에 있어 원칙은 소비자들로부터 생성된 제품에 대한 정보는 기업의 정보보다 더 영향력이 있는 것으로 나타났으며[82] 모든 정보를 긍정적으로 제공하는 것은 오히려 해당 브랜드에 대한 신뢰성을 떨어뜨릴 수 있다는 것이다.[83]

이러한 온라인 입소문은 물론 해당 브랜드에 만족한 고객들이 자연스럽게 전파하는, 그리고 그러한 선순환을 지속적으로 이끌어내는 것이 매우 중요할 수 있지만 기업의 계획된 전략으로 활용되기도 한다. 쇼핑몰 사이트들은 추천에 대한 보상과 같은 마케팅을 통해 입소문 마케팅을 적극 활용하고 있다. 알리바바의 알리 익스프레스의 추천 시스템은 친구들에게 쿠폰을 제공함으로써 적극적으로 다른 지인들에게 공유하도록 유도하고 있다.[84] 이러한 방식은 결국 기업의 브랜드에 열광하는 고객, 그리고 입소문의 보상을 원하는 고객을 활용하는 것이다. 기업의 입장에서는 브랜드에 어떤 형식으로든 반응을 보이는 고객이 중요하다는 것이다.[85]

Internet Marketing INSIGHT 4-4

바이럴 마케팅 성공사례

이제 소비자에 의해 소비자에게 전달되는 홍보 방식으로 바이럴 마케팅(viral marketing)이 주목을 받고 있다. 바이러스(virus), 구전(oral), 마케팅(marketing)의 조어로, 사람들 사이에 입소문이 퍼지게 만드는 기법이다. 고객들이 다양한 통신 매체를 활용해 제품 및 서비스의 메시지를 널리 퍼트리는 과정이 질병이 확산하는 현상과 비슷하다 하여 이러한 이름을 갖게 되었다. '허니버터칩'처럼 기업이 별다른 행동을 취하지 않음에도 엄청난 파급 효과를 불러일으킨 성공사례가 쌓이며, 점차 능동적으로 나서서 기획하는 경우도 많아졌다. 기업 입장에서 고객의 자발성에 기대 원하는 브랜드 이미지 및 주력 상품을 빠르게 전달할 수 있으며, 성공적으로 정착만 한다면 초기의 투자 외에 부담이 없기 때문이다. 저비용으로 고효율을 창출하는 전략인 셈이다. 또한 유리한 부분만 부각시킨다는 오해를 피해갈 수 없던 기존의 광고보다 거부감이 적고 상대적으로 높은 신뢰도를 얻을 수 있다.

하지만 일정한 시간과 비용을 투자했다 해서 성공을 보장할 수 없다. '매력적'인 콘텐츠로서 '인위적이지 않게' 의도를 담아내야 자발적인 전파를 기대할 수 있다. 과거 공정거래위원회가 온라인 쇼핑몰 후기를 조작한 업체를 적발했었다. 인력을 고용해 실제 구매처럼 가장한 후기를 조직적으로 작성한 것으로 드러났다. 칭찬을 가득 도배해 구매 전환율을 높일 생각이었겠지만, 정당하지 않은 방법으로 이득을 취하며 법의 심판을 받게 되었다. 결국 진정성을 갖추고 다가가야 선택을 받을 수 있음을 시사한다. 실제로 대중의 호평을 받은 상당수가 진심에 호소하며 성공을 거두었다.

■ Dollor Shave Club

사진에서 볼 수 있듯이 면도기 회사 'Dollor Shave Club'은 '면도기는 비쌀 필요가 없다'는 단순한 메시지를 갖고 시장에 뛰어들었다. 이때 당당한 출사표와 함께 2012년 유튜브에 게재한 영상 하나는 엄청난 파급 효과를 가져왔다. 90초의 짧은 영상에서 창업자 마이클 듀빈이 회사 곳곳을 돌아다니며 '우리 면도날은 겁나 좋아 겁나 싸 겁나 편리해'를 반복적으로 외칠 뿐이다. B급 유머와 특유의 허세를 갖고 자사의 면도날 정기 배송 서비스를 재치 있게 풀어냈다. 기존에 시장을 선점하던 쟁쟁한 브랜드의 프리미엄 전략과 상반되는 도전이었다. 특히 업계 1위의 질레트는 오랜 역사를 바탕으로 소비자에게 더욱 효율적인 면도 경험을 선사한다는 메시지를 강조해 왔다. 꾸준히 다변화된 면도날, 윤활 스트립, 디자인 등등 하이테크 기술을 적용하며 자리를 유지했었다. 하지만 점차 추가되는 기능과 더불어 비싸지는 가격 때문일까 쓸데없는 면도기 기능에 돈을 쓰지 말라는 돌직구를 날리며, 본질에 집중하고 파격적인 가격과 편리성을 내세운 Dollor Shave Club은 환영을 받았다. 그 결과 단순하지만 매력을 잘 담아낸 영상에 힘입어 업로드 6시간 만에 보유한 재고를 모두 소진했고, 2일 만에 1만 2천 명의 신규가입자를 확보했다. 신생아에 불과하던 스타트업이 헤비급 챔피언과 마주할 정도로 성장한 배경에는 자사의 철학을 매력적으로 담아낸 콘텐츠가 대중 사이에 인기를 끈 덕분이라 할 수 있다.

스타트업에 불과했던 Dollor Shave Club은 유머러스한 짧은 컨셉 영상 하나로 대중들의 자발적인 공유를 이끌며, 업계 1위를 위협하는 자리로 올라섰다.
출처: Youtube 캡처[86]

■ 갤럭시 S8

삼성전자가 2017년 갤럭시 S8 홍보를 위해 개인별 영화를 만들어주는 '큐브 뮤비' 이벤트를 진행했다. 명칭에서 알 수 있듯, 한번만 돌려도 새로운 면을 만들어내는 루빅스 큐브처럼 영상이 조합되어 새로운 이야기로 이어지는 구조를 뜻한다. 전화번호 뒤 네 자리를 입력하면 번호별로 각기 다른 영상이 펼쳐졌다. 기승전결의 0~9에 해당하는 영상이 각각 준비되어 있어, 총 40개의 영상을 갖고 1만 가지의 스토리를 만들 수 있는 것이다. 곳곳에 S8의 주요 기능인 인공지능비서 빅스비의 활용법도 자연스럽게 녹여내 본질인 자사의 제품 소개도 잊지 않았다.

큐브무비 이벤트 장면[87]

간단한 참여 방법에 나만을 위한 영상이라는 특별함이 더해져 수많은 사람들이 공유하며 후기를 나누었다. 개최 한 달 만에 조회수는 1,400만 회를 돌파했고, 다운로드 및 공유수는 약 4만 7천 건을 넘었다. 또한 자신의 영상에 대한 감상평을 남긴 사람들 중 최고의 감상평을 뽑아 갤럭시 S8을 경품으로 주며 더욱 인기를 끌었다.

■ **불닭복음면**

또 다른 바이럴 마케팅의 성공적인 사례는 삼양의 '불닭볶음면'이 존재한다. 기존의 삼양에서 출시한 불닭볶음면은 너무 매운 맛으로 인해서 국내외 판매량이 손익분기점에 크게 도달하지 못하는 결과를 맞이했다. 크게 판매수익을 거두지 못하는 시점에서 삼양은 유튜브라는 새로운 소비자시장을 노리기 시작했다. 유명 유튜버 '영국남자'를 시작으로 불닭볶음면을 리뷰하며 먹는 '불닭챌린지'가 세계적으로 유행하며 약 20배의 수익을 거두어 바이럴 마케팅의 성공적인 선례로 남게 되었다.[88]

유튜브 영국남자의 불닭복음면 바이럴 장면

참고문헌 및 더 읽을거리

1 척 마틴 저/PWC e-business practice팀 역(1999). 「e-비즈니스」, 21세기북스, 45-47.

2 Kiely, T.(1997). Fear and shopping in cyberspace. Harvard Business Review, 75(4), 13-15.

3 여성정책 연구원 자료: https://gsis.kwdi.re.kr/

4 Sheridan, B.(2016). Why Generation Z will change the world, http://blog.fluidui.com/사진출처: https://www.gettyimagesbank.com/

5 위키백과(https://en.wikipedia.org/wiki/Generation_Z)

6 Turner, A.(2015). Generation Z: Technology and social interest. The journal of individual Psychology, 71(2), 103-113.

7 브렛 킹 외 저/커넥팅랩(백승윤 · 김정아) 역(2016). 「현실 위의 현실, 슈퍼 리얼리티의 세계가 열린다 증강현실」, 미래의 창, 78-79에서 인용하여 작성

8 Azemi, Y., Ozuem, W., Wiid, R., & Hobson, A.(2022). Luxury fashion brand customers' perceptions of mobile marketing: Evidence of multiple communications and marketing channels. Journal of Retailing and Consumer Services, 66, 102944.

9 사진출처: https://www.gettyimagesbank.com/

10 Benhamou, L.(2015). Everything you need to know about Generation Z, 2015.2.12. http://www.businessinsider.com/경호빈 저(2016), 「모바일 동영상 마케팅」, 프레너미, 44-45에서 참고함.

11 사진출처: https://www.gettyimagesbank.com/

12 Alimamy, S., & Gnoth, J.(2022). I want it my way! The effect of perceptions of personalization through augmented reality and online shopping on customer intentions to co-create value. Computers in Human Behavior, 128, 107105.

13 김동균, 바아이티컨설팅 저(2016). 「마케팅의 미래 고객 인게이지먼트」, 김앤김, 56-57에서 인용하여 정리

14 사진출처: https://m.etnews.com/20160215000209

15 김문태, 이종호(2005). 순수 온라인 브랜드 자산 및 충성도 구축에 있어 콘텐츠 특성지각을 통한 브랜드 경험의 영향. 경영학연구, 34(5), 1585-1611.

16 Joinson, A. N.(2007). Disinhibition and the Internet. In Psychology and the Internet(pp. 75-92). Academic Press.

17 위키피디아/소셜커머스

18 KB금융지주 경영연구소(2012). KB daily 지식 비타민: 소셜 커머스에 대한 이해 3월 9일자, 12-28호에서 참고

19 조선비즈 2012년 11월 18일자에서 참고

20 https://www.youtube.com/channel/UCi9Sl8GnFdYoqEVXnojBPJw

21 Heinen, J.(1996). Internet marketing practices. Information Management & Computer Security. 4(5), 7-14.

22 Lian, T.(1995). Banking on the Internet: searching for a competitive edge. Bank Marketing, 27, 34-34.

23 Information Infrastructure Technology and Applications(IITA) Task Group(1994), Electronic Commerce and the NII, National Coordination Office for High Performance Computing and Communication, February.

24 Prahalad, C. K., & Ramaswamy, V.(2000). Co-opting customer competence. Harvard Business Review, 78(1), 79-90.

25 김동균, 바아이티컨설팅 저(2016). 전게서, 58-59에서 인용

26 Prahalad, C. K., & Ramaswamy, V.(2000). op. cit., 101에서 참고하여 인용

27 Rohm, A. J., & Swaminathan, V.(2004). A typology of online shoppers based on shopping motivations. Journal of Business Research, 57(7), 748-757.

28 세이하쿠(2007).「한국형 블로그 마케팅」, 매일경제신문사, 40에서 인용

29 Butler, P., & Peppard, J.(1998). Consumer purchasing on the Internet: Processes and prospects. European Management Journal, 16(5), 600-610.

30 Engel, J. F., Blackwell, R. D., & Miniard, P. W.(2005). Consumer Behavior, 10. Aufl. New York.

31 Darley, W. K., Blankson, C., & Luethge, D. J.(2010). Toward an integrated framework for online consumer behavior and decision making process: A review. Psychology & Marketing, 27(2), 94-116.

32 Darley, W. K., Blankson, C., & Luethge, D. J.(2010). op. cit., 94-116의 내용을 수정하여 작성

33 Putsis Jr, W. P., & Srinivasan, N.(1994). Buying or just browsing? The duration of purchase deliberation. Journal of Marketing Research, 31(3), 393-402.

34 이태영(2011). 모바일마케팅의 차별화 포인트, LG Business Insight, 5월 25일자, 32에서 인용

35 Kotler, P.(1998). Marketing Management, Ninth Edition, Prentice-Hall, 192-193.

36 10억어치 팔린 에르메스 NFT… 에르메스가 뿔났다, https://www.chosun.com/economy/

37 https://www.statista.com/, https://brunch.co.kr/@honeywalnut/14의 내용에서 재인용하여 수정하여 작성

38 NFT로 몸값 높인다 … 명품 브랜드의 '럭셔리 테크' 활용법 [더 하이엔드], https://www.joongang.co.kr/article/1) NFT로 몸값 높인다 … 명품 브랜드의 '럭셔리 테크' 활용법 [더 하이엔드], https://www.joongang.co.kr/article/

39 Marketing & Brand 명품 브랜드가 NFT를 적극 활용하는 이유, https://ditoday.com/

40 명품 패션 브랜드가 NFT에 꽂힌 이유, https://woman.donga.com/List/3/03/12/3564508/1

41 사진출처: https://brunch.co.kr/@honeywalnut/14

42 Lee, N. M., M. S. VanDyke, and R. G. Cummins(2017). A Missed Opportunity?: NOAA's Use of Social Media to Communicate Climate Science. Environmental Communication, 1-10.

43 경호빈 저(2016). 「모바일 동영상 마케팅」, 프레너미, 34에서 인용

44 Google The Small Business Online Marketing, Google guide.

45 Prasath, P., & Yoganathen, A.(2018). Influence of social media marketing on consumer buying decision making process. SLIS Student Research Journal, 1(1), 1-12.

46 장정아(Junga Jang), 김도희(Dohee Kim). 2021 세대별 소비자 분석 | ③ YouTube가 소비자의 구매 여정에 미치는 영향/2021년 2월 https://www.thinkwithgoogle.com/intl/ko-kr/consumer-insights/

47 Gao, J., Zhang, C., Wang, K., & Ba, S.(2012). Understanding online purchase decision making: The effects of unconscious thought, information quality, and information quantity. Decision Support Systems, 53(4), 772-781.

48 Chen, Y. C., Lee, Y. H., Wu, H. C., Sung, Y. C., & Chen, H. Y.(2017, November). Online apparel shopping behavior: Effects of consumer information search on purchase decision making in the digital age. In 2017 IEEE 8th International Conference on Awareness Science and Technology(iCAST)(pp. 143-148). IEEE.

49 사진출처: https://www.appier.com/ko-kr/products/botbonnie 자동차 구매까지 이끌어내는 소셜미디어 마케팅의 세계, https://zdnet.co.kr/에서 인용

50 Mican, D., & Sitar-Taut, D. A.(2020). Analysis of the factors impacting the online shopping decision-making process. Studia Universitatis Babes-Bolyai, 65(1), 54-66.

51 장정아(Junga Jang), 김도희(Dohee Kim). 코로나19가 이커머스시장에 미친 영향 | ② 급변한 이커머스시장의 4가지 트렌드/2022년 5월 https://www.thinkwithgoogle.com/intl/ko-kr/consumer-insights/

52 Müller, A., Joshi, M., & Thomas, T. A.(2022). Excessive shopping on the internet: recent trends in compulsive buying-shopping disorder. Current Opinion in Behavioral Sciences, 44, 101116.

53 이태영(2011). 상게서, 32.

54 https://www.ssfshop.com/에서 캡처하여 사용함.

55 Butler, P., & Peppard, J.(1998). Consumer purchasing on the Internet: Processes and prospects. European Management Journal, 16(5), 600-610.

56 Kotler, P., & Mantrala, M. K.(1985). Flawed products: Consumer responses and marketer strategies. Journal of Consumer Marketing.

57 사진출처: https://www.gettyimagesbank.com/

58 LaBarbera, P. A., & Mazursky, D.(1983). A longitudinal assessment of consumer satisfaction/dissatisfaction: the dynamic aspect of the cognitive process. Journal of Marketing Research, 20(4), 393-404.

59 Day, R. L.(1984). Modeling choices among alternative responses to dissatisfaction. ACR North American Advances. 11, 496–499.
60 Baker, A. M., Donthu, N., & Kumar, V.(2016). Investigating how word-of-mouth conversations about brands influence purchase and retransmission intentions. Journal of Marketing Research, 53(2), 225–239.
61 Pfeffer, J., Zorbach, T., & Carley, K. M.(2014). Understanding online firestorms: Negative word-of-mouth dynamics in social media networks. Journal of Marketing Communications, 20(1–2), 117–128.
62 Hansen, N., Kupfer, A. K., & Hennig-Thurau, T.(2018). Brand crises in the digital age: The short-and long-term effects of social media firestorms on consumers and brands. International Journal of Research in Marketing, 35(4), 557–574.
63 Herhausen, D., Ludwig, S., Grewal, D., Wulf, J., & Schoegel, M.(2019). Detecting, preventing, and mitigating online firestorms in brand communities. Journal of Marketing, 83(3), 1–21.
64 손용수 역/조영주 편집. 소비자 불만이 번지지 않게 막는 방법 外, https://www.hbrkorea.com/article/
65 Lance, P., & Guy J, G.(2006). From subservient chickens to brawny men: A comparison of viral advertising to television advertising. Journal of Interactive Advertising, 6(2), 4–33.
66 Hann, I. H., Hui, K. L., Lee, S. Y. T., & Png, I. P.(2008). Consumer privacy and marketing avoidance: A static model. Management Science, 54(6), 1094–1103.
67 Iyengar, R., Van den Bulte, C., & Valente, T. W.(2011). Opinion leadership and social contagion in new product diffusion. Marketing Science, 30(2), 195–212.
68 Zhang, K. Z., Cheung, C. M., & Lee, M. K.(2014). Examining the moderating effect of inconsistent reviews and its gender differences on consumers' online shopping decision. International Journal of Information Management, 34(2), 89–98.
69 장정아(Junga Jang), 김도희(Dohee Kim). 전게서.
70 https://www.gettyimagesbank.com/
71 조나 버거 저/정윤미 역(2013). 「컨테이저스: 전략적 입소문」, 문학동네, 22–23.
72 Dye, R.(2000). The buzz on buzz. Harvard Business Review, 78(6), 139–146.
73 최환진(2007). 입소문마케팅, www.lgad.co.kr
74 사진출처: https://www.gettyimagesbank.com/
75 마틴 린드스트롬 저/박세연 역(2012). 「누가 내 지갑을 조종하는가」, 웅진지식하우스, 79.
76 조나 버거 저/정윤미 역(2013). 전게서, 22–25에서 참고하여 작성
77 https://www.ascentkorea.com/what-is-viral-marketing/의 내용에서 참고하여 작성
78 Dye, R.(2000). op. cit.
79 Zhang, K. Z., Cheung, C. M., & Lee, M. K.(2014). op. cit., 89–98.

80 세스 고딘 저/남수영 · 이주형 역(2004). 「보랏빛 소가 온다」, 도서출판 재인, 25에서 참고하여 작성

81 홍성준(2005). 「차별화의 법칙」, 새로운 제안, 224에서 참고하여 작성

82 López, M., & Sicilia, M.(2014). Determinants of E-WOM influence: The role of consumers' internet experience. Journal of Theoretical and Applied Electronic Commerce Research, 9(1), 28-43.

83 Doh, S. J., & Hwang, J. S.(2009). How consumers evaluate eWOM(electronic word-of-mouth) messages. Cyberpsychology & Behavior, 12(2), 193-197.

84 이중원(2019). 「알리바바 도 · 소매 해외직구」, 앤써북에서 참고하여 작성

85 김선진(2019). 「왜 당신만 못 파는가」, RAONBOOK, 109에서 참고하여 작성

86 발 없는 콘텐츠가 천리 간다, '바이럴 마케팅'의 성공 비결은?, 소비자평가(http://www.iconsumer.or.kr)

87 https://news.samsung.com/kr/큐브-무비로-만드는-1만-가지-갤럭시-s8-스토리

88 양면의 총을 겨눈 기업들의 무기 '바이럴 마케팅' 효과, 소비자평가(http://www.iconsumer.or.kr)

Chapter

05 인터넷 마케팅조사 및 빅데이터 분석

Chapter 05

인터넷 마케팅조사 및 빅데이터 분석

제1절 인터넷 마케팅조사 개념과 종류

1. 인터넷 마케팅조사의 정의 및 유의점

1) 인터넷 마케팅조사의 정의

미국마케팅학회(American Marketing Association) 이사회는 마케팅조사를 '**마케팅 담당자들에게 마케팅 활동에 필요한 제반 정보를 정확하고 체계적으로 제공함으로써 의사결정의 성공확률을 높여주는 과정**'이라고 정의했다. 간단히 말해서 마케팅조사는 마케팅 관리자들로 하여금 더 나은 정보를 제공해주며 위험을 최소화하는 의사결정을 하게 하는 역할을 한다는 것이다.[1]

마케팅조사는 마케팅 전략 수립시 정확한 의사결정을 위해 활용된다.[2]

이러한 마케팅학회의 마케팅조사에 대한 정의를 바탕으로 본서에서 **인터넷 마케팅조사(Internet Marketing Research)**에 대한 정의를 내려보자면 '**인터넷 기업이나 물리적 기업이 기업의 당면한 문제를 해결하기 위해 인터넷을 통하여 2차 자료와 1차 자료를 수집하는 과정**'이라고 할 수 있다. 인터넷이 점점 더 일상생활의 일부가 되면서 인터넷도 시장조사의 일부가 되었다.

초기에 인터넷 조사는 웹사이트 평가, 기업 대 기업 및 직원 조사와 같은 전문적인 유형의 연구에 사용되는 경향이 있었으며 조사 대상자가 온라인 이용자일 경우만 가능한 한계성을 많이 가지고 있는 조사 방법이었다.[3] 그러나 온라인 사용자들의 증가와 인터넷에서 이루어지는 상업 및 여가 활동의 증가 때문에 지난 십여 년 동안 인터넷 조사는 빠른 속도로 성장해 왔다.[4] 실제 인터넷은 비용을 많이 쓰지 않고서도 다수의 응답자들에게 빨리 접근할 수 있다는 점에서 서베이를 위한 중요한 수단으로 인기를 얻고 있다.[5] 이와 함께 인터넷에서 관찰, 고객의 이동경로 분석, 구매자료 분석 등도 인터넷을 통한 조사에서 중요한 구성요소가 되고 있다.[6]

그러나 반면 인터넷은 그 복잡성 때문에 인터넷 비즈니스에 있어 조사는 정보기술과 비즈니스 모델이 통합되어야 상호 시너지 효과를 가질 수 있다는 점, 그리고 특히 비즈니스 분야에서 계속적인 기술적인 혁명의 결과로[7] 단순한 설문조사가 아닌 소비자의 속마음을 들여다 볼 수 있는 **빅데이터**를 통한 조사가 중요해지고 있다는 점을 마케팅 관리자들은 유념해야 한다. 또한 인터넷은 조사에 있어 윤리적이고 기술적인 문제를 불러일으킴으로써 이 매체가 마케팅과 의견조사 목적에 효과적으로 그리고 책임감 있게 이용되어야 한다는 것을 강조하고 있다. 즉 인터넷이 사용하기에 저렴하고 규제하기 어렵다는 점은 실제 경험 없고 양심이 없는 기업에게 악용될 수 있는 소지가 있기 때문이다.[8]

2) 인터넷 마케팅조사에서 유의점

인터넷 마케팅조사에서 다음과 같은 점에 주의할 필요가 있다. 첫째, 여러 가지 조사방법을 고려해야 하는 것이 바람직할 수 있다. 한 가지 조사방법만으로 정보를 수집한다면 사업 전체를 파악하는 데 한계점을 가져올 것이며, 이를 토대로 한 사업 시스템의 구축과 운영은 고객 요구와의 차이를 극복할 수 없게 하여 사업실패를 가져올 수도 있다. 예를 들어, 인터넷 사이트를 기획하는 데 있어 소비자들의 욕구를 분석하는 데 과거의 비슷한 연구 조사물만을 최종의사결정 수단으로 이용하는 것은 위험이 따르는 행동이다.

둘째, 개별적인 전자상거래 업체의 성과보고서에 의존하는 것은 위험하다. 전자상거래 관련업체들이 인터넷에서 판매되는 제품별 시장규모나 어떤 제품의 성장률이 가장 앞서고 있는지 등에 대한 자료나 정보제공은 꺼리는 상황에서 기존업체들이 제시하는 과장된 정보나 그릇된 정보에 근거한 의사결정은 잘못된 결과를 초래할 수 있다는 것을 염두에 두어야 한다.

셋째, 외국의 성공사례는 우리와는 맞지 않을 수 있다. 우리나라와 외국은 쇼핑환경이나 소비자들의 생활패턴 및 문화 · 사회적 기반에서 차이가 있어 외국에서의 성공사례가 우리나라에 맞지 않을 수도 있으므로 자사가 설정한 전략과 유사한 전략을 가진 우리나라 업체들의 성공 · 실패 이유에 대한 체계적인 분석이 필요하다고 볼 수 있다. 본서에도 외국 사이트에 대한 사례와 더불어 더 많은 국내 사이트 관련사례를 다루고 있다.

넷째, 지속적인 시장조사가 필요하다. 시장조사는 특정 시점에서의 분석에 불과하다. 이에 비해 인터넷에 기반을 둔 각종 환경요인들의 급변성을 고려한다면 지속적인 시장조사를 실시하여 세부적인 운영방안에 반영하려는 노력만이 성공적인 사업 기반을 마련할 수 있다. 즉, 이러한 주의사항은 결국 인터넷 마케팅조사를 통하여 수집되는 정보는 ① **객관적(objective)**이어야 하고, ② **최근의 시장상황(timely)**을 반영하여야 하며, 또한 ③ 인터넷 마케팅 담당자가 처한 **문제를 해결하는 데 관련된(relevant) 내용**이어야 한다는 조건으로 요약될 수 있다.

마지막으로는 빅데이터 분석시 데이터 이용에 대한 윤리적 측면에 대한 관심이 필요하다. 이 부분은 기업의 역할만을 강요하는 것은 아니며 사회적 · 제도적 관심이 필요한 부분이다. 구글, 페이스북, 아마존과 같은 기업들은 목적을 달성하기 위해 엄청난 양의 데이터를 수집하고 활용한다. 빅테크 기업들은 개인과 사회에 일반적으로 다양한 유형의 문제를 새로 발행시키고, 윤리적 지침이나 데이터 개인 정보보호법도 준수하지 않으며, 데이터를 활용하는 비즈니스를 하고 있다. 이러한 점에서 이제는 사용자의 데이터 프라이버시와 보안을 위해 윤리적으로 데이터를 이용하고 공유할 수 있는 솔루션이 필요하다고 할 수 있다.[9]

Internet Marketing INSIGHT 5-1

마케팅조사의 맹점: 마케팅조사 무조건 믿지 말라

최근 국내외 기업들은 소비자 만족에 경영의 초점을 맞추고 있다. 소비자 기호를 맞출 수 있는 상품을 개발하려고 애쓰고 애프터서비스에 노력한다. 이를 위해 좀 더 정확한 마케팅 전략을 수립하기 위해 소비자 시장조사를 자주 애용하고 있다. 그러나 소비자 설문조사에는 적지 않은 함정이 도사리고 있다고 미국의 경제주간지 포춘지는 경고했다. “신제품이 마음에 든다. 물건이 나오면 바로 사겠다”고 응답한 소비자들이 정작 매장에 제품이 전시되면 외면하는 일이 많다. 스포츠용품업체인 스팰딩사와 미즈노사는 1990년대 초에 이 같은 경험을 했다. 이 회사들은 펌프운동화의 원리를 이용, 공기 주머니를 부착한 야구용 펌프 글러브를 개발했다. 소비자 설문조사에서 보인 반응은 대환영이었다. 그러나 1백 달러의 가격표를 붙여 시장에 내놓았을 때 소비자들이 외면하는 바람에 적지 않은 손해를 감수해야 했다.

'펩시'의 끊임없는 도전에 직면한 코카콜라는 1985년 400만 달러의 개발비를 들여 소비자가 가장 좋아하는 맛의 콜라를 만들어냈다. 20만 명이 넘는 소비자를 대상으로 엄밀한 '블라인드 테스트'를 거쳐 그야말로 소비자가 선호하는 맛을 찾아낸 것이다. 그러나 이 '뉴코크(New Coke)'가 시장에 나오자마자 직면한 것은 소비자의 거센 반발이었으며 이전의 제품을 코카콜라 클래식이라고 이름붙여 다시 시장에 내어놓게 되었다.

코카콜라가 1980년대 중반에 개발한 뉴코크(New Coke)도 20만 명의 시음회에서 큰 호응을 받았으나 시판 후 실패상품으로 전락했다.
신제품을 개발할 때도 소비자 의견을 무시한 제품이 히트하는 사례도 많다. 크라이슬러의 미니밴은 시장조사에 응한 소비자들이 기괴한 모양새에 코웃음을 쳤지만 시장에서의 평가는 달랐다. 냉동식품도 소비자들의 예상과는 달리 히트상품으로 올라섰다.
마케팅 전문가들은 "시장조사가 소비자들의 기호변화를 파악할 수 있는 좋은 방법일 수 있지만, 소비자를 무시해야 기발한 아이디어로 신제품을 개발할 수 있을 때가 많다"고 말한다. 이와 관련해 미국에서는 최근 설문조사보다 소비자 관찰을 통해 신제품 아이디어를 얻는 회사들이 늘고 있다. 사무용 가구업체인 스틸케이스사는 신제품 아이디어를 얻기 위해 여러 회사에 비디오카메라를 설치하고 직원들이 눈치 채지 못하게 그들의 행동패턴을 관찰했다. 그 결과 집단으로 모일 수 있으면서 개인공간도 보장해 주는 모듈식 가구를 개발해 히트를 쳤다.
20개 의류체인을 갖고 있는 미국의 필라델피아의 어반아웃피터스사도 창업 이후 25년간 두 차례 밖에 설문조사를 하지 않았다. 이 회사는 소비자들이 실제 착용하는 의류를 조사하기 위해 매장과 뉴욕의 이스트빌리지 등 주택지를 찾아 카메라로 촬영하고 이 자료를 신제품 개발에 활용했다. 소비자들이 진정으로 원하는 욕구는 설문조사에서 주장하는 것과는 다르다는 것을 이들 회사의 영업실적이 말해주고 있다.[10]

2. 연구목적에 따른 인터넷 마케팅조사의 종류

마케팅조사의 종류는 조사의 목적과 내용에 따라서 구분될 수 있는데, 조사의 종류에 따라 필요한 자료의 성격, 수집방법, 자료의 분석방법 등이 달라지게 된다. 조사의 종류에 따라 조사목적을 달성하기 위해 어떠한 자료가 필요하며, 어떠한 절차를 통해 자료를 얻을 것이며, 분석을 위해서는 어떤 기법이 사용되어야 하는가가 결정되므로, 조사목적과 조사조건에 맞는 조사방법을 선택하여야만 효과적인 조사를 실시할 수 있다.

그림 5-1 | 마케팅조사의 유형

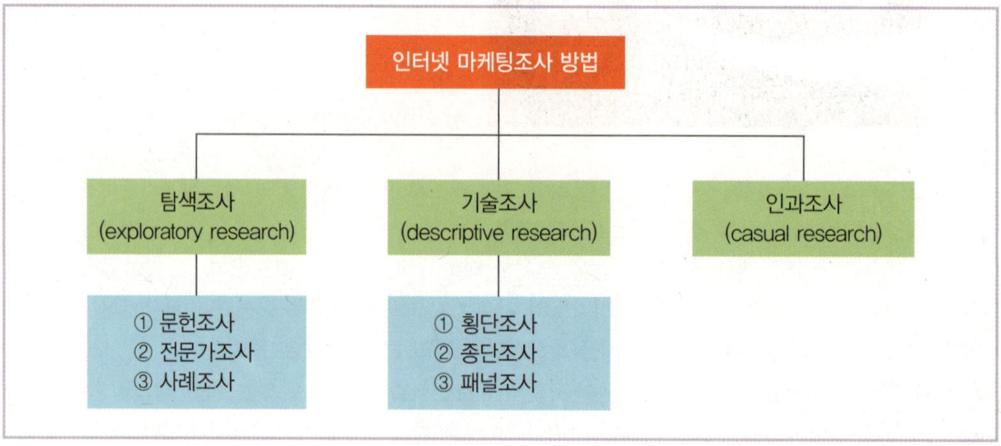

1) 탐색조사

탐색조사(exploratory research)란 인터넷 마케팅 프로젝트를 진행할 만큼 조사문제를 충분히 이해하지 못한 상황에서 현재 기업이 처한 문제점을 명확히 파악하기 위해 수행하는 조사를 의미한다. 탐색조사는 특정조사 설계를 확정하기 전에 시행하는 예비적인 성격을 띠고 있어 탄력성 있게 실시하여야 하며, 필요에 따라 그 절차를 수정할 수 있다. 거의 모든 경우 탐색조사가 행해진 후에 보다 정교한 후속조사가 행해진다. 따라서 상세한 조사설계는 요구되지 않으며, 탐색조사는 조사자와 조사 의뢰자 간의 협의를 통해 수행하는 것이 바람직하고, 의사결정에 도움을 주는 실마리의 포착을 위한 예리한 시각과 독창적인 사고가 요구된다. 탐색조사는 다음과 같은 조사들로 구체적으로 분류될 수 있다.

(1) 문헌조사

기업이 처한 문제점을 파악하기 위하여 기존에 공개되어 있는 **2차 자료(secondary data)**를 검토하는 것으로, 특히 인터넷은 2차 자료의 보고라고 볼 수 있다. 무료로 제공되는 자료를 무수한 자료와 조사기업으로부터 유료로 기존에 조사기업이 수행했던 자료를 구입하는 경우가 존재할 수 있다. 특히 **제일기획매거진(magazine.cheil.com)**이나 **아이보스(www.i-boss.co.kr)** 등에는 인터넷 마케팅을 수행하는 데 필요한 다양한 2차 자료를 공유하고 있다.

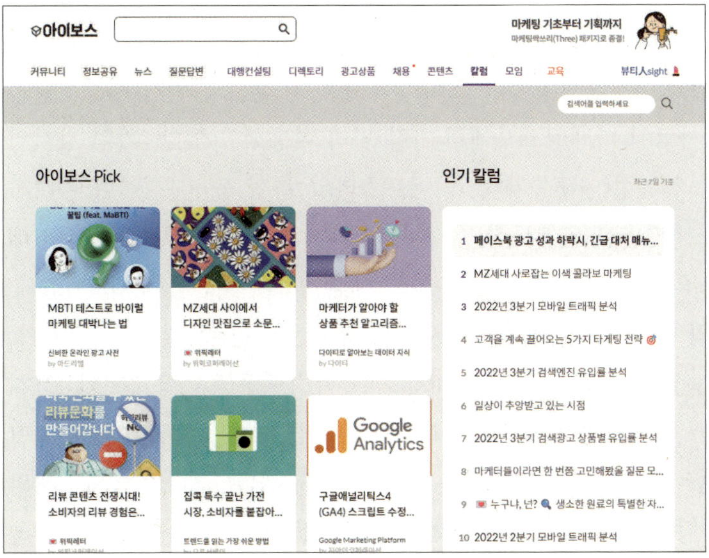

인터넷 마케팅에 대한 방대한 2차 자료를 제공하고 있는 아이보스(https://www.i-boss.co.kr/)

(2) 전문가조사

전문가조사란 기업이 처한 문제나 해결책에 대한 아이디어를 얻기 위하여 어떤 산업 및 기업에 관련된 경험과 지식을 갖춘 전문가를 통하여 정보를 얻어내는 방법으로 여기서 전문가란 해당 기업의 사정을 잘 아는 기업 내의 담당자, 유통상의 문제점을 명확히 이해하고 있는 영업사원, 소비자 상담실에 오래 근무하면서 소비자의 불만사항을 잘 이해하고 있는 직원 등을 의미한다. 예를 들어, 차세대 인터넷 비즈니스의 전략수립의 일환으로 모바일 마케팅에 관련된 소비자조사를 하려고 한다면 아직 이러한 비즈니스 개념에 대해서 모르는 소비자들이 대다수인 관계로 모바일 마케팅 관련 전문가들을 통해 정보를 수집하는 것이 바람직할 수도 있다.

(3) 사례조사

사례조사(case study)란 현재의 문제점을 파악하기 위하여 기업의 일부활동 또는 특정 부서에 대한 집중적 분석을 통하여 문제를 파악하고 이에 대한 해결책을 찾아보려는 연구로서 실제로 일어났던 사건의 기록이나 목격한 사실을 분석하는 경우도 있고, 시뮬레이션에 의한 가상적인 현실을 만들어 분석하는 경우도 있다. 사례 분석은 문제의 규명과 관련된 변수 간의 관계를 명확하게 해주는 데 매우 효과적이지만, 사후적인 조사방법이므로 그 결과가 의사결정에 결정적인 것은 아니며 단지 시사적인 의미를 지니고 있을 뿐이다.

2) 기술조사

기술조사(descriptive study)는 경쟁상황이나 소비자의 변화와 같은 전반적 시장상황을 분석하기 위해 수행되는 조사로서 마케팅조사에서 가장 널리 이용되고 있다. 가령 자사사이트 또는 경쟁사이트 고객의 특성(인구통계적, 라이프스타일 특성 등) 분석이나 자사사이트 마케팅 노력에 대한 소비자반응(고객특성별 자사사이트에서 구매량 분석, 자사의 배너 광고에 노출된 오디언스의 수, 지역별 · 고객유형별 매출액조사 등) 등에 대한 조사, 기업에서 수행되는 대부분의 마케팅조사는 기술조사에 해당한다고 볼 수 있다.

기술조사는 탐색조사와는 달리 설문지와 같은 표준화된 측정도구를 이용하는데, 특히 인터넷 사이트에서는 자사의 사이트에 바로 연결시켜 빠른 시간 내에 설문조사를 수행할 수 있다는 점에서 기존의 물리적 설문조사방법과는 차이가 있게 된다. 그리고 인과조사와는 달리 조사시점에 조사담당자의 **조작(manipulation)**, 즉 예를 들어 여러 가격이나 다른 사이트 디자인, 다른 배너 광고 등을 제시하고 응답자의 반응을 살피는 경우 없이 비교적 객관적으로 자료를 수집 · 분석할 수 있다.

기술조사는 크게 나누어서 분류하면 **횡단조사(cross-sectional study)**와 **종단조사(longitudinal study, time-series analysis)**로 나누어 볼 수 있는데, 횡단조사는 모집단에서 추출된 표본으로 단 1회의 조사를 통하여 마케팅 정보를 수집하는 방법으로 마케팅조사에서 가장 많이 이용되는 서베이조사와 같이 어떤 한 시점에서의 소비자들의 구매 행태를 측정하여 시장의 전반적 상황을 파악하는 조사이며, 소비자들로부터 구매한 상표들에 대한 정보를 수집할 수 있으나 소비자들의 기억능력의 한계로 인하여 가장 최근 구매에 대한 정보로 국한된다는 제약점을 가진다. 종단조사는 동일한 표본을 대상으로 일정한 시간 간격을 두고 반복적인 조사를 통하여 관심 마케팅 변수의 **변화추세를 보는 조사(trend analysis)**로 시간의 간격을 두고 한 번 이상 조사를 실시하기 때문에 시간의 변화에 따른 마케팅 변수에 대한 소비자의 반응을 측정할 수 있다는 점이 특징인데, 예를 들어 사이트에서 제시되는 물품의 가격변화의 전후, 사은품 증정과 같은 판매촉진을 실시하기 전후, 또는 새로운 배너 광고의 전후에 각각 소비자반응을 측정한다. 종단조사는 **패널조사(panel study)**라고도 한다.

인터넷으로 패널을 모집하는 조사기업, 인터넷을 통해 좀 더 쉽게 패널의 인구통계학적 정보를 수집할 수 있으며 계속적인 조사가 가능해 질 수 있다.[11]

조사를 위한 패널 구축은 매우 중요한 작업이라고 할 수 있다. 최근 마케팅 리서치 업계는 빅데이터를 활용하기 위한 조사패널 구축관리 시스템 마련에 총력을 다하고 있다. 조사시간의 단축과 비용 절감을 위해 조사패널 구축관리는 필수요소로 자리잡았기 때문이다. 리서치 성격에 따른 변수를 파악하고 적합한 패널을 검색, 구축해 원하는 맞춤형 리서치 결과를 내기에 용이하다는 점도 패널 데이터를 이용하는 이유이다. 실제 한 회사는 음료와 베이커리 신메뉴 출시를 위해 패널 빅데이터를 활용했다. 패널 빅데이터로 고객의 베이커리와 커피전문점의 방문정보를 확인하고, 방문횟수를 비교하여 맞춤 전략을 세웠다. 부족한 부분에 대해서는 간단한 온라인, 모바일조사를 통해 브랜드별로 고객의 특성을 파악했다.[12]

3) 인과조사

인과조사(casual study)는 마케팅 현상의 원인과 결과 간의 관계를 규명하기 위한 조사로, 특히 인터넷은 학술적인 마케팅조사를 위한 좋은 실험실이 될 수 있다. 예를 들어 인터넷 광고의 변화(좀 더 동적인 광고)가 클릭률에 영향을 미친다는 조사를 진행하려고 하는 경우 동적이지 못한 광고, 조금 동적인 광고, 완전히 동적인 광고로 구성, 세 가지 광고를 인터넷 기술을 이용해 사이트에 띄워 놓고 클릭률을 살펴볼 수 있을 것이다.

제2절 인터넷 마케팅조사의 일반적 절차

오프라인 환경에서 마케팅조사와 마찬가지로 인터넷 마케팅조사는 [그림 5-2]와 같은 5가지 단계를 거쳐 수행될 수 있다.

1. 문제의 인식과 정의

조사문제는 쇼핑몰의 매출부진과 같은 현재 처한 문제를 해결하기 위해 또는 모바일 비즈니스의 성장과 같은 시장기회의 분석을 위한 욕구에서부터 시작될 수 있다. 정확한 문제의 인식과 정의가 이루어지지 않아서 발생하게 되는 불필요한 정보의 수집은 시간과 비용의 낭비를 가져올 수 있기에 다른 모든 연구활동과 마찬가지로 인터넷 마케팅조사에서도 문제의 정확한 인식과 정의가 선행되어야 효율적인 마케팅 활동을 수행할 수 있을 것이다.

그림 5-2 | 인터넷 마케팅조사의 과정

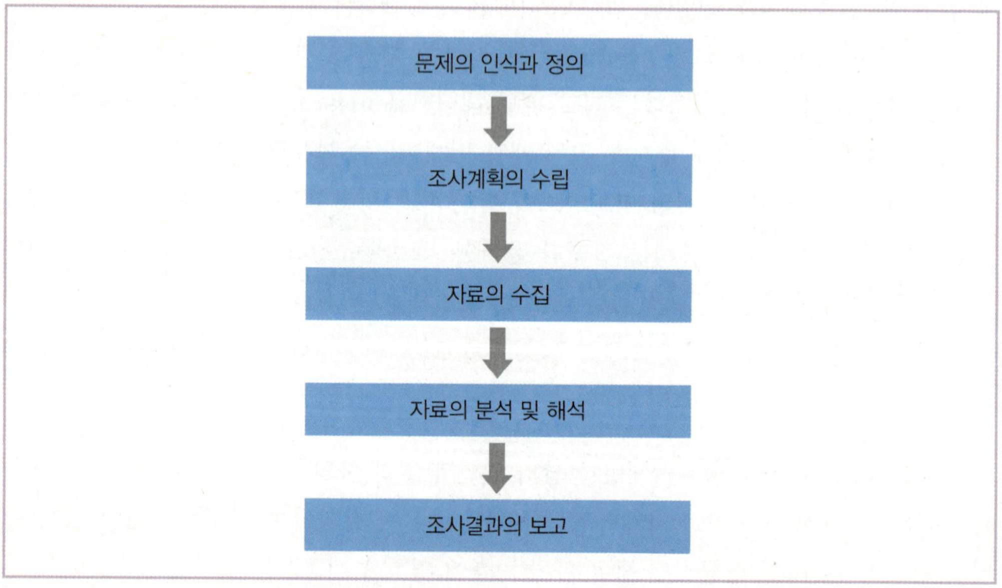

마케팅조사에 있어서 조사문제의 인식과 정의는 마케팅 의사결정에 직접적으로 관련된 의사결정문제의 규명과 의사결정문제의 해결에 도움이 되는 구체적인 정보를 밝힐 수 있는 조사문제의 규명으로 구분될 수 있다. 이러한 조사문제는 목적과 내용에 있어 의사결정문제와 다르므로 혼동해서는 안 된다. 의사결정문제가 인터넷 마케팅 관리자들에게 어떻게 마케팅 활동을 할 것인가에 대한 직접적인 지침을 주는 것이라면, 조사문제는 인터넷 마케팅조사자들이 어떠한 정보를 인터넷 마케팅 관리자에게 제공하여야 하며 그러한 정보를 어떻게 획득할 것인가에 대한 지침을 주는 것이라고 할 것이다.

| 표 5-1 | 인터넷 마케팅 의사결정문제와 조사문제

의사결정문제	조사문제
새로운 배너 광고 개발	여러 배너대안들의 효과에 대한 평가
사이트 방문고객의 증가	사이트 접속경로의 조사
교차판매의 증가	교차판매가 가능한 제품에 대한 조사
제3자 물류의 결정	자사 물류와 제3자 물류의 물류비용 비교조사
새로운 콘텐츠 도입 여부의 결정	적절한 시험시장 결정과 테스트 마케팅

2. 조사계획의 수립

문제가 명확히 정의되고 조사의 방향이 구체화되면 조사계획을 수립하여야 하는데, 조사계획 수립 단계에서는 조사문제의 해결을 위하여 수집되어야 할 자료의 종류, 수집방법 및 분석방법에 대한 계획이 수립되어야 한다. 자료의 유형은 크게 조사자가 당면한 연구질문에 대답하기 위하여 직접 또는 대리인에 의하여 수집한 자료인 **1차 자료(primary data)**와 다른 조사자에 의해 다른 조사목적으로 이미 수집된 자료(예: 인터넷 사이트에서 검색한 자료, 사내자료, 정부기관 발행물, 전문조사기관 보고서)와 같은 **2차 자료(secondary data)**로 나누어질 수 있다.

2차 자료는 어떤 항목에서의 참고나 인용의 요구를 충족시키며 많은 조사 상황에서 물리적 · 법적 · 비용적인 제약으로 인해 1차 자료 수집이 힘들기 때문에 연구를 위한 근거로 이용하게 된다. 이렇듯 2차 자료는 전국적 · 세계적 통계자료가 필요할 경우 1차 자료보다 빠르고 저렴하다는 장점이 있으나 자료가 연구자의 특정한 조사를 위해 맞지 않을 수 있다는 단점이 있을 수 있다. 예를 들어, 2016년 새로운 콘텐츠 출시를 위해 2017년 콘텐츠시장에 관한 자료를 이용하는 것은 시대적 차이를 반영 못했을 수 있으며, 같은 엔터테인먼트 관련 콘텐츠라고 해서 영화관련 콘텐츠에 대한 조사를 활용하여 게임 콘텐츠에 대한 의사결정을 하는 경우는 해당 자료를 완전하게 이용하기 어렵다는 내용상의 부적절성이 야기될 수 있다.

3. 1차 자료의 수집(인터넷을 이용)

위에서 이야기되었듯이 조사에서 특히 1차 자료가 수집되는 이유는 2차 자료들이 조사목적에 부합하지 않는 경우가 많기 때문이다. 인터넷에서 수행될 수 있는 1차 자료는 다음과 같은 것들이 있다.

1) 인터넷 관찰법

관찰법(observation method)은 조사자가 소비자의 행동이나 기타 조사대상을 직접 혹은 기계를 이용하여 관찰함으로써 자료를 수집하는 방법으로, 이의 장점은 조사자의 마케팅에 대한 경험이 풍부한 경우 짧은 시간에 저렴한 비용으로 정확한 자료를 수집할 수 있다는 것이지만 조사대상자의 내면적인 것, 즉 어떠한 행동을 유발한 태도나 동기를 파악할 수 없기 때문에 다른 자료수집방법과 함께 사용하기도 한다.

인터넷에서 쓰일 수 있는 관찰법은 소비자들이 해당 웹사이트를 어떻게 경험하고 있는지 **로그파일(log file)**의 분석을 통해 이루어질 수 있다. 그리고 웹사이트의 조사담당자가 직접 자사사이트나 경쟁사이트를 방문하여 소비자의 입장에서 경험해봄으로써 자사사이트 및 경쟁사이트의 강 · 약점을 분석하여 의사결정에 도움을 줄 수 있다.

인터넷을 통한 관찰조사는 실로 완벽에 가까울 수 있는데, 이는 인터넷의 최신기술에 의해 사용자의 접속률이 자동적으로 기록되며 접속기록에 의한 통계적인 처리분석이 단기간에 이루어질 수 있기 때문이다. 실제로 한 웹사이트 로그 소프트웨어는 웹사이트에 접속한 사용자수, 해당기업의 사이트에 접속하기 직전에 접속한 사이트, 사용자가 사이트에서 구매한 물건 등을 자동으로 기록하여 통계분석표를 작성할 수 있는데, 이 통계분석표는 날짜별, 시간별, 사용자별, 소재지별로 정리되며 판매당 사용자가 본 페이지수와 매출비율, 배너 광고에 대한 사용자의 클릭수 등 여러 가지 분석이 가능하다.

이렇듯 인터넷 환경에서 관찰법은 마케팅 연구를 수행하기 위한 인기 있는 도구가 되어 제조사와 소매업체는 현실적이고 경쟁적인 맥락에서 쇼핑객과 혁신적인 마케팅 개념을 테스트할 수 있게 되었다. 온라인 스토어를 통한 소비자 관찰은 기존의 소비자 조사방법보다 더 자세한 행동 데이터를 제공할 수 있으며, 매장 내 현장 테스트보다 빠르고 비용도 저렴할 수 있다.[13]

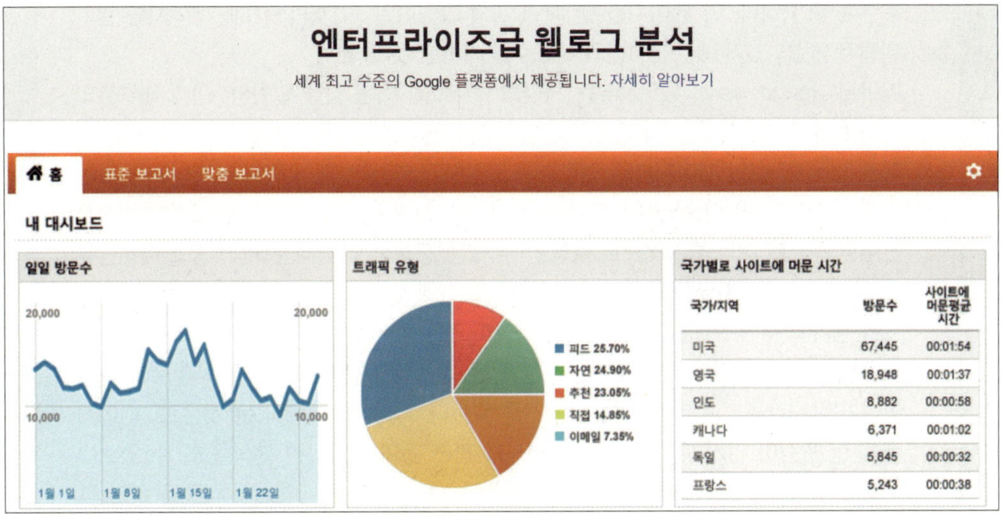

log file 분석화면 예

Internet Marketing INSIGHT 5-2

인터넷을 통한 관찰조사의 수단 웹로그파일

■ 로그파일(log file)의 정의

웹서버는 웹서비스에 대한 요청과 제공에 대한 기록을 모두 로그파일이라는 파일에 저장한다. 따라서 로그파일을 읽어보면 누가 언제 무엇을 요청했고 가져갔는지 알 수 있으며, 웹서버에 얼마나 많은 사람이 왔는지, 어디에서 왔으며, 무엇을 제일 좋아하고 싫어하는지, 가장 오래 머물거나 또는 가장 많이 보는 페이지는 무엇인지 등등을 읽어낼 수 있다. 이러한 로그파일은 웹서버가 지정하는 곳에 위치하며 웹서버 관리자가 웹서버를 설치할 때 로그파일의 위치와 기록방법 등을 지정하게 되어 있다.

■ 로그파일의 효과측정과 활용방법

로그파일 분석을 통한 웹 트래킹 측정은 웹사이트 방문자들의 다양한 사이트 방문형태를 알려주기 때문에 사이트 관리를 효율적으로 개선해 주며 전략적으로 사업을 수행할 수 있도록 하고 있다. 이러한 웹로그 트래킹을 이행하기 위해서는 기본적인 측정단위인 **히트(hits)**, **페이지뷰(page view)**, **체류시간(duration time)**, **세션(session)**, **방문자(visitor)** 등의 개념을 이해해야 한다.

- 히트(hits): 히트는 방문자가 웹사이트를 접속했을 때 연결된 파일의 숫자를 말하는 것으로 한 페이지를 전송할 때 그 안에 포함된 그래픽, HTML 등 모든 파일을 히트로 계산하고 있다. 가령 하나의 문서에 10개의 그림 파일이 포함되어 있다면 이 페이지의 히트수는 총 11이다. 이 페이지를 열 때 10개의 그림파일 + 1개의 HTML 페이지를 열기 위해서 연결되었기 때문에 11번의 히트수를 기록한 것이다.
- 페이지뷰(page view): 페이지뷰는 하나의 HTML을 보는 것을 말한다. 현재 대부분의 인터넷 광고 측정시 페이지 개념의 내용이 많이 들어 있는 marketing.htm 페이지를 열어본 경우 한 번의 페이지뷰로 인정하여 도입하고 있는데, 배너 광고가 포함되어 있는 웹페이지가 한 번 전송되면 일단 방문자가 페이지에 접속하여 광고에 노출된 것으로 간주한 것으로 여겨 효과적으로 측정할 수 있는 장점이 있기 때문이다. 광고 측정단위에서 이러한 페이지뷰를 임프레션이란 단위로 기록하고 있다. 페이지뷰는 현재 웹사이트를 평가할 수 있는 단위기준으로 가장 많이 사용하고 있는 단위이다.
- 체류시간(duration time): 체류시간은 한 방문자가 특정 웹페이지에 얼마나 오래 머물렀는가를 시간을 기준으로 기록하는 것을 말한다. 체류시간이 길다는 것은 그 페이지에 관한 관심이 많기 때문에 콘텐츠 분석과 관리 등의 효과적인 분석을 할 수 있으나 인터넷 이용자들이 여러 개의 브라우저를 동시에 띄워 놓은 상태에서 작업을 하는 경우가 많기 때문에 이러한 측정방식을 통한 결과분석이 효과적이지 못하고 있다.
- 세션(session): 세션은 한 방문자가 특정 웹사이트에 접속해서 연속적으로 페이지를 본 후 다른 사이트로 이동하는 과정을 하나의 방문으로 기록하는 것을 말한다. 예를 들면 방문자가 A 홈페이지를 방문한 후 A의 다른 페이지를 연속적으로 열어본 후 B 홈페이지로 이동한 경우 이를 하나의 세션으로 기록하고 있다.
- 방문자(visitor): 방문자는 특정 웹사이트를 한 번 이상 접속한 사용자들의 수를 파악하는 방법으로서 방문자의 증가 추이 및 충성고객 등을 파악하는 중요한 요소이다. 이러한 방문자 측정은 쿠키나 사용자 인증을 통하여 방문자의 방문경로 및 웹사이트 방문행태를 분석하여 웹사이트의 콘텐츠 관리 및 전략수립에 이용할 수 있다. 그러나 사람들이 많이 이용하는 공공장소인 학교 등에서 사용하는 경우 동일한 컴퓨터를 이용하여 사용자가 다중으로 인식되기 때문에 정확한 측정이 어려워질 수 있다.[14]

2) 인터넷 포커스 그룹 인터뷰

물리적 방법의 조사에 **포커스 그룹 인터뷰(focus-group interview)**는 보통 8명 내외의 면접대상자들을 한자리에 모이도록 하고 어떤 주제를 제시하여 그 주제와 관련된 토론을 하도록 함으로써 자료를 수집하는 것이다. 최근에는 소비자의 마음을 두드려보고 싶어 하는 인터넷 비즈니스 기업에게 가상 포커스 그룹 프로그램을 제공하는 인터넷 회사들이 매년 늘어나고 있다. 답답한 방안에 8~10명의 사람을 밀어 넣는 기술을 이용하는 오프라인 포커스 그룹 인터뷰에 비해 인터넷에서 이용하는 온라인 포커스 그룹은 구성하기 쉽고 의뢰를 한 기업에 대한 보고서도 더욱 신속하게 제출할 수 있다.

온라인 포커스 그룹을 활용하게 되면 인터넷으로부터 의뢰인의 고객 중에서 8~10명의 사람을 특정 시간 동안(90분에서 2시간 정도) 특수하게 만들어진 대화방에 초대한다. 대화방의 환경은 다양하게 조절할 수 있기 때문에 참가자들은 평가 또는 테스트용의 텍스트, 사운드, 벨소리, 비디오, 또는 멀티미디어를 활용하는 것과 모임이 진행되면서 사회자에게 사적인 메시지를 보내는 것 등을 지켜볼 수 있다. 전통적인 포커스 그룹과는 달리 모임이 종결되고 단 몇 시간이 지나면 전체 회의록을 구할 수 있다. 그리고 난 다음에는 전문 애널리스트가 완벽한 분석 보고서를 작성하고, 일주일 안으로 고객 회사에게 전달하게 된다.[15]

3) 인터넷 실험법

실험법(experimental method)은 인과관계 조사를 위하여 많이 이용된다. 조사자는 실험대상자를 둘 혹은 몇 개의 집단으로 나눈 후 인과관계의 원인이라고 추정되는 변수를 각 집단에 다르게 조작하여 그 결과가 집단들 간에 다르게 나타나는지를 봄으로써 변수들 간의 인과관계를 규명할 수 있다. 이때 주의할 점은 결과변수에 영향을 미칠 수 있으나 조사설계에는 포함되지 않는 변수, 즉 외생변수를 통제하여야 한다는 것이다.

예를 들어, 인터넷 배너 광고의 효과측정을 위한 조사에서 플래시 애니메이션과 이벤트성의 배너의 클릭률 차이를 비교하려고 한다고 가정해보자. 이때 실험을 위해 임의로 똑같은 사이트를 만들어 두 개의 배너의 클릭률의 차이를 분석한 결과 이벤트 배너에 대한 클릭률이 높았다면 이벤트 배너가 사이트 광고를 위해 더 효과가 있을 수 있겠다는 결론을 내릴 수 있다. 이러한 실험과정에서 고려해야 할 중요한 사항이 바로 **외생변수**의 제거이다. 실험에 있어 한 사이트에 접속하는 속도가 더 빨랐다거나 배너를 클릭하게 하는 다른 요인이 들어갔다면 이러한 실험결과는 타당하지 않을 수도 있다.

실제로 인터넷의 도입에 의한 가상현실의 기술진보는 마케팅조사와 자료의 활용에 있어서 새로운 기회를 제공하고 있다. 진공관의 등장으로 인해 라디오가 가정의 필수품이 되고 마이크로 칩의 등장으로 인해 PC 사용이 가능해졌으며 마찬가지로 3차원 컴퓨터 그래픽의 등장으로 여러 종류의 기업에 대한 시뮬레이션을 통해 **시험 마케팅(test-**

marketing) 같은 응용방법을 사용할 수 있게 되었다.[16]

4) 인터넷 서베이법

(1) 인터넷 서베이의 개요

인터넷 설문조사란 전산망 가입자들을 대상으로 전산망을 통하여 직접 질문지 파일을 보내거나 또는 사이트 자체에서 설문사이트를 구성하여 응답 파일을 받는 형태의 조사라고 볼 수 있다. 다시 말해서, 인터넷 설문조사는 현실세계가 아닌 인터넷이라는 사이버공간에서 이루어지는 설문조사이다. 이는 기존의 설문지가 '**하이퍼텍스트(hypertext)**'라는 인터넷의 강점을 지니고 웹페이지의 형태로 사이버공간에 위치시킴으로써 전 세계의 인터넷을 이용하는 모든 사람들을 대상으로 공개되어 있는 설문조사방법'이다.

인터넷 설문조사는 전통적인 면접, 우편, 전화를 통한 방법과는 달리 컴퓨터를 통해 설문이 실시된다는 데 차이점이 있다. 특히 PC통신 및 인터넷의 보급이 급속도로 이루어짐에 따라 최근 전통적인 자료수집의 대안으로써 주목받고 있는 것이다. 그러나 학문적인 전통성이 매우 결여되어 있고, 설문조사의 역사가 짧기 때문에 인터넷 설문조사방법의 발전과정은 컴퓨터 및 통신기술의 발전과정과도 맥락을 같이한다고 볼 수 있다.[17]

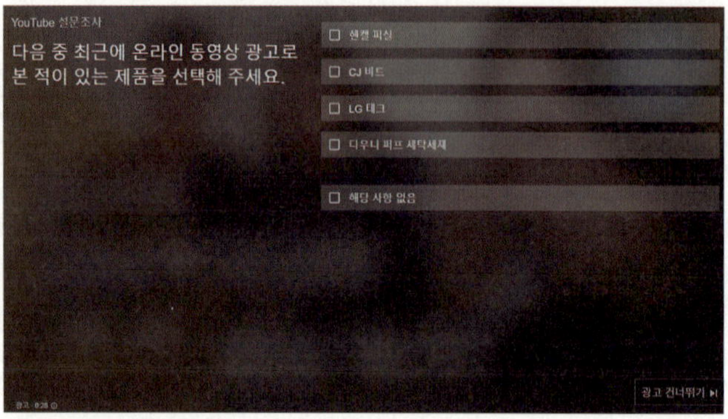

유튜브 시청시 볼 수 있는 YouTube Brand Lift Survery는 설문조사를 통해 유튜브 캠페인의 광고성과를 측정하는 무료 Survey로 인지도, 광고상기도, 구매고려도, 선호도, 구매의도, 브랜드 관심도 등에 대해 측정한다.[18]

(2) 인터넷 설문조사의 장점

과거 비대면 설문조사는 대부분 전화 인터뷰를 통해 이루어졌다. 이 방법은 일단 편리하고 검증된 수단이라는 장점은 있지만 그간 시장조사업계는 빠르게 변화하는 통신기술과 소비자의 행태에 적응하기 힘들다는 어려움을 호소하곤 했다. 아울러 이동전화 사용자, 자동응답기 사용자 증가 등에 따라 점차 **기술적 장벽(technological barrier)**이 높아지고 있었고, 소비자들 역시 하루에도 몇 통씩 걸려오는 텔레마케팅(telemarketing)의 피해 때문에 아예 자신의 전화번호를 전화번호부에서 삭제해버린 가구가 점점 늘어나는 등 기존의 방식으로는 접근하기 어려운 소비자층이 늘어나고 있었다.

그런데 인터넷은 이러한 전통적인 조사방법에 비해 상당한 장점을 보유하고 있었다. 우선 설문조사자의 입장에서는 저렴한 조사비용, 빠른 응답률, 유연성 등을 그 장점으로 들 수 있다.[19] 예를 들어, 인터넷조사는 **표본 사이즈(sample size)**가 1만 명이라고 했을 때 평균 48시간 내에 원하는 응답자의 2/3 이상에게서 응답을 얻을 수 있고, 또한 설문 응답속도 면에서도 전화 설문조사보다 35% 이상 빠르다는 장점이 있는 것이다.

또한 응답자 자신이 편리한 시간에 설문조사에 응답할 수 있다는 점, 인터넷의 특성상 다양한 화상 이미지 전달이 가능함에 따라 신제품 **콘셉트 테스트(concept test)**, 광고 스토리보드와 카피 테스트 등 기존의 설문조사방법으로는 불가능했던 영역을 커버할 수 있다는 점, 그리고 조사결과의 실시간 제공이 가능하다는 점 등이 인터넷 설문조사의 상대적 장점으로 열거되어 왔다.[20]

그림 5-3 | 인터넷 서베이의 장점 및 단점[21]

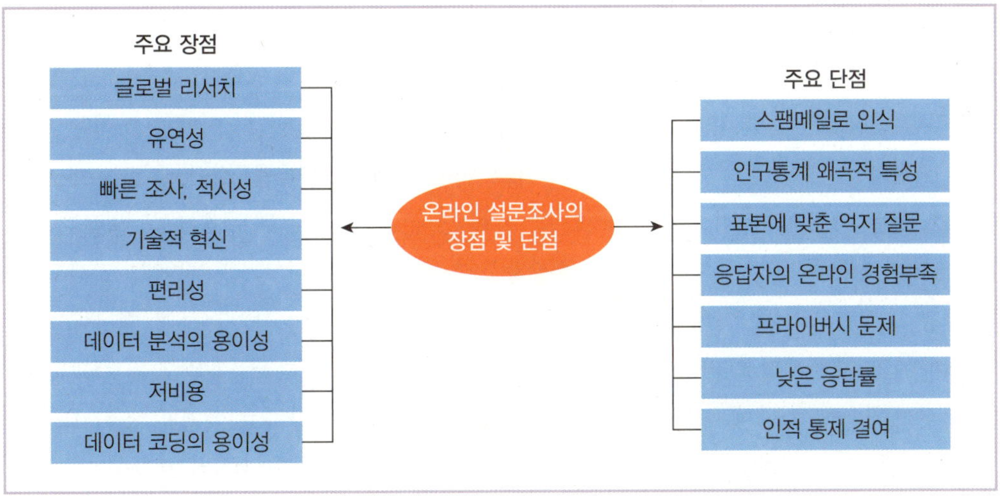

(3) 인터넷 설문조사의 단점

그러나 위와 같은 많은 장점에도 불구하고 인터넷을 조사수단으로 사용하기에는 몇 가지 결정적인 결함도 있다. [그림 5-3]에서 볼 수 있는 바와 같이 이메일 설문조사는 일반 응답자들이 **스팸메일(spam mail)**로 인식해서 바로 삭제해버리는 경우가 많으며 이러한 경우 낮은 응답률을 기록할 수밖에 없다. 또한 소비자들이 온라인에 익숙하지 않은 경우라면 응답 자체가 매우 까다롭게 느껴질 수 있으며, 이 밖에 프라이버시 문제라든지 인적 통제가 이루어지지 않기에 응답자들의 자의적 응답 및 진실성이 결여될 수 있는 부분도 존재하는 것이다.[22] 그리고 무엇보다도 중요한 단점으로 조사방법론에 대해 조금이라도 지식이 있는 사람은 기본적으로 모든 확률과 통계가 **확률적 추출**(probabilistic sampling)에 근거하고 있다는 사실을 굳게 믿고 있다. 1,000명의 응답에 근거한 조사를 통해 100만 명에 대한 추론, 예측이 가능한 것은 무엇보다도 이 **표본**(sample)이 **모집단**(population)을 대표한다는 **가정**(assumption)에 근거하며, 이 근간에는 표본이 모집단으로부터 **임의추출**(random sampling)됐다는 확률적 추출의 원칙이 있다.

이와 비교해서 제기되는 인터넷 설문조사의 문제는 인터넷에서 수행되는 조사의 많은 부분이 **비확률적 추출**(non-probabilistic sampling)에 근거한다는 것이다. 가령 웹사이트에 조사 설문지를 꾸며 놓고 배너 광고를 통해 인터넷 사용자들을 끌어들여 1만 명의 응답을 단 하루만에 얻어냈다고 하자. 이때 조사전문가라면 누구나 오류를 지적할 수 있다. 즉, 전체 인터넷 사용자 중 해당 배너 광고를 본 사람, 그 중에서도 배너 광고를 클릭한 사람, 또 그 중에서 끝까지 설문조사에 응답한 사람의 결과이기 때문에, 이는 전체 샘플 프레임인 일반 인터넷 사용자와는 상이한 성향을 지닌 일부 특정 그룹의 결과 요약에 불과할 수 있다는 지적이 나올 수 있는 것이다.

이러한 문제점은 이메일을 이용한 설문조사에도 그대로 적용된다. 이메일 조사는 조사자가 사전에 이메일 리스트를 확보하고 이를 이용한 **임의표본추출**(random selection)이 가능하다는 장점이 있다. 그러나 일반 전화 설문조사시 전화번호부를 **샘플프레임**(sampling frame)으로 이용하여 조사 대상자를 추출하는 것과는 달리, 이메일 조사의 경우 해당 모집단의 전체 이메일 리스트를 가지고 있는 것이 거의 불가능하기 때문에 역시 웹 서베이와 마찬가지로 비확률적 추출의 문제점을 피할 수 없다는 단점 또한 간과할 수 없는 것이다. 즉, 시중에 나와 있는 특정 이메일 리스트를 구입하고 여기서 조사 대상자를 임의추출한다고 해도 이 리스트 자체가 모집단의 성향과 일치한다는 보장이 없는 한 앞에서 열거한 문제점에서 벗어날 수 없는 것이다.

만약 추론의 대상인 모집단이 인터넷을 사용하지 않는 사람까지 포함한 전체 일반인이라면 문제는 더욱 복잡해진다. 누구나 쉽게 인터넷 사용자층과 일반인과의 인구통계학적 · 사회심리학적인 차이가 있음을 지적할 수 있기 때문이다. 비록 미국 인터넷 사용자가 전체 가구의 60%를 넘어서고, 그 인구통계학적 특성이 일반인과 점차 비슷해지고 있다고 하더라도, 아직 인터넷 사용자는 일반인에 비해 젊고 교육수준이 높은 성향을 보이고 있다. 특히 인터넷 사용자들은 정치 · 사회문제에 적극적인 참여 성향을 보이고 기술에 대한 수용 태도에 있어서 오프라인 층에 비해 훨씬 개방적이기 때문에 인터넷 조사결과를 일반인에게 그대로 적용하기에는 무리가 많은 것이다.[23]

Internet Marketing INSIGHT 5-3

적극적 소수가 지배하는 인터넷 여론의 허점

미국의 어느 칼럼니스트가 방송에서 '만일, 여러분들이 자식을 다시 가질 수 있다면 그렇게 하시겠습니까?'라고 질문을 했다. 이 방송을 본 시청자들이 편지로 자신의 의견을 제시하였고, 몇 주가 지난 후에 그 칼럼니스트는 질문에 응한 약 10,000명의 부모 중 70%가 '자식을 다시 갖지는 않겠다'고 답했다고 발표했다. 30%만이 자식을 다시 가지겠다고 응답한 것이다. 하지만 몇 달 후에, 리서치사가 통계적으로 계획하여 실시한 여론조사의 결과는 달랐다. 미국 부모의 91%가 '자식을 다시 가지겠다'라고 답하였다.

리서치사의 조사결과처럼 자식을 다시 가지겠다는 사람이 91%라고 가정하고 이야기를 풀어보자. 이 91%의 자식에 대해 큰 불만이 없는 사람들 중에 칼럼니스트의 방송 중 질문에 '적극적이고 자발적으로' 찬성 응답을 할 사람은 얼마나 될까? 별로 없을 것이다. 그런 반면 9%의 자식 때문에 고생하는 '소수의' 사람들은 적극적으로 편지를 보내었고, 70%라는 부정적인 조사결과를 만들어내었다.[24]

온라인 환경이 가짜 뉴스, 여론 조작 같은 공격에 왜 취약점을 보일까. 인터넷상에서는 누구나 의견을 자유로이 표출 가능한 것처럼 보이지만 실상은 소수의 힘으로 여론을 쉽게 독점하는 게 가능하다는 것이 밝혀졌다.

한국과학기술정보연구원(KISTI)은 경남과학기술대 · KAIST 연구진과 함께 인터넷 백과사전, 논문 · 특허 등의 진화 양상을 빅데이터로 분석해 집단지성 형성 과정의 규칙성을 밝혀냈다고 밝혔다. 또 이를 바탕으로 모든 집단지성에는 시간이 흐를수록 소수의 영향력이 커지는 '지식의 독점화'가 점점 심해지고 있다는 진단을 내놓았다. 연구결과는 세계적 과학저널 네이처의 자매지 '네이처 인간행동' 온라인 판에 실렸다.

연구팀은 복잡한 빅데이터 속에서 규칙성을 찾아내기 위해 '복잡계(complex systems) 방법론'을 도입해 대규모 집단지성 분석을 시도했다. 먼저 위키피디아를 비롯해 세계 273개 언어로 쓰인 863개 위키미디어 프로젝트의 성장을 각각 측정해 변화 양상을 분석했다. 그 결과 모든 데이터에서 시간이 지날수록 성장 속도가 둔화하고 있음을 발견했는데, 새로 글을 올리는 사람이 점점 줄어드는 게 그 원인이었다.[25]

(4) 인터넷 설문조사의 단점 해결방안

앞에서 논의되었던 인터넷 서베이의 다양한 단점 중 스팸메일로 인식부분은 타깃적합적인 이메일을 보내는 것이나, 간단한 문항을 갖춘 설문이나, URL로 바로 링크되도록 함으로써 어느 정도 해결이 가능하며 낮은 응답률 및 프라이버시 문제는 적절한 보상과 응답자친화적인 기술로 해결할 수 있을 것이다([그림 5-4] 참고).

이에 대한 좋은 사례로 1995년 파인(Find)사는 조사표본추출에 관한 왜곡문제를 최소화할 수 있는 두 가지 방법을 시도하였다. 첫째는 우선 유즈넷 그룹에서 조사대상의 전자우편 주소를 수집하는 것이었는데, 유즈넷에 존재하는 많은 집단 중 n번째마다 해당하는 집단을 추출하고, 또한 집단에 참가하고 있는 사용자 중에서 n번째에 해당하는 전자우편 주소 바로 앞의 것을 추출하는 방법이다. 조사표본을 추출하기 위해 유즈넷을 선택한 것은 최대 규모의 인터넷 활동 집단이기 때문이다. 두 번째 방법은 전화조사를 병행하여 화답한 사람이 조사대상으로 되어 있는 본인인지를 확인하는 방법이다.

그림 5-4 | **인터넷 서베이의 단점 및 해결방법**[26]

주요 단점		해결방법
스팸메일로 인식	➡	타깃적합적 이메일, 짧은 설문, URL 링크
인구통계 왜곡적 특성	➡	인구통계 집단별로 할당된 패널 운영
표본에 맞춘 억지질문	➡	할당표본추출
응답자의 온라인 경험부족	➡	간단한 클릭으로 설문에 접근, 답하기 쉬운 설계
프라이버시 문제	➡	명확하고 응답자친화적인 정책
낮은 응답률	➡	적절한 보상, 재미를 갖춘 설문조사 기술
인적통제 결여	➡	응답자 이름 포함, 생일축하카드 전송

표본추출 문제의 또 다른 해결책으로는 렐러번트 놀리지(Relevent Knowledge)사가 사용하는 인터넷 패턴 방식이 있다. 이는 '**단일 원천 데이터 시스템(single source data system)**'이라고 하는 것으로 마케팅조사에 협력하는 것에 동의한 사람들로 구성된 패널로 설문수고에 대한 사례금을 지급하거나 제품의 샘플을 사용하기도 한다. 최근의 많은 리서

치 회사는 패널의 조사에 대한 보상을 통해 객관적인 데이터를 확보하기 위해 노력하고 있다.

대규모패널보유 및 관리 : 온라인 패널 보유현황(1,212,345명 /2010년 12월 기준)

- 와이즈리서치 프로패널(www.propanel.co.kr)은 자체 패널 + 제휴사 패널 120여 만 명의 국내 최대 패널을 구축하고 있습니다.
- 온라인 패널은 대규모 패널로서 높은 신뢰도와 정확성을 보장합니다.
- 조사대상 선정과정을 통해 조사결과의 신뢰성 및 대표성을 확보할 수 있습니다.

구분	추계인구(통계청)	프로패널 구성
남	49.9%	43.4%
여	50.1%	56.6%
15 ~ 19세	9.7%	18.4%
20 ~ 29세	23.1%	34.8%
30 ~ 39세	25.8%	27.9%
40 ~ 49세	25.2%	10.9%
50 ~ 59세	16.1%	3.8%

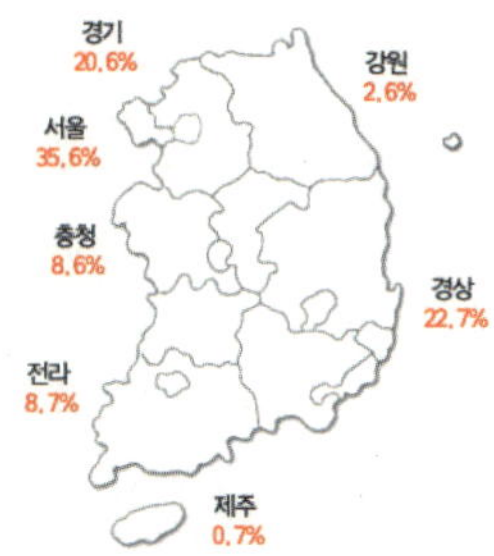

인구통계적으로 지역적으로 적절히 할당된 표본을 구축하는 것이 중요하다. 사진은 패널구성 예(와이즈리서치: http://www.snscon.com/)

(5) 인터넷 설문조사의 유형

■ 이메일을 통한 설문조사 방법

이메일을 통한 설문조사 방법은 단순 이메일과 설문프로그램을 첨부한 이메일로 나누어 볼 수 있는데, 먼저 단순 이메일은 가장 일반적으로 활용되는 전자우편 조사의 형태로서 설문은 모든 시스템 환경에서 사용가능하도록 ASCII 파일형태로 전달되어진다. 응답자는 설문에 의견을 표시하여 재발송하게 된다. 그러나 설문의 레이아웃이 제한적이고, 응답자의 표준화되지 않은 프로그램 장비의 문제와 자료의 처리가 매우 힘들다는 단점이 있다. 그리고 설문프로그램 **첨부 이메일(disk by email)**은 전자우편에 설문프로그램을 첨부하는 형태를 말하는데, 응답자들은 첨부된 프로그램을 다운로드한 후 실행시켜 질문에 답을 하게 된다. 작성된 파일은 다시 발송되게 된다. 단순 전자우편 방법보다 조금 복잡하지만 설문의 혼합과 문항의 통제 등이 자유로운 장점이 있다. 그러나 이 방법은 인터넷에서는 잘 사용되지 않는다. 파일의 크기문제와 방화벽을 통해 거부되어질 수 있기 때문이다.

■ 웹사이트에 기반한 설문조사 방법

정적 또는 동적인 HTML문서로서의 인터넷 설문지는 사용자의 도메인과 IP주소, 브라우저, 운영체제, 응답자 출신 및 웹주소, 설문조사 시작시간과 특수한 경우 응답자의 이메일도 수집할 수 있는 장점을 가진다. 또한 가장 큰 장점으로 사용자 인터페이스가 뛰어나다는 점과 인터넷의 잠재성을 업고 접근의 다양성을 줄 수 있다는 점을 들 수 있다.[27]

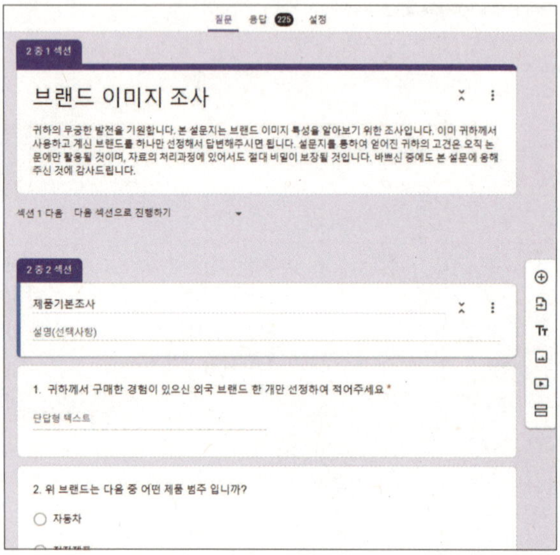

구글 Form[29]

최근에는 유명 포털들이 설문조사 디렉토리를 제공하고 있다. 사진에서 볼 수 있는 **구글 설문지(Google Forms)**는 웹 기반 구글 문서 편집기 제품군의 일부로서 포함된, 구글이 제공하는 설문관리 소프트웨어로 상당히 쉽고 편리하다는 장점이 있다.[28] 이 앱을 통해 사용자는 다른 사용자들과 실시간으로 협업하면서 온라인으로 설문지를 만들고 편집할 수 있다. 수집된 정보는 자동으로 스프레드시트에 입력되고 간단한 분석도 가능하다.

| 표 5-2 | 웹사이트를 평가하기 위한 간단한 설문[30]

번호	질문	매우 나쁨	나쁨	평균	좋음	매우 좋음
1	웹사이트 접근성	1	2	3	4	5
2	콘텐츠	1	2	3	4	5
3	그래픽	1	2	3	4	5
4	구조	1	2	3	4	5
5	사용자친화성	1	2	3	4	5
6	내비게이션	1	2	3	4	5
7	유용성	1	2	3	4	5
8	독특성	1	2	3	4	5
9	온라인 거래	있음	없음			
10	사이트 사용료	있음	없음			

5) 자료의 분석 및 해석

1차 자료의 수집 다음 단계는 수집된 자료에서 관련되는 결과를 도출하는 것으로 조사자는 자료를 도표화하며, 또한 도수분포를 작성하고, 주요 변수를 기준으로 하여 평균과 편차의 측정치를 계산한다. 조사자는 추가적인 결과를 발견하기 위하여 발전된 통계적 기법과 의사결정모델을 이용한다.[31] 아직까지 질적 연구는 여전히 활용도가 낮으며, 정성적 조사의 방법론적 논의조차 최근 연구에서는 많이 논의되고 있지 않지만[32] 많은 조사기관들은 최근 질적 연구를 수행하고 있으며 이에 대한 결과를 의사결정에 활용하고 있다.

6) 조사결과의 보고

결과보고는 조사의 개요와 절차 및 발견사항들(findings)을 포함하여야 하며 또한 결과보고서는 마케팅조사 전문가들이나 이해할 수 있는 조사전문용어나 통계용어들을 지양하여 마케팅 관리자가 이해할 수 있도록 표현되어야 한다. 그리고 사진에서 볼 수 있듯이 다양한 시각화 자료를 통해서 쉽게 이해시킬 수 있는 보고서를 작성해야 한다. 마케팅조사는 그 자체에 목적이 있는 것이 아니라 의사결정을 위한 정보제공수단으로서 그 가치가 있음을 다시 한번 명심할 필요가 있다.

다양한 자료의 시각화 양식들[33]

제3절 데이터마이닝과 빅데이터 분석

1. 데이터의 중요성

기술 커뮤니티에서 자주 듣는 유명한 속담으로 '**데이터는 새로운 오일**'이라는 말이 있다. 오늘날 세계에서 가장 가치 있는 기업은 가장 많은 양의 데이터를 가지고 있는 기업이라는 것이다. 물론 데이터의 양뿐만 아니라 품질도 중요하다.

전문가들은 데이터가 오일보다 더 가치 있다고 주장하기도 한다. 과거 오일을 통해 이익을 얻는 기업은 극소수에 불과했다. 그러나 오늘날 많은 사람들이 인공지능과 기계학습의 기본 내용을 학습하고, 이러한 기술들을 이용하여 가치 있는 도구를 만들 수 있고 온라인에서 무료 데이터 소스에 쉽게 액세스할 수 있게 된다면 누구든지 데이터로부터 이익을 얻을 수 있을 것이다.[34]

그러나 우리가 흔히 간과하는 부분은 많은 데이터에서 정확한 정보를 얻어내는 작업은 상당히 어렵고 번거로운 작업이라는 것이다. 머신러닝 프로젝트에서 작업시간의 80퍼센트는 데이터를 삭제하는 데 쓰인다. 이렇게 삭제해야 하는 데이터 중에는 존재하지도 않는 곳에 제품을 배송했다는 기록도 있고 문을 열지도 않은 매장에 제품을 팔았다는 기록도 있으며, 그저 할인 쿠폰을 한 장 더 받겠다는 목적으로 고객이 하나 더 만든 이메일도 있다. 어려운 부분이 있지만 이러한 데이터 정제 작업은 매우 중요하다. 이렇게 조금씩 데이터가 유용한 정보를 드러낼 수 있도록 준비한 다음 활용할 수 있도록 해야 한다.[35]

2. 데이터의 종류

데이터(data)라고 하면 숫자나 통계자료 같은 표를 연상하기 쉽다. 그런데 데이터를 영영사전에서 찾아보면 'records' 또는 'facts'로 기술되어 있다. 즉 데이터는 사실에 대한 기록이다. 그러나 데이터를 오직 숫자로만 기록할 필요는 없다. 문자나 문장, 그 외의 어떤 형태로든 **자연언어(natural language)**로 이해할 수 있게 표현된 것은 모두 사실을 나타내는 기록으로 볼 수 있으므로 여러 종류의 데이터가 존재할 수 있다.

구체적으로는 고객의 실제 거래를 나타내는 거래 데이터, 고객이 물건을 살 때 등록을 하거나 우편 거래를 할 때 제공하는 신상에 관한 인구통계 자료인 고객 프로파일 데이터,

고객 또는 선택한 응답자에게 질문을 주고 그에 대한 반응을 알아내는 설문 데이터, 인터넷이나 웹사이트에서 고객이나 특정인의 실제 행동을 관찰해 얻는 관찰 데이터 그리고 특정 사실을 텍스트로 서술하고 기록해서 얻는 텍스트 데이터 등이 있다.

최근에는 데이터를 **정형 데이터(structured data)**와 **비정형 데이터(unstructured data)** 두 가지 유형의 데이터로 분류하기도 한다.[36] 최근의 빅데이터나 AI 등의 기술 발달은 비정형 데이터에 대한 관심을 확대시키고 있다. 비정형 데이터는 텍스트뿐만 아니라 이미지, 비디오와 같이 분석하기 더 어려운 데이터 유형이 포함된다. 메릴린치(Merrill Lynch)는 전 세계 모든 비즈니스 데이터의 80~90%가 비정형 데이터라고 추정했다. 즉 이러한 비정형 데이터 분석은 매우 가치 있는 일이다. AI의 개발로 더 많은 비정형 데이터를 분석할 수 있게 되었고, 그 결과분석 결과를 추천과 예측에 이용할 수 있게 되었다. 미래에는 사회 전반에서 활용되는 AI 도구에 강력란 애널리틱스 기능을 적용할 수 있게 될 것이다.[37] 먼저 정형적 데이터를 구체적으로 데이터를 기록된 형태, 수집과정, 처리 또는 분석 기법 등의 기준으로 나누어 [표 5-3]과 같이 비교해볼 수 있다.

| 표 5-3 | 데이터의 종류[38]

	구체적 예	데이터 형태	데이터 수집과정	분석기술과 기법
거래 데이터	거래내역, RFM	숫자, 부호, 문자	고객과의 실제 거래과정의 부산물, 보통 거래전산시스템을 통해 자동적으로 얻어짐	데이터마이닝에서 주로 쓰이는 기법들과 그 외 계량적인 기법을 많이 사용
고객 프로파일 데이터	신상명세, 인구통계자료	숫자, 부호, 문자, 텍스트	고객이 물건을 사기 위해 등록하거나 우편주문 거래시 신상자료를 기입할 때 얻어짐, 사설 데이터 또는 리스트 회사에서 구입하기도 함	보통 거래 데이터와 같은 계량적 기법을 사용
설문 데이터	구매의향, 선호도, 고객만족도	숫자, 부호, 문자, 텍스트	시장조사 전문가들이 설문지 등을 만들어 일회적 또는 정기적으로 설문조사를 실행해서 데이터를 수집	통계기법과 계량적인 기법 등을 주로 사용
관찰 데이터	클릭 스트림(click stream)	숫자, 부호, 문자,	웹사이트를 방문한 고객의 모든 클릭 스트림이 따로 로그파일에 자동적으로 찍히게 됨으로써 얻어짐	부문화를 통한 데이터 가시화 기법과 계량적인 마이닝 기법을 사용
텍스트 데이터	이메일, 웹페이지, 편지	문자, 텍스트	문서나 커뮤니케이션 원문이 디지털화를 통해 수집됨	텍스트마이닝에 쓰이는 분석기법들을 주로 사용

1) 거래 데이터

거래 데이터는 고객이 상품을 구입할 때 기업의 전산시스템을 통해 자동으로 포착되어 데이터베이스에 저장된다. 거래 데이터는 개별고객의 구입품목, 구입량, 구입빈도, 구입 날짜, 구매의 최근성 등을 포함한 거래이력 및 거래에 관련된 모든 데이터를 말한다. 과거에는 기술이나 기법이 발달하지 않아서 거래 데이터의 분석이나 활용이 보편화되거나 용이하지 않았다.

그러나 컴퓨터 기술의 발달과 **머신러닝(machine learning)** 분야의 발전으로 거래 데이터의 분석이 실용화되었고, 많은 산업부분으로 급속도로 보급되었다. 많은 기업들은 중요한 비즈니스 정보를 거래 데이터를 분석하는 데이터마이닝을 이용해 한층 과학적인 의사결정을 함으로써 비즈니스 성과를 향상시켰다.

2) 고객 프로파일 데이터

고객 프로파일 데이터(customer profile data)는 주로 고객이 물건을 구입할 때 주문서에 기입하거나 고객으로 등록할 때 고객이 제공하는 신상에 관한 데이터를 말한다. 고객 프로파일링 데이터는 많은 경우 거래 데이터와 함께 수집되는데, 보통 고객의 이름, 주소, 나이, 성별, 전화번호, 직업 등을 포함한다.

개별고객 신상에 관한 데이터는 고객 세분화를 한 후 특정 고객군을 프로파일하여 고객들의 특징을 이해할 때 주로 쓰인다. 예를 들어, 신규고객 유치를 위한 마케팅 캠페인을 할 때 우량고객으로 특성을 밝혀 그들과 유사한 고객을 목표고객으로 정하면 신규고객이 우량고객으로 될 가능성이 높아진다. 이때 우량고객의 특성과 인구통계적인 프로파일을 파악하기 위해 고객 프로파일 데이터를 사용한다. 그러나 고객 프로파일 데이터는 쉽게 업그레이드하기가 어렵고 신상자료 제공을 거부하는 고객들이 더러 있어서 많은 경우 부실한 데이터가 된다. 그래서 이를 보완하기 위해 외부의 리스트 회사와 같은 데이터 회사로부터 구입해 사용하기도 하지만 매칭률이 낮을 때는 이용하는 데 어려움이 많다.

3) 설문 데이터

설문 데이터(survey data)는 시장조사를 통해, 즉 구매의향 또는 선호의 정도 등 응답자의 주관적인 생각을 물어서 얻는 1차 데이터이다. 이 데이터는 응답자가 자신의 의향을 답변할 때 설문의 실제 상황을 충분히 이해하지 못하고 있거나 자신이 당면할 수 있는 모든 제한사항들을 염두에 두지 못한 채 응답하게 되면 설문 응답과 실제 행동과의 차이가 있을 수 있으므로 설문 데이터에 대한 해석을 조심스럽게 해야 한다.

설문 데이터는 신축성 있게 설문지를 구성할 수 있으므로 필요한 어떤 데이터, 즉 단순히 **양적인 데이터(quantitative data)**뿐만 아니라 **질적인 데이터(qualitative data)**도 얻을 수 있고 심지어 **개방형 질문(open-ended question)**을 통해 텍스트 데이터도 얻을 수 있다.

4) 관찰 데이터

현재의 **관찰 데이터(observation data)**는 웹 활동에 대한 데이터에 주로 한정되어 있다. 어느 웹사이트를 방문한 고객이 그의 컴퓨터에서 사용하는 웹브라우저에 요청을 보내면 그 웹사이트의 웹서버가 그 요청에 반응해 관련된 여러 파일을 보내게 된다. 이때 웹서버가 파일의 입출력을 기록하게 되는데 이 기록을 담고 있는 것을 로그파일이라고 부른다. **로그파일(log file)**에 포착되는 것을 보통 관찰 데이터라고 하는데 이는 웹사이트를 방문한 고객의 그 웹사이트 내에서 하는 모든 움직임을 관찰하듯이 포착할 수 있기 때문이다.

또한 방문고객이 하는 행동이 컴퓨터 마우스의 클릭의 연속으로 나타나기 때문에 관찰 데이터를 **클릭 스트림(click stream)**이라고도 부른다. 일반적으로 많은 방문자들의 웹사이트에서의 행동을 기록하기 때문에 로그파일은 매우 큰 파일들이다.

5) 텍스트 데이터

텍스트 데이터(text data)란 특정 구조를 갖추지 못한 텍스트 형태의 데이터를 말한다. 여기에는 디지털화된 또는 디지털화가 가능한 모든 텍스트 문서들, 즉 책, 신문, 잡지, 정기간행물, 이메일, 데이터베이스, 편지, 메모, 웹페이지, 전문출판물 등이 포함된다. 이러한 텍스트 데이터는 기업 내에서, 고객과 기업 사이에서 또는 기업과 기업 사이에서 의사소통의 결과로 생겨나는 경우가 많다. 그러므로 하루에도 엄청난 양의 텍스트 데이터가 생성되고 저장된다. 텍스트 데이터는 단순한 숫자나 부호가 제공할 수 있는 것보다 더 많은 양의 정보를 줄 수 있는 장점을 갖고 있으며 많은 기업들이 텍스트 데이터의 유용성을 인식, 많은 관심을 기울이고 있고 그 중요성이 날로 높아가고 있다.[39]

3. 데이터마이닝의 정의 및 작업유형

1) 데이터마이닝의 정의

데이터마이닝이란 자동화되고 지능을 갖춘 데이터베이스 분석기법으로 1990년대 초반부터 **지식발견**(KDD: Knowledge Discovery in Database), **정보발견**(information discovery), **정보수확**(information harvesting)의 이름으로도 소개되어 왔는데, 일반적으로 '**대량의 데이터로부터 새롭고 의미 있는 정보를 추출하여 의사결정에 활용하는 작업**'으로 정의된다. 용어에 '채굴하다'라는 의미의 'mining'을 포함시킨 이유는 데이터로부터 정보를 찾아내는 작업이 마치 금이나 다이아몬드를 발견하기 전의 수많은 흙과 잡석들을 파헤치고 제거하는 것과 유사하다는 데에 기인한다.[40]

현재 서적이나 논문을 보면 데이터마이닝과 지식발견이라는 용어를 혼용해서 사용하는 경우가 많아 혼동하기 쉽다. 개념이 소개되던 초창기에는 데이터마이닝이라는 용어는 통계학자, 데이터베이스 연구가, 그리고 기업체에서 사용한 반면, 지식발견의 경우는 인공지능이나 전문가시스템 관련 연구에 주로 등장하였기 때문이다. 여기서는 지식발견을 데이터로부터 유용한 정보를 발견하는 프로세스의 전 과정이라고 정의하고, 데이터마이닝은 지식발견 프로세스 중에서 데이터로부터 정보를 추출하기 위해서 기법을 적용하여 유용한 모형을 얻는 특정 단계라고 정의한다.[41]

데이터마이닝은 어떤 특정 산업에만 한정되는 것이 아니다. 데이터마이닝은 인텔리전트 기술과 데이터에 잠재되어 있는 숨겨진 지식의 가능성을 탐구하고자 하는 열정을 요구한다. 대부분의 기업은 다음을 위해 데이터마이닝을 하게 된다.

■ 지식의 발견

지식발견의 목적은 기업의 데이터베이스에 저장되어 있는 데이터로부터 감추어진 뚜렷한 관계, 패턴 혹은 상관관계를 찾아내는 것이다.

■ 데이터의 시각화

분석가는 기업 데이터베이스에 저장되어 있는 거대한 양의 데이터로부터 무엇인가 의미 있는 정보를 만들어내어야 한다. 모든 분석에 앞서 분석의 목적은 분석가가 다루어야만 하는 데이터를 이해하고 데이터를 시각화할 수 있는 현명한 방법을 찾는 것이다.

■ 데이터 정제

거대한 데이터베이스를 통합하는 동안 많은 기업들은 데이터가 완벽하지 않으며 잘못되고 모순된 정보를 포함하고 있다는 것을 발견하게 된다. 데이터마이닝 기술은 이러한 문제를 찾고 교정하는 데 가능한 일관된 방법으로 도움을 줄 수 있다.[42]

아메리칸 익스프레스(American Express) 등의 신용카드 회사들이나 카탈로그 우편판매회사, 전화회사, 공공설비회사, 은행, 그리고 보험회사들은 방대한 분량의 고객 프로필 데이터를 가지고 있다. 이런 기업들은 분석을 요구하는 **데이터웨어하우스(data warehouse)**가 있다. IBM이나 **앤더슨 컨설팅(Anderson consulting)**, EDS 같은 기업들은 데이터마이닝 서비스를 제공하는데, 이것은 고도로 분석적이고 통계적인 기법을 사용하여 고객에 관한 흥미 있는 패턴이나 새로운 사실을 파내는 것이다. 한 예를 들어보면 [표 5-4]와 같다.

표 5-4 | 데이터마이닝 사례

고객수가 2백만 명이 넘는 어느 선두 의류 카탈로그 판매회사는 IBM에게 자사의 데이터를 파내어 고객집단을 발견해달라는 용역을 맡겼다. 그 결과 IBM의 조사원들은 지금까지 사용한 5개 세분시장과 50개의 틈새시장 이외에 5천 개의 세포시장을 찾아냈다. IBM은 이 의류 카탈로그 회사의 고객 850명이 파란 셔츠와 빨간 넥타이를 하나씩 구매했다는 것을 발견했다. 이것이 흥미로운 이유는 이들이 그 기업의 다른 고객들에 비해 감색 재킷을 구매하는 데 더 많은 관심을 가질 수 있기 때문이다. 이 회사가 이 850명의 고객에게 감색 재킷을 특별가에 판매한다는 편지를 보낸다면 반응률이 높을 수도 있다는 것이다.

2) 데이터마이닝 작업유형 및 활용

데이터마이닝은 데이터에 내재하는 데이터 간의 관계, 패턴, 규칙을 발견하는 것에 그 목적이 있으며 작업유형은 데이터마이닝을 통해 최종적으로 얻고자 하는 정보가 어떤 종류인가에 따라 구분될 수 있다. 데이터마이닝을 통해 도출되는 정보의 종류는 다양하지만 [표 5-5]의 4가지 작업유형으로 분류되어 설명될 수 있다.[43]

| 표 5-5 | 데이터마이닝의 작업유형과 가용 분석기법[44]

작업유형	분석기법
분류규칙(classification)	판별분석(discrimination analysis) 의사결정나무(decision tree) 신경망(artificial nerual network)
예측(prediction)	회귀, 시계열분석(regression, forecasting) 동시발생 매트릭스(co-ocurrence matrix) 의사결정나무(decision tree) 신경망(artificial nerual network)
연관규칙(affinity grouping or association rules)	장바구니분석(market basket analysis) 연결분석(link analysis) 동시발생 매트릭스(co-ocurrence matrix)
군집화(clustering)	군집분석(cluster analysis) K평균군집화(k-means clustering) 동시발생 매트릭스(co-ocurrence matrix) 신경망(artificial nerual network)

1) 분류규칙

분류(classification)는 데이터마이닝에서 가장 많이 사용되는 작업으로 부류값이 포함된 과거의 데이터로부터 부류별 특성을 찾아내어 분류모형을 만들고, 이를 토대로 새로운 레코드의 부류값을 예측하는 것을 말한다. 예를 들어, 한 통신기기 판매업자가 자사 상품의 프로모션을 위해 대상고객을 선정하기 위해 임의로 고객표본을 추출하여 우편물을 발송하였다고 가정하면 여기서 분류규칙을 발견하는 작업이란 고객표본 중에서 '예'라고 대답한 고객들과 '아니오'라고 대답한 고객들을 분리해 내고 각 그룹들의 고객특성을 찾아내는 것이다. 분석결과 '예'라고 응답한 고객들은 나이나 거주지에 상관없이 직업이 자영업이거나 43세 이하의 고용직 또는 직업은 없으나 강남에 거주한다는 특성을 가지고 있다는 것을 찾았다면 이러한 규칙을 바탕으로 고객 전체의 모집단에서 프로모션 대상을 선정한다면 낮은 비용으로 구매 가능성이 높은 고객만을 상대로 표적 마케팅을 전개할 수 있게 된다.

이 작업유형의 다른 예로는 다음과 같은 것이 있다.

- 카드회사의 결제금액 및 결제기일 여부를 바탕으로 고객을 1등급에서 5등급까지 나누는 신용평가 작업
- 슈퍼마켓 방문고객 중 우량고객 또는 휴면고객을 선정하여 이의 인구통계적, 구매실

적상의 특성을 설명

- 고객을 몇 개의 집단으로 분류하고 집단별로 특성을 발견

그림 5-5 | 분류규칙의 적용사례[45]

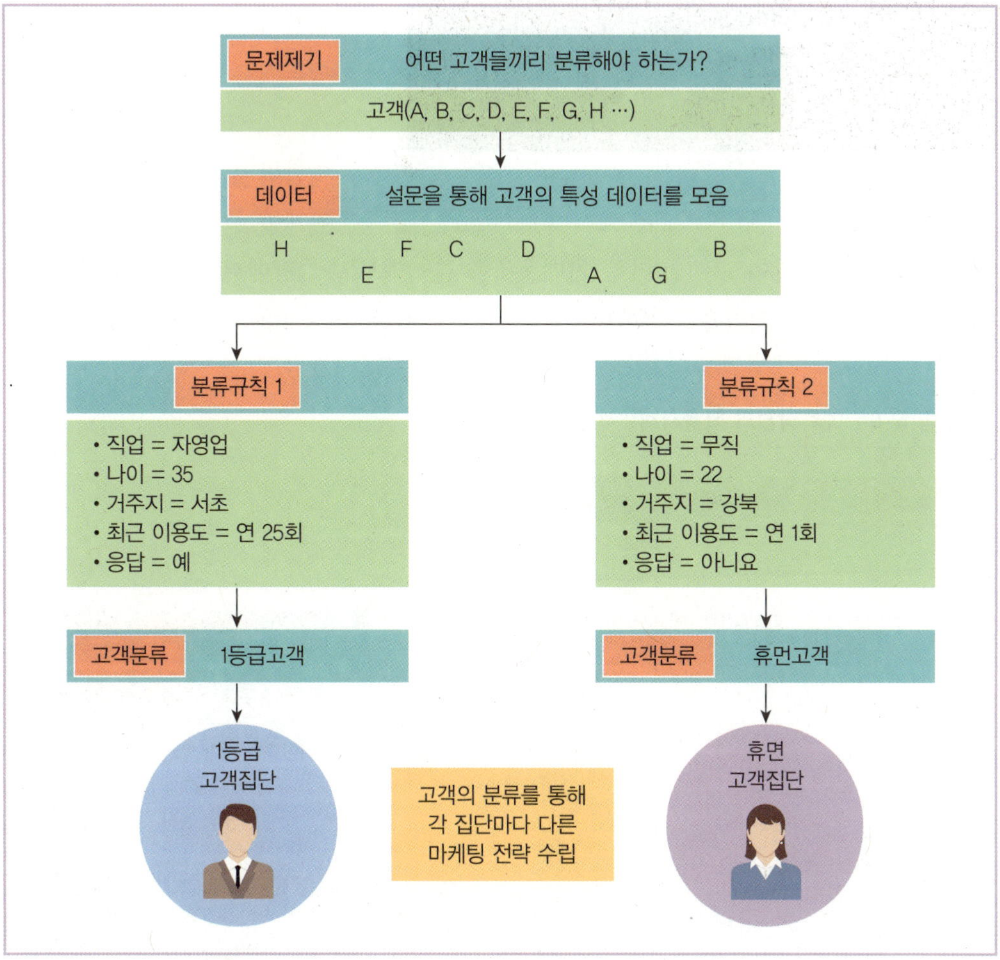

2) 예측작업

예측작업(prediction)은 데이터 내 변수들 간의 영향관계 또는 인과관계를 분석하여 어떤 현상을 설명하고 예측하는 것을 의미한다. 예를 들어, 데이터베이스 마케팅 담당자가 이탈이 예상되는 고객을 미리 알아내어 고객이탈을 방지할 수 있는 충성도 프로그램을 전개한다면 기업의 수익향상에 크게 기여할 수 있게 된다. 이때 필요한 작업유형이 예측작

예측이 중요한 부분은 대표적으로 주식시장이 있다.[46]

업이다. 과거 데이터로부터 고객이탈에 미치는 영향변수 또는 매개변수들이 무엇인지를 찾아내고 이들 변수들이 어느 정도로 영향을 미치고 있는지를 알아내어 예측모형을 만들고 이를 이용해 고객이탈방지 마케팅 프로그램을 전개할 수 있게 된다. 예를 들어, [그림 5-6]과 같이 고객별 제품 거래품목을 분석해보면 그림에서 A를 구매한 고객들은 뒤에 E를 구매하고 있음을 알아내어 A의 교차판매품목으로 E를 고려할 수 있게 된다.

그림 5-6 | 예측작업의 적용사례[47]

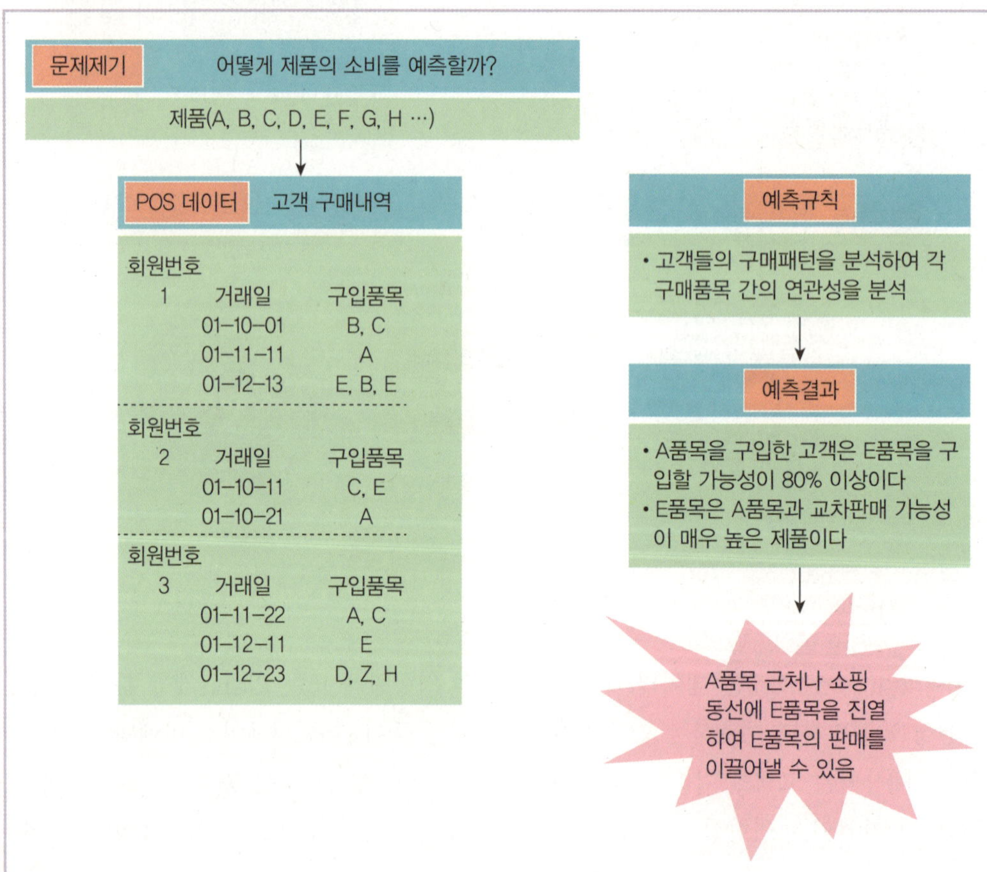

이 작업유형의 다른 예로는 다음과 같은 것이 있다.

- 이메일 광고에 응답할 가능성이 높은 고객의 예측
- 쇼핑몰에서 교차판매 대상자를 예측
- 제품의 차기수요 예측

3) 연관규칙

연관규칙(affinity grouping or association rules)을 발견하는 작업은 데이터 안에 존재하는 항목 간의 동시발생관계 또는 종속관계를 찾아내는 작업이며, 마케팅에서는 손님의 장바구니에 들어 있는 품목들 간의 관계를 알아본다는 의미에서 장바구니 분석이라고도 한다. 즉 어떤 상품들이 함께 잘 팔리는지를 분석해 내어 상품 간 연관관계의 모형을 찾아낸다면 어떤 특정 상품을 구입한 고객에게 어떤 상품을 팔 수 있는지를 예측해 낼 수 있

그림 5-7 | 연관규칙의 적용사례[48]

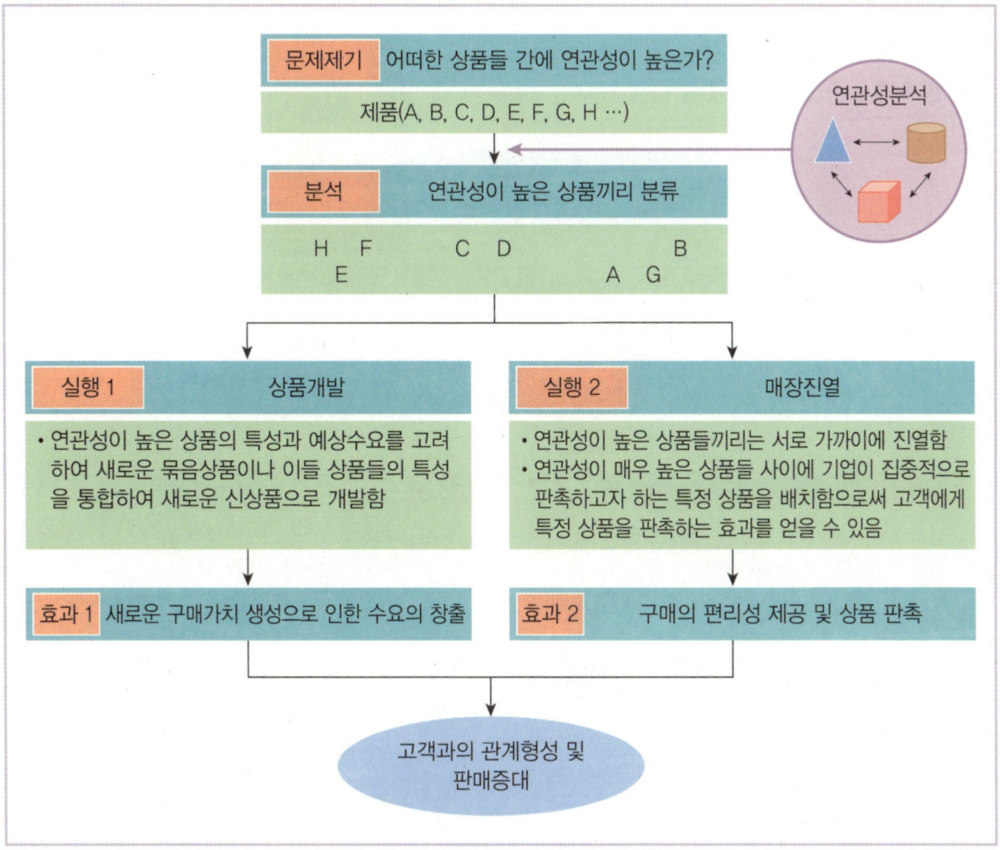

게 된다. 예를 들어, 한 할인점의 고객 거래품목을 분석한 결과 기저귀를 구매하는 고객은 분유와 맥주를 많이 구매한다는 사실을 알아냈다고 가정을 하면 이러한 품목의 진열을 좀 더 가깝게 위치화시킴으로써 전체 매출에 좀 더 기여할 수도 있을 것이라는 예측을 할 수 있을 것이다.

이 작업유형의 다른 예로는 다음을 들 수 있다.

- 신용카드 사용패턴 추적
- 통신서비스 간 연관관계 발견
- 매장진열 전략 수립/상품 카탈로그 디자인

4) 군집화

군집화(clustering)는 다양한 고객들을 포함하는 고객 풀(pool)에서 다수의 소그룹(subgroups)이나 집단(clusters)을 분류해 내는 작업이다. 이 작업이 분류작업과 다른 점은 분석하고자 하는 데이터에 부류값(predefined classes)이 없다는 점이다. 이 때문에 다

그림 5-8 | 군집화의 사례[49]

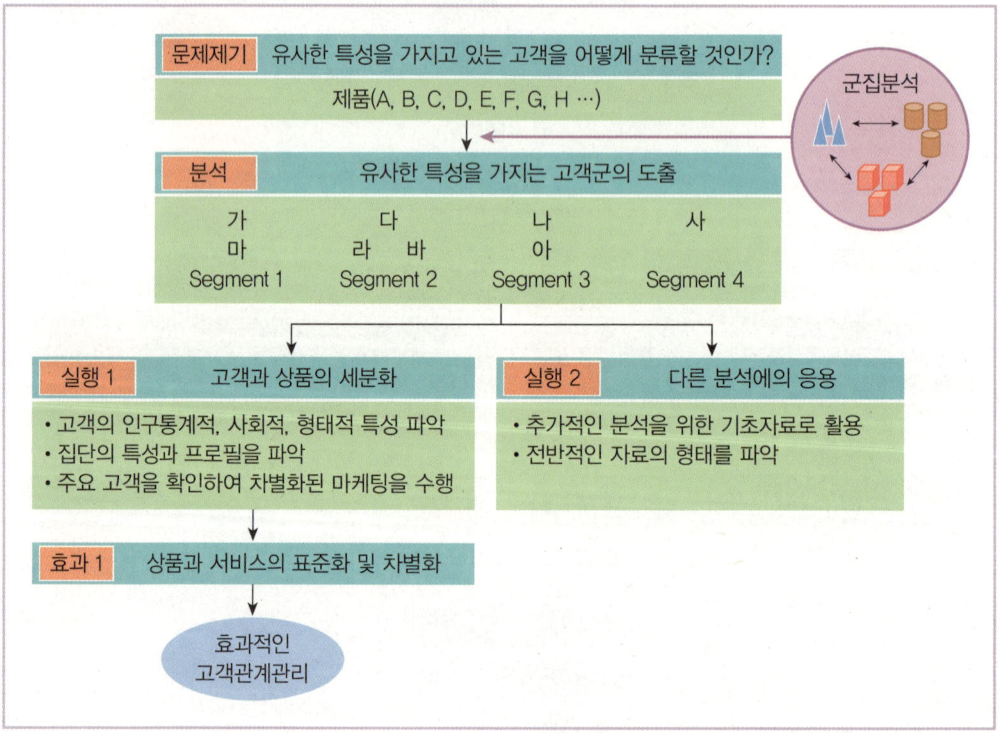

른 데이터마이닝 작업을 위한 선행작업으로서의 역할을 수행하는 경우가 많다. 예를 들어, 어떤 백화점에서 고객을 효율적으로 관리하기 위하여 고객들을 몇 개의 부류로 구분하려고 한다. 이때 기존의 방식인 RFM에 기반한 분류는 이벤트나 프로모션 대상을 선정하는 데 있어 너무나 추상적이고 개인별 특성을 전혀 고려하지 못하고 있어 활용성이 낮다. 이때의 기계학습을 이용해 군집화 작업을 이용하면 인구통계학적 데이터, 라이프스타일 데이터, 지불유형 등 더 다양한 변수를 매개로 하는 새롭고 효과적인 분류모형을 만들 수 있게 된다.

이 작업유형의 다른 예로는 다음을 들 수 있다.

- 고객의 구매패턴과 선호도 발견
- 서비스별 홍보대상

4. 빅데이터 활용

1) 빅데이터의 출현

데이터가 커지고 복잡해지고 설명할 수 없게 되면서 인간의 제한된 지적 능력은 이러한 미지의 데이터들을 해독하고 해석하는 데 어려움을 겪게 될 수 있다.[50] 이러한 어려움으로 이제는 이러한 데이터를 과학적인 방법을 이용하여 많은 그리고 유효한 정보를 얻어내는 쪽으로 바꾸는 큰 변화가 일어나고 있다고 볼 수 있다.[51]

빅데이터(big data)란 기존 데이터베이스 관리도구의 능력을 넘어서는 대량(수십 테라바이트)의 정형 또는 심지어 데이터베이스 형태가 아닌 비정형의 데이터 집합까지 포함한 데이터[52]로부터 가치를 추출하고 결과를 분석하는 기술[53]이다. 이제는 단어가 데이터가 되고 클릭이 데이터가 되며 링크가 데이터가 되며 오타도 데이터가 된다. 검색어는 가장 기본적인 데이터가 된다. 사진 역시 데이터가 된다. 사진은 비트로 변형되고 클라우드로 방출된다. 글이 역사적인 교훈을 주듯이(사람들이 말하는 방식의 변화를 보여줌), 사진 역시 역사적인 교훈(사람들이 포즈를 취하는 방식의 변화를 보여줌)을 준다.[54]

빅데이터(big data)란 기존 데이터베이스 관리도구의 능력을 넘어서는 대량(수십 테라바이트)의 정형 또는 심지어 데이터베이스 형태가 아닌 비정형의 데이터 집합조차 포함한[55] 데이터로부터 가치를 추출하고 결과를 분석하는 기술이다.[56] 빅데이터는 사실상 완전히 새로운 영역이 아닌데 이전의 CRM, 데이터마이닝 등으로 지칭되었던 관리/분석기술과 같은 맥락으로 이해할 필요가 있다.[57] 세계경제포럼은 2012년 떠오르는 10대 기술 중 그 첫 번째를 빅데이터 기술로 선정했으며 대한민국 지식경제부 R&D 전략기획단은 IT 10대 핵심기술 가운데 하나로 빅데이터를 선정하는 등 최근 세계는 빅데이터를 주목하고 있다.[58]

다양한 종류의 대규모 데이터에 대한 생성, 수집, 분석, 표현을 그 특징으로 하는 빅데이터 기술의 발전은 다변화된 현대사회를 더욱 정확하게 예측하여 효율적으로 작동케 하고 개인화된 현대 사회구성원마다 맞춤형 정보를 제공, 관리, 분석 가능케 하며 과거에는 불가능했던 기술을 실현시키기도 한다.[59]

이와 같이 빅데이터는 정치, 사회, 경제, 문화, 과학기술 등 전 영역에 걸쳐서 사회와 인류에게 가치 있는 정보를 제공할 수 있는 가능성을 제시하며 그 중요성이 부각되고 있다. 하지만 빅데이터의 문제점은 바로 사생활 침해와 보안 측면에 자리하고 있다. 빅데이터는 수많은 개인들의 수많은 정보의 집합이다. 그렇기에 빅데이터를 수집 · 분석할 때에 개인들의 사적인 정보까지 수집하여 관리하는 빅브라더의 모습이 될 수도 있는 것이다. 그리고 그렇게 모은 데이터가 보안문제로 유출된다면 이 역시 거의 모든 사람들의 정보가 유출되는 것이기에 큰 문제가 될 수 있다.[60]

마케팅에 대한 빅데이터 응용에 대한 연구는 아직 초기 단계에 있으므로 마케팅 분야에서 성공하기 위해서는 이러한 분야에 대한 노력과 투자가 무엇보다 중요하다는 점을 전문가들은 주장하고 있다.[61] 이러한 발전은 매우 급속도로 이루어지고 있으며[62] 이러한 부분에 대한 과학적 검증은 기존의 지식에 대한 의존을 상대적으로 덜 필요로 하며 우리가 모르는 새로운 부분에 더 집중할 필요성을 높인다. 미지의 것에 초점을 맞춘다는 것은 '과거의 알려진 지식만으로는 세상을 운영하기에 적합하지 않다'는[63] 깨달음을 반영하고 있으며, 기존지식 기반 관점에서 새로운 지식탐구 관점으로의 전환을 요구하고 있는 것이다.[64]

그림 5-9 | 기업의 빅데이터 활용이유와 투자계획[65]

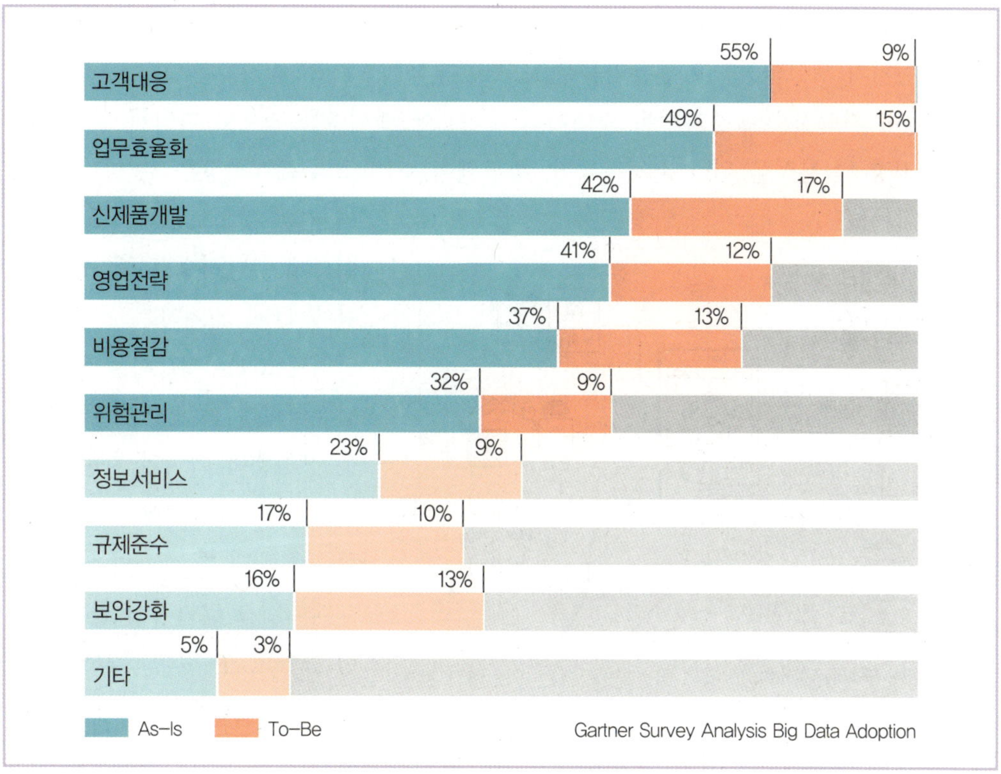

2) 빅데이터의 특성 및 이점

오늘날 기술은 평균적인 소비자를 전통적이고 구조화된 거래 데이터뿐만 아니라 더 현대적이고 구조화되지 않은 행동 데이터의 끊임없는 생성자로 만들고 있다. 생성되는 ① 데이터의 규모는 매우 크고 데이터가 ② 매우 신속한 속도로 처리되고 있으며 ③ 데이터의 다양성이 마케팅 의사결정을 변화시키고 있다. 그리고 이러한 3가지 특성에 더하여 일반적으로 기존의 방법보다 ④ 진실된 정보를 알아내는 것이 용이하며 그리하여 ⑤ 더욱 가치 있는 정보가 되고 있다는 이점을 추가할 수 있다.[66] 이제 이 다섯 가지 특성에 대해 자세히 논의해보기로 한다.

(1) 규모가 큰 데이터

미국 IT전문 시장조사기관인 IDC에 따르면 2010년 전 세계 디지털 데이터의 양이 1제타바이트(=1조 기가바이트)를 넘어섰다고 발표했는데 이 양은 미 의회도서관 인쇄물의

10억 배에 해당하는 정보량이라고 한다. 2013년 디지털 유니버스 규모는 4.4제타바이트(1제타바이트는 DVD 2,500억 장 규모)로 추정되었으며 실제 2020년에는 수십 테라바이트의 데이터가 생성되었다고 전문가들은 보고 있다.[67]

기업들이 지속적으로 증가하는 빅데이터 사이즈에 대해 지속적으로 파악한 결과 빅데이터의 저장 및 분석을 위한 소프트웨어, 하드웨어, 서비스의 세계시장은 2년마다 두 배씩 커질 것으로 추정되고 있다. 이렇게 폭발적으로 증가하는 물량에 크게 기여하는 것은 사물인터넷(IoT)이다. 사물인터넷은 컴퓨터화를 통해 스마트폰과 같은 장치뿐만 아니라 자동차, 장난감, 가전제품, 개목걸이 등으로 통합된다.[68]

사물인터넷의 무한확장은 빅데이터의 양을 증대시키는 중요한 원인이다.[69]

데이터가 많아지게 됨으로 특히 유용할 수 있는 중요한 부분은 작은 집단도 구체적으로 확인해볼 수 있다는 것이다. 데이터가 많아지게 되면 작은 규모의 집단에 대한 유의미한 정보도 존재할 수 있는 것이다.[70]

(2) 신속한 정보

빅데이터의 두 번째 핵심 차원은 빠른 속도, 즉 데이터 생성과 접근의 신속성이다. 앞에서 설명되었듯이 이렇게 많은 양과 종류의 데이터가 존재하더라도 이를 수집 · 가공 · 분석하는 처리능력이 없다면 문제가 된다. 더군다나 처리속도가 느리다면 더 무용지물이다. 이러한 부분에서 딥러닝이 그 해결책이 되고 있다. 딥러닝은 인간의 뇌가 사물을 인식하는 과정을 모방한 신기술이다. 말하자면 뇌 속의 뉴런 네트워크와 비슷한 것으로 인공지능이 수많은 데이터를 읽어들어고 그 속에 숨어 있는 패턴을 스스로 찾아내 빅데이터를 재빨리 분류하고 분석해내는 방식이다.[71]

풍부하고 통찰력 있는 최신 데이터에 접근할 수 있는 마케팅 관리자들은 그들의 직감이나 실험실 기반의 소비자 연구보다는 빅데이터를 기반으로 신속하고 더 나은 결정을 내릴 수 있다. 백화점의 마케팅 관리자들은 특정 시점에 얼마나 많은 소비자 거래가 발생하고 있는지, 어떤 제품, 스타일 및 색상의 제품이 빠져나가는지를 알 수 있다. 백화점의 선반은 물론 백화점 웹사이트, 백화점의 소셜 네트워크 계정들에 소비자들이 접근하고 말하고 있는 모든 정보들이 신속하게 처리되어 마케팅 관리자들에게 통찰력을 제공한다.[72]

(3) 다양하고 풍부한 정보

빅데이터는 과거의 데이터를 훨씬 능가하는 다양성과 풍부함을 제공한다. 현대의 빅데이터와 기존 데이터의 주요 차이점은 정형적 거래 데이터에서 비정형적 행동 데이터로 이동한다는 것이다. 구조화된 데이터(예를 들어, 고객거래일시, 구매금액 데이터)는 한동안 마케터들에 의해 중요한 정보로 활용되었다. 여기에 더하여 비정형 데이터에는 텍스트 데이터(예: 블로그 및 텍스트 메시지)와 텍스트가 아닌 데이터(예: 비디오, 이미지, 오디오 녹음)가 포함된다. 이렇듯 구조화되지 않은 많은 데이터는 개인이 개인 및 행동정보를 친구 및 가족과 공유하는 SNS를 통해 수집되며 기존의 정형화된 데이터가 주지 못했던 다양한 정보를 제공해줄 수 있다.[73]

(4) 진실을 말해주는 정보

빅데이터로부터 제대로 된 통찰력을 수집하고 분석 및 추출하는 데는 빅데이터의 진실성과 가치적 측면들도 매우 중요하다.[74] 먼저 진실성은 데이터 품질에 대한 중요성을 말하는 것으로 실제 소비자에 대한 모든 빅데이터가 정확한 것은 아니기에 따라서 증가하는 데이터의 양, 속도 및 다양성 측면에서 빅데이터의 진실성은 중요한 과제라고 볼 수 있는 것이다.[75]

세스 스티븐스 다비도위츠(Seth Isaac Stephens-Davidowitz)는 「**모두 거짓말을 한다(Everybody Lies)**」는 저서에서 이전에는 짐작만 할 뿐 확인할 수 없었던 부분에 대한 답을 주는 독특한 데이터가 현재에는 존재한다는 것을 강조하였다. 그는 이러한 새로운 데이터의 제공이 빅데이터가 가지는 첫 번째 힘이라고 하였다. 실제 포르노 데이터와 구글 검색 데이터는 솔직하다. 디지털 시대 이전에는 민망한 생각을 표현하지 않고 살았으며 지금도 그러한 이야기를 공개적으로 하는 사람은 거의 없다. 그렇지만 익명성을 보여주는 사이트에서는 태도가 달라진다. 솔직한 데이터 제공은 빅데이터의 두 번째 힘이 될 수 있다. 우울증을 인정하지 않는 사람이 있다고 하자. 하지만 그는 구글에 우울증 관련한 증상에 대해 검색해볼 가능성이 높다. 실제 조사결과에 의하면 미국인들은 날씨보다 포르노를 더 많이 검색한다. 남성 25퍼센트와 여성 8퍼센트만이 포르노를 본다고 인정한 설문조사 데이터와는 거리가 한참 멀다.[76]

세스 스티븐스 다비도위츠에 의하면 구글 검색엔진은 사람들의 속마음을 말하는 창구이다.

심리학자들은 페이스북에 올라온 글 수십만 개에 사용된 단어를 분석했다. 남성과 여성이 사용하는 단어의 빈도를 측정해보았는데 영어권에서 가장 많이 사용되는 단어가 무엇인지 알아본 결과 여성은 남성에 비해 '쇼핑'과 '스타일'에 대해 많이 언급하고, 남성은 여성보다 '축구'와 '엑스박스'에 관한 이야기를 훨씬 자주한다. 이는 빅데이터를 확인하지 않아도 알 수 있는 일이다. 좀 더 흥미로운 것은 여성은 남성에 비해 '내일'이라는 단어를 훨씬 많이 이용하고, SO에 O을 덧붙여 강조하는 것은 여성적인 언어습관이다. 남성은 여성에 비해 fuck, shit, bullshit, fucking, fuckers 같은 욕을 자주 사용했다.[77]

또한 구글 트렌드 사이트에서 얼마나 많은 사람이 브랜드를 검색했는지 보여주는 데이터가 바로 빅데이터 자료이다. 사람들이 검색했다는 것은 그만큼 관심이 있다는 것이고 그만큼 대중에 대한 브랜드 파워가 반영된 결과라고 할 수 있다.[78]

(5) 가치 있는 정보

끊임없이 증가하는 빅데이터의 양이 이점이 되기 위해서는 해당 데이터가 가치로 이어지는지가 중요하다. 무엇보다 빅데이터와 딥러닝의 가장 큰 장점은 과거와 현재를 바탕으로 미래를 예측하여 새로운 가치를 창출할 수 있다는 점이다. 데이터를 분석해 6개월 후에 스타가 될 사람을 찾을 수 있고 특정 제품을 구입한 소비자들의 패턴을 분석해 다음에 구입할 제품을 예측할 수 있다. 유튜브가 개별 소비자마다 다른 추천영상을 제공하는 것처럼 미리 유사 집단에서 선호하는 것을 분석해 추천함으로써 드러나지 않는 욕구를 자극해 특정 행동이나 소비를 이끌어낼 수도 있다.[79]

AI는 웹상에서 행동 데이터를 바탕으로 고객이 구입할 가능성이 가장 높은 제품을 결정하여 추천하는 기능을 가진다. 그뿐 아니라 PR 방법, 가격 등도 AI가 결정할 수 있다. 이러한 마케팅 AI는 최근 유통 분야에서도 응용되고 있다. 온라인 쇼핑의 성장으로 인해 운송자원의 부족 현상은 일반적일 수 있고 이는 유통기업의 큰 해결과제로 볼 수 있는데 마케팅 AI는 사용자의 동향을 파악하고 있기에 언제 어디에서 어떤 제품이 판매될지 사전예측이 가능하고 그에 따라 수요가 높아지는 지역에 미리 해당 제품을 대량으로 운송하고 운송을 최적화하는 노력을 함으로써 유통에 드는 시간과 비용을 절약할 수 있다.[80] 실제 신세계백화점은 고객 5백만여 명의 온 · 오프라인 구매기록, 성별, 연령, 지역, 구매빈도, 장르별 구매주기, 최근구매 등의 정보로 빅데이터를 만들어 맞춤형 광고를 진행하고 있다. 개인별 맞춤정보는 신세계백화점 어플로 제공된다. 신세계는 개인화 마케팅 시스템을 통해 마케팅 적중률을 높이고, 매출증대 효과가 발생하였다.[81]

5. 빅데이터 활용

기본적으로 **구글 애널리틱스**와 **네이버 테이터 랩** 등과 같은 포털 내 시스템들은 빅데이터를 쉽게 활용할 수 있는 도구이다. 구글 애널리틱스는 웹에서 전 세계에서 가장 널리 사용되는 웹 애널리틱스 서비스이다.[82] 구글 애널리틱스의 경우 기업이 자사의 온라인 사이트에 태그를 심게 되면 해당 사이트 또는 앱에서 발생하는 활동에 대해 실시간으로 확인 가능하게 한다.[83] 결국 이는 온라인으로 사업하는 기업에 있어서는 반드시 활용해야 할 중요한 마케팅 도구인 것이다.[84]

구글 애널리틱스의 실시간 보고서는 웹사이트에서 발생하는 활동을 실시간으로 보여준다. 대시보드는 관심을 갖고 있는 보고서와 지표를 개괄적으로 보여주는 위젯 모음으로 주요 지표를 한눈에 파악할 수 있도록 하고 지능형 이벤트 기능은 웹사이트의 트래픽을 모니터링하여 큰 변동이 있을 때 알림을 주는 기능이다. 바로가기는 자주 보는 애널리틱스 보고서를 등록하여 바로 접속할 수 있도록 하는 기능이다.[85]

네이버 데이터 랩은 네이버의 가장 유명한 서비스인 실시간 검색어와 분야별 인기 검색어, 지역 통계, 데이터 융합분석, 네이버 검색어를 조회하는 기능 등으로 나뉘는데 구체적으로 설명하면 ① 네이버 검색 데이터를 개인 이용자가 보유한 데이터와 융합 분석할 수 있는 '데이터 융합 분석', ② 위치정보를 기반으로 지역별 특정 분야의 데이터를 시각적으로 보여주는 '지역 통계', ③ 현재 인기 검색어들의 기간별 트렌드를 파악할 수 있는 '검색어로 알아보는 대한민국' 섹션 등으로 구성돼 있다.[86]

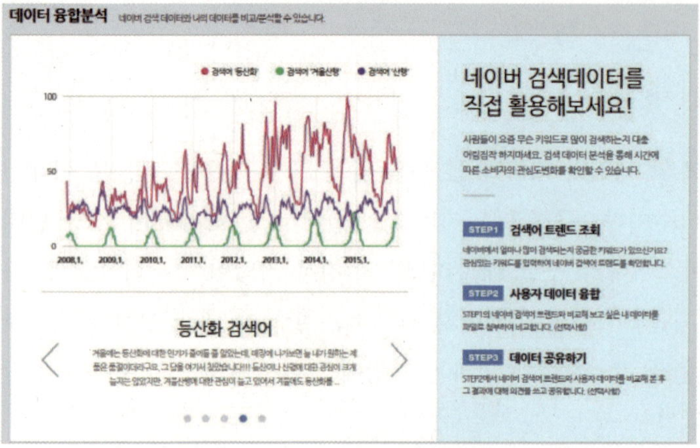

네이버 데이터 랩의 핵심은 이용자들이 다양한 민간·공공 데이터를 한눈에 볼 수 있고, 더 나아가 이를 자신이 보유한 데이터에 융합해 다방면으로 활용할 수 있다는 점이다.

구체적으로 기업들의 성공적 활용사례를 살펴보자. 아마존은 빅데이터를 잘 활용하고 있는 선두주자이다. 아마존이 활용한 서비스는 클라우드, 자동추천 도서, 재고관리, 예측배송, 아마존고 등이 있다. 자동도서 추천 서비스는 기존 고객들의 도서구매 데이터를 빅데이터 기술로 분석하여 책을 구매한 소비자에게 더 살만한 책을 추천해주고 같이 할인쿠폰을 지급하는 방식으로 매출을 극대화한 사례이다. 또한 유튜브와 넷플릭스는 소비자의 시청이력을 기반으로 소비자가 좋아할만한 영상을 추천해준다. 넷플릭스는 더 나아가 빅데이터를 활용해 현재 인기 있는 콘텐츠가 무엇이고, 어떤 기기를 사용하는지, 언제 시청하는지 등의 정보를 수집하여 소비자 관련 콘텐츠를 추천해주며 같은 영화라도 소비자의 성향에 따라 추천하는 방식으로 차별화하고 있다.[87]

이렇게 데이터에 근거해 엔터테인먼트를 제작하는 방식을 가리켜 '**데이터테인먼트(datatainment)**'라고 한다. 넷플릭스가 석 달 동안 내보내는 영화는 수십억 시간에 달한다. 이런 서비스를 사용하는 동안 고객들은 평점을 비롯하여 특정 영화를 보기 시작하는 시점과 멈추는 시점을 알려주는 독특한 텔레메트리 데이터를 창출한다. 이런 데이터를 활용하면 넷플릭스 사용자들이 다양한 대본에 평균적으로 어떻게 반응하는지는 물론 개인 취향이 시청자에 따라, 영화에 따라 어떻게 변화하는지도 밝힐 수 있다.[88]

빅데이터는 이제 특정 산업에 국한된 이슈가 아니라 정부나 공공기관을 포함하여 많은 산업 분야에서 관심을 가질 수밖에 없는 이슈가 되었다. 특히, 빅데이터를 이용하여 정보를 찾아내고 이를 마케팅에 활용하는 것은 이제 하나의 트렌드로 인식되고 있다. 빅데이터가 적용될 첫 번째 영역이 바로 마케팅이고 빅데이터의 등장은 차세대 마케팅에 있어서 게임의 룰을 바꾸어 놓을 수 있다. 오래 전부터 사용하고 있던 데이터마이닝 도구로는 파악할 수 없었던 고객행동과 태도 그리고 다양한 트렌드를 보다 정밀하고 쉽게 파악할 수 있다.[89]

인터넷으로 시작해서 인터넷으로 마감하는 생활, 스마트폰을 이용해 정보를 검색하고 쇼핑도 하고 SNS를 이용해서 실시간으로 글을 남기는 등의 다양하게 인터넷을 이용하는 동안 남는 흔적 같은 모인 데이터들을 분석하면 개인의 생활패턴, 소비성향 등을 예측할 수 있고 기업들은 이런 데이터를 통해서 소비자가 원하는 것들을 미리 예측할 수 있다.[90]

실제 아마존닷컴은 모든 고객들의 구매내역을 데이터베이스에 기록하고, 이 기록을 분석해 소비자의 소비 취향과 관심사를 파악한다.[91] 이런 빅데이터의 활용을 통해 아마존은 고객별로 '추천상품(레코멘데이션)'을 표시한다. 고객 한 사람 한 사람의 취미나 독서 경향을 찾아 그와 일치한다고 생각되는 상품을 메일, 홈페이지상에서 중점적으로 고객 한 사람 한 사람에게 자동적으로 제시하는 것이다.[92] 아마존닷컴의 추천상품 표시와 같은 방식으로 구글 및 페이스북도 이용자의 검색조건, 나아가 사진과 동영상 같은 비정형 데이터 사용을 즉각 처리하여 이용자에게 맞춤형 광고를 제공하는 등 빅데이터의 활용을 증대시키고 있다.

Internet Marketing INSIGHT 5-4

다양한 분야에서 빅데이터 활용사례[93]

■ 중고거래들의 빅데이터 활용

당근마켓은 이 때문에 광고 수익모델로도 지역 자영업자 가게를 소개하는 시스템에 주력하고 있다. 가게의 위치와 이용자들의 거래 지역을 분석해 어느 지역의 이용자들에게 광고를 노출할지 효율적으로 타깃팅할 수 있는 것이다. 당근마켓은 향후에도 누적된 빅데이터를 토대로 지역 비즈니스를 활성화할 예정이다. 또한 2003년 네이버 카페로 시작해 오랜 업력을 자랑하는 중고나라는 풍부한 데이터를 기반으로 이용자 맞춤형 거래를 제안하고 소비자의 라이프사이클을 분석할 수 있을 것으로 보고 있다. e커머스(전자상거래) 업체들이 인공지능(AI)을 통해 이용자가 관심을 가질 법한 제품을 추천하듯, 중고거래에서도 이러한 시스템이 구축될 수 있다는 것이다.[94]

■ 은행의 빅데이터 활용

디지털 금융의 중요성이 커지면서 KB국민카드는 빅데이터와 인공지능(AI)을 활용한 플랫폼을 개발해 경쟁력을 강화하고 있다. AI를 활용한 5가지 핵심 자산을 말하는 'AI 5남매' 등 다양한 고객 서비스에 AI 기술을 활용하겠다는 것이다. 빅데이터 플랫폼을 활용해 소상공인 매출 증대나 지역경제 활성화를 도우려는 의도도 있다.

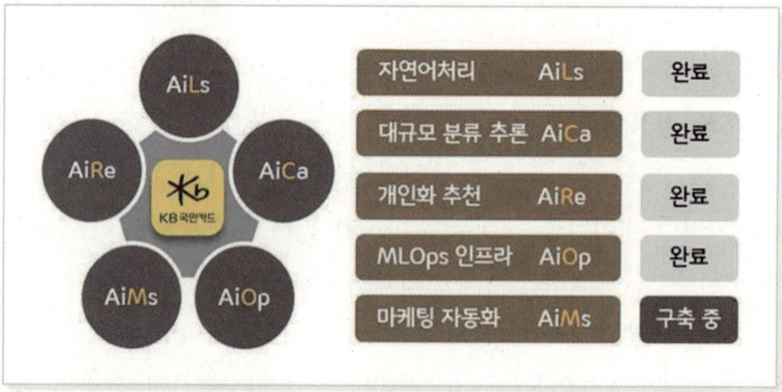

'AI 5남매'로 고객경험 차별화하는 KB국민카드

KB국민카드는 빅데이터와 인공지능(AI) 플랫폼을 개발해 고객 서비스에 활용하고 있다. AI 자산은 AI 모델을 개발하는 플랫폼 '에이옵(AiOp · AI Operation)', 자연어처리 알고리즘 모듈인 '에일스(AiLs · AI Languages)', 대규모 카테고리 분류를 위한 '에이카(AiCa · AI Categorization)', 개인화 추천 시스템인 '에이리(AiRe · AI Recommendations)', AI 기반 자동화 마케팅 시스템인 '에임스(AiMs · AI Marketing System)' 등 5가지 플랫폼으로 구성된다. AI 분석 플랫폼 에이옵은 클라우드를 기반으로 AI 모델 개발부터 학습, 운영, 관리까지 지원한다. 에이옵을 활용한 데이터를 가공하거나 모델을 학습하고 배포함으로써 AI 모델 개발에 드는 비용과 시간을 절약할 수 있다. KB국민카드에 따르면 에이옵 플랫폼 출시 이후 사용자는 4배 늘었고, 운영 중이거나 개발 중인 AI 프로젝트는 8배 증가했다.

에일스는 자연어처리 기술을 활용해 다양한 고객 서비스를 제공한다. 이를 활용한 AI 고객 상담 챗봇인 '큐디(Qd) 3.0'은 KB국민카드 모바일 애플리케이션(앱)에서 다루는 고객 문의를 24시간 내 답변해준다. 큐디 3.0 출시 이후 KB국민카드 고객의 챗봇 사용자수는 지난해 대비 1.4배 늘었고, 챗봇을 활용한 금융상품 취급도 두 배 늘었다. 에이카는 고객들의 구매 품목을 분류해 소비 성향을 파악한다. 기존 기술로는 명확한 구매 품목을 파악하기 어려웠는데 에이카는 고객이 구매한 상품명을 정확한 데이터로 변환할 수 있다. 정립된 품목 분류체계를 바탕으로 최신 자연어처리 알고리즘과 딥러닝(심층학습)을 활용하는 데 따른 것이다. 이들 데이터로 정교한 개인화 마케팅도 가능하다.
에이리는 상품 추천 서비스를 개선하기 위한 AI 플랫폼이다. 100여 개의 카드 상품별 혜택을 비교한 뒤 고객의 소비 성향을 바탕으로 최대 혜택을 주는 카드 상품을 추천해준다. 마케팅 자동화 시스템인 에임스는 마케팅 담당자 개인의 판단으로 전략을 수립하지 않고, AI 기술을 활용해 고객행동을 예측한다.[95]

■ 유통업체들의 빅데이터 활용

디지털과 비대면 등의 활성화로 시장 환경도 변하면서 이에 대응하기 위해 오프라인 유통업체들이 변화를 꾀하는 가운데 빅데이터 경쟁에 적극 나서고 있다. 특히 그동안 전체를 대상으로 무작위로 정보를 제공하던 방식을 넘어 제품을 필요로 하는 사람만 골라 타깃팅 하는 마케팅을 강화하고 있다. 2022년 현재 유통업계에 따르면 롯데 · 현대 · 신세계 등 유통업계 '빅3'는 빅데이터를 기반 서비스로 고객 확보 경쟁에 한창이다. 신세계백화점은 2021년 5월부터 '고객경험시스템(CXM)'을 도입해 호응을 얻고 있다. 온라인에 올라온 고객 의견과 모바일 영수증 별점 리뷰, 콜센터 불만 상담과 챗봇 등 올 들어 8월까지 200만 건의 데이터를 분석해 맞춤형 서비스를 선보였는데 매출이 이전과 비교해 2배 이상 증가했다고 밝혔다. 신세계백화점 측은 기존 구매내역만 활용했는데 요즘은 고객 방문주기와 요일, 시간, 결혼 · 자녀 여부, 기념일 등을 분석해 생애주기 맞춤형 서비스를 제공하고 있다.
롯데백화점은 상품 추천은 물론 신규 브랜드 발굴과 매장 구성까지 고객 플랫폼을 빅데이터를 활용해 체계적으로 관리하고 있다. 온라인상 소비트렌드를 MD(상품기획자)에게 추천해 상권별로 차별화된 브랜드를 안내하는 것이 대표적이다. 사회관계망서비스(SNS) 등 하루 수백만 건의 정보를 소셜 인덱스로 자동 추출, 수백여 개의 연관 브랜드를 모니터링한 뒤 고객 구매내역과 연동해 가장 적합한 상품을 찾아준다. 롯데백화점 측은 고객에게 필요한 브랜드를 선제적으로 제시하고 상품기획자에게는 브랜드 선정과 상품군 구성을 제안하고 있다며 최근 본점 화장품관을 국내 최대 규모로 리뉴얼하면서 다소 생소한 브랜드도 대거 선보였는데 호응이 좋다고 전했다.
현대백화점 패션 온라인몰 더한섬닷컴은 남성복 사이즈를 빅데이터로 추천하고 있다. 이 서비스는 상세 페이지에 등록된 각 상품의 사이즈 정보와 함께 고객 및 유사고객들의 기존 구매 빅데이터를 분석해 최적의 사이즈를 자동으로 찾아준다. 현대백화점 측은 온라인상에서 주문한 의류를 가상으로 입어보는 서비스도 준비 중으로 여성복, 골프복 등으로 확대하는 방안도 검토하고 있다는 설명이다. 백화점뿐 아니라 대형마트들도 빅데이터 경쟁에 적극적이다. 이마트는 전국 매장에서 판매하는 상품을 비롯해 재고수량과 가격, 행사 등 정보를 모두 제공하는 서비스를 선보이고 있다.[96]

참고문헌 및 더 읽을거리

1 Dilton, W. R., T. J. Madden and N. H. Firtle(1993). Essentials of Marketing Research, Richard D. Irwin, INC., 7–10.

2 사진출처: https://www.gettyimagesbank.com/

3 Wilson, A., & Laskey, N.(2003). Internet based marketing research: a serious alternative to traditional research methods?. Marketing Intelligence & Planning.

4 https://www.djsresearch.co.uk/glossary/item/Internet-Market-Research

5 Buchanan, E.(2009). Online Survey Tools: Ethical and Methodological Concerns of Human Research Ethics Committees. Journal of Empirical Research on Human Research Ethics, pp.37–48./Toma, B., Heinrich, D., & Bauer, H. H.(2017). Data Quality in Marketing Research – How to Determine Accuracy in Online Questionnaires. In The Customer is NOT Always Right? Marketing Orientationsin a Dynamic Business World(pp. 534–534). Springer, Cham.

6 Committee for Protection of Human Subjects. Internet-Based Research, University of California, Berkeley/http://cphs.berkeley.edu/internet_research.pdf

7 Shaw, M. J., Gardner, D. M., & Thomas, H.(1997). Research opportunities in electronic commerce. Decision Support Systems, 21(3), 149–156.

8 Bowers, D. K.(1998). The New Research Tool. Marketing Research, 10(Fall), 34–35.

9 리세 로우하이에넨 저/임세헌 역(2021). 「인공지능: 미래를 위해 반드시 알아야 할 101가지 사항들」, 도서출판 청람, 22.

10 조선일보, 1995.4.24. 기사에서

11 https://panel.gallup.co.kr/Gate/Panel/F005.aspx

12 파이낸셜뉴스, 2022.10.15. https://www.fnnews.com/news/

13 Burke, R. R.(2018). Virtual reality for marketing research. In Innovative research methodologies in management(pp. 63–82). Palgrave Macmillan, Cham. 63–82.

14 김형택. 웹로그분석 컨설팅 전략, MRIX e-Consulting Group, 2001년 3월/로그분석에 대한 자세한 내용은 김형택, 민옥길 공저. 「효과적인 인터넷마케팅을 위한 웹 로그분석」, 비비컴, 2001을 참고하세요.

15 Fiore, F.(2000), e-Marketing Strategy, Que/김영구 역(2001). 「성공적인 e-마케팅 전략」, 62–63.

16 Burke, R. R.(1996). Virtual shopping: Breakthrough in marketing research. Harvard Business Review, 74(2), 120–129.

17 http://www.kisri.co.kr/

18 https://bbushigi.tistory.com/7의 내용에서 참고하여 작성

19 Evans, J. R., & Mathur, A.(2005). The value of online surveys. Internet Research, 15(2), 195–219

20 Weible, R., & Wallace, J.(1998). Cyber research: The impact of the Internet on data collection. Marketing Research, 10(3), 19.

21 Evans, J. R., & Mathur, A.(2005). op. cit., 197에서 수정하여 작성

22 Evans, J. R., & Mathur, A.(2005). Ibid.

23 조희창(2000). 인터넷 설문조사 선두주자로의 성공적 변신, Harris Interactive, LGad, 7–8월호

24 최제호(2008). 주간한국, http://weekly.hankooki.com/ lpage/column/2008.3.

25 인터넷 여론, 소수가 쉽게 독점, https://www.joongang.co.kr/article/

26 Evans, J. R. and A. Mathur(2005). op. cit., 210에서 수정하여 작성

27 Bowers, D. K.(1998). FAQs on online research. Marketing Research, 10(4), 45–48.

28 Andrade, C.(2020). The limitations of online surveys. Indian Journal of Psychological Medicine, 42(6), 575–576.

29 https://www.google.com/intl/ko/forms/about/

30 Bell, H., & Tang, N. K.(1998). The effectiveness of commercial Internet Web sites: A user's perspective. Internet Research. Electronic Networking Applications and Policy, 8(3), 219–228.

31 Irwin, S.(2008). Data analysis and interpretation. Handbook of Emergent Methods, 415–436.

32 Braun, V., Clarke, V., Boulton, E., Davey, L., & McEvoy, C.(2021). The online survey as a qualitative research tool. International Journal of Social Research Methodology, 24(6), 641–654.

33 사진출처: https://www.gettyimagesbank.com/

34 리세 로우하이에넨 저/임세헌 역(2021). 전게서. 23.

35 닐 호인 저/이경식 역(2022). 「컨버티드, 마음을 훔치는 데이터분석의 기술」, 더퀘스트, 90에서 수정하여 작성

36 Zhang, D., Yin, C., Zeng, J., Yuan, X., & Zhang, P.(2020). Combining structured and unstructured data for predictive models: a deep learning approach. BMC Medical Informatics and Decision Making, 20(1), 1–11.

37 리세 로우하이에넨 저/임세헌 역(2021). 전게서, 32.

38 최정환, 이유재(2001). 「죽은 CRM 살아있는 CRM」, 한언, 450.

39 최정환, 이유재(2001). 상게서, 449–457.

40 장남식 외 공저(2000). 「데이터마이닝」, 대청, 29.

41 정상섭(2000). 「데이터베이스 마케팅에서의 데이터마이닝 기법 활용에 관한 고찰」, Marketing Communication Review, Vol. 6, No. 1.(Summer), 59–73.

42 Berson, A., S. Smith and K. Therling(1999). Building Data Mining Applications For All, Mcgraw-Hill; Entrue Consuliting CRM 그룹/홍성완 외 옮김(2000). 「데이터마이닝을 위한

CRM」, 대청미디어, 55.

43 Moskowitz, H., & Rabino, S.(1999). Segmentation, optimisation and database mining. Journal of Database Marketing, 7, 31–45.

44 이훈영(2002). 「e-마케팅 플러스」, 무역경영사, 622.

45 이훈영(2002). 상게서, 622.

46 사진출처: https://www.gettyimagesbank.com/

47 이훈영(2002). 전게서, 622.

48 이훈영(2002). 상게서, 622.

49 이훈영(2002). 상게서, 624.

50 Sammut, G., & Sartawi, M.(2012). Perspective-taking and the attribution of ignorance. Journal for the Theory of Social Behaviour, 42(2), 181–200.

51 Firestein, S.(2012). Ignorance: How it drives science. OUP USA.

52 Manyika, J., Chui, M., Brown, B., Bughin, J., Dobbs, R., Roxburgh, C., & Hung Byers, A.(2011). Big data: The next frontier for innovation, competition, and productivity. McKinsey Global Institute.

53 Gantz, J., & Reinsel, D.(2011). Extracting value from chaos. IDC IVIEW, 1142(2011), 1–12.https://ko.wikipedia.org/wiki/빅데이터에서 재인용

54 세스 스티븐스 다비도위츠 저/이영래 역(2018). 전게서, 121에서 참고하여 작성

55 Manyika, J. and M. Chui(2011). Big data: The next frontier for innovation, competition, and productivity, McKinsey Global Institute,(2011년 5월), 1.

56 John Gantz & David Reinsel, ≪Extracting Value from Chaos≫, IDC IVIEW June(2011년), 6.

57 김동균, 바아이티컨설팅 저(2016).「마케팅의 미래 고객 인게이지먼트」, 김앤김, 345.

58 Global Agenda Council on Emerging Technologies(2012). The Top 10 Emerging Technologies for 2012, World Economic Forum, Feb 15th 2012./융합스마트시대 IT산업 주도를 위한 잰걸음, 〈지식경제부 보도자료〉(2012년 4월 5일), 2–24.

59 Lazer, D. and J. Radford(2017). "Introduction to Big Data." Annual Review of Sociology, 43(1).

60 위키백과, https://ko.wikipedia.org/wiki/

61 Amado, A., Cortez, P., Rita, P., & Moro, S.(2018). Research trends on Big Data in Marketing: A text mining and topic modeling based literature analysis. European Research on Management and Business Economics, 24(1), 1–7.

62 Lycett, M.(2013). 'Datafication': making sense of (big) data in a complex world.

63 Vitek, B.(Ed.).(2008). The virtues of ignorance: Complexity, sustainability, and the limits of knowledge. University Press of Kentucky. 7.

64 Sammut, G., & Sartawi, M.(2012). Perspective-taking and the attribution of ignorance. Journal for the Theory of Social Behaviour, 42(2), 181–200.

65 http://blog.his21.co.kr/276에서 재인용

66 Lycett, Mark. "'Datafication': making sense of (big) data in a complex world."(2013): 381–386.

67 KBS 〈명견만리〉 제작팀 저(2016). 「명견만리: 윤리, 기술, 중국, 교육편」, 인플루엔셜, 86–87에서 참고하여 작성

68 Erevelles, S., Fukawa, N., & Swayne, L.(2016). Big Data consumer analytics and the transformation of marketing. Journal of Business Research, 69(2), 897–904.

69 사진출처: https://gettyimagebank.com/

70 세스 스티븐스 다비도위츠 저/이영래 역(2018). 전게서, 72–72에서 참고하여 작성

71 KBS 〈명견만리〉 제작팀 저(2016). 전게서, 87에서 참고하여 작성

72 Erevelles, S., Fukawa, N., & Swayne, L.(2016). op. cit.

73 Insight, I.(2012). Big just got bigger. Grail Research, 1–17.

74 Ebner, K., Bühnen, T., & Urbach, N.(2014, January). Think big with big data: Identifying suitable big data strategies in corporate environments. In 2014 47th Hawaii International Conference on System Sciences(pp. 3748–3757). IEEE.

75 Oracle, Big data for the enterprise, Oracle White Paper(2012), pp. 1–14(Retrieved February 1, 2014)

76 세스 스티븐스 다비도위츠 저/이영래 역(2018). 전게서, 72–72에서 참고하여 작성

77 Schwartz, H. A., Eichstaedt, J. C., Kern, M. L., Dziurzynski, L., Ramones, S. M., Agrawal, M., & Ungar, L. H.(2013). Personality, gender, and age in the language of social media: The open-vocabulary approach. PloS one, 8(9), e73791.

78 최재붕(2019). 「포노사피엔스」, 쌤앤파커스, 98에서 참고하여 작성

79 KBS 〈명견만리〉 제작팀 저(2016). 전게서, 88에서 참고하여 작성

80 야마모토 사토루 저/양희은 역(2017), 전게서, 31에서 참고하여 작성

81 머니투데이방송, https://news.mtn.co.kr/newscenter/20170809

82 https://ko.wikipedia.org/wiki/구글 애널리틱스

83 김종진, 구글 애널리틱스 실무마스터 과정 교육의 내용 중에서 인용, 아이보스 교육, https://www.ibossedu.co.kr/

84 https://analyticsmarketing.co.kr/digital-analytics/google-analytics/375/

85 https://analytics.google.com/

86 서울파이낸스, http://www.seoulfn.com

87 https://brunch.co.kr/@startonkr/7

88 https://100.daum.net/encyclopedia/view/54XX70400055

89 김동균, 바아이티컨설팅 저(2016), 전게서, 345에서 인용

90 연합뉴스(월간마이더스). 2013년 3월 11일. 2013년 3월 20일

91 장영재(2012). 「아마존닷컴, 현대의 서점 아저씨」 〈〈경영학 콘서트〉〉, 비즈니스북스, 119.

92 데이코산업연구소(2010). 「글로벌 전자책시장 실태와 관련 산업 동향: 급성장하는 MID 단말 시

장」, 118.

93 주된 내용은 위기백과 https://ko.wikipedia.org/wiki/ 빅데이터 마케팅 페이지에서 주로 활용

94 "골프채 · 샤넬백 팝니다" … 중고 쏟아지는 이유 있었다 [한경 긱스], https://www.hankyung.com/economy/article/202210186717i

95 AI-빅데이터 플랫폼 강화, 더 똑똑해진 고객서비스로 새로운 미래 연다, https://www.donga.com/news/Economy

96 유통업계 '빅데이터' 앞세워 경쟁력 강화 … 달라진 마케팅 전략(2022.9.30), https://www.mirae-biz.com/news/article

Chapter

06 고객 분석을 통한 개인화 및 eCRM

Chapter 06

고객 분석을 통한 개인화 및 eCRM

제1절 인터넷 고객 충성도

1. 인터넷에서 고객 충성도

1) 온라인 고객 충성도 구축의 필요성

일반적으로 온라인 쇼핑에 대해 생각해보면 고객 충성도(customer loyalty)가 머릿속에서 떠오르는 첫 번째 단어는 아닐 것이다. 많은 전자상거래 기업 경영자들이 '요컨대 고객들이 단 한 번의 마우스 클릭으로 이탈하고, 보다 유리한 거래를 위해 데이터베이스를 찾아 헤매는 세상에 고객 충성도라는 구시대적 발상이 무슨 소용이 있겠는가?'라고 주장하는 학자도 있지만[1] 연구결과에 의하면 전혀 그렇지 않은 것으로 드러난다.

실제로 인터넷 고객들은 원래 변덕스럽고, 새로운 유행을 찾아 몰려갈 것이라는 일반적인 예상과는 달리 인터넷은 기업 대 고객, 그리고 기업 대 기업 영역 모두에 있어서 매우 끈끈한 장소로 판명되었다. 오늘날의 대부분의 온라인 고객들은 충성도를 향해서 명확한 성향을 보여주고 있으며, 소매상들의 차별화된 매장과 마케팅 전략들은 고객들의 충성도를 강화시키는데 매우 중요한 요소로 작용할 수 있을 것이다.[2]

그림 6-1 | 제품별 고객당 이익의 변화[3]

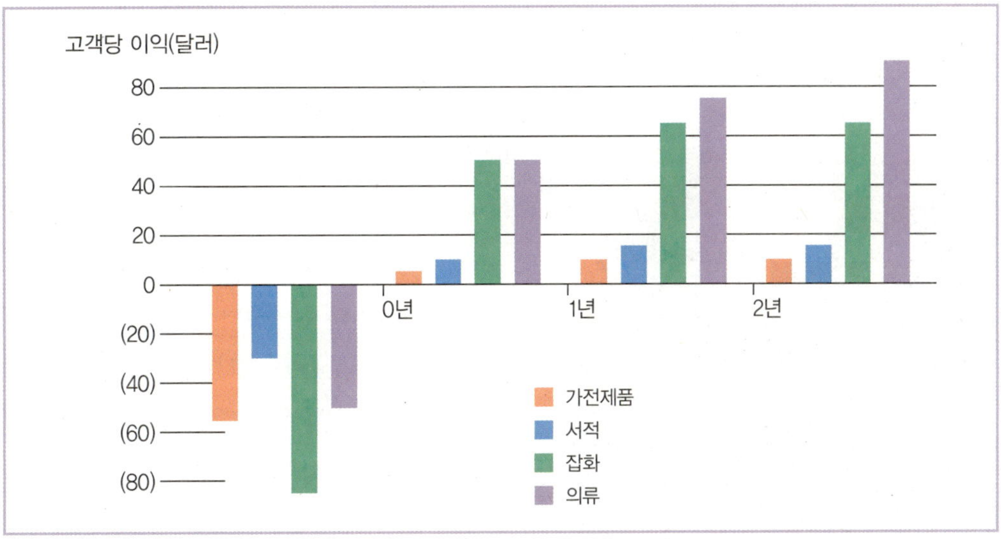

2) 고객 충성도 구축을 통한 경쟁력 확보

레이크헬드(Reichheld)와 **세서(Sasser)**는 그들의 논문(Zero Defections: Quality Comes from Services)[4]에서 고객 유지율의 5% 증가는 이익을 25%에서 95%까지 증가시킨다는 결론으로 많은 경영자들을 놀라게 했다. 실제로 고객확보를 위해 들어가는 비용은 전통적인 소매채널보다 전자상거래에서 훨씬 높은 경우가 많다. 가령 의류 전자소매의 경우 신규고객들은 실제 상점과 온라인 상점을 함께 운영하는 전통적인 소매상보다 전적으로 인터넷 영업만을 하는 회사들에게 20%에서 40% 정도의 더 많은 원가를 발생시킨다. 그것은 사업 초기단계에서 손실이 더 크다는 것을 의미한다.

그렇지만 미래의 수익은 훨씬 높은 비율로 가속화될 수 있다. 의류, 전자제품 등의 유통에 있어서 충성적 고객들은 관계가 지속되는 24~30개월 안에 그들이 처음 6개월 동안 구매했던 것의 두 배 이상을 구매한다. 그리고 인터넷 상점은 취급하는 제품범주를 확대하는 것이 비교적 쉽기 때문에 시간이 지남에 따라 관계가 확장되고 심화되면서 충성스러운 고객에게 훨씬 다양한 종류의 상품을 판매할 수 있다. 이렇듯 충성스러운 고객들은 보다 많이 구매할 뿐만 아니라 새로운 고객들에게 공급업자들을 추천해주어서 또 다른 수익의 원천을 제공해줄 수 있다.

앞으로 온라인 고객들의 가장 큰 단일 세분시장 중 하나는 **편리함(convenience)**을 추구하는 시장이다. 그들은 생활을 보다 쉽게 만드는 사이트에서 거래할 것이며 아마도 그러한 편리성에 대해서 기꺼이 보다 많은 돈을 지불하려 할 것이다. 합리적인 가격을 선호하지만 가격에만 집착하지도 않는 그들은 충성도를 향한 강한 성향을 지니고 있을 것이다. 그리고 무엇보다도 많은 연구들은 해당 사이트가 신뢰를 구축한다면 소비자는 해당 사이트에 대해 지속적인 충성도를 보일 것이라는 것을 검증하고 있다.[5]

온라인 고객들의 가장 큰 단일 세분시장 중 하나는 편리함(convenience)을 추구하는 시장이다.[6]

결국 많은 고객들은 친숙한 사이트로 돌아오는 것이 새로운 사이트를 찾아다니는 것보다 훨씬 더 편리하다는 것을 알고 있다. 고객들의 또 다른 큰 그룹은 브랜드에 의해 주로 영향을 받고 있다. 그들은 역시 안정적이고 장기적인 관계를 추구하고 있다. 어떤 회사가 단지 인터넷 기업은 고객들을 전적으로 가격에 의해서만 동기부여시킬 수 있기에 경쟁자의 다른 차별화 전략을 방어할 필요가 없다고 가정하면 그것을 분명 잘못된 것일 것이다.[7]

Internet Marketing INSIGHT 6-1

고객 충성도와 성과 그리고 고객 충성도를 이끄는 요인에 대한 조사

이제 IT 기업들은 단순히 고객을 만족시키는 것만으로는 안심할 수 없을 것으로 보인다. 조사에 따르면 자신이 쓰는 IT 제품이나 서비스에 만족하는 응답자들은 많았지만, 이것이 곧 IT 생산자의 실적 개선으로 연결되지는 않는 것으로 드러났다. 대신 그 제품에 열성적인, 즉 충성도가 높은 고객수만큼 실적도 좋아졌다.

조사전문업체인 워커인포메이션이 과거 IT 소비자 1만 3,100명을 대상으로 조사한 바에 따르면 자신이 사용하는 IT 제품 제조사에 대해 만족한다는 사람은 응답자의 84%에 이르렀지만, 그 회사에 충성도가 높다고 답한 이들은 44%에 그쳤다.

설문조사를 바탕으로 IT 기업 가운데 '**충성도 선두기업**'과 '**충성도 도태기업**'들을 선정했을 때 충성도 선두기업들은 대부분 각 IT 분야 리더로서, 시스코시스템스 · EMC · SAP · 오라클 · IBM · 델컴퓨터 · 휴렛팩커드 · 네트워크얼라이언스 · 마이크로소프트 등이 포함됐다. 한편 충성도 도태기업에는 애플컴퓨터와 선마이크로시스템즈 · 시만텍 · 피플소프트 · 노텔 · 히타치 글로벌 스토리지 · HP 4개 사업부 · IBM 1개 사업부 등이 뽑혔다. HP와 IBM 등 대형 IT 벤더들의 경우 사업영역이 광범위하기 때문에 각 사업부별로 다른 평가를 받았다. 그런데 주목할 만한 것은 이들 두 그룹 간의 실적 차이가 확연하게 나타나고 있다는 점이다. 예컨대 지난 3년간 영업수익 성장률을 비교했을 때 충성도 선두기업들이 도태기업들보다 평균 71% 높은 것을 비롯, 3년간 매출 성장률도 선두기업들이 도태기업들을 45% 앞섰다. 마지막으로 두 그룹의 5년간 주가변동률도 26% 정도 차이가 나는 것으로 나타났다.[8]

그리고 이러한 충성도를 이끄는 요인에 대한 다른 조사에서는 전체 응답자의 79%는 조직 전체에서 일관된 상호작용성을 보여주는 기업에 충성도가 더 높다고 밝혔다. 호주/뉴질랜드(A/NZ) 응답자의 10명 중 9명은 기업의 신뢰도가 더욱더 중요해지고 있다고 말했다(전체 설문조사 결과에서는 88%가 이같이 대답했다). 하지만 71%는 기업(또는 브랜드)의 다양한 접점에 걸쳐 일관성이 없을 때 신뢰를 잃어버린다고 언급했다. 아울러 절반가량(48%)은 자신의 관심사와 일치하지 않는 브랜드의 연락을 받으면 신뢰가 떨어진다고 전했다.

'**디지털 상호작용성**'은 소비자 몰입의 중요한 요소였다. 소비자들은 향후 3년 동안 쇼핑에 더 많은 증강현실(50%), 영상(55%), 가상경험(53%), 소셜미디어(50%)가 사용되리라 예상했다. 57%는 사용자 경험을 개선하기 위해 인공지능(AI)을 활용하는 기업에 개방적이라고 답했다. 이에 따라 보고서는 브랜드가 온라인 및 오프라인 인터랙션을 개인화된 경험으로 연결해야 한다는 압박을 받고 있다고 전했다. 절반 이상의 소비자(51%)는 개인화된 제안이나 할인 혜택을 받는 대가로 브랜드와 개인정보를 공유할 의향이 있으며, 41%는 브랜드가 개인화된 제안을 해주길 기대한다고 말했다. 48%는 개인화된 보상이 충성도 프로그램 참여를 증가시킬 것이라고 답했다. 충성도 프로그램에 적극적으로 참여하게 되는 요인이 무엇이냐는 질문에 ▲자동으로 적용되는 보상(61%), ▲여러 브랜드에 적용되는 보상(55%), ▲개인화된 보상(55%)이 상위에 꼽혔다.[9]

2. 고객 충성도 분석

1) 고객 충성도 지표로 고객평생가치

고객평생가치(CLV: Customer Lifetime Value)는 고객이 '**기업의 고객으로 존재하는 전체 기간 동안 기업에게 제공할 것으로 추정되는 재무적 그리고 비재무적 공헌도의 합계**'이며 이는 결국, '**고객이 평생 동안 기업에 기여하는 수익**'이라는 말로 표현될 수 있다. **고객가치**

(customer value)란 회사의 입장에서 '**개별고객이 가지는 가치**'를 말한다. 개별고객이 지금까지 기업에게 제공해준 가치가 얼마인가? 아니면 미래에 줄 가치가 얼마인가?' 등에 의해 정의될 수 있는 고객의 기업에 대한 이익 기여도라고 할 수 있는 것이다.

일반적으로 기업에서 고객가치는 기업 스스로 정한 수익가치(수익의 마일리지 등)에 의해 등급화하여 사용하고 있는 실정이지만 최근에는 주로 수익측면을 반영하는 방법인 RFM(Recency, Frequency, Monetary), 고객의 과거와 미래가치를 포괄하는 평생가치를 평가하는 LTV(Life Time Value) 등의 개념이 도입되고 있다. 이러한 작업들은 가치가 큰 고객의 특성이나 행동을 찾는 것이 목적으로 이러한 작업 과정에서 고객에 대해서 더 잘 알게 되면 더 나은 홍보 활동을 벌일 수 있다는 점을 활용하기 위한 것이다. 그리고 나쁜 관계로 이어지는, 즉 기업에게 금전적으로 기여하지 못하는 고객은 제거할 수 있다.[10]

2) RFM 및 LTV 분석[11]

(1) RFM

RFM이란 차례로 구매의 **최근성, 빈도, 금액**을 뜻하는 것으로 고객 세분화를 위한 구매 패턴 분석에 이용된다. 자세히 이야기하자면 RFM 분석은 가장 최근에 많은 횟수로 많은 액수의 상품을 구매하는 고객의 기업의 입장에서 가장 가치 있는 고객이라는 판단하에 **최근성(Recency)**, **빈도(Frequency)**, **구매금액(Monetary)**을 분석하여 고객 개개인을 평점화하여 순위를 정하고 가장 가치 있는 고객을 선별하는 데 이용될 수 있다. 각 R, F, M에 대한 점수를 산정하여 각각 5단계의 등급으로 분류하고 해당 업체에게 중요한 기준에 가중치를 많이 주는 방식으로 공식을 만들어 낼 수 있다.

[그림 6-2]와 [Internet Marketing Insight 6-2]의 사례와 같은 방법으로 계산된 고객 점수를 바탕으로 앞으로 제시될 CRM(Customer Relationship Management), 즉 '**우량고객에 더 많은 마케팅 비용을 쓰고 교차판매를 유도하며 보통고객을 우량고객으로 전환시키는 활동의 마케팅 개념**'을 활용할 수 있다.

그림 6-2 | RFM 분석 개요

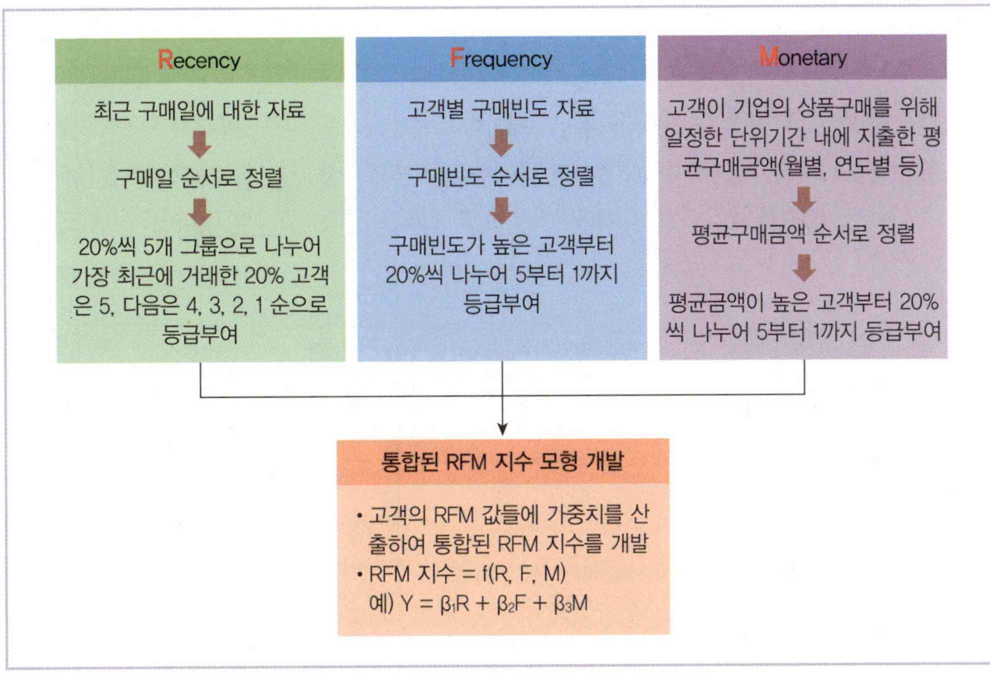

Internet Marketing INSIGHT 6-2

RFM의 적용사례

다음의 내용은 가중치를 별도로 추정하지 않고 R, F, M 순서에 따라 가중치를 주는 방법으로 고객을 분류하여 직접우편에 대한 이들의 반응을 측정한 사례이다. 2000년 12월부터 2002년 6월까지의 자료에서 30,000명의 표본을 무작위로 추출하여 분석하였다. 우선 최근성을 기준으로 정렬한 다음 이들을 20%씩 5등급으로 나누어 가장 최근에 거래한 고객은 5, 다음은 4,3,2,1 순으로 등급을 부여하였다.

그림의 우측 그래프는 이들 표본을 대상으로 다이렉트 메일을 보낸 결과에 대한 응답률을 나타내고 있다. 최근성에서 5등급을 받은 고객의 응답률은 3%를 넘고 있으나, 나머지 4등급 이하는 1% 이하의 응답률을 나타내고 있다. 즉 R의 등급 간의 반응률에 있어 현저한 차이가 있음을 알 수 있다. 따라서 빈도에 의한 분류는 최근성에 의하여 분류된 소그룹 하나 하나를 다시 세분하는 방법으로 분류하였다. 즉, 최근성에 의해 각 등급으로 분류된 고객을 다시 빈도의 기준에 의해 정렬한 후 가장 빈도가 높은 고객부터 20%씩 잘라 5부터 1까지 등급을 부여했다.

그림 6-3 | RFM 예[12]

5	2008/6/14
4	
3	
2	
1	2006/12/07

Recency(최근 구매일)
• 가장 최근 구매한 날짜
예) 2008년 6월 14일

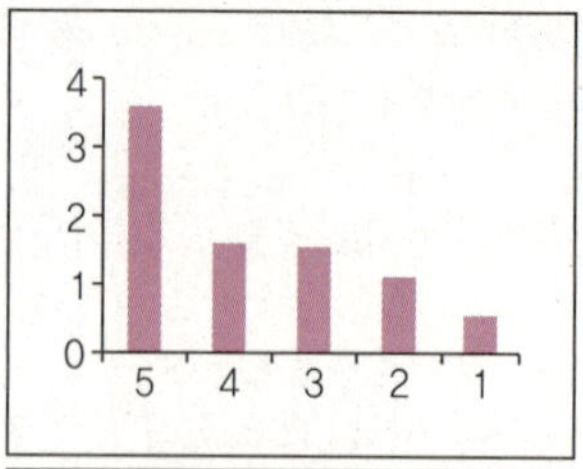

5	128번
4	
3	
2	
1	1번

Frequency(구매빈도)
• 특정 기간 동안 구매빈도
예) 1년 동안의 구매빈도

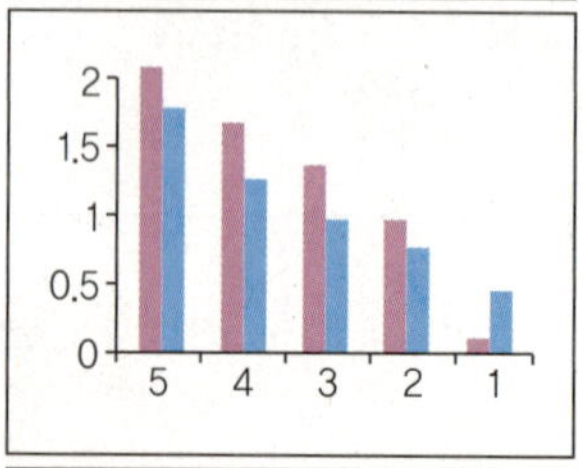

5	935만원
4	
3	
2	
1	2만원

Monetary(평균구매금액)
• 특정 기간 평균구매금액
예) 한 달간의 평균구매금액

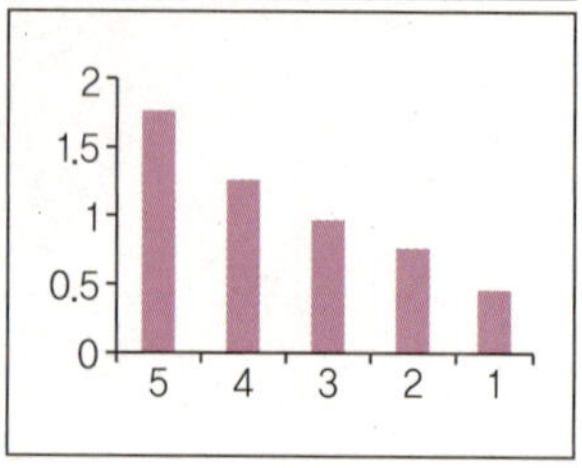

우측의 그래프는 최근성과 마찬가지로 빈도의 각 등급에 의한 응답률을 나타내고 있다. 이때의 응답률은 최근성의 경우와 달리 비교적 차이가 적은 모두 2% 미만의 값을 나타내고 있다. 그 이유는 빈도의 각 등급에는 최근성의 모든 등급이 고르게 들어있기 때문이다.

같은 방법으로 금액에 대한 등급을 부여하고 응답률의 결과를 보았다. 이때의 정렬기준은 한 달간의 평균거래금액이다. 즉, 최근성과 빈도로 나누어진 25개의 소그룹을 다시 금액에 의하여 5등급으로 나누면 전체 그룹은 125개가 되고 각 그룹에 대한 손익률을 평가하여 가치가 높은 집단을 선별할 수 있다.[13]

(2) LTV

고객평생가치(LTV)란 '**고객이 자사에 걸쳐 제공하는 이익을 현재가치로 환산한 금액**'을 말한다. 즉, 평생가치란 주어진 기간 동안 고객으로부터 실현될 이익의 순현재가치(net present value) 또는 한 고객이 한 기업의 고객으로 존재하는 전체 기간 동안 기업에게 제공할 것으로 추정되는 **재무적 공헌도**의 합계라고 할 수 있다.

그러면 왜 LTV가 중요시되어야 하는가? 기업들은 초기에 캠페인 활동과 여러 가지 촉진 활동을 통해 신규고객을 획득하게 되는데 이러한 신규고객을 획득하는 과정은 여러 마케팅 활동으로 인하여 매우 높은 비용이 들지만 투자비용을 회수하는데 있어 상당한 시간이 요구되었다. 더욱이 고객이 일찍 이탈할 경우에는 고객획득 비용조차 획득하지 못하는 경우가 발생하게 된다. 따라서 이처럼 고객획득 비용을 넘어 고객과의 장기적인 관계를 유지하는 것이 중요할 수 있다. LTV 산정은 크게 **단순 LTV 산정**과 이의 단점을 보완한 개선된 LTV 모델이 있다. 단순 LTV 모델의 경우는 평균 구매액을 기준으로 거래기간에 대한 구매액을 산정하는 방식으로 [그림 6-4]의 사례와 같이 **LTV = 평균구매액 × 거래기간**으로 나타낼 수 있다.

그림 6-4 | 단순 LTV 계산 예

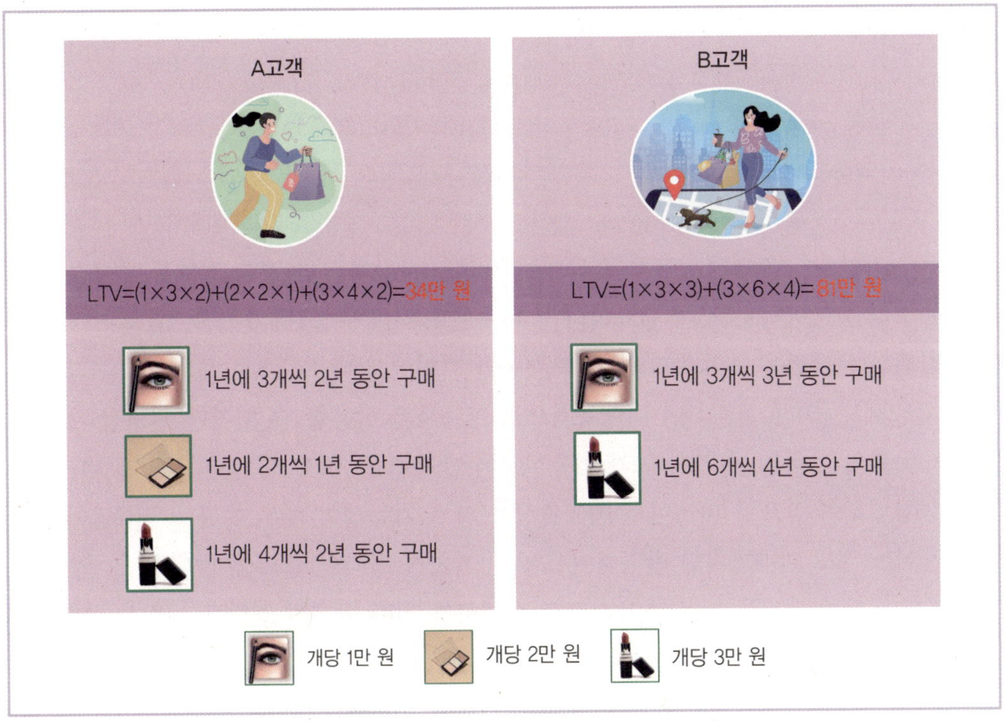

이러한 단순 LTV 계산은 미래의 불확실성을 고려하지 않는 경우로서 고객행동의 변동, 현재가치, 이익관점 등을 고려하지 않은 방법이라고 할 수 있다.[14] 앞에서 설명한 RFM 이외에도 기업의 목적과 고객의 특성에 따른 어떤 지표도 이용될 수 있다. 중요한 것은 이

중에 어느 한 가지 지표만을 이용한 고객분류는 잘못된 결과를 초래하기 쉽다는 것이다. [표 6-1]에서 볼 수 있듯이 최초 구매금액을 보고 판단하면 고객 4가 매우 좋은 고객으로 보이겠지만 이 고객은 최초 구매시에 가장 돈을 많이 썼고 다음은 그렇게 돈을 많이 쓰지 않았다. 전체적으로 이러한 고객은 회사의 매출에 기여하는 부분이 낮다. 그러나 고객 1은 그 반대다. 최초 구매금액은 높지 않지만 고객평생가치는 가장 높은 고객이다. 이러한 패턴을 보이는 고객의 특징을 찾아낼 수 있다면 기업의 매출에 기여하는 마케팅을 전개하기에 매우 유리하다고 볼 수 있다.

표 6-1 | 고객확보 채널에 따른 고객평생가치 분석[15]

고객	고객확보 채널	최초 구매금액	고객평생가치
1	유료 검색	10만 원	860만 원
2	디스플레이	40만 원	152만 원
3	이메일	12만 원	250만 원
4	제휴사이트	62만 원	105만 원
5	동영상	58만 원	510만 원
6	기타	8만 원	360만 원

따라서 기업은 고객평생가치를 중심으로 고객을 분류하되 다양한 정보를 활용하여 정확하게 고객을 파악하는 것이 필요하다.[16] 비슷한 맥락에서 [그림 6-5]는 단순 LTV에 의한 계산법의 문제점을 보여주고 있다. 오랫동안 기업에서 비즈니스로 해외출장을 많이 다녔던 A(62세)는 최근 은퇴하여 여행목적으로 항공사를 이용할 수 있지만 전처럼 자주 비즈니스 목적의 이용은 어렵다. 과거 이용실적이 많지 않은 B(37세)는 최근 국제 비즈니스 기업을 창업하여 앞으로 비즈니스 해외출장을 다닐 가능성이 매우 높다. 이런 점에서 항공사는 어느 정도 미래가치를 반영하여 고객의 가치를 평가할 필요성이 있다.

고객에 대한 마케팅을 더욱 효율적으로 수행하기 위한 마케팅 전략을 계획한다면 모든 고객을 대상으로 노력해서는 안 된다. 누구를 대상으로 할지, 서비스 비용을 너무 많이 소모시키는 누구를 제외할지 알려주는 신호를 포착해야 한다. 연구결과에 따르면 가치가 높은 고객의 경우 구매와 구매 사이의 시간 간격, 반품률, 최초 구매제품의 가격 같은 변수를 통해 알아낼 수 있으며 이러한 변수로 찾아낸 가치 있는 고객들을 타깃으로 하면 교차판매를 높일 수 있다.[17]

그리고 선도적인 기업들은 같이 갈 가치가 있는 고객과 그렇지 않은 고객을 잘 구별하

그림 6-5 | LTV가 간과할 수 있는 문제

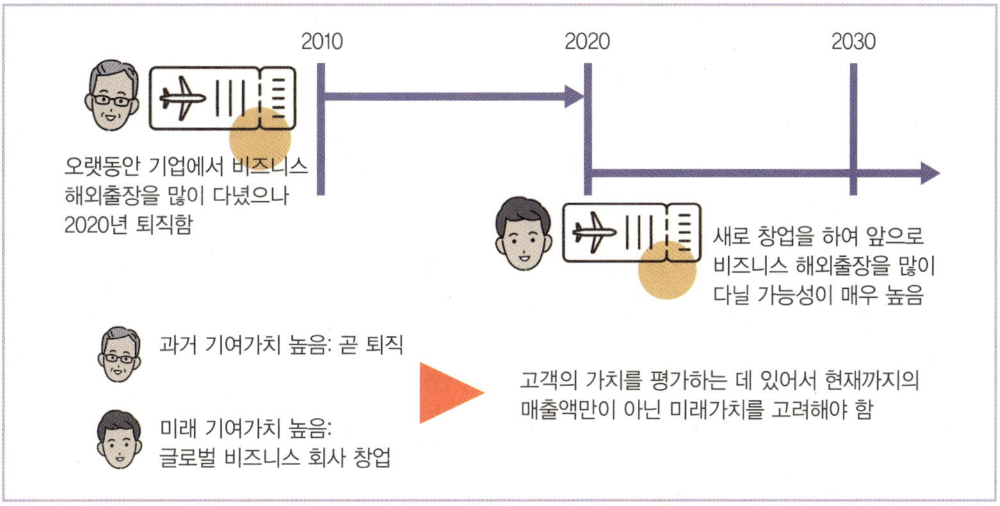

여 대응한다. 이때의 구분 기준은 단일 거래의 이윤이 아니라 해당 고객의 평생가치다. 예를 들어, 아마존 프라임 비디오(Amazon Prime Video)는 고객이 만족스럽지 못한 콘텐츠를 시청했다고 판단할 때 영화 대여료를 선제적으로 환불해준다. 이 회사는 단일 거래에서 손해 보는 2.99달러에 대해 전혀 적정하지 않는다. 그들은 변심한 고객의 마음을 돌려놓지 않으면 그 고객은 영원히 떠나버린다는 것을 알고 있다. 설령 그 책임이 고객의 주관적 관점에 있다 하더라도 그들은 고객관계를 지속하기 위해 적극적으로 행동한다.[18]

프라임 비디오는 아마존닷컴이 운영하는 주문형 비디오 OTT 스트리밍 서비스다. 텔레비전 쇼와 영화를 대여 및 판매하고, 멤버십에 따라서 차등적으로 제공되는 콘텐츠도 있다. HBO 등 경쟁사들처럼 독점적으로 제공하는 콘텐츠도 있다.[19]

3. 고객 충성도를 위한 고객만족과 온라인 지원 전략의 결정

고객만족(customer satisfaction)은 고객을 위한 가치 있는 것을 창조함으로써 그리고 그들의 기대에 부응하거나 더 초과함으로써 발생한다. 만족은 기대를 초과한다면 아주 간단한 제품에서도 발생될 수 있다. 그러한 가치와 고객만족을 이끄는 동인을 관리하는 것이 온라인 기업의 고객지원 사이트가 갖추어야 할 중요한 마케팅 기능이라고 할 수 있다.

릴레(Lele)는 [그림 6-6]과 같이 고객만족을 창출하기 위한 네 가지 기본적인 요소를 고려했다. 각각은 소비자와 상호작용하는 제품이나 프로세스를 대표하며 어떻게 인터넷이 고객만족을 고양할 수 있는가를 이해하는 데 유용한 틀을 제공한다.

그림 6-6 | 고객만족의 동인들[20]

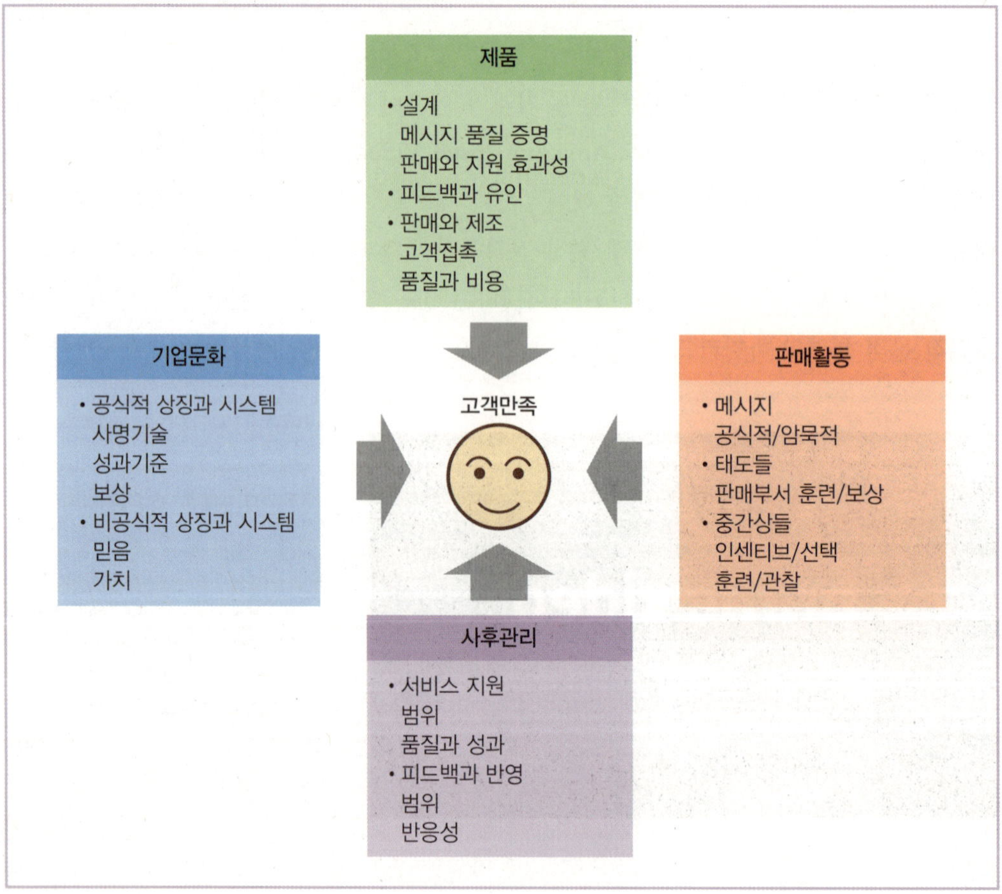

먼저, **제품(product)**은 고객만족의 기본출발이다. 제품은 **핵심효익, 서비스, 체험** 등을 포함하는 복합적인 개념으로 소비자가 좋아할 만한 제품을 제공하는 것이 무엇보다 중요하다고 볼 수 있다. 예를 들어, 특정 사이트에서 재미있는 내용의 웹툰을 빠른 창 넘김과 쉬운 인터페이스로 구현하여 사용자가 시간가는 줄 모르고 빠져들었다면 해당 사이트에 대한 만족을 가능하게 할 수 있을 것이다.

둘째, 인터넷에서 고객만족을 개선하기 위한 다음 단계는 실제 **판매활동(sales activity)**이다. 여기서 만족의 중요한 요소들은 고객에 대한 판매활동의 일환으로 제공된 메시지, 웹사이트 마케팅 부서의 태도, 그리고 중간상들의 많은 역할들을 포함할 것이다.

셋째, 전통적인 **판매 후 지원(support after sale)**은 많은 기업에 의해 소홀히 되고 있는 부분이다. 소비자를 직접적으로 연결하는 메커니즘의 부족과 A/S에 드는 비용을 피하고자 하는 의도로 많은 기업들은 문서 보증과 콜센터의 운영을 꺼리고 있는 것이 사실이다. 이는 실제로 고객과의 접촉을 지속시키지 못하고 계속적인 고객 충성도를 구축할 수 없는 원인이 된다. 그러나 이제는 많은 기업들이 온라인을 통하여 이를 비용 효율적으로 운영할 수 있으며 차별화된 지원으로 고객만족을 높이는 요인이 되기도 한다. 이제는 소규모 조직에서도 컴퓨터에 기반한 비즈니스 결정이 일반적으로 채택되고 있다. 최근 비즈니스 의사결정을 위한 지원 시스템은 조직 데이터를 분석하는 데 있어 인적 부담을 줄이며 단기간에 서비스 지원 품질을 개선하는 데 도움이 될 수 있는 사용 가능한 정보를 기반으로 신속한 결정을 가능하게 한다.[21]

넷째, 릴레(Lele)에 의해 주장된 마지막의 고객만족의 동인은 **기업문화(corporate culture)**이다. 문화를 강화하는 기업의 예는 디즈니라고 볼 수 있다. 디즈니 홈페이지의 타이틀은 한때 'Disney.com–The Web Site for Families'로 어린이들이 방학을 즐기고 집안일을 스스로 하게 하며 수학을 잘하도록 동기부여할 수 있는 프로그램을 사이트에서 제공하고 있다.[22] 실제 연구에 의하면 기업문화가 전략적 자산이며, 적절하게 관리된다면 성공적인 비즈니스 모델의 핵심 차별화 요소가 될 수 있으며 적절하게 관리되지 않을 경우 실제로 기업의 부채로 전환될 수 있음을 알 수 있다.[23]

Internet Marketing INSIGHT 6-3

닷컴 기업에 있어 고객지원의 중요성

불만족을 경험한 고객은 그 업체에는 움직이는 시한폭탄이다. 한 조사결과에 따르면 서비스에 만족한 고객이 그 서비스를 다른 고객에게 소개하는 비율은 10% 미만인 반면, 서비스에 불만족한 고객이 그 서비스에 대한 악평을 주변 사람들에게 전하는 비율은 70%를 넘는다고 한다. 고객만족은 닷컴 기업의 생존에도 매우 중요한 요소이다. 고객불만을 제대로 해소하지 못해 무너지거나 위험에 빠진 사례는 어렵지 않게 찾아볼 수 있다.

세계적인 화장품업체 P&G가 3,500만 달러를 투자해 설립한 여성 미용품 판매 사이트 **리플렉트닷컴(reflect.com)**이 좋은 본보기다. 마케팅의 신조류라고 할 수 있는 이른바 '**체험 마케팅(experiential marketing)의 실현**'을 표방한 리플렉트는 고객이 자신이 사용할 화장품의 원료와 향, 그리고 포장까지 선택할 수 있도록 했다. 고객이 아름다움에 관해 상호작용적인 경험을 만끽할 수 있도록 한 것이다. 그러나 고객들은 인터랙티브가 아닌 짜증을 경험해야만 했다. 현란한 그래픽으로 채운 홈페이지는 너무 더디게 떴고, 배송 등에 관한 핵심정보는 잘 보이지 않았기 때문이다. 게다가 개인별 맞춤서비스를 위한 질문은 무려 23페이지나 이어져 고객의 불만을 증폭시켰다. 2017년 현재는 이 페이지의 서비스가 종료된 상황이다.

과거 법정관리를 신청한 온라인 소매업체 **밸류아메리카(valueamerica.com)**의 경우는 상거래 시스템 구축에 너무 집중해 오히려 고객의 불만을 샀다. 입에 침이 마르도록 자랑했던 **백 엔드 시스템(back-end system, 기반 시스템)**은 잦은 결함으로 구매와 배달과정에서 문제를 일으켰다. 대금청구서가 엉뚱한 고객에게 발송되기도 했다. 이 사이트도 2017년 현재 서비스가 종료되었다.

국내에서는 온라인 상점이 고객에게 제공해야 할 기본적인 사항조차 제대로 갖추지 않아 불만의 빌미를 주고 있다. 한국소비자보호원이 과거 인터넷 쇼핑몰과 인터넷 서점을 조사한 결과 전체 조사대상 77개 업체 중 회원 탈퇴, 개인정보보호 방안, 약관, 청약 철회, 사업자 정보에 관한 사항을 표시하지 않아 적발된 업체가 무려 43곳에 이르렀다. 수익을 외치면서도 수익의 원천인 고객에 대한 서비스는 뒷전이었던 셈이다.

인터넷 비즈니스의 성공스토리로 꼽히는 델(Dell)은 1996년 7월 인터넷 홈페이지를 통해 PC 판매를 시작할 때, 사이트의 첫 관문을 도움창구(Help Desk)로 연결시켜놓았다. 품목과 가격 리스트가 일목요연하게 표시된 도움창구를 통해 고객들이 원하는 PC를 손쉽게 찾을 수 있도록 배려한 것이다.

고객 편의에 맞도록 웹사이트를 설계하는 것 역시 중요하다. 인터넷 컨설팅 업체 **크리에이티브굿(creativegood.com)**이 발표한 보고서를 보면, 상거래 사이트에 대한 고객들의 불만 가운데 가장 큰 것이 '웹페이지가 사용자 편의에 관계없이 어수선하게 꾸며져 있다'는 점이었다. 사이트를 방문해 제품정보를 얻고, 이를 통해 구매를 하는 주인공은 고객임에도 정작 다수 사이트가 고객 입장을 정확하게 고려하지 않은 상태에서 설계되고 있다는 것이다.

고객편의에 맞지 않는 웹사이트는 고객의 불만을 증가시키고 기업의 수익구조를 약화시킨다. 포레스터 리서치(Forrester Research) 조사에 따르면 특정 상품을 구매하기로 마음먹고 웹사이트에 접속한 고객이라도 실제로 물건을 사는 고객은 3분의 1에 불과하다. 너무 복잡하고 산만한 웹사이트 구성이 구매를 포기하게 하는 가장 큰 요인이라고 한다.

고객 신뢰를 얻기 위해선 인프라를 제대로 구축해야 한다. 고객이 사이트에 들어와 쇼핑을 하고 장바구니에 물건을 넣는 순간 인터넷이라는 첨단의 가상세계는 곧바로 현실의 실물경제로 이동한다. 지불과 배송이라는 현실적인 문제가 발생하는 것이다. 바로 이 과정에서 사이트에 대한 고객 신뢰가 결정된다.

닷컴 기업이 당면한 문제를 해결하고 살아남기 위한 해답은 '고객'이라고 하는 키워드 속에 있다. 「넷 게인(Net Gain)」의 저자이자 컨설턴트인 존 하겔 3세는 인터넷을 통해 펼쳐지는 새로운 세상의 가장 큰 특성이 '권력이 고객 쪽으로 이동하는 것'이라고 지적했다. 몰락하지 않는, 나아가 성공적인 인터넷 비즈니스로 가는 지름길은 '고객의 고객을 위한 고객에 의한 서비스'를 제공하는 것이다.[24]

제2절 개인화 마케팅

1. 개인화와 고객화의 개념 구분

앞에서도 많이 논의되었듯이 인터넷 기업의 경우는 마케팅 믹스를 개별고객에게 맞추는 것이 매우 중요하다. 본격적으로 이러한 이론에 대해 논의하기 전에 개인화와 고객화의 차이를 먼저 구분할 필요가 있다. 여러 가지 의견이 있지만 본서에서는 개인화와 고객화는 주체가 누구인가로 구분한다. 먼저, **개인화(personalization)**는 회사가 개인에게 적합한 마케팅 믹스를 결정할 때 발생한다. 일반적으로 이전에 수집된 고객 데이터를 기반으로 하게 되는데 인터넷 서점에서 고객이 요구하지도 않았지만 과거 구매자료를 근거로 관심있을 만한 책을 추천해주는 경우가 이에 해당한다고 볼 수 있다. **고객화(customization)**는 고객이 마케팅 믹스의 하나 이상의 요소를 사전에 지정할 때 발생한다.

예를 들어 자동차를 사는 고객이 자동차 시트, 타이어 휠, 드라이빙 어시스턴트 장비 등 자동차의 다양한 구성요소를 자기 취향대로 결정할 수 있다면 이를 고객화라 한다.[25] 본서에서는 특별히 구분 없이 한 명 한 명의 고객에게 맞춤화된 상품과 서비스를 제공하는 개념으로 혼용해서 쓰기로 한다.

인터넷 기술의 등장은 고객과의 비용 효율적인 일 대 일 관계의 다양한 기회를 낳는다. 제품을 일 대 일로 고객 개인에게 맞추어 제공하기 위한 개인화 개념은 매우 중요한 부분으로 온라인 마케팅 믹스에 통합될 필요성이 매우 높다고 할 수 있다.[26] 이러한 상황에 맞게 최근 발전하고 있는 개인화 기술은 고객과 상호작용 노력을 크게 감소시키는 방식으로 고객의 개별적 요구에 맞는 상품 및 서비스를 선택할 수 있도록 지원하고 있다.[27] 실제 개인화는 제품 차별화의 특수한 형식이라고 볼 수 있다. 구체적으로 설명하면 개인화는 기본적인 제품 혹은 서비스를 개개인의 고객에 맞는 솔루션으로 전환시키며 제품 디자인을 개인의 이익을 포함한 개인의 취향에 맞게 만들어낼 수 있는 과정으로 변화시킨다. 개인화가 혁신적인 분배방법과 연결된다면, 현재의 접근 방법에서 나타나는 낭비 없이 소비자의 취향을 그대로 생산과정에 반영시킬 수 있다.[28]

2. 개인화 마케팅[29]

최근 과대한 정보와 많은 제품 제공으로 인한 혼잡은 소비자의 의사결정을 방해하는 요소가 된다. 또한 기업의 입장에서 방송광고는 너무 비용이 많이 들고, 불편하며, 효과가 의문스럽다. 결과적으로 이러한 부정적 측면들은 고비용의 유통, 소비자 시용의 어려움, 고객의 브랜드 전환 등을 야기할 수 있다.

인터넷은 소비자 선택을 현명하게 하게 하고 있다. 개인화된 온라인 조언은 그들의 위한 최선의 선택을 돕고 있는 것이다. 상품과 서비스를 웹을 통해 분류하게 되면 골치 아픈 선택 행위를 하나의 도구로 전환시킬 수 있다. 소비자들은 선택 지원으로 자신이 선호하는 상품과 서비스를 찾아낼 수 있다. 새로운 미디어에 적합한 시장 조사기술을 이용하여 인터넷 마케팅 관리자들은 다양한 범주의 제품에 대한 선택 지원을 제공하는 웹사이트와 시스템을 설계하고 있다. 온라인 선택과 지원을 통해 개인의 취향과 요구를 파악할 수 있으며 추천도 할 수 있는데, 이러한 추천이 정확하고 믿을 수 있다면 새로운 가치와 단골 고객을 만들어낼 수 있는 것이다.

오랫동안 증대된 제조과정에서 유연성은 고객들에게 다른 기회를 제공하고 있는데 특히 **대량 고객화(mass customization)**가 개인적 수준의 정보화, 유연한 제조를 통해 가능하게 되었다. 자동차와 안경, 화학 공급업자, 그리고 식품과 같은 일상적으로 넓은 시장을 가지고 있는 기업들은 최종 제품설계를 최대한 연기해서 고객의 선택, 취향, 행동이 제조물에 반영되도록 제조하고 있다. 이러한 고객화 설계와 정확한 정보를 통하여 다양한 범위의 제품을 생산해내고 있는 것이다.

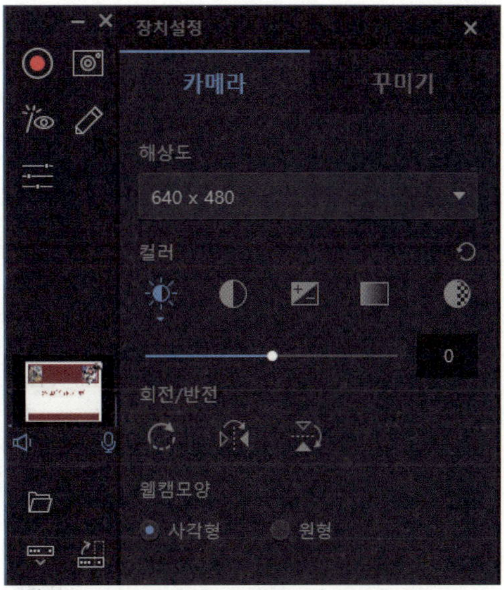

강의 동영상을 만드는 경우 화면에 노출된 강연자의 모습을 다양한 기호에 따라 스스로 선택하고 배경을 조절하는 개인화를 제공하는 강의제작 프로그램(곰캠)

기업들은 이러한 고객화를 통하여 마케팅이 좀 더 소비자 만족에 가까이 다가가게 하고 있다. 칸(Kahn)은 마케터들이 시간이 갈수록 필요와 취향이 독특해지는 소비자를 만족시켜야 한다는 **고도의 다양화 전략(high variety strategy)의 효익**을 제안하였는데[30] 웹은 기업들로 하여금 이러한 개인 소비자의 선호와 행동을 결합하여 마케팅은 마케팅의 가이드라인의 하나인 '소비자의 목소리'를 더욱 잘 파악할 수 있도록 했다.

과거 고객화를 하려고 하는 많은 기업이 직면하는 근본적인 문제는 정확하고, 시기적절하며 관련성 있는 개인 고객정보를 얻기가 힘들다는 점이었다. 그러나 고객정보 수집이 중요하기에 이에 대한 열의를 반영하는 기업의 경우 최대한 고객정보를 수집하고자 노력하고는 했다. 예를 들어, 과거 리츠칼튼 호텔에서는 직원들이 '개인별 취향 패드(preference pad)'라고 불리운 작은 노트북을 유니폼 주머니에 넣고 다니며 고객이 음악이나 음료 등과 관련된 개인적 취향을 언급할 때 직원은 그 내용을 패드에 기록하여 서비스에 반영하고자 했다.[31] 이제는 상당히 많은 제품범주에서 제조업자와 최종 고객 간의 직접적인 연결을 제공함으로써 온라인 기업들은 고객화에 힘을 실어주기 위해 필요한 데이터를 수집하는 효율적인 방법을 가지게 되었다.[32]

이러한 연결이 온라인 서비스를 위한 경우 더욱 효력을 발휘할 수 있다. 온라인 서비스는 전통적인 제품의 대량 고객화를 좀 더 개선된 형태로 실행할 수 있는데 전문화된 소프트웨어와 정교한 법칙(예를 들면, 데이터마이닝 솔루션과 같은 것)을 통해 실시간으로 진정으로 독특하고 동적으로 개인화된 웹사이트의 전달이 가능하다.[33]

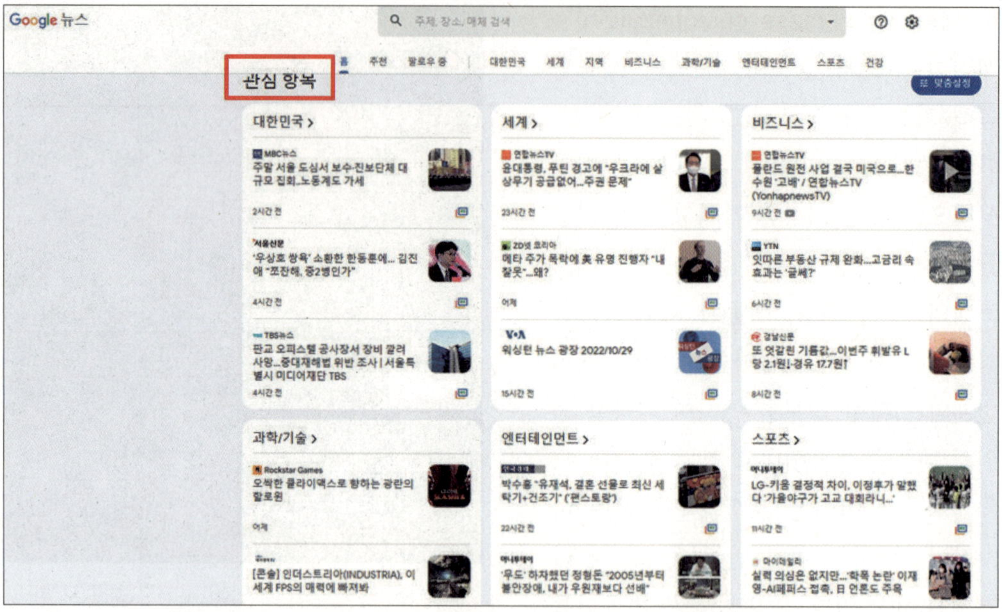

Google 뉴스는 사용자를 위한 맞춤 추천을 생성하기 위한 기술적 요소들을 활용하고 있다.[34]

3. 고객화의 네 가지 접근방법

오늘날의 고객은 더 이상 남들과 똑같은 제품을 원하지 않으며 상품과 서비스가 최대한 고객화되기를 기대한다. 기술이 발전함에 따라 이러한 고객의 요구가 충분히 실현 가능한 시대가 되었기에 기업 및 제조업의 디지털화 전략에서 대량 맞춤화와 개인화가 대세가 되고 있다.[35]

길모어(Gilmore)와 **파인(Pine)**은 고객화를 위한 네 가지 접근방법을 확인했는데 이는 [그림 6-7]에서 볼 수 있듯이 **협동형(collaborative)**, **적응형(adaptive)**, **장식형(cosmetic)**, **관찰형(transparent) 고객화** 등으로 분류된다.[36] 경영자들이 제품, 공정 또는 사업단위를 설계하거나 재설계할 때는 자사의 고객에게 최고의 서비스를 제공하기 위한 방법을 알아낼 수 있도록 이들 접근방법을 검토해야 한다.

4가지 고객화 중 적응형 고객화와 장식형 고객화는 '**표준화에서 창조된 다양성**' 차원으로 또한 관찰형 고객화와 협동형 고객화는 '**고객선호의 학습차원**'으로 다시 묶일 수 있다.[37]

그림 6-7 | 대량 고객화의 차원[38]

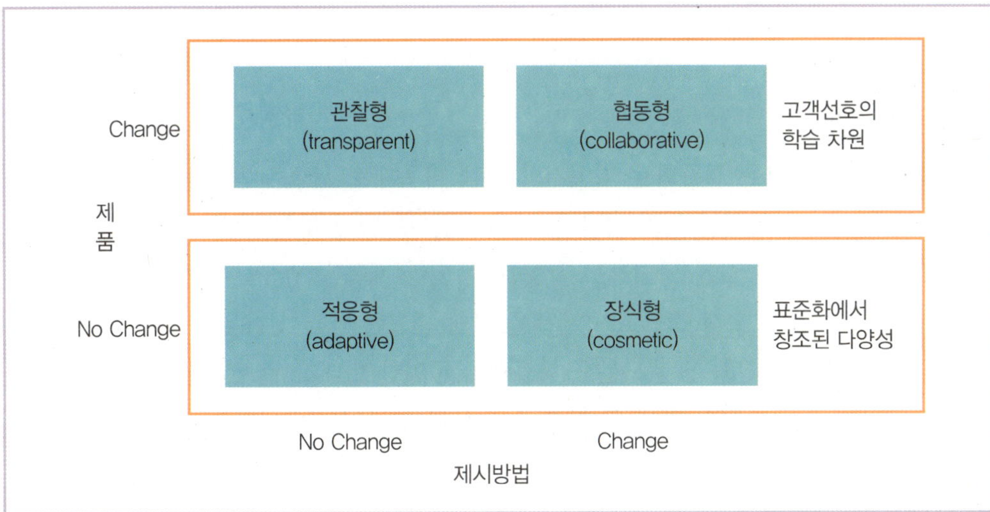

(1) 협동형 고객화

협동형 고객화는 그림에서 볼 수 있듯이 제품과 제시방법에서 모두 변화를 주는 것이다. 이를 추진하는 기업은 고객이 자신의 욕구를 명확하게 표현할 수 있도록 지원하고 그러한 욕구를 충족시켜 줄 수 있는 정확한 제품을 확인하며 개별화된 제품을 생산하기 위해 고객들과 대화를 나눈다. 이는 높은 프로세스 유연성과 통합을 통해 개별 설계된 제품과 서비스를 모든 고객에게 제공할 수 있는 능력과 관련이 있는데 점점 더 많은 회사들에 의해 경쟁 전략으로 인식되어 온 경향이 있다.[39]

협동형 고객화는 **대량 고객화(mass customization)**와 가장 근접한 접근법으로서 고객들이 자신들의 욕구를 명확하게 표현하지 못하고, 수많은 옵션 가운데 어느 것을 선택해야 할 것인가에 관해서 확실한 결정을 내리지 못하는 고객들을 상대하는 기업에게 적절한 접근방법이 될 수 있

글래스매치는 누적 데이터 1만 4,000명의 얼굴 데이터를 상세 분석해 얻어진 소비자 취향을 반영해 최적의 안경 및 선글라스를 추천한다. 이를 통해 이용자가 알지 못했던 브랜드의 제품과 새로운 디자인까지 확인할 수 있다.[40]

다. 인터넷 안경점은 증강현실 기술을 활용하여 고객들이 매장에 가지 않고서도 자신에게 맞는 안경을 찾을 수 있도록 하고 있는 것이 그 예이다.

(2) 적응형 고객화

적응형 고객화의 경우 표준화는 되었지만 고객 나름대로 개별화가 가능한 제품을 제공하기 때문에 사용자 자신이 직접 제품을 바꾸어 쓸 수 있게 하는 방식이다. 적응형 고객화는 상황에 따라 서로 다른 방법으로 작동할 수 있는 제품을 생산하는 기업에 적합하며, 기존의 기술을 통해서 고객 스스로가 제품을 쉽게 용도에 맞추어 사용할 수 있도록 한다. 예를 들어, 리복 펌프 운동화는 모든 고객들에게 동일한 형태로 판매되지만, 고객이 원하는 만큼 공기를 넣어 자신의 발에 꼭 맞출 수 있도록 디자인되어 있다.

(3) 장식형 고객화

장식형 고객화를 추진하는 기업은 상이한 고객들에게 하나의 표준적인 제품을 상이한 방법으로 제시하는 것이다, 즉 제품 사용방법은 같지만 제품 자체가 제시되는 방법에 차이가 있는 경우에 적합하다고 볼 수 있다. 고객별로 맞춤 생산해주기보다는 표준화된 제품을 고객별로 특이하게 포장하여 공급한다든지, 진열방식을 다르게 한다든지 제품의 속성과 사용 효익을 다른 방법으로 광고하며, 고객의 이름을 각 품목에 붙이거나 판촉프로그램을 상이하게 설계하는 것이 그것이다.

(4) 관찰형 고객화

관찰형 고객화를 추진하는 기업은 개별고객들에게 제품과 서비스가 맞춤 생산되고 있음을 명확하게 인식시켜 주지 않으면서도 독특한 제품과 서비스를 고객들에게 제공한다. 개별화를 위한 관찰적 접근방법은 고객의 욕구가 예측 가능하거나 쉽게 추정할 수 있는 경우와 고객들이 자신의 욕구를 반복적으로 명시하지 않는 경우 적절한 방법이다. 이러한 고객 맞춤화를 추진하는 기업은 고객과의 직접적인 상호작용을 통하지 않고 고객의 행위를 관찰한 다음 표준 패키지 내에서 자사의 제품을 은밀하게 맞춤 생산한다.

4. 고객 관찰을 위한 인터넷 어드레스의 역할

고객화는 고객정보에 크게 의존한다. 네 가지 유형의 고객화는 고객의 개인적 선택과 취향을 반영하여야 한다. 이를 가능하게 하는 정보의 중심적인 요소는 **어드레스(address)**이다. 이는 개인과 개인의 선택을 독특하게 규명하는 방법으로 온라인 마케터가 현재와 과거의 행적을 연관짓는 것을 가능하게 한다.

온라인에서 주소의 이용은 인터넷의 기술적 발달로 더욱 복잡해져가고 있지만 소비자의 마우스 클릭추적으로 개별고객의 관심분야나 거래관련 사항을 좀 더 용이하게 추적할 수 있다는 장점을 가지게 되었다. 특히 **웹로그분석(web-log analysis)**은 마케팅 관리자가 정보를 담고 있는 로그 파일로부터 유용한 무엇인가를 추출해내는 것을 가능하게 한다.

[그림 6-8]은 온라인 사이트와 사용자 간에서 이루어지는 선택에 의거하여 온라인 마케터가 소유할지도 모르는 지식의 양적 증가를 보여주고 있다. 가장 단순한 상황은 개인회원의 확인을 위한 패스워드와 아이디를 부여하는 것이다. 그렇게 함으로써 웹로그는 사용자 아이디를 저장하게 되고 웹사이트 운영자는 사용자 아이디로 개인적인 성명과 고객화의 기본이 될 수 있는 다양한 데이터(예를 들어 성별, 나이, 직업, 관심분야 등등)를 받게 된다. 아직도 많은 웹사이트들이 고객에 대한 맞춤 서비스를 가능하게 하는 이러한 등록을 요구하고 있지는 않고 IP주소를 추적하는 방식을 사용하고 있다.

그림 6-8 | 온라인 지식의 증가수준

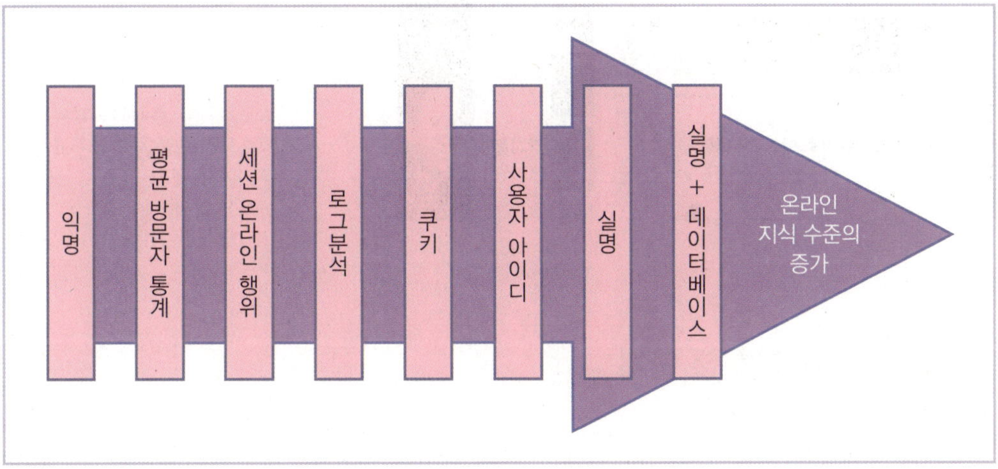

쿠키(Cooki)는 사용자의 이름과 연관되지는 않지만 사용자 아이디와 유사성을 가진다. 쿠키란 하이퍼텍스트의 기록서(HTTP)의 일종으로서 인터넷 사용자가 어떠한 웹사이트를 방문할 경우 그 사이트가 사용하고 있는 서버를 통해 인터넷 사용자의 컴퓨터에 설치되는 작은 기록정보 파일을 일컫는다. '쿠키'라는 이름은 그림 동화 '헨젤과 그레텔'에서 가져온 것이다. 헨젤과 그레텔이 지나온 길을 표시하기 위해 쿠키 조각을 떨어뜨리며 표시했다는 이야기에서 따온 것이다. 과거 IP의 행적과 최근의 행적을 비교해볼 수 있다는 점이 그것이다.[41]

실제 웹 어드레스 추적은 사생활 침해를 일으킬 수 있기 때문에 사용자들의 우려를 자아내고 있다. 주소가 서비스와 성능을 향상시키는 데 중요한 역할을 하기는 하지만 그것은 남용될 가능성이 높다. 즉, 사용자에 관한 정보가 많으면 많아질수록 사용자의 특성을 알아낼 수 있으나 마케팅의 윤리적 측면에서 이런 현상에 관해 많은 사람들이 우려를 표시하고 있다.[42]

과거 검색했던 상품을 기억하여 스포츠서울 홈페이지에서 띄어 지속적인 노출을 시켜주고 있는 쿠키기술(빨간 원의 제품들이 과거에 검색했던 제품)

5. 개인화 마케팅 실행 단계

개인화 마케팅을 실행에 옮기기 위해서는 네 가지의 주요한 단계가 존재한다. 즉 그것은 **① 고객 파악, ② 고객 분류, ③ 고객과의 상호작용, ④ 각 개별고객에 맞게 상품과 서비스를 맞춤하는 것**이다.[43]

1) 고객 파악

개인화 마케팅을 시작하기 위해서는 많은 고객들을 잘 분류하여 최고가치의 고객들을 찾아내어 접촉할 수 있어야 한다. 이를 위해서는 고객에 관해서 구체적으로 아는 것이 필수적이다. 이러한 점에서 고객에 대한 데이터를 수집하는 것이 개인화의 첫 출발점이다. 누가 고객인지, 그들은 누구이며, 무엇을 원하고, 어떤 페이지를 보고 있는지 등을 아는 것은 매우 중요하다. 고객 또한 기업에게 정보를 제공함으로써 고객에게 맞는 맞춤형 서비스와 콘텐츠 그리고 상품을 얻을 수 있다. 이러한 점을 고려할 때 기업들은 고객들이 자발적으로 자신의 데이터를 제공하게 만들지 고민해야 한다.[44]

언더아머 사이트에서 패딩을 검색한 것을 알고 프로모션(사은품) 정보를 카톡으로 보내온 사례. 해당기업은 고객이 이 제품을 검색한 것을 알고 구매로 전환시키기 위한 노력을 한 것이다.

2) 고객 분류

고객들은 여러 다른 수준의 가치와 다른 필요를 가지고 있다. 일단 기업이 그들의 고객을 찾아내었다면 그 고객들을 구별하는 단계는 기업이 최고의 가치를 가진 고객에게 자사 브랜드가 가장 우위를 가진 제품이라고 인식시키는데 그들의 노력을 집중할 것이다. 그러면 당신은 각 개별고객의 가치와 필요를 반영하기 위해 여러분의 행동을 그 개별고객들에게 맞출 수 있을 것이다. 한 회사의 고객 데이터베이스를 어느 정도까지, 그리고 어떻게 구별하는가가 결정되면 주어진 사업상황을 위한 적절한 전략을 결정하는 것은 더욱 용이해진다.

3) 고객과의 상호작용

고객들과 상호작용하는 데 있어서 비용 효율성과 효과성을 향상시키는 것은 개인화 마케팅의 핵심요소이다. 예를 들어, 웹사이트에서 유익한 최신 정보를 제공하는 회사는 더욱 더 고비용의 전화센터를 운영할 때만큼 많은 비용을 쓸 필요가 없을 것이다. 사진에서 알 수 있듯이 최근 상담 챗봇은 상당히 많은 인터넷 기업의 고객과의 상호작용성을 비용 효율적으로 실현하는 도구가 되고 있다. 효과성은 고객욕구에 대한 더 많은 통찰력이나 고객가치에 대한 더 정확한 그림을 제공하는 적시 적절한 정보를 창출함으로써 향상된다. 무엇보다도 중요한 것은 고객과의 매번 상호작용은 그 고객과 가졌던 지난 모든 상호작용의 경험을 바탕으로 이루어질 필요가 있다는 것이다.

기업이 챗봇기술을 활용하면 제품정보 제공, 교환 및 반품, 변경, A/S 등의 다양한 부분에서 고객응대를 실시간으로 할 수 있다.[45]

4) 고객의 필요에 맞게 기업의 행동을 맞춤화하기

궁극적으로 기업이 한 고객을 학습관계에 묶어두기 위해서는 기업행동의 어떤 면들은 고객의 개별욕구에 맞춰져야 한다. 즉, 제품을 둘러싼 어떤 측면을 고객의 요구에 맞추어 재단해야 하는데 어떤 경우든 고객에 대해 배운 것을 토대로 그 개별고객을 차별적으로 대우할 수 있어야 한다. 관계 마케팅의 보상을 보다 빨리 얻기 위해 서두르다보면 기업은 이토록 중요한 네 번째 단계를 간과하기 쉽고, 결국 많은 기업들이 이 전체 분야를 단지 직접우편이나 텔레마케팅을 수행하는 것으로 인식하는 오류를 범할 수 있다.

6. 개인화 방법론

1) 개인화 필요성 판단

페퍼스(Peppers)와 **로저스(Rogers)**는 고객 우위를 창출하는 데 있어 개인화의 역할을 이해하기 위해서 **고객 니즈 차별성, 고객평생가치의 크기** 등의 기준을 활용했다.[46] 여기서 파악해야 할 가장 중요한 점은 고객들을 위한 '**개인화가 기업의 수익으로 돌아오는가?**' 하는 것이다.

[그림 6-9]의 수평축은 고객 니즈의 다양성을 나타내는 것인데 고객 니즈가 일관적일 경우 모든 고객들은 거의 똑같은 제품을 이용하고, 차별화 가치는 거의 존재하지 않으며, 제품의 차원들(핵심, 실제, 확장)[47] 측면에서는 거의 유사성을 띄게 된다. 그림의 수직축은 고객의 평생가치의 차이를 반영한 것이다. 고객평생가치가 높은 고객이 기업측에 최고의 고객으로 볼 수 있을 것이다.

그림 6-9 | 개인화가 효과가 있는가?[48]

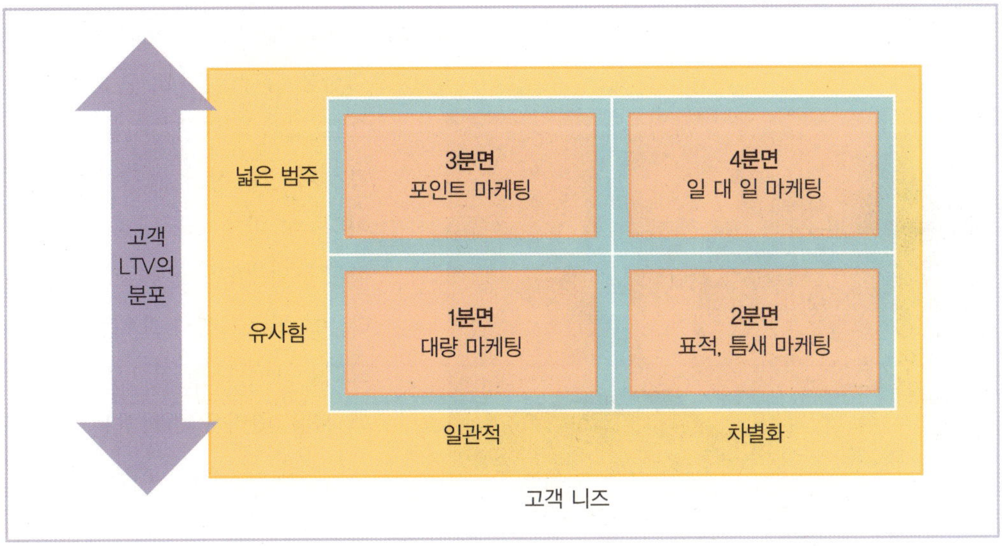

(1) 1분면: 개인화가 별 효익이 없음: 대량 마케팅

1분면은 **대량 마케팅(mass marketing)** 분면으로 고객평생가치에 별 차이가 없으며 고객의 니즈 또한 별 다르지 않는 경우이다. 이러한 분면에 속하는 제품의 예는 석유와 전기 등이다. 이러한 분면에 직면한 기업의 주된 도전은 소비자에 대한 커뮤니케이션시 기업 브랜드를 강조해야 한다는 것이다. 결국 이 분면은 개인화를 할 필요가 없는 상황인 것이다.

(2) 2분면: 표적시장과 틈새 마케팅

나머지 3분면에서는 어느 정도의 개인화가 필요하게 된다. 2분면은 제품 차별화가 어느 정도 이루어진다. 고객들의 평생가치가 그렇게 다르지는 않지만 잠재적으로 좀 더 다양한 상품 구색을 갖추어야 할 필요성을 가지게 된다. 2분면은 **표적시장 마케팅(target marketing)**과 **틈새 마케팅(niche marketing)**을 하는 것이 보편적인데 오늘날 많은 브랜드는 표적시장 마케팅을 수행하고 있다.

(3) 3분면: 포인트 마케팅

3분면은 고객들 간에 선호되는 제품의 차이는 없고 제품의 사용강도가 차이나는 경우로 이 분면의 대표적인 보기는 항공, 호텔, 렌트카, 주식거래 등이다. 이러한 제품군에서 주요 마케팅 목표는 고도로 수익을 가져다 줄 수 있는 고객의 규명, 획득 그리고 유지이다. **포인트 마케팅(point marketing)**은 고객의 사용량에 대한 개인화된 추적을 통하여 고객사용 증대를 꾀할 수 있는 방법으로 고객의 평생가치를 더욱 증가시키는데 상당히 유용한 방법이다. 이 마케팅의 대표적인 예는 항공사의 마일리지 프로그램이다. 이 프로그램의 요지는 우수한 고객을 보상하는 것으로 각 고객의 사용 내역을 추적하는 개인화 시스템을 구축함으로써 고객들로 하여금 자신의 기업 또는 브랜드에 소비를 집중시키도록 하는 것이다.

항공 마일리지는 항공편을 이용하면서 누적된 포인트를 이후 또 다른 항공 서비스를 이용할 때 사용하고자 하는 것이 목적이다. 하지만 서비스의 개념과 혜택이 다양하게 변화하면서 그 사용 범위도 차츰 항공 부문을 벗어나 일반 상품 구매에도 항공 마일리지를 사용할 수 있는 항공사들이 점차 늘고 있다.[49]

(4) 4분면: 일 대 일 마케팅

마지막 4분면은 개인화를 대표하는 **일 대 일 마케팅(one to one marketing)** 영역이다. 이러한 일 대 일 마케팅을 통하여 고객은 좀 더 자신들의 니즈와 욕구에 맞는 전문화되고 완전히 개인화된 접근법을 적용받을 수 있다. 고객의 취향이 매우 다양함에 따라 최선의 제품을 선택하기 위한 불확실성과 혼동이 발생할 수 있는데 이러한 문제점을 해결하기 위한 과정에서 새로운 제품 설계에 고객 참여, 판매 후 고객 지원 등을 강화할 수 있다.[50] 이러한 강력한 개인화 시스템의 구축은 고객을 경쟁자에게 빼앗기지 않도록 하는 역할을 한다. 대형항공사는 마일리지 프로그램을 채택함으로써 이를 실천하고 있다. 또한 단골고객에게 질 높은 서비스를 제공함으로써 대형항공사는 가격에 있어서의 출혈 경쟁을 피할 수 있었다. 더 중요한 것은 이를 통해 항공사 간에 차별성을 두드러지게 했고 요금할인도 적용할 수 있었다는 것이다.

2) 경험품질을 탐색품질로 전환

개인화된 정보는 고객으로 하여금 그들이 좋아하는 상품과 서비스를 선택할 수 있도록 도와준다. 그러한 선택들은 개인적인 선호에 의존하기 때문에 개인화된 접근이 요구된다. 고객의 취향을 잘 아는 전담 보조자처럼 이러한 서비스들은 고객의 선택을 좀 더 효과적이고 효율적으로 하게 하는 선택을 가능하게 하는 검사도구 또는 필터와 같은 역할을 한다.

제품선택에서 개인화의 효익을 이해하기 위한 중요한 컨셉은 **탐색제품(search product)**과 **경험제품(experience product)** 간의 차이를 이해하는 데서부터 시작된다. 탐색제품은 소비자가 평가하기 용이한 상품과 서비스를 말한다. 제품의 품질을 예측할 수 있기에 그 제품의 사용으로 인한 가치나 효익을 평가할 수 있을 것이다. 잘 알려진 브랜드의 제품은 이러한 탐색제품의 전형이라고 볼 수 있다. 코카콜라나 크리넥스, 맥심커피믹스 등등 어떠한 유통업자가 판매를 담당하더라도 이러한 제품에 대한 친숙성, 전문성, 믿음 등은 변함이 없다고 볼 수 있다.

경험제품은 서비스와 같이 사용 및 구매 전에 이해하고 평가하기 힘든 면이 있는 제품을 말한다. 소비자들은 많은 이유로 인하여 새로운 웹사이트의 가치와 품질을 평가하기 힘들기에 경험제품의 선택에 있어 회원가입이나 구매를 꺼리게 되며 매우 주관적인 판단

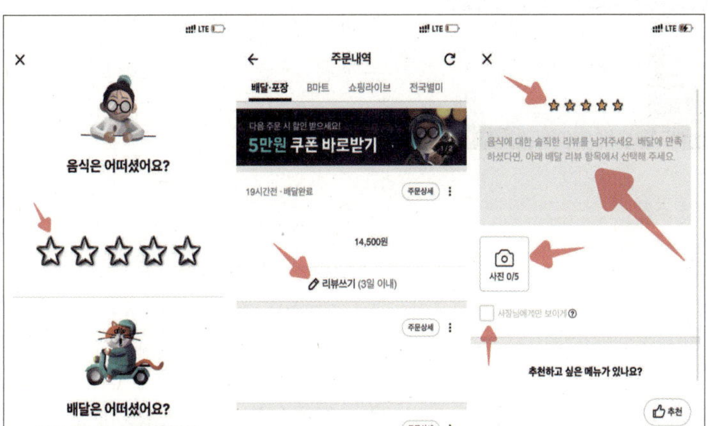

배달앱 배달의민족은 리뷰를 통해 경험품질을 탐색품질로 전환하고자 한다.[51]

을 하게 될 가능성이 높다.

실제 인터넷은 많은 경험제품을 탐색제품으로 전환시키고 있다. 사진과 같이 요즈음 급성장한 **O2O 사업 모델**들은 경험제품의 이러한 단점을 극복하려고 노력하고 있는데 온라인 서비스로 소비자가 위치한 지역 내에 존재하는 구매 전에 평가가 힘든 많은 서비스(음식점, 호텔, 부동산, 병원, 교육) 업체들과 제휴에 의해 이들 서비스에 대한 인증을 제공하고 있다.

3) 제품 차별화를 위한 제안

레비트(Levitt)는 개인화 마케팅에 매우 강한 통찰력을 제공하고 있다. 그는 전통적 논문 중 하나인 「**차별화를 통한 마케팅 성공(Marketing Success through Differentiation-of Anything)**」[52]에서 상품과 서비스를 차별화하는데 있어 몇 가지 의견을 다음과 같이 제공하고 있다.

- 이제 더 이상 범용품(commodity)은 존재하지 않는다. 어떤 제품이든 고객화되고 특별화될 수 있다.
- 제품은 '문제해결 도구'이다. 소비자들마다 다른 문제를 가지고 있다는 것을 생각하라.
- 측정될 수 있는 것(눈에 보이는 것)만 강조하는 데는 문제가 있다. 즐거움, 친근감과 같은 제품의 속성도 무시되어서는 안 된다.
- 마케터는 무형적인 것을 유형적으로 만드는 기술을 가져야 한다. 소비자는 기업이 제품이 좋고 믿을 만한지 보여줄 수 있는 증거를 제시하기 원한다.

Fedex의 수화물 추적 서비스(package tracking service) 화면[53]

예를 들어, 웰 파고(Well Fargo) 은행은 온라인으로 그들의 서비스(예금 잔액조회, 온라인 이체)를 확장한 선도적 은행으로 이러한 서비스들은 웰 파고를 전자은행으로서의 명성을 쌓는 데 많은 도움을 주었다. 또한 페덱스(Fedex)나 UPS의 경우 **수화물 추적 서비스(package tracking service)**를 제공함으로써 신뢰성을 향상시키고 있고 이러한 서비스가 전체 제품을 좀 더 유형적으로 생각하게 만들 수 있다.

결국 제품의 차별화는 확장제품 수준에서 실현될 수 있다. **레비트(Levitt)** 교수는 마케팅 관리자의 도전은 고객의 문제를 해결하기 위해 제품이 어떠한 역할을 담당할 수 있는지 계속적으로 고민하는 것이라고 하였다. 이러한 것은 제품의 가치를 높이기 위한 제품가치의 확장을 의미한다고 볼 수 있다. 개인화는 특히 제품을 확장하는데 적절한 방법이라고 볼 수 있는데, 소비자들은 평균적인 소비자들의 문제보다는 좀 더 자신만의 문제를 가치 있게 생각할 가능성이 높다.

Internet Marketing INSIGHT 6-4

알고리즘 마케팅: 내 취향을 저격하는 알고리즘 서비스의 효과와 문제점

■ 알고리즘 마케팅이란?

우리는 필요한 정보를 어떻게 얻고 있을까? 직접 검색하여 정보를 얻는 횟수보다 소셜미디어에서 나에게 추천을 해주는 정보에 더 눈길이 가지 않는가? 어떻게 내 취향을 저격했지 싶을 정도로 광고는 우리에게 맞춤형으로 제공된다. 원하는 정보를 다소 적은 노력으로 접하게 되는 것은 소비자에게 굉장히 편리하고 매력적인 부분일 수 있다. 이러한 맞춤형 광고는 검색에 기반한 알고리즘을 바탕으로 한다. 맞춤형 광고는 행태정보(웹 사이트 및 앱 방문 · 사용이력 · 구매 및 검색이력 등 이용자의 관심, 흥미, 기호 및 성향 등을 분석 · 파악할 수 있는 온라인상의 활동정보)를 이용해 검색자의 성향을 분석한다. 이 분석을 바탕으로 일 대 일로 타깃화된 온라인 광고가 바로 맞춤형 광고이다. 즉 다수를 위한 광고가 아닌 빅데이터를 통해 소비성향을 분석한 후, 효율적으로 소비자 집단에 적합한 광고를 제공할 수 있게 된다. 개인정보를 통해 불특정 다수가 아닌 특정 소비자를 대상으로 광고하는 것이 가능해지면서 기업은 보다 효율적이고 효과적인 마케팅이 가능해졌다.
이러한 알고리즘의 작동 방식은 **협업 필터링**과 **콘텐츠 기반 필터링**으로 이루어진다. 협업 필터링이란 사용자에게 콘텐츠를 추천하기 위해 비슷한 성향을 보인 다른 성향자가 어떤 콘텐츠를 좋아했는지를 활용하는 방식이다. 예를 들면 소비자가 어떤 노래를 즐겨듣는다면, 이 노래를 듣는 사람들이 즐겨듣는 노래를 추천해주는 것이다. 콘텐츠 기반 마케팅이란 콘텐츠 간의 유사성을 기준으로 추천해주는 방식이다. 소비자가 재즈노래를 즐겨듣는다면 재즈 장르의 다른 노래가 추천 목록에 뜨는 것이다. 재즈라는 공통 분모가 있기 때문이다.

■ 알고리즘 마케팅 적용 예

알고리즘 마케팅의 대표주자는 구글과 메타(인스타그램, 페이스북)이다. 예를 들어, 우리가 여행이 궁금해 인스타그램에 제주도 여행을 검색 후 구글 검색시 제주도 항공권이나 숙박광고가 지속적으로 등장하고, 인스타그램에는 여행사나 항공권, 추천 여행지 및 맛집 추천까지 뜨게 된다. 한 건의 검색으로 인해 관련 광고가 계속 뜨는 것이다. 이러한 알고리즘 마케팅은 구글과 메타뿐만이 아니라 유튜브, 넷플릭스, 네이버, 티빙 등 우리가 현재 사용하는 대부분의 서비스에서 활용되고 있다.

■ 알고리즘과 타깃 마케팅에 대한 비판적 시각

알고리즘의 문제점은 소비자의 자기결정권을 침해한다는 점이다. 개인의 취향에 맞는 콘텐츠를 추천하는 방식은 소비자가 자신의 취향인 정보만 얻게 되며 편향된 정보를 얻게 된다는 것을 의미한다. 이렇게 무의식중에 편향된 정보만 접한다면, 나의 생각과는 다른 사람들의 생각을 알거나 받아들이기 힘들어진다. 예를 들어 유튜브에서 정치 뉴스를 시청할 때 비슷한 뉴스만을 추천해 준다면 결국 본인의 정치적 신념을 강화시켜 더욱 편향적이게 될 수 있다.

주요 소셜미디어 기업의 알고리즘 자정 노력과 반박

	자정 노력	반박
마크 저커버그 페이스북 CEO	"독립적 '팩트 체킹' 네트워크 구축"	"알고리즘이 혐오 발언, 극단주의 등을 부추긴다는 사실 알고도 수년간 묵인" (미 월스트리트저널)
순다르 피차이 구글 CEO	"AI와 인력 총동원해 가짜 뉴스와 유해 콘텐츠 걸러내"	"유튜브 고위 임원들이 '알고리즘이 유해 영상 추천하는 것을 막아야 한다'는 직원 의견 묵살" (블룸버그)
잭 도시 트위터 CEO	"가짜 뉴스, 자극적 콘텐츠 문제 해결 위해 전담팀 구성"	"모든 온라인 활동이 감시·추적·측량당한다" (전 트위터 개발자)

주요 소셜미디어 기업의 알고리즘 자정 노력과 반박[54]

■ 알고리즘과 미디어 리터러시

알고리즘은 우리에게 필요한 정보를 제공해주지만, 그 정보가 적합한지, 정말 진실된 정보인지 우리는 알지 못한다. 어떤 데이터를 누구에게 보여줄지 알고리즘이 정한다는 것은 데이터 통제권을 우리가 아닌 알고리즘이 가지고 있다는 것이다. 사람들은 판단을 정보를 근거하여 움직인다. 사회 판단의 근거를 좌우하는 알고리즘에 대한 고민과 고뇌가 없는 현상은 사회문제를 초래할 수 있다. 따라서 단지 좋아요, 조회수, 댓글이 많은 정보에 대한 믿음보다는 누군가의 의도는 없는지, 뜻이 들어가지는 않은지, 다른 의견은 어떠한지, 조작의 가능성은 없는지 등의 미디어 리터러시 능력이 필요하다.[55]

제3절 eCRM

1. CRM

1) CRM의 개념

최근에는 시장경쟁이 치열해지면서 공급이 수요를 초과하고 소비자들이 선택의 파워를 가지게 되면서부터 기업은 고객의 중요성을 제대로 인식하게 되었다. 그러나 고객에 대한 획일적인 응대는 다양한 고객의 요구를 충족시키지 못했다. 정보기술의 발달은 고객의 데이터베이스를 구축할 수 있게 해주었으며 이를 분석하여 마케팅에 활용하는 이른바 **데이터베이스 마케팅(database marketing)**을 등장시켰다. 그러나 분석에 사용된 고객 데이터는 주로 관리 목적으로 사용되었고 시장의 분류도 기업의 시각에서 일방적 · 인위적으로 이루어졌다.

1990년대 후반 고객관리가 기업의 성과와 생존에 직접적으로 영향을 미치게 되면서 CRM(Customer Relationship Management)이란 개념이 등장하였다. CRM이란 [그림 6-10]에서 볼 수 있듯이 '**현재의 고객 및 잠재고객에게 여러 가지 마케팅 요소들을 제공함으**

그림 6-10 | CRM 개념도

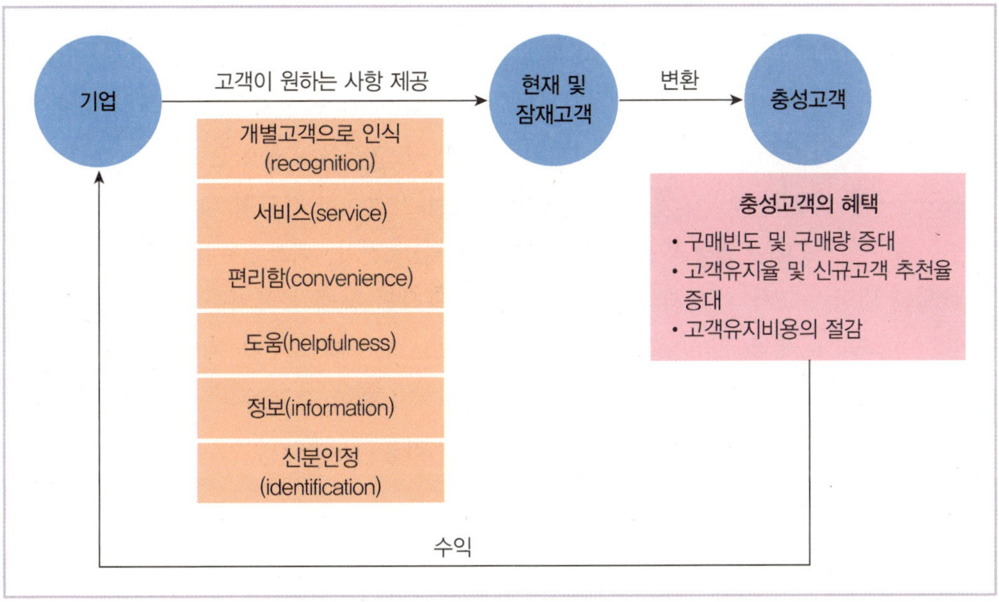

로써 좀 더 잠재고객을 현재 고객화하고 그중에서 가치 있는 고객을 충성고객으로 유지하는 일련의 활동'이다. 따라서 CRM의 구현은 이러한 대고객 관련 활동들과 관련 조직, 업무프로세스 및 인프라를 고객가치 위주로 재편함을 의미한다.

2) CRM의 도입배경

(1) 기업성장 전략변화

CRM 도입의 이유로 첫째는 **기업의 성장 전략변화**를 들 수 있다. 지금까지 대표적인 경영혁신 활동들, 즉 BPR, ERP, SCM 등은 대체로 기업 효율성 제고에 초점이 맞춰져 왔다. 그러나 그와 같은 효율성 중심의 혁신 활동성과는 경영 활동의 효율성이 높아질수록 오히려 투입되는 자원에 대비한 효용이 점차로 체감하고 있어 기업 전략은 성장으로 귀결될 수밖에 없는 현실이다. 하지만 신제품 및 신규 브랜드 출시에 있어서도 브랜드 정착을 위한 마케팅 비용에 비해 성공률은 오히려 줄어들고 있는 실정이다.

그러므로 기업은 기존고객의 유지와 그들을 통한 파생수요에 성장의 동인을 의존할 수밖에 없는 현실이다. 따라서 2000년대 이후 기업 마케팅 활동의 초점은 기존고객과의 관계 강화와 브랜드 자산 증대 등에 맞추어지고 있으며, CRM은 IT를 기반으로 기존고객의 유지와 강화라는 측면에서 매력적인 솔루션일 수밖에 없다.[56]

(2) 고객대응

둘째는 신속하고 일관성 있는 고객대응의 필요성이 높아지고 있다는 것이다. 인터넷 확산에 따른 고객들의 가장 큰 변화는 '정보의 비대칭성'에 대한 상당한 개선과 네트워킹을 통하여 강화된 소비자 주권이라고 할 수 있다. 따라서 고객들의 높아진 서비스 수준에 대한 욕구충족과 불평의 예방을 위해 고객응대에 있어 기업들의 전사적 대응이 요구되는 시대에 이르렀다. 이제는 전통적인 커뮤니케이션 채널인 전화, 팩스, 우편, 직접대면, 그리고 산재한 일반적 고객 데이터베이스만으로는 효과적인 응대가 불가능한 시대가 도래한 것이다. 따라서 이메일, 채팅, 웹사이트, SNS 등으로 확산된 새로운 채널들을 통한 실시간 응대를 위해서는 IT 지원을 받는 CRM과 같은 시스템이 요구된다. 성공적인 CRM은 복잡한 채널에 대하여 통합되고 신속한 고객응대가 가능하도록 지원한다.

(3) 대중 마케팅의 종말

셋째는 대중 마케팅의 종말에 의한 이유로, 효율성을 기대하기 어려운 시장에 있어서도 경쟁의 심화로 인해 차별화된 마케팅의 필요성이 높아지고 있다는 점이다. 과거에는 원격지에 산재한 틈새시장에 대해 접근 가능한 마케팅 도구는 사실상 전무하다시피 했다. 또한 고객의 욕구가 매우 세분화되어 이를 충족시킬 만한 구색을 제공하거나 제품에 대한 정보의 제공이 어려웠던 시장도 그 예가 될 것이다. CRM은 SCM과 연계하여 이들에 대해서 보다 경제적으로 고객화에 근접하는 제품을 제공할 수 있다.

(4) 고객접근방법의 발전

마지막은 고객에 대한 접근방법의 발전이다. 전통적인 시장 세분화의 방법은 고객에 대해 접근할 수 있는 구체적인 도구가 정교하지 못했다. 그러나 인터넷은 고객에 대해 보다 정교한 방법으로 일 대 일에 가깝게 접근할 수 있는 길을 열어 주었으며, 결국 CRM은 일 대 일 마케팅을 지원하는 시스템이라 할 수 있다.[57]

2. eCRM

1) eCRM 개념

eCRM을 이해하기 위해서는 먼저 인터넷 비즈니스 전반에 대한 이해가 필수적이다. 2000년 하반기 일반적인 닷컴 기업들의 수익모델 부재로 인터넷 비즈니스 기업들에게 전반적인 위기가 닥치게 되면서 인터넷 비즈니스 기업들이 진정한 고객을 확보하고 유지하는 방법에 대해 관심이 생겨났고 그 해결책으로 eCRM이 주요 개념으로 등장하게 되었다.

오프라인 기업의 **표적 마케팅(target marketing)**을 가능케 하는 것이 CRM이라면 eCRM은 '**온라인상에서 고객의 행동과 성향을 분석해 고객만족을 극대화하고 실시간 일 대 일 마케팅을 실현해주는 것으로 eCRM은 인터넷을 이용한 통합 마케팅 기법**'이라고 볼 수 있다. eCRM은 CRM에 비해 ① 고객의 요청을 실시간으로 처리할 수 있다는 점과 ② 유지보수 비용이 훨씬 저렴하다는 점이 특징이다.

eCRM 요소가 본격화되면 고객주문 처리 속도도 빨라지고, 주문절차도 단순 · 명확해지며, 고객의 불만이나 추가적인 서비스의 요구에도 신속하게 대응할 수 있어 고객의 만족도가 높아짐과 동시에 고객문의처리 오류가 줄어들어 운영비용의 감소를 실현할 수 있다. 실제 많은 연구에서 eCRM 요소들은 고객만족도에 긍정적인 영향을 미치는 것으로 나타났다. 최근에는 기업이 고객에게 더 많은 만족을 제공하기 위해 모바일 애플리케이션 시스템을 개선하고 더욱 발전시키는 것이 중요하며 또한 기업들이 소비자에게 더 잘, 더 쉽게 다가갈 수 있도록 모바일 애플리케이션 시스템 개발에 우선순위를 둘 필요가 있다.[58]

eCRM은 경제활동 전반에서 과거 소규모 점포에 있었던 고객 서비스 경험을 다시 구현하는 것을 가능하게 만들고 있다. 소비재, 금융 서비스, 의료 분야, 자동차, 철강, 농업 같은 산업에서의 상품과 서비스들은 표준화된 상품들의 대량유통시장에서 개인화된 구매활동을 하는 일 대 일 마케팅으로 이동하고 있다. 웹, 무선, 음성기술 등을 이용하여 고객에게 보다 가깝게 다가갈 수 있게 되었고, 이런 기술들로 인해 수백만 명의 고객들에게 대량으로 판매하는 대량 유통의 효율성과 개인화된 접촉과 개인별로 최적화한 서비스를 결합하는 것이 가능하게 되었다. 이제 고객은 온라인으로 상품을 주문하고 상품이나 배송계획, 다른 특별한 상품 제안이나 기타 부가적인 정보를 받을 것인지 여부를 결정할 수 있다. 이것이 바로 eCRM의 본질이라고 할 수 있다.

eCRM은 보다 효율적인 고객 세분화와 다양한 분석기술, 다수 고객과의 커뮤니케이션, 다양한 채널들을 통한 커뮤니케이션, 차별화된 상품과 서비스를 제공하기 위한 일 대 일 마케팅 기술들을 이용하여 확장되었다. 예를 들어 최근에는 브랜드의 소셜미디어에 참여한 고객의 분석을 통해 CRM을 실행한다. 마케팅 관리자는 소셜미디어에서의 고객 참여기간 동안 고객의 경험을 이해하여 고객과의 장기적인 관계를 구축하는 방법을 활용하고 소셜미디어에 고객 참여를 통해 창출된 통찰력을 활용하여 효과적인 마케팅 전략을 추진할 수 있다.[59]

2) eCRM의 영역

eCRM의 영역을 분리하면 판매 전, 판매시점, 판매 후의 3단계로 구분된다. 먼저 판매 전 eCRM(eMarketing)은 인터넷을 활용하여 전통적인 마케팅 기능 및 새로운 마케팅 개념을 구현한 것이고, 판매시점의 eCRM(eSale)은 고객의 전 구매과정을 인터넷상에서 처리하는 것이며, 판매 후 eCRM(eService)은 고객 서비스 및 지원을 위해 인터넷을 이용하는 단계이다. 자세한 내용은 [그림 6-11]을 통해 이해할 수 있다.

그림 6-11 | eCRM의 영역

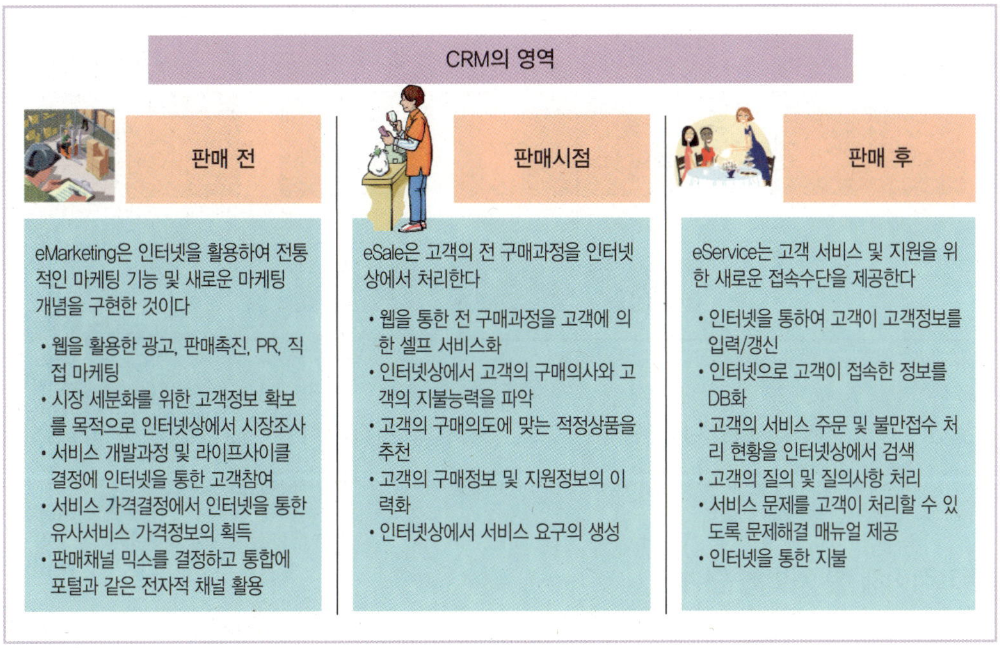

3. CRM 및 eCRM 프로세스 및 전략

eCRM 프로세스는 일반적으로 CRM 프로세스와 기본적인 맥락은 같다고 볼 수 있지만 고객과 커뮤니케이션하는 여러 채널들에 대한 관리기능과 실제로 비즈니스 규칙을 적용하는 다양한 개인화 기법들이 차별적인 요소들이라고 말할 수 있다. 그러므로 본서에서는 통합적인 틀로서 CRM의 프로세스를 설명한다.[60]

1) CRM 실행 프로세스

마케팅 관점에서의 CRM은 '**기업과 고객 간의 상호작용의 과정**'으로 이해될 수 있으며, 이의 실행은 하나의 순환적인 사이클을 형성하게 된다. 즉, 어떤 목적을 가지고 CRM을 실행하든지 간에 보편적으로 적용될 수 있는 프로세스로서 CRM 활동은 크게 ① **고객 획득 및 유지**, ② **고객 이해 및 차별화**, ③ **제품의 개발 및 고객화**, ④ **상호작용의 전개 및 부가가치의 제공 등**의 4단계를 거치게 된다. 이러한 순환적인 CRM 실행과정을 도식화하면 [그림 6-12]와 같다.[61]

그림 6-12 | CRM의 실행과정

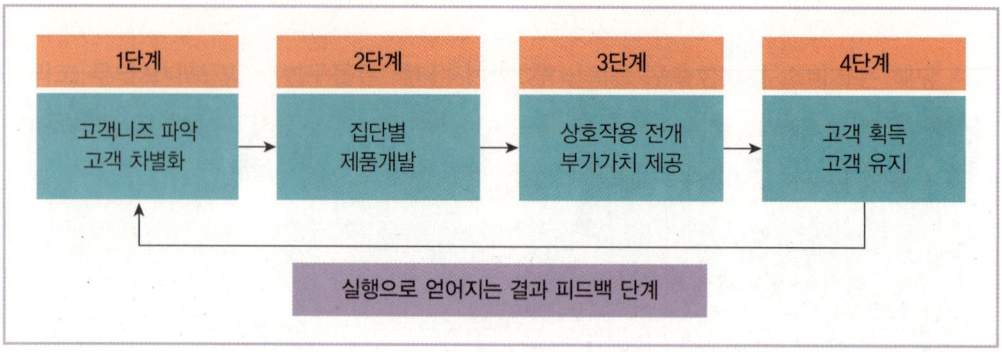

일반적으로 기업의 비즈니스 활동은 고객획득에서 시작되지만, CRM을 성공적으로 전개하기 위해서는 '고객에 대한 정확한 이해'에서부터 출발하여야 할 것이다.

(1) 고객이해 및 차별화 단계

개별고객과의 관계를 형성하기 위해서는 먼저 그들의 니즈가 무엇이며, 어떤 서비스를 중요하게 생각하고, 언제 어떻게 상호작용하기를 원하고, 무엇을 구매하기를 원하는지를 정확하게 이해하여야 한다. 또한 개별고객의 니즈 및 가치에 근거한 차별화가 이루어져야 할 것이다. 고객을 정확하게 이해하기 위해서는 고객정보에 대한 다양한 분석과 함께 개별고객과의 상호작용이 서로 연계되어야 하는데, 이를 위한 주요 분석항목은 다음과 같다.

- 인구통계학적 특성 및 구매패턴, 채널 선호 경향 등에 관한 프로파일 분석
- 유사한 경향을 가지고 행동하는 고객집단을 규명하기 위한 시장 세분화
- 고객의 니즈와 태도를 파악하기 위한 기초적인 조사
- 고객평생가치 및 장기적인 잠재가치를 포함한 개별고객의 수익성을 이해하기 위한 고객가치 분석

이러한 것들을 획득하기 위해서는 고객이 계정을 등록하도록 장려하는 인센티브, 예를 들어 회원전용 콘텐츠 제공, 행사 참여권, 할인 쿠폰 등을 활용할 필요가 있다.[62]

하지만 고객 데이터 축적에는 당연히 상당한 어려움이 따른다. 디지털 채널이 다양해지면서 고객 데이터는 더욱 파편적으로 분산되고 있다. 기업은 민첩하고 정확하게 고객 니즈에 대응하기 위해서 데이터의 양적인 확장과 함께 질적인 성장도 함께 고려해야 하는

시점이다.[63]

(2) 제품의 개발 및 고객화

과거 **제품지향적인 시장(product-oriented market)**에서는 먼저 제품이나 서비스를 개발한 후 그것을 고객이 구매해주기를 기다렸지만, 오늘날과 같은 고객중심적인 환경에서는 고객의 요구나 기대서비스 수준에 맞추어서 제품이나 서비스 혹은 채널을 개발하여야 한다. 아직까지 대부분의 기업이 개별고객 수준까지 제품을 비용 효율적으로 맞춤화하기는 어렵기 때문에 세분화한 고객집단별로 제품이나 서비스, 채널, 매체 등을 고객화해야 할 것이다. 단, 이러한 맞춤화의 정도는 각 세분집단이 지니는 잠재적인 가치에 근거하여야 한다. [그림 6-13]에서 볼 수 있듯이 델(dell.com)은 고객별로 차별화된 가치를 제공하고 있다.

그림 6-13 | 델의 고객별 차별화된 접근법[64]

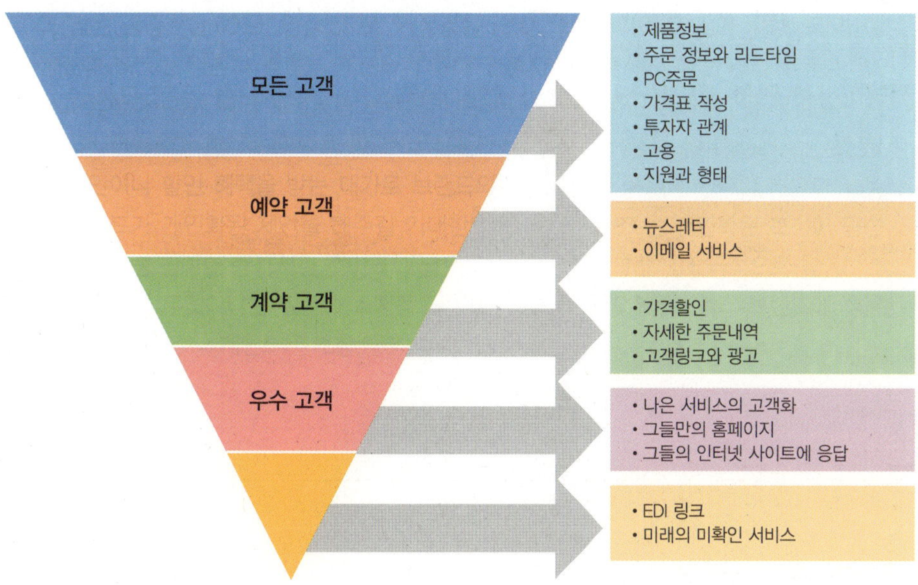

(3) 상호작용의 전개 및 부가가치의 제공 단계

상호작용 과정은 성공적인 CRM의 전개를 위해 가장 핵심적인 과정이라고 할 수 있다. 이러한 상호작용이 반드시 마케팅이나 판매채널 혹은 매체를 통해서만 이루어지는 것은 아니며, 고객은 배달이나 애프터서비스, 온라인 등 조직의 다양한 영역에서 다양한 형태로 상호작용하고 있음을 잊지 말아야 한다. 따라서 조직의 모든 영역에서 관련된 고객정보를 공유해야 하며, 모든 구성원에게 고객정보의 활용능력을 철저히 교육시킴으로써 언제든지 개별고객의 니즈와 잠재적인 고객가치에 근거하여 일관성 있는 정보공유와 교육을 통해 조직은 고객에게 제공하는 가치를 점진적으로 향상시킬 수 있다.

또한 '어떤 가치를 제공하느냐'는 문제도 고객과의 관계구축 여부를 결정짓는 중요한 요인이 된다. 이러한 부가가치에는 가격할인과 같은 금전적 혜택만 포함되는 것은 아니며, 고객은 제품이나 서비스의 품질, 편의성, 신속성, 사용 용이성, 응답성, 서비스의 우수성 등 다양한 요소들을 복합적으로 판단하여 가치를 지각하게 된다. 이와 같이 이 단계는 실질적인 CRM의 성공 여부를 좌우하는 중요한 과정이다.

혜택	D DIAMOND	P PLATINUM	G GOLD	S SILVER	B BRONZE	F FAMILY
등급 산정 기준 (전월 20일까지 최근 1년간 구매실적)	3,000만원 이상	1,000만원 이상	300만원 이상	100만원 이상	50만원 이상	1회 이상 구매
멤버십포인트적립	○	○	○	○	○	○
기프트 포인트 지급	분기별 50만G	분기별 30만G	분기별 10만G	분기별 3만G	분기별 2만G	분기별 1만G
생일축하 금액권	10만원	5만원	3만원	2만원	1만원	1만원
무료 AS 수선 서비스	무제한	구매일로부터 4년 이내 상품	구매일로부터 3년 이내 상품	구매일로부터 2년 이내 상품	구매일로부터 1년 이내 상품	구매일로부터 1년 이내 상품
무료 반품 쿠폰	무제한	매월 2매	매월 1매	분기 별 1매	분기 별 1매	-
VIP 전용 상담	○	○	○	○	-	-
오프라인 매장 할인권	2매	2매	1매	-	-	-
DIAMOND 기프트	연 1회	-	-	-	-	-

ssf샵의 고객관리 인센티브 정책[65]

예를 들어, 고객에게 객실 업그레이드 같은 혜택을 제공하여도 어차피 빈 객실을 활용하는 것이며 항공사에서 이코노미석을 티켓팅한 우수고객에게 비즈니스석으로 업그레이드 하는 것 또한 빈 좌석을 이용하는 것이기에 추가비용이 크지 않을 수 있다. 이런 비용들은 가치 있는 신호를 포착하기 위한 작은 투자로 보면 된다.[66]

(4) 고객 획득 및 유지 단계

고객에 대해 많이 학습할수록 가장 가치 있는 고객을 식별하여야 그들을 공략하기가 쉬워진다. 개별고객이나 세분집단의 니즈를 계속적으로 파악함으로써 적절한 경로와 적절한 매체를 통해, 적절한 제품이나 제공물을, 적절한 시기에, 가장 관련성 있는 메시지로 공략할 수 있게 된다. 또한 성공적으로 고객을 유지하기 위해서는 이러한 적절함을 지속적으로 수행하여야 한다. 성공적인 고객유지는 다음과 같은 세 가지 원칙을 조직이 얼마나 계속 지켜갈 수 있느냐에 달려있다.

- 상호작용의 지속성: 고객으로부터 듣는 것을 멈추지 말라.
- 고객이 원하는 가치(고객이 결정한 가치)를 지속적으로 제공하라.
- 고객은 성장 단계에 따라 계속적으로 변화한다는 것을 잊지 말라.

그러나 이러한 단계적 구분은 상호의존적이며 연속적인 개념으로 각 단계가 진행되면서 계속 새로운 피드백을 받으며 향상될 수 있는 일련의 사이클과 같은 개념이다. 따라서 4단계를 한 번 정도 실행했다고 해서 처음부터 수익을 얻을 수 있는 것이 아니라, 지속적인 실행과 피드백 과정을 통해 전략을 계속 정교화해감으로써 장기적인 수익성을 증대할 수 있게 된다.

2) 부가가치의 창출방안

CRM 실행 프로세스상에서 가장 핵심적인 과정은 '상호작용의 전개 및 부가가치의 제공 단계'이다. 즉, '어떻게 개별고객과 상호작용을 전개할 것인가'라는 것과 '개별고객에게 어떤 부가적인 가치를 제공함으로써 충성도를 향상시킬 것인가'라는 것이 중요한 과제가 된다.

'고객에게 어떤 혜택을 제공하여 충성도를 향상시킬 것인가'라는 문제는 말 그대로 '개별고객이 진정으로 원하는 것이 무엇인지'를 정확히 파악하는 것에서 출발하며, 이렇게 파악된 개별고객의 니즈에 맞는 제품이나 서비스 혹은 마케팅 프로그램을 개발하고, 이를 그 고객이 원하는 방법으로, 원하는 시기에 제공할 수 있어야 한다. 요컨대 제공할 부가가치(혜택)의 내용은 기업이 결정하는 것이 아니라 고객이 결정하는 것임을 명심해야 한다.

1990년대 초반부터 기존고객의 중요성과 마케팅 데이터베이스의 활용이 본격적으로 부각되면서, 많은 기업들이 앞다투어 도입한 마케팅 전략이 바로 회원제 카드에 의한 상용고객 우대 프로그램이었다. 이러한 포인트 마케팅(point marketing) 전략은 회원의 자발적인 카드제시를 유도함으로써 고객 식별이 용이하게 되며, 구매기록 누적에 의한 개별고객의 가치를 정확하게 파악할 수 있고, 우량고객에 대한 우대를 통해 충성도를 강화할 수 있으며, 즉각적인 할인 제공이 아니라 포인트 누적을 유도하여 구매보상을 자연스럽게 재구매로 연계시킬 수 있다는 장점을 기대할 수 있기 때문에 지금도 많이 활용되는 CRM 수단이다.[67]

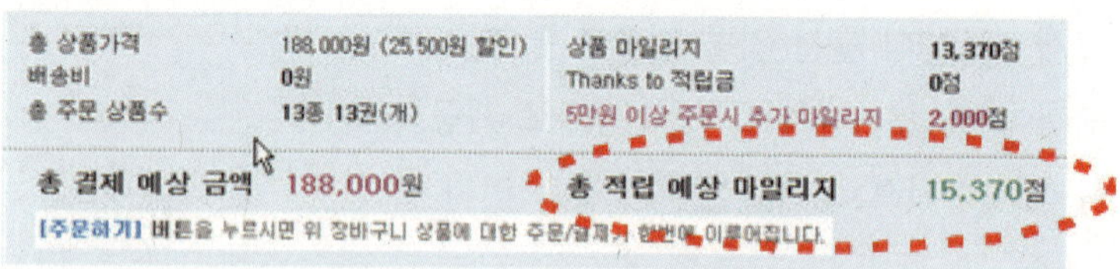

온라인 서점은 고객에게 마일리지를 제공하여 고객 충성도를 제고하고 있다.

그러나 포인트를 전개할 경우에도 이러한 금전적 보상에만 치중해서는 안 되고, 고객에게 보다 차별화된 편리성이나 특별한 배려를 제공함으로써 고객의 충성도를 높일 수 있는 무형적인 보상 프로그램을 적절하게 병행하여야 한다. 특히 장기적인 관점에서 우호적인 관계를 유지하기 위해서는 이러한 무형적 혜택의 제공에 초점을 맞추어야 할 것이다. 이와 같이 가격적인 혜택 외에 고객의 충성도를 향상시킬 수 있는 '부가적인 가치'에는 다음과 같은 전략들이 포함될 수 있다.

- 고객을 기억하라.
- 고객의 시간을 절약하라.
- 제품 선택이나 주문, 서비스의 이용 등을 쉽고 편리하게 하라.
- 우량고객에게 차별화된 특권(prestige)을 부여하라.
- 고객의 참여를 유도하여 소속감을 강화하라.
- 개별고객에게 맞는 제품과 서비스를 제공하라.

이러한 부가적 요소들이 상호 배타적인 것은 아니다. 따라서 제공할 부가가치를 결정하기 위해서는 사전에 충분한 조사와 검토를 통해 표적고객이 진정으로 원하는 혜택을 잘 파악하여 다양한 형태의 가치요소를 복합적으로 제공하여야 한다. 물론 지속적인 고객 충성도를 확보하기 위해서는 핵심적인 제품의 품질과 서비스의 만족도가 반드시 선행되어야 할 것이다.[68]

Internet Marketing INSIGHT 6-5

AI의 CRM에 대한 영향

2023년 가트너 이사회 서베이(Gartner Board of Directors Survey)는 조사결과 전체 응답자의 40%는 디지털 비즈니스 성공의 가장 필수적인 기술로 AI 및 머신러닝 기술을, 이어 30%는 소프트웨어 개선을 두 번째 우선순위로 들었다.[69] 다음에서는 AI의 CRM 측면의 활용도를 살펴보기로 하자.

AI는 CRM 시스템의 수동 프로세스에서 팀을 해방시키는 한편 고객 인게이지먼트, 세일즈 인사이트, 소셜 네트워킹을 개선할 수 있다.[70]

AI 기술의 핵심은 일상적인 작업에서 인간을 해방시키는 것이다. 가장 일반적인 오해는 'AI'가 '자동화'와 동의어라는 것이다. AI는 그 이상이다. AI와 자동화가 공유하는 유일한 요소는 데이터 활용을 통한 간소화 및 편의성 향상이라는 목표다. 자동화 시스템은 단조롭고 반복적인 작업을 실행할 수 있도록 수동으로 구성해야 하는 반면, AI 시스템은 처리할 데이터가 있으면 독립적으로 대응한다. 지속적인 모니터링 없이도 작업을 수행하면서 학습한다는 의미다. 따라서 AI는 CRM 시스템의 수동 프로세스에서 팀을 해방시킬 수 있으며 다음과 같은 측면에서 활용가치가 높다고 볼 수 있다. AI는 첫째 고객 인게이지먼트를 개선하는데 중요한 역할을 할 수 있다. AI 솔루션은 데이터 입력을 비롯해 다른 시간 소모적인 관리 작업의 부담을 덜어주기 때문에 팀은 고객과 잠재고객을 지원하는 데 더 많은 리소스를 쏟을 수 있다. 또 AI 기술은 고객 서비스 및 지원에 큰 도움을 준다. 이를테면 챗봇이나 이메일 봇은 고객이 신속한 답변과 안내를 받을 수 있도록 한다. 새로운 AI 기술은 음성과 텍스트를 실시간 분석하여 직원이 기존 및 잠재고객에게 효과적으로 서비스를 제공할 수 있도록 돕는다. 둘째, AI는 날카로운 세일즈 인사이트를 제공한다. AI 통합으로 CRM은 문서, 이미지, 음성인식 기술을 사용해 원하는 포맷으로 고객 데이터를 캡처할 수 있다. 좋은 연료 품질이 강력한 엔진 성능으로 이어지는 것처럼 고품질 데이터 캡처는 정확하고 통찰력 있는 AI 예측에 필수적이며, 이는 비즈니스 운영을 개선한다.

마지막으로 AI는 스마트한 소셜 네트워킹을 가능하게 한다. 스마트 네트워킹은 기술과 인간관계의 교차점이라는 측면에서 흥미로운 부분이다. 새로운 기술이 사회적 상호작용의 진정성을 떨어뜨린다는 비판을 받기도 하지만 비즈니스에서 기술은 연결과 관계를 강화할 수 있다.

참고문헌 및 더 읽을거리

1 Srinivasan, S. S., Anderson, R., & Ponnavolu, K.(2002). Customer loyalty in e-commerce: an exploration of its antecedents and consequences. Journal of Retailing, 78(1), 41–50.

2 Terblanche, N. S.(2017). Customer involvement, retail mix elements and customer loyalty in two diverse retail environments. In The Customer is NOT Always Right? Marketing Orientationsin a Dynamic Business World, Springer, Cham., 795–804.

3 Reichheld, F. F., & Schefter, P.(2000). E-loyalty: your secret weapon on the web. Harvard Business Review, 78(4), 107의 그림을 인용

4 Reichheld, F. F., & Sasser, W. E.(1990). Zero defeofions: Quoliiy comes to services. Harvard Business Review, 68(5), 105–111.

5 Othman, A. K., Hassan, L. F. A., Ibrahim, M. A. M., Saripin, M. S., Sapuan, N. S. A., & Roslan, Z. N.(2020). Factors that influence customer loyalty in using e-commerce. Journal of Islamic Management Studies, 2(2), 43–58.

6 사진출처: https://www.gettyimagesbank.com/

7 Reichheld, F. F., & Schefter, P.(2000). op. cit., 105–113.

8 이코노미스트(http://magazine2.joins.com/magazine/article)

9 "61%가 바꿨다, 고객이 충성도 유지하거나 전환하는 원인은 …" https://www.ciokorea.com/news/

10 닐 호인 저/이경식 역(2022). 「컨버티드, 마음을 훔치는 데이터분석의 기술」, 더퀘스트, 133의 내용에서 참고하여 작성

11 고객평생가치에 대한 좀 더 구체적인 내용은 다음의 논문들을 참고하세요. Pfeifer, P. E., Haskins, M. E., & Conroy, R. M.(2005). Customer lifetime value, customer profitability, and the treatment of acquisition spending. Journal of Managerial Issues, 11–25./Malthouse, E. C., & Blattberg, R. C.(2005). Can we predict customer lifetime value?. Journal of Interactive Marketing, 19(1), 2–16./Venkatesan, R., & Kumar, V.(2004). A customer lifetime value framework for customer selection and resource allocation strategy. Journal of Marketing, 68(4), 106–125./Edvardsson, B., Enquist, B., & Johnston, R.(2005). Cocreating customer value through hyperreality in the prepurchase service experience. Journal of Service Research, 8(2), 149–161.

12 이훈영(2002). e-마케팅 플러스, 무역경영사, 664.

13 이훈영(2002). 상게서, 643–665에서 인용

14 김종승, 조진호. CRM 최신트랜드 및 도입전략, e-biz group, Working Paper, No. 14.

15 닐 호인 저/이경식 역(2022). 전게서, 136의 내용을 참고하여 수정하여 작성

16 이훈영(2002). 전게서, 671.

17 Kumar, V., George, M., & Pancras, J.(2008). Cross-buying in retailing: Drivers and consequences. Journal of Retailing, 84(1), 15-27.

18 닐 호인 저/이경식 역(2022), 전게서, 160의 내용을 참고하여 수정하여 작성

19 https://ko.wikipedia.org/wiki/비디오 프라임

20 Hanson, W.(2000). Internet Marketing, South-Western College Publishing, 185-187의 내용을 수정하여 구성

21 Kumar, T. S.(2020). Data mining based marketing decision support system using hybrid machine learning algorithm. Journal of Artificial Intelligence, 2(03), 185-193.

22 Hanson, W.(2000). Internet Marketing, South-Western College Publishing, 185-187.

23 Flamholtz, E. G., & Randle, Y.(2012). Corporate culture, business models, competitive advantage, strategic assets and the bottom line: Theoretical and measurement issues. Journal of Human Resource Costing & Accounting.

24 최용수. 닷컴사망진단서, 고객불만해소에 대한 노력부재, dot21/2000/01/12의 내용을 수정하여 작성

25 Arora, N., Dreze, X., Ghose, A., Hess, J. D., Iyengar, R., Jing, B., & Zhang, Z. J.(2008). Putting one-to-one marketing to work: Personalization, customization, and choice. Marketing Letters, 19(3), 305-321의 내용을 바탕으로 수정하여 작성

26 Riemer, K., & Totz, C.(2003). The many faces of personalization. In The customer centric enterprise(pp. 35-50). Springer, Berlin, Heidelberg.

27 Tiihonen, J., & Felfernig, A.(2017). An introduction to personalization and mass customization. Journal of Intelligent Information Systems, 49(1), 1-7.

28 Hanson, W.(2000). op. cit., 186.

29 일 대 일 마케팅, 개인화 마케팅에 관련된 자세한 부분은 Gilmore, J. H., and Pine Ⅲ, J.(2000). Markets of One, Harvard Business School Press, 2000을 참조하세요.

30 Kahn, B. E.(1998). Dynamic relationships with customers: High-variety strategies. Journal of the Academy of Marketing Science, 26(1), 45-53.

31 닐 호인 저/이경식 역(2022). 전게서, 49에서 인용하여 작성

32 Mulvenna, M. D., Anand, S. S., & Büchner, A. G.(2000). Personalization on the Net using Web mining: introduction. Communications of the ACM, 43(8), 122-125.

33 Mobasher, B., Cooley, R., & Srivastava, J.(2000). Automatic personalization based on web usage mining. Communications of the ACM, 43(8), 142-151.

34 Das, A. S., Datar, M., Garg, A., & Rajaram, S.(2007, May). Google news personalization: scalable online collaborative filtering. In Proceedings of the 16th international conference on World Wide Web(pp. 271-280). ACM.

35 Pech, M., & Vrchota, J.(2022). The Product Customization Process in Relation to Industry 4.0 and Digitalization. Processes, 10(3), 539.

36 Gilmore, J. H., & Pine, B. J.(1997). The four faces of mass customization. Harvard

Business Review, 75(1), 91–102.
37 최정환, 이유재(2001). 「죽은 CRM 살아있는 CRM」, 한언, 306–307의 내용에서 참고하여 작성
38 Hanson, W.(2000), op. cit., 198에서 참고하여 작성
39 Da Silveira, G., Borenstein, D., & Fogliatto, F. S.(2001). Mass customization: Literature review and research directions. International Journal of Production Economics, 72(1), 1–13.
40 https://www.donga.com/news/article/all/20210419/1
41 위키백과: https://ko.wikipedia.org/쿠키
42 Wottrich, V. M., Verlegh, P. W., & Smit, E. G.(2017). The role of customization, brand trust, and privacy concerns in advergaming. International Journal of Advertising, 36(1), 60–81.
43 Peppers, D., Rogers, M., & Dorf, B.(1999). Is your company ready for one–to–one marketing. Harvard Business Review, 77(1), 151–160.
44 송수진. 고객정보 자발적으로 제공받으려면 데이터 공유 안전성과 보상을 명확히, https://dbr.donga.com/article/view/
45 https://www.happytalk.io/의 내용에서 참고하여 작성
46 Peppers, D. and M. Rogers(1993). The One to One to Future, DoubleDay.
47 9장 초반부를 읽어보면 3가지 제품수준에 대해 이해 가능함.
48 Hanson, W.(2000). op. cit., 205.
49 항공여행정보, https://www.airtravelinfo.kr/
50 Hanson, W.(2000). op. cit., 187–215.
51 류너트 IT ARCHIVE에서 인용 https://blog.naver.com/
52 Levitt, T.(1980). Marketing success through differentiation–of anything(pp. 83–91). Boston: Graduate School of Business Administration, Harvard University. Reprinted in Theodore Levitt(1991), The Marketing Imagination, The Free Press, 72–93.
53 https://www.fedex.com/ko–kr/tracking.html
54 페북 · 유튜브 "중독 원치 않는다" 말뿐 … 착한 알고리즘은 없다, https://www.chosun.com/economy/tech_it/2021/01/05/
55 개인화 시대의 핵심 '추천 알고리즘', 우리를 지배하고 있다, 2022.10.17 http://www.iconsumer.or.kr/news/의 내용에서 수정하여 작성
56 Kennedy, A.(2006). Electronic customer relationship management(eCRM): Opportunities and challenges in a digital world. Irish Marketing Review, 18(1/2), 58.
57 서현주(2000). 비즈니스현실로서 CRM, Cheil Communications, 8월호.
58 Savira, D. A., Hendrayati, H., & Hurriyati, R.(2022, July). The Effect of Electronic Customer Relationship Management(eCRM) on Customer Satisfaction. In 6th Global Conference on Business, Management, and Entrepreneurship(GCBME 2021)(pp. 216–220). Atlantis Press.

59 Lamrhari, S., El Ghazi, H., Oubrich, M., & El Faker, A.(2022). A social CRM analytic framework for improving customer retention, acquisition, and conversion. Technological Forecasting and Social Change, 174, 121275.

60 Daugherty, T., Eastin, M., & Gangadharbatla, H.(2005). eCRM: Understanding internet confidence and the implications for customer relationship management. In Advances in electronic Marketing(pp. 67–83). IGI Global.

61 Nykamp, M., & McEachern, C.(1999). The CRM business cycle. DM REVIEW, 9, 60–61.

62 닐 호인 저/이경식 역(2022). 전게서, 45의 내용을 참고하여 작성

63 초개인화 시대, CRM으로 데이터 리터러시 확보할 때다, https://zdnet.co.kr/view/

64 Hanson, W. and K. Kalyanam(2007). Internet Marketing & e–Commerce, Thomson, 138.

65 https://www.ssfshop.com/

66 닐 호인 저/이경식 역(2022). 전게서, 50에서 참고 및 수정하여 작성

67 이재문(1999). 기존고객의 충성도 강화를 위한 데이터베이스 마케팅 전략 및 사례, Marketing Communication Review, 5(2), Winter, 3–30.

68 Chen, Q., & Chen, H. M.(2004). Exploring the success factors of eCRM strategies in practice. Journal of Database Marketing & Customer Strategy Management, 11(4), 333–343.

69 [서베이] "디지털 비즈니스 성공의 필수 기술은 AI/ML · SW개선 · 데이터 분석", https://www.denews.co.kr/news/article

70 AI가 'CRM'에 제공할 수 있는 3가지 이점, https://www.ciokorea.com/tags/184/CRM/사진출처: https://www.gettyimagesbank.com/

Chapter

07 인터넷 마케팅 전략수립

Chapter 07

인터넷 마케팅 전략수립

제1절 인터넷 마케팅 전략의 기본

1. 인터넷 비즈니스에서 마케팅 전략

1) 전략의 개념

전략이라는 용어는 오랫동안 군대에서 사용되어 왔는데, 이것은 적군의 예상되는 행동에 대응하여 수립한 전반적인 계획을 의미한다. 따라서 전략이라는 말 자체에는 경쟁적인 의미가 강하게 함축되어 있지만, 기업에서는 점차적으로 그것을 보다 전반적인 경영활동을 나타내는 것으로 인식하는 경향을 지니고 있다.[1]

즉, 기업에 있어서 **전략(strategy)**이란 [그림 7-1]에서 볼 수 있듯이 '**환경 분석을 통하여 이미 일어난 혹은 장래에 일어날 수 있는 환경의 변화가 자사에게 제공하는 기회와 위협이 무엇인가를 파악하고, 한편으로는 자사의 강점과 약점을 파악하여 이에 적절히 대응함으로써 경쟁우위를 확보하고 환경의 변화를 자사에 유리하도록 이끌어 나가는 기업활동**'이라고 할 수 있다.[2] 결국 간단히 요약해서,

전략은 길 잃은 기업에게 나침판과 같은 역할을 한다.[3]

목표(goal)란 어떤 사업단위가 성취하고자 하는 것을 나타내는 것이며 전략은 '그곳에 도달하는 방법에 대한 계획활동'이라고 할 수 있다.

마케팅 전략 수립과정은 마케팅 목표를 달성하기 위해 마케팅 자원들을 활용하는 방법에 대해 서술한 것을 말한다. 이는 매우 단순한 작업으로 보일 수 있지만 실제 매우 복잡한 과정이다. 이는 마케팅 소비자를 조사하고 자사의 제품을 분석하며 표적시장을 선정하고 제품의 경쟁우위를 정하고 4P 믹스를 결정하는 등 다양하고 복잡한 활동들을 포함하는 과정이라고 할 수 있다.[4]

학자들에 따라서는 마케팅 계획의 과정을 크게 **분석적 요소**(예: 소비자, 자사, 경쟁자 분석), **행동적 요소**(조직구성원들의 아이디어 제시 의견조율), **조직적 요소**(기업의 지원, 조직문화)[5] 등으로 구분하기도 하지만 본서에서는 [그림 7-1]과 같이 보편적으로 많이 이용되고 있는 마케팅 전략수립의 프로세스를 요약 제시하였다.

그림 7-1 | 마케팅 전략의 의미 및 프로세스[6]

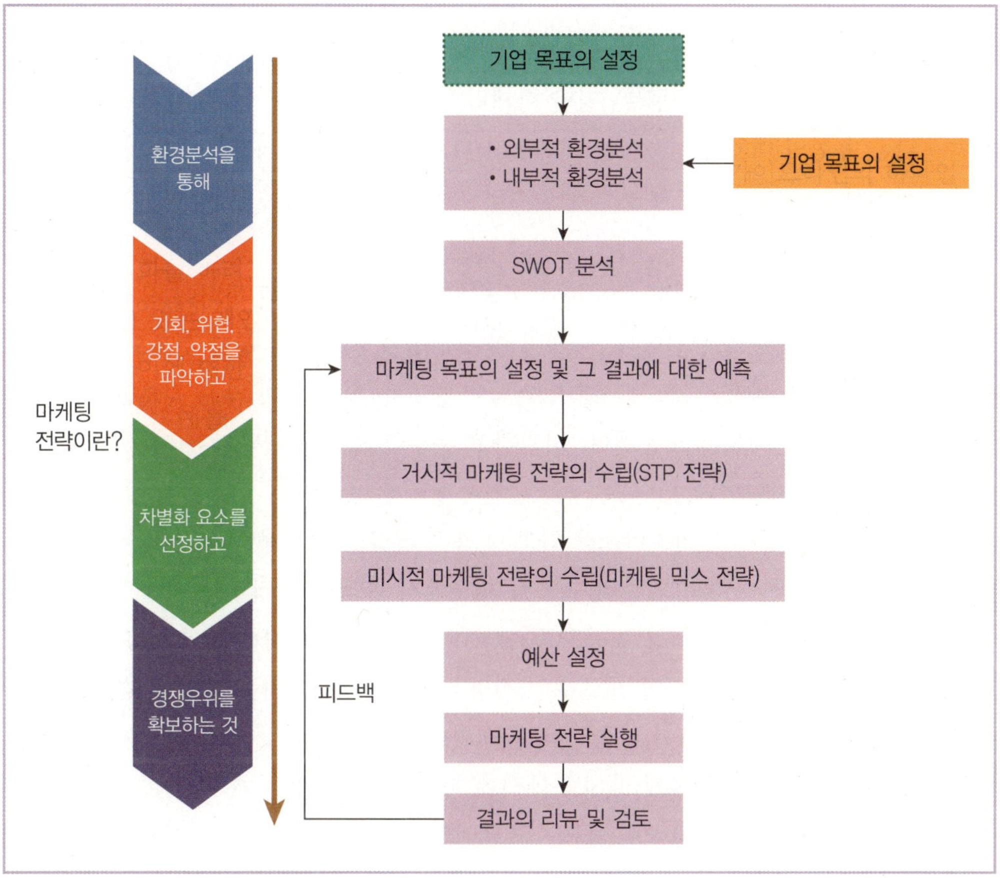

한편, **포터(Porter)** 교수는 「**전략이란 무엇인가?(What is Strategy?)**」라는 논문에서 **운영효과성(operation effectiveness)**과 전략 간에는 분명한 차이가 있다고 제시하고 있다.[7] 상당수의 많은 기업들은 다른 경쟁사보다 동일한 활동을 더욱 더 양호하게 수행함으로써 지속적인 경쟁우위를 확립할 수 있다고 믿고 있지만 경쟁사들은 벤치마킹 등 기타수단을 이용하여 효과적으로 운영하는 기업들을 신속히 모방할 수 있고 이에 따라 운영효과성의 이점을 상실할 수 있다. 이와는 대조적으로 포터는 전략이란 '**일체의 상이한 행동들을 통한 독특하고 가치 있는 위치의 창조**'라고 정의하고 있다. 즉, 전략적으로 위치를 차지한 기업은 상이한 방식으로 유사한 행동을 수행하거나 또는 경쟁사와는 상이한 행동을 수행한다.[8]

2) 인터넷 마케팅 전략

인터넷 마케팅 전략(internet marketing strategy)이란 간단히 '**인터넷 비즈니스를 성공적으로 수행하기 위하여 마케팅 활동을 어떻게 전개해가야 할 것인가와 관련된 제반 의사결정과정**'이라 할 수 있다. 이 정의만으로 보면 인터넷 마케팅 전략은 일반적인 마케팅을 단지 인터넷이라는 가상세계에 적용한 것이라고 생각할 수 있을 것이다. 하지만 이제까지 논의되어 왔듯이 인터넷 마케팅 전략은 일반 마케팅과는 다소 차이가 있다. 인터넷상에서 마케팅은 다른 유형의 매체를 사용하는 마케팅과 다르며 강력한 마케팅 도구인 인터넷은 오늘날 시장에서 차츰 효율적이지 못한 전통적인 마케팅 전략 사용을 몰아낼 것이라 예측된다.[9]

인터넷은 기존의 어떤 매체도 구현하기 어려웠던 많은 사람들이 동시에 상호작용을 할 수 있도록 하는 마케팅 도구인데다, 마케팅 활동과 정보 시스템의 통합 정도도 기존의 어떤 방식도 따라잡기 어려울 정도로 높다. 더욱이 물건을 직접 보지 않고 정보만을 이용하여 마케팅 활동을 전개해야 하는데다, 다양하고 풍부한 정보가 판매자가 아닌 고객의 손에 있다는 것도 큰 차이이다.

이러한 상황에서 인터넷 비즈니스를 하고자 하는 기업들은 마케팅 전략을 어떻게 수립하고 추진해야 할까? 아마도 기존의 마케팅 이론에서 축적한 지식과 현실적으로 인터넷 기업들이 추진하고 있는 마케팅 활동을 종합하여, 나름대로 체계를 잡아 추진하는 것이 가장 좋은 접근법일 수 있다. 이 새로운 마케팅 환경은 모바일 기술의 적용 범위를 확대하는 것을 포함하여 소셜미디어 기술의 최신 변화를 원활하게 통합하고, 고객에게 다가가는 이러한 새로운 방법이 어떻게 마케팅 계획에 통합되어야 하는지에 대한 고민을 필요로 한다. 또한 데이터분석의 중요성이 높아지고 마케팅 관리자가 데이터를 어떻게 잘 활용하여 이점을 얻을 수 있는지를 생각해보는 것이[10] 과거의 전통적 마케팅과 많이 다른 부분이라고 할 수 있다.

전략적 마케팅 계획(strategic marketing planning)은 인터넷 비즈니스 기업에게 그들이 무엇을 해야 하고 어떻게 그 계획을 실행할 것인가에 대한 큰 그림을 제공하는 것이다. 인터넷 비즈니스 기업은 **사명(mission)**, 즉 '**무엇을 할 것인가?**'를 명확히 정의하고 그러한 사명을 달성 가능하게 하는 사업목표를 획득하도록 구체화되어야 한다. 이러한 목표들은 제공되는 상품과 서비스에 대한 정의와 기업이 경쟁적인 환경에서 획득하고자 하는 지위를 포함할지도 모른다.

인터넷 마케팅 전략은 SNS의 활용, 콘텐츠의 중요성, 그리고 빅데이터에 의거한 의사결정 등 많은 부분에서 전통적 마케팅 전략과 다른 도구를 요구하고 있다.[11]

실제 전략적 마케팅 계획은 '특정한 상품 또는 서비스에 대한 전략적 목표와 부합하는 사업을 가능하게 할 일련의 활동개발'이며 앞에서 몇 번 강조되었듯이 이러한 핵심적 의미가 마케팅 계획 과정의 측면들을 정의하고 개발하기 위해 기본이 되어야 된다.[12]

전략적 마케팅 계획은 '특정한 상품 또는 서비스에 대한 전략적 목표와 부합하는 사업을 가능하게 할 일련의 활동개발'이며 앞에서 몇 번 강조되었듯이 인터넷이 마케팅 계획 과정의 측면들을 정의하고 개발하기 위해 이용될 수 있다는 점들을 강조할 수 있다.[13]

제2절 인터넷 비즈니스 환경의 분석

1. 인터넷 비즈니스 기업의 환경 분석 및 목표설정

환경(Environment)이란 '**조직을 둘러싸고 있거나 조직에 영향을 미치는 일련의 영향력 및 상황(a set of forces and condition)**'을 말하는데, 실제 물리적 환경에서도 기업의 경영 전략이나 마케팅 전략 수립시에는 필수적인 선행요소로 인식되고 있다. 대표적인 사례로 최근에 발생한 코로나19로 기업의 비즈니스 활동 및 마케팅 전략에 많은 변화를 요구하게 하였는데 자세한 내용은 [Internet Marketing Insight 7-1]에서 볼 수 있다.

전통적인 환경 분류법에서는 조직을 둘러싸고 있는 환경을 크게 **내부환경(internal environment)**과 **외부환경(external environment)**으로 구분하고 있다. 내부환경이란 조직이 가지고 있는 독특한 조직분위기, 조직문화를 의미하는 것으로 조직구성원이 조직의 성격, 가치, 규정, 스타일 및 특성 등을 공유하는 지각의 정도로 구성된다.

외부환경이란 조직의 외부에 존재하면서 조직의 의사결정이나 전반적인 조직활동에 영향을 미치는 환경을 의미한다. 외부환경은 다시 **일반환경(general environment)**과 **과업환

그림 7-2 | 인터넷 비즈니스 기업의 환경 분석 범위

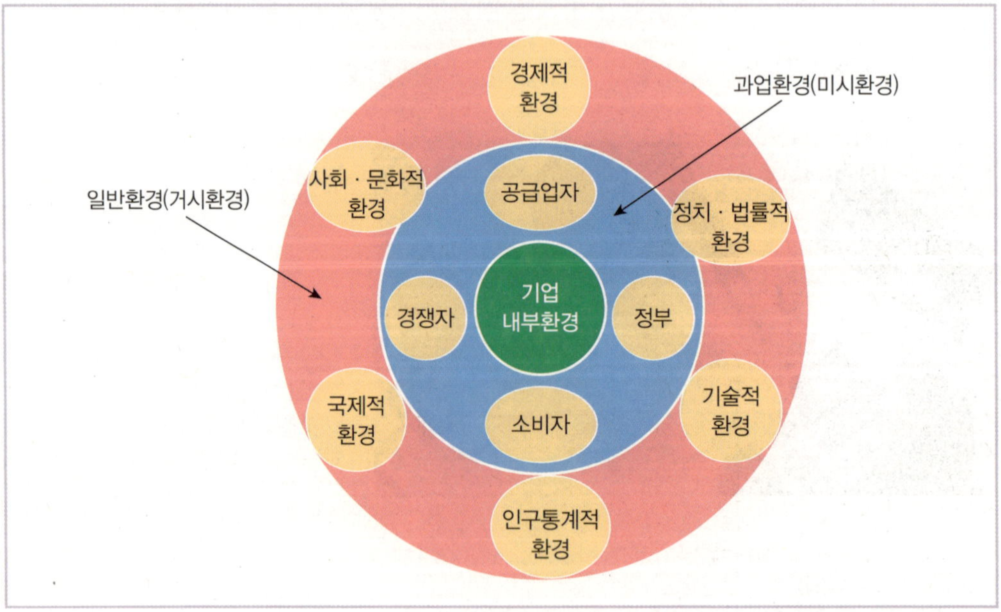

경(task environment)으로 구분할 수 있다. 일반환경이란 사회의 모든 조직에 영향을 미치는 환경으로 그 범위가 매우 넓은 비특정적 요인으로 구성되어 있다. 이러한 요인에는 특정 조직에 반드시 영향을 미치지 않는 경우도 있다. 이러한 환경은 경제적 환경, 기술적 환경, 사회 · 문화적 환경, 정치 · 법률적 환경, 국제적 환경으로 구성되어 있다. 과업환경이란 어떤 특정 조직에 직접적인 영향을 미치는 요인으로 경쟁자, 고객, 규제기관, 협력업자 등으로 구성될 수 있다.

Internet Marketing INSIGHT 7-1

팬데믹 이후의 인터넷 쇼핑

코로나 팬데믹은 전 세계 소비자들에게 새로운 현실을 만들었다. 이에 대처하기 위해 소비자들은 사실상 하룻밤 사이에 특정 디지털 기술을 채택하고 사용해야 하는 상황에 직면했다.[14]

강의하는 선생님들은 집에서 온라인 수업을 해야 하기에 줌(Zoom)과 같은 기술을 이용해야 했고 배달로 음식을 시켜본 경험이 없던 소비자들은 코로나 확진으로 집에서 배달앱으로 음식을 주문해야 했다. 이렇듯 코로나 팬데믹 상황은 소매업과 전자상거래의 트렌드를 크게 바꾸고 있다.

코로나는 다양한 제품의 온라인 쇼핑을 증대시켰다.[15]

이러한 코로나 이후의 소비에 대한 보고서가 있어 간단하게 소개한다. 2019년 2월부터 2021년 3월까지의 온라인 카드 결제 데이터를 분석해본 결과, 온라인 쇼핑 결제건수와 거래 금액은 해당 기간 동안 꾸준히 증가했다. 특히 건강, 식품 및 유료 콘텐츠 구독 서비스 및 온라인 상품권(기프티콘) 등을 포함한 온라인 상품(e상품) 및 서비스와 핸드폰, 노트북 등 디지털 기기의 거래가 증가한 것으로 나타났다. 또한 코로나19 전 대비 결제건수가 가장 크게 증가한 품목은 건강, 식품, e상품/서비스 순이었다.[16]

그림 7-3 | 코로나 전후의 인터넷 쇼핑 변화[17]

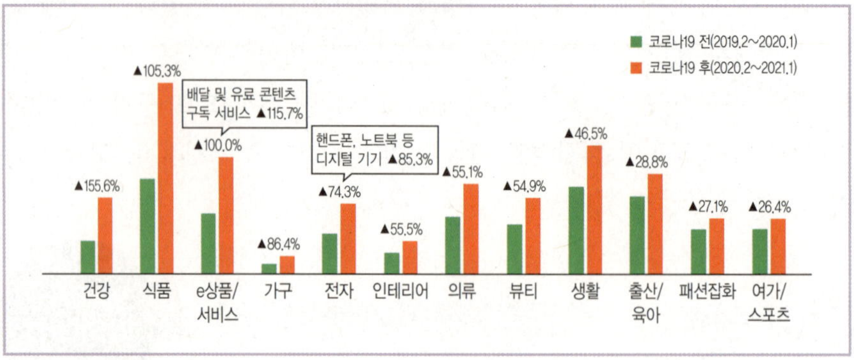

쇼핑 품목에 대한 세대별 추세를 보면 즐겨찾던 PC방 등에 가지 못하게 된 Z세대(만 18~24세)는 전자용품들을 코로나 이전보다 더 많이 구매했고, 요리나 홈트와 같은 취미 활동에 관심이 많은 밀레니얼(만 25~34세)과 코로나에 대한 우려로 자녀들과의 바깥 활동을 자제하게 된 X세대(만 35~54세)는 식품 및 건강 관련 제품을 더 많이 소비하였다. 58세대(만 55~64세)의 경우 건강과 e상품 및 서비스에 대한 소비 비중이 증가한 것을 볼 수 있다.

특히 전반적으로 코로나 중 타 세대들의 뷰티 제품 소비가 약세를 보인 것과는 대조적으로, Z세대의 뷰티 카테고리 소비는 증가하며 이들이 코로나 시기 뷰티 산업의 주요 소비층으로 떠올랐다. 월평균 결제건수 기준으로 주요 소비 품목을 들여다 보았을 때 Z세대는 타 세대 대비 남성 패션에 대한 소비가 가장 높고, 밀레니얼은 반려동물 제품, X세대는 출산 · 육아용품을 더 많이 소비한 것으로 나타났다.

그림 7-4 | 세대별 쇼핑 품목 변화[18]

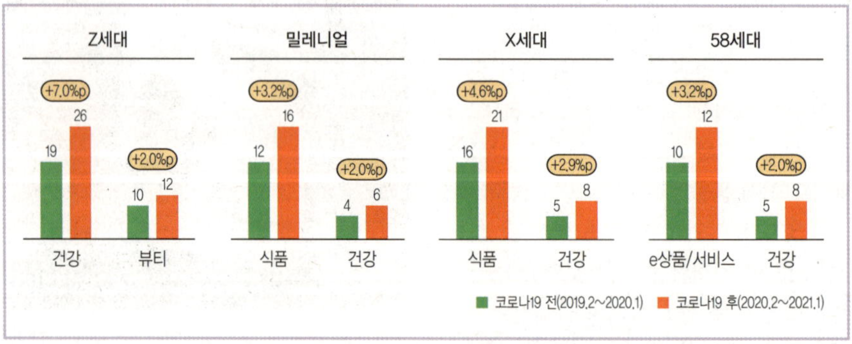

코로나 전과 대비해 전자 카테고리의 소비 비중이 크게 증가한 Z세대의 세부 소비 품목을 들여다보면 노트북 및 핸드폰을 포함한 디지털 기기 소비가 늘어난 것으로 나타난다. 특히 신용카드 등의 지출 수단의 실제 소유자가 부모가 아닌 해당 세대임을 비추어보았

을 때, 이러한 고가 디지털 기기의 주도적인 소비층이 Z세대가 되었음을 알 수 있다. 58세대의 경우 코로나19 발생 이후 e상품 서비스 품목의 소비 비중이 크게 늘어났다. 세부 소비 품목으로는 배달 음식 및 유료 구독 서비스와 같은 온라인 서비스의 비중이 증가한 것으로 나타났다. 이와 같은 소비 비중의 변화를 보면 코로나 시기에 58세대가 배달 서비스 및 유료 콘텐츠 구독 서비스를 적극적으로 이용하기 시작하면서 온라인 유료 서비스의 신규고객층으로 자리매김했다는 것을 확인할 수 있다.[19]

그림 7-5 | 평균 결제건수 기준 Top 5 소비 품목[20]

Gen Z

#	카테고리	비중(%)
1	전자	24.3
2	의류	18.7
3	뷰티	11.5
4	패션잡화	9.8
5	식품	7.8

의류 카테고리 내 타 세대 대비 **남성 의류 소비**가 높음 (밀레니얼 대비 1.3배, X세대 대비 1.2배, 58세대 대비 2배)

밀레니얼

#	카테고리	비중(%)
1	식품	14.7
2	생활	12.5
3	뷰티	11.4
4	의류	11.1
5	전자	9.9

생활 카테고리 내 타 세대 대비 **반려동물 관련 제품의 소비**가 높음 (X세대 대비 2배, 58세대 대비 1.2배)

X세대

#	카테고리	비중(%)
1	식품	19.1
2	생활	14.0
3	출산육아	12.8
4	e상품 서비스	11.2
5	의류	7.8

58세대

#	카테고리	비중(%)
1	식품	19.8
2	e상품 서비스	13.4
3	의류	12.3
4	생활	11.8
5	건강	7.5

*강조된 부분은 타 세대 대비 소비 비중이 높은 카테고리

또한 최근 다른 조사에 의하면 코로나로 인해 특히 온라인 식료품 쇼핑(Online Grocery Shopping)의 이용이 상당히 증가한 것으로 나타났다. 그러나 소비자의 행동이 '새로운 정상'으로 진화하고 있는지 아니면 팬데믹 제한 이후 '오래된 습관'으로 회귀하고 있는지에 대해서는 알려진 바가 많지는 않다. 조사결과 일부 소비자들은 봉쇄기간 동안 소매점을 자제했다가 유행성 제한 이후 복귀한 것으로 나타났다. 그들은 사실상 온라인 식료품 쇼핑에 완전히 소비자를 빼앗기지 않았다. 따라서 관측된 소비자는 여전히 오프라인 유통업체 범위에 있다. 이 때문에 오프라인 소매업체는 매장에서 경쟁적 혜택을 제공하거나 온라인 채널을 추가하는 등 소비자를 유지하기 위해 지금 행동해야 한다.[21]

코로나19 장기화로 홈술·혼술 문화가 트렌드로 자리잡으면서[22] 집에서 마시기 좋은 와인, 고급맥주, 위스키의 인기도 높아지고 있다.[23]

1) 인터넷 비즈니스 기업의 일반환경

일반환경은 모든 기업에 공통적으로 영향을 미치는 환경이다. **일반환경**은 **거시환경(macro environment)**으로 불려지기도 하며 기업에 포괄적인 영향을 미치는 환경이다. 이러한 환경은 경제, 사회, 정치, 법률 그리고 기술적 환경 등으로 나눌 수 있다.

(1) 경제적 환경

경제적 환경은 기업의 일반환경 중에서 가장 큰 영향을 미치는 그리고 직접적인 영향을 미치는 주된 환경이다. 경제적 환경은 생산과 유통 그리고 소비에 이르는 모든 경제 시스템으로 구성되어 있다. 이러한 기업의 경제적인 환경은 원재료의 수급에서부터 제품의 판매에 이르기까지 기업의 모든 경제적인 활동과 연계되어 있다. 경제적 환경 가운데서도 가장 기초가 되는 경제환경은 경제체제이다. 경제체제는 잘 알려져 있는 바와 같이 자본주의 경제체제와 사회주의 경제체제가 있다.

경제체제와 더불어 중요성을 가지고 있는 경제적 환경은 국가의 경제정책이다. 정부가 성장위주의 경제정책을 펴거나 혹은 경기과열을 염려하여 성장억제정책을 펴게 되면 기업은 여러 가지 면에서 영향을 받게 된다. 국가의 경제적인 재정정책과 금융정책은 정부의 재정지출과 세제, 그리고 통화공급의 조절로 나타나게 되며, 이러한 정책들은 결국 기업의 자금수급과 투자, 그리고 생산과 제품의 판매에 영향을 미치게 된다.

(2) 사회 · 문화적 환경

사회 · 문화적 환경은 경제적 환경과는 달리 직접적이라기보다는 간접적인 영향을 미치는 환경으로 한 사회가 가지고 있는 사회적인 요소, 즉 문화와 가치관, 전통과 관습 등 사회적인 제도나 태도와 더불어 사회 내의 인구통계학적인 제반 특성을 의미한다.

한 사회나 국가는 그 사회나 국가의 고유한 문화와 가치관을 가지고 있다. 문화는 한 집단의 구성원이 다른 집단의 구성원들과 달리 가지고 있는 공통적인 가치이며, 가치는 무엇이 바람직한가에 대한 개인의 신념이다. 이러한 문화와 가치관은 비교적 안정적인 개념으로 한 사회와 다른 사회를 구별 짓게 되는 중요한 요인이 된다. 경영자는 이러한 문화와 가치관을 이해함으로써 상황과 문제에 대한 또 다른 해결의 실마리를 얻을 수 있는 것이다. 오늘날의 세계는 지구촌이라 할 만큼 가까워지고 있으며, 기업의 국제화는 다른 국가나 문화권의 문화를 이해하는 것에서부터 출발하여야 한다.

문화적인 요인과 더불어 인구통계학적 요인들 역시 기업에 영향을 미치는 하나의 사회적인 요인이다. 인구분포와 남녀비율, 출생률과 사망률, 경제활동인구의 비율과 노년층의 비율 등은 한편으로는 기업의 인력수급에 변화를 초래하는 요인이 된다.

(3) 정치 · 법률적 환경

정치 · 법률적 환경은 기업뿐만 아니라 기업 내의 구성원들이 따라야 할 법과 규범, 그리고 행동규칙을 규정한다. 여기에는 소비자 문제나 제품과 관련된 규제와 종업원에 대한 규제, 환경문제에 대한 규제, 정보구매를 통한 규제, 자금지원 등과 같은 정부지원, 그리고 각종 인허가 등이 있다. 기업의 활동은 당연히 이러한 규정 속에서 이루어지게 되며, 규정의 변화에 따라 적응해가야 한다.

인터넷 비즈니스 기업이 관심을 가져야 할 정치 · 법률적 환경은 점차 증대되고 있다. 예를 들면, 인터넷상에서의 공정거래 및 인터넷 소비자 보호, 환경보호를 위한 규제가 늘고 있으며, 주민단체나 소비단체, 시민운동단체 등 공공 이해관계자들이 인터넷을 기반으로 성장, 요구가 늘어가고 있는 것이다.

(4) 기술적 환경

디지털 및 네트워크 시대로 들어오면서 최근 10여 년 동안 기술에 많은 변화가 일어나고 있다. 기술변화 추세가 가속화되고 있을 뿐만 아니라 전에 없던 기술이 나와 기존 기술을 빠르게 대체하고 있다. 1장에서 논의되었듯이 **4차 산업혁명**의 기술인 **인공지능, 로봇공학, 사물인터넷, 무인 운송수단(무인 항공기, 무인 자동차), 3D 프린팅, 나노기술**과 같은 6대 분야에서 새로운 기술 혁신은 기업의 비즈니스 환경을 급속도로 변화시킬 것이다.[24]

4차 산업혁명은 물리적, 생물학적, 디지털적 세계를 빅데이터에 입각해서 통합시키고 경제 및 산업 등 모든 분야에 영향을 미치는 다양한 신기술로 설명될 수 있다.[25] 물리적인 세계와 디지털적인 세계의 통합은 O2O를 통해 수행되고, 생물학적 세계에서는 인체의 정보를 디지털 세계에 접목하는 기술인 스마트 워치나 스마트 밴드를 이용하여 모바일 헬스케어를 구현할 수 있다. **가상현실(VR)**과 **증강현실(AR)**도 물리적 세계와 디지털 세계의 접목에 해당될 수 있다.[26] 실제 최근에는 사진에서 볼 수 있듯이 로봇으로 운영되는 호텔까지 등장하였는데 이러한 기술추세 및 대체는 새로운 사업기회를 창출하는 역할을 할 뿐만 아니라, 고객 서비스를 차별화시키는 역할을 할 수 있다. 각 신기술을 빠르게 수용하는 기업들은 게임의 규칙을 바꾼다. 아마존을 예로 들어보자. 아마존의 로봇기술은 근로자들을 돕고, 효율성을 증가시키며, 비용을 절감하고 있다. 또한 아마존은 **드론 배송**

(Prime Air)을 적극적으로 실험하고 있으며 AI를 사용하여 예측분석 능력을 향상시키고 정교한 개인 맞춤형 추천 시스템을 구축하고 유지하고 있다.[27]

'아마존고 글로서리'에서는 수많은 카메라, 진열대 센서, 소프트웨어를 사용해 쇼핑객들이 유기농 식품, 와인 등 다양한 상품을 담은 다음 스캔하거나 계산대에서 돈을 지불할 필요 없이 바로 출구로 나갈 수 있다. 고객들이 매장을 나가면 스마트폰 앱을 통해 자동으로 고객 계좌로 대금이 청구된다.[28]

Internet Marketing INSIGHT 7-2

대한민국이 왜 인터넷 강국이 될 수 있었는가?[29]

한국은 광대역(broadband)과 인터넷 분야의 선두주자이다. 국민소득이 세계 50위 수준이며, 군사비 지출이 가장 많고 유일한 언어와 문자를 가진 한국이 인터넷 분야의 선두라는 것은 매우 놀라운 일이다. 실제 2004년 말 76%의 한국가정에 인터넷이 설치되었으며, 거의 모든 사람들이 인터넷 서비스를 이용하고 있다.

이에는 다음의 세 가지 이유가 충분한 설명을 제공하며, 시장경쟁, 적정한 정부정책, 기업정신이 어떻게 국가의 인터넷 기반을 변형시킬 수 있는지를 설명한다.

• 낮은 가격: 미국에서 MCI가 AT&T의 장거리 전화의 규제완화에 도전받은 것처럼, 1990년대 말 신규 진출기업 하나로텔레콤이 광대역 서비스를 하고 있는 KT에 도전했다. 사업초기부터 하나로텔레콤은 초고속 인터넷을 2만 원대의 가격으로 제공하였다. 이 가격은 상대적으로 높은 접속 분당 요금과 느린 속도의 모뎀 서비스를 제공하던 타사에 비교하여 특히 매력적으로 보일 수 있었다. 하나로텔레콤이 낮은 가격으로 질 좋은 서비스를 제공하는 동안 많은 한국의 중소 케이블회사들은 더 낮은 가격인 1만 원대의 서비스를 제공하기 시작했다. 결국 시장점유자였던 KT도 하나로텔레콤의 인터넷 서비스 가격에 맞출 수밖에 없었다.

- 높은 인구밀도 : 높은 인구밀도는 광대역 인터넷 서비스를 도와주었다. 대부분의 한국사람들은 높은 아파트나 빌라에 거주한다. 높은 거주밀도는 새로운 아파트를 짓게 되는 경우 배수, 상수시설 비용과 인터넷 서비스를 위한 배선공사 비용이 단독주택에 비해 싸게 적용된다.
- PC방: 한국에서만 존재하는 유일한 다른 이유는 PC방이라고 알고 있는 인터넷 컴퓨터 게임 카페의 영향이다. 역사적인 이유에서 한국정부는 1945년부터 2000년까지 많은 부분에서 일본 문화의 수입을 금지하였다. 비디오, TV프로그램과 닌텐도나 플레이스테이션 같은 일본 게임들이 수입 금지되었다. 대신에 한국의 어린이들은 미국이나 다른 나라에서 수입된 컴퓨터 게임을 즐기게 되었다. 컴퓨터 게임은 고사양의 컴퓨터를 요구하게 되었고, 컴퓨터 게임을 할 수 있는 장소로 PC방이 시작되었다. PC방은 높은 스피드의 인터넷 접속과 멀티유저 게임이 가능하게 했다. PC방에서의 빠른 접속 속도의 경험과 동등한 조건하에서의 경쟁에 대한 욕구가 게이머들의 가정에서도 높은 스피드의 접속 욕구가 만들어졌다.

한국은 타국에 비해 고층 아파트가 많아서 인터넷 서비스 제공자들이 쉽게 인터넷을 연결할 수 있으며 이는 인터넷 서비스의 가격을 낮추는 주요 원인이 될 수 있었다.

한국과 같이 많은 PC방을 가진 곳도 없으며 실제 한국 사람처럼 다른 사람과 경쟁하는 게임을 즐기는 사람도 많지 않다.

한국 기업은 이제 우수한 인터넷 체계를 이용할 수 있는 애플리케이션(applications)을 창출해야 하는 도전에 직면하고 있다. 전문가들은 세계에서 한국시장이 인터넷에 관련하여 최고의 실행능력과 기회를 가지고 있다고 평가하고 있다.

2) 과업환경

일반환경이 상대적으로 간접적인 영향을 미치는 반면에 **과업환경**은 인터넷 비즈니스 기업의 성장과 생존에 직접적인 영향을 미치는 환경으로 특수환경이라고도 한다. 과업환경은 인터넷 비즈니스 기업이 어떠한 제품이나 서비스를 생산하는가에 따라 달라진다. 그리고 환경과 기업과의 관계에 있어서도 일반적인 환경과는 달리 일방적으로 역할을 받는다기보다는 기업이 과업환경에 영향을 미칠 수도 있다. [그림 7-6]에서 볼 수 있듯이 **구글(google.com)**은 다음과 같은 과업환경 요소들과 상호작용하고 있다.

그림 7-6 | 구글의 과업환경과의 상호작용 시스템[30]

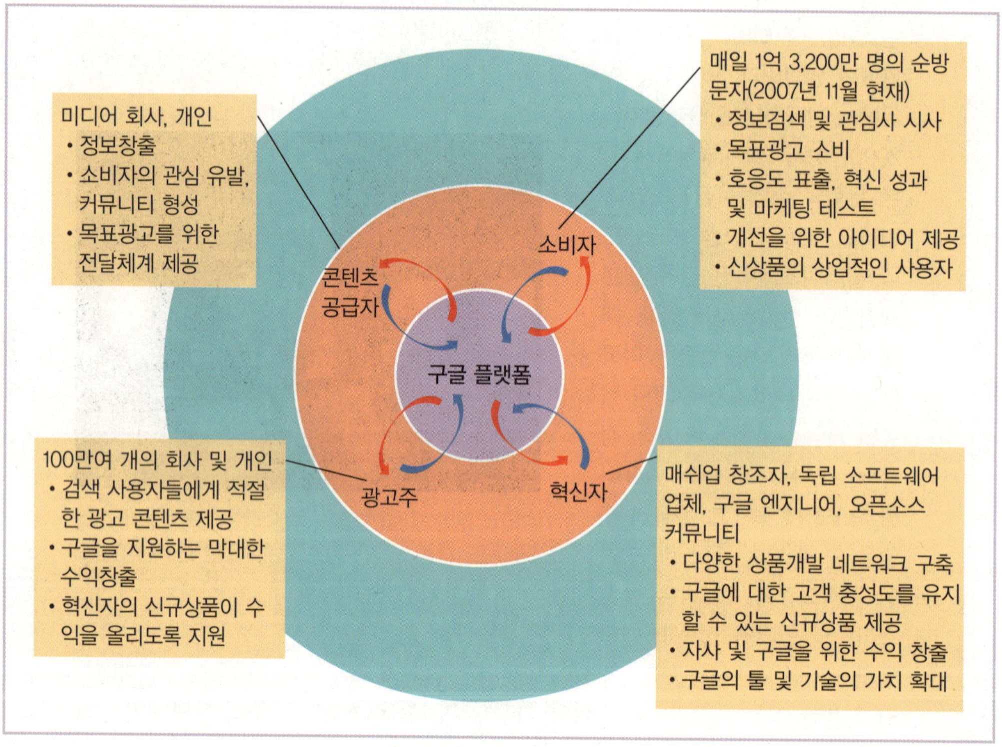

(1) 고객

고객은 기업의 제품과 서비스를 구매하는 개인과 조직이다. 현대의 기업들은 고객의 중요성을 인식하고 고객의 요구를 충족시키기 위하여 노력하고 있다. 고객의 중요성은 시장의 변화에서부터 비롯되었다. 과거 시장은 제품의 생산자인 **판매자 중심시장(seller's market)**이었으나 경쟁의 가속과 더불어 이제 시장은 소비자인 **구매자 중심시장(buyer's** market)으로 변화한 것이다. 인터넷 비즈니스를 위해서 기업은 고객에 대한 철저한 이해를 중요시해야 한다. 기존 비즈니스와 달리 인터넷 비즈니스에서는 개인별 고객정보의 관리가 가능하며, 이 개인별 고객정보를 얼마나 효과적으로 관리하여 일 대 일 맞춤 서비스를 더욱 잘 제공하는가가 경쟁적 우위의 요소가 되고 있다.

(2) 경쟁자

경쟁자는 유사하거나 동일한 제품을 생산하는 혹은 그런 잠재력을 가지고 있는 경쟁업체이다. 경쟁기업은 동일한 시장을 대상으로 유사한 제품을 생산 · 판매할 뿐 아니라, 원료의 수급이나 유통에도 경쟁적인 관계를 가지고 있다. 경쟁에서 살아남기 위해서 기업은 잘 알려진 경쟁자들의 기업활동을 분석할 필요성이 있을 뿐 아니라 잠재적인 경쟁자들의 동향에도 관심을 가져야 한다. 인터넷 비즈니스 기업의 경영자는 경쟁기업의 전략과 제품 가격, 품질, 서비스, 기술, 임금 등의 제반활동에 대하여 끊임없이 추적하여야 한다.

2. 환경 분석을 통한 SWOT 분석

격변하는 인터넷 비즈니스 환경과 경쟁상황에 대처하기 위해서는 자사의 강점과 약점에 대한 정확한 분석이 필요하다. 주위환경과 자사의 강 · 약점을 함께 파악하고 강점을 최대한 이용하여 약점을 회피 · 보완할 수 있는 전략의 수립이 요구된다고 볼 수 있는 것이다.

인터넷 비즈니스 기업의 마케팅 목표가 세워지면 이제 기업은 이 목표를 달성하기 위한 마케팅 전략을 세워야 한다. 그런데 무엇보다도 마케팅 전략은 앞에서 이야기되었던 시장환경 및 자사의 강점과 약점을 면밀히 분석한 후에 그것을 기반으로 하여 세워져야 한다. 여기서는 이러한 분석을 가능하게 하는 SWOT(Strengths, Weaknesses, Opportunities, Threats) 기법에 대해서 논의한다.

SWOT 분석을 위한 첫 단계는 시장환경으로부터 오는 기회 및 위협요인의 파악이다. 특히 가까운 장래에 일어날 것으로 예상되는 인터넷 소비자들의 소비 및 구매행태의 변화, 경쟁사의 동향, 새로운 인터넷 소매점의 출현 등 인터넷 비즈니스 기업의 마케팅 활동에 영향을 미치는 시장의 변화요인을 파악하여 기회요인과 위협요인으로 나눈다. 이 단계에서 주의하여야 할 점은 시장환경 분석을 좀 더 객관적인 자료에 바탕을 두고 구체적으로 해야 한다는 것이다. 둘째 단계는 자사의 핵심역량의 분석이다. 이는 주로 기존의 경쟁사나 잠재적 경쟁사에 대한 회사의 상대적 강·약점에 대한 평가이다. 특히 인터넷 비즈니스 기업에게 있어서는 핵심역량으로서의 **유형자산**(기계설비, 건물, 부동산, 인재)보다는 **무형자산**(회사의 이미지, 콘텐츠의 질, 브랜드 자산 가치, 정보력, 국제화 능력)의 가치가 상대적으로 더 중요한 위치를 차지하는 경향이 있으므로 이러한 핵심역량으로서의 무형자산에 대한 정확한 이해가 필요하다. 세 번째 단계는 시장 환경변화요인과 자사의 핵심역량의 강·약점에 비추어 본 자사의 현재위치의 파악이다. [그림 7-7]과 같은 SWOT 도표로 관련 있는 시장의 위협·기회 및 자사의 강·약점을 종합적으로 분석한 다음, 이에 따라 현재의 우리 회사의 위치를 파악하고 현재 상황에서 최적의 전략을 제안할 수 있다.

그림 7-7 | 할인점의 SWOT 분석 사례

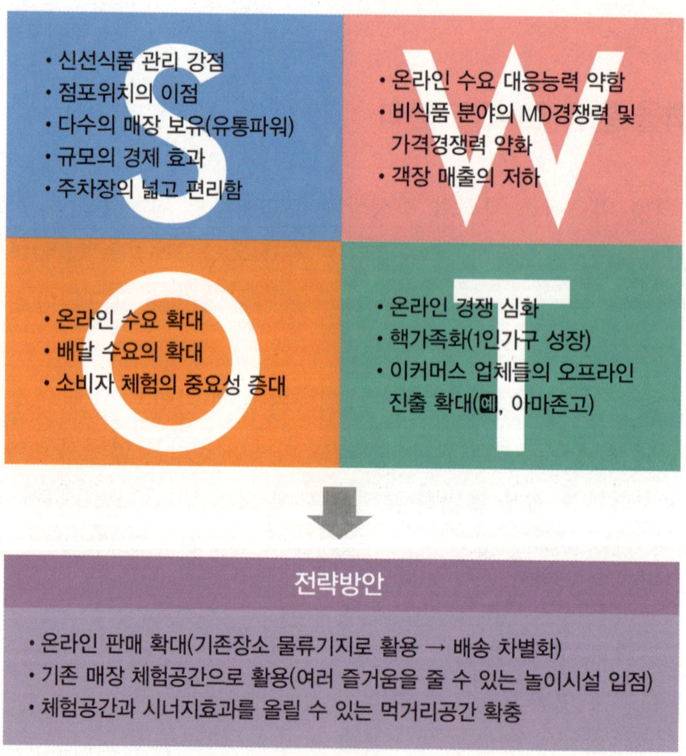

3. 환경 분석을 통한 마케팅 목표설정

1) 마케팅 목표설정의 일반적 원칙

흔히 기업은 너무 추상적이거나 광범위하게 목표를 정의함으로써 구체적인 마케팅 전략의 방향을 제시할 수 없는 상황에 직면하고는 한다. 결국 기업사명을 보다 구체적인 **기업 목표(business goal)**로 설정하여 기업이 그 사명을 완수하는 데 있어서 안내자 역할을 할 수 있어야 한다. 기업 목표가 정해지고 나면 그 다음 단계로 좀 더 구체적인 **마케팅 목표(marketing goal)**가 정해질 수 있는데 이러한 목표들은 다음과 같은 조건을 갖추어야 한다.

첫째, 수행되어야 할 여러 가지 기업 목표들은 추상적인 것에서부터 구체적인 것에 이르기까지 **계층적(hierarchical)**으로 서술되어야 한다. 실제로 촉진 목표는 마케팅 목표를 달성하기 위한 그리고 마케팅 목표는 기업 목표를 달성하기 위한 하나의 전략역할을 담당할 수도 있다.

둘째, 기업 목표와 마케팅 목표는 가능한 **계량적으로 서술**되어야 하는데 가능한 한 측정 가능하도록 목표가 결정되어지는 것이 바람직하다. 가령 한 인터넷 쇼핑몰 이사가 작년보다 판매를 증대하겠다는 마케팅 목표보다 구체적으로 '판매액 30% 증대' 그리고 신규고객 확대와 같은 촉진 목표보다 신규고객으로 '고객수 30% 증대'와 같은 식으로 표현하는 것이 해당 목표의 달성 여부 및 달성 정도를 파악하는데 유리한 방법이라고 볼 수 있는 것이다.

셋째, 기업 목표와 마케팅 목표는 **실현 가능한 것**이어야 한다. 기업 목표는 시장기회와 자사의 경쟁적 강·약점 등을 토대로 한 객관적 분석에 의해 설정되어야 하며 단순히 경영자의 희망사항이 되지 않아야 한다.

4. 그로스 해킹을 통한 상황 분석 및 인터넷 기업의 마케팅 목표설정

1) 그로스 해킹의 정의

그로스 해킹(growth hacking)은 **창의성, 분석적인 사고, 소셜 망**을 이용하여 제품을 팔고 노출시키는 마케팅 방법으로 스타트업 회사들에 의해 개발되었다.[31] 성장을 뜻하는 growth와 hacking이 결합된 단어로 고객의 반응에 따라 제품 및 서비스를 수정해 제품과 시장의 적합성을 높이는 것을 의미한다. 여기서 말하는 고객의 반응은 정량 데이터와 정성 데이터로 산출된다.[32] 그로스 해킹을 간단히 정의하자면 '**전체 개발 과정에 걸쳐 마케팅 아이디어를 제품에 녹여내는 전략**'이라 말할 수 있다. 즉 온라인 행동 데이터를 분석하며 이를 바탕으로 사용자 경험을 최적화하는 것이다.[33] 원래는 스타트업에서 자주 쓰이던 용어였지만 현재 마케팅 업계 전반에서 회사 매출 증대를 위한 한 가지 방법으로 고려하고 이를 도입하는 추세다. 그로스 해킹은 고객의 **웹사이트 방문기록, 체류시간, 구매비율** 등 다양한 데이터를 기반으로 더 나은 상품과 서비스를 제공하기 위해 시도된다.[34]

2) AARRR Model

영어로 '깔대기'라는 뜻인 **퍼널(Funnel)**은 잠재고객을 자사로 '유입'시켜, 최종적으로는 '결제'하도록 만드는 모델이다. 모든 서비스와 비즈니스는 다음 단계로 넘어갈수록(=전환될수록) 대체로 이용자수가 줄어드는 편이다.[35] 과거 광고부분에서 많이 활용되던 **AIDA 모델**은 **주의(Attention) → 관심(Interest) → 욕구(Desire) → 행동(Action)**의 4단계에서 각각의 첫 글자를 따서 만든 것으로 관심은 주의로부터 인지로 청중을 변화시키는 데 도움을 준다. 주의는 촉진에 소비자들을 멈추게 하는 힘이며 관심은 촉진 제품으로 유인하는 힘으로 소비자의 관심을 유지함으로써 메시지의 이해 및 설득을 통해 욕구를 발생시키고 구매하게 할 수 있는 것이다. 이와 비슷하게 AARRR 모델 또한 소비자반응 계층모델인데 [표 7-1]은 단계별로 고려해야 하는 지표에 대한 설명이다.[36]

| 표 7-1 | AARRR 단계별 고려해야 하는 지표[37]

단계	내용
Acquisition (획득)	• 신규고객을 어떻게 유치하는가? • 신규고객들은 어떤 방법으로 우리 상품 · 서비스를 처음 접하고 있는가? • 측정지표: CPA, CAC, 신규방문자수, 신규방문자 유입 경로
Activation (활동, 활성화)	• 고객들이 우리 제품 · 서비스를 어떻게 처음으로 active하게 이용하는가? • 고객의 제품 · 서비스 첫 사용 경험은 긍정적인가? • 사업마다 active함의 기준이 다름(예: 서비스를 활발히 이용, 판매하는 제품의 상세 페이지를 빈번히 조회, 플랫폼 서비스의 콘텐츠 읽기 등) • 측정지표: 웹사이트 트래픽, 체류시간, PV, 회원가입률, 이벤트 참여율(이벤트 페이지 조회수) 등
Retention (유지, 리텐션)	• 고객의 첫 구매 이후의 서비스 재사용률은 어떻게 되는가? • 고객이 어떤 부분에서 가치를 느끼고 재사용하는가? • 초기 비즈니스에서 가장 중요한 부분 • 측정지표: 이탈률, 이탈 페이지

Revenue (매출)	• 고객이 우리 상품 · 서비스에 돈을 지불하는가? • 어떤 상황의 고객이 매출에 많은 기여를 하는가? • 측정지표: 구매전환율, 매출, 주문별 객단가
Referral (추천)	• 사용자가 자발적 바이럴, 공유를 일으키고 있는가? • 측정지표: 공유수, 댓글수

AARRR 모델을 비롯한 다양한 소비자 반응 계층모델은 고객들이 최종 구매하고 옹호하기 위한 결과를 이끌어내기 위해 활용될 수 있다. 어떤 단계에 얼마나 고객들이 머무르고 다음 계단을 많이 오르지 못한 단계가 어디인지 파악하여 마케팅적으로 영향을 미치기 위한 필요로 공부할 필요가 있다.[38]

결국 AARRR 모델을 활용하여 한 인터넷 쇼핑몰이 마케팅 목표를 설정한다고 하면 먼저 각 단계에 소비자들이 어느 정도 분포되어 있는지 파악하는 것이 선행되어야 한다. 예를 들어, 소비자들이 쇼핑몰 내의 여러 디렉토리를 검색하고 있고 장바구니에 제품을 넣어놓기도 하지만 매출로 이어지지 않는다면 매출로 이어지는 확률을 높이기 위한 마케팅에 집중할 필요가 있다는 것이다. 방문을 많이 하지만 구매로 이어지지 못한다면 그 행동은 결국 기업의 광고비 지출만을 의미하는 것이기에 해당 고객의 행동은 결국 적자가 될 수 있다는 것을 알고 방문자를 구매하게 만드는 노력이 반드시 이루어져야 하는 것이다.[39]

그림 7-8 | AARRR 퍼널[40]

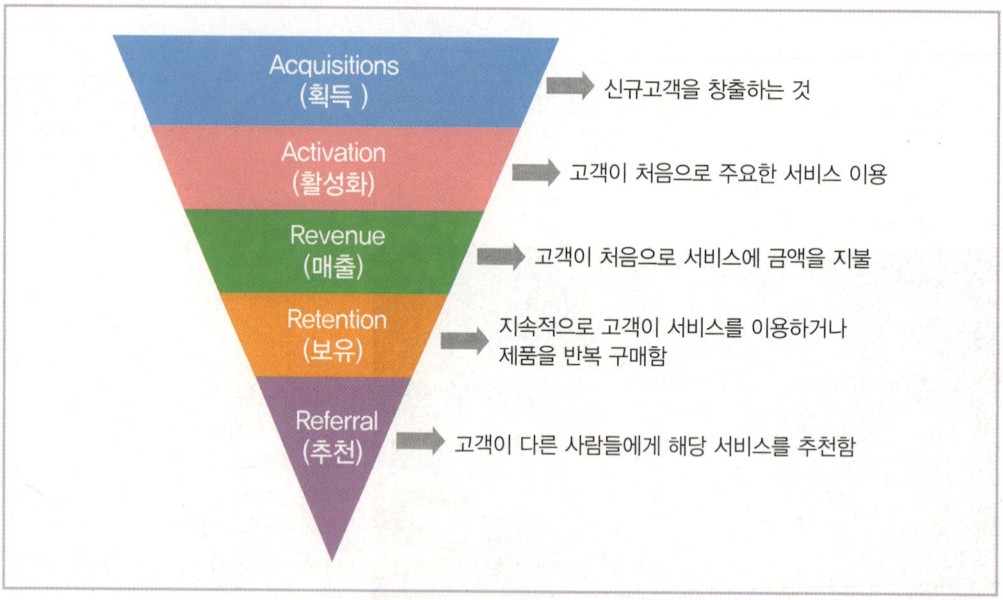

제3절 인터넷 비즈니스에서 마케팅 전략

1. 인터넷 비즈니스 환경하에서의 산업경쟁의 결정요소

신생산업이든 기존의 오래된 산업이든 간에 산업의 구조적 매력도는 경쟁의 근간을 이루는 다섯 가지 요인, 즉 ① **기존경쟁자 간의 경쟁강도**, ② **신규진입자의 진입장벽**, ③ **대체재의 위협**, ④ **공급자의 협상력**, ⑤ **구매자의 협상력**에 의해 결정된다.

이러한 요인들은 결합되어 상호작용함으로써 제품이나 서비스, 기술 또는 경쟁방식 등에 의해 창출된 경제적 가치가 한편으로는 산업 내 기업들에게, 다른 한편으로는 고객과 공급업자, 유통업자, 대체재, 잠재적 진입자에게 어떤 방식으로든 영향을 미치게 된다.

산업이 수익성을 가지려면 산업에 속해 있는 기업들은 제품이나 서비스를 생산하는 데 들어가는 비용을 상당 수준 넘어서는 가치를 고객에게 제공할 수 있어야 한다. 그러나 마이클 포터가 지적했듯이 5가지 요인이 있는데, **공급자의 교섭력, 구매자의 교섭력, 신생기업의 위협, 기존기업들 중의 경쟁사**, 그리고 **대체재의 위협** 등이 강하고 크다면 그것들은 산

업에 속해 있는 기업들이 수익을 내는 데 장애가 된다.[41]

[그림 7-9]에서 자세히 살펴볼 수 있듯이 **포터(Porter)** 교수는 인터넷은 산업의 전반적인 수익성을 떨어뜨리는 방향으로 산업구조를 변경시키고 있으며, 지속가능한 운영상의 경쟁우위를 구축할 수 있는 기업의 능력을 쇠퇴시킴으로써 사업운영방식을 하향 평준화하는 효과를 나타내고 있다고 주장하고 있다.[42] 그리고 더 많은 제품시장에서 경쟁 환경은 주로 물리적 시장에서 물리적 시장과 전자시장 모두를 아우르는 시장으로 진화했다고 볼 수 있다.[43]

그림 7-9 | 인터넷 환경에서 경쟁변화[44]

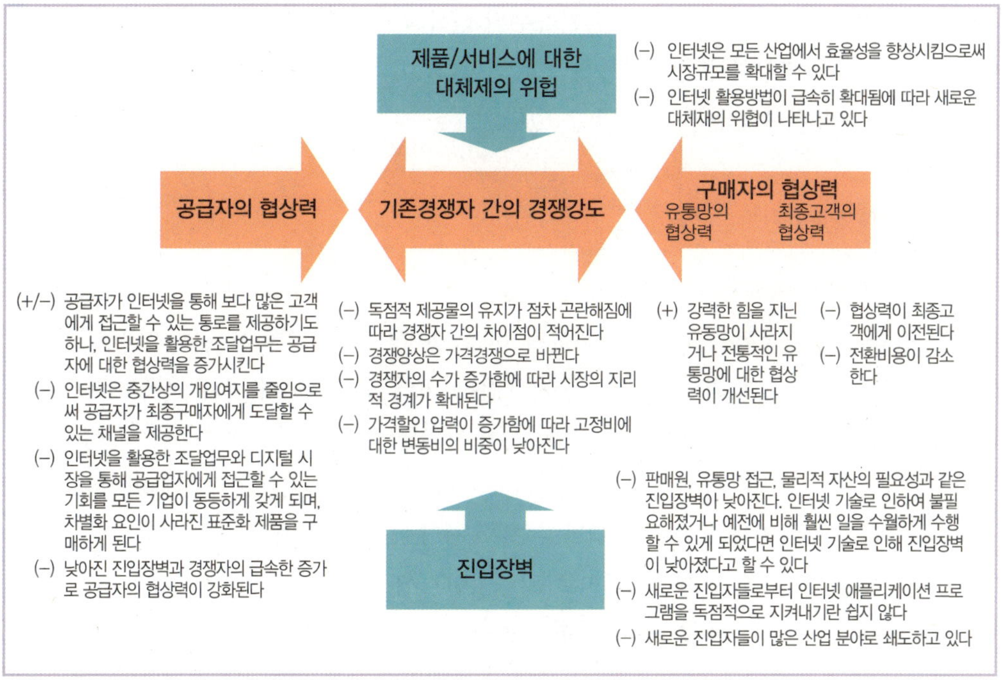

2. 경쟁 전략의 결정

마이클 포터(Michael Poter)의 **본원적 전략(generic strategies)**의 개념은 경쟁우위가 전략의 핵심이며, 경쟁우위를 달성하기 위해서는 조직이 경쟁우위의 유형과 그것을 달성할 범위에 대해 선택을 해야 한다는 것이다.[45] 마이클 포터가 제시한 본원적 전략은 다섯 가지 산업경쟁 요인으로부터 자사를 보호하며 경쟁우위를 확보할 수 있는 전략의 세 가지

방향을 다음과 같이 설명하고 있다. 자신의 내 · 외부 경영 여건에 따라 고객지향적인 차별화 가치나 비용우위를 추구할 수 있으며, 때로는 경쟁을 회피하기 위해 세분시장만을 공략할 수도 있다. 기본적으로 모든 분야에서 뛰어난 사람은 무능한 사람이라는 것을 인류의 역사는 잘 보여주고 있는데 우리들은 기껏해야 한 가지 분야에서 뛰어난 능력을 가진 사람을 조직에 끌어들일 수 있을 뿐 한 가지 분야에서 뛰어난 사람이라 하더라도 다른 분야에 대해서는 평범한 정도의 능력밖에 가지고 있지 않다는 점을 알아야 한다.[46]

모든 사업단위의 목표를 달성하기 위한 전략 이외에도 많은 유형의 마케팅 전략을 수립하지만 **포터(Porter)** 교수는 전략적 사고의 출발점을 제시하는 세 가지 일반적인 유형, 즉 **원가우위 전략, 차별화 전략, 집중화 전략**으로 경쟁 전략을 요약하고 있다.

여기서 기본적으로 알아야 할 점은 원가우위 전략과 차별화 전략이 동시에 실시될 수도 있지만 아주 드문 상황하에서만 가능하다는 점이다. 이러한 전략들은 상호 배타적이며 이들은 다양한 전략적 수단들과 연결될 수 있다.[47]

1) 원가우위 전략

원가우위 전략(overall cost leadership strategy)은 경쟁기업보다 원가를 낮춤으로써 경쟁력을 강화하여 시장점유율을 확대하고자 하는 전략으로 이 전략은 원가절감에 의하여 안정된 이익을 확보하게 되면 그 이익을 새로운 설비에 재투자하여 원가 면에서 지도성을 발휘할 수 있게 된다. 앞의 2장에서 설명되었듯이 인터넷을 마케팅의 도구로서 이용하는 기업들은 기존의 물리적 기업에 비해 많은 비용절감을 이룰 수 있다. 대부분의 많은 인터넷 기반 기업들은 이러한 원가우위 전략을 경쟁 전략으로 선정하는 경향이 강하다.

플랫폼 서비스들의 첫 번째 중요한 목표는 서비스에 대한 직접적인 이용료 수익보다는 서비스 이용에 대한 **규모의 경제(economy of scale)**를 달성하는 것이다. 즉, 최대한 많은 가입자들을 유치하여 수익을 추구할 수 있다. 그러나 규모의 경제가 달성된다면 다음 단계의 다양한 사업으로 확장하여 추가적인 수익을 달성할 수 있다. 이를 보여주는 대표적 예가 카카오와 네이버이다. 규모의 경제를 대표하는 주요 지표로는 서비스 내에 유입되는 이용자수와 그 이용자의 서비스 내 체류시간이다.[48]

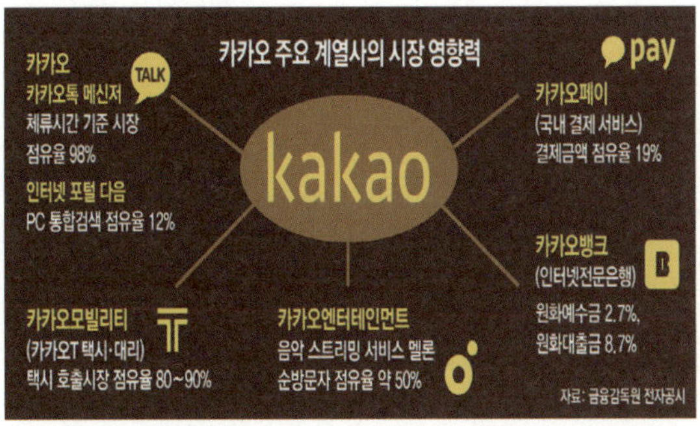

카카오의 핵심 전략은 '무한 인수'를 통한 '무한 영토 확장'이다. 사업 변곡점마다 공격적이고 과감한 인수합병(M&A)으로 승부수를 띄웠다. 2017년 5곳, 2018년 16곳, 2019년 15곳(공정거래위원회 기준) 등 36곳을 사들이며 2020년 현재 계열사는 97개나 된다(2020년 5월 공정위 '공시 대상 기업집단 지정 현황' 기준).[49]

2) 차별화 전략

차별화 전략(differentiation strategy)이란 사업 가운데서 타 기업이 가지고 있지 않은 독특한 것을 만들어서 독자적인 시장을 형성하는 것으로 기술, 품질, 디자인, 크기, 광고 등의 차별화를 도모하여 경쟁기업보다 경쟁적 우위를 차지함으로써 많은 이익을 얻고자 하는 것이다. 아메리칸 항공이 주요 항공사 가운데 최초로 여행계획, 항공권 계약, 실시간 운항정보 등의 검색을 제공하는 웹사이트를 만들어 선두적인 성공을 거두었을 때 경쟁자들은 강력한 도전장을 내밀었다. 그들은 아메리칸 항공이 갖지 않았던 새로운 기능, 즉 비행기 좌석표를 보고 원하는 좌석을 직접 선택할 수 있는 서비스 상품을 선보였다. 이러한 차별화된 서비스 상품은 아메리칸 항공에게는 대단히 위협적인 것이었다.[50]

멕시코에서 버거킹은 '트래픽 잼 와퍼 프로젝트'(Traffic Jam Whopper Project)를 도입하여 차별화했다. 이 프로젝트는 교통체증에 발이 묶인 멕시코시티의 운전자들을 위한 새로운 햄버거 배달 서비스이다. 도로 위 운전자들이 앱을 통해 햄버거를 주문하게 되면 주문자 GPS 정보와 구글맵을 이용해 오토바이로 햄버거가 배달된다. 이 서비

버거킹의 트래픽 잼 와퍼 서비스[51]

스를 도입한 후 주문량이 63% 늘었고, 일일 앱 다운로드율도 44배로 증가하여 멕시코 패스트푸드 앱 1위를 차지한 바 있다.

또한 KB은행의 경우 스마트 금융을 활용하는 고객의 데이터를 분석하여 각 개인에게 맞는 맞춤형 은행 상품을 개발하고 제공하기 위해 디지털 기반의 마케팅 전략을 활용하고 있다. 온라인만의 차별화된 디지털 혜택을 제공하여 소비자들에게 은행 상품을 효과적으로 알림으로써 전략적 우위를 도모하였다.[52]

3) 집중화 전략

집중화 전략(concentration strategy)은 앞의 두 전략과는 다른 것으로 시장 전체를 세분화하여 일부의 세분시장, 즉 특정 지역의 고객층, 특정 종류의 제품 및 특정 지역에 초점을 맞추어 집중하는 것으로 이와 같이 좁혀진 세분시장의 욕구를 만족시킴으로써 적게나마 저원가 및 차별화도 달성할 수 있다.[53]

3. 인터넷 비즈니스 기업의 일반적 전략

인터넷의 세계에 고정된 것은 없다. **경쟁우위(competitive advantage)**를 가지고 있는 회사는 자신의 경쟁우위를 유지 및 방어할 수 있는 방법을 연구해야 한다. 다소 뒤떨어진 기업들은 자신들의 사업수행 능력을 발전시켜 가능하면 자신의 경쟁우위를 가지고 경쟁기업을 뛰어넘기를 원할 것이다. 또한 잠재적인 신규 진입기업들로부터 발생하는 지속적인 위협들도 있다. 무엇보다도 기술 자체가 계속적으로 발전하고 있다는 것과 어제의 결정이 오늘은 옳지 않을 수도 있다는 것을 생각해보아야 한다. 자신들의 경쟁우위를 획득하고 유지하기 위해 변화를 시작하고 변화에 적응하려고 하는 기업들은 **장벽 전략, 선발 전략, 제휴 전략**의 세 가지 일반적인 전략을 적절히 사용할 필요가 있다.[55]

1) 장벽 전략

장벽 전략(block strategy)은 기업이 자사의 상품시장 주위에 장벽을 세우는 것을 말하는 것으로 기업은 두 가지 방법으로 시장에 벽을 쌓을 수 있다. 우선 기업이 가지고 있는 어떠한 사업 모델의 구성요소 중 사업수행 능력의 모방이 불가능하거나 고객에게 특별한 가치를 제공할 만큼 확실한 것이어야 한다. 기업이 **지적재산권(intellectual property**: 예를 들어 특허, 저작권, 소프트웨어, 도메인 자산, 상표권)을 가지고 있어서 모방자에게 경고할 수 있는 수단이 있는 경우가 좋은 예가 된다. 예를 들어 1999년 **아마존(Amazon)**이 자사의 원클릭(1-click) 기술을 모방한 것에 대해 **반스앤노블(barnesandnoble)**에 소송을 건 사건이 그런 예 중의 하나이다.

두 번째로는 모든 기업이 기업활동에서 동일한 사업수행 능력을 수행할 수 있는 경우 기존의 기업들은 새로 진입하려는 기업에게 그 기업이 진입하면 앞으로 가격이 낮아질 것을 알림으로써 해당기업의 진입을 막을 수 있다. 예를 들어, 특정 사업 모델의 한 구성요소를 모방하고자 하는 다른 기업에 대한 보복을 함으로써 명성을 얻는 방법이 있다. 다른 방법으로는 관련 자산에 대한 대규모의 투자를 하는 방법이다. 예를 들어, 한 기업이 수백만 달러를 들여서 그 지역의 모든 가정에 광통신 서비스를 제공하고 있는 상황에서, 다른 기업이 같은 고객들에게 접근하려 한다면 이 기업은 가격을 낮추는 형태로 반응을 할 수 있다. 일반적으로 이러한 가격인하의 신호는 이익을 위해 진입하려는 잠재적인 경쟁자를 막는 수단이 된다.[55]

2) 선발 전략

선발 전략(run strategy)은 진입장벽이 아무리 강력해 보인다고 해도 종종 뚫을 수 있고 결국엔 무너뜨릴 수 있는 여지가 있다는 것을 인정하는 입장에서 출발한다. 이러한 장벽을 치고 그냥 앉아 있는 것은 경쟁자들에게 자신을 따라잡을 시간을 주는 것이나 마찬가지다. 따라서 혁신자들은 종종 앞서 뛰어나가야만 한다. 앞서 뛴다는 것은 고객에게 더 나은 가치를 제공하기 위해서 사업 모델의 몇 가지 구성요소 또는 사업 모델의 연결 관계를 바꾸거나 아니면 전체 사업 모델을 새로 만드는 것을 말한다. 1990년대 **델컴퓨터(dell.com)**는 경쟁자들이 자사의 판매 전략을 모방할 때 온라인 판매라는 새로운 PC 판매방법을 제시했다. 이렇게 선발 전략은 그 기업에게 이른바 최초 진입자가 누리는 우위들 중 많은 것을 제공하게 되는데, 그 중 하나가 기업이 환경의 일부를 통제할 수 있는 사업수행 능력을 가지게 된다는 점이다.

아마존은 1994년에 창업하여 초기의 어려운 시기를 겪었지만 최근에는 일반적으로는 생각할 수 없는 빠른 속도의 성장을 하고 있는데 이의 가장 큰 이유는 선발로 출발하여 **플랫폼**에 유저들이 모이게 되고 참가자들이 많은 곳을 후발 유저들이 매력적으로 생각할 수 있기 때문이다. 참가자가 많을수록 편의성이 커지는 것을 '**네트워크 외부성(network externality)**'이라고 하는데 플랫폼은 이 네트워크 외부성으로 사람이 많을수록 더 많은 사람을 끌어들이는 효과를 일으키기 때문에 일단 인지도를 얻는 것에 성공하면 참가자는 눈덩이처럼 불어나게 된다.[56] 최근의 연구는 시뮬레이션 결과는 동일한 마케팅 전략을 사용할 때 네트워크 외부성이 더 큰 SNS가 경쟁 업체보다 더 많은 시장점유율을 확보할 수 있음을 검증하였다.[57]

3) 제휴 마케팅

전략적 제휴(strategic alliance)란 '**두 개 이상의 기업들이 각자 가지고 있는 고유의 경쟁우위를 바탕으로 상호보완적이고 지속적인 협력관계를 형성함으로써 다른 기업들에 대해 경쟁우위를 확보하려는 경영전략**'이다. 이와 비슷한 맥락에서 마케팅 분야의 전략적 제휴를 뜻하는 **제휴 마케팅(affiliate marketing)**은 웹 비즈니스(상품 판매/광고) 촉진 기법의 하나로서 웹사이트 발행자(affiliate, publisher)가 그의 노력에 의해 파트너의 웹사이트에 새로 방문자, 회원, 고객, 매출을 발생시키면 그 웹사이트 발행자는 소정의 보상을 받는 식의 마케팅 기법을 말한다.

특히 여러 다른 부류의 기업과 개인들이 모여 이러한 형태의 인터넷 마케팅을 펼치는 것을 말할 때 제휴 마케팅이라는 단어를 쓰기도 한다. 특히 제휴 네트워크, 다시 말해 제휴 관리 회사와 사내 제휴 관리자, 전문화된 제3자 벤더와 다양한 부류의 제휴사/공급사들이 모여 그들 자신의 제품과 서비스가 아니라 파트너의 제품과 서비스를 판촉하는 일을 가리켜 제휴 마케팅이라 한다. 제휴 마케팅은 다른 부류의 인터넷 마케팅 기법들과 개념적으로 여로 모로 겹치는 부분이 있기는 하다. 판매사 그들이 스스로 했을 법한 인터넷 마케팅 기법들을 동원하여 제휴 마케팅을 수행하기 때문이다. 유기적인 검색엔진 최적화라든지, 보수를 받는 검색엔진 마케팅이나, 전자우편 마케팅이라든지, 디스플레이 광고 등등을 예로 들 수 있다.[58]

인터넷에서 제휴 마케팅의 출범의 효시는 1994년 11월 시디나우(CDnow)의 'Buy Web' 프로그램이라 할 수 있다.[59] 1994년 게팬(Geffen) 레코드사는 자사의 음악가와 음반에 대한 정보를 제공하는 웹사이트를 운영하고 있었는데, 당시에는 음악 애호가들이 이 음반을 편리하게 구매할 수 있는 방법을 모색하고 있었지만 주문처리에 필요한 운영 시스템을 직접 구축할 생각은 없었다. 이에 따라 Geffen 레코드사는 CDnow를 접촉해 실제적인 판매기능을 담당할 수 있는지 문의하게 되었고, 두 회사가 즉각적으로 합의해 Geffen의 사이트에 접속한 음악 애호가들이 Geffen에 전속된 음악가들을 위해서만 만들어진 CDnow 사이트의 웹페이지로 직접 링크할 수 있도록 하여 상호이익을 볼 수 있게

되었다.[60]

4. 온라인과 오프라인 통합 전략

기본적으로 인터넷 비즈니스는 인터넷이라고 하는 전자시장의 어디에서나 판매할 수 있는 준비를 갖추어야 한다는 것을 강조하고 있다. 실제 소비자들은 오프라인 광고에서 본 물건을 온라인 상점이나 오프라인 상점에서 쇼핑할 때 사용할 수 있는 온라인 쿠폰을 수시로 받을 수 있고 상대적으로 가격이 저렴한 온라인으로 많이 몰리고 있다.

물리적(brick and mortar) 상점은 **온 · 오프라인 통합(click and mortar) 상점**으로 변해가고 있으며, 카탈로그 마케팅 업체들은 인쇄물을 온라인으로 옮기고 있다. TV는 인터넷과 결합하고 있으며 인터넷은 당일 배달 서비스와 결합하고 있다.

결국 핵심은 인터넷 기술을 '채택할 것인가 하는 것'이 아니라 기업이 '경쟁력을 유지하기 위해 어떻게 활용할 것인가'에 있다. 즉 인터넷은 그 자체로서 경쟁우위가 되는 것이 아니라는 것이다. 성공적인 기업은 전통적인 마케팅 방식의 보완물로서 인터넷을 이용하는 기업이지, 기존의 기업활동과 별개로 인터넷 주도권을 구축하는 기업이 아니다. 이러한 사실은 전통적인 오프라인 기업에게는 희소식이라고 할 수 있는데, 이들 기업은 종종 인터넷과 전통적 방식을 융화시켜 기존의 경쟁우위를 보강할 수 있는 가장 유리한 위치에 있기 때문이다.

무엇보다도 온라인과 오프라인에서의 동시판매가 마케팅 측면에서 갖는 가장 큰 중요한 장점은 고객 서비스에 대한 것일 것이다. 어떤 이유에서든 제품을 반품해야 하는 고객을 최대한 지원하는 것은 중요할 것이다. 그 속성상 전화 또는 우편을 통해 온라인으로 구매한 물건을 반품하는 것은 시스템이 아무리 잘 구축되어 있을지라도 소비자에게는 성가시고 불편한 과정이다. 만일 인터넷 비즈니스 기업이 지역별로 오프라인 상점을 가지고 있다면 소비자는 쉽고 빠르게 구입물품을 반품할 수 있을 것이다. 온라인을 통해 전국적으로 판매하는 대규모 체인이 소규모 지방 상점에 비해 유리한 것은 분명하지만 인터넷 비즈니스 상점이 현지에서 판매를 하고 있다면 순수 인터넷 기반 기업이 도저히 복제할 수 없는 마케팅상의 강점을 가지는 것이다.

손쉬운 반품처리는 온 · 오프 통합기업이 갖고 있는 강점 가운데 하나일 뿐이다. 고객이 반품 또는 애프터서비스 등의 문제 등으로 오프라인 상점에 있을 때 거기에는 또 다른 판매기회가 발생할 수도 있다. 한 가지 전술은 반품 때문에 기업의 상점이나 웹사이트를 방문한 것에 대한 보상으로 고객에게 쿠폰을 제공하는 것이다. 이는 애프터서비스 문제를 하나의 기회로 만드는 셈이 된다.[61]

과거 온라인 이용이 어렵다고 생각되었던 제품들이 이제 온라인을 기존 사업에 통합하고 있다. 농산물 유통기업은 농산물정보, 가격정보, 판촉정보, 서비스품질, 물류, 유통서비스 등의 온·오프라인 채널 협업을 통해 고객에게 원활한 서비스 경험을 제공함으로써 기업의 시장경쟁력을 제고할 수 있다. 온라인 유통경로의 장점은 괜찮은 농산물에 대한 정보 획득에 있으며 대조적으로 오프라인 채널의 이점은 확인된 신선한 제품 구매에 있다. 이러한 점에서 온·오프라인 협업 정도가 높을수록 신선농산물 생산 및 운영 과정에 도움이 될 수 있다.[62]

Internet Marketing INSIGHT 7-3

오피스디포의 온·오프라인 통합 전략[63]

오피스디포는 웹사이트와 물리적인 상점을 긴밀하게 합하여 하나의 소매 네트워크를 구성함으로써 성공을 거두었다. 이 회사가 온라인 사업을 분사시키지 않고 기존의 사업과 통합한 것은 두 가지 이유에서이다.

첫째, 이 회사의 기존 카탈로그를 통한 판매업무는 인터넷 상점을 지원하는 데 필요한 서비스의 인프라의 대부분을 제공했다. 전문적인 콜센터와 2,000대 이상의 배달 트럭을 보유한 오피스디포는 개별 주문을 처리하고, 소비자들에게 직접 배달할 수 있는 능력을 갖추고 있다.

둘째, 이 회사는 오래전부터 1,825개의 점포와 30개 창고의 실시간 재고정보와 전체 제품, 공급업체, 고객, 주문 등에 관한 정보를 담고 있는 고도의 정보 시스템을 갖추고 있었다.

고객들은 통합된 채널을 통해 쇼핑을 보다 간단하고 편리하게 할 수 있었다. 예를 들어, 소비자가 새로운 프린터를 구입하는 경우 오피스디포닷컴을 통해 기능이나 가격에 관한 풍부한 정보를 클릭하면서 여러 가지 프린터를 비교해볼 수 있다. 가장 마음에 드는 모델을 발견하게 되면, 소비자는 이것을 온라인으로 구입하고 다음날 무료로 배달받게 할 수 있다. 그러나 프린터가 당장 필요한 경우라면, 소비자의 집 근처 오피스디포 점포에서 해당모델의 재고가 있는지를 사이트를 통해 알아보고 직접 구매할 수 있다.

점포의 위치와 재고상황에 관한 정보를 온라인으로 제공함으로써 오피스디포의 웹사이트는 실제로 물리적인 점포를 찾는 고객수를 증가시키고 있다. 동시에 이 회사는 물리적인 점포를 이용해 웹사이트를 홍보하고 있다.

또한 오피스디포닷컴은 자신들이 보유하고 있는 5만여 개의 기업 고객들에게 부가가치를 제공함으로써(사무용품에 많은 돈을 쓰고 있는 중소 또는 대기업) 기존의 물리적인 점포를 보완하고 있다. 예를 들면, 오피스디포닷컴의 웹사이트는 각 기업 고객들에게 적합하도록 각기 다른 모양으로 보여진다.

온라인과 오프라인을 적절하게 통합한 오피스디포(www.officedepot.com) – 프린트 관련 디렉토리

고객기업의 종업원이 웹사이트에 로그온 하면, 자신들이 구입할 수 있는 품목과 구매한도가 자동적으로 할당된다. 예를 들면, 비서는 기본적인 품목(펜, 스테이플러, 종이 등)만을 구입할 수 있는 반면, 관리자는 사이트에 등록되어 있는 모든 품목을 구입할 수 있다.

이러한 승인 시스템을 통해서 서류로 된 주문서를 없앨 수 있는데, 주문서 한 장을 생성하고 처리하는 데 보통 75~200달러 정도가 소요된다. 그뿐만 아니라 오피스디포는 대형 기업 고객들이 전화나 팩스가 아니라 온라인 주문을 하는 경우 추가적인 할인을 제공한다. 이는 오피스디포뿐만 아니라 고객들의 비용도 절약된다.

제4절 인터넷 비즈니스 기업의 STP 전략

1. 인터넷 비즈니스에서 표적 마케팅의 필요성

인터넷 비즈니스에서도 마찬가지로 큰 시장에서 사업하려고 결정한 기업은 그 시장의 모든 소비자들에게 다가갈 수 없다는 것을 알고 있다. 즉 고객들은 그 수가 너무 많고 구매욕구들이 매우 다양하기에 모든 분야에서 경쟁하는 대신에, 그 기업은 효과적으로 다가갈 수 있는 세분시장을 규명해야 한다. 당 기업의 시장을 선정하고, 또한 그 시장에 잘 도달하기 위해서 기업들은 표적 마케팅을 채택하고 있다. 표적 마케팅을 행함으로써 판매업자는 주요한 세분시장을 구분하고, 그 세분시장 중에서 하나 또는 그 이상을 표적화하고,

각 세분시장에 맞는 제품과 마케팅 프로그램을 개발할 수 있다. 즉 마케팅 노력을 분산시키는 것이 아니라 가장 크게 만족을 줄 수 있는 기회가 되는 구매자에게 집중시킬 수 있다.

표적 마케팅의 주요 단계는 [그림 7-10]과 같이 3단계로 나누어 볼 수 있다. 첫째, 시장세분화 단계로 이는 상이한 제품이나 마케팅 믹스를 원할 것이라고 생각되는 독특한 구매자 집단을 확인 · 규명하는 것을 말한다. 둘째, 표적시장의 선정 단계로 진출할 하나 또는 그 이상의 세분시장을 선정하는 단계이다. 마지막으로 포지셔닝 단계로 이는 표적시장에 맞는 제품의 주요한 특징적 이점을 개발하고 소비자에게 그러한 이점을 커뮤니케이트하는 것을 말한다.

그림 7-10 | **표적시장 마케팅의 3단계**

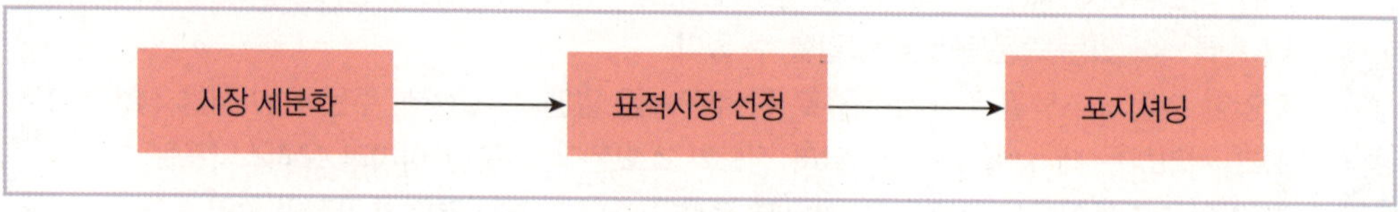

2. 시장 세분화

1) 시장 세분화의 수준

기업은 얼마나 넓은 시장에서 수익을 얻을 수 있는가? 기업이 내려야 하는 매우 중요한 의사결정 중의 하나는 시장을 얼마나 동질적으로 다룰 것인가 하는 것이다. 한쪽 극단에는 기업이 전체시장에 표준화된 상품과 서비스를 제공하는 **대량 마케팅(mass marketing)**이 있다. 인터넷 포털 사이트 다음(Daum), 네이버(Naver) 등은 이메일이나 검색엔진만을 이용하는 시장은 특정 회원이 아닌 전체시장에 도달하려고 한다. 사이트 내에서 제공되는 서비스는 그러한 사람들 개개인에게 마케팅 믹스를 개별적으로 제공하는 것이지 처음부터 시장을 나누어서 개별화 접근법을 쓰는 것은 아니다.

이것들보다는 좀 더 작은 수준에서 **표적 마케팅(target marketing)**을 실행하는 인터넷 비즈니스 기업이 있다. 그들은 상품이나 서비스를 시장 전체가 아니라 한 개 또는 몇 개의 특정한 세분시장에 맞추어 설계한다. 유튜브에서 크리에이터들은 특정 대상을 표적화하여 서비스하고 있고 인터넷 등산 사이트라든지 댄스교실 사이트 같은 경우는 해당 라이프스타일 특성을 가진 사람들만을 가입시켜 관심 정보를 제공하고 있다.

표적시장 마케팅이 보편적으로 많이 이용되는 마케팅이다.[64]

틈새 마케팅(niche marketing)은 세분시장보다 좀 더 좁게 정의된 욕구 또는 독특하게 조합된 욕구를 가진 더욱 작은 소비자 집단을 의미한다. 인터넷에서 남들이 하지 않은 동물장례 사이트를 만들어 서비스를 대행해 준다거나 특별한 취미를 가진 사람들을 위한 사이트와 그들의 물품을 만들어 판다면 틈새 마케팅을 수행하고 있는 것이라고 볼 수 있다.

마지막으로 가장 미세한 수준의 마케팅인 **개별 마케팅(individual marketing)**은 기업이 상품공급과 커뮤니케이션을 각각의 개별소비자에게 맞추어 실행하는 것이다. 자동차 웹사이트에서 개개인의 취향에 따라 다양한(예를 들어, 2만 가지의 다양한 결과물이 나올 수 있는 경우) 옵션으로 차를 선택하고 주문할 수 있게 한다면 이는 매우 개별수준의 마케팅으로 다가간 경우라고 예를 들 수 있다. 웹에서는 개별수준의 마케팅을 수행하는 것이 가장 적합하고 또한 가장 개인화하기 좋은 수단이라고 이야기한다. 하지만 웹의 이러한 장점에도 불구하고 세분화의 필요성은 여전히 존재한다. 디지털 제품만이 인터넷에서 팔리는 것이 아니고 물리적 제품도 인터넷에서 많이 팔리고 있기에 이러한 물리적 제품 자체를 개인화해서 접근하는 비용문제라든지 원초적인 불가능함 때문에 그리고 사이트 콘텐츠를 개별화하여 접근하기 이전에 해당 사이트의 콘텐츠가 누구를 대상으로 좀 좁혀 접근할 것인가 하는 문제가 존재하기에 세분화 전략의 필요성은 여전히 존재한다고 볼 수 있다.

2) 시장의 세분화 기준

소비자시장을 세분화하는 데 일반적으로 2개의 광범위한 변수들의 집단이 사용된다. 어떤 조사자들은 소비자의 특성을 살펴봄으로써 세분시장을 형성하려고 하는데, 그들은 일반적으로 지리적 · 인구통계적 · 심리묘사적 특징을 사용한다. 그리고 나서 이러한 소비자 세분시장이 상이한 욕구와 그 제품에 대해 다르게 반응하는가를 살펴본다. 예를 들어,

조사자들은 쇼핑몰 선정에 있어서 '편리성'의 중요성 대해 '주부', '직장인 남성' 및 '학생'들이 상이하게 대답할 수도 있다는 점을 간과해서는 안 된다.

다른 조사자들은 이점 추구, 사용 유무, 고객 충성도와 같이 그 제품에 대한 소비자의 반응을 검토함으로써 세분시장을 구분하려고 한다. 일단 세분시장이 형성되면 조사자는 상이한 소비자의 특징들이 각각의 소비자반응 세분시장과 연관되는가를 살펴본다. 예를 들어, 조사자는 인터넷 쇼핑몰을 선정하는 데 있어 '신뢰'를 추구하는 사람들과 '저가격'을 원하는 사람들이 인구통계적 및 심리묘사적 특성에 대해 차이가 있는가를 검토할 수 있다.[65]

(1) 지리적 세분화

지리적 세분화(geographic segmentation)는 시장을 국가, 지방, 도시 등의 상이한 지리적 단위로 나누는 것이다. 기업은 하나 또는 몇 개의 지리적 지역에서 영업활동을 하거나 또는 모든 지역에서 활동을 하되 지역에 따른 차이에 주의하여야 할 것이다. 특히 국내 인터넷 비즈니스를 수행하면서 지리적 세분화 필요성이 매우 중요한 제품범주는 그렇게 많지는 않지만 인터넷 사이트를 통해 글로벌 마케팅을 하는 경우 2장에서 논의되었듯이 사이트의 현지화가 필요할 수도 있을 것이다.

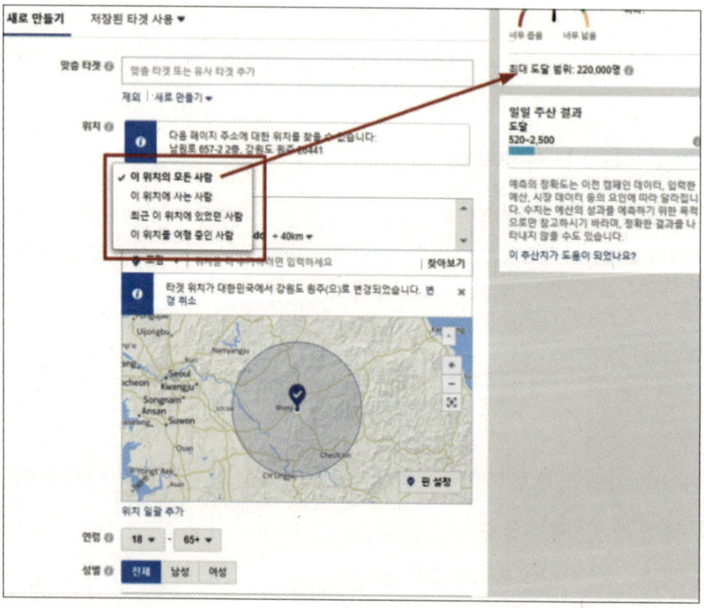

SNS 광고는 지리적 세분화를 쉽게 가능하게 한다.[66]

(2) 인구통계적 세분화

인구통계적 세분화(demographic segmentation)는 연령, 성별, 가족 구성원수, 가족생활주기, 소득, 직업, 교육, 종교, 인종, 세대, 국적, 사회계층 등의 인구통계적 변수에 기초하여 시장을 몇 개의 집단으로 분할하는 것이다. 인구통계적 변수는 소비자 집단을 구분하는 가장 널리 사용되는 기준이다. 첫 번째 이유는 소비자의 욕구, 선호, 사용빈도 등이 인구통계적 변수들과 흔히 높은 연관성을 갖기 때문이며, 두 번째 이유는 인구통계적 변수들이 다른 변수들에 비해 측정하기가 용이하기 때문이다. 또한 표적시장이 인구통계적 변수로 묘사되지 않을 때, 예컨대 개성유형 변수조차도 표적시장의 크기와 그것에 효율적으로 도달하는 매체를 알아보기 위해서는 인구통계적 변수와 다시 연관시켜 보는 것이 필요하기 때문이다.

■ 연령과 생활주기 단계

일반적으로 소비자의 욕구와 능력은 나이(연령)에 따라 변화할 수 있으며 또한 결혼 여부 등 생활주기의 단계에 따라서도 다르게 나타난다. 앞에서 이야기되었던 바와 같이 Z세대를 위한 사이트, 또는 노인들을 위한 사이트 등 인터넷 사이트도 연령에 따라 다르게 사이트를 구성하고 있으며 아이를 가진 부모를 위한 아기 육아 정보를 제공하는 사이트들도 많이 생겨나고 있다.

유튜브에서는 어린이를 대상으로 한 콘텐츠들이 조회수 및 구독자가 많은 편이다(사진은 핑크퐁 유튜브 페이지).

■ 성별

성별 세분화는 물리적 제품인 의복, 헤어스타일, 화장품, 잡지에서 오랫동안 사용되어져 왔다. 간혹 물리적 시장에서 마케팅 관리자들은 기존에 생각하지 못했던 성별 세분화의 기회를 발견하곤 한다. 인터넷에서는 여성전문 포털 및 맘카페가 많이 활성화되어 있는데 이제는 단순히 여성이라는 성의 기준만으로 세분화하기보다는 여성과 연령, 여성과 라이프스타일 변수 등을 다양하게 결합시켜 세분화시켜 나가고 있는 추세이다.

■ 소득

소득 세분화는 물리적 환경에서 자동차, 보트, 의류, 화장품, 여행과 같은 제품 및 서비스 범주에 적용되는 아주 오래된 관행이다. 인터넷 기반 기업들은 특히 가격의 저렴성을 물리적 기업에 대한 상대적 이점으로 제공하기 때문에 인터넷상에서의 쇼핑몰은 고소득층에게는 맞지 않는 편이다. 그러나 명품과 같은 제품들은 인터넷에서 마케팅이 불가능할 것이라는 생각을 할 수 있지만 특히 소득수준이 일정수준 이상이 되는 소비자들만을 대상으로 물리적 시장에서의 명품보다 할인해주거나 또는 물리적 시장에서 제공 못하는 특별한 서비스(예를 들어, 패션정보라든지 코디네이션정보)와 함께 제공하는 서비스들이 많이 생기고 있다.

명품쇼핑몰 트렌비[67]

(3) 심리분석적 세분화

심리분석적 세분화(psychographic segmentation)에 의해서 구매자들은 라이프스타일 및 개성과 가치에 기초하여 상이한 집단으로 분할된다. 동일한 인구통계적 집단 내에 속한 사람들은 매우 상이한 심리묘사적 특성을 나타낼 수 있다.

■ 라이프스타일

라이프스타일(lifestyle)은 사람들이 살아가는 방식(a mode of living)을 가리킨다. 라이프스타일은 보통 개인의 **활동(activity)**, **관심(interest)**, 그리고 **의견(opinion)**과 관련된 문항으로 측정되는데,[68] 인터넷에서는 라이프스타일에 따라 상당히 많은 온라인 카페가 형성되어 해당카페와 상품판매와의 연결을 유도한다.

■ 개성

개성(personality)이란 항상적이며 지속적인 행동의 패턴이라고 정의한다. 그러므로 개성 변수는 라이프스타일 변수보다 더 깊이 내재되어 있다. 아직까지 인터넷 사이트의 개성에 대한 연구는 많이 진행되고 있지 않다. 그러나 인터넷 사용자의 개성에 따라 사이트 콘텐츠 선택양상이 달라질 수 있으므로 이에 대한 활용성을 생각해볼 필요가 있다.

(4) 행위적 세분화

행위적 세분화(behavioral segmentation)에서 구매자들은 제품에 대해 갖고 있는 지식, 태도, 사용법 또는 반응 등에 기초하여 여러 집단으로 분할된다. 많은 마케팅 관리자들은 행위적 변수, 즉 사용상황, 효익, 사용자 상태, 사용률, 충성도 상태, 구매자 준비 단계 및 태도 등의 변수들이 세분시장을 구축하는 데 가장 좋은 출발점이라고 믿고 있다.

■ 사용상황

구매자들은 어떤 기본적인 욕구를 갖거나, 어떤 제품을 구매하거나, 또는 어떤 제품을 사용하는 상황에 따라서 구별될 수 있다. 예를 들어, 항공기 여행은 사업, 휴가 또는 가족과 관련된 상황에 의해서 유발된다. 어떤 항공사는 이런 경우 중 하나를 전적으로 이용하는 고객들을 위해 집중적으로 세분화할 수 있다. 따라서 전세 항공사는 휴가차 집단으로 비행기를 이용하는 승객을 대상으로 영업할 수 있다.

■ 추구 효익

구매자는 그들이 **추구 효익(benefit)**에 따라 분류되어진다. 동일한 품목에 대해서도 효익은 고객에 따라 다양할 수 있는데, 포털 사이트 내에서도 **실용적 효익(functional benefit)**을 위해 인터넷 이메일 서비스, 검색 서비스 등을 이용하고 수 있고, **쾌락적 효익(hedonic benefit)**을 위해 소비자들은 인터넷 포털의 영화 및 만화, 게임 등의 디렉토리를 즐겨 찾을 가능성이 있다.

■ 구매 여부

인터넷의 다양한 사이트들은 고객의 구매를 실현할 수도 있고 하지 못할 수도 있다. 진정한 고객은 콘텐츠 구매를 통해서 웹사이트에 정기적으로 기여하는 사람들이다. 단순 사이트 이용자 또는 방문자들을 고객으로 전환시키기 위한 마케팅은 최근 인터넷 비즈니스 기업들이 당면하고 있는 중요한 과제이다.

▪ 사용량

시장은 **다량사용자(heavy users)**, **보통소비자(medium users)**, **소량사용자(light users)**로 세분될 수 있다. 다량사용자의 수는 적지만 일반적으로 전체 소비량의 많은 부분을 차지한다. **코히(Koch)**는 그의 저서 「**80/20 법칙(The 80/20 Principle: The Secret of Achieving More With Less)**」에서 현재 가장 큰 이익을 올리는 시장과 고객층에게만 집중하면 재무성과를 획기적으로 향상시킬 수 있다는 점을 역설했는데,[69] 이는 가장 큰 이익을 올리는 분야로 자원을 재분배하고 자원과 비용의 전체수준을 낮추는 것을 의미한다. 인터넷 쇼핑몰에서는 실제로 이러한 법칙이 적용될 수 있다. 초우량 고객 5%가 전체 95%의 판매를 또는 우량고객 20%가 80%의 구매를 이끌어내는 파레토 법칙이 적용되고 있는 분야이다.

	베이직	스탠다드	프리미엄	인사이트 W
PC 패널의 이용로그를 분석한 **웹사이트 분석 서비스**	**웹사이트 순위**만 분석하는 경우	**웹트래픽 분석의 기본** 초/중급자 추천	심화 분석까지 필요한 **상위권 사이트 추천**	분석 대상, 기간에 제한없는 **엔터프라이즈급 서비스**
순위	O	O	O	O
이용량	X	O	O	O
이용자	X	△	O	O
이용패턴	X	X	O	O
분석 범위 & 기간	전체 사이트의 최근 1주 랭키순위	5개 사이트 & 2개 분야의 최근 13개월 데이터	8개 사이트 & 6개 분야 최근 25개월 데이터	등록된 전 사이트 & 분야, 2005년 10월 ~ (지표별 상이)
	랭키순위만 제공 랭키위젯 이용 가능	분석대상 **주 1회 변경가능**	분석대상 **주 2회 변경가능**	**일간 이용량** 제공
이용료 (월)	55,000원	165,000원	440,000원	별도 문의

랭키닷컴(rankey.com)의 사용량별 서비스 차별화

▪ 충성도 수준

모든 사업에는 새로운 고객, 기존고객, 그리고 우대고객이 있다. 여러 가지 이유로 인해 많은 회사들은 온라인상에서 이들 각 고객군에 맞게 서로 다른 서비스를 제공하는 것의 중요성을 인식하기 시작하고 있으며 당연히 이러한 고객별로 제공되는 제품이나 서비스, 고객이 지불해야 하는 가격 등은 차별화되어 제공될 수밖에 없다.

3. 표적시장의 선정

일단 기업이 세분시장의 기회를 확인 · 규명한 후 얼마나 많은 세분시장을, 어떤 세분시장을 표적으로 할 것인가를 결정해야 한다.

1) 세분시장의 분석

상이한 세분시장들을 평가하기 위해서 기업은 두 가지 요인, 즉 세분시장의 전반적인 매력성과 기업의 목표와 재원을 살펴보아야 한다. 다시 말하면 기업은 잠재력이 있는 세분시장이 규모, 성장, 수익성, 규모경제, 낮은 위험도 등과 같이 일반적으로 매력적인 특징을 가지고 있는가를 검토 · 평가해야 하며 그 세분시장에 대한 투자가 당 기업의 특정한 목적과 자원에 대해 의미가 있는가를 고려해야 한다는 것이다. 어떤 매력적 세분시장은 당사의 장기적 목표와 조화되지 않기 때문에 기각될 수도 있다. 즉, 기업이 우월한 가치를 제공하기 위한 하나 또는 그 이상의 필요한 능력을 가지기 원한다면 그 세분시장은 포기해야 한다.

2) 세분시장 선정

인터넷 비즈니스 기업들은 두 가지 방법, 즉 무차별적 마케팅 또는 차별적 마케팅을 통해 전체시장을 충족시킬 수 있다.

(1) 무차별적 마케팅

무차별적 마케팅(undifferentiating marketing)의 경우 기업은 세분시장의 차이를 무시하고, 하나의 제품으로 전체시장을 추구할 수도 있다. 즉, 그 기업은 구매자의 기본적인 욕구의 차이점보다는 공통적인 것에 초점을 맞춘다. 또한 가장 많은 수의 구매자에게 소구할 제품과 마케팅 프로그램을 고안한다. 그리고 대량 유통경로와 대량 광고에 의존한다. 또 제품이 소비자의 마음속에서 우월한 이미지를 갖도록 하는 데 목표를 둔다.

(2) 차별적 마케팅

차별적 마케팅(differentiating marketing)에서 기업은 여러 개의 세분시장에 활동을 하지만, 각각의 세분시장에 대한 상이한 프로그램을 설계한다. 포털 사이트들은 점차 차별화하여 각기 다른 '라이프스타일 및 기능적 욕구'에 맞는 관련 사이트들로 확장하고 있다. 델(Dell)은 컴퓨터시장 내의 상이한 세분시장에 맞는 여러 가지 하드웨어를 제공한다. 차별적 마케팅은 전형적으로 무차별적 마케팅보다 총매출액을 더 많이 창출한다. 그러나 이것은 여러 가지 사업운영비용의 증가도 가져올 수 있다.

4. 포지셔닝 전략

1) 포지셔닝의 개념과 효과성

포지셔닝은 단지 제품에 한정되는 것이 아니라 서비스, 회사, 단체, 사람, 나라 등 거의 모든 것에서 시작한다. **리스(Al Ries)**와 **트라우트(Jack Trout)**는 그들의 서적 「**포지셔닝-고객 마음을 점유하기 위한 전투(Positioning: The Battle for Your Mind)**」에서 '**포지셔닝은 예상고객의 마음에 자리잡는 것**'이라는 점을 강조했다.[70] 인터넷 브랜드의 포지셔닝은 어떤 브랜드(사이트)를 경쟁 브랜드(사이트)에 비해 독특하게 받아들일 수 있는 고객들의 마음속에 위치시키려는 노력이라고 볼 수 있는데, 이를 위해서 인터넷 비즈니스 기업은 고객의 인식 선점을 할 수 있도록 하여야 하며, 이를 토대로 콘텐츠를 구성하고 커뮤니티를 형성하여 고객과의 동질성을 강화하고 관계를 구축해 가야 한다. 따라서 고객의 인식에 있어 중요한 속성들을 간파한 다음 고객의 마음속에 어떠한 위치를 차지할 것인가에 대한 인식의 지도를 그릴 수 있어야 한다.[71]

2) 포지셔닝의 유형

소비자들에게 구매효익과 근거를 더욱 구체적으로 제시하려면 기업들은 폭넓은 포지셔닝만 가지고는 부족하다. 기업들은 실제 가장 중요한 **한 가지 주요 효익 포지셔닝(single major benefit positioning)**을 광고하는 경우가 많은 편이다. 그리고 인터넷 마케터들은 구체적 포지셔닝을 발견하기 위해 각 사업단위에서는 다음과 같은 포지셔닝의 출처를 고려해야 한다.

- 속성 포지셔닝(attribute positioning)

어떤 인터넷 비즈니스 기업은 기업 자신의 속성이나 특징을 포지셔닝한다. 과거 포털사이트들은 그들만의 독특한 서비스 속성(특정 검색엔진 제공, 새로운 백과사전, 지식검색 등)을 강조해 왔다.

지식검색 서비스는 인터넷 누리꾼들이 서로 묻고 답하면서 정보를 만들어가는 공동체 서비스를 말한다. 다른 말로 지식검색 공동체, 지식 기반 공동체로 부르기도 한다. 지식검색은 이용자들이 질문과 답변을 능동적으로 생산하여 상호 호혜적으로 지식을 교환하는 행위를 전제로 한다. 지식검색은 보통 비슷한 분야끼리 묶어 카테고리 형태로 분류되어 이용자들이 원하는 정보를 보다 손쉽게 찾을 수 있도록 하고 있다.[72]

■ 효익 포지셔닝(benefit positioning)

어떤 인터넷 비즈니스는 어떤 효익을 약속한다. 카카오택시는 카카오 계정으로 연동하여 사용한다는 점, 전국 어디에서나 사용 가능한 점 등의 편의성과 기사, 승객 평가 시스템을 운영한다는 점, 그리고 여성승객 등이 이용할 때 믿음이 가는 택시 등의 부분에서 차별성을 앞세워 운영하고 있다.[73]

카카오가 2015년 출시한 콜택시 서비스 애플리케이션(앱) 서비스이다. 카카오택시 이용자(승객)는 카카오 계정으로 로그인해 이용자 정보를 카카오택시에 적용한다. 이용자가 승객용 앱을 통해 택시 요청을 하면 카카오택시 기사용 앱에 가입한 택시기사에게 이용자의 현 위치정보와 목적지 등이 전송된다.[74]

■ 사용 및 적용 포지셔닝(use/application positioning)

이는 인터넷 상품이 특정 적용분야에서 최고라고 포지셔닝한다. 대부분의 데이터마이닝이나 CRM 등과 같은 인터넷 솔루션을 제공하는 업체들은 자기의 솔루션이 소비자 분석 및 전략수립 상황에 있어 알맞다고 포지셔닝하고 있다.

■ 사용자 포지셔닝(user positioning)

어떤 제품은 해당 제품을 사용할 수 있는 표적사용자를 강조한다. 델컴퓨터는 자사의 컴퓨터가 맞춤화 및 개인화를 원하는 소비자에게 최고라고 강조하고 있고 선마이크로시스템즈(Sun Microsystems)는 자사의 워크스테이션 컴퓨터가 디자인 엔지니어에게 최고라고 말한다.

■ 경쟁자 포지셔닝(competitor positioning)

자사상품이 경쟁상품보다 뛰어나거나 다른 점을 제시한다. 이를 위하여 자사제품을 명시적 혹은 묵시적으로 경쟁제품과 비교하는 비교광고가 많이 쓰인다.

■ 범주 포지셔닝(category positioning)

자사를 **범주 선도자(category leader)**로 묘사할 수도 있다. 예를 들어, **이베이(eBay)**는 세계시장에서 경매 분야의 범주 선도자로 인식되고 있고, **아마존(Amazon)**은 인터넷 서점 분야에서 범주 선도자로 그리고 SNS 분야에서는 **페이스북(facebook)**이 범주 선도자로 인식되고 있다.[75]

범주 선도자로 광고하고 있는 직방

3) 제품 포지셔닝 맵을 이용한 포지셔닝 전략의 수립

포지셔닝 맵(positioning map)이란 '**소비자의 마음속에 자사제품과 경쟁제품들의 위치를 2차원 또는 3, 4차원의 도면으로 작성한 것**'을 말하는데, 이러한 포지셔닝 맵의 유형은 제품의 물리적인 특성을 사용한 제품위주의 포지셔닝 맵과 소비자의 지각을 통해 작성하는 **지각도(perceptual map)**가 있다.

이 중 물리적 특성에 의한 포지셔닝 맵은 제품들의 물리적인 속성이나 특성 중에서 두 개 또는 세 개의 차원을 선별하여 제품들의 포지셔닝 맵을 작성하는 것을 말하는 것으로, 예를 들어 SNS 경우 공개형인가 비공개형인가 그리고 게시판형인가 채팅형인가에 따라 [그림 7-11]과 같은 포지셔닝 맵을 작성할 수 있다.

그림 7-11 | SNS의 포지셔닝 맵[76]

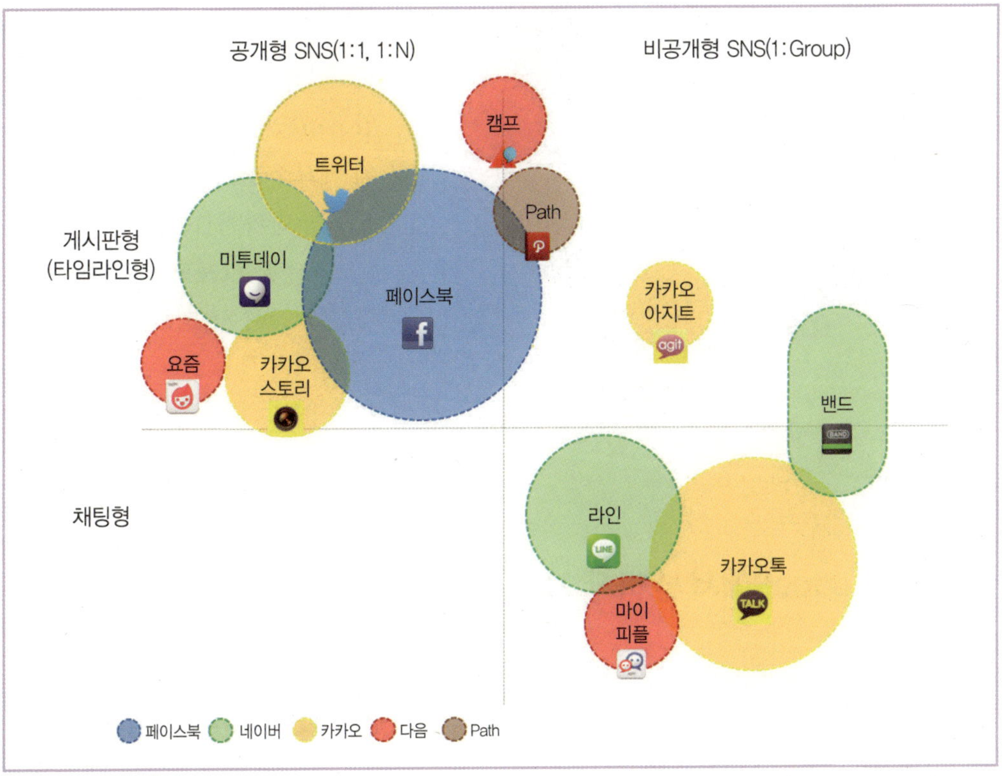

제5절 인터넷 마케팅 믹스

1975년에 이미 하버드 경영대학의 **레비트(Levitt)** 교수는 「**마케팅 근시안(Marketing Myopia)**」이라는 논문에서 '**성장산업 같은 것은 없다. 단지 소비자의 욕구만이 있을 뿐이고 그것이 변해갈 뿐이다**'라고 지적한 바가 있는데, 이러한 소비자지향적인 사고는 미래지향적인 기업으로 변모해가는 기업의 마케터가 명심해야 할 부분이라고 볼 수 있다.

소비자의 욕구를 찾아내고 그것에 맞춰온 산업만이 성장해 온 산업이었고 그것을 만족시키는 상품만이 성장한 상품이었다는 시사점은 마케팅 활동에서도 마찬가지라고 볼 수 있다. 즉, 소비자의 욕구를 찾아서 만족시키는 마케팅 활동만이 성공한다는 것이다. 그렇다면 우리가 지금까지 잘 알고 있었던 4P라는 마케팅 믹스의 제요소들은 소비자의 개별적인 욕구를 만족시키는 것을 중요시하는 인터넷 마케팅 사고하에서는 다음과 같이 4C로 이야기될 수 있을 것이다.[77]

마케팅 관리는 결국 4P를 계획하고 실행하는 활동이다.[78]

1. 제품(product)에서 소비자 가치(consumer valeu)로

소비자의 욕구를 만족시킬 수 있는, 즉 소비자가 가치 있다고 생각하는 유형의 상품, 무형의 서비스가 곧 팔리는 제품이다. '이렇게 만들면 팔리겠지'라는 생각으로 만든 상품이나 서비스는 결코 팔리지 않을 것이다. 그런데 소비자가 이런 것을 원하거나 가치 있게 생각하는 제품을 만들면 잘 팔릴 수 있을 것이다. 그러므로 소비자가 무엇을 필요로 하는지 무엇을 가치 있게 생각하는지를 파악하는 것이 결국 제품개발을 하는 것이다.

2. 가격(price)에서 소비자 비용(consumer cost)으로

소비자 욕구를 만족시키는 수준의 가격이 곧 소비자에게 받아들여지는 가격이라고 볼 수 있다. 인터넷 기술의 발전과 이로 인한 상품의 다양화를 생각해보면 소비자들은 자신의 욕구를 만족시킬 수 있는 대안들을 너무나도 많이 가지고 있다. 즉 다양한 기회비용을 가지고 있다는 것이다. 그렇게 가격에 소비자 욕구를 결합시키면 과거와는 전혀 다른 새로운 개념으로 바뀔 수 있다. 즉 가격이란 기업이 제작비용에 이익을 합하여 소비자에게 제시하는 것이 아니라 소비자가 상품이나 서비스에 지불하는 기회비용이라는 것이다. 경쟁사보다 싼 가격이니 비싼 가격이니 하는 말은 소용이 없어진다는 뜻이며, 소비자들이 어떤 상품을 선택할 때 다른 대체안을 선택하는 것보다 기회비용이 비싸다, 싸다의 개념으로 바뀐다는 것이다.

3. 유통(place)에서 편리성(convenience)으로

소비자의 욕구(언제 · 어디서 · 어떤 수단으로 사고 싶은가)를 만족시키면 그것이 곧 유통이라고 볼 수 있다. 유통이라는 것은 분명 물리적인 것이다. 간단하게 표현하면 유통의 물리적인 측면에 소비자의 욕구를 합친다는 것이다. 예를 들어, 소비자가 소매점에 갈 시간이 없어 집으로 배달을 원하는 경우 어떻게 해야 할까? 그리고 새벽 2시에 물건을 사고 싶은데 편의점에는 없는 경우 어떻게 해야 할까? 그리고 어떤 인터넷 쇼핑몰에서는 카드만 받고 계좌이체방식을 허용하지 않는다면 어떻게 해야 할까? 해답은 소비자의 욕구에 맞추어 소비자가 구매하기 편리하게 해주는 것이며 그게 바로 유통의 본질인 편의성이 될 수 있는 것이다. 최근 O2O 서비스들을 이러한 편리성을 높이고 있는 사례이다.[79]

미래에 소비자 편리성을 높일 수 있는 드론 배송 서비스[80]

4. 촉진(promotion)에서 커뮤니케이션(communication)으로

소비자의 욕구를 만족시킬 수 있는 요소, 혹은 만족시킬 방법이 있다는 것을 소비자에게 알려서 보다 많이 보다 자주 사도록 유도하는 것이 바로 커뮤니케이션이라고 볼 수 있다. 광고 · PR · 판매촉진 · 대인판매 · 이벤트 등등 많은 수단들이 소비자의 욕구를 만족시킬 상품과 서비스가 있다는 것을 알리는 데 목적을 두어야 한다. 구입하지 않는다면 왜 구입하지 않는지, 즉 소비자 욕구를 만족시키지 못하는 점이 무엇인지를 파악하고 수정하여 다시 설명해주어야 한다. 소비자의 반응에 대해 마케터가 반응하는 상호작용적 커뮤니케이션만이 자신의 상품이나 서비스가 소비자 욕구를 만족시킨다는 것을 알리는 수단이 된다. 결국 이러한 4C를 이용하여 브랜드 가치를 증진시키는 것이 인터넷 마케터의 중요한 과제가 된다고 볼 수 있다.

그림 7-12 | 인터넷 마케팅의 4C

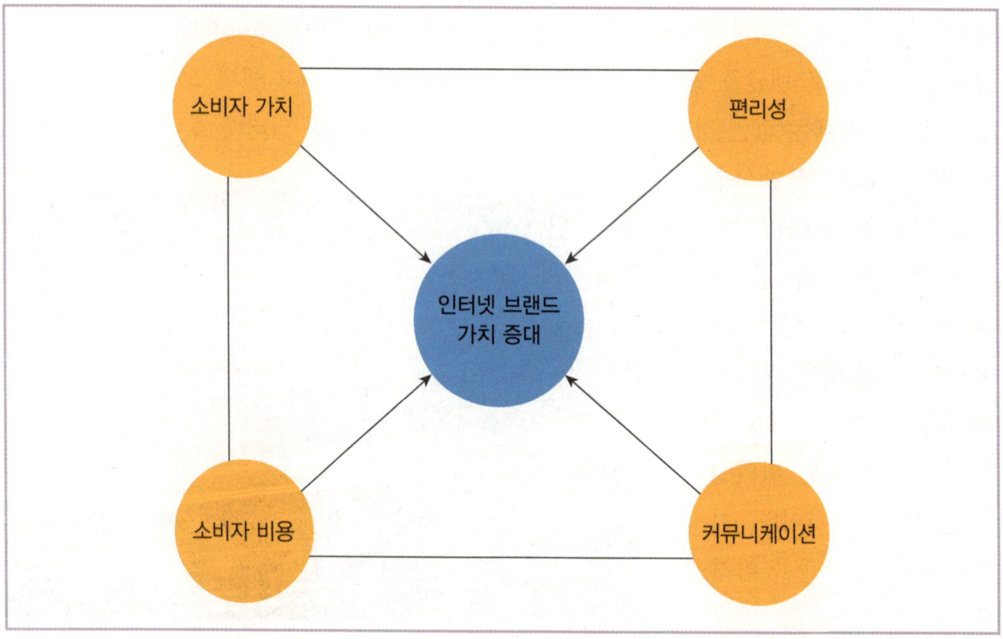

참고문헌 및 더 읽을거리

1 Gerry, J. and K. Scholes(1986). 「Exploring Corporate Strategy」, 2nd edition, Prentice-Hall, 5.

2 신길수, 이영환(1995).「 마케팅 이론과 사례」, 세영사, 151-152.

3 사진출처: https://www.gettyimagesbank.com/

4 Westwood, J.(2013). How to write a marketing plan. Kogan Page Publishers. 7에서 참고하여 작성

5 Piercy, N. F., & Morgan, N. A.(1994). The marketing planning process: behavioral problems compared to analytical techniques in explaining marketing plan credibility. Journal of Business Research, 29(3), 167-178.

6 Westwood, J.(2022). How to write a marketing plan: Define your strategy, plan effectively and reach your marketing goals(Vol. 4). Kogan Page Publishers. 8에서 참고하여 수정하여 작성

7 Porter, M. E.(1996). What is strategy? Harvard Business Review, November-December, 61-78.

8 스즈키 히로키 저/김대일 역(2015).「전략의 교실」, 다산북스, 216.

9 Angelides, M. C.(1997). Implementing the Internet for business: A global marketing opportunity. International Journal of Information Management, 17(6), 405-419.

10 Chaffey, D., & Smith, P. R.(2017). Digital marketing excellence: planning, optimizing and integrating online marketing. Routledge.

11 사진출처: https://www.gettyimagesbank.com/

12 Coupey, E.(2001). 「Marketing and the Internet」, Prentice-Hall, Inc., 14-16.

13 사진출처: https://www.gettyimagesbank.com/

14 Erjavec, J., & Manfreda, A.(2022). Online shopping adoption during COVID-19 and social isolation: Extending the UTAUT model with herd behavior. Journal of Retailing and Consumer Services, 65, 102867.

15 사진출처: https://www.gettyimagesbank.com/

16 장정아(Junga Jang), 김도희(Dohee Kim). 코로나19가 이커머스시장에 미친 영향 | ② 급변한 이커머스시장의 4가지 트렌드/2022년 5월 https://www.thinkwithgoogle.com/intl/ko-kr/consumer-insights/

17 위의 글

18 위의 글

19 위의 글

20 위의 글

21 Brüggemann, P., & Olbrich, R.(2022). The Impact of Pandemic Restrictions on Offline and Online Grocery Shopping Behavior–New Normal or Old Habits?. In Advances in Digital Marketing and eCommerce(pp. 224–232). Springer, Cham.

22 (라이프) 홈술 · 혼술 · MZ세대 인기 … 위스키 전성시대, 전자신문, https://www.electimes.com/news/a

23 사진출처: https://www.gettyimagesbank.com/

24 Schwab, K.(2016). "The Fourth Industrial Revolution: what it means, how to respond". 《World Economic Forum》. 2016년 12월 12일

25 김혜미. VR방 늘리고 핀테크로 해외송금 … 정부, AI · VR · 핀테크 규제 개선. 이데일리. 기사입력 2017년 2월 16일.

26 김현아(CES 2017). 셀바스 헬스케어, 스마트 밴드 '온핏밴드' 공개. 이데일리. 2017년 1월 6일/한상기. 글로벌 메이저 IT 기업의 헬스케어 시장 대응 전략. 슬로우뉴스. 2017년 1월 23일

27 Grewal, D., Hulland, J., Kopalle, P. K., & Karahanna, E.(2020). The future of technology and marketing: A multidisciplinary perspective. Journal of the Academy of Marketing Science, 48(1), 1–8.

28 '아마존고' 확장판 '고 글로서리' 열었다, 대형식품매장 무인화 확대 적용, '무인점포기술' 유료 제공도 검토, 2020.2.26., https: //www.econovill.com/news/

29 Hanson, W. and K. Kalyanam(2007). 「Internet Marketing & e–Commerce」, Thomson South–Western, 119.

30 Iyer, B., & Davenport, T. H.(2008). Reverse engineering Google's innovation machine. Harvard Business Review, 86(4), 58–68.

31 Holiday, R.(2012). Everything is marketing: how growth hackers redefine the game. Recuperado de: https://www. fastcompany. com/3003888/everything–marketing–how–growth–hackers–redef ine–game.

32 에이전시, 그로스 해킹; LABBIT(2020년 4월 20일). [그로스 해킹과 데이터 기반 퍼포먼스 마케팅] 그로스 해킹 & 마케팅 = 같은 말?. 2021년 5월 2일

33 Kook, J. G., & Kim, H. W.(2016). Hacking Countermeasures for Wireless Internet Service. Journal of Service Research and Studies, 6(3), 79–90.

34 에이전시, 그로스 해킹; 위의 글

35 위의 글

36 그로스 마케팅의 첫 단추! AARRR 퍼널과 개선법, https://ppss.kr/archives/229371

37 위의 글

38 사진출처: https://www.gettyimagesbank.com/

39 닐 호인 저/이경식 역(2022). 「컨버티드, 마음을 훔치는 데이터분석의 기술」, 더퀘스트, 31의 내용을 참고하여 작성

40 그로스 마케팅의 첫 단추! AARRR 퍼널과 개선법, https://ppss.kr/archives/229371

41 Porter, M. E.(1980), Competitive Strategy: Techniques for Analyzing Industries and

Competitors, New York: Free Press McGahan/Rumelt, R. P.(1991). How much does industry matter?. Strategic Management Journal, 12(3), 167–185.

42 Porter, M. E.(2001). Strategy and the Internet, Harvard Business Review, March, 63–78.

43 Varadarajan, P. R., & Yadav, M. S.(2002). Marketing strategy and the internet: an organizing framework. Journal of the Academy of Marketing Science, 30(4), 296–312.

44 Porter, M. E.(2001). ibid. 67의 내용을 번역하여 작성

45 Yamin, S., Gunasekaran, A., & Mavondo, F. T.(1999). Relationship between generic strategies, competitive advantage and organizational performance: an empirical analysis. Technovation, 19(8), 507–518.

46 Drucker, P. F.(2008). Managing oneself. Harvard Business Review Press./스즈키 히로키 저/김대일 역(2014), 「전략의 교실」, 다산북스, 171에서 재인용

47 Murray, A. I.(1988). A contingency view of Porter's "generic strategies". Academy of Management Review, 13(3), 390–400.

48 최원희, 송찬우, 김재혁(2021). 「돈이 되는 메타버스」, 포레스트북스, 38의 내용에서 참고하여 인용

49 글 및 아래 사진출처: 대한민국은 카카오제국 | '라이언' 뜨면 비즈니스 '술술' 무한 영토 확장 … 계열사 97곳, https://www.mk.co.kr/economy/ 위의 사진출처: 카카오, 점유율 98% 카톡 앞세워 사업 확장 … "독점 폐해 낳아", https://www.donga.com/news/

50 Seybold, P. B.(1998). 「Customer.com」, Time Business, 251–252.

51 사진출처: https://cdn.entries.clios.com/styles/clio_aotw_ems_image_details_retina/

52 핵심 마케팅 수단으로 성장한 '디지털 마케팅', http://www.iconsumer.or.kr/news/

53 경쟁전략에 대한 좀 더 자세한 것은 Porter, M. E.(1997), On Competition; 김경묵 · 김연성 공역(2001). 「경쟁론」, 세종연구원을 참고하세요.

54 Afuah, A., and C. L. Tucci(2001). Internet Business Models and Strategies: Text and Cases, McGraw–Hill; 이경전 · 조남기 역(2001), 「인터넷사업모형과 전략」, 학술정보, 92–93.

55 스즈키 히로키 저/김대일 역(2015), 전게서, 216에서 수정하여 인용

56 스즈키 히로키 저/김대일 역(2015). 상게서, 347–348에서 수정하여 인용

57 Hou, R., Wu, J., & Du, H. S.(2017). Customer social network affects marketing strategy: A simulation analysis based on competitive diffusion model. Physica A: Statistical Mechanics and its Applications, 469, 644–653.

58 위키백과 https://ko.wikipedia.org/wiki/제휴마케팅

59 Hoffman, D. L. and T. M. Novak(2000). How to Acquire Customers on the Web, Harvard Business Review, May–June, 179–188.

60 Kotler, P.(2000). Marketing Management, Millenium Edition, Prentice–Hall, 81/황부영(1998). 전략적 자유도에 입각한 효율적인 사업전략을, Cheil Communications, 7월호, 20–25/이주형(1998). Co–branding에서 Co–marketing까지, Cheil Communications, 7월호, 27–31 등에서 참고하여 작성

61 Gulati, R., & Garino, J.(2000). Get the right mix of bricks & clicks. Harvard Business Review, 78(3), 107–107.

62 Chen, X., Su, X., Li, Z., Wu, J., Zheng, M., & Xu, A.(2022). The impact of omni-channel collaborative marketing on customer loyalty to fresh retailers: the mediating effect of the omni-channel shopping experience. Operations Management Research, 1–15.

63 Gulati, R., & Garino, J.(2000). Get the right mix of bricks & clicks. Harvard Business Review, 78(3), 107–107.

64 사진출처: https://www.gettyimagesbank.com/

65 하영원(2001). 기업의 경쟁력을 높이는 세분시장마케팅, Cheil Communications, 9월호, 10–16.

66 https://m.blog.naver.com/smartlife4100/221141528715에서 사진 가져옴.

67 https://www.trenbe.com/

68 Plummer, J. T.(1974). The concept and application of life style segmentation: The combination of two useful concepts provides a unique and important view of the market. Journal of Marketing, 38(1), 33–37.

69 Koch, R.(1997). 「The 80/20 Principle: The Secret of Achieving More With Less」, Nicholas Brealey Publishing, Lodon/공병호 역(2000). 「80/20법칙」, 21세기북스, 216.

70 Ries, A., and J. Trout(2001). Positioning: The Battle for Your Mind, The 20Th Anniversary Edition, The McGraw-Hill Company, 1–4.

71 Bahcecik, Y. S., Akay, S. S., & Akdemir, A.(2019). A review of digital brand positioning strategies of Internet entrepreneurship in the context of virtual organizations: Facebook, Instagram and YouTube samples. Procedia Computer Science, 158, 513–522.

72 위키백과, https://ko.wikipedia.org/wiki/지식검색

73 김효정(2015년 7월 6일). 총알 탄 카카오택시 … 3개월에 500만 호출. 아이티투데이

74 정일주(2015년 3월 31일). 카카오택시, 마침내 출격 … 파괴력은?. 아이티투데이

75 Kotler, P.(2001). 「Kotler on Marketing」, The Free Press, 58–59의 내용을 재구성

76 story.pxd.co.kr

77 정해동, 박기철(2000). 「광고, 마케팅거품빼기 IMC」, 한언, 69–71.

78 사진출처: https://www.gettyimagesbank.com/

79 Kim, H., Ryu, M. H., Lee, D., & Kim, J. H.(2022). Should a small-sized store have both online and offline channels? An efficiency analysis of the O2O platform strategy. Journal of Retailing and Consumer Services, 64, 102823.

80 사진출처: https://www.gettyimagesbank.com/

Chapter

08 인터넷 브랜딩

Chapter

08 인터넷 브랜딩

제1절 인터넷 브랜드 관리의 중요성 및 인터넷 브랜드의 개념

1. 브랜드의 정의

미국마케팅협회(American Marketing Association)에서는 **브랜드(brand)**를 '**판매자의 제품이나 서비스를 특징 짓고 경쟁사의 것과 차별화시키기 위해 사용하는 이름, 용어, 사인, 심벌, 포장, 디자인 등이나 이것들의 조합**'이라고 정의하고 있다.

상품, 서비스, 엔터테인먼트, 조직, 개인 등도 모두 브랜드가 될 수 있는데 연예인, 정치인, 스포츠 선수 등과 같은 유명인뿐 아니라 일반인들도 자기 브랜드 관리를 통해 경쟁력 있는 하나의 브랜드로 거듭날 수 있다고 믿고 노력하는 것이 현재의 추세이다.[1] 실제로 소비자들은 상품이나 서비스와 관련을 맺는 것이 아니라 브랜드와 관련을 맺는다. 그런 면에서 브랜드는 고객과의 일련의 약속으로서 신뢰와 일관성을 포함한 소비자의 기대를 모아 놓은 것이라고 할 수 있다.[2]

결국 마케팅 관리자에게 있어 브랜드 개발의 핵심은 하나의 제품을 특징짓고 그 제품을 다른 제품과 차별화시키기 위한 브랜드 명, 로고, 포장 등 다른 속성들을 선택하는 것이라고 볼 수 있다. 이를 보통 **브랜딩(branding)**이라고 하는데 이를 통해 기업은 제품을 차별화하고 충성적 고객을 늘려감으로써 궁극적으로는 기업에 재무적인 이익을 가져다줄 수 있는 가치를 창출할 수 있다. 실제로 많은 기업들이 보유하고 있는 가장 가치 있는 자산은 공장, 기계, 그리고 부동산 같은 유형의 자산이 아니라 경영기법, 마케팅 능력, 재무능력 그리고 무형의 자산인 브랜드 등인 것이다.[3]

브랜드(brand)는 '판매자의 제품이나 서비스를 특징짓고 경쟁사의 것과 차별화시키기 위해 사용하는 이름, 용어, 사인, 심벌, 포장, 디자인 등이나 이것들의 조합이라고 정의된다.[4]

2. 인터넷 브랜딩의 중요성

과거로부터 마케팅에서 브랜드 자산 구축의 중요성이 많이 강조되어 왔다. 많은 전문가들은 성공과 실패의 원인은 모두 브랜드라고 주장하고 있으며 강력한 브랜드는 마케팅 믹스로 집약되는 다른 마케팅 도구보다도 훨씬 더 기업의 성공과 실패에 영향을 미칠 수 있는 효과적인 도구라는 것을 강조하고 있다.[5]

브랜딩(branding)은 경쟁 브랜드에 대해 자사 브랜드의 **차별적 우위**를 부여하는 장기적인 이미지 창조활동으로 볼 수 있다.[6] 오늘날 소비자는 하루 2만 5천개씩 쏟아지는 신제품의 홍수 속에서 하루 평균 6천 건의 광고를 접하고 있다. 실제 1990년대 초만 해도 인터넷 사이트들은 많이 없었지만 이제는 무수한 인터넷 사이트들이 생겨나 치열하게 경쟁하고 있으며 카페, 커뮤니티, SNS 등 다양한 인터넷 브랜드가 생겨났다.

이러한 상황에서 차별화된 온라인 비즈니스의 브랜딩은 이와 같은 세상에서 혼란을 막는 역할을 할 뿐 아니라 소비자들이 너무 많은 상품과 서비스 범주에서 선택해야 하는 막막한 상황을 막아줄 수 있다.[7] 실제 브랜드 구축에 대한 관심은 인터넷 비즈니스 영역에서 더욱더 절실하다고 볼 수 있다. 디지털 시대가 도래하기 전까지 글로벌 브랜드를 만드는 것은 길고 힘든 과정이었다. 그 브랜드는 국가별로 물리적인 유통을 확보해야 했고, 그것은 지역의 많은 조직들과 강한 관계를 맺을 필요성을 높였다. 제품의 가격은 국가마다 상당히 다를 수 있었으며 비싸게 느껴지는 국가에서 많은 소비자들은 가격책정에 대해 의문을 가졌다. 텔레비전과 인쇄 광고는 브랜드 커뮤니케이션 수단으로 가능한 가장 넓은 세계 시청자들에게 도달하는 주요 매체였다. 그러나 한 브랜드의 광고는 다른 나라에서 적합하지 않는 경우가 많았고 때에 따라 문제가 되기도 하였다.[8] 그러나 이제 인터넷이 활성화된 시대에서는 국경이 없기에 인터넷에 접속만 할 수 있다면 웹사이트가 어디에 존재하든 사람들은 그 사이트를 이용할 수 있다. 이러한 이유에서 명성을 지닌 웹사이트의 브랜드는 더욱 더 국경의 제한이 있을 수 없다. 모든 정보가 몇 번의 클릭으로 습득 가능한 상황은 인터넷에서 일단 강력한 브랜드의 이미지를 구축하고 난 후에 전 세계인에게 노출되고 이에 대한 이미지를 지니게 되기 때문이다.

점점 증가하는 모바일 인터넷 연결과 함께 디지털 미디어의 확산은 최근 20년 동안 브랜드와 브랜드 관리에 가장 중요한 영향을 미쳤다. 이 시기에 브랜딩은 고도의 기술적 접근 및 빅데이터 활용을 통해 이루어지면서 기업들은 많은 도전들을 극복하고 디지털 시대가 가져오는 기회를 확고히 하기 위해 노력하고 있다.[9]

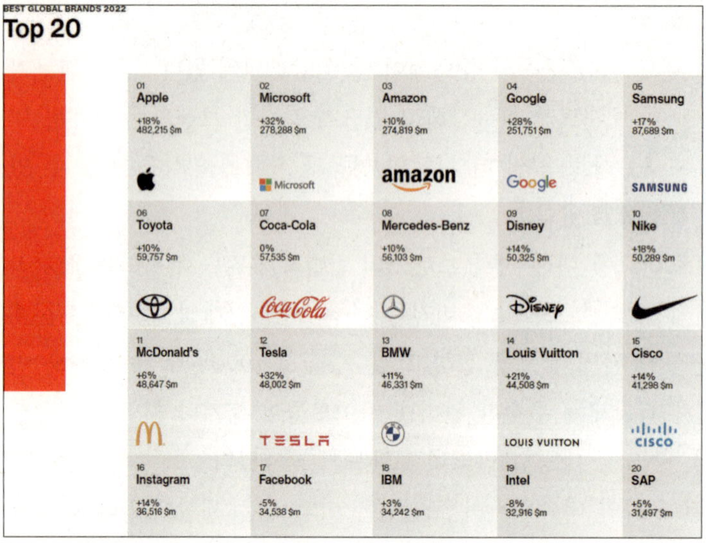

Interbrand는 2022년 Best Global Brands 보고서를 발표했는데 아마존, 구글 등의 인터넷 비즈니스 기업들이 급성장하여 3~4위를 차지하고 있으며 인스타그램, 페이스북이 16~17위를 차지하고 있다.[10]

브랜드 가치 순위에서 **인스타**나 **페이스북** 그리고 **유튜브(구글)** 같이 최근에 가장 폭발적인 성장을 보인 소셜미디어 브랜드들은 다양한 방법으로 사회적인 삶과 사람들의 활동에 영향을 미쳤다. 그리고 사진에서 볼 수 있듯이 세계 브랜드 가치 순위에서도 상위권에 랭크되고 있다. 많은 휴대 기기에서 사용 가능하므로 사용자로 하여금 지속적으로 친구들, 친척들, 그리고 어느 곳에 있든지 인터넷 접속만 가능하다면 만날 수 있는 다른 아는 사람들과 연락할 수 있게 한다. 또한 공통된 관심사를 가지고 있거나 같은 신앙을 가지고 있는 사람들을 그룹과 다른 페이지로 결합시킬 수 있고, 소식이 끊긴 가족 구성원들과 친구들을 다시 만나게 하는 사이트로 알려져 있다.[11] 이렇듯 이들 인터넷 브랜드의 경우는 불과 20년도 안 되는 사이 전 세계를 누비는 브랜드로 성장했으며 진입시기와 관계없이 강력한 중심축이 될 수 있는 상황을 만든 것이다.

브랜드 가치 순위와 어느 정도 일치하는 결과를 보이는 인터넷 사이트의 방문빈도에 대한 조사에서는[12] 전 세계 인터넷 사용자들이 가장 많이 접속하는 사이트 1위는 '구글'이 차지했다. 이어 2위는 '유튜브', 3위는 '페이스북'이 올랐다. 여기서 구글(Google)의 경우 야후나 MSN 등에 비해 후발 인터넷 포털로 시장에 진출했는데 전 세계 1위의 포털 사이트가 되었으며 최근 브랜드 가치 순위에서도 세계 4위에 올라있다. 이러한 기업들의 세계경제에서 차지하는 영향력은 막강하다는 것을 [Internet Marketing Insight 8-1]에서 확인할 수 있다.

전 세계 인터넷 사용자들이 가장 많이 접속하는 사이트 1위는 '구글'이 차지했다. 이어 2위는 '유튜브', 3위는 '페이스북'이 올랐다. 특히 4위에 오른 중국의 검색 포털 '바이두'와 10위에 오른 텐센트 사가 운영하는 포털 사이트 '큐큐닷컴(QQ.com)'이 10위권에 이름을 올려 중국 온라인 기업들의 약진이 돋보인다.

한국 인터넷 사용자들이 가장 많이 접속하는 사이트 1위는 '네이버'가 차지했다. 2위는 구글코리아, 3위는 유튜브, 4위는 구글이 올랐다. 특히 위키(누구나 문서의 작성과 수정이 가능한 웹사이트) 방식의 두 사이트 '나무위키(7위)'가 '위키피디아(9위)'보다 방문자가 많다는 점이 눈길을 끈다.[13]

Internet Marketing INSIGHT 8-1

인터넷 브랜드들의 시가총액 현황

2020년까지 주요 인터넷 기업들의 시가총액 변화[14]

1997년 8월 애플 창업자 스티브 잡스(1955~2011)는 괴로웠다. 제품의 기술력은 인정받았지만 비싸다는 이유로 소비자의 외면을 받았다. 주가 역시 채 1달러가 되지 않았다. 궁지에 몰린 잡스는 자존심을 접고 경쟁자인 빌 게이츠 마이크로소프트(MS) 회장에게 도움을 청했다. 게이츠가 1억 5,000만 달러의 투자를 결정했고 애플은 기사회생했다. 이때만 해도 애플이 25년 만에 '주식회사 미국'의 간판 기업이자 세계 최초로 시가총액 3조 달러(약 3,600조 원)를 넘는 기업이 될 것으로 예상한 사람은 거의 없었을 것이다.[15]

지난 10여 년간 미국 증시를 이끈 5대 대형 기술주는 페이스북 · 아마존 · 애플 · 넷플릭스 · 구글의 맨 앞 알파벳을 딴 'FAANG'이었다. 그러나 이 주도주 그룹에 변화가 생겼다. 성장성 정체 등으로 페이스북과 넷플릭스가 빠지고 대신 부활한 원조 기술주 마이크로소프트(MS)가 들어왔다. MS · 아마존 · 구글 · 애플을 일컫는 'MAGA'가 새로운 대세로 평가받고 있다.

MAGA 기업 주가는 2020년 가파르게 올라 네 기업의 시가총액 합계만 4조 달러에 육박한다. S&P500에 포함되는 500개 대기업 가치 총합의 절반을 이들 기업이 차지할 정도다. 구글의 모기업 알파벳을 제외하면 각각 시총 1조 달러를 넘기도 했다.

아마존은 글로벌 클라우드시장의 30% 이상을 차지하고 있는 최강자다. 이익 대부분이 클라우드인 아마존웹서비스(AWS)에서 일어난다. 아마존은 지난해 2분기를 시작으로 네 분기 연속 사상 최대 순이익 기록을 갈아치웠다.

MS는 클라우드 매출과 소프트웨어 가입자 증가세에 힘입어 2020년 장중 시총 1조 달러를 넘어섰다. 애플, 아마존에 이어 세 번째다. 한때 노쇠한 정보기술(IT) 기업으로 꼽혔던 MS는 26일 기준 시총 9,953억 달러로 MAGA 기업 중 가장 높다. MS는 퍼블릭 클라우드 서비스시장에서 아마존의 AWS와 1, 2위를 다툴 정도로 경쟁력을 갖추고 있다. 이외 구글과 애플은 여전한 경쟁력으로 대표 기술주 자리를 지키고 있다.

반면 FAANG 기업이었지만 MAGA에서 빠진 페이스북과 넷플릭스는 사업 모델 한계 때문에 성장성 측면에서 밀린다는 분석이다. 페이스북의 소셜네트워크서비스(SNS)나 넷플

릭스의 온라인동영상서비스(OTT)는 시장이 포화되거나 경쟁이 과열되면서 성장잠재력이 떨어질 수 있다는 얘기다. 또 이들은 광고나 스트리밍 의존도가 너무 높다는 것도 약점으로 꼽힌다.[16]

시가총액 '1조 달러 클럽'

(단위: 달러) ※11월 1일(현지시간) 기준

애플	2조 3960억 (약 3397조 5280억원)
마이크로소프트	1조 7000억 (2410조 6000억원)
알파벳	1조 1700억 (1659조 600억원)
아마존	9874억 (1400조 1332억원)

〈자료: 뉴욕증권거래소(NYSE)〉

2020 현재 시가총액 상위기업(사진: https://www.hankyung.com/)

2022년 11월 현재는 양상이 좀 달라지고 있다. 뉴욕증시 종가 기준 애플의 시총은 2조3070억 달러(약 3,280조 원)였다. 이는 아마존(9,397억 8,000만 달러) 알파벳(1조 1,250억 달러) 메타(2,400억 7,000만 달러)의 시총을 모두 더한 2조 3,060억 달러를 웃돈다.

3분기 빅테크 실적 쇼크 속에서 애플만 선방했기 때문이다. 지난달 애플 주가는 4.9% 상승한 반면 알파벳 주가는 9.1% 하락했다. 같은 기간 아마존 주가는 18.5%, 메타 주가는 33.3% 떨어졌다.

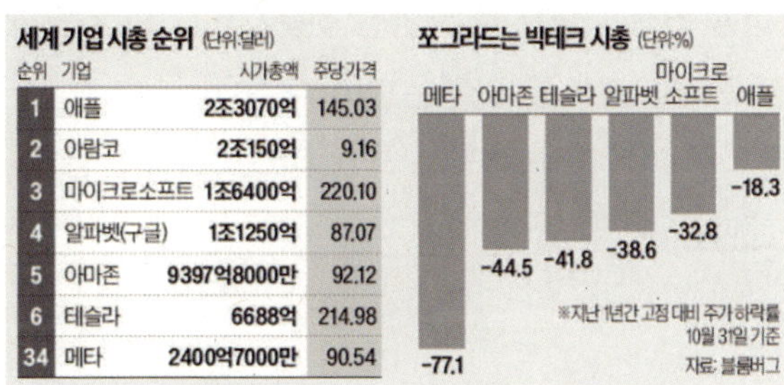
세계 기업 시총 순위 (단위:달러)

순위	기업	시가총액	주당 가격
1	애플	2조3070억	145.03
2	아람코	2조150억	9.16
3	마이크로소프트	1조6400억	220.10
4	알파벳(구글)	1조1250억	87.07
5	아마존	9397억8000만	92.12
6	테슬라	6688억	214.98
34	메타	2400억7000만	90.54

2022년 현재 시총순위(사진: https://www.hankyung.com/)

2022년 2월까지 아마존, 애플, 마이크로소프트(MS), 알파벳, 메타, 테슬라 등 6개 기업이 시가총액 '1조 달러 클럽'에 속했지만 메타, 테슬라, 아마존은 주가 하락으로 이 클럽에서 제외됐다. 뉴욕증시에서 시총이 1조 달러를 넘는 종목은 애플과 MS, 알파벳 등 3개로 줄었다. 부진한 실적이 주가를 끌어내렸다. 실적이 가장 저조했던 빅테크는 아마존과 메타였다. 3분기 아마존 매출은 1,271억 달러로 전년 동기 대비 14.7% 늘었지만 시장 추정치인 1,275억 달러에는 못 미쳤다. 클라우드 사업인 아마존웹서비스(AWS)의 전년 동기 매출 증가율(27.5%)은 2014년 이후 8년 만에 가장 낮았다.

알파벳은 유튜브 광고 수익이 줄어 타격이 컸다. 알파벳의 3분기 매출은 전년 동기 대비 6% 증가한 690억 9,000만 달러로 집계됐다. 전문가 추정치인 705억 8,000만 달러를 밑돌며 2013년 이후 가장 낮은 성장률을 보였다. 메타의 3분기 순이익은 지난해 같은 기간 대비 반토막났다.[17]

이렇듯 변화가 많지만 확실한 부분은 이들 기업이 생긴지 30여년 밖에 되지 않은 기업이고 브랜드 가치 부분뿐만 아니라 시가총액 부분에서도 세계시장의 탑 브랜드들로 세계경제를 좌지우지 하고 있다는 것이다.

제2절 인터넷 브랜드의 정의 및 특성

1. 인터넷 브랜드의 정의

브랜드 분야의 저명한 교수인 **데이비드 아커(David Aaker)**는 '**브랜드(brand)란 판매인 또는 판매인 그룹의 상품이나 서비스를 경쟁자들의 상품이나 서비스와 구별하기 위해 만든 특징 있는 로고, 트레이드 마크, 포장디자인과 같은 심벌**'이라고 정의했다.[18]

브랜드 전문 컨설팅회사인 밸류코퍼레이션은 아커 교수의 정의에 브랜드와 고객 간의 관계를 부각시켜 브랜드를 조직의 제품, 서비스, 아이디어를 소비자 마음속에 가치 있게 느끼게 함으로써 경쟁자와 차별화시키는 '체험적 의미체계'로 정의하고 있다. 이러한 근거에서 살펴볼 때 **인터넷 브랜드(internet brand)**는 '**인터넷 환경에서의 체험을 통해 가치를 전달하고, 이를 경쟁 사이트 혹은 경쟁 상품/서비스와 차별화시키는 모든 요소의 총집합 그리고 그 결과를 의미 브랜드**'를 일컫는 것이다.

일반적으로 인터넷 브랜드는 크게 **비즈니스적 관점, 유통경로적 관점, 커뮤니케이션 관점** 등에서 살펴볼 수 있다.[19]

1) 비즈니스적 관점

인터넷 브랜드는 오프라인의 브랜드와는 달리 인터넷 환경, 구체적으로는 웹이라는 무대를 기반으로 활동하는 브랜드를 일컫는 것이며, 이는 대부분 인터넷 비즈니스를 통해 생성된 브랜드를 일컫는다. 인터넷 비즈니스가 바로 '인터넷을 매개로 한 제반 거래 행위'를 통해 발생하는 비즈니스이기 때문이다. 즉 인터넷을 이용하여 다양한 형태의 상품 및 서비스를 제공하고 그에 대한 보상을 받는 모든 거래 행위가 '인터넷 비즈니스'이며, 이를 통해 생성된 브랜드가 인터넷 브랜드인 것이다.

인터넷 비즈니스에는 앞장들에서 살펴본 것과 마찬가지로 인터넷상에서 웹사이트를 중심으로 고객과의 상호작용을 통해 비즈니스를 수행하는 포털, 중개, 판매, 콘텐츠 서비스가 있다. 이러한 순수 인터넷 비즈니스 기업들은 기존에 보지 못했던 비즈니스 모델을 통해 수익을 창출하고 있는 새로운 개념의 비즈니스이다. 따라서 우리가 오프라인에서 브랜드라고 했을 때는 특정 상품이나 서비스를 의미했던 반면, 인터넷 비즈니스에서 상품이나 서비스, 즉 실체는 웹사이트를 의미한다고 볼 수 있는 것이다.

웹사이트는 기존 오프라인에서 체험했던 상품이나 서비스와는 전혀 다른 새로운 개념의 제품이며, 이는 기존 오프라인의 브랜드와는 사뭇 다른 비전과 전략을 가지고 있기 때문에 본서에서는 이를 인터넷 브랜드라고 구별하여 그 차별성을 강조하고 있다.

| 표 8-1 | 오프라인 브랜드와 인터넷 브랜드의 개념 및 기능 비교

구분	오프라인 브랜드	인터넷 브랜드
정의	판매인 또는 판매인 그룹의 상품이나 서비스를 경쟁자들의 상품이나 서비스와 구별하기 위해 만든 특징 있는 로고, 트레이드 마크, 포장디자인과 같은 심벌	사이버 공간에 존재하는 기업의 각종 경영활동에 호의적인 인식과 이미지, 태도, 행위를 유도해주는 유·무형의 종합적 브랜드 가치

반면 인터넷 비즈니스를 지원하는 인프라적 성격을 갖는 브랜드들도 있다. 2장에서 인터넷 비즈니스를 정의할 때 인터넷을 지원하는 사업도 인터넷 비즈니스의 영역에 포함시켰다는 점을 상기해볼 때 순수 인터넷 비즈니스를 지원하는 브랜드들도 인터넷 브랜드 영역에 포함시킬 수 있지만 여기서는 그렇게 비중 있게 주류로서 다루지 않는다. 대부분의 IT 산업이 여기에 포함되며, 이들의 제품과 서비스는 우리가 기존에 보아왔던 제품이나 서비스와 유사한 성격을 지닌다. 다만 이러한 제품과 서비스가 인터넷 비즈니스를 위해 활용된다는 측면이 기존 오프라인의 제품이나 서비스와 다를 뿐이다.

순수 인터넷 비즈니스 지원 관련 브랜드들도 인터넷을 통해 생성되는 브랜드이기는 하나 웹사이트 자체를 통해 비즈니스를 수행하는 포털, 판매, 중개 콘텐츠 관련 인터넷 브랜드들과는 제공되는 제품의 형태가 전혀 다르다는 점을 감안하여 이들은 광의의 인터넷 브랜드라고 정의할 수 있겠다.

| 표 8-2 | 인터넷 브랜드의 정의: 종합

정의	내용	제공되는 제품의 형태	예
협의의 인터넷 브랜드	인터넷 비즈니스 주류 브랜드	웹사이트	아마존, 페이스북, 구글, 유튜브, 이베이, 네이버, 다음 등
광의의 인터넷 브랜드	인터넷 비즈니스 지원 브랜드	상품/서비스	KT, SK 브로드밴드, LG 유플러스
	인터넷 비즈니스 파생 상품/서비스	상품/서비스	아마존 오프라인 서점, 야후 티셔츠, 아마존 킨들, 구글 안경

2) 유통경로적 관점

유통경로적 관점의 인터넷 브랜드는 앞서 살펴본 인터넷 비즈니스 관점과는 달리 인터넷을 비즈니스의 목적 그 자체로서 활용하는 것이 아니라 하나의 도구로서 전략적으로 활용하는 것이다. 우리가 흔히 일컫는 인터넷 전용 상품이나 서비스가 이에 속한다. 인터넷 전용상품이나 서비스들은 인터넷을 통해서만 유통되고 거래된다. 고객들은 인터넷 외에 다른 오프라인 공간에서는 이 제품이나 서비스를 접할 수 없는 것이다. 최근에는 **온라인 전용 제품** 및 브랜드 출시가 이어지고 있다. 온라인 전용 제품은 온·오프라인에서 판매되는 것보다 상대적으로 저렴한 가격이 강점이고, 진열에 제한을 받지 않아 다양한 상품을 준비할 수 있다는 장점이 있다. 온라인 전용 상품은 유통마진 등을 줄일 수 있어 합리적인 가격으로 판매할 수 있어 구색이 다양화되는 추세다. 유통산업 내 여러 분야에서 온라인 전용 제품을 개발하고 있는 가운데, 특히 식음료 업계가 주목하고 있다. 관계자에 따르면 식음료 제품의 경우 적은 금액 차이도 소비자가 민감하게 체감하는 영역이기 때문에 온라인 전용 제품이 강점을 얻을 수 있는 것으로 알려졌다.[20]

대상의 온라인 전용 브랜드 '집으로ON'[21]

3) 커뮤니케이션적 관점

인터넷을 커뮤니케이션적으로 활용하는 사례는 대체로 기업이나 단체, 개인 등의 홍보용 홈페이지가 해당된다. 물리적 상품의 홍보용 홈페이지 및 홍보 콘텐츠는 자사 브랜드의 인지도나 이미지를 높이기 위한 측면에서 이루어지는 것이 대부분이고, 그것 자체가 직접적인 수익을 발생시키지는 않는다. 따라서 인터넷 환경에서의 체험을 통해 가치를 전달하고, 이를 경쟁 사이트 혹은 경쟁기업의 상품 및 서비스와 차별화시키는 모든 요소의 총집합 그리고 그 결과를 의미하는 인터넷 브랜드의 정의에 비추어봤을 때 홍보용 홈페이지는 인터넷 브랜드를 보완하는 한 구성요소이기는 하나 그 자체가 인터넷 브랜드라고 할 수는 없을 것이다.

홍보 페이지로 브랜드의 소셜미디어 페이지는 사람들을 연결하는 데 중요한 역할을 할 뿐만 아니라 마케터들에게 현재뿐만 아니라 잠재고객과 소통할 수 있는 플랫폼을 제공하는 데에도 중요한 역할을 한다. 결국 이러한 브랜드의 소셜미디어 페이지는 마케팅 관리자가 제품에 관심이 있는 사람들에게 접근할 수 있도록 하는 것은 물론 그들을 알지 못하는 사람들에게 그들의 제품에 대한 인식을 심어주기 위해 회사가 소통하는 도구로 사용된다. 다양한 온라인 캠페인은 많은 브랜드에게 이익이 되고 브랜드 충성도를 높이는 데 상당한 기여를 할 수 있다.[22]

아디다스의 커뮤니케이션 수단으로 활용되고 있는 인스타 페이지

2. 인터넷 브랜드의 특성

1) 무형적인 요소가 더욱 중요하다

인터넷은 기본적으로 유형재라기보다는 무형재의 특성을 가진다. 즉, 인터넷은 유형의 제품을 직접 생산 전달하는 것이 아니라, 제품을 찾아준다거나 쉽게 살 수 있게 하거나 사람을 만나게 해주거나 필요한 정보를 찾아주는 등 서비스 프로세스로 혁신을 가능하게 하는 특징을 가지고 있다.[23] 따라서 무형적인 요소들, 예를 들어 쇼핑몰의 경우에는 상품 구색의 폭과 깊이, 배송 및 반품체계 등이 중요한 역할을 하고 콘텐츠 사이트의 경우에는

정보의 깊이나 갱신주기와 같은 핵심 제공물 뿐만 아니라 고객대응 속도나 친밀도와 같은 무형요소들이 브랜드 구축에 매우 중요한 역할을 한다.

2) 체험과 상호작용으로 만들어진다

인터넷에서는 오프라인과 다르게 소비자와 기업이 구매 혹은 서비스 프로세스 전반에 걸쳐 직접적으로 접촉을 하게 된다. 비즈니스 시스템의 각 단계에서 소비자는 그 브랜드와 상호작용을 하면서 직접적 체험을 쌓아나가게 된다. 소비자는 이제 발전된 웹 기술을 통해 브랜드와 상호작용할 수 있으며, 자신의 경험, 제품 지식 및 아이디어를 브랜드 커뮤니티 및 이해관계자와 공유함으로써 기꺼이 그들의 가치와 소비체험을 공동 창출할 수 있다.[24]

결국 이렇게 형성되는 소비자 체험은 바로 그 해당 브랜드 전부를 나타낸다고 볼 수 있다. 전통적인 마케팅과 대조적으로 웹사이트는 본질적으로 수동적 소비자보다는 능동적인 소비자의 비율이 높다.[25] 마케팅 학자들은 소비자의 웹에서 체험적 측면에 대해 의미있게 연구하고 있으며 웹사이트만의 독특한 체험을 개념화하여 웹상에서 소비자 체험을 관리하는 방안을 갖추는 것이 매우 중요하다는 것을 강조하고 있다.[26]

또한 오프라인에서는 광고를 비롯한 기업의 일방적인 커뮤니케이션에 의해 브랜드가 구축되어지는 경향이 있는데 인터넷 브랜드는 사이트 사용체험 및 웹 구전(웹을 통한 고객간의 구전), 사용자들의 참여와 같은 상호작용이 브랜드 형성에서 매우 큰 비중을 차지하고 있다. 즉 웹사이트 콘텐츠나 디자인, 인터페이스, 고객대응과 같은 '사이트와 고객 간의 상호작용'뿐만 아니라 '고객과 고객 간의 순환적인 상호작용'이 브랜드에 대한 총체적인 체험을 형성하는 중요한 고리로서 작용한다.[27]

슈미트(Schmitt) 교수는 과거 체험 마케팅에서 과거의 특징과 편익을 발견하던 예전의 방식에서 소비자들의 전체적인 경험을 토대로 하는 마케팅을 주창했다. 그는 목표 설정으로 **전략적 경험 모듈(SEMS: Strategic Experiential Modules)**과 마케팅 수단으로 **체험 제공자(EXPORS: Experience Providers)**를 제시했다.[28] 온라인에서는 소비자가 제품을 만질 수 없는 상황이기 때문에 이러한 체험을 기반으로 한 마케팅이 더욱 절실해지는 것이다.[29] 이용자들은 마음속에 보통 기능적인 목적(정보, 엔터테인먼트, 거래 등을 찾아다니는 등)을 가지고 있으며, 방해가 되는 대상들(느린 사이트나 빈약하고 비직관적인 내비게이션 등)은 성가신 존재로 취급해 버린다. 웹에서 브랜드를 구축하는 일이 이런 자세와 부합한다면 웹에서 얻은 체험들은 전체적인 브랜드 구축 프로그램의 맥락에서 볼 때 방송광고보다 더 강력해질 수 있을 것이다. 과거, AOL은 남들과 구별되는 미국적인 주류문화를 특성화하기도 했는데, '편지 왔어요(You've Got Mail)'라는 친숙한 구호 때문에 체험적 브랜드를 확산시킬 수 있었다. 이처럼 고객의 경험에 기반을 둔 브랜드를 개발해야 하며 빠른 접속이나 편리한 사용 등 기술적인 부분도 긍정적인 브랜드 경험을 높이기 위해 중요하지만 '나에게는 특별한 관계'라고 느낄 수 있을 정도까지 쌍방향의 브랜드 체험을 만들어내야 한다.[30]

3) 해결책(Solution)을 의미한다

우리가 상품을 구매하는 것은 단순히 그 상품의 입수 자체에 목적이 있는 것이 아니라 욕구충족 수단으로서의 효용가치 획득 때문인 것처럼 인터넷 또한 상품이나 정보의 '전달경로'에 그치는 것이 아니라 "**욕구충족의 총체적 해결수단**'을 제공해주어야 한다.

따라서 인터넷 브랜드는 제품중심보다는 사용자 시각에서 설계되고 구축되어야 하며, 그 정보전달 또한 훨씬 더 통합적이어야 한다. 예를 들어, 호텔예약이 여름휴가를 위한 것이라면 여름휴가에 어울리는 곳의 추천에서부터 시작하여 휴가에 필요한 일정과 교통편, 숙박, 식사, 관광, 의류, 문단속에 이르기까지의 모든 것을 한곳에서 해결할 수 있도록 통합할 수 있으며, 같은 호텔예약이라도 출장을 위한 것이라면 비즈니스 서비스, 환전, 통역 서비스, 노트북과 휴대폰 대여 등의 서비스가 연결되는 것이 보다 강한 브랜드 체험을 이끌어낼 수 있다.[31]

과자 같은 제품도 인터넷을 활용하면 솔루션이 될 수 있다. 미국의 스타트업인 **유니버셜 얌스(Universal Yums)**는 전 세계에 과자 정기배송 서비스를 통해 과자와 함께 마치 그 나라를 여행하는 것 같은 체험을 팔아 크게 반향을 불러 일

최근에 제품 차별화가 어려운 수입과자 시장에서 서비스 차별화로 성공한 기업 유니버셜 얌스는 매달 한 개의 나라를 선정해 그 나라의 대표과자들을 3가지 사이즈의 박스에 담아 정기배송하고 있는데 멕시코, 콜롬비아, 터키, 파키스탄 등 가보고 싶지만 쉽게 여행할 수 없는 국가들도 포함되어 있으며, 한국이 테마였던 2017년 7월에는 칸쵸, 뿌셔뿌셔, 빼빼로, 찰떡파이, 땅콩샌드 등 한국을 대표할만한 과자들을 선별하였다.[32]

으켰다. 고객들은 과자를 먹고 싶기도 하지만 해당 국가 과자에 대한 호기심 및 그 나라를 간접 체험하고 싶은 욕망을 가지고 있기에 이러한 부분이 주효했다고 볼 수 있다.

3. 인터넷 브랜드의 유형 및 계층구조

인터넷 브랜드는 그 출발점에 따라 그 유형을 다음의 2가지로 나누어 볼 수 있다.

첫째, **순수 인터넷 브랜드(pure internet brand)**로 인터넷의 상업화와 더불어 탄생하게 된 인터넷 브랜드들로서 대부분의 닷컴 기업들이 여기에 해당한다. 둘째, **변형적 인터넷 브랜드(transformational internet brand)**로서 인터넷의 상업화 이전에도 오프라인에서 나름대로의 비즈니스를 구사해 오다가 인터넷 시대가 도래하면서 자신의 사업영역을 인터넷으로 확장하거나 전환한 인터넷 브랜드를 의미한다. 예를 들어 구글은 구글 넥서스, 크롬 OS 기반의 노트북(크롬북) 등의 구글표 하드웨어를 판매할 계획을 가지고 있는데 '구글 글라스'가 상품화된다면 이는 대표적 오프라인 상품이다.[33]

인터넷 브랜드도 오프라인의 브랜드와 마찬가지로 계층구조를 갖는다. 계층구조는 한 기업이 판매하는 여러 제품들에 적용되는 브랜드 명 유형들 간의 서열을 보여주는 것이다. 일반적으로 브랜드는 **기업 브랜드(corporate brand), 패밀리 브랜드(familly brand), 개별 브랜드(individual brand), 브랜드 수식어(brand modifier)** 등의 4단계로 구분한다.[34]

인터넷 브랜드에서도 광의의 인터넷 브랜드로 규정되며, 제공되는 제품의 형태가 상품이나 서비스로 표현되는 인터넷 비즈니스 지원산업과 인터넷 전용 상품/서비스들은 이러한 오프라인 관점의 브랜드 계층구조와 매우 유사한 구조를 갖게 된다.

| 표 8-3 | 오프라인 브랜드의 계층구조

	정의	예	
기업 브랜드	회사의 상호 또는 회사의 상호를 대신하여 사업영역을 나타내는 브랜드	LG화학	GM
패밀리 브랜드	동일한 제품범주에 복수의 하위 브랜드를 갖거나 상이한 제품범주에 동일한 아이덴티티를 가지게 하는 브랜드	드봉	Chevrolet
개별 브랜드	다른 제품과 구별되도록 특정제품의 속성이나 효익을 표현하는 브랜드	이지업	Camaro
수식 브랜드	제품의 성분이나 속성을 나타내며 개별 브랜드를 보조하기 위해 붙여진 이름	섹시쿨	Z28

그러나 기존 오프라인 브랜드와 달리 제공되는 제품의 형태가 상품이나 서비스가 아닌, 웹사이트인 인터넷 비즈니스의 주류인 경우에는 기존의 계층구조와는 다소 상이한 형태를 띠게 된다. 일반적으로 웹사이트의 경우도 이를 운영하는 기업은 존재한다. 따라서 기업 브랜드는 기존 오프라인의 그것과 같다고 볼 수 있다. 그러나 웹사이트를 중심으로 한 브랜드 활동은 기존의 패밀리 브랜드나 개별 브랜드라는 컨셉보다는 **메인 사이트 브랜드(main site brand)**, **서브 사이트 브랜드(sub site brand)** 등으로 이해하는 것이 훨씬 용이하다. 예를 들어, NHN이 기업 브랜드가 되고 네이버가 메인 사이트 브랜드가 되며 주니버가 서브 사이트 브랜드가 되는 것이다.

4. 인터넷 브랜드 명

1) 도메인 명

(1) 도메인 명 선정의 목적

IP주소는 10진수의 숫자로 구성되어 있기 때문에 사용하기가 어렵다. 그래서 의미 있는 단어를 사용해서 네트워크에 일종의 별명을 붙여 사용한다. 이를 **도메인 명(domain name)**이라고 하는데, 여기서 도메인이란 네트워크를 관리하기 위한 영역이라고 할 수 있다.

웹사이트가 사람들의 관심을 끌기 위한 첫 단계는 도메인 명 전략이다. 도메인 전략은 기업의 브랜드 전략과도 긴밀히 연결되어 있다. 이 전략은 웹주소와 광고활동에 기본 바탕이 된다. 도메인 명이 일단 정해지면 바꾸기가 매우 어렵거나 아예 불가능할 수도 있다. 첨가, 삭제, 변경이 가능하지만 비용이 아주 많이 들 수 있으며 특히 인터넷 마케팅과 영업을 시작한 이후라면 더욱더 바꾸기가 어려워진다.

이상적인 도메인 전략은 잠재고객이 어떤 도움 없이 추측만으로 해당 기업의 사이트에 방문할 수 있도록 하는 것이다. 어떤 것도 참고하지 않고 정확한 주소를 알아서 정확히 써넣을 수 있음을 뜻한다.

(2) 도메인 명 정하기

인터넷에서 도메인 네임은 필수적인 요소이다. 왜냐하면 이것이 인터넷에 존재하는 한 조직체의 이름이 되기도 하기 때문이다. 미국 내의 도메인 네임은 Internic, 한국에서 등록은 **한국인터넷진흥원(nic.or.kr)**에서 담당하고 있다. 그리고 실제 등록은 다양한 기관에서 대행을 하고 있다. 도메인 네임 레지스트리는 도메인 등록정보를 관리하고, 도메인 등록 대행자는 도메인 네임 레지스트리와 계약을 맺고 도메인 등록 서비스를 제공한다. 최종 사용자는 도메인을 등록할 때 어느 한 등록 대행자를 통해서 하게 되는데, 이때 도메인 등록 서비스를 제공한 등록 대행자가 그 도메인의 지정 등록 대행자가 된다.[35]

한국에서 인터넷 도메인 등록을 대행하고 있는 기관 (https://domain.whois.co.kr/)

2) 인터넷 브랜드 명의 선정

브랜드 명이 얼마나 제품 수요에 영향을 미칠 수 있는가? 오프라인 브랜드 명에 대한 연구문헌들은 브랜드 명이 품질에 대한 정보를 제공하고 매력적인 이미지를 창출함으로써 제품 수요에 영향을 미칠 수 있다고 제시하고 있다. 예를 들어 브랜드 명으로부터 제품 효익에 대한 연상은 고객이 제품의 포지셔닝을 이해하는 것을 돕고 제품 범주에 대한 브랜드 명으로부터의 연상은 고객이 잠재적인 사용 상황을 인식하는 것을 돕는다. 회상으로써 브랜드 명의 개념화는 어떻게 사람들이 고려군을 창출하고, 대안 브랜드를 평가하며, 적절한 브랜드 확장에 대한 의사결정을 하게 하며 잘 알려진 브랜드 명을 가지고 있을 경우 브랜드 인지는 소비자가 제품을 식별하는 것을 좀 더 용이하게 한다.

이렇듯 종합해보면 마케팅 의사결정에 있어 가장 중요한 것 중의 하나는 상품의 이름을 결정하는 것이었다. 그러면 인터넷은 브랜드 명의 역할을 어떻게 바꾸고 있을까? 전통적 브랜드는 브랜드에 항상 시각적인 요소가 들어가 있었다. 이름 그 자체가 가장 중요한 요소인 것이 사실이지만, 시각적 요소가 브랜드 구매에 있어 영향을 미치기도 했던 것이다. 코카콜라 병 모양이나, 코닥필름의 박스 색깔, 인텔 로고의 글자체나 모양, 맥도날드 매장의 형태나 위치 등이 존재했다. 그러나 인터넷은 이런 시각적인 요소들을 담고 있지 않다. 사이트에 들어가기 위해서는 주소만 입력하면 된다. 사이트를 나타내주는 그림이나 색깔, 글자체나 형태 혹은 위치 같은 것은 찾아볼 수 없다. 이러한 이유에서 인터넷에서는 브랜드 명(도메인 명)의 중요성이 오프라인보다 훨씬 더 크다고 볼 수 있다. 최근의 한 연구결과에서도 웹 방문객에게 신뢰성을 갖게 해주는 요인인 브랜드 명, 검색, 만족도, 내용, 기술성, 업데이트 등과 거래 안전을 보장하는 로고 등임이 제시되어 브랜드 명의 중요성을 강조하고 있다.

우선적으로 도메인 명은 우리가 알고 있듯이, 정보 경제의 중요한 실제적 자산이라고 볼 수 있는데 기업의 도메인 명과 트레이드마크는 브랜드 자산을 구축하고 인터넷 비즈니스를 증가시키는 데 있어서 중요한 역할을 담당한다.[36] 본서에서는 윌슨(Wilson),[37] 라이즈 등(Ries와 Ries)[38]의 제언을 바탕으로 좋은 도메인 명의 조건을 다음과 같이 정리해볼 수 있다.

■ 좋은 도메인명은 짧아야 한다

고객이 URL을 기억할 수 없다면 짧은 것이 좋다는 것이 명확해지는 것이다. 철자를 발음하기도 좋고 쉽게 기억될 수 있다. 이러한 원칙에 따라 다음(daum.net), 네이버(naver.com) 등은 상당히 좋은 브랜드 명이라 할 수 있다. 길고 복잡한 도메인 명은 기억의 용이성뿐만 아니라 주소입력의 용이성이라는 측면에서도 좋지 않다고 볼 수 있다. 예를 들면, 반스앤노블은 barnesandnoble.com이라는 도메인 명이 좋지 않다고 결정하고 이를 단축한 bn.com이라는 이름으로 변경하였다.

■ 기억하기 쉬워야 한다

기존 브랜드 명의 가장 중요한 요소 중의 하나는 기억하기 쉬워야 한다는 것이다. 그러나 물리적 제품의 브랜드는 그 브랜드와 포장, 색깔, 형태, 로고 등과 같은 물리적인 특성과 연관되어 기억된다는 점에서 상대적으로 기억하기가 용이하다고 할 수 있다. 그러나 인터넷 브랜드는 도메인 명이라는 문자로만 기억되는 경향이 높기 때문에 소비자의 기억

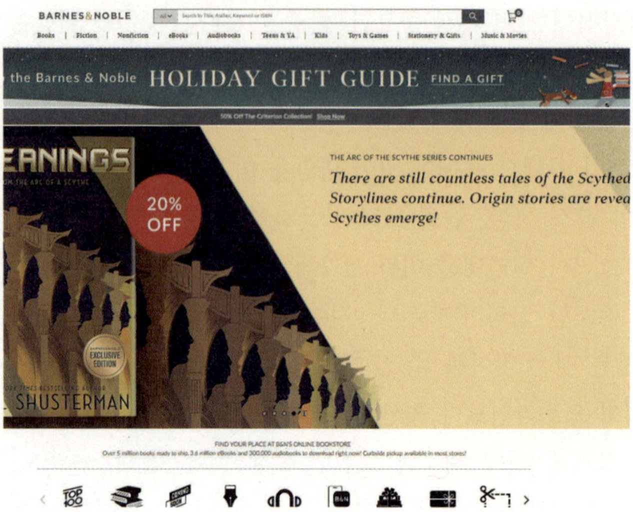

반스앤노블은 처음 barnesandnoble.com으로 도메인 명을 선택했으나 bn.com으로도 접속할 수 있도록 하고 있다.

과 회상과정에서 상당한 노력이 요구될 수 있는 것이다. 짧은 도메인 명이 항상 기억하기 쉬운 것은 아닐 수도 있다. 이를 기억시키기 위한 다양한 커뮤니케이션 방법이 요구될 수 있다.

■ 해당 사이트의 핵심적인 비즈니스 또는 비즈니스 명에 관련된 것이어야 한다

도메인 명으로 그 브랜드가 어떤 카테고리에 속해 있는지를 파악할 수 있는 것이 바람직할 것이다. 특히 특정 카테고리에서의 선두를 염두에 두고 있는 기업이라면 이를 더욱 중요하게 고려할 필요가 있다. 옥션(Auction.co.kr)과 같은 도메인 명은 비즈니스의 특성을 잘 대변해 주고 있어 소비자들의 웹사이트 인지도를 쉽게 높일 수 있다.

제3절 인터넷 브랜드 자산의 구성요소 및 자산구축 전략

1. 물리적 브랜드의 자산과 인터넷 브랜드 자산의 정의

1) 브랜드 자산의 정의

본장의 초점이 되고 있는 브랜드 자산(brand equity)[39]의 개념은 오늘날의 시장에서 전

략적 우위를 획득하기 위해 브랜드를 구축, 유지, 이용하는 것이 매우 중요하다는 점에서 마케팅 학자들과 실무자들의 관심의 대상이 되어 왔으며,[40] 이에 대한 다양한 정의가 문헌에서 나타나고 있다.

아커(Aaker)는 브랜드 자산을 '**브랜드에 연결된 자산과 부채의 집합**'으로 정의했고, **켈러(Keller)**는 인지심리학에 기반으로 두고 '**해당 브랜드의 마케팅에 대한 브랜드 지식의 차별적인 영향**'과 같이 브랜드 자산을 소비자 기반의 브랜드 자산으로 정의했다.[41]

2) 인터넷 브랜드 자산

브랜드 자산을 구축하는 기본 과정은 어디서나 동일하다고 볼 수 있다. 브랜드의 존재와 효익을 알릴 수 있어야 할 뿐 아니라 또한 브랜드 자체가 이 메시지를 뒷받침해 줄 수 있어야 한다. 자동차를 운전하거나, 청바지를 입거나, 신문을 읽거나 또는 검색엔진을 이용해서 웹을 서핑할 때마다 그 소비자 체험에 대한 소비자의 반응을 브랜드 자산을 강화시키거나 저하시키게 된다. 만약 그 체험이 기대에 부흥하거나 그 이상일 때에는 브랜드 자산이 강화되고 그렇지 않을 때는 약화된다.[42]

포장재에서 제품이 1차적인 브랜드라고 할 수 있지만[43] 서비스에서와 마찬가지로 인터넷에서도 **사이트** 그리고 **콘텐츠(content)**가 1차적인 브랜드라고 할 수 있다. 즉, 브랜딩은 유형의 제품을 위해서만 적합한 것이 아니라 서비스 기업을 위해 그리고 인터넷 기업을 위한 주요 성공 요인이 될 수 있다는 것을 제시할 수 있는 것이다.

2. 인터넷 브랜드 자산의 차원

브랜드 분야의 저명한 학자인 **아커(Aaker)**는 브랜드 자산의 차원으로 브랜드 인지, **브랜드 이미지, 지각된 품질, 브랜드 충성도** 등을 제시하였다.[44] 다른 연구자들도 유사한 브랜드 자산 차원을 제시했는데 브랜드 충성도와 브랜드 연상으로 구성한 경우도 있고[45] 그리고 브랜드 분야의 또 다른 저명한 학자인 **켈러(Keller)** 교수는 브랜드 자산을 브랜드 지식이라는 개념으로 표현하고 이는 크게 브랜드 인지와 브랜드 이미지로 구성되어 있다고 주장했다.[46] 본서에서는 아커 교수의 브랜드 자산 차원을 중심으로[47] 인터넷상에서 브랜드 자산을 높이기 위한 하위차원인 브랜드 인지, 브랜드 이미지, 지각된 품질, 브랜드 충성도 등을 관리하기 위한 방안을 설명하고자 한다. 결국 브랜드 자산 현상을 이해하는 것은 적절하게 브랜드 인지도, 지각된 품질, 충성도, 브랜드 이미지 등을 포함하는 브랜드 자산의 차원을 강화시킬 것을 요구한다는 것이다. 쉽게 표현하자면 높은 브랜드 자산은 고객들이 브랜드에 긍정적이고 강한 이미지를 가지고 있다는 것을 말하고 제품품질을 높게 지각하고 있다는 것이며 브랜드 충성적이라는 것을 의미한다.

결국 [그림 8-1]에서 볼 수 있듯이 기업들은 이러한 브랜드 자산의 하위차원을 강화시킴으로써 브랜드 자산 가치를 높일 수 있다. 특히 인터넷 브랜드 자산에서도 이러한 차원은 그대로 적용될 수 있다. 그러므로 이하에서는 브랜드 자산에 대한 문헌 등을 중심으로 인터넷 브랜드의 자산구축 방안을 제시하며, 특히 인터넷상에서는 어떠한 마케팅 노력이 더 중요한지를 설명하기로 한다.

그림 8-1 | 브랜드 자산의 개념적 모델

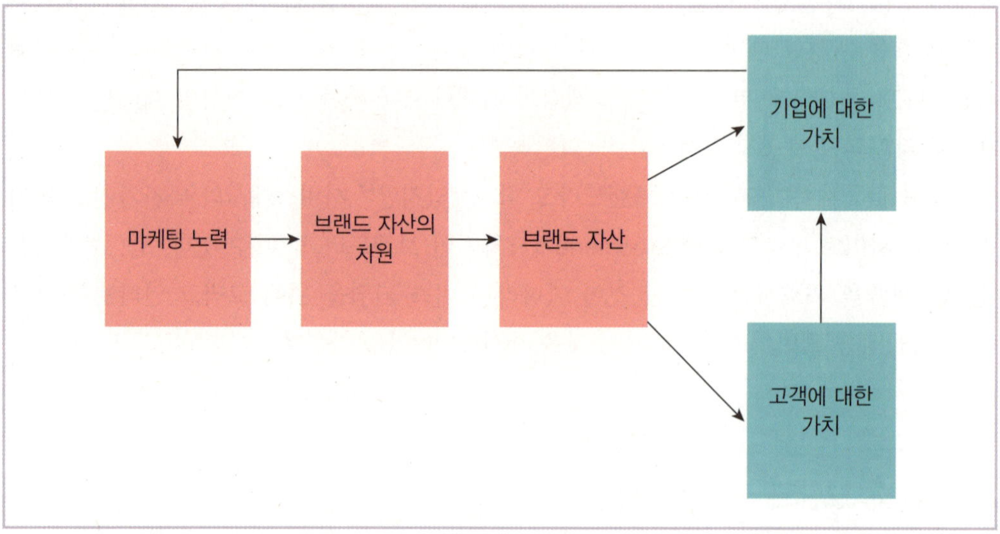

1) 브랜드 인지

(1) 브랜드 인지의 정의

브랜드 인지(brand awareness)란 고객의 마음속에 자리잡은 브랜드 실체의 강점인데 풀어서 말하자면 잠재구매자가 어떤 제품 부류에 속한 특정 브랜드를 재인식 또는 상기할 수 있는 능력을 말한다. 실제 브랜드 인지가 없이 제품 구매 결정을 내리는 경우는 드물고, 신상품의 성공을 예측하는 거의 모든 계량 기법들이 브랜드 인지를 중요한 변수로 다루고 있다. 브랜드 인지도는 브랜드 자산의 근본적인 차원 중 하나로서 소비자의 구매의사결정 과정 중 고려군에 해당 브랜드를 포함시키는 주요 원인이기에 종종 소비자의 구매 결정의 전제조건으로 간주된다. 연구에 의하면 브랜드 인지도가 높다는 것은 소비자가 브랜드와 브랜드 특성에 익숙하기 때문에 소비자의 인식된 위험 평가와 구매 결정에 대한 신뢰도에 영향을 미칠 수 있다.[48]

(2) 브랜드 인지도를 제고하는 법

인터넷 브랜드나 오프라인 브랜드들이 브랜드 인지도를 제고하는 방법은 다음과 같이 설명될 수 있다.

■ 웹사이트 및 소셜미디어 노출

[그림 8-2]에서 볼 수 있듯이 잠재고객의 관심사를 파악하여 여러 인터넷 사이트에 노

그림 8-2 | 오프라인 브랜드의 인터넷을 통한 브랜드 인지도 구축[49]

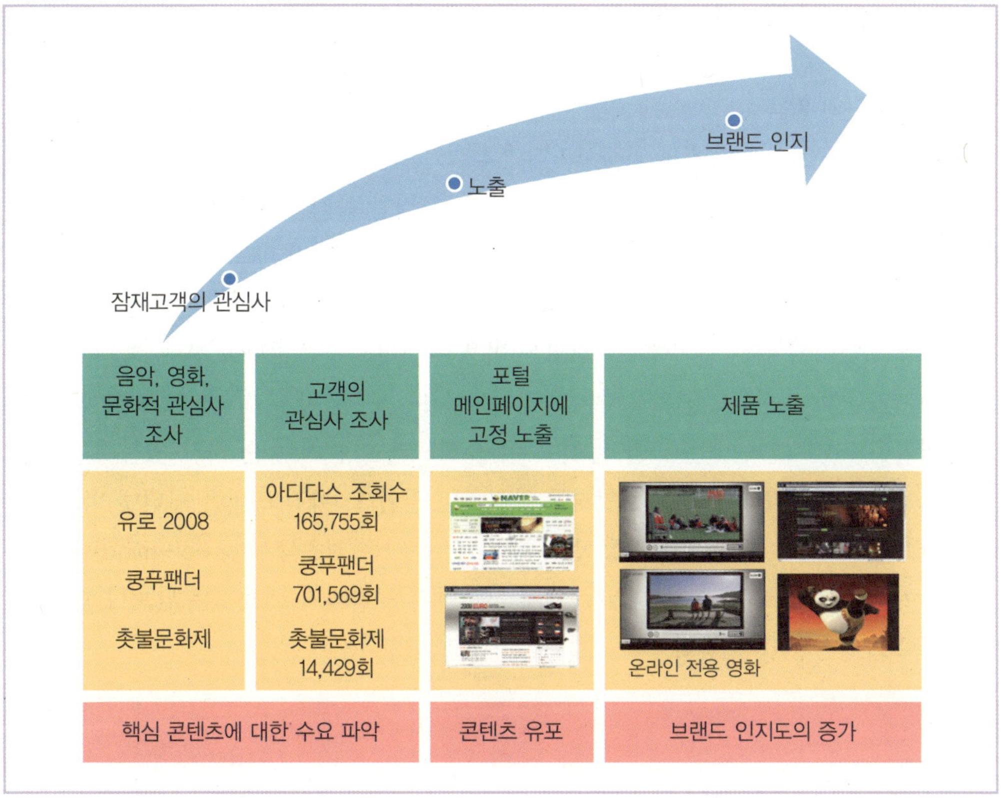

출을 통하여 전통적인 매체광고와는 별개로 소비자의 관심 및 브랜드 인지도를 높일 수 있다.

검색엔진은 검색용어와 사용자가 원하는 콘텐츠에 액세스하는 데 사용되는 링크에 따라 결과 목록을 제공하는데, 이 간단한 과정은 현재 온라인 콘텐츠에 접근하는 가장 중요한 방법이다.[50] 이러한 키워드를 통한 검색을 활용할 수 있는 검색엔진은 수많은 웹사이트가 제공되기 때문에 사용자에게 올바른 페이지를 제공하는 데 중요한 역할을 한다. 구글과 같은 검색엔진은 웹페이지의 특성과 전 세계 웹에서의 존재에 따라 웹페이지의 등급을 매기기 위해 페이지 순위 알고리즘을 사용하는데, 많은 전문가들은 온라인에서 자사 브랜드가 쉽게 인지되기 위해서는 자사 사이트나 광고의 노출을 위해 검색엔진 최적화가 필요하다는 데 동의하고 있다.[51]

검색엔진 최적화, 즉 **SEO(Search Engine Optimization)**는 검색엔진의 검색결과에서 상위에 표시되게 하는 전략을 말한다. 검색엔진을 이용해서 정보를 찾는 사용자는 보통 검색결과에서 1~2페이지, 많아야 3페이지 정도 밖에 확인하지 않는다. 이러한 사실에서 검색엔진 결과가 상위에 표시되게 하는 SEO는 인지도를 높이는 역할뿐 아니라 사이트 접속 유인을 증대시키고 성과에도 영향을 미치는 중요한 수단이 될 수 있다.[52]

■ 동영상 광고의 활용

인터넷 브랜드를 소비자에게 인식시키려면 왜 그 브랜드가 주목을 받아야 하는지에 관한 이유를 기억에 남을 수 있도록 전달해야 한다. 그러한 목적을 달성하기 위해서는 여러 가지의 방안들이 있지만 우선 전달하고자 하는 메시지가 차별적이고 전달 방식이 특이하여야 한다. 일반적으로 커뮤니케이션 비용을 무시할 수는 없지만 인터넷시장에 뛰어들 때는 인지도를 높이기 위해 초기에 TV 광고를 이용하는 것도 필요하다고 볼 수 있다.

닷컴 기업들이 기존광고를 활용하는 가장 큰 이유는 가장 먼저 회상되고자 함이다. 광고의 역할은 기본적으로 브랜드를 알리고 이 브랜드가 어떤 약속을 하고 있는지 소비자 마음속 어떤 카테고리에서 싸울 것인지를 알려주는 일이다. 아직도 많은 인터넷 비즈니스 카테고리에서는 해당 범주에서 가상 먼저 상기될 수 있는 **최초상기(top-of-mind)**에 들어갈 여백이 남아있다. 네티즌의 즐겨찾기 메뉴에 빨리 등록되기 위해서는 남보다 먼저 기억 속으로 들어가는 것이 좋다.[53]

인터넷 비즈니스 기업들은 TV 광고를 지속적으로 활용하여 브랜드 인지도를 높이고 있으며 심벌 및 모델을 활용하고 있다(각각 ssf(좌상), 무신사(좌우), 여기어때(좌하) 동영상 광고).

■ 커뮤니케이션의 차별화

커뮤니케이션을 하더라도 반드시 다른 회사들마다 차별화되는 커뮤니케이션이 중요하다고 볼 수 있는데 경쟁사들과 유사한 커뮤니케이션 전략을 쓰는 브랜드는 소비자의 주의를 끌기가 어렵기 때문이다. 실제 제품 컨셉과 밀접하게 연관되는 심벌은 브랜드에 대한 소비자의 인식 창출과 기존 인식 수준을 유지하는데 큰 역할을 할 수 있다. 심벌은 시각적 이미지를 동반하므로 배우거나 회상하기가 말보다 훨씬 쉬운데, 예로 오프라인에서도 맥도날드의 M자나 KFC의 할아버지상은 인지도를 높이는 효과적인 수단이 되고 있으며 온라인에서도 많은 사이트들이 심벌을 활용하여 커뮤니케이션하고 있다. 유튜브 광고를 생각해보자. 대체로 스킵(띄어넘기)이 가능한 광고들은 유저들이 당연히 스킵하게 된다. 이러한 점에서 초반 5초에 끝까지 시청하게 할 수 있는 차별성이 있어야 하며 타깃의 관심을 유도할 수 있는 썸네일[54]로 클릭을 유도하는 것도 매우 중요하다.

■ 퍼블리시티 및 전략적 제휴 활용

퍼블리시티(publicity) 및 전략적 제휴 등도 효과적으로 이용할 필요가 있다. 인터넷 기업의 기술 특수성, 해당 범주의 선도력 등이 충분히 뉴스나 기삿거리로 다루어질 수 있으며 이는 특히 인터넷 기업의 우수성을 강조할 수 있는 촉진 전략이 될 수 있다, 그리고 관련 브랜드와의 **전략적 제휴(connection)**도 브랜드 인지도를 제고하기 좋은 방법이 될 수 있다. 예를 들어, 마케팅 비용을 필요로 하지 않는 관련 사이트 간 배너 교환과 같은 제휴 방법이 특히 인지도를 높이기 위한 좋은 수단이 될 수 있다.

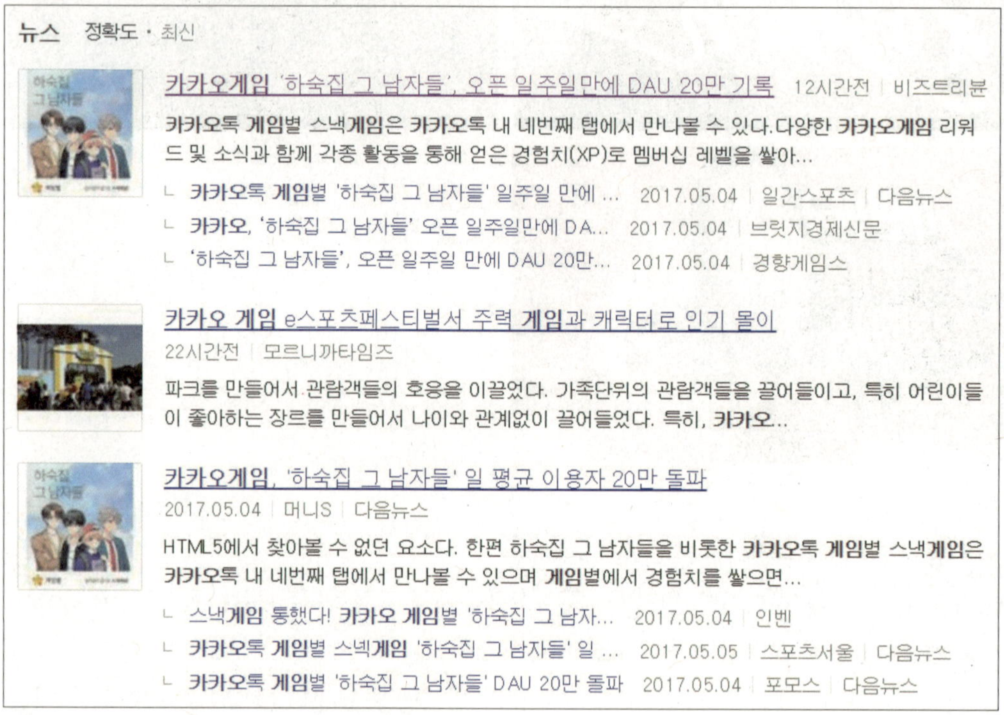

뉴스 정확도 · 최신

카카오게임 '하숙집 그 남자들', 오픈 일주일만에 DAU 20만 기록 12시간전 | 비즈트리뷴

카카오톡 게임별 스낵게임은 카카오톡 내 네번째 탭에서 만나볼 수 있다.다양한 카카오게임 리워드 및 소식과 함께 각종 활동을 통해 얻은 경험치(XP)로 멤버십 레벨을 쌓아...

- 카카오톡 게임별 '하숙집 그 남자들' 일주일 만에 ... 2017.05.04 | 일간스포츠 | 다음뉴스
- 카카오, '하숙집 그 남자들' 오픈 일주일만에 DA... 2017.05.04 | 브릿지경제신문
- '하숙집 그 남자들', 오픈 일주일 만에 DAU 20만... 2017.05.04 | 경향게임스

카카오 게임 e스포츠페스티벌서 주력 게임과 캐릭터로 인기 몰이

22시간전 | 모르니까타임즈

파크를 만들어서 관람객들의 호응을 이끌었다. 가족단위의 관람객들을 끌어들이고, 특히 어린이들이 좋아하는 장르를 만들어서 나이와 관계없이 끌어들었다. 특히, 카카오...

카카오게임, '하숙집 그 남자들' 일 평균 이용자 20만 돌파

2017.05.04 | 머니S | 다음뉴스

HTML5에서 찾아볼 수 없던 요소다. 한편 하숙집 그 남자들을 비롯한 카카오톡 게임별 스낵게임은 카카오톡 내 네번째 탭에서 만나볼 수 있으며 게임별에서 경험치를 쌓으면...

- 스낵게임 통했다! 카카오 게임별 '하숙집 그 남자... 2017.05.04 | 인벤
- 카카오톡 게임별 스낵게임 '하숙집 그 남자들' 일 ... 2017.05.05 | 스포츠서울 | 다음뉴스
- 카카오톡 게임별 '하숙집 그 남자들' DAU 20만 돌파 2017.05.04 | 포모스 | 다음뉴스

기사로 노출하고 있는 카카오 게임 성공 관련 내용

2) 인터넷 브랜드 이미지

(1) 브랜드 이미지의 개념

브랜드 이미지(brand image)는 '**소비자 기억 속에 저장되어 있는 브랜드 연상에 의해 투영되는 브랜드에 대한 인식(perception)**'으로 정의된다. 강한 연상을 가진 브랜드 인지는 특정한 브랜드 이미지를 형성한다. 또한 **아커(Aaker)**는 **브랜드 연상(brand association)**을 '**브랜드에 연계된 기억**'으로 정의하고 있으며 브랜드 이미지를 '**일반적으로 의미 있는 방식으로의 브랜드 연상들의 결합**'으로 정의하고 있다. 실제 브랜드 연상은 복잡하고, 각각 서로 연결되어 있으며, 브랜드 지식의 네트워크를 강력하게 굳히는 다양한 요소 등으로 구성되어 있다.

(2) 인터넷 브랜드 이미지의 차원

브랜드 이미지를 파악하는 차원은 매우 다양한데 브랜드 자산의 구성요소에 대한 구조는 [그림 8-3]에서 볼 수 있듯이 본서에서는 **켈러(Keller)**의 구분에 의해 브랜드 이미지를 크게 ① **제품속성과 관련된 이미지**(제품범주, 유형적 제품속성, 지각된 품질), ② **제품속성과 직접 관련이 없는 이미지**(브랜드 개성, 사용자, 제품용도, 원산지), 그리고 ③ **기업특성에 관련 이미지**로 나누어 설명하고 있다.

그림 8-3 | 브랜드 자산 및 브랜드 이미지의 구조[55]

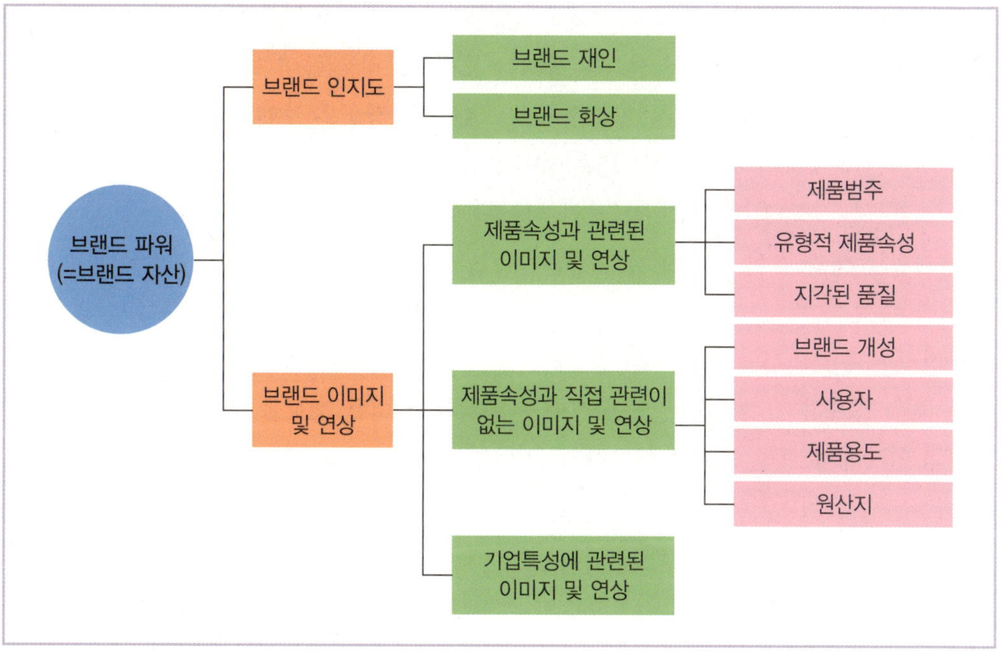

(3) 긍정적 이미지 창출

웹 이미지는 소비자 기억 속에 연상되는 닷컴 기업에 대한 사이트 관련 또는 사이트 비관련 지각으로 정의할 수 있다. 중요하게 고려해야 할 점은 이러한 차원에서 일반브랜드와 웹사이트는 다르다. 브랜드화된 제품에 있어(예: 맥북), 제품관련 연상(GPU 14코어, 차별화된 디자인, 사용하기 용이함)이 브랜드에 대한 소비자 지각 중 가장 기본이 되는 것이다. 반대로, 웹사이트에 있어서는(예: 쿠팡), 제품관련 연상(취급하는 상품의 수, 가격 이점, 제공되는 상품의 질)뿐만 아니라 사이트 특성과 관련된 연상(예: 내비게이트하기 편리함, 소비자 프라이버시에 대한 고려) 등이 닷컴 기업의 소비자 지각을 형성하게 된다.[56] 그러므로 소비자에게 제공되는 사이트는 긍정적 닷컴 이미지를 형성하기 위해 항해가 쉽고, 신뢰할만 하여 개인화를 잘해야 한다.[57] 그리고 제공자가 신뢰적이며 접근 가능하고 소비자의 프라이버시를 잘 지키며 안전한 정보전달을 하는 제공자는 온라인 기업의 이미지에 매우 중요한 역할을 한다.[58]

웹사이트에 있어서는 이러한 제품 관련 속성이 매우 중요하며 닷컴 기업의 웹사이트에 친밀한 경험을 구축하는 데 중요한 역할을 한다.[59] 그리고 온라인 기업의 웹사이트에 대한 경험은 닷컴 기업에 대한 이미지뿐만 아니라 차기 방문의도에 강한 결정요소가 된다. 그런고로 웹 자산은 기존 브랜드 이미지의 개념을 넘어서는 개념으로 이해해야 한다.

많은 연구들은 웹사이트의 경우 브랜드 신뢰의 역할이 매우 중요한 것으로 밝혀지고 있다. 인터넷 비즈니스 기업들의 신뢰의 붕괴는 브랜드들의 행동이 브랜드들이 전하는 약속과 가치관이 다를 때 발생한다. 기본적으로 브랜드 진정성은 브랜드 신뢰에 직접적인 영향을 미치는데 성공하려면 소비자들은 자신의 브랜드를 믿어야 하고, 그들에게 그렇게 보이는 브랜드는 그렇지 않은 브랜드보다 더 성공할 가능성이 높을 수 있다는 것이다.[60] 특히 온라인 은행과 같이 잘못된 결과가 많은 위험을 초래하는 경우 더욱 그러한 경향을 보인다 할 수 있다.[61]

긍정적이고 호의적인 이미지를 전달하는 것뿐 아니라 부정적인 메시지를 차단하는 것 또한 매우 중요하다, 인터넷은 소비자에게 양질의 막대한 정보를 쉽게 제공하고 있지만 기업의 입장에서 보면 그들이 의도하지 않았던 브랜드와 기업에 대한 정보가 무차별적으로 확산됨으로 이미지에 손상이 가는 상황을 자주 경험할 수 있다. 그러한 제품에 대한 가짜뉴스에 대한 설득력은 브랜드 신뢰에 큰 영향을 미칠 수 있다.[62] 이러한 관점에서 브랜드 이미지를 관리하기 위한 가짜뉴스나 소비자의 부정적 언급에 대한 모니터링이 기업의 입장에서는 중요할 수 있다. 미국에서 많은 기업들은 이러한 가짜뉴스에 대응하기 위해 **브랜드워치(brandwatch.com)** 또는 스프링클 같은 SNS 모니터링 업체로부터 서비스를 제공받고 있다. 이러한 사이트들은 합법적인 사이트에서 불법적이고 수상한 사이트에 이르기까지, 전체 웹 환경에서 새롭게 등장하는 위협 요소를 추적하는 엔진을 통해 간단한 언급이나 특정 단어의 사용 빈도를 체크하는 워드 클라우드를 훨씬 뛰어넘는 수준급 **가짜뉴스 체크기술**을 활용하고 있다.[63]

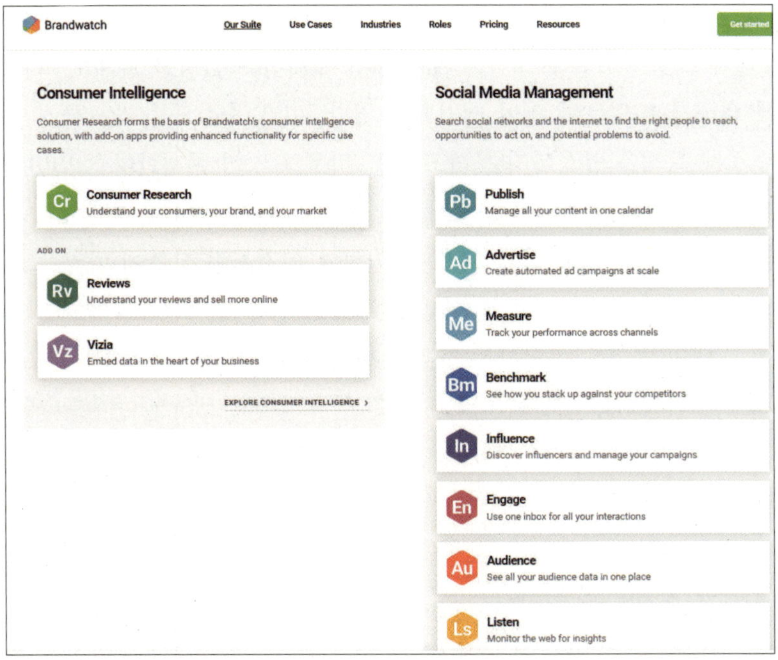

SNS를 통한 기업 브랜딩 뿐만 아니라 기업에 대한 가짜뉴스를 관리해주는 대행사(brandwatch.com)

3) 인터넷 브랜드 충성도

(1) 브랜드 충성도의 정의 및 중요성

브랜드 충성도(brand loyalty)는 소비자가 '**미래에 지속적으로 상품 또는 서비스를 재구매하거나 후원할 수 있는데 강력하게 몰입하는 행동**'이라고 정의할 수 있다. 일반적으로 충성적인 소비자들은 좀 더 충성적인 브랜드에 우호적 성향을 보인다고 했다. 브랜드 충성도는 소비자들이 해당 브랜드를 정기적으로 구매하게 만들고 다른 브랜드로 전환하는 것을 저항하게 한다. 그러므로 소비자가 브랜드에 몰입하는 정도가 강하면 강할수록 브랜드 자산이 증가할 것이며 인터넷에서도 같은 원칙이 적용될 수 있을 것이다.

인터넷 브랜드의 자산 증대에 인터넷 브랜드의 충성도의 영향력 및 닷컴 기업 성공의 중요한 결정요소로서의 역할은 그 무엇보다도 크다고 볼 수 있다. 충성적인 고객은 경쟁적인 브랜드로 덜 전환하는 경향이 있고, 전형적으로 덜 가격에 민감하다는 것을 제시하고 있으며,[64] 그리고 기업에 대한 긍정적인 구전 커뮤니케이션의 원천이 된다고 이야기한다. 이는 또한 경쟁기업에게 진입장벽이 되며 기업의 마케팅 비용을 줄일 수 있다. 결과적으로 강력한 웹사이트를 구축하는 것은 고객을 위한 부가가치를 위해서 뿐만 아니라 충성적인 고객들을 통해 기업에 부가가치를 높이기 위해서 중요하다고 볼 수 있다.[65]

(2) 브랜드 충성도의 제고

온라인 브랜드들은 실제로 충성도 프로그램을 많이 도입 실시하고 있지만 실제로 그 효과를 거두고 있는가에 대해서는 의문이 많이 제기되고 있다. 고객 충성도를 제고하기 위한 충성도 프로그램이 실제 목적을 달성하지 못하고 있는 경우도 많이 존재한다.[66] 일반적으로 경쟁사가 충성도 프로그램을 모방해서 도입하기만 하면 고객은 당사와 경쟁사의 충성도 프로그램에 모두 가입해서 충성도 프로그램을 도입하기 이전처럼 상황에 따라 브랜드를 선택하게 되는 일이 빈번하다. 예를 들어, 게임을 무료로 제공하는 한게임에 가입하고서도 다른 포털 사이트 내의 게임에 몰입하는 경우가 빈번하며, 다음포털에 가입하고서도 지식검색과 같은 새로운 검색기능 때문에 네이버와 같은 포털을 방문하는 경우도 적지 않다. 이렇게 되면 결국 계속적인 방문 및 구매의 결정요인은 충성도 프로그램이 아니라 브랜드의 상대적 가치가 될 수밖에 없는 것이다. 즉 시장점유율이 작은 브랜드가 시장점유율이 큰 브랜드에 비해 고객 수도 적고, 고객의 방문 및 구매빈도도 낮은 **이중위험(double jeopardy)**[67]에 빠질 수 있다는 것이다.

웹사이트의 경우에는 다양한 특성 때문에 방문자의 충성도를 높이기 위한 다양한 충성도 전략이 적용되어야 한다고 이야기하고 있다. 광고 기반의 웹사이트(예: 신문사 사이트)는 방문자의 방문시간을 증가시키기 위한 데 초점을 두고 방문자들이 내비게이션 동안 광고를 클릭할 수 있도록 해야 한다. 방문자에게 플로우 경험을 일으킬 수 있는 잘 설계된 웹사이트와 보상 프로그램은 광고 기반의 웹사이트에게 있어 더욱 중요하다.[68]

최근에는 마케팅 관리자 및 연구들이 인터넷에서 소비자의 참여의 역할을 매우 강고하고 있다. 소비자의 적극적인 참여는 고객의 사이트 충성도 및 다른 사람에 대한 긍정적 구전에 매우 중요한 역할을 한다는 것이다.[69] 소비자들의 인터넷 브랜드에 대한 적극적인 참여를 통해 충성도를 이끌어내는 것 또한 매우 중요한 과제가 될 수 있다.

아마존(amazon.com)이나 **이베이(ebay.com)** 같은 거래 기반의 웹사이트에 있어서는 사이트에서 오래 머무르는 것보다 재방문의 수를 늘리는 것이 더 중요한 목표가 될 수 있다. 그러므로 전체적인 만족과 보상 프로그램을 제공하는 것이 거래 기반의 웹사이트에 있어서는 더욱 중요하다. 그러므로 소비자가 좋아할 만한 다양한 판촉 프로그램과 전략을 사용하여 소비자의 지속적 구매 및 충성도를 이끌어내는 것이 무엇보다 중요하다고 볼 수 있다([Internet Marketing Insight 8-2] 참고).[70] 결국 각 방문당 방문자 만족을 증가시키는 것 이외에도 웹사이트는 소비자 편의성 등과 같은 다양한 전반적 만족을 위한 프로그램을 개발해야 할 필요성이 높다.

Internet Marketing INSIGHT 8-2

식품업계의 온라인 촉진을 활용한 충성도 강화전략

식품업계가 자사몰을 통해 상품을 소비자에게 직접 판매하는 D2C(Direct to Customer) 전략에 공을 들이고 있다. 중간 유통단계를 줄여 가격 경쟁력을 확보하고, 자사몰 전용 혜택을 마련해 다수의 공급업체에 흩어진 소비자 수요를 충성고객으로 돌리려는 모습이다.
롯데제과는 D2C 전략으로 구독 서비스를 확대하며 자사몰 롯데 스위트몰과 롯데 푸드몰의 신규회원 유입을 꾀하고 있다. 13일 롯데제과는 가정간편식(HMR) 정기구독 서비스 '월간밥상'을 론칭했다. 월간밥상의 푸드 큐레이션을 서비스를 통해 구독자는 계절과 주제에 알맞게 구성된 Chefood(쉐푸드) 간편식 꾸러미를 매월 셋째 주 목요일 전후로 받아볼 수 있다. 제품 구성은 비공개다. 앞서 롯데제과는 과자 구독 서비스 '월간 과자'를 시작으로 아이스크림 구독 '월간 아이스', 빵 구독 '월간생빵' 등 자사몰에서만 신청이 가능한 다양한 구독 서비스를 전개해 왔다. 최근에는 도매점 및 소매점을 거치지 않고 공장에서 갓 나온 제품을 일주일 이내에 바로 받아볼 수 있도록 한 '갓생상회' 직송 서비스도 선보였다. 구독료 또한 낱개 제품을 구매하는 것보다 경제적이라는 설명이다. 월간밥상의 경우 구성 제품들을 낱개로 구입하는 것보다 평균 15% 저렴한 가격으로 제공한다. '카스타드'를 시작으로 향후 소비자의 반응에 따라 품목을 확대해 운영한다는 방침이다.
농심도 최근 공식 온라인몰 '농심몰'을 오픈했다. 농심은 자사몰 충성고객 확보를 위해 신제품을 빠르게 맛볼 수 있는 기회와 참여형 이벤트 등을 마련했다. 아울러 고객 관심사에 따른 제품 추천 기능을 도입했다. 농심의 라면 및 스낵 신제품의 사전예약 판매에 참여한 소비자는 정식 출시보다 최대 1주일 정도 빠르게 구매할 수 있다. 또 농심몰의 커스텀 카테고리에서는 소비자가 원하는 사진과 문구를 제품 패키지에 인쇄하는 '농꾸' 서비스 이용이 가능하다. 현재 너구리컵과 닭다리스낵 두 제품의 '농꾸' 주문이 가능하며 향후 적용 제품을 확대한다는 방침이다.

롯데제과(좌)와 농심(우)의 온라인 쇼핑몰을 이용한 고객 충성도 프로그램

CJ제일제당의 자사몰 'CJ더마켓'도 몸집을 키우고 있다. 업계에 따르면 CJ더마켓은 지난 8월 기준 누적 회원수 308만 명을 달성했다. 이는 전년 동기 대비 10.8% 증가한 수치이며 매출 역시 꾸준히 신장세를 보이고 있다는 설명이다. CJ더마켓 모바일 애플리케이션으로만 구매 가능한 한정판 할인 제품을 선보이거나 멤버십 제도인 '더프라임'을 통해 충성고객을 위한 전용 혜택을 제공한다. 또 매달 '더마켓 세일 페스타', '더마켓 프레시 페스타' 등의 정기 프로모션을 통해 자사몰의 소비자 혜택을 강화하고 있다.[71]

4) 지각된 품질

(1) 지각된 품질의 정의

지각된 품질(perceived quality)은 '**제품의 전반적인 우수성에 대한 소비자의 주관적인 판단**'이라고 정의될 수 있다. 개인적인 제품 체험과 독특한 니즈, 그리고 소비상황이 소비자의 품질에 대한 주관적 판단에 영향을 미칠 것이다. 높은 지각된 품질은 브랜드에 대한 장기적인 체험을 통하여 소비자들이 브랜드를 차별적이고 우수한 것으로 인식하는 것을 말한다. 결국 높은 지각된 품질은 다른 경쟁적 브랜드보다 해당 브랜드를 선택하는 동인이 될 수 있으며, 인터넷에서도 사이트의 지각된 품질이 높다고 평가될수록 브랜드 자산이 증가한다고 볼 수 있을 것이다.

현대의 경쟁에서는 뛰어난 품질을 가진 것만으로는 불충분하다는 점 그리고 소비자의 지각된 품질이 품질 평가의 기준으로 활용되어야 한다는 것이다. 일반적으로 지각된 품질을 높이기 위해서는 생산하는 과정에서 품질 관리도 중요하지만 소비자가 중요하게 생각하는 품질 기준을 충족시키고 새롭고 독특한 품질 요소를 갖추는 것이 매우 중요하다고 볼 수 있다. **브랜딩(branding)** 또한 지각된 품질에 중요한 역할을 할 수 있는데 브랜드 가치가 높거나 글로벌 브랜드인 경우 소비자가 선호하는 현상이 뚜렷하다는 연구결과가 많다. 결국 브랜딩이 잘되어 있거나 브랜드 글로벌화 정도가 높은 경우 소비자는 해당 브랜드를 품질이 높다고 생각하는 경향이 매우 높다는 것이다.[72]

(2) 지각된 품질의 제고

또한 기업은 지각된 품질을 넘어서 소비자가 제품에 대한 지각된 가치를 높게 지각하게 하는 것이 매우 중요한 과제인데 이는 품질이 가격에 의해 다른 가치로 평가되게 할 수 있다는 것을 의미한다. 즉, 가격이 낮아짐으로 해당 제품의 가치가 높아질 수 있는 것이다.[73] 제품 품질 증대를 통해 가치를 창조하는 것 또한 매우 중요하다. 재료의 질, 성능, 디자인 등 모든 것은 고객이 지각하는 가치로 연결된다. 기술 혁신 역시 이러한 맥락에서 중요한 역할을 할 수 있다. 소비자에게 가치를 지각하게 만드는 것도 매우 중요하다. 기업은 제품에 대한 설명회나 제품 판매를 위한 홍보, 브랜드 스토리 등을 통해서 소비자들에게 해당 가치를 지각시키는 것도 매우 중요하다.[74]

온라인상에서는 일반적으로 유형의 상품과 무형의 디지털 서비스가 그 거래대상이 된다고 볼 수 있는데, 쇼핑몰에서는 유형의 상품이 많은 비중을 차지한다고 볼 수 있지만 순수 온라인 브랜드의 경우에서는 서비스적 특성이 많은 비중을 차지한다고 볼 수 있다. 그리고 온라인 쇼핑몰 또한 정보제공적 부분, 장바구니의 편리성 등이 많은 비중을 차지하기에 서비스의 특성을 많이 포함하고 있다고 볼 수 있다. 이렇듯 가상공간에서는 제품 및 서비스가 실물의 형태로 존재하지 않고 그림이나 이미지의 형태로 존재하기 때문에 웹사이트를 통해 제공하는 웹 서비스의 품질은 사이버 브랜드 자산 구축의 성공을 결정하는데 가장 중요한 요인 중의 하나가 된다. 특히 홈페이지의 구성이나 내용, 정보 등은 그 기업에 대한 신뢰를 형성하는 중요한 기준이라고 볼 수 있다.[75] 실제 소셜미디어에서 소비자 불만에 대한 조사는 마케팅 관리자들이 브랜드 비판자들의 품질에 대한 반발을 빠르게 잠재우라는 것을 조언한다. 기본적으로 브랜드 가치를 높이기 위해 긍정적인 영향을 미칠 수 있는 전략을 선택하며 소비자의 품질 불만을 해결할 수 있는 전략으로 꾸준히 노력할 필요가 있다.[76]

Internet Marketing INSIGHT 8-3

브랜딩 온라인 전략과 실전사례[77]

■ 인터넷 상거래 모델의 교본 '아마존'– 총체적인 고객체험의 소유와 혁신의 스피드

아마존은 인터넷에 등장한 최초의 온라인 서점이다. 야후의 경우와 마찬가지로 선점의 효과를 극대화해 초기부터 지금에 이르기까지 지속적이고 일관된 홍보 전략과 광고 전략을 통해 아마존이라는 강력한 인터넷 브랜드를 구축하는 데 성공했다. 온라인 서점으로 출발한 이래 아마존은 인터넷 비즈니스의 핵심이 '고객과의 1:1 관계'에 있음을 보여주고, 고객과의 관계를 고객의 입장에서 혁신해온 가장 모범적인 사례이다. 오프라인에 이미 존재하는 소매점에 대비한 온라인 소매점의 가장 취약한 약점은 실체에 대한 체험이라는 측면이었다.

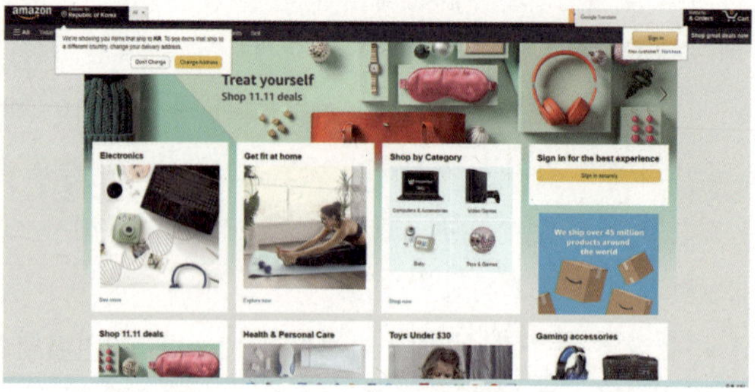

아마존(amazon.com) 메인화면

거의 모든 온라인 소매점의 전형적인 모델이 된 아마존은 이러한 약점을 극복하기 위해 우선 고객의 입장에서 쇼핑의 전 과정에 걸친 고객체험을 세부적인 과정으로 철저히 분석하는 것으로부터 시작했다. 이러한 과정을 통해 아마존은 고객들이 실제 서점에서 책을 구매하는 것과 거의 유사하거나 더 나은 체험을 할 수 있도록 사이트를 설계했다. 신간, 추천도서, 베스트셀러 등의 코너 등에서 책을 둘러볼 수도 있고, 책 찾기 기능을 통해 단편적인 정보만 알고 있는 책을 찾아 구매할 수도 있는 것은 실제서점에서 일어나고 있는 고객행위들을 인터넷상으로 완전히 옮겨온 예이다. 책을 구매하기 전에 책의 한두 장을 읽거나 서평, 독후감 등의 다양한 정보를 만날 수 있는 것은 인터넷이라는 매체의 장점을 충분히 살린 것이다. 신용카드나 배송주소 등을 등록해두고 원클릭으로 쉽게 주문할 수 있는 원클릭옵션, 쇼핑바구니에 담아두고 주문을 하지 않은 책을 이후에 별도의 과정 없이 쉽게 주문할 수 있게 해주는 것 역시 구매의 편리성을 염두에 두고 기획된 과정이다. 또한 아마존은 주문 이후의 단계마다 이메일을 발송해 고객들의 궁금증을 해소해 주었으며, 회사가 약속한 배송시간보다 항상 먼저 도착하도록 신속성을 보여주었다. 한번 고객으로 등록된 이들에게는 원하는 서적정보를 이메일로 정기적으로 보내주고 있으며, 누적된 고객의 프로파일을 분석해 도서를 추천한다든가 지인 등의 생일이나 기념일을 기억시키면서 도서를 추천하는 등의 고객맞춤형, 관리형 서비스를 선보이고 있기도 하다. 이 중 많은 서비스들은 경쟁자들에게 채용돼 많은 인터넷 소매점에서 볼 수 있게 됐지만 아마존은 이러한 고객중심의 혁신을 경쟁자들보다 먼저 발빠르게 시도해 왔고, 바람직한 예로 기록돼 왔다. 이러한 혁신을 기반으로 아마존은 음반, 장난감, 컴퓨터, 소프트웨어, 전자제품에 이르기까지 다양한 제품들을 판매하는 것으로 확장을 거듭해가고 있다. 많은 이들이 아마존의 확장과 누적된 적자로 개선되지 않고 있는 재무구조에 대해 회의적인 시선을 보내고 있지만, 아마존이라는 인터넷 소매브랜드가 고객들에게 보다 혁신적이고 고객에 밀착한 쇼핑체험을 제공했다는 것은 이론의 여지가 없다.

고객체험의 반영과 함께 아마존의 성공비결에는 한발 앞선 소비자 니즈의 반영이라는 또 다른 교훈이 있다. 다른 사이트들이 아마존의 웹사이트를 모방할 때마다 아마존은 곧바로 다음 단계로 옮겨갔다. 아마존은 최초로 신용카드 거래를 도입한 사이트였으며, 고객이 안심할 수 있도록 구매과정을 세분화하고 고객이 한 단계 한 단계씩 밟아 나가면서 거래할 수 있도록 한 것도 아마존이었다. 추천도서 목록이나 고객들의 서평, 구입도서를 주문한지 채 몇분도 지나지 않아 날라오는 접수확인 이메일이나 상품발송 이메일도 지속적인 고객니즈를 최초로 반영한 아마존의 작품이었다. 1998년 아마존은 고객들의 유사상품에 대한 원스톱 쇼핑을 실현하기 위해 음반시장으로 사업을 확장했다. 지금의 아마존은 서적, 음반, 장난감, 전자제품 등 거의 모든 카테고리의 상품들을 판매하는 온라인월마트와 같은 온라인 소매점 모델을 실험하고 있다. 아마존의 사례는 인터넷이라는 환경으로 변화한 새로운 세기에 강력한 브랜드를 꿈꾸는 이들에게 고객의 체험에 밀착돼 있고, 고객의 체험을 질적으로 끌어올리고 고객들의 니즈를 빠르게 반영해 그것을 기회로 사업을 확장함으로써 강력한 브랜드로 성장할 수 있다는 시사점을 준다.

■ 온라인 경매의 선두주자, '이베이'– 독특한 사업 모델과 독특한 체험에 대한 웹전효과

이베이(ebay.com) 메인화면

인터넷의 속성에 가장 충실한 비즈니스 모델로 경매를 손꼽는다. 이러한 인터넷 경매의 대표주자는 현재 한 달 페이뷰가 15억 회, 회원 1천만에 달하는 이베이다. 'Aution Web'이라는 이름으로 1995년 서비스를 시작한 이베이는 소규모 사업으로 유지돼 오다 1997년 가을 '이베이'로 이름을 바꾸면서 공격적인 마케팅으로 강력한 인터넷 브랜드로 성장하게 됐다. 이베이의 성공요건 중 가장 중요한 것은 경매와 인터넷을 결합한 독특한 비즈니스 모델의 창출이며, 이러한 이베이의 등장은 기존의 유통방식을 무너뜨리는 유통혁명으로 인식됐다. 이베이의 경우는 물류비, 재고비 등의 전반적인 인터넷 기업들이 갖는 막대한 비용이 절대적으로 적다. 인터넷 경매라는 가상현실의 인터넷의 속성에 가장 이상적인 모델로서 이베이는 별도의 대규모 광고도 집행하지 않는다. 이는 고객들의 대부분이 웹전효과에 의해 이베이를 방문하고 한번 방문한 고객들은 그 독특한 체험으로 인해 이베이의 단골이 된다. 또한 이러한 체험은 인터넷의 특징인 쌍방향 의사소통을 통해 전이된다. 이를 '웹전(Web傳)'이라고도 하는데, 시간과 공간에 제약이 없는 특수성으로 인해 순식간에 막대한 힘을 발휘하게 된다. 물론 부정적인 체험의 경우도 마찬가지이다. 그러나 긍정적인 체험은 만족을 낳게 되고 결국 이러한 만족이 모여 기존고객이 유지된다. 이베이를 방문한 고객의 경우, 자신이 체험한 긍정적인 부분에 대해 다른 고객과 공유하고자 한다. 온라인 경매라는 새로운 비즈니스 세계의 흥밋거리와 더불어 그 세계를 만족스럽게 체험하게 해주었다는 소문은 시간과 공간을 초월하게 되는 것이다.

이러한 고객들의 독특한 체험을 극대화하기 위해 이베이는 철저하게 고객중심으로 사이트를 설계했다. 이베이를 방문하는 고객은 화려한 이미지나 콘텐츠보다는 신속한 정보와 거래를 원한다. 이를 위해 이베이는 텍스트 중심의 독특한 아이콘 위주로 된 인터페이스로 신속한 정보를 재미라는 요소를 가미해 배려했다. 그리고 처음 방문한 고객을 위한 충분한 콘텐츠도 첫 페이지에 맨위에 세심하게 다루고 있다. 뿐만 아니라 이베이만의 또 다른 특징은 일 대 일 마케팅에 있다. 'My ebay'에 따라서 맞춤정보를 제공하며 그 프로파일에 따라서 어울리는 카테고리의 제품을 추천하기도 한다. 이베이는 이렇듯 사이트에 방문한 고객들의 모든 체험을 중시하며 더욱 긍정적이고 독특한 이베이만의 체험을 창출하기 위해 지속적으로 노력하고 있다. 이베이는 개인 대 개인간 경매(C2C)의 노하우와 브랜드 자산을 토대로 기업 대 개인(B2C)과 기업 대 기업간(B2B) 경매로까지 확장해 나가고 있다. 이베이의 사례에서 고객에게 독특한 체험을 주기 위한 총체적인 노력과 그에 따른 고객들의 응답으로서의 웹전효과만으로도 막대한 마케팅 비용의 지출 없이 강력한 인터넷 브랜드를 창출할 수 있다는 시사점을 얻을 수 있다.

제4절 인터넷 브랜드 확장

1. 브랜드 확장의 개념

기업이 원하는 강력한 브랜드 이미지가 소비자의 마음속에 형성되어 있다면 그 기업은 이를 이용한 다양한 브랜드 전략을 구사할 수 있다. 브랜드 자산을 이용한 대표적인 마케팅 전략으로 브랜드 확장전략을 들 수 있다. **브랜드 확장 전략(brand extension strategy)** 이란 '**한 제품시장에서 성공을 거둔 기존 브랜드 명을 다른 제품시장의 신제품에도 사용하는 브랜드 전략**'이다. 온라인 브랜드의 경우는 확장되는 제품이 모 브랜드와 같은 라인의 제품인 경우 **라인 확장(line extension)**, 다른 라인의 제품인 경우 **브랜드 확장(brand extension)**이라고 영역을 구분해 왔었다. 오프라인 브랜드에서와 마찬가지로 브랜드자산을 구축한 온라인 브랜드도 브랜드 확장 전략을 효과적으로 활용하고 있다. 예를 들어 네이버는 아이들을 위한 주니어 네이버, 번역 분야는 네이버 파파고 등으로 브랜드 확장을 하고 있다.

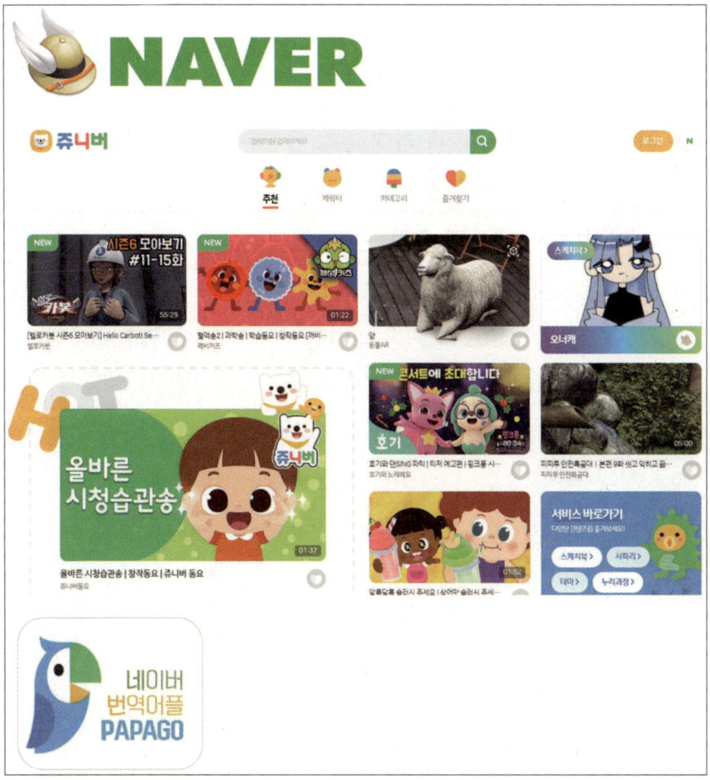

네이버의 다양한 확장 브랜드, 주니버, 파파고

2. 브랜드 확장의 이점과 문제점

1) 브랜드 확장의 이점

브랜드 확장은 다음과 같은 이점을 갖는다. 첫째, 소비자들은 기존의 브랜드 명에 친숙하기 때문에 이 브랜드 명을 부착한 새로운 인터넷 제품을 바로 인지할 수 있다. 둘째, 브랜드 확장을 통한 신제품 도입은 새로운 브랜드 명의 개발을 통한 신제품 도입보다 마케팅 비용을 훨씬 절감할 수 있다. 브랜드 확장으로 소비자들에게 신브랜드를 친근하게 하는데 정상적으로 소요되는 광고비를 상당부분 절약할 수가 있다. 셋째, 브랜드 확장을 사용한 신제품이 고객으로부터 호의적인 평가를 받게 되면 이는 다시 기존브랜드의 이미지를 더 강화시켜 기존브랜드의 매출증가에 기여할 수 있다. 마케팅 분야의 많은 연구들은 **브랜드 확장 제품**과 모브랜드 사이의 강한 **적합성**이 긍정적인 소비자 반응을 장려, 즉 확장의 성공에 영향을 미치는 중요한 요인이라는 것을 주장하고 있다.[78]

2) 브랜드 확장의 문제점

반면에 라인 확장과 같이 브랜드 확장 전략은 몇 가지 위험을 수반한다. 첫째, 신제품이 구매자를 실망시키게 되면 당기업의 다른 제품에 대한 구매자들의 믿음을 훼손시킬 수도 있다. 둘째, 그 브랜드 명이 신제품에 적합하지 않을 수도 있다. 셋째, 브랜드 명을 남용하게 되면 소비자의 마음속에서 그 제품의 독특한 위치화를 상실하게 된다. 즉 **브랜드 희석(brand dilution)**은 소비자들이 더 이상 한 브랜드와 특별한 제품 또는 거의 유사한 제품을 연관시키지 못하는 경우에 발생된다고 할 수 있다. 그들의 브랜드 명을 이전하려고 하는 기업들은 그 브랜드의 연관성이 신제품에 적합한가를 조사해야 한다. 그 브랜드 명이 신제품과 기존제품의 판매고를 높이는 경우에 최상의 결과가 이루어지게 된다. 즉 신제품이 기존의 제품의 판매에 영향을 주지 않고 잘 판매되는 경우에 바람직한 결과가 될 것이다. 반면에 최악의 결과는 신제품이 실패하였거나 기존제품의 판매를 망치게 되는 경우이다.[79]

3. 인터넷 비즈니스 기업의 브랜드 확장 유형

1) 오프라인 브랜드를 온라인 브랜드로 이전하는 경우

이 유형은 가장 일반적으로 사용되는 인터넷 브랜드 구축방법이다. 기존의 오프라인에서 잘 구축된 브랜드를 보유한 기업이 온라인상에서 똑같은 브랜드를 이용하는 것이다. Coca-Cola, BMW와 같은 기업의 사이트는 온라인상에서도 똑같은 브랜드를 사용하고 있다. 그 이유는 오프라인과 동일한 인터넷 브랜드를 통해 소비자들이 오프라인에서 가졌던 이 기업들에 대한 기대와 가치를 온라인상에서도 동일하게 제공하고 있음을 나타내기 위해서이다. 정치인의 온라인 브랜드 또한 그 예가 될 수 있다.

오프라인 브랜드 명을 그대로 활용하고 있는 BMW 사이트(http://www.bmw.com/)

2) 온라인 브랜드를 오프라인 제품이나 서비스 범주로 확장하는 경우

연구결과에 의하면 기존 브랜드가 우수한 품질을 가진 것으로 지각되고, 나아가 기존 브랜드와 그 브랜드가 부착된 확장 브랜드 간에 적합성(fitness)이 높을 때 소비자들은 확장된 브랜드에 대해 호의적인 태도를 갖게 된다고 한다. 아마존은 전자책(Kindle), 태블릿(Fire), TV(Fire TV)를 만들어 판매하고 드라마와 영화와 같은 동영상 콘텐츠도 제작해 판매하고 있으며[80] 2장에서 논의되었듯이 오프라인 서점을 개업하였다. [Internet Marketing Insight 8-4]에서 볼 수 있듯이 최근 한국에서는 마켓컬리의 뷰티컬리로의 확장, 29cm의 이구갤러리로의 확장을 대표적인 온라인에서 오프라인으로의 확장 사례로 볼 수 있다.

Internet Marketing INSIGHT 8-4

온라인 브랜드의 오프라인 브랜드로 확장 사례

■ **마켓컬리 → 뷰티컬리**

마켓컬리가 식료품에서 뷰티(화장품)로 판매 영역을 확장했다. 뷰티 전문 플랫폼 '뷰티컬리'를 오픈했다. 뷰티컬리는 럭셔리 브랜드부터 데일리 제품까지 밤에 주문하면 다음날 새벽에 받아볼 수 있다.

뷰티컬리는 마켓컬리의 뷰티버전이다. 밤에 주문하면 다음날 새벽까지 배송해준다. 화장품 브랜드들도 에스티로더, 라 메르, 맥, 아베다, 랑콤, 비오템, 케라스타즈, 록시땅, 러쉬 등 글로벌 뷰티 브랜드부터 설화수, 헤라, 오휘 등 K뷰티를 대표하는 브랜드, 논픽션, 탬버린즈처럼 인기 급상승 중인 신생 럭셔리 브랜드, 라로슈포제, 닥터자르트 등 헬스 앤 뷰티 스토어에서 볼 수 있는 고기능성 브랜드까지 총 집합이다.

뷰티컬리에는 데일리뷰티 · 이너뷰티 브랜드들도 대거 입점했다. 소품부터 클렌징, 스킨케어, 메이크업, 헤어 케어, 바디 케어, 향수, 맨즈 케어 등 모든 뷰티 카테고리 제품들을 한

번에 골라 담아, 다음날 새벽 빠르고 편리하게 받아볼 수 있다. 냉장 화장품처럼 신선도가 중요한 제품들도 컬리의 풀 콜드체인 시스템을 통해 최적의 상태로 배송된다.[81]

장보는 사이트로 명성을 얻어(좌 마켓컬리 광고) 화장품 배송으로 확장(우 뷰티컬리 광고)한 Kurly

■ **29CM → 이구갤러리**

무신사가 운영하는 온라인 편집숍 이십구센티미터(29CM)는 자사 브랜드 큐레이션 매장 이구갤러리 서울로 확장했다. 이구갤러리는 온라인 스토어에서 쌓은 데이터와 큐레이션 노하우를 오프라인 사업에 적용해 매월 한 곳의 유망 브랜드를 집중 조명한 전략을 활용하였다.

이구갤러리는 미술관처럼 매월 한 곳의 전시 브랜드와 함께 주제를 선정하고, 이와 어울리는 3~4개의 브랜드를 큐레이션해 선보이고 있다. 개점 후 여성 패션 브랜드 '마르디 메크르디', 대구 기반의 스니커즈 브랜드 '캐치볼', 캐주얼 브랜드 '어나더오피스' 등 3개 브랜드가 이구갤러리를 통해 오프라인 고객을 만났다. 가장 최근 전시를 진행한 어나더오피스의 경우 매장에 진열된 상품 중 50종이 완판됐다.[82]

이구갤러리[83]

참고문헌 및 더 읽을거리

1 Saboo, A. R., Kumar, V., & Ramani, G.(2016). Evaluating the impact of social media activities on human brand sales. International Journal of Research in Marketing, 33(3), 524–541.

2 Davis, S. M.(2000). Brand asset management. Driving profitable growth through your brands. San Francisco. 26.

3 Keller, K.(2013). Strategic brand management: Global edition. Pearson Higher Ed. 7.

4 사진출처: https://www.gettyimagesbank.com/

5 Aaker, D. A.(1991). Managing Brand Equity, The Free Press./Aaker, D. A.(1996). "Measuring Brand Equity Across Products and Markets." California Management Review, 38(3), 102–120.

6 Murphy, J. M.(1992). What is branding?. In Branding: A key marketing tool(pp. 1–12). Palgrave Macmillan, London.

7 Davis, S. M.(2000). op. cit., 26–27.

8 Steenkamp, J. B. E.(2020). Global brand building and management in the digital age. Journal of International Marketing, 28(1), 13–27.

9 Yoganathan, V., Roper, S., McLeay, F., & Machado, J. C.(2020). Branding in the digital age: a'2020'vision for brand management. Internet Research, 30(1), 19–22.

10 https://interbrand.com/best-brands/

11 Half of the World's Online Population Uses Facebook, GlobalWebIndex. May 2013.

12 통플러스 뉴스 세상의 모든 랭킹, 전 세계 인기 웹사이트 1위는 '구글', 한국의 인기 웹사이트 순위는?, http://news.tongplus.com/site/data/html_dir/2016/11/11

13 위의 글

14 잡스도 놀랄 … 애플, 장중 시총 3조달러 세계 첫발, https://www.donga.com/news/

15 위의 글

16 美 증시 'MAGA 천하' … "아마존 랠리 이제 시작", https://www.hankyung.com/finance/

17 약세장서 더 빛난 애플의 저력 … '아마존+알파벳+메타' 눌렀다, https://www.hankyung.com/finance/article

18 Aaker, D. A.(1991). Managing Brand Equity: Capitalizing on the Value of a Brand Name, The Free Press, 7.

19 권오영, 임종옥(2000). e-브랜드 구축을 위한 전략적 제언, PBR, No. 20.

20 '온라인 전용' 제품 · 브랜드 등장 잇따라 … 언택트 · 가성비 트렌드 챙긴 마케팅 전개, https://www.greened.kr/news/

21 "마트엔 없네"… 온라인 전용 '온리 클릭' 식품 뜬다, https://www.ajunews.com/view/

22 Karmali, P. L.(2020). ROLE OF SOCIAL MEDIA IN INTERNET MARKETING: A TOOL TO IMPROVE BRAND LOYALTY. Prestige International Journal of Management and Research, 11(3), 117–125.

23 Romero, D., Gaiardelli, P., Pezzotta, G., & Cavalieri, S.(2019, September). The impact of digital technologies on services characteristics: towards digital servitization. In IFIP International Conference on Advances in Production Management Systems(pp. 493–501). Springer, Cham.

24 Vlachos, L., Bendahan, M., & Rosenblatt, M.(2020). Measuring brand equity in the digital environment. Northeast Business and Economics Association(NBEA) 2019.

25 Aaker, D. A., & Joachimsthaler, E.(2000). The brand relationship spectrum: The key to the brand architecture challenge. California Management Review, 42(4), 8–23.

26 Hoffman, D. L., & Novak, T. P.(1996). Marketing in hypermedia computer–mediated environments: Conceptual foundations. Journal of Marketing, 60(3), 50–68./Nicholson, C. Y., & Sethi, R.(2002). The dimensions of brand web site experience. In American Marketing Association. Conference Proceedings(Vol. 13, p. 510). American Marketing Association.

27 Cho, C. H., & Cheon, H. J.(2005). Cross–cultural comparisons of interactivity on corporate web sites: the United States, the United Kingdom, Japan, and South Korea. Journal of Advertising, 34(2), 99–115./Cho, C. H., & Leckenby, J. D.(1999, March). Interactivity as a measure of advertising effectiveness: Antecedents and consequences of interactivity in web advertising. In Proceedings of the conference–american academy of advertising(pp. 162–179). American Academy of Advertising.

28 Schmitt, B.(1999). Experiential marketing. Journal of Marketing Management, 15(1–3), 53–67.

29 Aaker, D. A., & Joachimsthaler, E.(2000). The brand relationship spectrum: The key to the brand architecture challenge. California Management Review, 42(4), 8–23.

30 Nicholson, C. Y., & Sethi, R.(2002). The dimensions of brand web site experience. In American Marketing Association. Conference Proceedings(Vol. 13, p. 510). American Marketing Association.

31 오창호, 인터넷 브랜드를 생각해본다, www.Brandreport.co.kr 테마기획에서 재인용

32 https://www.universalyums.com/

33 http://kr.besuccess.com/2013/02/의 내용에서 참고하여 작성

34 Keller, K. L.(1998). Strategic Brand Management: Building, Measuring, And Managing Brand Equity, Prentice–Hall, 409–411.

35 위키백과, https://ko.wikipedia.org/wiki/ 도메인등록 대행자

36 Evans, N.(1999). Choose Domain Names For Global Business, Internet Week, March 22, 17.

37 Wilson, Dr. R. F.(1999). Are Long Domain Names a Big Deal? Web Marketing Today, Issue 66, December 13./http://www.Wilsonweb.com/wmt5/long-domain-names.htm/ Willson, Dr. R. F.(1999), How to Select a Good Domain Name or Two, Web Marketing Today, Issue 56, May, /http://www.Wilsonweb.com/wmt5/long-domain-names.htm/

38 Ries, A. and L. Ries(1999). 「The Immutable Laws of Internet Branding」, 1999./오성호 옮김(2000). 인터넷 브랜딩 11가지 불변의 법칙, 김영사

39 브랜드 자산에 대한 자세한 내용은 Aaker, D. A.(1996). 「Building Strong Brands」, The Free Press/Aaker, D. A.(1991). 「Managing Brand Equity」, The Free Press/Keller, K. L.(1998), Strategic Brand Management, Prentice-Hall 등을 참고함.

40 Erdem, T., Swait, J., Broniarczyk, S., Chakravarti, D., Kapferer, J. N., Keane, M., … & Zettelmeyer, F.(1999). Brand equity, consumer learning and choice. Marketing Letters, 10(3), 301-318.

41 Davis, S.(1995). A vision for the year 2000: brand asset management. Journal of Consumer Marketing, 12(4), 65-82.

42 Schwartz, E. I.(1997), 「Webnomics」, Broadway Books, 155-156.

43 Berry, L. L.(2000). Cultivating service brand equity. Journal of the Academy of Marketing Science, 28(1), 128-137.

44 Aaker, D. A.(1996). Measuring brand equity across products and markets. California Management Review, 38(3), 102-120.

45 Shocker, A. D., & Weitz, B.(1988). A perspective on brand equity principles and issues. Report, 2(4), 88-104.

46 Keller, K. L.(1993). Conceptualizing, measuring, and managing customer-based brand equity. Journal of Marketing, 57(1), 1-22.

47 Yoo, B., Donthu, N., & Lee, S.(2000). An examination of selected marketing mix elements and brand equity. Journal of the Academy of Marketing Science, 28(2), 195-211.

48 Macdonald, E., & Sharp, B.(2003). Management perceptions of the importance of brand awareness as an indication of advertising effectiveness(Doctoral dissertation, Massey University, Department of Marketing)./Moisescu, O. I.(2009). THE IMPORTANCE OF BRAND AWARENESS IN CONSUMERS'BUYING DECISION AND PERCEIVED RISK ASSESSMENT. Management & Marketing-Craiova, (1), 103-110.

49 김찬웅, 황상윤(2007). 「1평당 26조 원의 가치, 검색마케팅 이야기」, 길벗, 52.

50 Erdenetsetseg, E., Purevjal, T., Chogsom, A., & Erdene, A. U. B. Effective use of digital marketing for brand building.

51 Almukhtar, F., Mahmoodd, N., & Kareem, S.(2021). Search engine optimization: a review. Applied Computer Science, 17(1).

52 미나가와 아키히로 저/김성재 역(2016). 「구글 웹로그 분석: 유입률과 재방문율, 구매전환율 높이

는 구글 애널리틱스 실전 가이드」, 한빛미디어, 24에서 참고하여 작성./일러스트레이터 사진출처: https://www.gettyimagesbank.com/

53 안우형(2001). 「온라인 쇼핑몰과 광고」, Ad.com, 3월호, 61.

54 단어 자체는 엄지손톱(Thumbnail)을 뜻하며, 인터넷에서는 페이지 전체의 레이아웃을 검토할 수 있게 페이지를 작게 줄여 화면에 띄운 것을 말한다. https://namu.wiki/w/썸네일

55 Keller, K. L.(1993). Conceptualizing, measuring, and managing customer–based brand equity. Journal of Marketing, 57(1), 1–22.

56 Strauss, J., & Frost, R. D.(1999). Selecting instructional technology media for the marketing classroom. Marketing Education Review, 9(1), 11–20.

57 Hoffman, D. L., & Novak, T. P.(1996). Marketing in hypermedia computer–mediated environments: Conceptual foundations. Journal of Marketing, 60(3), 50–68.

58 Swaminathan, V., Lepkowska–White, E., & Rao, B. P.(1999). Browsers or buyers in cyberspace? An investigation of factors influencing electronic exchange. Journal of Computer–mediated Communication, 5(2), JCMC523.

59 Alba, J., Lynch, J., Weitz, B., Janiszewski, C., Lutz, R., Sawyer, A., & Wood, S.(1997). Interactive home shopping: consumer, retailer, and manufacturer incentives to participate in electronic marketplaces. Journal of Marketing, 61(3), 38–53.

60 Portal, S., Abratt, R., & Bendixen, M.(2019). The role of brand authenticity in developing brand trust. Journal of Strategic Marketing, 27(8), 714–729.

61 Yun, Z. H. A. N. G., Chuan–jin, Z. H. U., & Xin–hui, L. I. U.(2019). A Study of Brand Trust on Internet Banking and Influence Factors of Consumer Adoption. Commercial Research, 61(3), 1.

62 Chen, Z. F., & Cheng, Y.(2019). Consumer response to fake news about brands on social media: the effects of self–efficacy, media trust, and persuasion knowledge on brand trust. Journal of Product & Brand Management.

63 포춘코리아(FORTUNE KOREA)(http://www.fortunekorea.co.kr)

64 Krishnamurthi, L., & Raj, S. P.(1991). An empirical analysis of the relationship between brand loyalty and consumer price elasticity. Marketing Science, 10(2), 172–183.

65 Page, C., & Lepkowska–White, E.(2001). Web equity: A framework for building value in a dot. com world. In American Marketing Association. Conference Proceedings(Vol. 12, p. 67). American Marketing Association.

66 Dowling, G. R., & Uncles, M. D.(1996). In search of customer loyalty: programs for success. University of New South Wales, School of Marketing.

67 이중위험이란 적은 시장점유율을 가진 기업이 많은 시장점유율을 가진 기업보다 ① 더 적은 구매자 ② 몇몇 안 되는 구매자의 더 적은 구매빈도 때문에 이중의 위험을 가진다는 것으로 이에 대한 많은 논평이 존재한다(Donthu 1994; Ehrenberg et al., 1990; Fader and Schmittlein 1993)./ Chaudhuri, A.(1995). Brand equity or double jeopardy?. Journal of Product and Brand

Management, 4(1), 26–32에서 재인용

68 Zhang, K. Z., Benyoucef, M., & Zhao, S. J.(2016). Building brand loyalty in social commerce: The case of brand microblogs. Electronic Commerce Research and Applications, 15, 14–25.

69 Vander Schee, B. A., Peltier, J., & Dahl, A. J.(2020). Antecedent consumer factors, consequential branding outcomes and measures of online consumer engagement: current research and future directions. Journal of Research in Interactive Marketing, 14(2), 239–268.

70 Atulkar, S.(2020). Brand trust and brand loyalty in mall shoppers. Marketing Intelligence & Planning, 38(5), 559–572.

71 롯데 · 농심 · CJ "충성고객 잡아라" … 자사몰에서 할인부터 선구매 혜택까지, https://www.opinionnews.co.kr/news/에서 요약하여 작성

72 Steenkamp, J. B. E., Batra, R., & Alden, D. L.(2003). How perceived brand globalness creates brand value. Journal of International Business Studies, 34(1), 53–65.

73 Sweeney, J. C., Soutar, G. N., & Johnson, L. W.(1999). The role of perceived risk in the quality–value relationship: A study in a retail environment. Journal of Retailing, 75(1), 77–105.

74 헤르만 지몬 저/서종민 역(2017). 「프라이싱 가격이 모든 것이다」, 쌤앤파커스, 45에서 참고하여 작성

75 Loiacono, E. T., Watson, R. T., & Goodhue, D. L.(2002). WebQual: A measure of website quality. Marketing Theory and Applications, 13(3), 432–438.

76 Scholz, J., & Smith, A. N.(2019). Branding in the age of social media firestorms: How to create brand value by fighting back online. Journal of Marketing Management, 35(11–12), 1100–1134.

77 양문성, 세계 일류기업의 인터넷브랜드 성공사례, http://cafe.naver.com/ceonote/525,

78 Deng, Q. C., & Messinger, P. R.(2022). Dimensions of brand–extension fit. International Journal of Research in Marketing, 39(3), 764–787.

79 Loken, B., & John, D. R.(1993). Diluting brand beliefs: when do brand extensions have a negative impact?. Journal of Marketing, 57(3), 71–84.

80 정주용(2016). 「스마트폰으로 코끼리 사기: O2O 시장의 틀을 바꾸다」, 베가북스, 80–81에서 인용함.

81 컬리, 식품 이어 화장품으로 영토 확장 … 제니 앞세운 뷰티 새벽배송 '뷰티컬리' 오픈, http://www.consumerwide.com/news/

82 29CM, 오프라인 매장 '이구갤러리 서울' … 3개월간 13만 명 방문, https://biz.chosun.com/distribution/fashion–beauty/2022/11/07/

83 사진출처: https://www.folin.co/article/2491

Chapter

09 인터넷 소비자 가치

Chapter 09 인터넷 소비자 가치

제1절 디지털 경제에서 제품의 개념 및 분류

1. 제품의 수준 분류

제품(product)이란 기본적 욕구 또는 2차적 욕구를 충족시키기 위해 시장에 제공될 수 있는 것이다. 따라서 시장에서 거래를 바탕으로 하여 교환되고 소비되는 대상은 무엇이든 제품이라고 할 수 있으며 이에는 시장에 제공되는 제품에는 물리적 재화(예: 자동차, 책), 서비스(예: 피부미용, 음악회), 콘텐츠(오징어게임, 기생충), 사람(예: 뉴진스, 이정재), 장소(예: 해운대 해수욕장, 태국 푸켓) 조직체(예: 소비자보호단체) 및 아이디어(예: 가족계획, 환경운동) 등이 포함된다.

일반적으로 제품은 그 폭에 따라 좁은 의미의 제품인 핵심제품에서 넓은 의미의 제품개념인 확장제품까지 분류될 수 있다. **핵심제품(core product)**이란 가장 기본적인 수준에서 인식되는 제품개념으로, 이는 구매자가 제품을 구입할 때 실제로 무엇을 바라고 있는가 하는 것이다. 즉, 핵심제품은 소비자들이 제품을 구입할 때 획득하고자 하는 핵심적인 효익이나 문제를 해결하여 주는 서비스로 구성된다. [그림 9-1]에서와 같이 오프라인 제품인 SUV의 핵심제품은 해당지점까지의 운송이고 온라인 제품인 **e다이어트(ediet.com)**[1]의 경우는 다이어트에 대한 정보라고 할 수 있다.

제품의 두 번째 수준은 **실제제품(actual product)**인데 핵심제품이 형상화된 것이라고 할 수 있다. 우리는 컴퓨터를 구매할 때 컴퓨터 본체뿐만 아니라 마우스, 키보드, 포장박스 등을 함께 구매하게 되며 콜라를 구매하는 경우 콜라 병이나 캔까지 같이 구입하게 되는 것이다. 최근에 시장에 출시되는 제품들을 보면 기능이나 디자인상의 차이를 찾아보기 어려운 실제제품상의 '**제품 평준화**' 현상이 두드러지고 있다. 실제 휴대폰의 경우 컬러폰, 카메라 기능, PDA, MP3 등 새로운 기능이 첨가된 새로운 모델들이 출시되지만 채 며칠도 되지 않아 경쟁사에서 거의 비슷한 기능의 제품을 개발해 내고 있다.

마지막으로 **확장제품(augmented product)**은 구매자가 실제제품을 구매함으로써 받게 되는 이익의 총합을 말한다.[2] 예를 들어, SUV의 경우는 무이자 할부나 3년 무상수리 등으로 제품의 수준을 확장할 수 있고 e다이어트는 운동 프로그램을 설계해준다든지 개인별로 적합한 다이어트 식품을 제공할 수 있다. 오늘날의 경쟁은 대체로 확장제품 수준에서 일어난다. 확장제품 수준에서 기업은 구매자의 총체적인 **소비 시스템(consumption system)**을 파악할 수가 있는데, 소비 시스템이란 제품 구매자가 특정 제품을 사용하여 수행하고자 하는 총체적인 과업을 수행하는 방법을 의미한다.

그림 9-1 | 제품의 수준

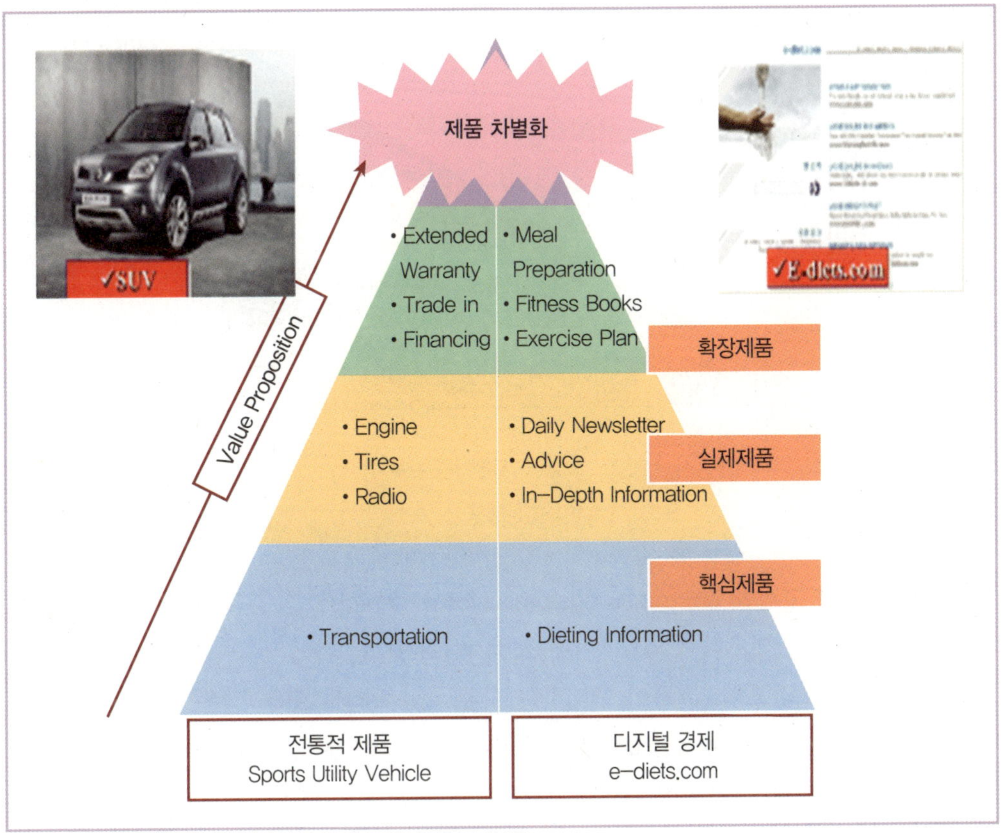

2. 인터넷 비즈니스에서 소비자 가치

1) 고객 가치의 변화

오늘날 소비자는 상품 또는 서비스의 구매시에 '가치'라고 하는 기준 잣대를 이용한다. 고객의 눈으로 본 가치는 디지털 경제에서 성공하고자 하는 기업들이 필수적으로 이해해야 할 부분이다. 그럼 디지털 경제의 소비자는 어떻게 가치를 측정하는가? 전통적으로 품질과 가격, 그리고 브랜드라는 가치명제가 있다. 이러한 것들이 사라지는 것은 아니지만, 디지털 경제에서는 새로운 가치명제가 힘을 얻고 있다. 그것은 바로 **시간 가치(time value)**와 **콘텐츠 가치(contents value)** 그리고 **체험 가치(experience value)**이다.[3] [그림 9-2]는 '가치'에 대한 소비자 인식의 변화를 보여주고 있다.

그림 9-2 | 가치에 대한 소비자 인식변화[4]

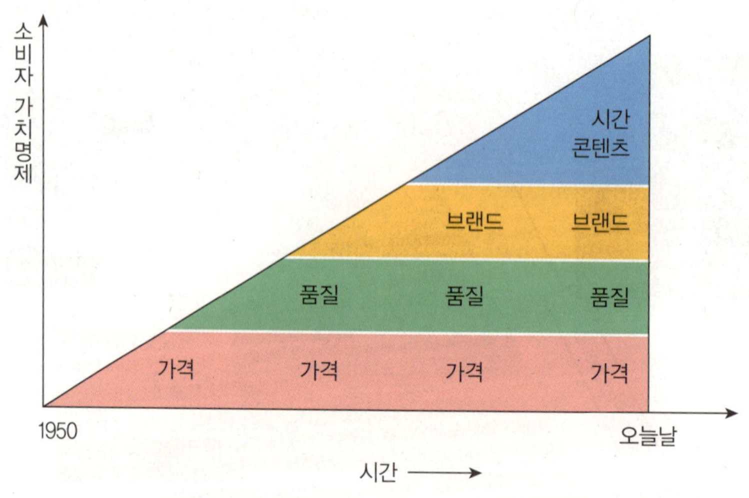

기업들은 **대량 고객화 기술(mass customization technique)**을 통해 점점 더 이러한 소비자의 가치에 맞게 대응하고 있다. 이제 소비자들은 PC를 자신의 구미에 맞게 주문할 수 있다는 것을 알고 있으며, 그들이 구매하는 다른 제품에서도 이와 같은 서비스를 강력히 요구하고 있다. 앞으로 이러한 소비자의 요구를 실현시킬 수 있는 기업이 미래의 승자가 될 것이다. 소비자들은 이제 인터넷을 통해 여러 회사들을 비교하고 각 회사의 제품 및 서비스에 대해 훤히 꿰고 있다. 따라서 소비자들은 새로운 정보를 이용하여 경영의 전 과

정에 걸쳐서 막대한 영향력을 발휘하며 제품과 서비스에 대해 새로운 가치를 요구하고 있다.

(1) 시간

우리가 자주 사용하는 격언 중에 '시간은 금이다'라는 말이 있다. 디지털 경제에서는 시간이 금 이상의 엄청난 돈의 가치를 가질 수 있다. 즉, 디지털 경제에서의 시간은 누구나 판매할 수 있는 가장 가치 있는 상품이 되었다. 오늘날 대부분의 사람들이 겪고 있는 스트레스 수준과 폭증하는 업무량은 차별적인 시간(우리가 원해서 우리가 하는 것)의 가치에 대한 새로운 관심을 불러일으키고 있다. 이러한 인식은 가능하면 가장 빠른 방법으로 일을 하려는 욕구와 시간 낭비라고 여겨지는 것을 회피하려는 의지로 해석된다. 차별적 시간이 얼마나 중요해졌는가는 지난 20여 년 동안의 맞벌이 가족 수의 증가와 인스턴트식품의 사용 확대에서 간접적으로 파악할 수 있다.

로봇 청소기 또한 소비자의 시간을 아껴주는 상품이다.

(2) 디지털 콘텐츠

디지털 경제에서는 별개의 것으로 여겨지던 두 개의 경제적 요소, 즉 **상품(컨테이너)**과 **서비스(콘텐츠)**를 새로운 타입의 제공가치로 여겨지기 위해 어떻게 결합할 것인가를 이해하는 것이 중요하다. 우리가 구입하는 것은 유형의 컨테이너 요소(전형적으로 물리적인 상품)와 무형의 콘텐츠 요소(정보, 지식, 또는 컨테이너에 추가적인 가치를 추가시키는 서비스) 모두를 갖고 있다.

디지털 시대의 기업들은 미래의 소비자들을 끌기 위해서 기존의 콘텐츠를 이용하는 새로운 응용과 소비자 기대를 충족시키는 새로운 방법을 만들고 있다. 우리는 거의 모든 인식할 수 있는 시장의 제공가치 안에서 디지털화된 콘텐츠의 개발을 예상할 수 있다. 예를 들어, 최근의 휴대용 컴퓨팅 도구는 기존의 인터넷 검색과 활용을 그대로 단말기에 적용시키고 있으며 이는 확실히 콘텐츠 활용에 있어 컨테이너 기술의 역할의 중요성을 그대로 보여주고 있는 것이다.

최근의 스마트폰은 다양한 앱을 제공하여 하드웨어적 요소도 중요하지만 앱의 활용 가능성도 큰 경쟁력이 되고 있다(사진은 구글 플레이스토어).

사진에서 볼 수 있듯이 최근 개발된 냉장고는 냉장고에 물품을 조사하여 필요한 것을 인터넷을 통해 지정된 식료품 가게에 주문을 보낼 수 있다고 한다. 이러한 냉장고는 음식을 냉장하는 기능에서 한 걸음 더 나아가 재고관리 능력까지 갖추게 되는 것이다. 디지털 경제 시대에는 이렇게 소비자의 요구사항에 따라 컨테이너와 콘텐츠를 대량으로 맞춤 생산할 수 있는 기업들이 경쟁에서 승리할 수 있다. 이것은 예전에는 실현 불가능한 것이었다. 디지털 기술은 우리로 하여금 전에는 상상도 못했던 것, 즉 제품의 대량 맞춤을 가능하게 하면서 이 모든 것을 바꾸고 있다.

삼성전자 스마트 냉장고는 사야 할 식재료를 냉장고 디스플레이의 쇼핑리스트 앱에 올리면 핸드폰에도 동일한 내용이 업데이트 돼 식재료를 구입할 때 필요한 제품만 고를 수 있는 쇼핑리스트(Shopping List) 기능을 제공한다.[5]

과거의 오프라인 제품들 또한 콘텐츠 활용에 뛰어들고 있다. 편의점뿐만 아니라 카페, 전자제품, 명품 브랜드까지 메타버스의 바다로 뛰어들고 있다. 명품 브랜드도 이러한 메타버스상의 가상세계에 매장을 차렸는데 10, 20대를 중심으로 메타버스 열풍이 거세자 잠재적 고객을 잡으려는 의도를 가지고 있다. 유통업계는 브랜드를 친숙하게 알리면 오프라인과의 시너지도 모색할 수 있다고 판단하고 있다.[6]

구찌, 디올, 자라, 나이키, 랄프로렌 등 패션 브랜드도 제페토에 입점했다. 구찌는 제페토에 현실을 기반으로 한 가상 쇼룸을 만들고, 이용자들이 자사 제품으로 3D 아바타를 꾸밀 수 있도록 했다. 실제 수백만 원대인 구찌의 가방은 제페토에선 77~88젬(Zem)에 거래된다. 1젬은 85원 상당이다.[7]

(3) 체험

파인(Pine)과 길모어(Gilmore)는[8] 새롭게 확인된 체험(experience)이라는 제품은 언제나 기업이 한 개인의 참여를 위해 의도적으로 서비스와 제조품을 조정하는 상황에서 매우 중요한 역할을 하고 있다고 지적하였다. 상품(goods)이 대체 가능한 상품이고, 유형의 상품이며, 서비스(sevice)가 무형의 상품이라면, 체험(experience)은 인상적인 상품이다. 기업은 더 이상 제조품이나 서비스를 제공하지 않으며, 풍부한 감각과 함께 고객 내부에서 생성되는 체험에 의존하게 될 것이다. 이전의 모든 경제적 상품들은 구매자들로부터의 거리를 두고 있었지만 하지만 체험은 그야말로 사적인 영역이며 실제로 감성적, 육체적, 지적, 또는 정신적 차원의 이벤트에 참여하는 모든 개인의 내부에서 발생한다.

그림 9-3 | 커피 상품에서 체험까지

과거에는 '이 상품은 이래서 뛰어나다'는 식의 특징과 편익 마케팅 전략이 주류를 이루었다. 제품의 기능상 특징에 초점을 맞추어 고객을 합리적인 의사결정자로 간주하여 분석적이고 계량적이며 언어중심적인 마케팅 수단과 도구를 사용해온 것이다. 하지만 기술의 발달로 이제 고객들은 상품의 품질은 당연한 것으로 받아들이기 때문에 이러한 전략은 더 이상 통하지 않게 되었다. 또한 이제는 분석적이고 계량적인 것 대신에 보고 느끼고 생각하는 체험 마케팅, **감성 마케팅**이 중요해지고 있는 것이다. 실제 인터넷 사이트는 체험이 주가 되는 공간이며 또한 [Internet Marketing Insight 9-1]과 같이 물리적 제품에 체험 전략을 적용하기 위해서 인터넷을 효율적으로 이용할 수 있고 오프라인 의류점은 사진과 같이 인터넷 기술을 활용하여 스마트 피팅을 제공함으로써 소비자의 체험을 강화하고 있다. 오프라인에서 이러한 체험을 제공하기도 하는데 랄프로렌의 경우 사진에서 볼 수 있듯이 디지털 기술을 이용하여 환상적인 패션쇼를 연출할 수 있다.

Robina Town Centre – Virtual Change Room[9]

엄청난 규모의 워터스크린 위에 고해상 이미지를 쏘는 형식으로, 실제 움직임과 CG를 함께 믹스한 런웨이쇼는 뉴욕을 대표하는 거리들을 돌아다니는 모델들을 담은 한편의 영화처럼 펼쳐졌으며 환상적인 4D 효과를 자아내며 보는 이들의 감탄을 이끌어냈다.[10]

Internet Marketing INSIGHT 9-1

삼성전자의 비대면 온라인 체험 마케팅

오프라인에서 하던 체험을 모니터를 통해 전하면 온라인 체험 마케팅이 될까? 그렇지 않다. 오감을 통해 보고 듣고 느끼던 체험과 네모난 스크린을 통해 전하는 체험은 전혀 다르며, 그렇기에 차별화된 접근이 필요하다. 삼성전자 '갤럭시 언팩'을 예로 들어보자. 첫 온라인 갤럭시 언팩에선 온라인 플랫폼의 양방향 소통에 주목하여 시청자가 Zoom을 통해 이벤트에 직접 참여할 수 있도록 했다. 첫 시도이기에 아쉬운 부분도 있었지만, 실시간 시청자 5,600만뷰라는 큰 성과를 달성했다. 시청자 수뿐만이 아니라, 제품의 복잡한 기술을 보다 쉽게 소개하기 위해 제작한 테크멘터리(테크+다큐멘터리) 콘텐츠는 스마트폰 기술 발전의 숨은 공신인 개발자들을 조명하였다는 점에서 소비자들로부터 신선하고 재미있다는 긍정적인 평가를 받았다. 이후 진행한 두 번째 온라인 언팩에서는 중구난방으로 진행되던 온라인 이벤트들 가운데 차별화할 수 있는 아이덴티티를 수립하고자 오프라인 이벤트의 화려한 무대 연출을 디지털 환경에 구현하였다. 실제 스테이지를 만들고 그 위에 CG와 AR을 더하여, 다소 지루할 수 있는 긴 영상에 재미 요소를 더하였다.[11]

코로나19 시대 브랜드 경험의 가장 두드러진 추세는 '오프라인 체험의 콘텐츠화'였다. 많은 사람이 모이기 어려워진 상황상, 기존의 신제품 런칭 캠페인이나 전시회, 소비자 체험 행사 등이 자연스럽게 온라인 콘텐츠 중심으로 전환되었다. 당분간 이 흐름은 이어질 전망이다. 효과적으로 브랜드와 제품을 소개하는 새로운 영상 표현과 기법에 대한 고민이 이어질 것이다. 쌍방향성과 소통의 의미를 더하는 다양한 기술적 시도도 지속될 것이며,

라이브커머스나 숏폼, OTT 등 다양한 플랫폼으로의 연결과 확산을 위해 콘텐츠를 신속하게 변주하고 가공하는 요구 또한 높아질 전망이다. 개인화를 넘어 파편화하는 시대에 맞는 다양한 사용자 맞춤형 콘텐츠, 개인을 배려하는 느낌을 주는 콘텐츠 선호도가 높아질 것이다. 브랜드 경험 마케터들에게는 갈수록 고민이 많아지는 지점이기도 하다.[12]

XR기술을 적용한 CES 2022 삼성 Keynote Speech(좌), 공연 중 거대한 멤버 이미지가 등장해 이목을 끌었던 슈퍼주니어의 온라인 콘서트(우)(출처: SM엔터테인먼트)[13]

체험의 경계를 허무는 '메타버스(Metaverse)'도 언급하지 않을 수 없다. 특히 10~20대가 가상세계에 몰입해 많은 시간을 보내면서 많은 브랜드는 새로운 소비자를 만나는 장으로, 새로운 마켓을 만드는 공간으로 메타버스에 주목하고 있다. 또한 어떤 형식으로든 연결고리를 만들거나 소비자 인식의 선점을 위해 안간힘을 쓰고 있다. 전문가들은 이미 많은 젊은이가 관계를 맺거나 놀거리를 찾기 위해 메타버스를 활용하고 있으며 이 추세는 코로나가 종식되더라도 바뀌지 않을 것으로 전망한다. 하지만 메타버스가 흥미로운 기술을 넘어 세계관과 행동 양식의 근본적 변화로 이어지고 마케팅 커뮤니케이션의 지형을 바꾸는 그 무엇이 되기 위해서는 역시 브랜드와 소비자의 관계와 특별한 경험에 대한 깊은 상상력과 통찰이 중요하다. 이제 메타버스에 단순한 브랜드 체험 공간을 만드는 것만으로는 충분하지 않다. 올해 브랜드 경험 분야의 중요한 화두 중 하나는 메타버스 속 브랜드와 고객이 맺을 새로운 관계와 체험의 제시가 될 것이다.[14]

메타버스에서 진행된 갤럭시 팬파티 '폴더블 데이'(좌), CES 기간에 맞춰 다양한 신제품을 메타버스에서 체험할 수 있게 한 삼성전자 'My House'(우)(출처: 삼성전자)[15]

CES, IFA 그리고 MWC 등 글로벌 전시도 체험 마케팅의 빼놓을 수 없는 분야이다. 매년 전 세계 20만 명 이상의 미디어 및 소비자가 부스를 방문하고 다양한 브랜드들은 이를 모멘텀으로 비전을 발표하거나 신제품을 공개한다. 이러한 글로벌 전시 부스는 어떻게 온라인 체험 마케팅으로 변화하였을까?
LG는 IFA 2020에 3D 가상 전시장을 오픈했다. 누구나 PC나 모바일로 접속해 LG전자의 최신 제품과 서비스를 체험할 수 있다. 오프라인만큼 실감 나는 체험을 제공할 수는 없지만 더 많은 소비자가 참여할 수 있다는 점에서 온라인 체험 마케팅의 적절한 예시로 볼 수 있다.

LG IFA 2020, Virtual Exhibition, LG Newsroom[16]

최근 제일기획에서 진행한 삼성전자 2021 CES는 색다른 방법의 온라인 전시를 선보여 글로벌 미디어 및 소비자들의 눈길을 끌었다. 실제 전시 관람 동선을 따라가며 스토리텔러가 시청자들에게 최신 기술과 제품을 소개했다. 마치 미술관이나 박물관의 도슨트를 떠올리게 하는 방식이었다. 각 섹션마다 애니메이션, 드라마 그리고 스토리텔러의 제품 시연 등 상황에 맞는 적절하고 다양한 표현 방법을 적용해 30분이라는 전시 시간이 지루하지 않도록 알차게 채워 넣었다. CES 2021에 대한 미디어 버즈가 지난해 대비 낮게 측정되는 가운데 삼성전자 관련 버즈는 80% 이상 급등한 것을 보면 비대면 체험 마케팅의 성공적인 사례로 볼 수 있다.[17]

제2절 온라인에서 판매되는 제품

1. 제품분류의 기본

물리적 세계에서 제품과 서비스는 전통적으로 유형성과 무형성을 기준으로 서로 구별

된다. 인터넷과 모바일 인터넷의 가상세계에서는 이러한 구분은 더 이상 적절하지 않을 수 있다.[18] 많은 제품들이 적절한 조합을 통해 새로운 가치로 재탄생할 수 있기에 명확하게 상품/서비스로 나누기 어려운 경우들이 많이 존재할 수 있는 것이다.

즉, 기존 오프라인 기업이 인터넷상에서 유통되는 인터넷 브랜드를 개발하기 위해서는 먼저 자신이 수행하고 있는 비즈니스, 즉 상품과 서비스가 인터넷을 통한 판매에 적합한가를 검토하는 것이 필요하다. 모든 상품과 서비스는 각각 상이한 수준의 품질과 속성을 가지고 있다. 즉 온라인상에서도 그 품질을 쉽게 비교 평가할 수 있는 범용품이 있는가 하면, 예술작품처럼 사람, 제품마다 인지하는 품질 수준이 달라 직접 만지거나 보지 않으면 평가하기가 힘든 제품도 있다. 또한 인터넷만의 특수한 제품인 디지털 콘텐츠도 존재한다. 이러한 제품의 속성을 정확히 이해하고 그에 적합한 인터넷 브랜드 전략을 구사해야 바람직한 성과를 기대할 수 있음은 자명하다고 볼 수 있다.

과거 인터넷의 제품판매 도구로서 약점은 인간의 다섯 가지 감각 중 두 가지, 즉 시각과 소리만 현실적으로 표현할 수 있다는 것이다. 사람들은 웹에서 광고된 제품을 느끼거나, 냄새를 맡거나, 맛볼 수 없다. 이러한 한계점은 인터넷에서 판매 가능한 제품의 종류를 제한해 왔다. 이러한 인터넷의 특성상 CDNOW(cdnow.com)는 구매자에게 판매 가능한 음악이나 노래에 대한 짧은 오디오를 제공하여 판매를 촉진하였으며 케이스페이스(kspace.com)는 올라온 사진을 확인하여 온라인으로 미술품을 구입하게 하였다.[19]

오프라인 제품을 인터넷에서 판매하려는 딜러가 있다고 가정해보자. 여기서 마케팅 관리자가 주의할 점은 선택한 제품이 다른 사이트에서는 판매하지 않는 고유한 제품인지 확인하고 가까운 오프라인 상점에서 구매할 수 없는 것인지 확인할 필요가 있다는 것이다.

그림 9-4 | 인터넷 제품의 분류

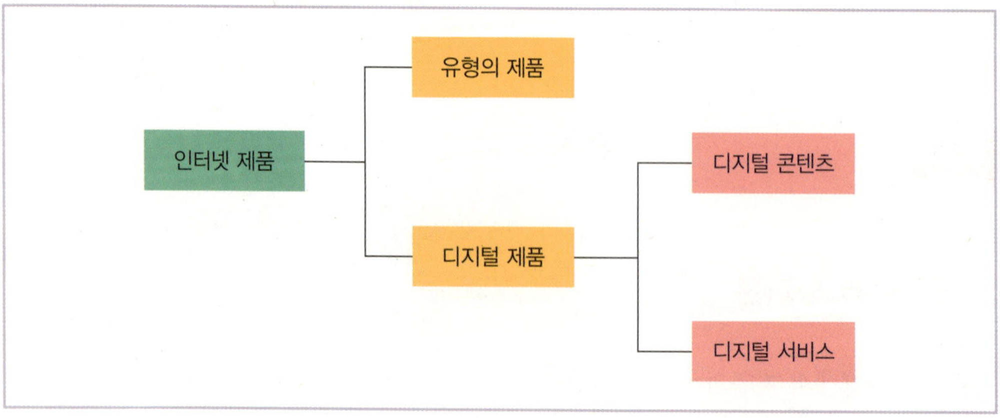

만약 해당 제품이 독특한 것이라면 소비자들은 분명히 구매하게 될 수 있으며 전반적으로 수요가 높을 것이라는 것을 의미한다. 그리고 마케팅 관리자 입장에서는 소비자가 해당 제품의 원가를 추론할 수 없으며 가격에 대한 정보를 얻지 못하는 것일수록 수익창출에 유리할 수 있다.[20]

2. 인터넷에서 제공되는 유형의 제품

1) 범용품

범용품(commodity product) 중 제지, 금, 못 등과 범용제품은 제품에 대한 간단한 설명만으로도 제품의 속성, 품질 등에 대한 거의 완전한 정보를 파악할 수 있다. 따라서 소비자들은 일반적으로 제품의 가격과 정확한 규격, 배송조건 등에 대해서만 관심을 갖게 되므로 가장 손쉬운 전자상거래 대상이 될 수 있는 제품이다. 그러나 과일, 채소, 고기 등은 소비자가 실제 제품을 보거나 만질 수 없어 제품 가치와 가격 적정성을 검증하는 수단으로 브랜드 명성과 판매자에 대한 신뢰가 매우 중요한 역할을 할 수 있다. 소비자들은 속임수에 대한 두려움을 완화하기 위해 잘 알려진 브랜드 제품과 이미 명성을 얻은 판매자들을 찾을 것이다. 그리고 인터넷 판매에 뛰어든 신규 판매자들은 보증, 그리고 자유롭고 편리한 반품 정책에 의존하여 소비자의 구매를 유도할 수 있다.[21]

과일과 같은 제품도 온라인에서 많이 판매되고 있다. 판매자 명성과 구매자들의 리뷰는 새로운 소비자들을 구매로 끌어들이는 중요한 요인이다.

2) 준범용품

준범용품(quasi-commodity product)은 현재 전자상거래의 상당 부분을 차지하고 있는 제품으로 서적, 비디오, CD, 장난감, 자동차 등이 이 범주에 속한다. 이들 제품은 제품의 품질에 있어 큰 차이가 없기 때문에 소비자가 일단 제품을 선택하기만 하면 그 이후는 범용 제품과 같은 방식으로 거래가 이루어진다. 준범용 제품의 경우 소비자들은 두 단계의 의사결정과정을 거쳐 온라인 구매를 하게 된다. 우선 여러 제품들 중에서 자기가 원하는 제품을 선택(서적의 경우 제목 결정)한 후, 다음으로 가격과 전자상거래 업체의 신뢰성을 비교하여 주문한다.

3) 체험제품

체험제품은 **보고 느껴야 평가가 가능한 제품((look and feel product)**으로 온라인상에서 아무리 상세한 정보를 제공한다 하더라도 직접 눈으로 확인하거나 만져보지 않고서는 그 특징과 품질을 충분히 평가하기가 어려운 제품을 의미하는 것으로 의류, 주택, 가구, 화장품 등이 이 범주에 속한다고 볼 수 있다. 따라서 이들 제품, 예를 들어 옷이나 주택을 구입할 경우 우리는 직접 입어보고 색상이나 디자인 등이 자신에게 어울리는지, 주택을 직접 방문하여 구조나 위치, 상태 등이 양호한지를 확인하게 된다. 이러한 유형의 제품은 품질, 느낌, 신뢰성 등 모든 면에서 차별성이 높다는 특징을 지니고 있기 때문에 구매에 있어 품질과 브랜드 인지도가 중요한 역할을 한다. 그러나 최근에는 신뢰만 있다면 이러한 한계를 극복하고 충분히 인터넷을 통해 거래될 수 있다는 것이 증명되고 있다. 명품 쇼핑몰이 많이 존재하고, 중고차를 인터넷으로 구매하고 한번도 보지 않고 집에서 배송을 받으며, 온라인 의류 쇼핑몰에서 가격 인센티브를 통해 제품 구매가 빈번이 이루어지고 있는 점에서 이제 인터넷에서 판매되는 데 문제가 있는 제품은 존재하지 않는다.

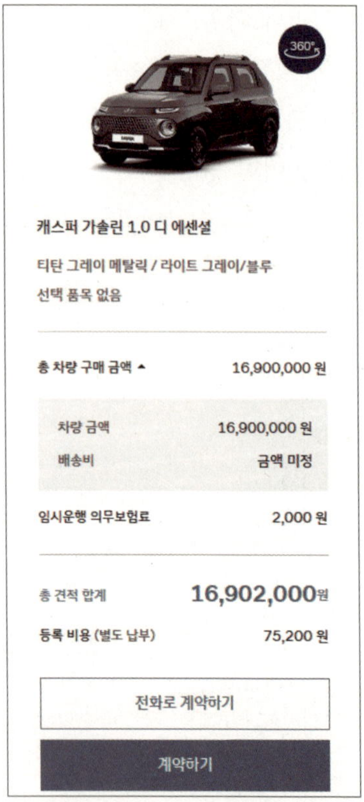

인터넷으로 계약하고 배송받을 수 있는 자동차 사이트(https://casper.hyundai.com/)

3. 디지털 제품

1) 디지털 제품의 정의

디지털 제품(digital product)이란 '디지털의 형태로 생산, 유통, 소비되고 저장까지 할 수 있는 모든 상품'을 말한다. 디지털 제품은 크게 디지털 콘텐츠와 디지털 서비스로 나눠지는데 **디지털 콘텐츠(digital content)**의 가장 대표적인 예로서는 인터넷에서 이용할 수 있는 포털 사이트, 커뮤니티 사이트, 전자서적인 ebook, MP3, 온라인 오락, 온라인 방송 등이 있다. 그리고 **디지털 서비스(digital service)**란 인터넷에서 물리적인 서비스의 보완으로 제공되는 서비스를 말하는 것으로 호텔, 항공사, 영화관 등이 인터넷으로 예약을 받는 경우가 대표적인 보기가 될 수 있다.

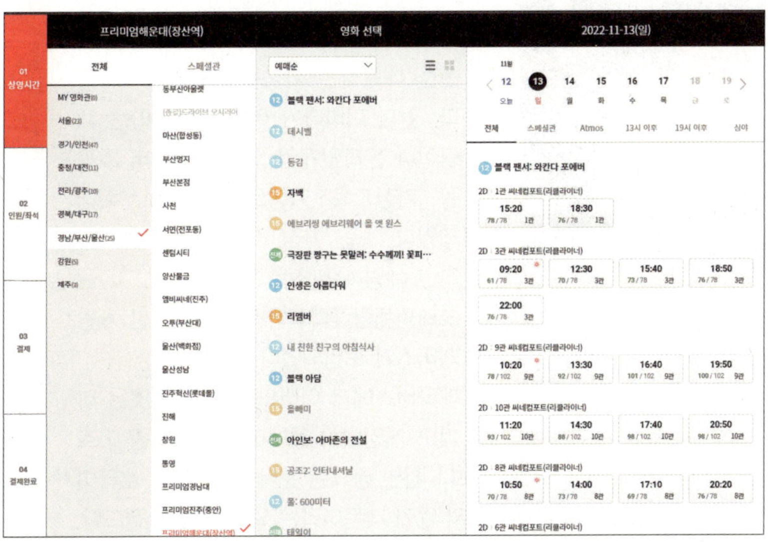

많은 극장들은 인터넷 예약을 적극적으로 활용하고 있다. 사진은 롯데시네마(http://www.lottecinema.co.kr) 예약 화면

디지털 제품은 다른 말로 콘텐츠라고 이야기할 수 있는데 일본 콘텐츠 비즈니스 연구회가 정의한 **콘텐츠(content)**란 극장이나 비디오로 감상하는 영화, 텔레비전에서 방송되는 프로그램, 서점에 진열된 각종 잡지와 책, 다양한 종류의 신문, CD와 라디오를 통해 듣는 음악, 어린이부터 어른까지 열광하는 컴퓨터 게임, 인터넷으로 유통되는 정보, 이 모든 것이 콘텐츠이며 한 단계 나아가서 이런 콘텐츠를 문자, 영상, 소리 등의 정보로 제작하고 가공해 소비자에게 전달하는 정보 상품이다.

Internet Marketing INSIGHT 9-2

아바타와 가상인간을 이용한 마케팅

■ 아바타 열풍

아바타는 분신(分身) · 화신(化身)을 뜻하는 말로, 사이버 공간에서 사용자의 역할을 대신하는 애니메이션 캐릭터이다. 원래 아바타는 '내려오다, 통과하다'라는 의미의 산스크리트어 Ava와 아래, 땅이란 뜻의 Terr의 합성어이다.

현대자동차는 국내 대표 글로벌 메타버스 플랫폼인 네이버제트(NAVER Z)의 '제페토'와 컬래버레이션을 통해 가상공간에서 쏘나타 N 라인을 시승할 수 있는 경험을 제공했다.[23]

고대 인도에서는 땅으로 내려온 신의 화신을 지칭하는 말이었으나, 인터넷 시대가 열리면서 3차원이나 가상현실게임 또는 웹에서의 채팅 등에서 자기 자신을 나타내는 그래픽 아이콘을 가리킨다. 아바타는 그래픽 위주의 가상사회에서 자신을 대표하는 가상육체라고 할 수 있다. 현재 아바타가 이용되는 분야는 채팅이나 온라인게임 외에도 사이버 쇼핑몰 · 가상교육 · 가상오피스 등으로 확대되었다. 최근 가장 각광받는 분야는 온라인 채팅 서비스로, 아이콘채팅, 3차원 그래픽채팅 등의 아바타를 이용한 채팅 서비스가 도입되었다.[22]

메타버스에서 아바타를 만드는 것은 비디오 게임에서 플레이할 캐릭터를 고르는 것이나 소셜미디어에서 아이콘을 고르는 것보다 훨씬 중요한 문제다. 메타의 '호라이즌 월드'가 부진한 것은 아바타에 다리가 달려있지 않기 때문이라는 말이 등장할 정도다. 사실적인 모습의 아바타 생성을 넘어 표정을 통한 감정 전달과 모션 캡처를 통한 동작 구현까지, 더욱 진보한 아바타 기술의 등장이 이미 예고돼 있다.[24]

■ 삼성전자 디지털 아바타

삼성전자 디지털 아바타 '샘'이 이달 글로벌 마케팅 전문가로 데뷔한다. 샘은 매장은 물론 사회관계망서비스(SNS), 모바일 애플리케이션(앱) 등 온 · 오프라인을 넘나들며 '팀삼성' 가치를 알린다. 삼성전자는 남미 지역을 시작으로 디지털 아바타 샘을 활용한 마케팅 활동을 시작할 예정이다. 주 고객인 MZ세대(1980년대 초~2000년대 초 출생)를 겨냥해 회사 첫 공식 마케팅 캐릭터로 전면에 내세울 것으로 보인다.

샘은 2020년 삼성전자 브라질 법인이 공개한 3차원(3D) 여성 캐릭터로, IT · 모바일부문

(현 MX부문) 영업직원을 대상으로 판매 가이드 등 교육에 활용됐다. 공식 캐릭터가 아님에도 '삼성걸'이라는 애칭이 붙으면서 세계적으로 관심을 끌었다. 동 · 서양인의 외형적 특징을 적절히 조합한데다 삼성을 상징하는 푸른 색깔 복장까지 인기를 끌면서 해외 곳곳에서 샘을 따라 하는 코스프레 열풍까지 불었다.

삼성전자 디지털 아바타 샘

■ 가상인간

기업들이 인플루언서 마케팅에 적극 나서면서 가상인간 시장도 고속성장하고 있다. 인플루언서 마케팅 기업 클리어(Klear)에 따르면 2019년 인스타그램에서 인플루언서의 광고 게시물이 전년 대비 39% 증가했다. 미국의 시장조사 업체인 비즈니스 인사이더는 기업의 인플루언서 마케팅 비용이 2019년 80억 달러에서 2022년 150억 달러로 3년 사이에 2배 가까이 증가할 것으로 전망했다. 특히 가상공간에 익숙한 MZ세대의 취향과 맞물려 가상 인플루언서 시장이 성장하고 있다.

미국의 가상인간 정보 사이트인 버추얼휴먼스(Virtual Humans)에 등록된 가상인간은 188명(2021년 현재)이다. 2014년 9명에서 7년만에 20배 넘게 늘어났다. 시장조사업체인 이머전리서치(Emergen Research)에 따르면 세계 가상인간 시장규모는 2030년 5,275억 8,000만 달러로 성장할 전망이다. 가상인간들은 대부분 유명 브랜드들과의 협업과 브랜드 캠페인 참여로 수입을 올린다. 또 음악산업에 진출해 노래를 발표하고, 가상 콘서트를 열기도 한다.

NFT와 자신을 닮은 인형 출시 등 상품판매도 한다. 앞으로 가상인간들은 점점 더 많은 자리에서 인간의 역할을 대체하며 돈을 벌 것이다. 이미 큰 돈을 버는 가상인간들이 속속 나타나고 있다.[25]

한국에서 버추얼 휴먼 '로지'는 인플루언서로 활발하게 활동하고 있다. 로지는 국내 첫 버추얼 인플루언서로 MZ세대가 선호하는 얼굴형을 모아 탄생했다. 그에게는 '영원히 늙지 않는 22살'이라는 수식어가 붙었다. 사람들은 TV에서 가상인간 로지를 쉽게 찾을 수 있다. 신한라이프는 MZ세대 맞춤형 상품인 '로지 종신보험'의 광고모델로 버추얼 휴먼 로지를 발탁했다. 광고는 현재 조회수 1,100만 회를 돌파했고, MZ세대에게 크게 각인됐다.[26]

가상인간 로지[27]

2) 디지털 제품의 일반적 특징

디지털 제품의 대표적인 특징으로는 **비소멸성(indestructibility)**, **수정용이성(transmutability)**, 그리고 **재생산성(reproducibility)** 등이 있다. 먼저 디지털 제품은 일단 한 번 생산이 되면 형태나 품질을 영구히 유지할 수 있다. 카세트테이프 등의 음악은 반복해서 듣거나 장기간 보관 후에는 음질이 저하되지만, 저장된 MP3 파일의 경우에는 수백 번 들어도 음질이 저하되는 현상은 찾아볼 수 없다. 그리고 디지털 제품의 콘텐츠는 매우 쉽게 변형이 가능하다. 인쇄된 물리적인 서적은 인쇄소에서 인쇄하기 전까지는 수정을 할 수 없지만 파일로 된 전자서적은 언제든지 수정하여 새로운 판의 전자서적을 만들어낼 수 있다. 또한 신문 등의 경우에도 일단 신문이 인쇄되면 뉴스가 생기더라도 다음 날 다시 신문을 만들어낼 때까지 기다려야 하지만 디지털로 작성되는 인터넷 신문이 등장하면서 뉴스의 발생과 동시에 뉴스를 전달할 수 있게 되었다. 마지막으로 디지털 제품은 반복 생산하는데 비용이 거의 들지 않아 재생산이 매우 쉽다.

그림 9-5 | 콘텐츠의 재생산성

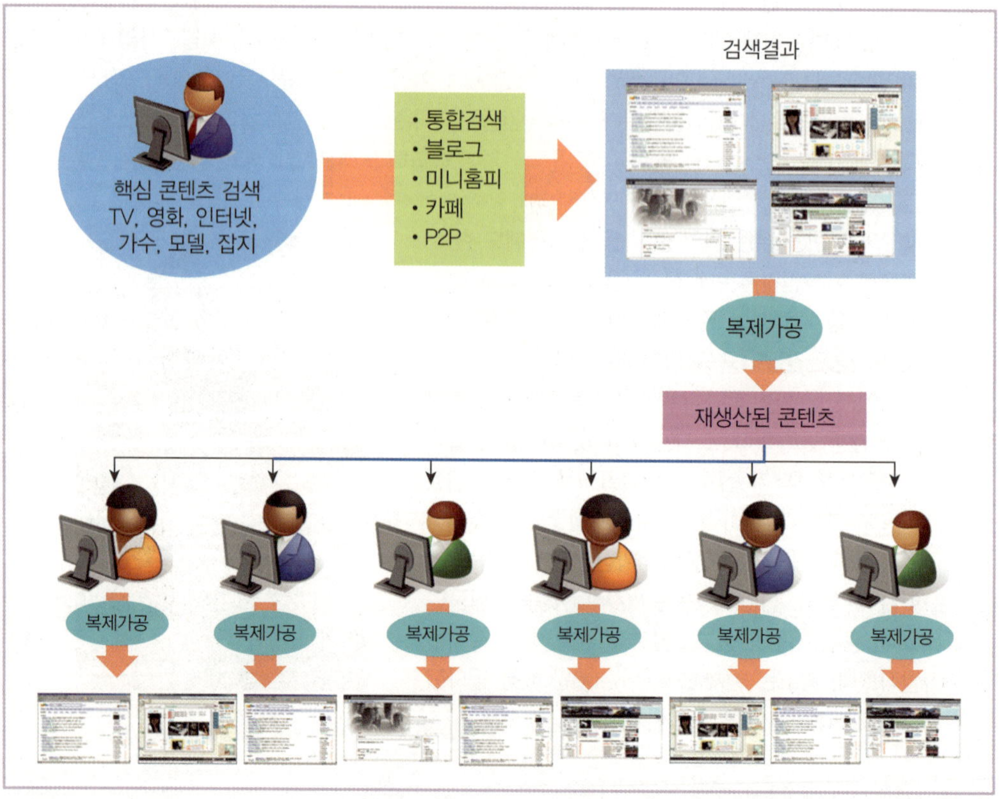

[그림 9-6]에서 보여주는 것처럼 최초의 디지털 제품을 생산하는 데에는 비용이 많이 들지만, 한계비용이 0에 가깝기 때문에 반복 생산하는 데에 비용이 거의 들지 않는다. 디지털 제품은 각종 증권정보 서비스, 게임 등 다양한 분야로 거래가 확대되었으며 인터넷 비즈니스 환경에서는 디지털 제품의 거래 또한 매우 성장한 것으로 볼 수 있다.

그림 9-6 | 유형의 제품과 디지털 제품의 비용 비교

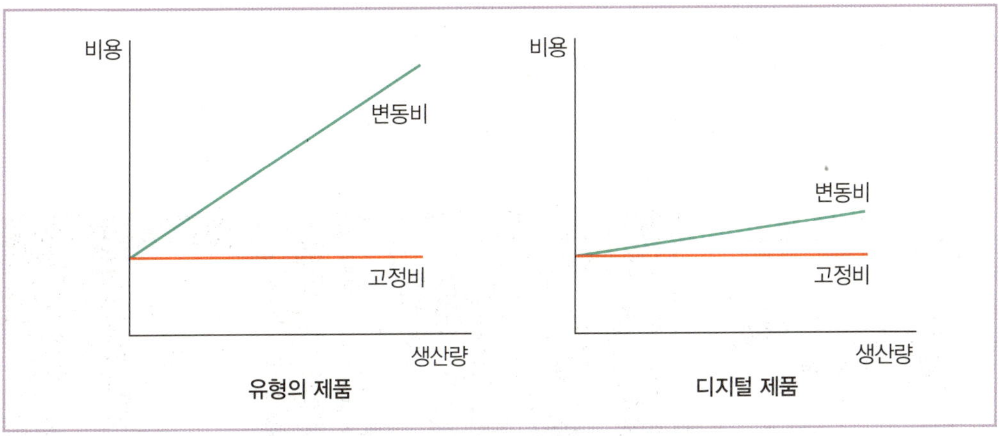

3) 디지털 제품의 생산 및 거래의 특성

[그림 9-6]에서 살펴보았듯이 디지털 제품은 생산 초기에는 고정비용이 많이 들지만, 한 번 생산된 제품을 추가로 생산하는 데에 드는 한계비용은 매우 적다. 따라서 디지털 제품의 제작 판매를 통해 수익을 얻기 위해서는 **규모의 경제(economies of scale)**가 적용된다. 영화 CD 타이틀을 처음 만들 때에는 영화 제작부터 CD 타이틀의 제작에 이르기까지 수억 · 수십억 원이 들지만, 일단 한 번 완성된 영화 타이틀을 계속 반복 생산하는 데에는 몇 천원 밖에 들지 않는다. 이것은 고정비용을 회수하기 위해서 일정 수의 상품을 판매한 후에는 한계비용이 적게 드는 만큼 엄청난 수익을 올릴 수도 있다는 것을 의미하기도 한다.

둘째, 디지털 제품은 **체험재(experience goods)**로서의 성격을 가진다. 체험재라는 것은 구매하려는 제품이 무엇이며 소비자에게 어떤 가치를 가져올 수 있는가를 알기 위해서는 반드시 그 상품을 사용해보거나 체험해보아야 한다는 뜻이다. 신제품 샴푸를 판매하기 위해서는 무료로 샘플을 나누어주고 사용해보게 하듯이, 디지털 제품도 소비자로 하여금 직접 제품을 사용하거나 체험해보게 해야 한다. 소프트웨어 판매를 위해 기능이 제한된 시험 평가판을 무료로 사용하게 해본다든지, 컴퓨터 게임의 데모를 배포하는 것이 이러한 맥락에서 이해될 수 있다. 물리적 제품에 비해 디지털 제품이 체험재로 갖는 장점은 재생산에 드는 비용이 매우 적으므로 무료 샘플을 제공한다고 해도 생산자나 공급자가 추가로 부담해야 하는 비용이 적다는 것이다.

셋째, 디지털로 제공되는 제품은 **공공재**로서의 성격을 가지고 있다. 즉, 디지털 제품은 여러 사람들이 이용하더라도 디지털 제품 자체의 양적인 혹은 질적인 감소를 가져오지 않기 때문에 다른 사람들이 이용하는데 불편을 주지 않는다는 것이다. 예를 들어, 케이웨더에서 제공하는 디지털 형태로 제작된 날씨정보는 비록 여러 사람들이 접속해서 이용하더라도 소비자 개인에게 제공된 정보의 품질은 떨어지지 않는다.[28]

조삼모사 패러디

싱하형

개죽이

최근에는 동영상 콘텐츠가 사람들의 인기를 얻고 있지만 과거 동영상이 활성화되지 않았을 때 인터넷 사용자들이 창출한 재미있는 아이디어와 독특한 캐릭터의 결합으로 크게 인기 있었던 사진들: 위 사진들은 디시인사이드(http://www.dcinside.com/)에서 인기를 끌었던 합성 콘텐츠들이다.

제3절 디지털 제품의 대표적인 예

1. 인터넷 포털

포털(portal)이란 사전적인 의미로 현관' 또는 관문'으로 인터넷을 하게 되면 반드시 지나가야 하는 사이트를 뜻한다. 다시 말하면 포털 사이트란 인터넷을 시작할 때 꼭 방문하는 '인터넷 현관'이다. 예를 들면 국내에서는 **네이버(naver.com)**, **다음(daum.net)**, **네이트(nate.com)** 등이다. 집에 들어가기 위해 현관을 지나쳐야 하듯 원하는 사이트를 가기 위해 꼭 들러야 하는 곳이 인터넷 포털이다.

포털 사이트에 많은 사람들이 방문하게 되면 광고 수입, 사회에 미치는 영향력에서 기업은 큰 이익을 얻는다. 따라서 사이트가 주요 포털이 되기 위해 다양한 서비스를 늘려가고 그 과정에서 인터넷 공룡으로 진화해온 과정에서[29] 이러한 포털의 상업적 중요성은 꾸준히 증가되어 왔다.[30]

현재까지 포털 사이트는 공공성이 높은 방대한 정보를 구축해 왔다. 인물정보와 백과사전 서비스는 대표적이다. 이 같은 정보는 학술논문, 지도, 교통, 날씨 등의 서비스처럼 학제적 영역은 물론이고 생활상의 모든 영역으로 확대됐다. 쇼핑, 음악, 영화 등 엔터테인먼트(VOD) 채널은 오락성을 뒷받침한다. 그러나 뭐니뭐니해도 포털 사이트의 중요한 서비스는 뉴스와 사용자 제작 콘텐츠(UCC) 채널이다. 뉴스와 사용자 제작 콘텐츠의 공통적 특징은 매일 업데이트된다는 것이고 오락성과 정보성을 함께 구현하고 있다는 점이다.[31]

2. 인터넷 가상 커뮤니티 및 블로그 등을 포함한 소셜네트워크서비스(SNS)

1) 온라인 커뮤니티 등 SNS의 특징

인터넷 **가상 커뮤니티(virtual community)**는 과거 인터넷의 전자게시판이나 전자우편 혹은 채팅룸을 이용해 서로의 관심사를 주고받으며 형성된 새로운 사회조직이다.[32] 소비자들은 인터넷이라는 가상공간을 통해서 제품과 이를 판매한 기업에 대한 칭찬과 불만을 자유롭게 공유하게 되고, 인터넷에 게시된 메시지들은 여러 곳으로 확산되는 **구전(word of** mouth)의 양상을 보이게 되었다. 이로 인하여 해당 제품을 가진 기업들은 인터넷 게시판에 올라오는 글을 모니터하고, 이들의 여론을 파악하여 제품개발에 활용하는 것이 중요하다는 것을 깨닫고 있다.[33]

다양한 카페들로 구성되어 있는 다음카페(http://cafe.daum.net)

전통적인 의미의 커뮤니티는 보통 카페로 불리웠는데 지리적인 접근성을 전제로 하는 개념이었지만, 정보기술과 인터넷의 발달은 물리적 공간이나 시간에 구애받지 않는 온라인 커뮤니티의 등장을 가능하게 하였다. 온라인 커뮤니티란 회원의 자발적인 콘텐츠 운영에 중점을 두고 커뮤니케이션과 콘텐츠의 통합이 컴퓨터를 매개로 하여 구축된 공간 혹은 온라인 상호작용에 관계하고 있는 사람이나 집단을 의미한다.

온라인 커뮤니티 참여의 목적은 친밀한 관계의 형성과 유지, 학습, 제품이나 서비스에 대한 의견 형성, 구매 그리고 소비 등[34]으로 우리의 생활에서 상당히 중요한 역할을 차지하고 있다.

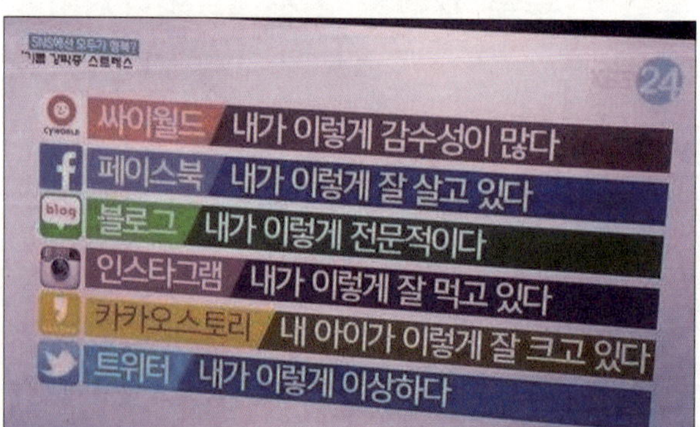

각 SNS의 특징을 보여주는 TV뉴스 화면

최근 페이스북, 인스타그램, 트위터 등으로 대표되는 소셜

네트워크서비스는 기존의 디지털 매체 환경을 재정의하고 있으며 마케팅 메시지의 전달 방식에 있어 기존의 틀을 완전히 변화시키고 있기에 최근 관심의 대상이 되고 있다.[35] SNS는 Social Network Service의 줄임말로, 인터넷상에서 친구, 동료 등 지인과의 인간관계를 강화하거나 새로운 인맥을 형성함으로써 폭넓은 인적 네트워크를 형성할 수 있는 서비스이다. 과거부터 존재하던 카페, 클럽, 블로그,[36] 미니홈피, 마이크로블로그, 프로필 기반서비스(예: 페이스북, 인스타그램) 등도 넓은 의미로 SNS에 포함된다고 볼 수 있기에[37] 본서에서는 온라인 커뮤니티 및 SNS를 같은 개념으로 혼용하여 사용한다.

현재는 **페이스북**과 **인스타그램**이 세계 SNS 시장을 주도하고 있으며 대한민국에서는 최근 인스타그램의 인기가 높다. 인스타그램에도 위기는 있었는데 사진 공유라는 정체성이 흔들릴 수 있다는 우려를 뒤로 하고 동영상 기능을 과감하게 흡수함으로써 스냅챗으로의 이탈을 막고 선도적인 입지를 더욱 공고히 하는 결과를 낳는다.[38] 대체로 많은 연구결과들은 소셜미디어를 이용한 사용자의 경험이 사용자 만족에 그리고 소셜미디어의 지속적인 이용에 영향을 미칠 수 있다는 부분을 강조하고 있으며, 이러한 소셜미디어를 활용한 브랜드 마케팅을 통해 기업들은 브랜딩 효과를 볼 수 있다는 점에 동의하고 있다.[39]

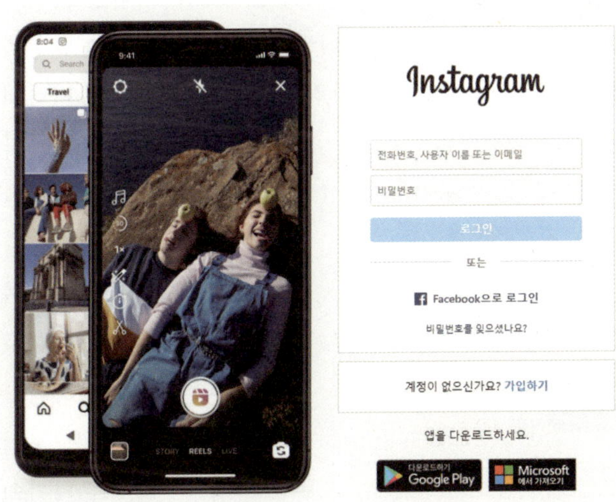

인스타그램의 시초는 케빈 시스트롬과 마이크 크리거가 만든 모바일 체크인 앱 버브니로, 샌프란시스코에서 개발을 시작했다.[40] 시스트롬과 크리거는 개발 당시 버브니가 포스퀘어와 너무 비슷하다는 것을 깨닫고, 버브니에서 인기 있는 '사진 공유' 기능을 발전시키는데 집중하였다. 두 개발자는 이 어플을 인스턴트 카메라(Instant Camera)와 텔레그램(Telegram)이라는 단어를 합성하여 인스타그램(Instagram)이라고 명명했다.[41]

시간이 지남에 따라 소셜미디어를 통한 자기홍보는 사람들의 삶에서 일상이 되었다. 특히 10대 그리고 18~25세 사이의 사람들은 연예인들의 자기표현 및 자기홍보 방식을 따라하였다. 그리하여 그들은 자기를 표현하고 다른 사람들과 자연스러운 관계를 위해 그들만의 온라인 정체성을 만들어 표현하기 시작했다.[42] 오늘날 개인의 브랜드를 만드는 것은

'소셜미디어, 개인 웹사이트, 블로그에 프로필을 만들고 유지하며, 제시된 정보에 대한 접근을 유인하기 위한 **검색엔진 최적화(Search Engine Optimization)**를 사용하는 것'을 의미한다.[43]

개인의 온라인 평판은 개인 브랜드의 중요한 요소이다. 디지털 시대에 개인 브랜드를 관리하는 것은 점점 더 복잡해지고 있는데 한편으로 부적절한 정보 또한 공유되기도 한다. 오늘날 페이스북, 링크, 또는 링크드인에서 공유되는 부적절한 정보는 개인 브랜드를 개발하기 위해 행해진 모든 작업을 파괴하고 개인 브랜딩을 위해 수년간 쌓아온 명성을 망칠 수 있기에[44] 이러한 부분에 대한 관리도 매우 중요해지고 있다.

2) 소비자 욕구에 따른 커뮤니티 분류

커뮤니티가 만족시켜주는 소비자 욕구에 따라 전자 커뮤니티를 다음과 같은 네 가지로 분류할 수 있다.[45]

■ 거래 커뮤니티(communities of Transaction)

이의 중요한 기능은 제품이나 서비스의 판매와 구입을 용이하게 해주고 이러한 거래에 관련된 정보를 거래 쌍방 간에 전달해주는 것이다. 이 커뮤니티는 전통적인 사회통념상의 커뮤니티는 아니다. 커뮤니티 참여자들 간의 의사교환이 장려되고 그 결과로 커뮤니티의 다른 구성원이 제공하는 정보를 통해 특정한 거래를 하게 된다. 즉 거래 커뮤니티의 참여자는 중고차, 고급 포도주 등을 구입하기도 하고 이런 상품을 구입하기 전에 커뮤니티의 다른 참여자의 의견을 듣고 싶어 할지도 모른다. 최근에는 이러한 커뮤니티들을 통해 구인 및 구직활동도 이루

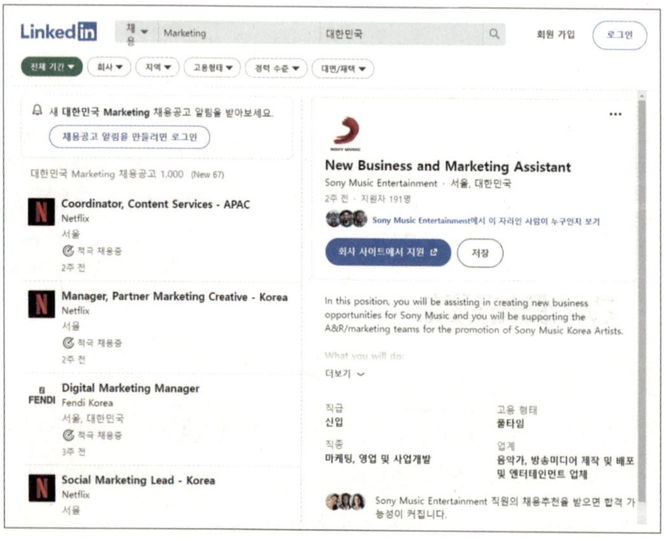

링크드인 코리아에서 마케팅 직무에 대한 검색(https://kr.linkedin.com/)

어진다. 링크드인(LinkedIn), 페이스북과 같은 소셜네트워크는 채용 과정을 용이하게 하고 최고의 지원자들을 끌어모으기 때문에 기업들의 구인 수단으로 인기를 얻었다. 과거에는 기관들이 지역 언론에 공석을 홍보하거나 채용 컨설턴트를 고용하거나, 더 최근에는 회사 홈페이지나 인기 있는 일자리 플랫폼에 채용 공고를 올려 직원을 채용하기도 한다.[46]

- 관심분야 커뮤니티(communities of interest)

이는 특정 주제에 대해서 심도 있게 의사교환을 하는 참여자들이 모인 집단을 말한다. 이러한 커뮤니티는 개인 간의 의사교환이 거래 커뮤니티보다 훨씬 심도 있게 이루어진다. 가든 웹이라는 공통관심사 커뮤니티에서는 가든 웹 포럼이라는 난을 통해 다른 사람과 원예에 관련된 이야기를 나눌 수 있고, 가든 익스체인지(exchange) 난을 통해서는 필요한 모종이나 다른 원예에 관련된 물품이 필요하다는 내용이나 원예에 관련된 물품이 필요하다는 내용을 다룰 수 있다.

- 환상 커뮤니티(communities of fantasy)

이는 자신의 상상력을 발휘해서 새로운 환경이나 인물, 이야기 등을 창조할 수 있는 것으로서, 예를 들어 아메리카 온라인에 있는 한 커뮤니티의 경우 참여자들은 자신이 중세 유럽의 한 백작이 되고 상상의 나래를 펼쳐 백작의 성에서 벌어질 수 있는 이야기를 창조할 수 있다(대화방 기능을 이용). 인터넷으로 서비스되고 있는 스포츠 커뮤니티인 ESP넷의 경우 참여자들은 실제로 존재하는 선수들의 이름을 이용해서 그들 자신의 스포츠팀을 구성해 스포츠에 대한 환상의 나래를 펼칠 수 있다. 메타버스는 이러한 환상 커뮤니티에서 고객들의 욕구를 충족시키는 중요한 기술이 될 수 있다.

다양한 정보통신 기술은 다양한 방법으로 커뮤니티 참여자의 친목을 도울 수 있다. 줌 등의 프로그램을 통해 온라인 동영상으로 서로 얼굴을 마주하고 회의나 발표 등을 진행하기도 한다.[47]

- 관계 커뮤니티(communities of relationship)

여기에서 추구하는 긴밀한 인간적인 유대관계는 보통 인생에 있어서 어떤 강렬하고 특별한 체험을 바탕으로 형성된다. 관계 커뮤니티의 참여자들은 보통 다른 참여자의 실제신분을 알게 된다. 물론 참여자들이 신분을 밝히고 싫어하지 않는 중독에 관련된 커뮤니티는 예외이다(이러한 중독관련 커뮤니티 중에서 인터넷 중독 커뮤니티도 있다). 컴퓨서브에 있는 암 커뮤니티(Cancer Forum)의 경우 암환자와 가족들에게 여러 가지 종류의 지원을 하고 있다. 참여자들은 암을 어떻게 극복하고 있는지에 대해 이야기하거나 의학적인 연구, 진통제, 암검사의 절차 및 결과 등에 대한 정보를 서로 교환한다.

4) 커뮤니티 사이트들의 수익추구 유형[48]

오늘날 인터넷에 자원을 투자하는 많은 기업들은 투자에 대한 수익을 확신할 수 없을 수도 있기 때문에 매우 조심스럽게 접근하고 있다.[49] 커뮤니티를 비즈니스와 접목하기 위해서는 한국적인 특성을 감안할 필요가 있다. 국내의 온라인 커뮤니티는 다분히 '비상업적 혹은 반상업적' 관점에서 유지돼 왔다. 보수적인 전통에 의해 아직도 수익추구 관점에서는 접근하기 쉽지 않다. 과거에는 **IP(Information Provider, 정보제공사업자)**와는 달리 커뮤니티적 속성이 강한 동호회들은 상업적 접근에 대해 자체적으로 심한 거부감이 있었다. 일부 동호회에서는 **시삽(Sysop, 대표운영자)**의 권한으로 상업적 메시지를 게재하는 사람에게 패널티를 부여하거나 아예 접근 권리를 삭제하는 경우도 있었다.

이에 비해 인터넷을 통한 가상 커뮤니티의 접근방식은 PC통신의 동호회와 이해를 달리 할 필요가 있다. 즉, PC통신 시대의 일부 독점적 사업자들에 의한 수익추구가 아니라 개인들도 얼마든지 인터넷상에 자신의 웹사이트를 통해 회원을 모으고 가상 커뮤니티를 형성할 수 있기 때문이다. 인터넷에서 가상 커뮤니티를 활용한 수익창출의 통일된 모델은 없다. 가상 커뮤니티를 통한 수익성 추구에 관한 사례들이 상당히 다양한 형태로 나타나기 때문이다.

(1) 광고유치

커뮤니티는 거래와 광고를 통하여 수익을 올릴 수 있다. 광고는 수많은 유명한 사이트들의 주 수입원이 되고 있다. 회원의 수가 증대함에 따라 스폰서가 늘 것이고 영향력이 확대될 것이므로 상당수의 가상 커뮤니티 운영자들은 광고를 주 수입원으로 고려하게 된다. 과거 커뮤니티들이 커뮤니티 이용을 유료화하여 가입자 수가 줄었듯이 최근에는 커뮤니티들이 거의 광고수입에 의존한다.

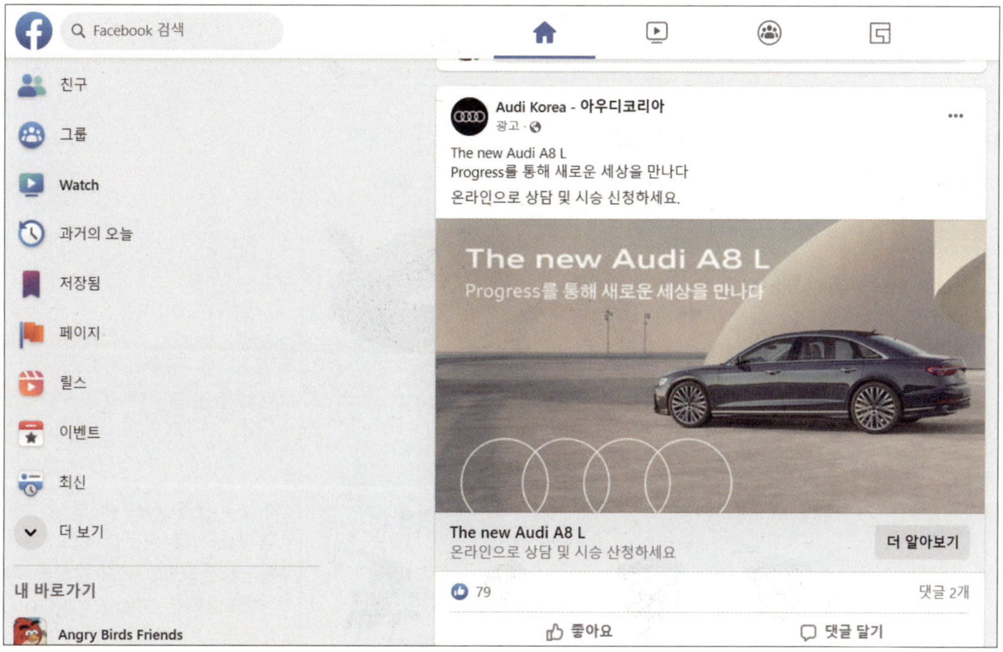

페이스북에 게시된 아우디 광고

(2) 콘텐츠 및 물품판매

콘텐츠 및 물품판매도 가상 커뮤니티의 중요한 수익원이 될 수 있다. 카카오톡의 경우 다양한 캐릭터 상품을 온라인을 통해 판매하고 오프라인 상품에도 활용하여 그 수익을 창출하였으며 골프존의 경우에도 처음에는 스크린 골프 유저들을 위한 커뮤니티로 활용되었다가 최근에는 골프부킹상품 및 골프용품 등을 판매하는 사이트로 변화하였다.

서비스 제공업체 EDS(http://www.electricdatasystems.com/)

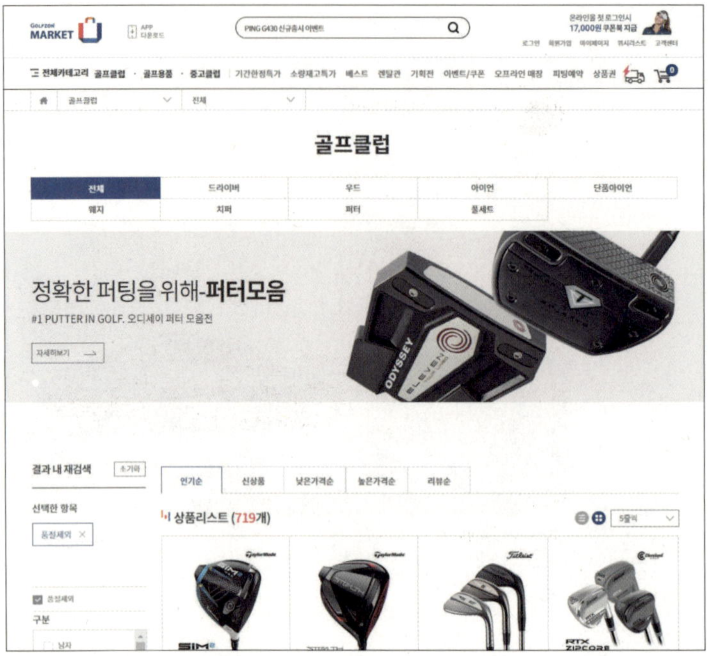

스크린 골프 커뮤니티로 시작하여 사용자를 충분히 확보한 후 골프용품 판매, 부킹 등으로 확장한 골프존(http://golfzon.com/)

(3) 가입 유료화

커뮤니티는 사용료를 청구할 수 있다. 보통 고객이 지불하는 사용료는 정해진 기간 동안 서비스를 사용하는데 대한 고정 사용료와 추가적인 사용시간이 발생했을 때 지불하는 추가 사용료로 구성된다. 이러한 방식의 도입은 상당히 신중하게 생각할 필요가 있다. 동급의 서비스가 광고수입을 목적으로 무료로 제공을 하고 있다면 목표고객들이 상당수 이탈할 수 있기 때문이다. 또 유료화의 관건은 얼마나 부가가치가 있는 콘텐츠를 제공할 수 있는가에 달려 있다. 즉, 경쟁상대가 쉽게 만들어 따라올 수 없는 아이템인가를 파악한 후 유료화를 고려해야 한다.

(4) 고객 데이터베이스를 이용한 수익

고객 데이터베이스를 이용한 수익사업도 있다. 목표고객들의 양해를 얻은 후 스폰서에게 고객정보를 집적한 데이터베이스를 렌털해주고 수입을 얻는 경우이다. 목표고객들은 상업적인 메시지를 받는 대신 적립금을 얻는다든지 파격적인 할인혜택을 받는 메리트를 얻을 수 있다. 대부분의 사이트들은 무료서비스를 이용하는 조건으로 개인정보 활용 동의를 통해 고객리스트의 판매를 하고 있다.

(5) 제휴를 통한 수입

제휴(affiliate) 프로그램을 통해 커미션수입을 올리는 방법도 있다. 광고수입과는 달리 상품이 팔리는 것에 대해 커미션수입을 얻는 경우이다. 아마존의 제휴 프로그램이 대표적이다. 아마존은 자사의 배너를 홈페이지에 올려놓게 하고 이 배너를 통해 발생하는 매출의 15%를 커미션으로 제공한다. 예를 들어, 인터넷상에 독서토론회 커뮤니티를 운영하고 있다면 관련된 책을 아마존을 통해 구매할 수 있도록 배너를 제공할 수 있다. 회원들이 이 배너를 통해 책을 구입하게 되면 약 15%의 커미션을 얻게 된다. 미국 등에서 상당히 활성화되어 있으며 한국적 상황에서도 적용 가능성이 높은 방법이다.

3. UCC

1) UCC의 개념

최근 **사용자 제작 콘테츠**(UCC: User Created Contents)에 대한 관심이 급부상하고 있으며, 방송이나 신문에서도 별다른 부가설명 없이 UCC라는 단어를 사용하고 있다. UCC의 개념을 정리하면 **'인터넷상에 일반 사용자가 순수 창작해 올린 글, 그림, 음성, 동영상 등'**을 말하며, 디지털 기기의 보급이 대중화되고, 초고속 인터넷이 널리 퍼지면서 많은 유저들이 다양한 콘텐츠를 만들어내기 시작한다. 초창기에는 게시판 등을 통해 자신의 의견을 표현하였다.[50] 하지만 사회문화적 이슈, 디지털 디바이스의 확산, 인터넷 놀이문화의 트렌드 변화 등으로 인해 점차 일반화되고 있음을 알 수 있다. UCC라는 용어 자체가 동영상과 함께 생겨났기 때문에 'UCC'라고 하면 '동영상 콘텐츠'를 일컫는 경우가 많지만, UCC는 '사용자 제작 콘텐츠'를 뜻하는 용어이므로 동영상 이외의 다른 콘텐츠들도 다 포함하는 개념이다.

유튜브가 조직 및 개인의 새로운 수익창출원으로 활용되고 있다.[51]

과거 텍스트로 이루어진 대표적인 UCC인 네이버 지식iN의 경우 사용자들은 각각의 유튜브(YouTube)는 전 세계 최대 무료 동영상 공유 사이트로, 사용자가 영상 클립을 업로드하거나, 보거나, 공유할 수 있다. 2005년 2월에 페이팔 직원이었던 채드 헐리, 스티브 천, 자베드 카림(퇴사)이 공동으로 창립하였다. 또한 2006년 구글에 인수되었다. 사이트 콘텐츠의 대부분은 영화와 텔레비전 클립, 뮤직 비디오는 물론이고 유저들의 새로운 창작물을 소개하는[52] 명실공히 세계 최대의 미디어이다.

질문과 답변을 서로가 생성하고 그 안에서 무수한 데이터를 쌓아간다. 이를 통해 한 가지 더 알 수 있는 것은 UCC를 정의함에 있어 단순히 '사용자 제작 콘텐츠'라는 말로는 부족하다는 것이다. 시간이 지남에 따라 표현 양식도 점차 '텍스트 → 이미지 → 동영상'으로 진화 중이기에 최근에는 유튜브(youtube.com)의 인기가 매우 높은 편이다.

그림 9-7 | 인터넷에서 사용자 참여 문화의 흐름[53]

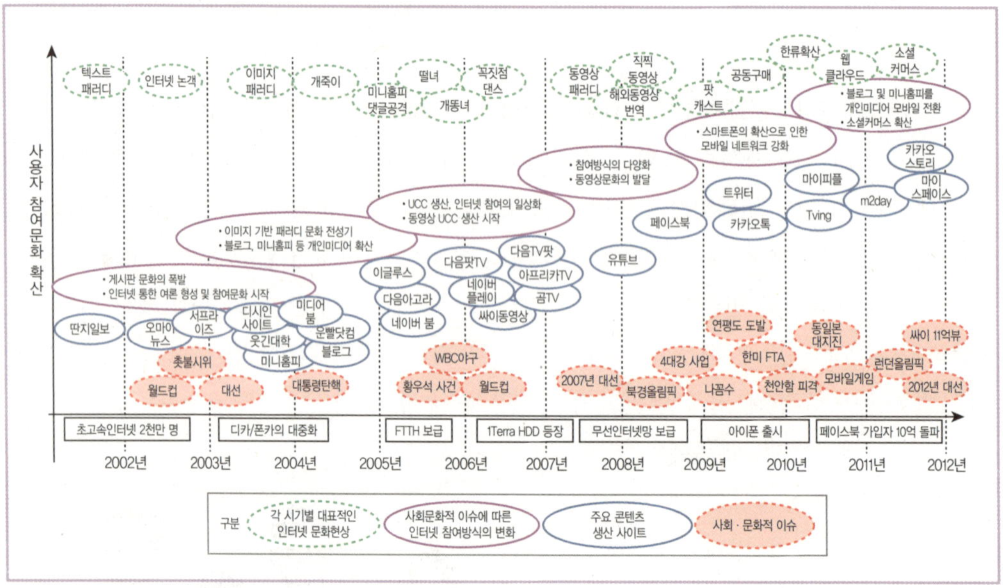

2) UCC의 특징

UCC는 디지털, 개인화, 능동성이라는 속성을 통해 과거의 라디오 음악 프로그램에 신청곡과 함께 사연을 적어 보냈던 엽서와는 본질적으로 다른 몇 가지 차별성이 있다. 첫째, 매스미디어가 아닌 블로그 · 미니홈피 등 개인미디어가 진원지라는 점이다. 둘째, 특정 매체나 기업의 이해관계와는 무관하게 생활자의 가감 없는 진솔한 목소리가 표출된다는 점이다. 셋째, 초고속 인터넷 덕택에 글이나 이미지보다는 동영상이 위주라는 점, 마지막으로 정보나 교육적인 것보다는 재미 추구 성향의 콘텐츠가 압도적으로 높다는 점이다.

이제는 유튜브를 통한 동영상 마케팅이 대세가 되고 있다.[54]

3) UCC 마케팅

비즈니스 신기술의 급속한 발전으로 마케터의 사용자 생성 콘텐츠 의존도가 높아지고 있다. 기업들은 브랜드의 매출을 창출하고 고객과의 관계를 구축하는 데 있어 사용자 생성 콘텐츠의 중요성을 크게 인식하고 있는데, 많은 연구에서도 UCC가 브랜드 신뢰를 높이고 해당 브랜드를 구매하게 하는데 영향을 미치는 것으로 나타나고 있다. 이것이 의미하는 것은 마케팅 관리자들이 UCC를 통해[55] 브랜드 마케팅을 하고 광고를 하는 것이 필수적이라는 것을 의미하는 것이다.

지금까지의 매스미디어 중심 마케팅이 기업에서 소비자에 이르는 일방향 길이었다면, 지금부터의 마케팅은 생활자들의 참여를 자극함으로써 효과를 배가 하는 쌍방향 길에 비유할 수 있다. 이러한 참여기회 확대는 열정 고객을 양성하는 데 기여하며, 이들은 기업을 대신해 자발적 입소문을 내주기도 한다.

마케팅 기업은 소비자들의 커뮤니케이션 장소(게시판, 블로그 등)를 제공해주고 생활자들의 자발적 마케팅 참여를 이끌어내는 것이 바람직하다. 또한 디카, 폰카, 디지털 비디오 등의 보급은 소비자로 하여금 시간과 장소에 구애받지 않고 자신의 관심사를 직접 생산, 유통, 소비하도록 만들어준다. 이로 인해 생활자가 직접 기획하는 UCC 마케팅, 직접 제작하는 UCC 광고는 필연적으로 확대될 수밖에 없는데 최근의 많은 오프라인 제품들은 유튜브에 광고를 게재하거나 광고동영상을 만들어 올리는 등 마케팅 커뮤니케이션의 중요한 수단으로 활용하고 있다.[56]

소비자들은 유튜브 콘텐츠의 PPL, 유튜브 제품 리뷰를 통해 제품에 대해 인지하고 제품에 대해 정보를 얻는다.[57]

동영상 광고 형식	설명	플랫폼	사양
건너뛸 수 있는 동영상 광고	건너뛸 수 있는 동영상 광고는 5초 후에 건너뛸 수 있습니다.	컴퓨터, 휴대기기, TV, 게임 콘솔	동영상 플레이어에서 재생(5초 후에 건너뛸 수 있는 옵션)
건너뛸 수 없는 동영상 광고	건너뛸 수 없는 동영상 광고를 시청해야 동영상을 볼 수 있습니다.	컴퓨터, 휴대기기, TV, 게임 콘솔	동영상 플레이어에서 재생 15초 또는 20초(지역별 표준에 따라 다름)
범퍼 광고	건너뛸 수 없는 짧은 길이(최대 6초)의 동영상 광고로, 이 광고를 시청해야 동영상을 볼 수 있습니다. 건너뛸 수 있는 광고나 건너뛸 수 없는 광고를 사용 설정하면 범퍼 광고가 사용 설정됩니다.	컴퓨터, 휴대기기, TV, 게임 콘솔	동영상 플레이어에서 재생, 최대 길이 6초
오버레이 광고	오버레이 이미지 또는 텍스트 광고가 동영상 하단 20% 부분에 게재될 수 있습니다.	컴퓨터만	크기: 468x60 또는 728x90픽셀

유튜브 광고형식[58]

Internet Marketing INSIGHT 9-3

SNS 마케팅 대세의 시대

우리는 인터넷 없이는 가능한 것보다 불가능한 것이 더 많은 시대를 살아가고 있다. 점차 대면보다 비대면이 익숙해지는 세상의 흐름 속에서 기업들은 다양한 디지털 마케팅을 통해 자사의 제품과 서비스를 홍보한다. 대표적인 디지털 마케팅으로는 'SNS 마케팅'이 있다. SNS 마케팅은 별도의 예산이 필요 없으면서 가장 강력한 마케팅과 홍보를 가능하게 하는 디지털 마케팅 방법이다. 따라서 이제는 기업들이 선택이 아닌 필수로 여러 채널에서 자사의 SNS 계정을 보유하고 관리하고 있다.

SNS 마케팅으로 가장 많이 사용되는 매체는 단연 인스타그램이다. 인스타그램은 사진이나 짧은 영상에 글을 작성할 수 있는 SNS이다. 현재 MZ세대는 단순히 글로만 서술된 것보다 사진이나 영상으로 정보를 접하는 것에 익숙하다. 따라서 최근 인기를 끄는 릴스(인스타그램의 숏폼 콘텐츠)를 이용한 기업의 콘텐츠는 유저가 SNS 사용 중에 자연스레 기업의 존재를 인식하는 광고가 되기도 한다.

투썸플레이스 인스타 계정

또한 인스타그램은 유저마다 개인의 계정을 소유하고 있기에, 각자의 계정에 좋아요와 댓글을 남길 수 있다. 즉, 유저와 기업의 마케터가 동등한 위치에서 쌍방 소통이 가능하다는 것도 거부감 없는 홍보 및 마케팅에 큰 도움을 준다. 기업의 공식 계정에서 팔로워를 대상으로 댓글 이벤트, 지인태그 이벤트, 해시태그 이벤트 등을 진행하게 되면 마케팅 및 홍보 효과는 배가 된다.

이외에도 기본적으로 인스타그램은 유저별로 체류시간이 높은 카테고리의 게시물을 알고리즘을 통해 노출해주어 관심도에 기반한 마케팅을 가능하게 한다. 또한 해시태그를 통해 유저가 관심있는 키워드를 검색하여 직접 기업의 마케팅 콘텐츠에 접근하게 할 수도 있다. 최근에는 인스타 내의 마켓 페이지에서 별도의 사이트 이동 없이 물건 판매를 시도하는 기업들도 늘어나고 있다.[59]

Z세대를 겨냥한 SNS 마케팅이 성공하기 위해서는 소비자들이 알아서 즐기고 주도적으로 참여할 수 있는 '놀이터'가 돼야 한다는 의견이 지배적이다. 콘텐츠를 쉽게 만들고 즐기고

싫은 이용자를 공략한 틱톡과 소셜미디어를 통해 홍보와 마케팅을 강화하면서 입지를 구축한 쉬인의 사례를 볼 때 '온라인 놀이터'를 만든 게 성공 요인이란 분석이다. 실제 틱톡은 서비스를 시작한 지 3년만에 전 세계 다운로드수 1위를 기록하면서 페이스북과 왓츠앱 인스타그램을 추월했다. 특히 미국 Z세대가 가장 많이 사용하는 앱이다. 2021년 틱톡 사용자 중 12~17세 비중은 63%를 기록했다. 틱톡은 페이스북 등 기존 SNS 플랫폼과 달리 친구, 팔로잉과 같은 관계 형성보다 가볍게 즐길 수 있는 재미에 집중한 게 특징이다. 개인의 취향을 파악할 수 있는 알고리즘을 기반으로 중독성 있는 강력한 추천 서비스를 제공하는 전략도 취했다.[60]

4. e러닝 및 eBook

1) e러닝

최근의 **학습관리시스템(LMS: Learning Management System)**은 기업 전체의 학습 프로그램을 추적 · 관리할 수 있도록 발전했다. 대역폭의 제한으로 사용하지 못했던 멀티미디어도 광대역 기술의 발전으로 활용되기 시작했다. 이러한 e러닝은 몇 가지 장점을 가지고 있다. 첫째, 기존 오프라인 교육과 달리 시간적 · 공간적인 제약이 거의 없어 언제 어디서나 인터넷에 접속하기만 하면 교육이 가능하다는 장점을 가지고 있다.

둘째, 교육비용을 크게 절감할 수 있다. 기존의 오프라인 교육은 교육비 외에 출장비, 이동시간 동안의 인건비까지 감안하면 교육비 이상의 비용이 든다. 반면에 e러닝은 이동할 필요 없이 자기 사무실이나 집에서 교육받을 수 있기 때문에 교육으로 인한 부대비용이 전혀 발생하지 않는다. 게다가 교육비 자체가 오프라인에 비해서 훨씬 저렴하기 때문에 기업 입장에서는 교육훈련비를 큰 폭으로 줄일 수 있다.

코로나19 장기화 여파로 전 세계 e러닝시장이 가파른 성장세를 이어갔다. 국내시장 역시 마찬가지였다. 국내에서는 성인대상 직무와 취미, 온라인 강의를 제공하는 교육 스타트업의 성장이 두드러졌다. 코로나19로 재택근무 등 비대면 환경이 확대되고 고용불안이 높아지는 가운데 자기계발 트렌드가 부상하면서 온라인 교육 콘텐츠에 대한 성인들의 관심이 급증했기 때문이다.[61]

또한 코로나19로 기업들의 디지털 전환이 가속화되면서 성인교육시장이 급성장하고 있다. 은행 등 금융권을 비롯해 의료 · 제약, 유통, 제조업 등 다양한 업종에서 임직원 대상의 기존 오프라인 교육을 온라인 교육으로 대체하고 있으며, 프로그래밍 · 언어 등에 대한 자기계발 수요도 급증하는 추세이다.[62]

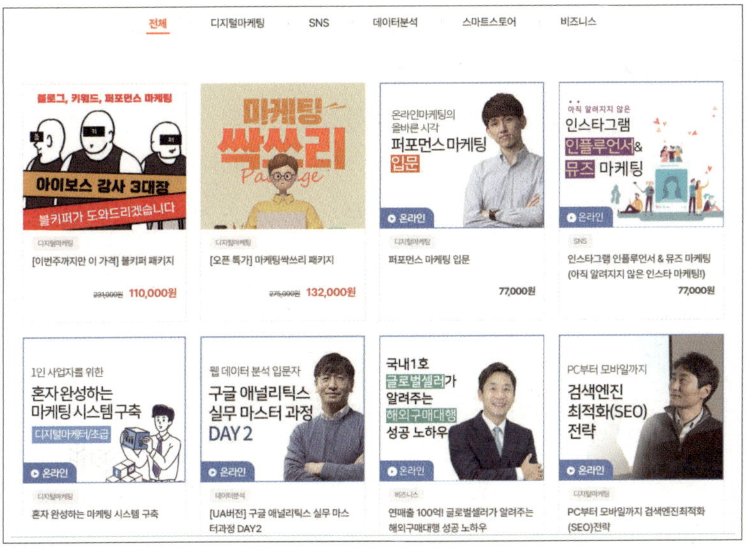

다양한 실무 마케팅에 대해서 온라인으로도 교육하고 있는 아이보스 교육(https://www.ibossedu.co.kr/)

2) eBook

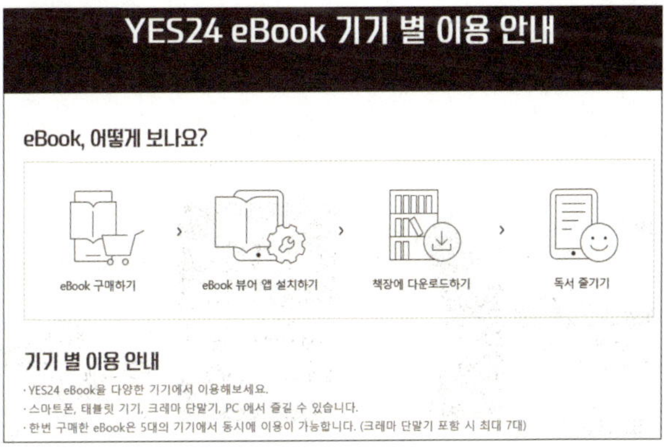

최근에는 인터넷 서점에서 ebook을 구매하면 서점과 제휴된 ebook 프로그램을 데스크탑이나 모바일에 다운받아 책을 읽을 수 있다(사진은 YES24 뷰어 크레마 이용방법 설명).

기존 출판산업은 이른바 전자출판이라는 새로운 다크호스의 등장으로 출판물의 형태와 거래방법에 있어 엄청난 변화를 겪고 있다. 거래방법에 있어 기존 서점판매의 경우 인터넷과 기반기술의 대두로 온라인 판매로 전환하는 모습을 보이고 있으며, 이러한 온라인 판매의 유형은 기존 오프라인 콘텐츠를 새로운 형태로 가공, 온라인으로 판매하는 유형(일방향 전자출판)과 완전한 주문에 의한 제작 방식 출판의 두 가지로 나눌 수 있다.

전자의 경우 기존 출판산업의 가치사슬 중 유통 및 판매부문이 온라인으로 전환됨에 따라 새로운 가치사슬을 형성하며 발전하고 있으며, 후자의 경우 기존 출판업무의 일부분만 대체하는 일방향 전자출판과는 달리, 전체 사슬 자체가 온라인으로 이루어지는 특성을 보이고 있다.

즉, 기존 출판사업의 가치사슬의 해체는 이른바 **일방향 전자출판**과 **쌍방향(books on demand, 주문형) 전자출판**에 의해 주도되고 있는 것이다.[63] 종이책의 지속적인 하락세로 인해 전체 도서출판시장이 침체되고 있음에도 불구하고 전자책시장의 증가세는 두드러지게 나타나고 있다. 산업혁명 시대에서 지식 기반 사회로 이행되면서 책은 주요한 지식과 정보력의 획득수단으로 자리매김하게 되었다. 아울러 정보통신기술의 발달은 이러한 '책'의 형태가 유형의 형태가 아닌 무형의 콘텐츠로도 소비자들에게 전달될 수 있도록 하였다.[64] 한국의 전자출판시장은 스마트폰, 태블릿 PC 등 스마트기기 단말기의 보급 확대로 인해 ePub 전자책과 애플리케이션 전자책이 급성장하고 있으며, 수입 해외저널 디지털 출판물시장이 확대되는 등 새로운 구조 변화를 보이고 있다.[65]

5. 인터넷 음악

인터넷 음악은 인터넷 네트워크를 통하여 유통되는 디지털화된 음악파일을 의미하며 통상 디지털 음악 또는 MP3 음악이라고 한다.[66] 인터넷 음악은 1997년 이후 MP3 파일과 같은 압축 오디오 파일 기술의 개발로 사용자들이 손쉽게 음악파일을 자신의 PC에 저장할 수 있게 하는 디지털 음악파일이 등장하면서 구체적으로 실현되기 시작한 분야인데, 인터넷 사용자가 급증하고 인터넷속도가 향상되었으며, 게다가 냅스터(Napster), 소리바다와 같

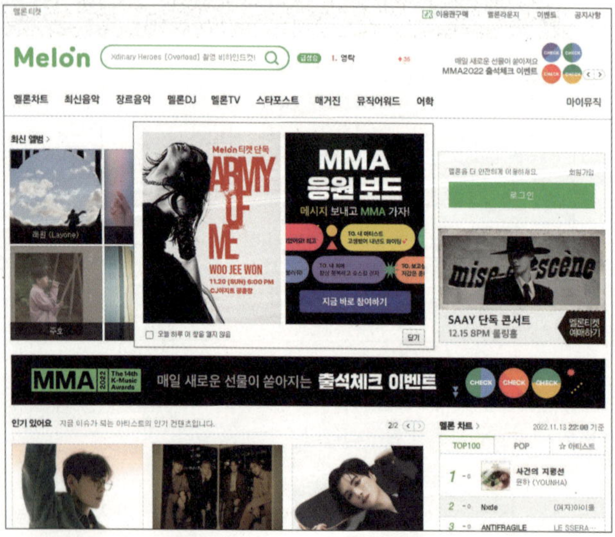

국내 음원 스트리밍 서비스 사이트 1위인 멜론(http://www.melon.com/)

은 파일교환 프로그램의 등장으로 인터넷 음악의 사용자수는 폭발적으로 증가하였다.[67]

6. 온라인 게임

전통적으로 **게임**은 '인간생활 중 노동을 제외한 여가생활에서 편을 가르거나 특정한 규칙을 세워 경쟁을 도입함으로써 유희적 재미를 배가한 레크리에이션'의 일종으로 정의된다. 그러나 이러한 정의는 컴퓨터 시대의 출현과 함께 좁은 의미의 정의를 요구하게 되었고, 이에 '기억 있는 실리콘 칩 컴퓨터 회로에 의해 작동되는 모든 놀이의 총칭'이라 정의되는 컴퓨터 게임이라는 용어가 생성되었다.

특히 온라인 게임은 통신을 통하여 호스트 컴퓨터에 접속하여 참가자들이 실시간으로 소그룹을 이루어 진행하는 게임을 말하는 것으로 한국첨단게임산업회는 온라인 게임을 운영방식에 따라 좁은 의미에서의 **온라인 게임, 네트워크 게임, 인터넷 게임, 모바일 게임** 등으로 분류하고 있다.

| 표 9-1 | 온라인 게임의 유형

구분	정의
온라인 게임	• 게임 소프트웨어 업체가 콘텐츠 공급업자가 되어 통신 서버에 게임을 올려 놓고 네티즌이 사이트에 접속하는 형태로서 동시접속이 천 명 이상 가능한 게임
네트워크형 게임	• PC 게임에 기반을 두고 온라인 기능을 겸한 게임으로 최대 동시접속자수가 16명까지 가능한 게임
인터넷 게임	• 브라우저를 구동시켜서 인터넷에 접속한 상태에서만 구동되는 게임 • 인스톨이 필요없도록 제작되거나 혹은 작은 인스톨 프로그램만으로 구동이 가능하도록 하여 인터넷을 이용하여 손쉽게 접속할 수 있다는 것이 특징
모바일 게임	• 스마트폰에서 무선인터넷에 접속하여 사용자들끼리 점수를 겨루는 게임 • 모바일환경 속에서 이용하므로 이동성과 접속의 용이함이 뛰어나 남녀노소 손쉽게 이용할 수 있다는 게 특징

향후 온라인 게임 단말기는 PC 플랫폼을 넘어서 게임용 콘솔, 모바일 단말기, 인터넷 TV 등 다양한 플랫폼으로 크게 확대되고 있다. 게임용 콘솔의 경우 하드웨어 사양 고급화와 통신기능 탑재를 통해 새로운 온라인 게임의 플랫폼으로 자리잡을 것으로 보이며 모바일 게임은 폭발적인 성장을 기록하였다.[68]

VR기기와 더불어 더욱 발전을 모색하고 있는 온라인 게임시장[69]

Internet Marketing INSIGHT 9-4

디지털 콘텐츠 마케팅

콘텐츠 마케팅은 특정 고객을 대상으로 하는 온라인 콘텐츠를 만들고 배포하는 데 중점을 둔 전략적 마케팅 접근방식을 뜻한다. 2021년 지난해 글로벌 콘텐츠 마케팅 산업은 약 660억 달러(약 91조 원)의 매출을 올린 것으로 추산된다. 독일의 시장조사기관 Statista는 2022년 매출을 760억 달러(약 104조 원) 규모로 추정했으며, 2026년에는 약 두 배 규모인 1조 372억 달러(약 1,423조 원)까지 증가할 것으로 전망했다.

Semrush가 글로벌 마케터를 대상으로 실시한 2021년 설문조사 결과에 따르면, 마케팅 전략에 콘텐츠 마케팅을 포함하는가 하는 질문에 97%가 그렇다고 답했다. 이는 2019년에 비해 20% 증가한 것으로 대부분 기업의 마케터가 정확한 타깃팅을 기반으로 한 콘텐츠 마케팅의 중요성을 인지하고 있다는 것으로 분석할 수 있다.

최근 콘텐츠 마케팅 관리자가 주로 활용하는 부분은 동영상 콘텐츠이다. 2020년 설문조사에서는 블로그 게시물에 중점을 둔다고 답한 마케터가 많았던 반면, 2021년에는 동영상이 최고의 투자 영역으로 떠올랐다. 2020년에는 응답자의 92%가 블로그 게시물을 작성한 적이 있다고 답했으며, 2021년 설문조사에서는 B2B 마케터의 69%가 비디오 콘텐츠 마케팅에 투자할 것이라는 계획을 밝혔다.

비디오 콘텐츠는 시청자의 참여를 더욱 빠르게 유도한다는 장점이 있다. 더욱이 최근 틱톡 · 인스타 릴스 등을 비롯한 숏폼 비디오의 인기가 높아지고 있기 때문에 비디오형 마케팅에 대한 관심은 더욱 증가하고 있다. 타깃에 따라 선호하는 플랫폼에는 차이가 있는 것으로 나타났는데, 스태티스타 보고서에 따르면 B2B 마케터는 LinkedIn을, B2C 응답자는 Facebook을 주목하는 경향이 강했다.

내용 면에서는 역시 콘텐츠 자체의 품질이 중요하다고 응답한 사람이 많았다. 셈러쉬의

그림 9-8 | 세계 콘텐츠 마케팅 수입[70] (단위: 10조 달러)

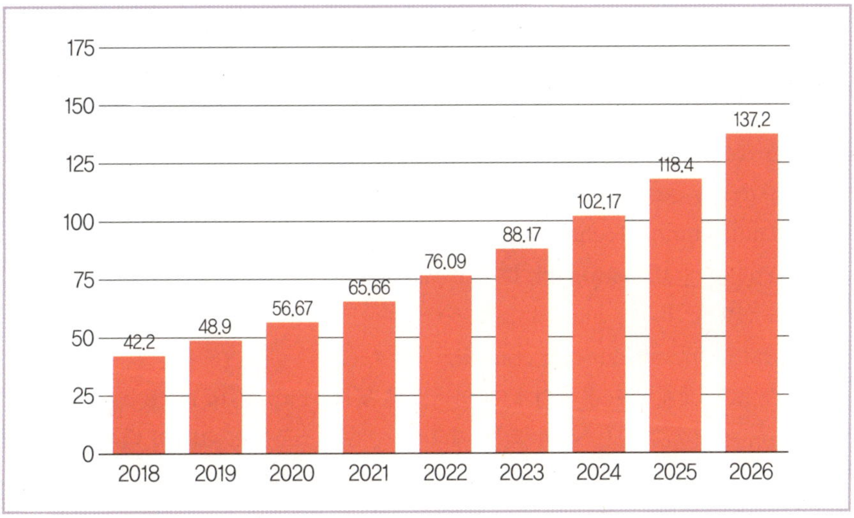

2021년 글로벌 마케터 설문조사 결과를 살펴보면 콘텐츠의 품질 향상이 가장 효과적인 콘텐츠 마케팅 전략이라고 답한 응답자가 55%로 가장 많았다. SEO(검색엔진최적화) 등 구조적 원인을 탐구한다는 응답이 46%로 뒤를 이었고, 경쟁자의 콘텐츠 분석(28%), 다른 팀과의 협업(22%), 인플루언서와의 협업 증대(14%) 등도 효과적인 마케팅 전략으로 언급됐다.[71]

콘텐츠가 마케팅에서 매우 중요한 역할을 차지하고 있다.[72]

인스타그램을 통한 마케팅도 매우 인기이다. 인스타그램에서는 모든 비즈니스 업종에 동일한 콘텐츠 전략이 통하지 않는다. 특히 예쁜 사진을 찍을 수 있는 업종의 콘텐츠 성공 전략에 대해 살펴보자. 이는 패션, 뷰티, 여행, 음식, 인테리어, 소품 등의 업종이 있는데 이러한 업종은 사진 한 장으로 고객의 시선을 사로잡는 것이 굉장히 중요하다. 인스타그램은 사진 한 장만으로도 바로 구매로 연결될 수 있는 SNS 채널이다. 판매 중인 제품을 그대로 대충 찍어서 인스타그램에 올리면 쉽게 구매로 연결되지 않는다. 제품의 기능을 돋보이게 어필하는 것보다 감성적으로 표현하여 사진을 찍는 것이 타깃 고객의 시선을 사로잡을 수 있는 방법이다.[73]

참고문헌 및 더 읽을거리

1 현재는 다른 성격의 사이트로 바뀌었음.

2 Barata, J., & da Cunha, P. R.(2021). Augmented product information: crafting physical-digital transparency strategies in the materials supply chain. The International Journal of Advanced Manufacturing Technology, 112(7), 2109–2121.

3 Aldrich, D. F.(1999). Mastering the Digital Marketplace, John Wiley & Sons, Inc., 30–39.

4 Aldrich, D. F.(1999), ibid., 11.

5 삼성 뉴스룸, http://news.samsung.com/kr/

6 가전제품도, 명품도 '제페토'… 유통업계, 메타버스에 '풍덩', https://m.kmib.co.kr/

7 최원희, 송찬우, 김재혁(2021).「돈이 되는 메타버스」, 포레스트북스, 101의 내용에서 참고하여 작성/사진출처: 가전제품도, 명품도 '제페토' … 유통업계, 메타버스에 '풍덩', https://m.kmib.co.kr/

8 보다 자세한 내용은 Pine, Ⅱ B. J., and J. H. Gilmore(1999).「The Experience Economy: Work is Threatre & Every Business a Stage」, Harvard Business School Press./신현승 옮김(2001).「고객 체험의 경제학」, 세종서적을 참고하기 바람.

9 https://www.youtube.com/watch?v=Zmw6xMtEqro에서 캡처

10 http://zine.istyle24.com/culture/CultureView.aspx?Idx=18247&Menu=12

11 김윤호(2021). 브랜드와 소비자를 잇다, 비대면 체험 마케팅, Cheil magazine, https://magazine.cheil.com/49067

12 신상준(2022). 진화하는 브랜드 경험, 2022년엔 어떤 일들이 일어날까?, Cheil Magazine, https://magazine.cheil.com/50497

13 신상준(2022), 위의 페이지에서 재인용

14 신상준(2022). 위의 글

15 신상준(2022). 위의 페이지에서 재인용

16 김윤호(2021). 위의 글에서 재인용

17 김윤호(2021). 위의 글

18 Peppard, J., & Rylander, A.(2005). Products and services in cyberspace. International Journal of Information Management, 25(4), 335–345.

19 Phau, I., & Poon, S. M.(2000). Factors influencing the types of products and services purchased over the Internet. Internet Research: Electronic Networking Applications and Policy, 10(2), 102–113.

20 https://www.cloudways.com/blog/trending-products-to-sell/의 내용에서 참고하여 작성

21 Yadav, M. S.(2002). Marketing Strategy and the Internet: An Organizing Framework. Journal of the Academy of Marketing Science, 30(4), 296–312.

22 정용태 외(2005). 「BRAND MANAGEMENT」, IPS 산업정책연구원, 178–181.
23 사진출처: 인사이트코리아(http://www.insightkorea.co.kr)
24 2023년을 이끌 메타버스 트렌드 베스트 5, AI타임스(http://www.aitimes.com)
25 가상인간이 세상을 움직인다 가상 인플루언서 시장 빅뱅, http://www.fortunekorea.co.kr/news/
26 마케팅의 새로운 트렌드 된 '버추얼 휴먼 … 범죄 악용, 외모지상주의 심화 등 부작용 우려도, http://www.civicnews.com/news/article
27 사진출처: 포춘코리아(FORTUNE KOREA)(http://www.fortunekorea.co.kr)
28 김진우 외(2000), 「INTERNET BUSINESS.COM」, 영진출판사, 82–84.
29 강장묵(2008). 미래의 포털, 개인포털이란 무엇인가? http://www.segye.com/
30 Van Riel, A. C., Liljander, V., & Jurriëns, P.(2001). Exploring consumer evaluations of e-services: a portal site. International Journal of Service Industry Management, 12(4), 359–377.
31 최진순 기자의 뉴미디어 월드/원문: http://blog.hankyung.com/soon69/925
32 가상 커뮤니티에 대한 자세한 내용은 Hagel Ⅲ, J. and A. G. Armstrong(1997), 「Net Gain」, Mckinsey & Company, Inc., 참고하세요.
33 오영석, 김사혁(2004). 온라인 커뮤니티를 이용한 브랜드 마케팅 전략, 정보통신정책, 16(12), 20–37.
34 Wang, Y., & Fesenmaier, D. R.(2003). Assessing motivation of contribution in online communities: An empirical investigation of an online travel community. Electronic Markets, 13(1), 33–45.
35 Lipsman, A., Mudd, G., Rich, M., & Bruich, S.(2012). The power of "like": How brands reach(and influence) fans through social-media marketing. Journal of Advertising Research, 52(1), 40–52./Phelps, C. E.(2011). Parasocial relationships and social media usage. Rochester Institute of Technology.
36 블로그(blog)는 개인미디어 시대를 여는 혁신적인 개념이다. 블로그는 잠재적인 기술력보다 개인의 미디어로서의 역할이라는 측면에서 가장 완성도 높은 자기표현의 매체라고 할 수 있다. 즉 인류역사상 가장 손쉽고 편안하며 가장 돈이 적게 드는 효과적인 광고 · 홍보수단인 것이다. 블로그란 용어는 1997년 존바거(John Barger)가 처음으로 사용하였는데, 웹(web)과 일지를 뜻하는 로그(log)의 합성어인 웹로그(weblog)의 줄임말로서 새로 올린 글이 맨 위로 올라가는 일지 방식이라는 점에 착안해 이름을 붙인 것으로 알려져 있다. 초기의 블로거는 자신이 관심 있는 분야의 인터넷 웹사이트 주소를 단순히 북마크하는 형태였으나, 점차 자신의 관점과 의견을 전달하는 형태로 발전되었다. 블로그란 개인이 자신의 관심사에 따라 자유롭게 콘텐츠를 올리고 그것을 다른 사람들과 공유하는 개인 사이트를 의미하는 것으로 한마디로 '온라인 개인 다이어리'라고 정의할 수 있다.
37 방송통신위원회(2011), 2011년 인터넷 이용실태조사, 한국인터넷진흥원
38 인스타그램 인기 비결은 일상 공유하는 스토리, https://mirakle.mk.co.kr/

39 PUSPANINGRUM, A.(2020). Social media marketing and brand loyalty: The role of brand trust. The Journal of Asian Finance, Economics and Business, 7(12), 951-958.

40 https://www.inc.com/30under30/2011/profile-kevin-systrom-mike-krieger-founders-instagram.html

41 https://finance.yahoo.com/news/5-most-popular-instagram-accounts-164126625.html

42 Van Dijck, J.(2013). 'You have one identity': Performing the self on Facebook and LinkedIn. Media, Culture & Society, 35(2), 199-215.

43 Labrecque, L. I., Markos, E., & Milne, G. R.(2011). Online personal branding: Processes, challenges, and implications. Journal of Interactive Marketing, 25(1), 37-50.

44 Marin, G. D., & Nilă, C.(2021). Branding in social media. Using LinkedIn in personal brand communication: A study on communications/marketing and recruitment/human resources specialists perception. Social Sciences & Humanities Open, 4(1), 100174.

45 Armstrong, A.(1996). Real Value of on-line communities, The Europa Junta, (3), 134-141.

46 Sinha, V., & Thaly, P.(2013). A review on changing trend of recruitment practice to enhance the quality of hiring in global organizations. Management: Journal of Contemporary Management issues, 18(2), 141-156.

47 사진출처: https://www.gettyimagesbank.com/

48 Deighton, J., & Sorrell, M.(1996). The future of interactive marketing. Harvard Business Review, 74(6), 151-160.

49 Sridhar Balasubramanian, V. M.(2001). The economic leverage of the virtual community. International Journal of Electronic Commerce, 5(3), 103-138.

50 마케팅 사관학교, 김영한(2007). 「You! UCC」, 랜덤하우스, 28에서 참고하여 작성

51 사진출처: https://www.gettyimagesbank.com/

52 위키백과: https://ko.wikipedia.org/wiki/유튜브

53 마케팅 사관학교 · 김영한(2007). 전게서, 29에서 수정하여 작성

54 사진출처: https://www.gettyimagesbank.com/

55 Demba, D., Chiliya, N., Chuchu, T., & Ndoro, T.(2019). How user-generated content advertising influences consumer attitudes, trust and purchase intention of products and services. Communicare: Journal for Communication Sciences in Southern Africa, 38(1), 136-149.

56 자세한 내용은 경호빈(2016). 「모바일 동영상 마케팅」, 프레너미에서 참고하세요.

57 사진출처: https://www.gettyimagesbank.com/

58 https://support.google.com/youtube/answer/2467968?hl=ko

59 이제는 선택이 아닌 필수, SNS 마케팅, http://www.iconsumer.or.kr/

60 Z세대 겨냥 SNS 마케팅 … "놀이터 만들어야 통한다." https://www.businessplus.kr/news

61 https://mobile.newsis.com/

62 "성인교육시장이 대세" … 코로나에 디지털 전환 수혜 톡톡, https://www.edaily.co.kr/news/

63 김진영. 2001년 콘텐츠 비즈니스의 이슈와 시사점, eArchieve.

64 이주영(2013). 전자책 시장현황 및 전망과 도서출판시장의 가치사슬 구조변화, https://www.kisdi.re.kr

65 한국콘텐츠진흥원(2012). 세계 전자책(e-Book)시장의 현황과 이슈 분석, https://www.kocca.kr/knowledge/publication

66 유선실(2001). 인터넷음악. 정보통신산업동향, 53-55.

67 위의 글

68 이경형(2001). "게임", 정보통신산업동향, 134-136 등에서 참고하여 최근 경향을 적음.

69 사진출처: https://www.gettyimagesbank.com/

70 Statista: Research Dive/2026년 글로벌 콘텐츠 마케팅시장 1,423조 넘는다, https://www.beautynury.com/news/view/에서 재인용

71 2026년 글로벌 콘텐츠 마케팅시장 1,423조 넘는다, https://www.beautynury.com/news/view/

72 사진출처: https://www.gettyimagesbank.com/

73 [박미애의 디지털 마케팅] 매출로 연결되는 인스타그램 콘텐츠 전략, 한국강사신문(https://www.lecturernews.com)

Chapter

10 인터넷 소비자 비용

Chapter

10 인터넷 소비자 비용

제1절 가격관련 기본사항

1. 가격의 의미 및 역할

실제로 일상생활에서 집세, 등록금, 이자, 임대료, 통행료, 요금, 임금, 수수료, 회비, 진료비 등은 모두 어떤 제품이나 서비스에 대해 소비자가 지불하는 가격의 다른 명칭들로 사용되고 있다. 즉, 간단히 말해 가격이란 일반 소비자들이 일상적으로 구매하는 제품들뿐만 아니라 이 세상의 모든 제품이나 서비스를 소유 또는 사용하는 대가로 지불하는 **소비자 비용(consumer cost)**을 지칭하는 개념이다. 특히 인터넷에서는 이러한 해석이 더 적합할 수 있는데 온라인 포털, 커뮤니티, SNS 등을 이용하면서 우리는 대체로 유료로 가격을 지불하기보다는 광고를 봐주는 시간과 귀찮음의 비용을 대가로 지불하고 있다는 것이다.

보다 이론적 관점의 접근인 경제학적인 측면에서 보면 가격은 재화의 한 단위와 교환되는 화폐의 단위수를 말하는 것으로, 기업이 생산 · 판매하는 상품 또는 서비스를 획득하는 대가로서 구매자가 지불하는 화폐액을 일컫는다. 즉, 기업의 입장에서 보아 가격은 상품의 판매에 중대한 영향을 미치는 요인의 하나인 동시에 기업에 대하여 수익을 제고하는 원천이다. 따라서 가격은 한편에 있어서는 수요공급의 경제원칙에 의하여 지배를 받고 또 한편으로는 비용과 수익의 관계에 의하여 상당한 영향을 받는다고 할 수 있다.

일반적으로 소비자들은 스스로가 어떤 상품이나 서비스 이용시 가격에 대한 의미를 단순히 화폐적 차원의 ○○○원 등으로 보기보다는 여러 가지 대안들 중의 하나로 그 가치를 평가한다고 볼 수 있다. 실례로, 유럽여행 중에 만약 손흥민 선수가 소속해 있는 세계적인 잉글랜드 프리미어리그의 토트넘의 경기를 볼 기회가 생겼다고 하면 이러한 스포츠 서비스를 구입하기 위해 해당 소비자들의 심리상태는 단순히 ① 입장료 300,000원, ② 내가 좋아하는 손흥민을 직접 현장에서 볼 수 있는 기회, ③ 손흥민뿐만 아니라 세계적인 다른 선수들이 출전하는 경기, ④ 일생에 한 번 볼 수 있는 기회 등 그러한 실체에 대한 가치의 평가는 소비자들마다 각기 다를 수 있는 것이다.

과거로부터 전문가들은 가격 책정은 마케팅의 필수 요소이며,[1] 전통적인 마케팅 요소 중 가격 책정만이 수익을 창출한다는 것을 강조하였는데[2] 실제 끝임 없는 이익의 창출은 모든 기업에게 생존의 문제와 관련되며 이익이 없다는 것은 결국 기업이 실패한다는 의미가 된다. **가격(price)**은 이러한 이익을 창출하는데 가장 효과적인 방법이며 최적의 가격을 찾아서 장기적으로 이익을 얻을 수 있는 부분이 매우 중요하다.[3]

또한 유명한 투자가인 **워렌 버핏(Warren Edward Buffett)**은 '사업을 평가하는데 가장 중요한 요소는 가격 파워'라고 강조하였는데 가격파워를 가지게 되면 이는 경쟁자에게 밀리지 않고 좋은 사업을 운영한다고 말할 수 있다고 하였다.[4] 가격은 언제나 고객이 상품과 서비스에 대하여 지각한 가치를 반영하는데, 만약 고객이 그것들에 대해 높은 가치를 지각한다면 고객의 지불용의는 상승한다. 반대로 고객이 경쟁시장 상품에 대해 낮은 가치를 지각한다면 지불하고자 하는 가격은 떨어지게 되는 것이다.[5]

가격 전략은 기업이 고객 세분화에 따라 동일한 제품에 대해 다른 가격을 부과할 수 있는 필요성을 강조하기도 한다. 이러한 것들은 다양한 고객집단, 정보의 유무, 지역적 차이 등에서 기인하는 것이다.[6] 같은 제품이지만 다른 나라에서 다른 가격에 판매되는 코카콜라는 흔히 목격할 수 있으며 해당 제품에 대한 정보의 부족으로 훨씬 비싼 가격으로 제품을 지불하는 경우도 존재한다. 대부분의 기업들은 장기간 운영될 수 있는 제품을 생산하고 싶어 하며 그 제품을 지속적으로 구매해줄 단골고객들을 확보하고 싶어 한다. 성공을 거두려면 이윤을 극대화시킬 수 있는 제품가격을 결정해야 하며 소비자들에게는 제품에 대한 정당한 가치를 지불했다는 만족감을 주어야 한다. 화폐를 통한 모든 거래는 가격과 제품가치의 균형을 맞추는 일이라고 볼 수 있다. 소비자가 제품에 매긴 가치가 판매자가 부르는 가격보다 높거나 같으면 소비자는 그것을 살 가능성이 높고 반대로 부르는 가격이 내가 제품에 매긴 가치보다 월등히 높거나 낮다면 사지 않을 가능성이 높다.[7]

가격의 의미는 그 의미의 복잡성 및 경제학적인 논리로 인하여 해당 전략의 수립에 있어 많은 어려움으로 작용하지만 해당 기업의 가시적 손익관계에 미치는 영향이 크기 때문에 마케팅 관리자뿐만이 아니라 기업의 최고경영자에 이르기까지 전략적으로 매우 중요한 의사결정 영역으로 인식되고 있다. 이렇듯 가격은 신호 이상의 의미를 지닌다. 가격은 프로젝트를 성장시키는 엔진이기도 하다. 브랜드가 무엇을 대표하는지, 누구를 위해 설계했는지, 브랜드가 어떤 이야기를 들려주는지 결정하기 때문이다. 그리고 무엇보다도 중요한 부분으로 가격은 이윤을 창출한다.[8]

2. 가격 전략의 중요성

오늘날 고객지향적 마케팅 사고에 있어 해당 기업의 가격결정이나 가격정책은 마케팅 믹스의 중요한 부분이기 때문에 언제나 전체 마케팅 전략의 테두리 안에서 다루어져야만 한다. 왜냐하면 기본적으로 기업의 마케팅 활동 수행은 해당 소비자에게 **적정한 품질**의 상품을, **적정한 가격**으로, **적절한 양**만큼, **적절한 시기**에, **적절한 방법**에 의하여 제공하기 위한 기업의 계획 활동인 까닭에 가격을 제품과는 별도로 떼어서 생각할 수 없음이 분명하다. 특히 오늘날과 같이 원가가 상승하고 인플레이션이 계속되며 경쟁적인 제품들이 속출한다든가 만성적인 불황에 직면하게 될 때에는 시장변화의 조건에 따라 가장 민첩하게 조정될 수 있는 요소가 가격이기 때문에 가격정책 문제는 매우 중요하다고 볼 수 있다.[9]

결국 기업이 직면한 가장 기본적이면서도 중요한 결정 중 하나는 제품과 서비스에 대해 고객에게 얼마의 가격을 부과해야 하는가를 결정하는 것이다.[10] 이 결정은 특히 Economist(2013)가 '긴축의 시대'라고 명명한, 즉 판매가 침체되는 시기, 비용 절감의 중요성이 강조되는 시대, 그리고 판매의 지렛대 역할을 가격이 하게 되는 특징을 가진 시대에 더욱 중요한 역할을 한다. 이러한 경쟁 환경에서 고객가치 창출을 촉진하고 가격 결정을 구조화하며 이익을 얻기 위해서는 그 어느 때보다 건전한 가격 전략이 필요하다.[11]

과거에 가격결정의 혁신은 드문 편이었고 그러한 혁신의 확산은 더디게 진행되었지만 전문가들은 최근 인터넷은 빠르고 광범위한 가격 혁신을 가능하게 한다는 점을 강조하고 있다. 정확한 가격 측정 기술, 이전보다 강력한 컴퓨터(빅데이터 분석 가능), 창조적 비즈니스 모델 등을 통해 인터넷 비즈니스 기업들은 가격관리를 혁신하고 있다. 또한 인터넷은 가격 비교를 간소화하여 **가격 투명성**을 높인다고 가정을 한다.[12] 그러나 어떤 경우 판매자들이 이러한 가격 투명성을 강조하는 온라인 쇼핑에 가입하지 않음으로써 자신들의 판매 제품의 가격이 투명해지는 것을 원치 않을 수도 있다.[13]

그러나 결국 몇몇 제품군을 제외하고 디지털 시대의 시장은 완전경쟁시장에 가까운 특성을 보이게 되어 치열한 가격 경쟁이 벌어질 가능성이 크며 장기적으로는 **가치 투명성**의 증가가 더 중요한 것으로 드러날 수도 있다. 한편 디지털 마케팅 환경은 기업에게 새로운 기회도 함께 제공하고 있는데 기업은 인터넷을 통해 개별 소비자의 유보 가격을 파악하고, 이에 실시간으로 대응하여 소비자 잉여를 수취하는, 새롭고 합리적인 가격 설정 방식을 이용할 수 있다. 디지털 마케팅 환경의 특성을 정확히 이해하고 이를 반영할 경우, 소비자의 가격 민감도를 낮추고 전환 비용을 상승시킬 수 있는 가능성 또한 존재하는 것이다.[14]

이러한 점에서 기업의 가격정책은 매우 유연해지고 있는데 항공사는 이러한 가격 민감도를 가장 잘 이해하는 회사유형 중의 하나이다. 그들은 자신들의 컴퓨터 시스템 속에 탄력적인 가격 모델을 구축하고 항공기의 좌석 점유율에 따라 끊임없이 가격을 조정한다.[15] 정해진 날짜에 정해진 횟수로 이륙해야 하는 항공사의 경우 좌석이 남는 경우 항공사는 빈 좌석을 날리기보다는 저렴하게라도 고객을 태우고 출발하는 것이 유리하기에 파격적인 가격으로 판매하고 있는데 호텔이나 서비스 시설들도 판매되지 않을 것을 더 좋은 조건으로 실시간 소비자에게 노출할 수 있다.

제2절 인터넷에서 소비자 비용

1. 인터넷의 가격에 대한 영향

인터넷의 등장은 이전에 생각지도 못했던 방법으로 기업과 소비자 양측에 대해 가격의 개념을 바꾸어 놓고 있다. 인터넷의 도입으로 인하여 기업이 마케팅 의사결정을 내리는데 있어 느끼게 되는 가장 빠르고 직접적인 변화의 하나가 바로 가격정책이다. 또한 온라인 사업을 시작한 기업의 입장에서 기존의 오프라인 경쟁사들과 비교해서 어떻게 제품가격을 책정해야 하는지를 결정하는 것은 가장 중요한 마케팅 의사결정 중의 하나이다. 현실에 안주하려는 기업들에게 있어 인터넷은 가격책정에 있어 지금까지 겪어보지 못한 혼란스러움을 야기시키고 있으며, 인터넷과 웹의 도전을 받아들일 준비가 되어 있는 기업들에게는 실로 엄청난 시장기회를 제공하고 있다.

마찬가지로 소비자의 입장에서도 온라인에서 구매할지 혹은 오프라인에서 구매할지 결정하는데 가장 먼저 고려하는 요소가 가격일 것이다. 대체로 온라인의 가격이점은 온라인 쇼핑몰을 이용하게 하는 가장 중요한 요소가 된다.[16] 이제 소비자들은 웹으로 인해 더 이상 기업이 책정한 가격에 일방적으로 따라야만 하는 기존의 불합리한 거래방식에서 벗어나 스스로 가격을 결정하는 자유를 누리게 되었다. 인터넷 마케팅 믹스 가운데 촉진이나 유통 등은 인터넷을 통한 구매가 가능하도록 쉽게 제품을 찾아주거나 혹은 인터넷 상거래 사이트로 소비자를 방문하는데 기여하지만 마지막 순간에 인터넷 구매를 결정하게 해주는 것은 편리함 등과 같은 소비자가 느끼게 되는 제품가치와 비교된 가격이라고 할 수 있다.

인터넷 쇼핑은 항상 오프라인 매장 대비 가격이점을 강조해 왔다.

인터넷에서 결제의 편리함 등은 매우 중요한 변화를 이끌어낸다.[17]

2. 인터넷의 원가 투명성

인터넷을 통한 거래는 기업이 구매자에게 제품을 홍보하고, 가격 프리미엄을 부과하며 고수익을 창출할 수 있는 기업의 능력에 대해 지금까지의 그 어느 것보다 큰 위협을 가하고 있다. 인터넷 소비자들은 누구나 웹이 가격비교를 보다 쉽게 해준다는 사실을 알고 있다. 그러나 이것은 단순히 근본적인 문제에 불과하다. 실질적인 위협은 경제학자들이 이야기하는 **원가 투명성(cost transparency)**으로 이는 인터넷을 통해 자유롭고 쉽게 획득할 수 있는 정보로 인해 가능한 것이다.

이러한 정보들은 판매자의 원가를 구매자에게 보다 투명하게 알려주는 수단이 되고 있는데, 다시 말하면 구매자들은 이러한 정보를 이용해 판매자의 원가를 속속들이 들여다보고 이를 수용할 것인지를 결정한다는 것이다.[18] B2B 분야에서도 원가 투명성의 역할은 중요한데 원가 투명성은 제품제조와 관련된 비용의 자발적인 공개를 말하는 것으로 이를 통해 당사자 간의 비용정보를 양방향으로 공유함으로써 비용절감 조치에 대한 협력을 용이하게 할 수 있다.[19]

인터넷을 통해 획득할 수 있는 가장 전형적인 정보는 가격에 대한 정보이다. 소비자들은 이제 창구에 줄을 서서 기다리지 않고 몇 번의 클릭만으로 서적, 의류, 컴퓨터, 항공요금 등에 관한 가장 저렴한 사이트를 찾아낼 수 있으며 인터넷을 통해 전통적인 소매점과 인터넷 소매점 간의 가격수준을 비교할 수 있게 되었다. 이렇듯 기업의 실제 가격을 포함한 전략은 모두가 볼 수 있도록 나와 있다. 더 이상 가격을 확인하기 위해 경쟁사의 상점을 몰래 방문하거나 그들의 최신 캠페인 슬로건을 찾기 위해 미디어를 검색할 필요가 없다. 단지 그들의 웹사이트를 방문하여 그들의 신제품, 가격, 그리고 홍보 캠페인을 조사하기만 하면 된다. 이렇듯 오픈된 가격 전략 정보는 가격 전쟁을 초래할 수 있으며, 그것은 분명히 경쟁사에 대한 차별화 능력이 더 중요해지며 비즈니스를 더욱 복잡하게 만들 수 있다.[20]

Internet Marketing INSIGHT 10-1

가격 치킨게임에 빠진 인터넷 비즈니스 기업들

■ 패션 플랫폼 사례

패션 전문 플랫폼의 규모가 커지면서 피로감을 호소하는 브랜드가 늘고 있다. 무신사, 더블유컨셉, 29cm 등 대표격인 패션 전문 플랫폼 내 입점 브랜드수가 과도하게 많아지면서 시장 혼탁도 심화되고 있다.

업계 한 관계자는 지난 2년간 코로나 여파로 온라인 구매에 대한 습관이 더 강해졌다. 플랫폼에 대한 대규모 투자도 이어졌다. 매출 외형을 키워야 하는 플랫폼 입장에서 고객 유입과 브랜드 입점이 급격히 늘었다고 밝혔다. 또 각 브랜드마다 노출과 빈도가 줄고 생존 압박에 몰린 브랜드들이 무리한 가격 파괴 행위로 시장질서가 무너지고 있다. 과거 오프라인 캐주얼시장의 몰락을 그대로 답습하고 있다고 꼬집었다.

현재 각 플랫폼마다 편차는 있지만 시즌 돌입과 동시에 10~40% 세일을 건 브랜드가 허다하다. 각 플랫폼 메인 배너에는 타임세일부터 할인행사를 진행하는 프로모션이 가득하다. 정상가격에 파는 브랜드가 희귀해졌다.

리딩 브랜드 또는 중견 패션기업 일부를 제외하고 연간 5~10억 원 매출 규모의 온라인 브랜드 특성상 시즌마다 시딩, 영상 콘텐츠 등 마케팅 비용으로 큰 금액을 투자하기는 쉽지 않다.

이밖에도 수요층의 피로도가 높아진 리딩 브랜드들 또한 반복적인 플레이에 지친 고객들에게 마진을 줄여가면서 할인 판매로 고객 몰이를 하는 브랜드들도 많아지고 있다. 브랜드가 임계치에 다다르면서 저가에 과물량 생산으로 반짝 매출 캐기에 나서고 있는 것. 수많은 브랜드들 속에서 당장의 스코어는 올릴 수 있지만 수익구조 악화로 결국 독이 될 것이라는 우려가 높아지고 있다. G마켓, 11번가처럼 오픈 마켓 형태로 변질되는 형태라 패션 전문 플랫폼의 이점이 희석되고 있다는 불만도 나오고 있다. 또 플랫폼의 TV 광고로 대중적인 고객까지 흡수하면서 가격에 반응하는 고객들이 더 많아졌다.[21]

■ 이마트와 쿠팡의 치킨게임

이마트는 이들 상품들을 H사(홈플러스), L사(롯데마트) 등 대형마트와 C사(쿠팡) 대형 온라인몰보다 저렴한 가격에 제공할 것이라고 덧붙였다. 경쟁사를 직접 거론하며 최저가 확보에 자신감을 내비친 대목이다.

이마트 관계자는 최저가를 선언하였는데 가격 모니터링을 통해 가격을 저렴하게 관리하고 있다고 설명했다. 이에 힘입어 이마트는 이마트가 선정한 40대 품목 가운데 28개 상품 가격이 프로젝트 개시 이전보다 더 떨어졌다는 조사결과를 발표하기도 했다.

이마트 〈가격의 끝 프로젝트〉	VS	쿠팡 〈국내 주요 유통사 가격비교 보고서〉
필수 상품군 40개 품목을 지속적으로 모니터링해 **홈플러스, 롯데마트, 쿠팡보다 저렴한 '최저가'에 제공**		750개 베스트셀러 상품을 삼정KPMG가 선정해 국내 8대 주요 온·오프라인 유통사와 비교해 본 결과 **쿠팡이 25~60% 저렴**

최저가 관련 이마트 · 쿠팡의 주장 비교[22]

이에 질세라 쿠팡도 이마트 잡기에 나섰다. 이를 위해 쿠팡은 이마트 최저가 정책과 엇갈리는 외부 조사결과를 내놔 관심을 모았다. 종합 회계 · 컨설팅 자문업체 삼정KPMG가 국내 8대 주요 온 · 오프라인 유통사에서 판매되는 750개 베스트셀러 상품 가격을 분석한 결과 쿠팡을 제외한 다른 유통사 제품 가격이 컴퓨터 · 전자 · 정보통신기기 및 가전제품, 일용소비재, 신선식품, 비신선식품 등 주요 4개 소비자 카테고리에서 쿠팡보다 가격이 평균 25~60% 높은 것으로 나타났다. 특히 신선식품 카테고리에서 가격 차이가 컸다. 신선식품은 쿠팡이 다른 유통사보다 최대 73% 저렴한 가격에 제품을 판매하고 있다. 이는 필수 상품군을 쿠팡 등 경쟁사와 상시 비교해 최저가로 판매하고 있다는 이마트 주장과 엇갈리는 부분이다.[23]

1) 원가 투명성의 본질

본질적으로 판매자들은 그들의 원가정보가 외부에 알려지는 것을 꺼리고 있다. 판매자들은 그들의 가격이 정당하게 설정되었다는 점을 소비자들이 인정해주기를 바라고 있으며 자신의 제품만이 독특한 효익을 제공해줄 수 있다는 메시지를 전달하는 광고에 많은 노력을 기울이고 있다.

이러한 접근방법은 나이키(Nike)나 캘빈클라인(Calvin Klein)과 같은 브랜드에 있어서는 매우 효과적이었다. 이러한 업체들은 범세계적으로 그들의 운동화나 청바지를 위해 많은 프리미엄을 지불하려는 수많은 구매자들을 찾아내려고 노력해 왔다.

상징적 의미를 가지고 있는 제품은 기꺼이 더 많은 비용을 지불할 수 있었다. 실제 가격이 상승해도 판매가 더 상승되는 사례를 보이고 있는 샤넬백[24]

반면에 구매자들은 본질적으로 판매자의 상품이나 서비스 원가에 많은 관심을 기울이게 된다. 결국 구매자들은 자신들이 제공받는 것에 대해 공정한 가격을 지불하고 있는가를 알고자 한다. 일반적으로 공정이라는 단어는 판매자의 실제원가에 '합리적인 프리미엄'이 가산되는 것을 의미한다. 공정가격이 얼마인지 알 수 있는 한 구매자들은 가능한 가장 값이 싼 제품을 찾을 수 있고, 또한 가격이 너무 높은 제품에 대해서는 과대 지불하는 것을 피할 수 있다.

2) 원가를 투명하게 만드는 원인

(1) 위험 프리미엄을 감소

과거에는 구매자들에게 브랜드별 품질 차이 또는 특정 브랜드 자체의 품질에 관한 정보를 제공하는 수단이 거의 없었다. 예를 들어, 과거에 에어컨을 구매하고자 하는 소비자는 자신이 이에 대한 품질 평가를 제대로 할 수 없고 공정한 가격의 여부를 파악하기가 어려웠기에 매장에서 제시하는 권장소비자가로 그대로 제품을 구입하였다. 그러나 지금은 온라인 사이트를 통해서 제품에 대한 평판을 듣고 가격 공정성에 대해 판단할 수 있기에 소비자는 무작정 비싼 가격이 위험을 줄이는 요소라고 생각하지 않을 것이다.

(2) 효율적 검색

소비자들은 몇 번의 마우스 클릭만으로 어느 점포가 어떠한 가격으로 판매하는지에 대한 정보를 받을 수 있다. 또한 자신의 경제수준에 맞는 제품을 선택해주는 서비스를 제공받을 수 있다. 예를 들어, 50~100만 원 정도의 여행비로 갈 수 있는 여행상품에는 어떠한 것이 있는지를 검색하고 그것을 찾아내주는 서비스가 있다면 바로 이에 해당할 수 있다. 또한 많은 온라인 사이트들이 한 번에 가격을 비교해볼 수 있는 사이트를 운영함으로써 소비자는 같은 제품을 최저가로 공급하는 곳이 어디인지 쉽게 확인할 수 있다.

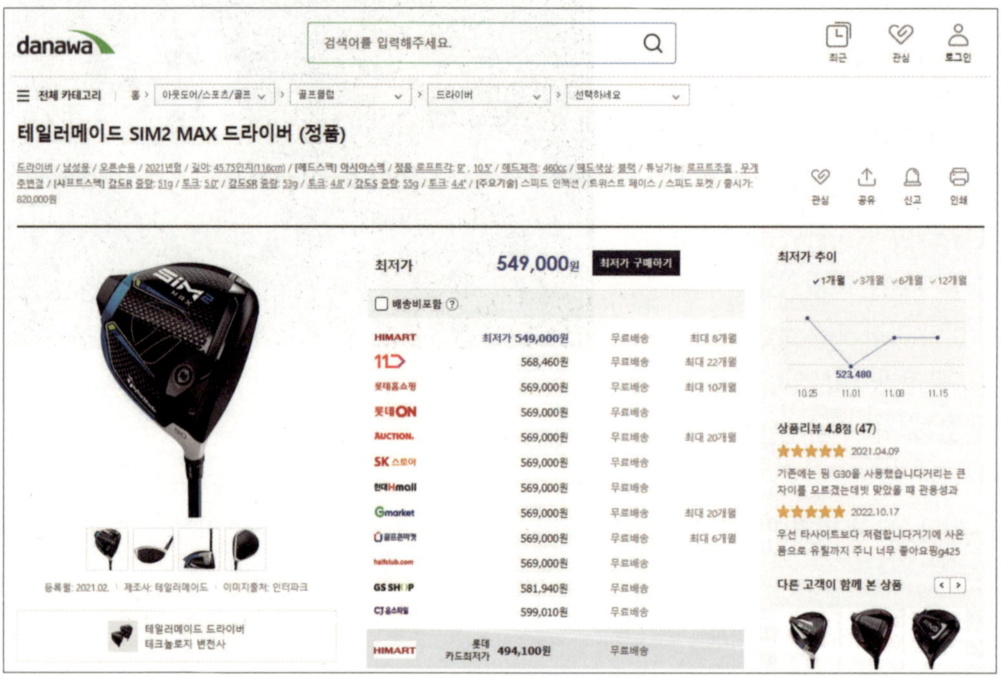

소비자들은 가격비교 사이트에 접속하여 동일제품을 가격비교함으로써 과거부터 오랫동안 사용하던 구매제품 원가와 가격의 관련성에 관한 주먹구구식 계산법을 잊게 된다. 가격을 손쉽게 비교할 수 있도록 해주는 것 이외에도 웹은 제품의 품질 및 특성 그리고 서로 다른 공급업체들의 신뢰성에 관해 풍부한 정보를 제공해준다. 다나와(https://prod.danawa.com/)

(3) 최저가 파악의 용이성

구매자가 주도하는 가격결정 및 역경매를 통해 소비자들은 전통적인 쇼핑방법보다 훨씬 용이하게 최저가를 알 수 있다. **프라이스라인(priceline.com)**은 항공권, 가계대출, 자동차, 호텔숙박, 심지어는 식료품 등에 대해 구매자들이 기꺼이 지불할 수 있는 가격을 먼저 책정하도록 하였다. 그리고 그 후에 기업들로 하여금 구매자가 책정한 가격에 만족하는가를 결정하도록 한다. 일단 자신이 책정한 가격이 받아들여진 경험을 한 구매자는 다음에는 더 낮은 가격을 매기려는 유인을 갖게 된다. 이러한 과정을 통해 구매자는 최저가를 알게 될 것이고, 이러한 가격은 기업이 판매할 의사가 있는 제품이나 서비스의 최저가격과 동일하게 된다.

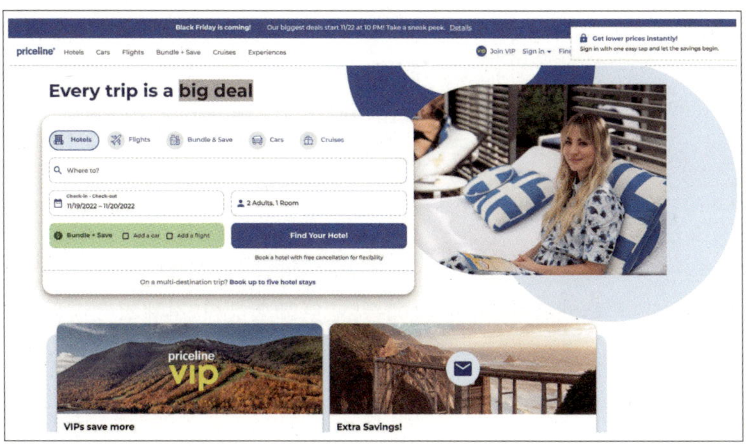

프라이스라인(priceline.com)은 항공권 및 호텔숙박과 같은 여행 관련 구매에 대한 할인율을 찾아주는 온라인 여행사로 출발하여 최근 많은 제품군으로 확대하였다.

(4) 가격정책을 재검토하게 함

인터넷은 다양한 가격을 책정할 수 있는 기업들에게 그들의 가격구조 및 가격정책을 재검토하도록 요구한다. 온라인 상점을 개설한 후부터 기업들은 이러한 가격차별화 전략으로 인해 높은 가격을 부담하게 되는 소비자들이 가격 불공정성에 대해 불만을 갖게 된다는 점을 알아차리게 되었다. 기업은 본인들의 가격에 대한 소비자의 불만을 인지하고 가능한 범위 내에서 가격정책을 재검토하기에 이는 원가를 더욱 투명하게 만드는 요인으로 작용한다.

(5) 원가에 대한 고객의 사고방식 변화

이익을 창출하기 위한 고객베이스 구축을 강조하는 전자상거래 패러다임은 원가에 대

바이닷컴(buy.com)은 사진과 같이 원가 이하의 미끼상품을 제공한다.

한 고객들의 사고방식을 변화시키고 있다. 예를 들어, 과거에 **바이닷컴(buy.com)**[25]의 경우는 원가수준 또는 그 이하의 낮은 가격으로 상품을 판매함으로써 충성스러운 고객들을 유치하려고 한다. 후속광고 및 공동브랜드에 대한 효과가 초기의 손실을 만회하고도 남는다는 것이다. 이러한 방법은 과거 오프라인 유통업체들도 많이 이용하던 방법으로 **로스리더(loss leader)**라고 불리우는 상품을 판매하는 것이다. 이는 경영학에서 쓰이는 용어로, 일반적으로 **미끼상품**, 특매품, 유인상품, 특매상품 등으로 불린다. 소매 기업에서 기회비용을 고려하여 가격을 낮춰 일반 물건을 판매하는데, 이를 통해 재고를 낮추고 상점에 고객을 불러들여 다른 제품에 대한 판매를 도모함으로써 전체적으로는 이득의 상황을 만드는 것이다. 인터넷에서는 광고수익 등이 가능하기에 충분히 이러한 전략을 통해서 초기 고객유입을 유도할 수 있다.

3) 원가 투명성이 기업에 가져다주는 문제점

(1) 판매자들의 고수익 창출 능력을 저하

과거에 쉽게 목격할 수 있는 후발기업의 전략으로 이동통신시장에서 후발업체(KT, LG 유플러스)들은 선발업체(SKT)보다 낮은 가격으로 제품을 공급하는 것이었다. 이러한 상황에서 선발업체가 기존의 명성, 고품질의 통신 서비스 이미지를 강조하면서 현행 가격을 그대로 유지할 경우 고객들이 이러한 이점을 지각하지 못하는 경우 대량이탈을 야기할 수 있다.

(2) 제품별 차별성을 인지 못함

인터넷 증권거래업체들(키움닷컴, e트레이드증권) 간의 차이를 식별하는 것은 거의 불가능해진 상황하에서 일반투자자들은 삼성증권 및 현대증권과 같은 대형증권사들이 전통적으로 높은 수수료를 부과할 목적으로 제시하는 이론적 근거들에 점점 회의를 품게 되었는데, 즉 책정된 거래수수료가 추정된 원가수준에 비추어 적합하다고 생각되지 않았기 때문이다. 이러한 상황에서는 보다 많은 사람들이 증권거래 서비스를 무차별적인 서비스, 즉 하나의 상품으로 생각하게 된다.

(3) 브랜드 충성도를 약화

일반적으로 브랜드가 너무 잦은 할인행사를 하는 경우 소비자들은 특정 브랜드의 할인가격을 정규가격으로 인식하는 경향이 있다. 할인행사를 하지 않는 때에 매장을 방문한 고객은 가격이 너무 비싸다고 불평을 하며 정가를 부당한 가격으로 인식하는 경우가 많다. 실제 많은 기업들은 오프라인에서 직판점을 운영할 뿐만 아니라, 자신의 온라인 상점이나 아마존이나 이베이와 같은 플랫폼에서 인터넷을 통해 제품을 판매한다. 온라인 판매는 잠재적 고객의 기반이 더 넓어질 뿐만 아니라(예: 지리적 거리가 훨씬 덜 중요하기 때문에) 소매 비용이 더 낮다는 장점이 있지만, 제조업체들은 온라인 판매가 그들의 브랜드 이미지를 해칠 수 있다고 우려하는 경향도 존재한다. 과거 아디다스(Adidas)는 브랜드 이미지 우려를 명시적으로 언급하면서 인터넷(아마존 마켓플레이스 또는 이베이 등)의 오픈 마켓플레이스를 통한 아디다스 제품 판매를 일시적으로 금지한 적도 있다.

이렇듯 온라인 할인은 가격의 대조를 만들어냄으로써 브랜드 제품의 가격에 소비자의 관심을 끌어 제품의 지각된 품질을 떨어뜨릴 수도 있다.[26] 가격을 낮춰 판매하기 위하여 어떤 상황에서 제조업체는 실제 품질을 저하시킴으로써 대응할 수 있으며, 이에 따라 과거 제품과 차이가 있는 브랜드에 대한 재구매를 중단할 수 있다.[27]

(4) 기업(브랜드) 이미지에 악영향

원가가 명확해질수록 소비자들은 그들이 선호하는 브랜드 업체들이 자신을 현혹하고 있다고 믿는다. 이러한 인식은 지속적인 불신으로 이어져 기업들이 과거의 고객들을 끌어들이기가 어렵게 된다. 따라서 브랜드 이미지를 중시하는 경우 소비자들에게 오프라인 매장을 통해 제품을 판매하고 인터넷을 통해서는 제품에 대한 정보를 제공하는데 집중하는 것이 유리하다.[28] 대체로 많은 고급 승용차들은 이러한 방식으로 판매하고 있으며 명품 브랜드의 경우도 병행수입 또는 재판매 업자들을 제외하고는 이러한 방식으로 판매하고 있다. [Internet Marketing Insight 10-2]에서 볼 수 있듯이 **상징적 가치**를 중시하는 명품 브랜드들은 품질도 뛰어나야 하지만 브랜드 이미지로 먹고 산다는 부분도 무시할 수 없기에 실제로 가격을 방어하는 전략을 쓰는 경우들이 많다.

그림 10-1 | 원가 투명성의 본질

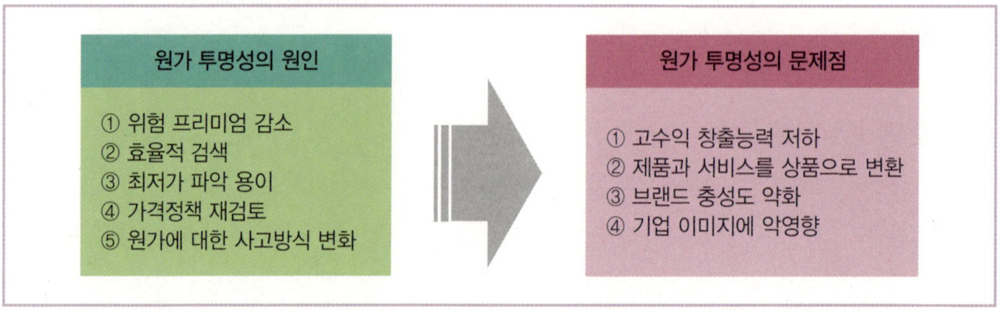

Internet Marketing INSIGHT 10-2

브랜드 이미지를 지키기 위한 가격 전략

■ **샤넬의 고가화 전략**

샤넬은 팬데믹(세계적 대유행) 이후 가격을 급격하게 인상하는 '초고급화' 전략을 펼쳐왔다. 그 결과 샤넬의 주요 핸드백 제품 가격은 팬데믹 전에 비해 최대 60% 가량 치솟는 등 큰 폭의 인상률을 기록했다.

그럼에도 불구하고 국내에서는 해외여행 제한 영향으로 샤넬 핸드백 수요가 급증하면서 샤넬 매장 오픈 전부터 긴 대기행렬이 늘어서는 '오픈런' 사태가 이어지고 있다. 특히 샤넬 제품을 구매한 뒤 웃돈을 붙여 되파는 리셀러나 구매대행 업체가 판을 치면서 샤넬의 브랜드 이미지가 실추되는 결과를 초래했다.

샤넬은 이를 막기 위해 일부 상품의 1인당 구매 수량을 제한하고 VIP 전용 행사 등을 펼치는 등 브랜드 가치를 지키기 위한 다각적인 노력을 해왔다. 이번 프라이빗 스토어 오픈은 브랜드 가치를 지키는 동시에 최상위 고객들에 대한 서비스를 차별화하기 위한 새로운 전략으로 풀이된다.[29]

■ **고급차업계 가격 전략**

수입차업계는 이미 신차를 출시하며 최상위 트림만 단일로 들여오는 '최고급 전략'을 펼쳐 어느 정도는 성공했다고 자평하고 있다. 볼보자동차코리아는 지난달 첫 쿠페형 순수 전기 SUV를 출시하면서 가장 최상위 트림인 '트윈 얼티메이트(Twin Ultimate)' 모델만을 6,391만 원에 들여왔다. 경쟁 모델과 비교해 '비싸다'는 부정적인 의견도 있었으나, 초도 물량 1,500대를 닷새만에 팔아 치웠다. 볼보 측은 '안전은 옵션이 될 수 없다'는 브랜드 철학에 따라 특히 안전관련 옵션을 대거 기본으로 탑재했다며 기본으로 제공되는 최고급 옵션은 경쟁 모델과 비교했을 때 약 1,000만 원 이상의 추가 옵션을 받는 것과 동일한 혜택이라고 말했다.

쉐보레 타호 역시 최상위인 하이 컨트리 단일트림으로 출시했다. 미국의 베스트셀링 대형 SUV로 손꼽히며 출시를 기다려온 한국 소비자들은 "디젤 모델이 저렴한 가격으로 들어오지 않겠느냐"는 예측도 내놨으나, 쉐보레의 판단은 달랐다. 쉐보레 관계자는 "GM이 강조하고 있는 친환경 정책의 기조에 맞게 디젤 모델은 고려하지 않았다"며 "미국엔 여러 하위 트림이 나와 있지만, 이를 모두 들여오기엔 배기가스 저감장치 등 한국 기준에 맞게 개발해야 할 부분이 너무 많고, 이러한 개발비는 구매가격 상승을 초래한다"고 설명했다.

한편 현대차는 이를 글로벌시장에 역으로 이용했다. 통상적으로 자사제품의 충성도가 높고 폐쇄적인 시장으로 알려진 중국, 일본 등 일부 글로벌 시장을 잡기 위해 현대차는 프리미엄 브랜드 '제네시스'를 선두에 세웠다. 중국시장에 제네시스의 전용 전기차 GV60과 GV70 전기차를 올해 연속으로 출시해 고급 전기차로 고객을 유치하겠다는 것이다. 미국에서도 제네시스는 단독 쇼룸도 개장하는 등 프리미엄 브랜드 이미지 전략을 이어간다.[30]

3. 인터넷 가격책정의 이점

1) 정확성

기업은 인터넷을 통해 최저가격을 더욱 정확히 설정할 수 있고, 가격 인상의 허용범위를 쉽게 파악할 수 있다. 모든 제품은 고객들의 구매의사결정에 거의 영향을 미치지 않으면서 가격을 조정할 수 있는 가격 허용범위를 가지고 있는데, 예를 들면 건강, 미용 제품은 상하 17% 포인트로 범위가 넓고, 산업용 부품은 10%, 일부 금융상품은 2%로 범위가 좁다.

따라서 가격 허용범위의 최저치나 중간치보다는 최대치의 가격을 설정하면 큰 이익을 얻을 수 있는 것이다. 예를 들면, 금융 서비스 기업이 개인 대출이자를 2% 허용범위의 중간치 대신 최대치로 적용하면 영업이익을 11%까지 올릴 수 있다고 한다.

인터넷에서는 가격을 실시간으로 계속적으로 테스트할 수 있고, 고객 반응을 즉시 파악할 수 있는 이점이 있다. 반대로 오프라인에서는 가격 허용범위를 파악하기 어렵고 비용과 시간이 많이 소요되나, 인터넷에서는 이것을 쉽고 빠르게 할 수 있으며 가격조정에 따른 판매량의 변화도 예측할 수 있다. 예를 들면, 인터넷 비즈니스 기업이 3% 가격 인상의 판매 영향력을 알아보고자 한다면 해당 사이트의 매번 50번째 방문자에게 최고가격을 매기고 구매율의 변화를 비교하면서 반응을 테스트할 수 있다.

(2) 역동성

두 번째의 이점은 인터넷을 통해 가격조정을 신속히 할 수 있고, 시장상황, 고객수요, 경쟁자 동향 등 외부 변화에 쉽게 대응할 수 있는 역동성이 높다. 생산능력, 주문납기, 산업전반의 재고수준 등을 고려했을 때 해당 제품의 수요가 초과 상태라면 일시적으로 가격을 올릴 수 있고, 전반적인 수요가 부진하다면 가격을 낮추고 단기 판촉전략을 전개할 수 있다. 기업은 이러한 온라인 가격조정을 통해 작은 외부변화를 이용해서 커다란 이익을 창출할 수 있다. 예를 들면, **스터브허브닷컴(stubhub.com)**은 수요와 공급에 기초해서 경기장 및 콘서트 티겟가격을 조정함으로써 매번 상당한 수익을 올리고 있다. 월드컵 경기 티켓이나 맨체스터 유나이티드 경기와 같은 빅게임을 보고 싶어 하는 고객은 예상과는 달리 가격에 민감하기보다는 높은 가격을 지불하고서라도 필요한 제품을 구매할 의사가 있

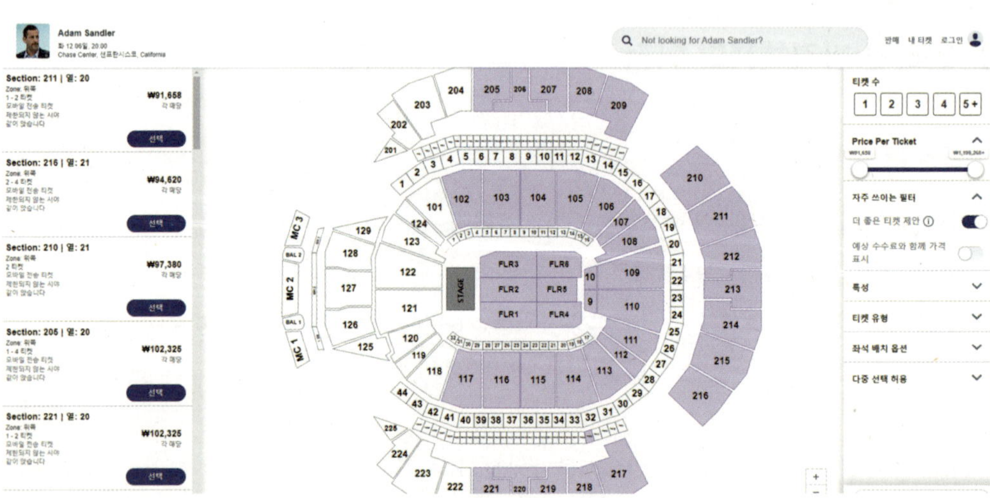

다양한 좌석을 실시간 다른 가격으로 판매하고 있는 스터브허브닷컴(stubhub.com)

기 때문에, 인터넷에서는 수요가 급격히 증가할 경우에 고가격 전략을 추진할 수 있다. 특히 비디오, 게임, 고급차, 주요 경기 및 콘서트 티켓 등 인기상품의 가격은 오프라인보다 17~45% 더 높은 경우도 존재한다.[31]

| 표 10-1 | 가격산정의 역동성[32]

기존 경제	디지털 경제
판매자가 결정한다.	구매자가 결정한다.
정찰제이다.	유동적인 가격이다.
공급에 기초한다.	수요에 기초한다.
과거의 판매에 기초한다.	지금 이 순간의 판매에 기초한다.
제품의 특성에 기초한다.	제품의 환경에 기초한다.
가격변동이나 일정기간이 지난 다음에 할인이나 할증판매 형태로 발생한다.	가격변동은 일상적으로 발생한다.

(3) 세분화

온라인 기업은 고객의 구매기록, 클릭자료 등 풍부한 정보원천을 활용해서 신속하게 자신의 고객을 세분화할 수 있다. 온라인 고객을 세분화함으로써 고객 그룹별 차등가격 적용이나 일시적인 판촉을 차별화할 수 있다. 포드(Ford)는 과거 온라인 고객정보를 활용해서 고객을 세분화하였고, 고객이 반응을 보이고 이익도 가장 많이 낼 수 있는 모델에 판촉을 정확히 집중함으로써 연간 판촉비 100억 달러 정도를 이익으로 전환할 수 있었다.

또한 기업은 세분화를 통하여 높은 가격을 지불하고라도 구매의사가 있는 고객을 파악할 수 있고, 이를 통해 추가이익을 창출할 수 있다. 예를 들면, 온라인 전자부품 판매회사는 고객 구매기록을 활용해 누가 핵심고객인지 일시적인 고객인지를 파악할 수 있다. 경쟁사의 주요 고객이면서 경쟁사 재고가 없는 급한 상황에서 일시적으로 찾아온 고객에게는 20% 이상의 가격을 더 올려받는 경우도 있다.[33]

4. 인터넷의 가격결정 방식[34]

적절한 가격 전략을 개발하는 것은 중요하고 매우 복잡한 일이다.[35] 과거 연구들에서는 가격결정에 영향을 미치는 요인들을 규명하였는데 경영환경,[36] 기업목표와 재원, 고객특성,[37] 가격상황[38] 등 다양한 요인에 대한 의존성을 강조하고 있다. 인터넷에서 가격결정은 더욱 복잡할 수 있는데 이를 위해 접근하는 방식이 여러 가지가 있을 수 있지만 일반적으로 인터넷 비즈니스 기업이 취하는 세 가지 가격책정 방식의 틀을 유지하면서 설명하는 것도 좋은 방법이 될 수 있을 것이다. ① **원가 중심적 접근**, ② **고객가치 중심적 접근**, ③ **경쟁자 중심적 접근**이라는 세 가지 방식이 일반적인 상황과 인터넷이라는 상황에 어떻게 달라지는지를 이해한다면 인터넷에서의 가격책정 방식을 이해하는데 큰 도움이 될 것이라 생각된다.

1) 원가 중심적 가격결정

많은 사람들이 인터넷에서의 가격은 일반 상점에서의 가격에 비해 싸다고 말한다. 그런데 OECD의 조사에 따르면 인터넷에서의 가격은 일반 현실세계에서의 가격에 비해 절대적으로 싸지는 않다는 결과가 나왔다. 어째서 이런 일이 발생했을까? 일반 사람들의 직관이 틀린 것일까? 아니면 OECD 보고서가 잘못된 샘플을 통하여 조사한 것일까? 이를 설명하기 위해 한 가지 예를 들어 보자.

실제 웹사이트에서 제시되는 가격을 보자. 인터넷 쇼핑몰이나 상점에 가면 실제 가격보다 가격이 낮게 제시되어 있는 것을 볼 수 있다. 온라인 서점인 **아마존(amazon.com)**의 경우 웹사이트에서 제시되는 가격은 일반적으로 정가보다 약 10~30% 정도 싼 것을 볼 수 있다. 그러나 오프라인 상점보다 온라인 구매가 저렴하지 않은 경우도 존재할 수 있다. **G마켓(gmarket.com)**에서 나시 T셔츠를 주문한다고 가정해보자. 소비자가 제품을 선택하여 주문을 하게 되면 웹사이트에서 제시된 가격에 운송료가 부가된다. 웹사이트에서 제시된 가격에 운송료가 부가되면 대부분의 경우 실제 가격과 유사하거나 초과하는 경우가 존재한다. 그러므로 전체 구매액이 적을 경우(예를 들

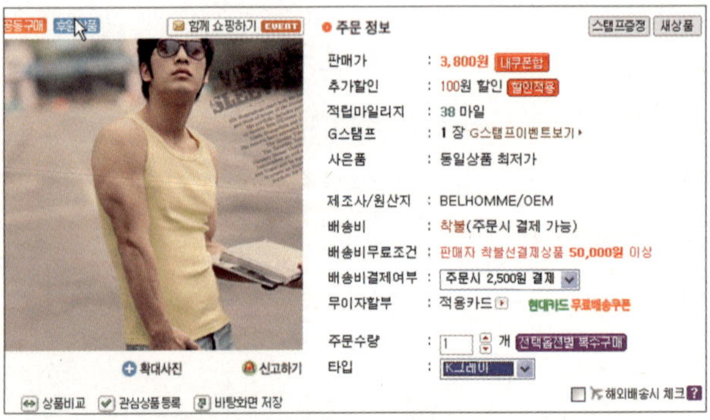

3,800원 하는 나시를 한 장 구매하면 사진에서 볼 수 있듯이 배송비 2,500원을 결제해야 하기에 실제 6,300원이 되는 것이고 이런 경우 오프라인에서 한 벌 구매하는 것보다 비싼 가격이 될 수도 있다.

어, 나시 T셔츠를 한 장 구매하는 경우) 대부분 인터넷에서 구매할 때 일반 상점에서 구매할 때에 비해 비싸나, 구매수량이 많아지면(나시 T셔츠를 10장 구매하는 경우) 일반 상점에서 구매할 때에 비해 훨씬 저렴하다고 볼 수 있다.

아마존에서는 교재 구매시 다시 파는 조건으로 90% 이상의 할인을 받을 수 있다는 효익을 강조하고 있다.

이제는 기업들은 이 문제를 어떻게 인식해야 할까라는 문제를 생각해야 할 필요가 있다. 기업들에게 중요한 문제는 인터넷에서 제품을 구매하는 소비자가 느끼는 가격은 과연 어떤 것인가 하는 문제이다. 아마존은 사진에서 볼 수 있듯이 이러한 소비자의 지각된 가격을 낮추는 프로모션을 전개하고 있는데 결국 기업의 가격 전략은 소비자들이 인지하는 가격에 초점을 맞추어야 할 것이다.

2) 고객가치 중심적 가격결정

인터넷은 고객이 자신이 특정한 제품에 대해 느끼는 가격에 따라 제품의 가격을 결정할 수 있도록 하는 탁월할 메커니즘이 존재한다. 일반적으로 시장에 가격이 결정되는 형태를 보면, 판매자가 가격을 결정하고 구매자는 그 가격이 자신이 생각하는 가치와 일치하면 구매를 하는 형태로 전개되어 왔다. 그러나 인터넷에서는 많은 유형의 비즈니스들이 판매자가 아닌 구매자들이 가격결정의 중심적인 역할을 하는 구매자 중심의 시장 메커니즘으로 변화되고 있다. 4장에서 논의되었듯이 이런 시장을 **역시장(reverse market)**이라고 하는데 가격결정의 권한이 판매자에서 구매자 중심으로 넘어가고 있는 것이 인터넷에서의 가격 특성이다.

역시장은 **공동구매**라는 형태로 나타나기도 한다. 인터넷은 사람들이 모이는 공간이고 이들 간의 활발한 의사소통을 통하여 공동체가 형성되므로 이들은 상당한 구매력을 지닌 이익집단으로 등장하게 된다. 공동의 관심사를 지니고 있는 이들 공동체에서 제품을 구매하게 되면 상당한 규모의 제품을 구매하게 된다. 만약 이들이 공동구매를 추진하게 되면 수량 할인 등을 위한 교섭력이 발생하여, 이들이 제품의 가격을 결정하는 힘을 지니게 된다. 결국 역시장이 형성되는 것이다.

3) 경쟁자 중심적 가격결정

앞에서 논의되었듯이 실물세계와 비교해보면 이 비교 쇼핑이 얼마나 큰 영향을 미치는가를 알 수 있다. 소비자가 컴퓨터를 구매하기 위해 여러 상점을 돌아다녀야 하고 이에 따른 시간과 투입되는 노동력, 비용은 상당히 클 것으로 생각된다. 그래도 이러한 과정을 통해 얻게 되는 정보가 과연 인터넷에서 습득하게 되는 정보수준과 비교할 때 어느 정도나 될까? 아마 인터넷에서 얻게 되는 정보가 훨씬 자세하고 풍부할 것이다. 여기서 우리가 주의 깊게 관찰해야 할 점이 바로 비교 쇼핑으로 인해 가상상점이나 쇼핑몰들은 경쟁자의 가격정책에 매우 민감하게 반응한다는 점이다. 소비자가 쇼핑몰들에서 비교하듯이 쇼핑몰들도 수시로 경쟁자의 가격을 검색해볼 것이다. 이러한 검색을 통하여 인터넷 상점이나 쇼핑몰들은 동일한 제품에 관한 가격은 거의 비슷한 수준을 유지하고 있다.[39]

경쟁자 중심적 가격결정의 예

인터넷은 기본적으로 이러한 메커니즘이 쉽게 유지될 수 있는 상점 운영방식을 지원한다. 만약 인터넷 기업들이 가격을 변경시키고자 한다면 데이터를 변경시킴으로써 적은 비용으로 너무나 쉽게 변경할 수 있는 것이다. 예를 들어, 한 슈퍼마켓에서 가격을 변화시키고자 하더라도 각 제품에 붙어있는 가격 태그를 떼고 새로 붙여야 하며 종업원들에게도 가격의 변화에 대한 교육을 시켜야 한다. 하지만 인터넷에서는 데이터베이스에 등록되어 있는 제품의 가격을 수정해주기만 한다.

Internet Marketing INSIGHT 10-3

오프라인과 온라인 가격전쟁 본격화

6,900원짜리 '당당치킨'이 소비자에게 '당당하게 선택받겠다'며 치킨가격 전쟁을 선포한 가운데 유통업계의 '저가 마케팅'에 대한 관심이 다시 집중되고 있다. '만원짜리는 잔돈에 불과'한 고물가 현실 속에서 조금이나마 저렴한 제품을 찾으려는 소비자의 마음을 공략하는 '가성비 제품'이 그만큼의 만족감을 줄 수 있을까?

화장품 업계는 '저가 할인매장'의 대명사로 꼽히는 다이소가 내놓은 스킨케어 브랜드 '제이엠솔루션' 제품에 바짝 긴장하고 있다. 인기 배우 정해인을 모델로 내세운 이 브랜드 제품 가운데 소비자들의 마음을 사로잡은 것은 '모이스처라이징 앰플'이다. 가격이 단돈 5천 원이기 때문이다. 미샤, 더페이스샵, 네이처리퍼블릭, 스킨푸드, 이니스프리, 에뛰드 등 1세대 로드샵도 앰플은 보통 2~3만 원대였고, 최근 고물가에 그마저 가격 인상이 이루어지고 있는 터라 다이소 앰플은 2030세대에게 '미친 가성비'로 불린다.

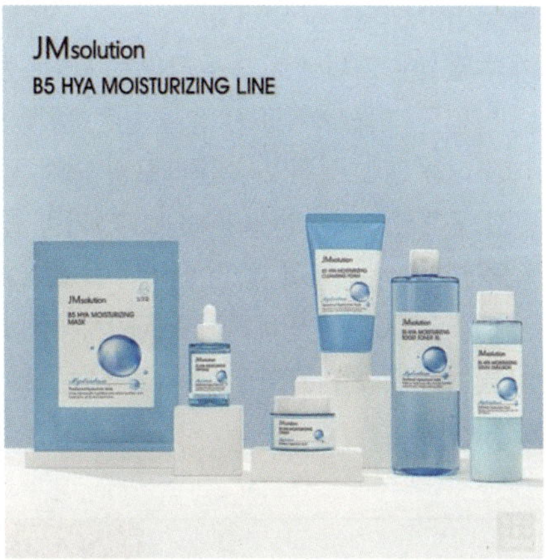

모이스처라이징 앰플

편의점들도 구독서비스와 타임세일로 공격적인 저가 마케팅에 나서고 있다. 씨유(CU)가 매일 오전 · 오후 7~9시에 과일, 간편식, 주류, 안주 등 50여 종을 30% 할인해주는 '친구(79)타임' 행사는 이 달(1~12일) 들어 매출액이 전월 같은 기간 대비 27.3% 증가했다. 씨유 관계자는 "생활리듬에 맞춰 오전에는 우유, 바나나, 샐러드, 샌드위치 등 식사 대용 상품으로, 오후에는 주류, 과자, 라면, 안주류 등 홈술 상품으로 행사를 구성하고 있다"며 "10회 구매시 3천 원을 지급하는 스탬프 이벤트 참여율도 지난해 8월에 견줘 20% 높아졌다. 할인에 리워드까지 꼼꼼하게 챙기는 소비자가 늘었다는 통계"라고 말했다.

이 밖에 유통기한 임박 상품을 최대 70%까지 저렴하게 판매하는 '그린세이브' 매출도 지난해 같은 기간에 견줘 19.2% 증가했다. 멤버십 앱에서 매월 1천~4천 원에 정해진 횟수만큼 할인을 받는 구독쿠폰 서비스 역시 인기다. 이달 구독쿠폰 전체 이용자와 사용량은 전년보다 각각 336%, 397%가 늘었다는 것이 씨유 쪽의 설명이다.[40]

또한 Mobile OTT 서비스의 대중화와 함께 산업 내 경쟁구도가 치열해지면서 각 사업자들은 자체 오리지널 콘텐츠 제작, 독점 제휴 콘텐츠 유통, 구독 모델 정교화 등 차별화된 플랫폼 전략을 구사하며 시장점유율을 확대하기 위한 노력을 기울이고 있다. 그 중에서도 국내 방송/통신 서비스를 중심으로 한 OTT 서비스는 '월정액 유료 구독' 모델을 고수하고 있는 글로벌 사업자와 달리, VOD 건당 결제 및 실시간 TV 제공 등의 서비스를 유지하며 독자적인 영역을 확보하고 있는 것으로 보인다.[41]

KT그룹 OTT 자회사인 시즌은 티빙과 합병을 통해 티빙의 베이직 요금제(월 7,900원)보다 낮은 티빙 라이트(월 6,600원)를 이용할 수 있는 권한을 기존 시즌 요금제를 이용했던 KT 고객에게 제안하였다. 이는 시즌이 티빙에 흡수합병되는 과정에서 시즌 이용자가 티빙이 아닌 다른 OTT 서비스로 이탈하는 현상을 막기 위한 저가 마케팅 전략으로 풀이된다.

티빙과 시즌이 합병하면 토종 업체 기준(넷플릭스 제외)으로 국내 1위 OTT 서비스가 된다. 공정위에 따르면 2022년 1~9월 기준 웨이브는 시장점유율이 14.3%로 티빙(13.0%)을 앞서고 있다. 그러나 시즌점유율(4.9%)이 더해지면 합병법인 티빙의 점유율은 18%대로 껑충 뛰게 된다.

토종 OTT 1위 사업자 자리를 내주게 되는 웨이브는 특단의 대책을 모색하고 있다. 2025년까지 1조 원을 투자해 오리지널 콘텐츠를 대거 확보하겠다는 콘텐츠 강화 전략과 더불어 연말 자체 할인 프로모션을 통해 시즌과 티빙의 합병 과정에서 이탈하는 고객을 최대한 끌어안겠다는 구상이다.

가장 무서운 기세로 치고 올라오는 서비스는 후발 주자인 쿠팡플레이다. 2022년 10월 기준 일평균 이용자가 50만 명을 넘는 등 약진하고 있다. 월 4,990원에 불과한 저렴한 가격에 더해 SNL 코리아, 축구대표팀 중계 등 킬러 콘텐츠가 강점이다. 특히 쿠팡플레이는 단건 구매를 타 OTT 대비 최대 30%가량 할인하는 정책을 시행하기도 했다. 이를테면 쿠팡플레이에서는 영화 '탑건:매버릭'을 4,000원에 구매할 수 있다. 티빙과 웨이브는 해당 영화를 5,500원에 판매하고 있다. 적자를 감수하며 공격적인 마케팅을 통해 시장점유율을 높여 흑자 전환을 눈앞에 두고 있는 모회사(쿠팡)처럼 '가입자 확대 우선' 전략을 구사하는 것이다.[42]

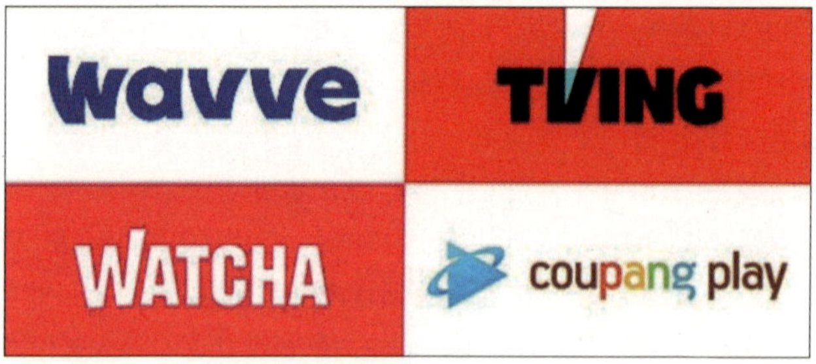

OTT 브랜드들[43]

5. 인터넷 가격 전략의 기본적인 분류

1) 침투가격 전략(저가화, 무료화 전략)

(1) 오프라인에 비한 상대적 저가화

직거래를 통한 중간상 배제는 유통마진이 최소화하는 형태로 소비자들은 상대적으로 싼 가격으로 구입가능한데 중간상에 의해 공급되는 제품의 가격은 온라인상에서 가격의 비교가 가능하게 되어 동일 제품에 대해 가장 싸게 파는 곳을 손쉽게 발견할 수 있게 되며, 중간상들 간의 가격 경쟁으로 소비자들은 더욱 싼 가격을 제안받을 수 있다. 실제로 몇 번 반복된 이야기이지만 인터넷을 통해 물건을 구매할 때 고객이 받을 수 있는 가장 기본적인 이익은 오프라인을 통해 구매할 때보다 더 싸고 편리하게 살 수 있다는 것이다.

할인판매를 통한 경제적 이익은 다른 부문에도 확산되고 있다. 병원과 의약품 제조업체, 의료장비 공급업체, 유통업체 등이 복잡하게 얽혀 있는 미국 의료시장에도 인터넷 기업들이 속속 진입하고 있다. 과거 인터넷 도입 초기에는 미국의 병원들이 매년 의약품과 의료장비 구입에 지출하고 있는 금액은 830억 달러에 달하였는데 인터넷을 통해 수요자와 공급자 사이에 최적의 거래가 이루어지면 110억 달러까지 절약할 수 있다는 분석이다. 현재 많은 인터넷 기업 간 거래에서 이러한 부분이 실현되고 있다고 볼 수 있다.

온라인에서 다양한 교육은 실제 오프라인 교육보다 훨씬 더 저렴한 비용으로 제시될 수 있다(사진은 커뮤니티형 온라인 강의플랫폼 CLASSU(https://www.classu.co.kr/new)).

(2) 무료화

과거부터 기업 간 소비자의 양적 확보를 위한 경쟁이 가속화됨에 따라 온라인 서비스는 유료화보다는 아직까지도 광고수익에 관심을 가지는 경향이 높다. 대부분의 포털이 광고를 보는 대가로 회원들에게 무료로 이메일 서비스를 이용할 수 있도록 하는 웹메일 서비스는 일반화되었으며 유튜브는 광고를 보는 대가로 정규편성시간에 못본 드라마, 영화, 뮤직비디오, 음악감상 등을 무료로 할 수 있게 하고 있다. 이는 우리의 워킹 메모리 및 안구운동(?)의 대가로 얻게 되는 것들이다.[44]

그러나 많은 전문가들은 종종 많은 기업들이 고객에게 무료로 제공하고 있는 서비스 때문에 매출을 창출할 수 있는 기회를 간과할 수도 있다는 점을 지적하고 있다. 무료 모델을 고수하는 것이 이치에 맞는 경우도 많이 존재하지만 기업들은 너무 자주 무료화를 기본 옵션으로 삼는다. 그것은 값비싼 실수일 수 있다. 그 해결책은 분명하게 구현하기가 어려울 수 있지만[45] 많은 무료로 제공되고 있는 가치 있는 서비스를 유료화를 시킨다면 이는 많은 온라인 비즈니스 기업에게 기회가 될 수 있다.

자세히 들어다보면 적어도 비즈니스 업계에서 이 말은 진리이다. 우리는 인터넷 서비스를 무료로 이용하는 대가로 광고를 보고 있으며 획기적으로 싸게 산 닌텐도 본체, 프린터기, 그리고 면도기 때문에 닌텐도 게임팩, 토너, 면도날을 비싼 가격에 구입할 수밖에 없다.[46]

(3) 역가화

소비자 중심의 경제모델이 활성화되면서 2장에서 논의되었듯이 이에 따라 역시장이 가능(소비자들이 원하는 가격에 제품을 제안받을 수 있는 경우)하다. 역시장은 고객을 위해 최고의 개인별 해결책을 제공하고 불확실성, 복잡성 및 혼란에 직면할 위험을 줄임으로써 개별 고객을 지원할 수 있는 시장 개념의 한 형태이다.[47] 전통적 마케팅에서 가격의 설정은 기업의 고유권한이었지만 인터넷 마케팅에서는 이러한 수요자 중심의 가격설정 모델이 늘어날 것이며 B to B 비즈니스 모델에서도 역가화 가능성이 높다고 볼 수 있다.

Internet Marketing INSIGHT 10-3

저가나 무료로 소유하고 싶어 하는 소비자: 불법 다운로드에 대한 찬반론

여론조사기관 트렌드모니터가 2015년 성인 남녀 1천 명을 조사한 결과, 응답자 65.9%(중복응답)가 불법 복제물을 이용하는 이유로 '얼마든지 무료나 저렴한 가격으로 콘텐츠를 구입할 수 있기 때문'이라고 답했다.

그 외에도 '보다 빠르게 최신 콘텐츠를 찾아 이용할 수 있어서'(64.2%), '국내에 방영되지 않거나 미출시 콘텐츠도 쉽게 구할 수 있어서'(43.8%)가 뒤를 이었다.

실제 최근에는 인기 ENA 수목드라마 '이상한 변호사 우영우'가 중국에서 불법 스트리밍에 이어 불법 다운로드까지 이루어지면서 콘텐츠의 저작권 침해 상황이 발생하고 있다.

중국 온라인쇼핑몰 타오바오에서는 '이상한 변호사 우영우' DVD와 영상 파일이 우리나라 돈으로 1,500원 안팎으로 팔리고 있는 것으로 확인됐다. 해당 상품에는 '고화질'에 '중국어 자막'으로 영상을 즐길 수 있다고 명시되어 있다. 중국시장에서는 콘텐츠 불법 유통에 대한 논쟁이 끊이지 않고 있다. 2021년에 '오징어 게임', '지옥' 등의 불법 다운로드 논란이 일었다.[48]

이런 해적판을 옹호하는 목소리도 나오는데 불법 콘텐츠 유통이 기존 콘텐츠 산업을 활성화시키는 긍정적인 측면이 있다는 주장이다. 유럽에서는 과거 불법 콘텐츠 단속 실효성을 놓고 찬반논란이 벌어졌는데 발단은 온라인상의 저작권 침해 콘텐츠가 매출에 부정적 변화를 일으킨다는 증거가 없다는 보고서가 등장했기 때문이다. 사실 이 보고서는 2015년에 결과가 도출됐지만 공개되지 않았는데 '해적판이 저작권 콘텐츠에 부정적인 영향을 준다'는 기존시각을 뒤집는 결과이기 때문에 유럽위원회가 은폐했다는 주장도 나온다.[49]

굿다운로드 캠페인

1990년대, 2000년대 미국의 국제적인 시민단체 전자프런티어 재단(EFF)은 활동가 존 페리 바를로를 중심으로 저작물 교환의 합법화운동 등 법률의 전반적인 개정 운동을 벌이기도 했다. 2006년 파이럿베이 사건으로 설립된 스웨덴 해적당을 필두로 한 해적당 인터내셔널과 독일 해적당은 기술진보에 따라 디지털로 작성된 저작물의 자유로운 복사 가능성이 현실이 되었다고 인정하고 "저작물에 대한 일반적 접근 기회로 받아들이고 활용해야 한다"는 주장을 펼치고 있다. 또한 이들은 개인적인 용도의 복사와 파일공유의 범죄화를 끝낼 것을 요구하고 있다. 해적당에 따르면 저작권법의 제약이 없다면 효과적으로 지식의 유통이 이루어진다고 본다.[50]

2) 스키밍 가격 전략(유료화, 고급화, 고가화 전략)

인터넷에서 반드시 저가화만을 추구할 필요는 없다. 자사의 제품이 경쟁사와 확연히 차별화되거나 최고의 독특지향적인 요소를 지니고 있다면 가격의 경쟁력을 고가 전략 차원에서 확보할 수 있다.

(1) 유료화

유료화를 반드시 고가격화–고부가가치화라고 할 수는 없지만 인터넷 비즈니스에서는 많은 가격 전략이 대부분 저가(또는 무료)화를 지향하고 있다는 점에서 유료화는 다른 군으로 분류할 필요가 있다고 볼 수 있다. 과거 **프리챌(freechal)**은 온라인 커뮤니티 분야에서 1,000만 명의 회원과 100만 개가 넘는 커뮤니티를 거느렸으며 클럽 부문에서는 포털 1위 다음을 추월할 정도로 영향력이 컸다. 온라인 커뮤니티를 만들고 운영하는 부분을 무료로 제공하다가 어느 순간 카페 책임자들에게 월 3천 원 정도의 유료화를 시도하였으나 크게 실패하면서 회원들이 타 커뮤니티로 옮겨갔고, 결국 2003년부터 프리챌은 싸이월드에게 접속률 1위를 추월당했고 2000년대 중반부터는 대중성을 잃고 쇠퇴했다.[51] 그러나 비슷한 시기 싸이월드는 미니홈피라고 부르는 공간에서 수익창출을 달성했는데 미니홈피 내에서 여러 가지를 꾸미려면 사이버 머니인 도토리를 이용해 아이템을 구입해야 한다. 아이템의 종류에는 미니홈피의 바탕화면, 미니미 옷, 미니룸 방 인테리어, 배경음악, 배너, 글꼴 등 여러 가지가 있으며, 아이템에는 대부분 시간 제한이 걸려 있어 그 기간이 지나면 자동으로 아이템이 없어진다. 이는 과거 유료화의 성공적인 사례로 많은 사람들에게 알려져 있다.

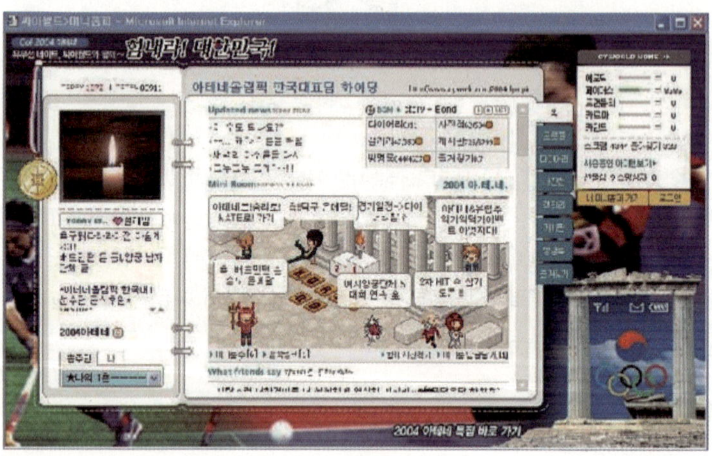

과거 유료화 부분에서 흔치 않은 성공사례로 볼 수 있는 싸이월드[52]

또한 인터넷상에서 유료화의 성공사례로는 과거 인터넷 성인방송국을 들 수 있다. 한때 이러한 성인방송국은 유료화가 받아들여질 수 있는 비즈니스 모델로 인식하여 많은 경쟁 사이트들이 생겨나기도 했다.

이제는 콘텐츠의 유료화가 매우 중요한 인터넷 비즈니스의 과업이라고 볼 수 있다. 마케팅 관리자는 경쟁사와의 차별화된 독특한 콘텐츠나 서비스를 제공함으로써 유료화 전략을 구사 가능하며 일 대 일 마케팅으로 고객 한 사람 한 사람의 니즈에 부합하는 맞춤형 서비스의 제공, 경쟁사가 따라 갈 수 없는 방대한 양적 데이터의 확보, 경쟁사에서 제공할 수 없는 차별화된 콘텐츠 생산능력의 확보 등이 유료화의 관건이라고 볼 수 있다.

예를 들어, JNEWS(www.jnews.com)의 경우 개인 회원들에게 월 오백엔(법인 천오백엔)의 금액으로 서비스를 제공하고 있는데 이 회사의 이사시 사장은 자사 서비스의 유

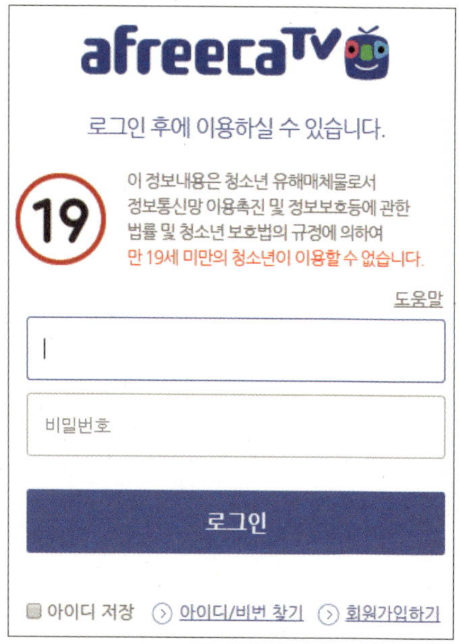

한때 성인관련 콘텐츠들은 고성장 고수익 사업이었다.

비즈니스 정보제공을 유료로 제공하고 있는 jnews(http://www.jnews.com/), 사진은 구글 번역기를 통해 자동번역한 것

료화 명분으로서 다음과 같은 3가지 이유를 들고 있다. 이는 ① 광고를 배제하고 유료화 전략을 행함으로써 광고주의 압력에서 벗어날 수 있음, ② 많은 경쟁기업들이 무료화를 하는데 반하여 자사의 서비스는 유료화를 하기에 더욱 좋은 콘텐츠를 생산하기 위한 노력을 하지 않으면 안 된다는 일종의 배수진을 치는 입장을 견지, ③ 소비자들도 비용을 지불하고 콘텐츠를 받아보게 됨으로써 정독률이 높아진다는 것 등이다.

Internet Marketing INSIGHT 10-4

콘텐츠 유료화 성공조건

수많은 국내 디지털 콘텐츠 기업들의 고민은 바로 어떻게 수익모델을 만들 것인가에 집중돼 있다. 무료 이용을 통해 이용자 저변 확대를 어느 정도 이뤘다면 적절한 서비스 유료화 전략을 통해 수익을 확보해야 서비스와 기업이 지속 가능하기 때문이다. 최근 다각적인 수익화 모델로 콘텐츠 유료화에 성공한 사례가 속속 나오면서 업계의 이목을 모으고 있다. 이용자들이 지갑을 열만한 가치의 콘텐츠 확보는 물론 철저한 이용자 분석을 통해 콘텐츠 유료화에 성공한 기업들의 전략을 분석해본다.

■ 레진코믹스의 유료화 성공사례

2013년 6월 설립된 웹툰 서비스 레진코믹스는 유료 웹툰 서비스를 시작한 지 한 달 만에 매출 1억 원을 넘기며 손익분기점을 넘어섰고 매달 20~40%씩 성장했다. 포털 사이트에서 수백 편의 무료 웹툰을 볼 수 있고 불법 복제가 만연한 국내 상황을 감안하면 레진코믹스의 유료화 성공 모델은 매우 독보적이다. 레진코믹스의 유료화 성공 비결을 들여다보자. 웹툰 서비스는 지난 10년 동안 네이버나 다음 등 포털을 통해 거의 무료로 제공돼 왔다. 포털 사이트는 자사의 트래픽을 늘리기 위해 웹툰을 무료 서비스했다. 무료 웹툰은 확실히 새로운 만화 형식에 대한 저변을 확대했다. 현재 이용자수는 네이버 기준으로 월 1,700만 명에 달한다. 웹툰은 쓰러져 가던 국내 만화 시장의 부활도 꿈꿀 수 있게 했다.

래진코믹스 메인화면(https://www.lezhin.com)

먼저 콘텐츠의 질에 많은 신경을 썼다. 20대 이상 성인이 즐길 만한 프리미엄 웹툰을 팔기로 하여 우선 콘텐츠 판매의 핵심이자 기본이랄 수 있는 양질의 콘텐츠를 확보하는 데 집중했다. 출판사 경력을 가진 노련한 편집팀을 구성했고 이들은 실력 있는 작가들 영입에 적극적으로 나섰다.

결제 유인책으로 이용자들의 심리를 반영해 '시간'을 판매하는 전략을 구사했다. 이는 최근 앱 게임에서 많이 이용되는 전략을 벤치마킹한 것이다. 매주 업데이트되는 레진코믹스의 웹툰을 이용자가 1주일 이상을 기다려야 무료로 볼 수 있지만 지금 결제한다면 다음 편을 미리 볼 수 있는 방식이다. 이 방식으로 부분 유료화를 적용하면 무료와 유료 사용자를 동시에 안고 서비스를 떠나지 않게 할 수 있다. 무료로 연재되는 만화들도 연재가 끝나면 완전 유료로 변경되고 가격도 오르게 된다. 따라서 미리 보기를 구매한 독자들은 빨리 본다는 장점 외에도 결국 완료된 후의 가격보다 더 저렴하게 내 서재에 담아 언제라도 볼 수 있다.

■ **콘텐츠 유료화 전략**

이론적인 콘텐츠 유료화에 대한 전략은 그동안 학계 · 업계 차원에서 수없이 연구됐다. 기존 콘텐츠의 유료화 설정은 어렵지 않지만 궁극적으로 매출로 이어지고 수익창출 모델로 정착시키는 것은 현실적으로 쉽지 않다. 그래서 실제 유료화 성공 사례를 중심으로 콘텐츠 창작자 및 기업들이 참고할 만한 전략들을 살펴보자.

첫째, 콘텐츠 경쟁력이 처음이자 끝이다. 미국 동영상 스트리밍 서비스 업체 넷플릭스는 가입자 3,300만 명, 연매출 4조 원의 거대한 기업으로 성장했다. 넷플릭스 스티리밍 서비스의 성장을 견인한 데는 드라마 '하우스오브카드'의 독점 방영의 영향이 컸다. 이 드라마는 온라인 서비스에서 방영된 드라마로는 최초로 에미상을 수상하기도 했다.

신문의 경우 온라인 콘텐츠 선두 주자로 평가받는 뉴욕타임스는 최근 온라인판 유료 기사로 퓰리처상 기획보도 부문상을 받았다. 눈사태를 다룬 르포 기사 '스노폴'은 첫 화면에서 눈보라 동영상으로 시작해 입체적인 컴퓨터 그래픽을 넣어 현실감을 더해 읽는 기사가 아닌 시청하는 기사를 제작했다. 뉴욕타임스는 2005년 유료화를 처음 시도했을 때는 실패했지만 결국 콘텐츠의 경쟁력을 높이는 방법을 통해 인터넷 · 모바일 유료 독자를 크게 늘릴 수 있었다. 다른 데서는 볼 수 없는 수준 높은 콘텐츠를 제작하는 게 유료화에 가장 당연하고 빠른 방법이다. 유료화 모델 고안에 앞서 콘텐츠의 질을 어떻게 높일지, 실질적으로 콘텐츠 제작자들이 처한 환경을 창작 작업에만 집중하도록 어떻게 개선할지부터 고려해야 한다.

둘째, 콘텐츠 이용의 접근성 · 편의성을 높이는 것이다. 유튜브에 올라온 싸이의 '강남스타일'이 20억 뷰까지 달성할 수 있었던 비결은 콘텐츠도 좋았지만 어떤 OS, 모바일 기기에서도 플레이가 가능한 유튜브를 통했기 때문이다. 디지털 콘텐츠를 어디서든 소비할 수 있도록 속도, 다양한 기기 지원, 추천 등 다양한 기술적인 접근이 전제돼야 한다.

셋째, 구매를 쉽고 빠르게 할 수 있어야 한다. 디지털 콘텐츠 유료화에 가장 앞서가고 있는 분야는 바로 게임이다. 게임 업체들이 유료 이용자를 통해 수익을 올릴 수 있었던 인프라로 '스팀'이라는 대리 결제 사이트가 거론된다. 모바일 · 온라인상의 세계 어떤 게임이든 스팀만 실행하면 바로 구매하고 즉시 실행이 가능한 환경이 완성된다. 신용카드 정보 저장 후 원클릭 결제는 사용자들의 지갑을 쉽게 여는 데 한몫한다는 점을 알 수 있는 부분이다.

넷째, 이용자에게 시간을 팔라는 것이다. 부분 유료화는 이제 일반적이 됐지만 2002~2008년대까지만 해도 해외 게임 배급사들이 국내의 이 부분 유료화 정책이란 게 도무지 이해가 안 된다고 이야기할 정도였다. 최근 부분 유료화의 가장 중요한 공식 중 하나는 '시간을 파는 것'이다. 무료로 게임을 하거나 레벨을 올리려면 일정 시간 기다리면 되지만 비용을 지불하면 바로 즐길 수 있는 것이다. 과거 일매출 1억~2억 원을 기록한 애니팡은 1판을 하는데 하트 1개가 필요하고 기본 5개, 8분마다 하나씩 생성되도록 했다. 게임을 계속하고 싶은 욕구는 하트 생성을 기다리지 못하게 하고 결국 결제로 이어지게 했다.

다섯째, 소유에 대한 만족도를 제공하는 것이 중요하다. 디지털 콘텐츠는 무형의 제품을 구매하는 것이므로 지불 금액만큼의 가치를 소유했다는 느낌을 어떻게 제공할 것인가도 주요 고려사항이다. 한 번 구매한 디지털 콘텐츠는 어찌됐든 평생 소장할 수 있도록 해야 한다. 카카오스토리의 콘텐츠 구매는 건당 결제 또는 30일 이용권 구매로 사용할 수 있도록 했다. 그런데 30일 이용권으로 구매한 콘텐츠는 기간이 만료되면 사용권이 소멸된다. e북은 다 읽고 나서 내 라이브러리에 넣어 놓았다가 나중에 다시 볼 수도 있고 바쁜 나머지 30일 이내에 다 읽지 못했는데도 소멸되는 콘텐츠에 이용자가 돈을 지불할 리 없다. 이 때문에 카카오페이지의 구매 방식은 문제점으로 지적되기도 했다.

여섯째, 과시욕을 자극해야 한다. 많은 게임들이 아이템 판매를 통해 수익을 올리는데 과시욕을 자극한 덕분이다. 다중접속역할수행게임(MMORPG)의 경우 이용자는 다른 게임 참여자에게 자신의 갑옷과 칼을 보여주고 싶어 하고, 클래시 오브 클랜과 같이 마을을 만드는 게임에서는 남들보다 화려한 빌딩을 만들고 싶어 한다. 영화와 음악도 자기가 어떤 콘텐츠를 소유 · 소비했는지 소셜네트워크서비스(SNS)를 통해 알릴 수 있다면 지갑을 여는 하나의 방법이 될 수 있다.

마지막으로 콘텐츠 기업의 골칫거리는 불법 복제다. 이는 앞서 말한 접근성 · 편의성 · 시간판매 전략으로 극복할 수 있다. 불법 복제물을 소비하는 데는 어둠의 경로를 통해 찾아 헤매야 하는 번거로움, 화질 · 음질 등 낮은 퀄리티 등을 감수해야 한다. 하지만 불법 이용보다 유료 이용이 높은 퀄리티는 물론 더 빠르고 쉽고 편리하다면 결제를 유도할 수 있다.[53]

(2) 고급화, 고가화

단순히 유료화에 머물지 않고 독특한 부가가치를 제공함으로써 기업은 서비스에 대한 고급화, 고가화를 추구할 수 있다. 소비자들이 무조건 가격파괴 매장을 찾는 것이 아니라 동일 제품에 대해서 비용을 더 지불하더라도 백화점을 찾게 되는 이유(신뢰성이나 브랜드 가치가 이러한 전략의 수립에 일조하게 됨)와 같은 맥락이라고 볼 수 있다.

법률 서비스 및 마케팅 서비스 등을 인터넷상에서 이용하는 경우 막연히 싼 가격을 찾기보다는 실력이 있다고 인정되고 가치가 있는 서비스를 찾기 위해서 고가격을 지불할 수도 있을 수 있으며 앞에서 이야기되었듯이 비디오, 게임, 고급차, 콘서트 티켓 등 인기상품의 가격은 오프라인보다 17~45% 더 높은 경우도 존재한다.

대체로 오프라인에서도 명품의 경우는 가격에 덜 민감한 제품이라고 볼 수 있는데 디지털 마케팅 시대인 오늘날 마케팅 관리자들은 고객가치를 이해하고 그에 따라 가격을 책정하는 능력을 갖추어야 될 필요가 있다.[54] 인터넷에서 명품을 판매하려는 경우 그리고 고품질의 온라인 서비스를 제공하려는 경우에도 고가화 전략은 충분히 가능하다. 명품 코디에 대한 구체적이고 자세한 정보를 제공하면서 명품을 판매한다면 그리고 빅데이터 기업이 다른 사이트에서 제공하지 못하는 기업 의사결정에 대한 매우 양질의 정보를 제공한다면 고가화 또한 충분히 수용될 수 있는 부분이 있을 것이다.

그림 10-2 | 인터넷 가격 전략의 요약

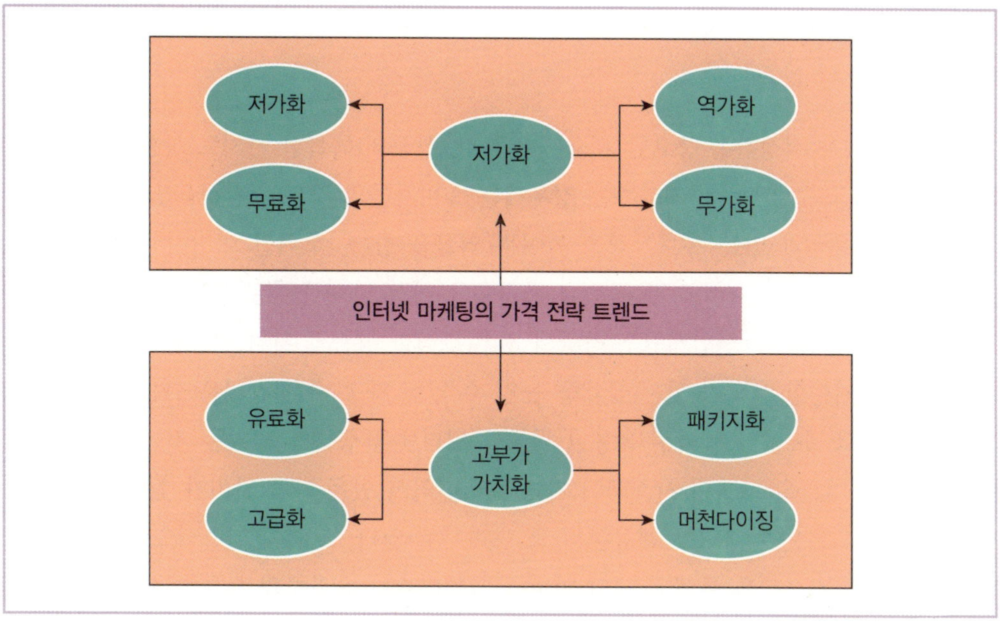

6. 가격 민감성에 대한 전략

가격책정은 어떻게 기업이 소비자가 그들이 제공받는 효익을 가치 있다고 느끼게 할 것인가에 대한 것으로 새로운 가격책정의 도전과 인터넷으로부터 파생된 기회를 이해함으로써 기업은 기본적인 가격정책을 수립할 수 있을 것이다. 이는 가격책정을 위해 주요 요소들을 이해하는 것이 가치 있다는 것을 제시하는 것이다.

기업의 일반적인 가격책정 목표는 수익을 최대화하는 가격을 책정하는 것이다. 이 문제를 해결하기 위해 기업은 수요곡선과 비용함수에 직면하게 되는데 기업들은 이러한 곡선들에 대한 이해 후 수익과 비용이 최적의 균형을 이루는 지점의 가격을 선택하려고 한다.

앞에서 거론되었듯이 가격에 의외로 민감하지 않은 소비자 그리고 품목이 존재하는 것도 사실이지만 인터넷상에서 가격비교가 쉽게 이루어지면서 고객들은 더욱 가격에 민감해지고 있는 것이 더욱 보편적인 상황이라고 할 수 있다. 이러한 점에서 과연 어떠한 것들이 가격 민감성에 영향을 미치는지에 대한 이해는 매우 중요하다고 할 수 있다. 왜냐하면 가격의 민감성은 소비자 구매활동과 직접적인 관련이 있고 소비자 구매는 바로 기업의 수익과 직결될 수 있기 때문이다.

1) 독특한 가치 효과

가격 민감성을 결정하는 중요한 요소 중 하나는 상품의 독특한 가치로 상품이 소비자에게 독특한 특징과 혜택을 가져다주는 경우에는 소비자들의 가격 민감성을 낮추고 소비자들이 지불할 용의가 있는 유보가격을 높이는 역할을 한다. 하지만 여전히 소비자들에게 상품과 서비스의 질이 우수하기 때문에 가격을 높여서 판매한다는 정당성을 입증하기란 결코 쉽지 않다. 정보통신업계인 오라클의 경우 그러한 상품과 서비스의 독특성을 입증하고 고객들이 지불할 용의가 있는 금액을 높일 수 있는 가장 좋은 방법은 실용적인 시제품과 전에는 얻을 수 없었던 아주 유용한 정보를 인터넷을 통해 제공하는 것이라고 생각했다. 그래서 오라클은 그들의 시스템이 가격 프리미엄이 있을 만큼 가치가 있다는 것을 증명하기 위해서 유용한 정보를 제공하는 등 노력하고 있다. 고객의 비즈니스에 맞는 시스템을 설계하고 컨설팅을 통해 고객의 업무를 지원해주는 오라클의 독특한 서비스 가치가 고객들의 가격 민감성을 낮추고 있는 것이다.

2) 대체재 인식 효과

때로는 아주 높은 효용을 제공하는 가치 있는 상품의 경우도 가격에 대한 탄력성이 아주 높을 수 있다. 바로 대체재가 시장에 존재하기 때문이다. 이러한 대체재 인식의 효과는 고객들이 상품을 구매할 때 다른 대안이 있다는 것을 인식하게 하므로 가격에 대한 민감성에 바로 영향을 미친다. 인터넷에서 가격 민감성에 가장 큰 영향을 미치는 것은 아마도 고객들이 시장에 대체재가 존재한다고 인식하는 것일 것이다. 인터넷은 많은 정보를 고객들에게 제공하고 있는데, 이러한 정보제공의 증가는 가능한 많은 대체재가 존재한다는 소비자의 인식으로 이어지며 그것은 곧 고객들의 가격 민감성을 높이거나 유보가격을 낮추는 경향이 있다.

3) 총지출 효과

고객이 자신이 가진 한정된 예산 중에서 상품과 서비스를 구입하기 위해서 지출할 경우에는 대체로 그들에게 가장 유리한 가격을 찾기 위해서 쇼핑에 몰두하게 된다. 고객이 구매하려는 상품의 가격이 고객이 가진 예산에서 가장 많은 부분을 차지할 때 고객의 가격 민감도는 높다.

4) 공유비용 효과

공유비용 효과란 구입하려는 상품을 선택하려는 사람과 지불하는 사람이 다른 경우 같은 사람이 물건을 고르고 구매하는 경우보다는 가격 민감성이 적은 것을 말한다. 우리는 가격 민감도와 온라인 콘텐츠에 대한 많은 시사점을 공유비용 효과에서 찾을 수 있다. 예를 들어, 우리가 표적고객을 생각할 때 구매 결정권자와 구매자로 나눌 수 있다. 만약 표적고객이 구매 결정권자라면 합리적인 가격과 여러 부가적인 혜택을 강조해야 할 것이다. 만약 표적고객이 구매자라면 공유비용 효과를 고려하여 가격을 높게 책정할 수 있다.

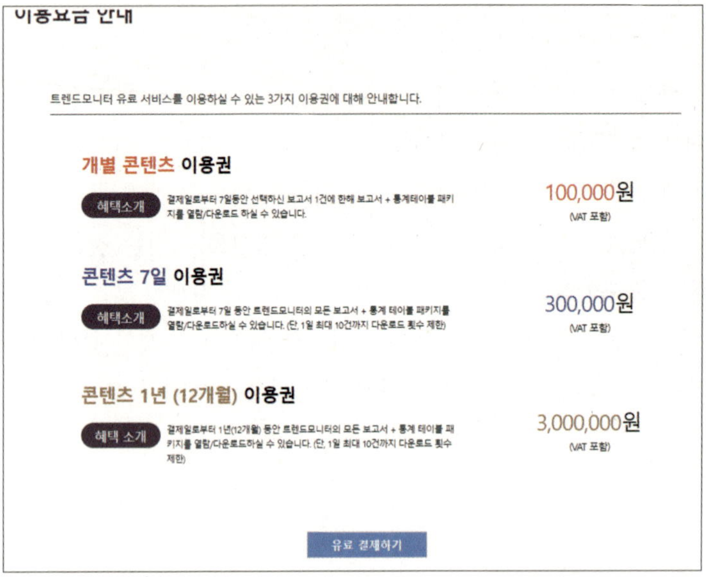

해당 서비스의 이용자가 기업고객, 즉 기업의 직원이 기업의 지원을 받아 업무에 이용한다면 충분한 가격을 받을 수 있다. 사진은 트렌드모니터 가격정책(https://www.trendmonitor.co.kr/).

5) 가격의 품질 단서 효과

소비자들이 품질을 평가하기 어려운 경우에는 가격 등의 외부 단서를 이용하여 품질을 유추한다. 즉, 소비자가 높은 가격을 높은 품질의 단서로 사용하는 경우에 가격의 품질 단서 효과가 발생한다. 특히 온라인에서는 오프라인보다 품질 평가를 위한 외부적인 단서들이 부족하다. 품질평가가 어려운 경우에 가격에 대한 민감도는 낮아진다. 그러므로 온라인에서는 낮은 가격이 낮은 품질을 연상시킬 수 있다. 이러한 경우에는 온라인상에서 가격으로 경쟁하는 것을 어렵게 한다.

이러한 상황에서는 소비자들에게 품질에 대한 신뢰감을 제공하는 것이 무엇보다 중요하다. 예를 들면, 아마존은 명성 있는 다른 기업들과 제휴를 통해서 고객들에게 상품 및 서비스를 제공하는데 이러한 것이 바로 소비자들에게 신뢰감을 제공하는 것이다. 이러한 신뢰감은 소비자들의 구매 판단기준에 확신을 줌으로써 소비자들이 가격비교 쇼핑을 주저하게 만든다.[55]

참고문헌 및 더 읽을거리

1 Borden, N. H.(1964). The concept of the marketing mix. Journal of Advertising Research, 4(2), 2–7.

2 Shipley, D., & Jobber, D.(2001). Integrative pricing via the pricing wheel. Industrial Marketing Management, 30(3), 301–314.

3 헤르만 지몬 저/서종민 역(2017). 「프라이싱 가격이 모든 것이다」, 쌤앤파커스, 10에서 참고하여 작성

4 Hinterhuber, A., & Liozu, S.(2012). Is it time to rethink your pricing strategy. MIT Sloan Management Review, 53(4), 69–77.

5 헤르만 지몬 저/서종민 역(2017). 전게서, 44에서 참고하여 작성

6 REMEŇOVÁ, J. K. K. EFFECTIVE USE OF THE PRICE DIFFERENTIATION STRATEGY IN PRICE MANAGEMENT. EKONOMICKÉ ROZHĽADY – ECONOMIC REVIEW 282 Ročník/ Volume 49, 3/2020

7 에릭 슐츠 저/이창식 역(2000), 「마케팅게임에서 승리하라」, 도서출판 넥서스, 115에서 참고하여 작성

8 세스 고딘 저/김태훈 역(2019). 「This Is Marketing」, 쌤앤파커스, 268.

9 김문태(2018). 「마케팅 액추얼리」, 도서출판 청람, 378–381.

10 Morris, M. H.(1987). Separate prices as a marketing tool. Industrial Marketing Management, 16(2), 79–86.

11 Lancioni, R., Schau, H. J., & Smith, M. F.(2005). Intraorganizational influences on business–to–business pricing strategies: A political economy perspective. Industrial Marketing Management, 34(2), 123–131.

12 Hanna, R. C., Lemon, K. N., & Smith, G. E.(2019). Is transparency a good thing? How online price transparency and variability can benefit firms and influence consumer decision making. Business Horizons, 62(2), 227–236.

13 Soh, C., Markus, M. L., & Goh, K. H.(2006). Electronic marketplaces and price transparency: strategy, information technology, and success. MIS Quarterly, 705–723.

14 Loginova, O., and A. Mantovani(2019). Price competition in the presence of a web aggregator, Journal of Economics, 126(1), 43–73.

15 에릭 슐츠 저/이창식 역(2000), 전게서, 116에서 참고하여 작성

16 Jiang, P., & Rosenbloom, B.(2005). Customer intention to return online: price perception, attribute–level performance, and satisfaction unfolding over time. European Journal of Marketing, 39(1/2), 150–174.

17 사진출처: https://www.gettyimagesbank.com/

18 Sinha, I.(2000). Cost transparency: The net's real threat to prices and brands. Harvard Business Review, 78(2), 43-43.

19 Mohan, B., Buell, R. W., & John, L. K.(2020). Lifting the veil: The benefits of cost transparency. Marketing Science, 39(6), 1105-1121.

20 Yadav, M. S.(2002). Marketing Strategy and the Internet: An Organizing Framework. Journal of the Academy of Marketing Science, 30(4), 296-312.

21 가격 치킨게임에 빠진 플랫폼, 브랜드 피로감 호소, https://www.ktnews.com/news/

22 [관점뉴스] 쿠팡 vs. 이마트 '치킨게임' … 최저가 놓고 팽팽한 줄다리기, https://www.news2day.co.kr/

23 위의 글

24 특히 베블런 효과(가격이 오르는 데도 일부 계층의 과시욕이나 허영심 등으로 인해 수요가 줄어들지 않는 현상)가 만연한 한국에서는 가방당 100만 원이 아니라 200만 원을 올린다고 해도 수요가 감소하지 않을 거란 분석도 나온다./샤넬 '클래식백' 3년 만에 300만 원 올랐다 … 끝없이 오르는 이유, https://news.mt.co.kr/

25 2017년 현재 라쿠텐(https://www.rakuten.com/)에 인수되었음.

26 Bordalo, P., Gennaioli, N., & Shleifer, A.(2013). Salience and consumer choice. Journal of Political Economy, 121(5), 803-843.

27 Duch-Brown, N., Grzybowski, L., Romahn, A., & Verboven, F.(2017). The impact of online sales on consumers and firms. Evidence from consumer electronics. International Journal of Industrial Organization, 52, 30-62.

28 Dertwinkel-Kalt, M., & Köster, M.(2022). Attention to online sales: The role of brand image concerns. Journal of Economics & Management Strategy, 31(1), 64-89.

29 "브랜드 가치를 지켜라!" … 샤넬, 최상위 고객 전용 '프라이빗 부티크' 연다, https://www.brandbrief.co.kr/

30 "비싸야 잘 팔린다" … 자동차업계 고급화 전략이 대세, https://enewstoday.co.kr/news/

31 척 마틴 저/PwC e-business practice팀 역(1999). 「e비지니스.com」, 21세기북스, 182-183.

32 척 마틴 저/PwC e-business practice팀 역(1999). 상게서, 182.

33 Baker, W., Marn, M., & Zawada, C.(2001). Price smarter on the net. Harvard Business Review, 79(2), 122-7.

34 Ibiznet(2000). 「인터넷 비즈니스」, 21세기북스, 270-275의 내용에서 기본적인 내용을 참고함.

35 Gijsbrechts, E.(1993). Prices and pricing research in consumer marketing: Some recent developments. International Journal of Research in Marketing, 10(2), 115-151.

36 Myers, M. B., Cavusgil, S. T., & Diamantopoulos, A.(2002). Antecedents and actions of export pricing strategy: a conceptual framework and research propositions. European Journal of Marketing.

37 Tellis, G. J.(1986). Beyond the many faces of price: an integration of pricing strategies. Journal of Marketing, 50(4), 146-160.

38 Noble, P. M., & Gruca, T. S.(1999). Industrial pricing: Theory and managerial practice. Marketing Science, 18(3), 435–454.

39 Fisher, M., Gallino, S., & Li, J.(2018). Competition–based dynamic pricing in online retailing: A methodology validated with field experiments. Management Science, 64(6), 2496–2514.

40 치킨만 '가성비'냐 … 5천 원짜리 화장품 · 6천 원짜리 피자 뜬다, https://www.hani.co.kr/arti/economy/

41 Mobile OTT 유형에 따른 이용자 특성과 맥락적 이용 행태, http://www.koreanclick.com/

42 "타사 고객을 내품에" … OTT 가격 파괴 경쟁 후끈, https://www.mk.co.kr/

43 사진출처: 치열해진 OTT 시장 … 넷플릭스 · 디즈니+가 요금제 손 본 이유, https://www.joongang.co.kr/article/

44 솔로모 베나치, 조나 레러 저/박진경 역(2016). 「온라인 소비자, 무엇을 사고 무엇을 사지 않는가」, 갈매나무, 47에서 참고

45 Ulaga, W., & Michel, S.(2018). Bill It, Kill It, or Keep It Free?. MIT Sloan Management Review, 60(1), 1–8.

46 사진출처: https://ohbottle.com/shop/

47 Lawer, C., & Knox, S.(2007). Reverse–market orientation and corporate brand development. International Studies of Management & Organization, 37(4), 64–83.

48 中 '우영우' 불법유통 기승 … K콘텐츠는 무료 인식 큰 문제, https://mobile.newsis.com/
'이상한 변호사 우영우' 중국서 불법 다운로드 기승 … 국내서 법적 조치 가능할까, https://www.ltn.kr/news/article 등의 내용에서 참고하여 작성

49 [디지털스토리] "돈 주고 영화 볼 필요 있나요?" … 해적판 찾는 사람들, https://www.yna.co.kr/view/.

50 https://ko.wikipedia.org/wiki/저작권침해

51 https://ko.wikipedia.org/wiki/프리챌

52 싸이월드, 예전 영광 되찾을 수 있을까, http://m.k–today.com/news/

53 한국경제매거진(2014.9.22). http://magazine.hankyung.com/business/에서 수정하여 인용

54 Winer, R. S.(2017). Online pricing strategies: Implications for luxury consumers. Luxury, 4(1), 7–29.

55 Ward, H.(2000). 「Principles of Internet Marketing」, South–Western College Publishing, 331–338.

Chapter

11 인터넷 소비자 편의성

Chapter 11

인터넷 소비자 편의성

제1절 인터넷 유통경로 관리

1. 다양한 유통경로

오늘날의 소비자들은 어느 때보다 상품이나 서비스를 이용하는 다양한 방법을 가지고 있다. 이제 브랜드뿐만 아니라 유통경로 간 경쟁은 더욱 치열해지고 있다. 특히 온라인 쇼핑몰이 물리적 소매상을 많이 위협하고 있다. 소비자가 노트북을 구입하고자 할 때 어떤 판매 유통망을 이용할 수 있는지 그 범위를 살펴보면 다음과 같다.

1) 소매상점 유통경로(retail store channel)

소비자는 여러 회사의 노트북을 취급하는 전자랜드나 하이마트 그리고 할인점 등과 같은 소매점을 찾아갈 수 있다. 이 유통망에서 쇼핑객은 각 브랜드를 직접 보고 만져보고 판매원에게 정보와 조언을 들을 수 있다는 장점이 있다. 그러나 쇼핑객이 매장을 방문해야 하기 때문에 시간비용이 들고, 대개 다른 유통망보다 상대적으로 비싸다는 단점이 있다.

2) 카탈로그 유통경로(catalog channel)

쇼핑객은 LG홈쇼핑, CJ쇼핑 그리고 컴퓨터회사의 카탈로그를 받아 검토할 수 있다. 카탈로그는 다양한 노트북 컴퓨터의 사양을 설명하고 가격을 제시한다. 쇼핑객은 선택한 회사에 수신자 부담전화를 걸어 상품을 주문할 수 있다. 1992년에 카탈로그 마케터들은

그림 11-1 | 다양한 유통경로

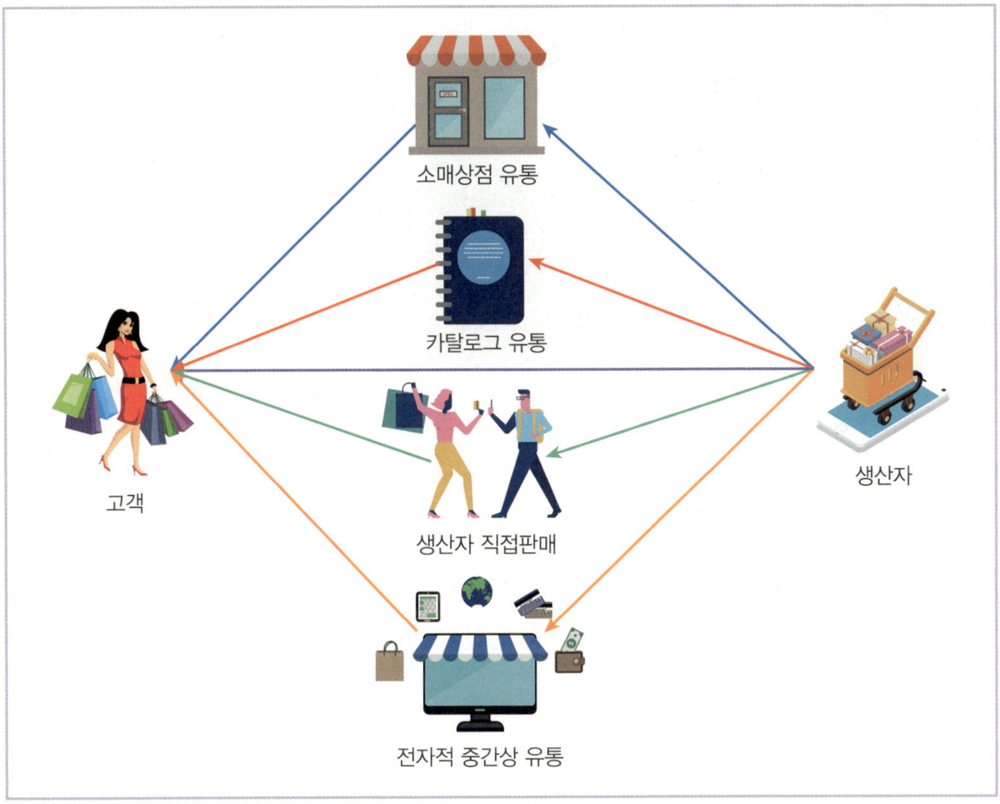

510억 달러 가치 이상의 상품을 판매하였다. 일반적으로 카탈로그 유통망은 주문이 쉽고, 주말과 밤에도 전화 서비스를 이용할 수 있으며, 원하는 소프트웨어를 탑재할 수 있고, 일반적으로 소매상에서 구매하는 것보다 가격이 저렴하다. 가격이 저렴한 이유는 소매시설을 빌리거나 재고를 쌓아둘 필요가 없기 때문이다.

3) TV 홈쇼핑 유통경로(TV home shopping channel)

소비자는 TV 홈쇼핑을 통해 노트북 컴퓨터를 보고 주문할 수도 있다. 이 유통망은 상품특성의 파악과 주문이 쉽고, 때에 따라서는 저렴한 가격을 제시하기도 한다. 단점은 한 개의 브랜드와 가격만을 보여주고 그 순간에 결정하도록 하기 때문에 비교쇼핑을 할 수 없다는 것이다.

홈쇼핑 및 카탈로그 쇼핑은 최근 성장세가 많이 둔화되었다.[1]

4) 직접 생산자 유통경로(direct manufacturer channel)

쇼핑객은 델컴퓨터와 같은 다이렉트 마케터의 웹페이지를 방문하여 자신이 원하는 소프트웨어를 탑재한 노트북을 구매할 수도 있다. 델컴퓨터는 현재 인터넷을 통해 하루 3백만 달러 이상의 컴퓨터를 판매하는데, 이것은 전화판매는 포함하지 않은 액수이다. 이 직접유통경로는 소매상에서 판매하는 브랜드들보다 가격이 더 쌀뿐 아니라, 고객이 원하는 소프트웨어를 탑재할 수 있다는 장점이 있다. 단점으로는 쇼핑객이 한 번에 한 생산자의 브랜드만 볼 수밖에 없다는 점을 들 수 있다.

5) 온라인 중간상 유통경로(online intermediary channel)

소비자는 가능한 모든 상표의 가격과 특성을 비교 제시하며, 가장 좋은 가격에 살 수 있는 정보중개상의 웹페이지를 방문할 수 있다. 이러한 전자적 중개상은 광고요금과 구독요금으로 수익을 올리며, 사용건당 요금을 부가할 수도 있다. 전자적 중개상은 생산자 가격을 낮추고 고객에 대한 서비스를 증진시키며 그를 통해 중개상 이익을 창출한다. 전자적 유통망이 물리적 환경에 기반을 둔 상점 유통경로를 제치고 비즈니스를 끌어갈 것이라고 주장하는 사람들이 많다. 무점포 유통경로가 두자리 수로 증가하는데 반해, 점포 유통경로는 보통 인구증가율인 2% 정도로 증가하고 있다. 전자적 시장들은 구매자들에게 점포 기반 구매로는 얻을 수 없는 많은 장점을 제공한다.[2] 인터넷은 고객과 공급업체와의 직접적인 연결, 간소화된 가치사슬, 신제품 출시 수단, 효과적인 마케팅 채널을 포함한 여러 기회를 제공한다.[3]

이제 온라인 쇼핑은 대세이다. 의류나 식품 등과 같은 제품들도 온라인으로 거래되는 비중이 비약적으로 늘어났다.[4]

2. 인터넷 상점의 편의성 및 유통경로로서의 인터넷

1) 소비자 편의성의 중요성

이제 소비자들은 쇼핑에 더 적은 시간을 할애하고 다른 일에 더 많은 시간을 할애함에 따라 편의성에 대한 욕구가 커졌고, 그 결과 온라인 쇼핑으로 관심을 돌리고 있다.[5] 소비자의 사용 가능한 시간의 부족은 구매 시 시간과 노력을 절약하려는 의지를 촉진할 수 있다. 편의성의 개념은 과거 연구에서 소비자 제품을 구매하는데 소비되는 시간과 노력의 척도를 나타내기 위해 처음 사용되었다.[6] 편의성에 대한 정의는 정확하게 규정할 수 없으며 소비자의 생각과 상황에 따라 다를 수 있다. 결국 마케팅 관리자는 소비자들이 온라인 쇼핑을 할 때 어떤 편의성의 차원이 가장 중요한지에 대해 알아서 이에 맞는 소비자 설득 전략을 실행할 필요가 있다.[7]

실제 소비자 구매의사결정은 소비자가 소매점에 도달할 수 있는 속도와 편의성 모두에 의해 크게 영향을 받는다. 많은 소비자들이 의사결정 노력을 줄이기 위해 인터넷에 의존하고 있다. 과거 인터넷이 존재하지 않을 때 소비자들은 쇼핑을 완수하기 위해 시간과 노력을 많이 들인 반면, 오늘날의 소비자들은 그 어느 때보다 시간에 중요한 가치를 두고 있기에 온라인 쇼핑 편의를 제공하는 것의 이점을 중요하게 인식하고 있다. 온라인 편의성은 온라인 구매를 채택하려는 고객의 주요한 구매촉진 요인 중 하나이다.

실제 최근의 많은 연구들은 소비자들의 시간과 에너지를 절약해주는 소매업체를 선호한다고 주장한다. 온라인 소매업체는 매장 위치가 중요하지 않게 되고 소비자들이 이제 24시간, 일주일 내내 어디에서나 쇼핑을 할 수 있게 됨에 따라 더 많은 편리함을 제공할 수 있게 되었다.

과거에 비해 최근의 온라인 식품(식사) 및 식재료의 인터넷 유통은 편리함을 무기로 크게 성장하였다.[8]

2) 유통경로로서 인터넷의 역할

온라인 경로의 출현과 디지털화가 진행됨에 따라 소매업은 크게 변화하고 있다. 특정 소매시장에서 온라인 유통경로는 매우 지배적인 현상이 되고 있으며 파격적인 변화를 이끌고 있다.[9] 예를 들어, 호텔스닷컴, 아고다, 트리바고 등과 같은 많은 새로운 온라인 비즈니스가 전통적인 여행중개 업체들의 변화를 유도하고 있으며, 최근에는 온라인 식품 소매업과 같은 과거에는 소비자 수용이 힘들었던 분야까지 그 영향을 미치고 있다. 많은 소매업체의 비즈니스 모델은 소매 믹스를 변경하여 고객의 변화에 따라 과거와 다른 전략을 실행하게 한다.[10]

2장에서 논의되었듯이 기업은 인터넷을 유통경로로 이용함으로써 다양한 이득을 얻을 수 있다.[11] 첫째, 인터넷은 잠재적으로 공급업자의 시장참여에 따른 유통비용을 줄여서 제로(0)에까지 이르게 할 수 있다. 이는 출판업, 정보 서비스, 또는 디지털 제품 범주에서 특히 그러할 것이다.[12] 예를 들어서 디지털 제품은 즉시 배달될 수 있고, 이 때문에 그러한 사업은 중간상의 급속한 해체를 야기할 수 있다. 온라인 음악시장의 활성화로 과거 음반을 판매하던 소매점이 거의 사라진 것이 그 예가 될 수 있다. 이 예에서 알 수 있듯이 인터넷으로 구매자와 판매자가 직접적으로 접근 및 접촉할 수 있기에 마케팅 비용과 그로 인해 야기될 수 있는 물리적 상호작용의 제약을 잠재적으로 줄일 수 있는 것이다.

둘째, 신속한 거래 및 정확한 거래를 가능하게 한다. 적절한 제품을 정확한 순간에 공급해주는 것이 중요한 B to B 거래의 경우 부품이나 구성품이 적절한 시기에 공급되지 못한다면 생산에 차질을 가져올 수도 있다. 특히 의약과 썩기 쉬운 제품에 있어서 배달 속도는 거래의 성공을 위해 매우 중요할 것이다. 인터넷은 이렇듯 생산공정에 있어 파트너와 좀 더 나은 조정, 조직화, 관리를 가능하게 해주며, 제조업체와 고객 간의 시간, 거리

장벽을 최소화시켰다.[13]

셋째, 인터넷에서 비즈니스는 고객에게 판매기능을 상당부분 이전할 수 있다. 온라인 주문과 양식을 채움으로써 빨리 거래를 완수할 수 있도록 도와준다. 인터넷에서 주문하는 많은 제품의 경우 고객이 직접 다양한 제품사양을 웹상에서 결정하고 비교 평가하기에 오프라인에서 서류작성 등의 불편함을 현저히 줄일 수 있다.

그림 11-2 | 보다 신속한 사업 모델의 발전[14]

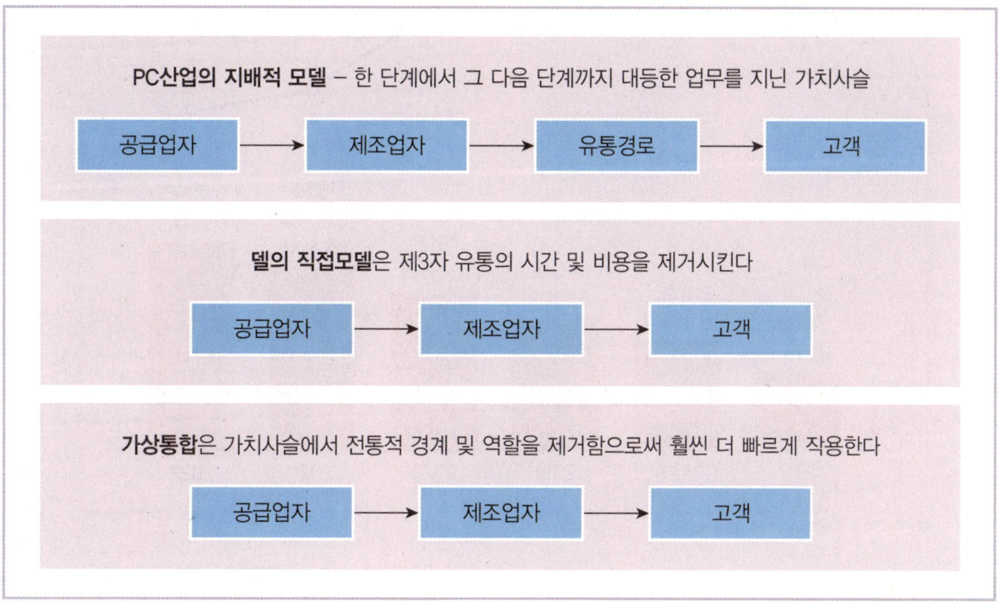

Internet Marketing INSIGHT 11-1

온라인 쇼핑 성장세 둔화?

■ 온라인 쇼핑거래 현황

온라인 쇼핑 시장은 그동안 연평균 20%대의 고성장을 기록했다. 하지만 2022년에는 유통시장 내 높은 온라인 침투율과 기저효과에 따라 '저성장 구간'에 진입할 것으로 보인다. 증권가는 2022년 온라인 쇼핑 시장의 성장률을 9~13% 수준으로 전망한다.

온라인 쇼핑의 성장 둔화는 세계적 추세다. 한국보다 경제 재개가 빨랐던 미국에선 2021년 11월 블랙 프라이데이 온라인 쇼핑 거래액이 89억 달러(약 10조 7,100억 원)로 2020년 대비 1억 달러(약 1,200억 원) 줄었다. 바로 이어진 사이버 먼데이(추수감사절 연휴 이후 첫 월요일에 하는 온라인 쇼핑 행사) 거래액도 전년 대비 1억 달러가 줄어든 107억 달러(12조 8,800억원)를 기록했다. 블랙 프라이데이와 사이버 먼데이 매출이 줄어든 것은 통계 집계 이후 처음이다.[15]

그림 11-3 | 국내 온라인 쇼핑 거래액 추이[16]

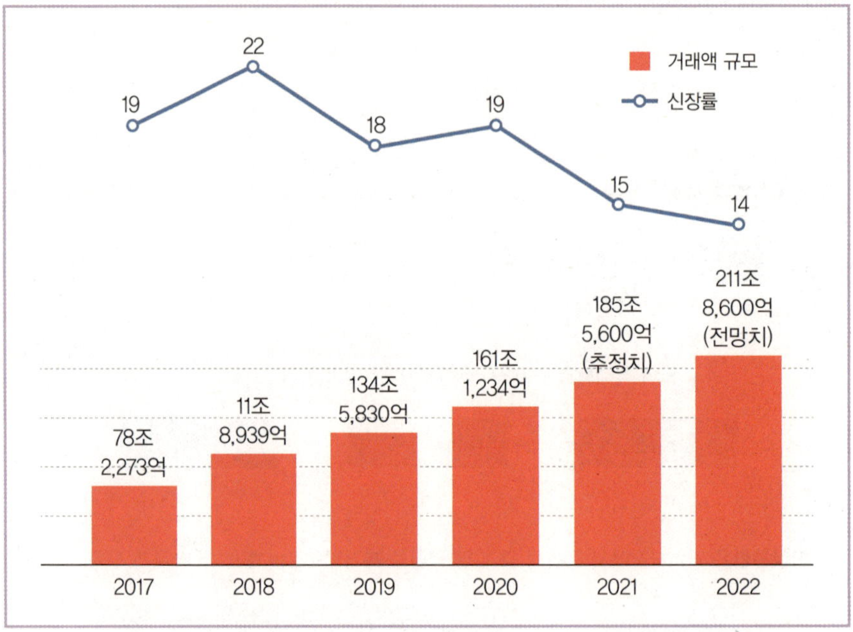

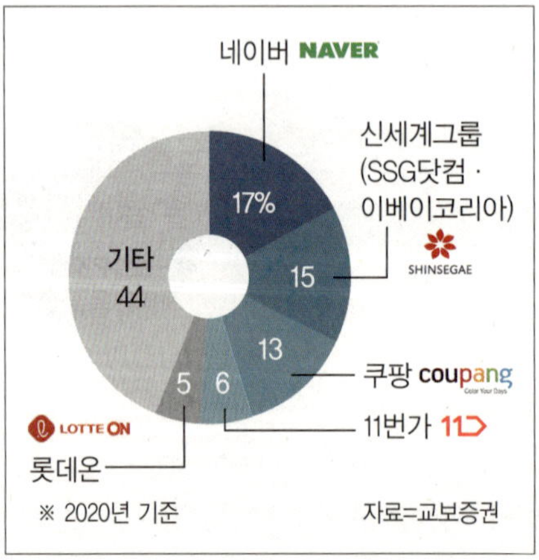

2020년 기준 국내 이커머스 시장점유율[17]

2020년 현재 이커머스 시장점유율은 네이버(17%), 신세계그룹(15%), 쿠팡(13%) 순으로 절대강자가 없다 보니 점유율 선점을 위한 적자 경쟁이 지속되고 있다. KTB투자증권에 따르면 쿠팡의 영업적자는 지난해 1조 6,000억 원으로 추정된다. 금융감독원에 따르면 롯데온과 SSG닷컴의 영업적자는 각각 1,560억 원, 1,079억 원으로 전년 대비 610억 원씩 증가했다. 이커머스 업체들은 고객 록인(Lock-in · 묶어두기)과 수익성 개선이라는 두 마리 토끼 잡기에 주력하고 있다.

상품별로 살펴보자면, 2021년 12월 온라인 쇼핑 거래액은 소폭 감소했으나 서비스 34.1%, 패션 11.2% 증가했다. 하지만 화장품은 전월 동월 대비 12.1% 마이너스 성장을 기록했다. 모바일 쇼핑 거래액도 전년 동월 대비 소폭 감소했으나, 서비스 32.1%, 패션 25.4%로 성장세를 기록해, 2021년 서비스와 패션 분야의 약진이 돋보였다.

온라인 운영 플랫폼 형태를 보면, 전월 대비 종합몰은 4.9%, 전문몰은 6% 각각 증가했다. 2021년 12월 온라인 쇼핑 운영형태별 거래액은 전년 동월 대비 온라인몰은 18.9% 증가한 14조 1,035억 원을, 온 · 오프라인 병행몰은 6.7% 증가한 4조 3,016억 원을 기록했다.

2021년 4/4분기 온라인 쇼핑 거래액을 살펴봤을 때 전년 동분기 대비 17.8% 증가한 52조 7,606억 원을 기록했다. 상품군별로는 화장품 등에서 감소했으나, 음식 서비스는 26.0%, 가전 · 전자 · 통신기기 20.5%, 여행 및 교통 서비스 59.3%가 증가하면서 온라인 수출을 이끌었다.[18]

2021년 4/4분기 모바일 쇼핑 거래액은 전년 동분기 대비 24.7% 증가한 38조 3,731억 원을 기록했다. 모바일 쇼핑 역시 음식서비스 28.4%, 가전 · 전자 · 통신기기 32.0%, 여행 및 교통 서비스 53.2% 증가하면서 수출 효자 노릇을 했다. 2022년과 비교하자면 2021년 온라인 쇼핑 거래액은 192조 8,946억 원으로 21% 증가했고, 모바일 쇼핑 거래액은 138조 1,951억 원으로 27.6% 증가했다.[19]

그림 11-4 | 모바일 쇼핑 거래액 증가[20]

■ **배달시장의 성장**

데이터 분석업체 아이지 에이웍스 모바일 인덱스 집계 기준 배달의민족, 요기요, 쿠팡이츠 등 국내 배달앱 3사의 2021년 11월 기준 월간이용자수(MAU)는 3,477만 명이다. 전 국민의 약 60%가 배달앱을 사용한 셈이다. 덕분에 2020년 온라인 음식 서비스 거래액은 17조 4,000억 원으로 전년보다 78.6% 증가했다. 2021년 10월까지는 20조 5,700억 원을 기록, 2020년 연간 거래액을 넘어섰다.[21]

그림 11-5 | 배달시장의 성장[22]

(단위: 원)

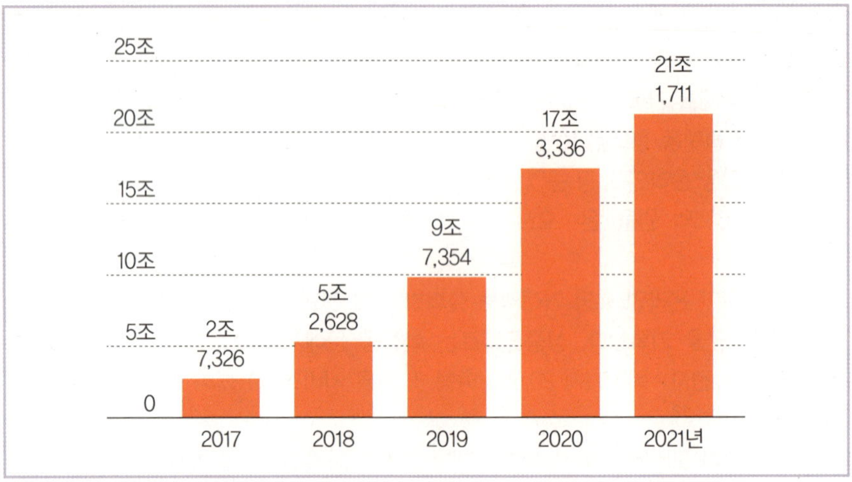

배달 없는 삶을 상상하기 힘든 시대다. 동네 짜장면 가게가 유일한 배달 음식점이었던 게 불과 10여 년 전인데 코로나와 스마트폰의 발달은 물론 소비자의 편리성 추구 성향 때문에 음식은 물론 각종 생필품을 1시간 안에 문 앞까지 가져다준다.[23]

3. 인터넷 유통경로 구축

이미 인터넷상에서 제품과 서비스를 온라인으로 구매하고 있는 고객들의 행태를 살펴보면 기업은 인터넷 기술을 이용해 고객들에게 다음과 같은 세 가지 형태의 서비스를 제공함으로써 전자경로의 확장을 가속화하였음을 알 수 있다.[24]

첫째, 기업은 인터넷을 통해 현재 영업사원이 제공하는 것과 동일한 수준의 서비스를 고객에게 제공한다. 예를 들어, 전자제품 도매업체인 마샬공업(Marshall Industries)은 고객이 편리하게 온라인으로 부품을 검색하고 구매할 수 있게 해준다. 이 회사의 웹사이트에 접속한 방문객은 부품번호, 제품설명, 제조업자별로 물품을 검색할 수 있다. 고객들은 전자적으로 부품주문, 대금지불, 과거의 주문실적을 검색하며, 마샬공업의 웹사이트에서 선적회사의 사이트로 직접 연결해 배달시간을 단축하도록 할 수 있다.

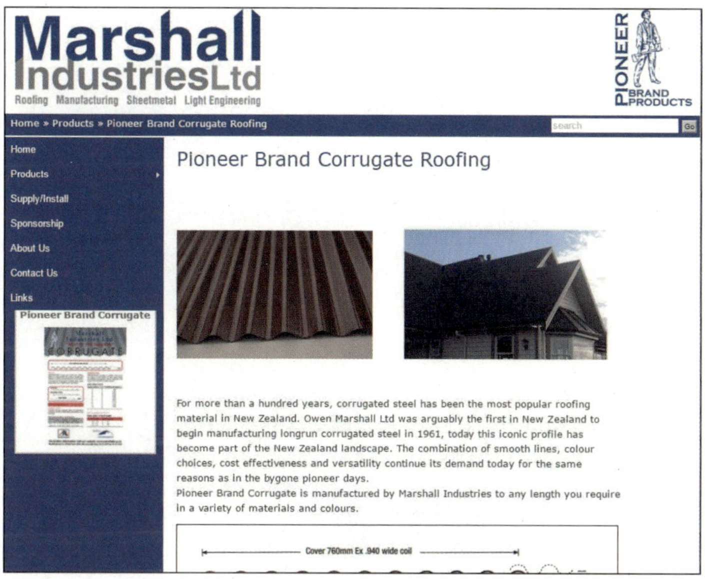

마샬공업(Marshall Industries)의 웹사이트에 접속한 방문객은 부품번호, 제품설명, 제조업자별로 물품을 검색할 수 있다. 고객들은 전자적으로 부품주문, 대금지불, 과거의 주문실적을 검색하며, 마샬공업의 웹사이트에서 선적회사의 사이트로 직접 연결해 배달시간을 단축하도록 할 수 있다. 사진은 마샬공업 홈페이지(http://www.marshalls.co.nz/)

둘째, 기업은 고객과의 쌍방향 교류에서 개인의 특성에 맞춰주고 고객의 충성심을 높이는데 새로운 인터넷 기술을 활용하고 있다. 그 한 방법은 사이트에서 고객이 보고자 하는 내용만 볼 수 있도록 정보내용과 선택사항을 맞춰주는 것이다. 많은 인터넷 사이트는 고객을 인식하여 고객이 보고자 하는 정보 그리고 고객이 사고자 하는 제품을 해당 고객에 맞게 띄워준다. 인터넷 서점을 예로 들어보자. 서적 쇼핑에 있어 온라인으로 전환되자 온라인 서점들은 고객들의 이해도가 급격히 높아졌다. 인터넷 서점들은 항상 어떤 책이 팔리고 어떤 책이 팔리지 않는지 추적할 수 있다. 그리고 온라인 서점은 고객이 무엇을 샀는지 뿐만 아니라 무엇을 보았는지, 사이트를 탐색하는 방법, 프로모션, 리뷰, 페이지 레이아웃에 얼마나 많은 영향을 받았는지, 개인과 그룹 간의 유사성 등을 추적할 수 있다. 만약 그들이 괜찮은 고객 충성도 프로그램을 가지고 있다면 고객의 지속적인 구매를 유도할 수 있을 것이다. 있다. 그리고 그들은 개별고객이 다음에 읽고 싶은 책을 예측하는 알고리즘을 개발했다. 아마존이 그렇게 많은 서점들을 폐업시킨 것은 놀랄 일이 아니다.[25] 이러한 기술은 간편한 결제 시스템과 더불어 소비자의 충동구매를 촉진시키기도 한다.[26]

셋째, 기업은 가치 있는 새로운 서비스를 저렴하게 제공할 수 있다. 기업은 모든 고객으로부터 얻어진 자료를 이용해 특정 부제에 관한 광범위한 지식을 배포할 수 있다. 예를 들어, 특정 고객이 어떤 제품에 문제가 있으면 사이트의 **'자주 묻는 질문(frequently asked questions)'**에서 다른 사람들은 그 문제를 어떻게 해결했는지 찾아볼 수 있으며, 특정 제품의 사용법에 대한 도움을 받을 수도 있다. 온라인 서점인 아마존은 고객들이 읽은 책의 서평을 다른 독자가 볼 수 있도록 게시할 것을 권장하며, 다른 고객이 특정 서적의 주문을 결정하기 전에 뉴욕타임스 같은 출판물에 게재된 서평과 더불어 일반인의 비평을 참고할 수 있다.

이 세 가지 형태의 서비스를 적절히 조합해 제공함으로써 고객이 인터넷 유통경로를 이용하도록 강력하게 유도할 수 있다. 그리고 이 서비스는 기본적으로 전자거래이기 때문에 매우 저렴한 비용으로 제공할 수 있다.

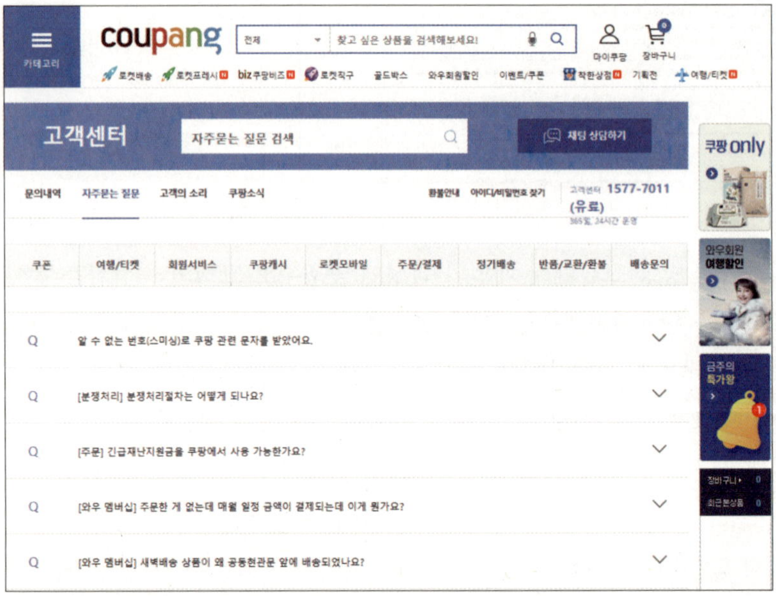

대부분의 쇼핑몰은 자주 묻는 질문, 또는 묻고 답하기, 제품사용 경험담 등과 같이 소비자 구매에 영향을 미칠 수 있는 디렉토리를 구비하고 있다.[27]

4. 옴니채널 전략

다음의 상황을 한번 상상해보자. 한 마트의 디지털 제품 매장에서 한 젊은 커플이 스마트폰으로 삼성 50인치 울트라 HD TV를 가리킨 뒤 앱을 이용해 온라인 가격을 찾아냈다. 판매원은 이를 보고 말을 건넨다. “실례합니다. 당신들이 무엇을 하는지 알겠는데 그건 좀 불공평하다고 생각하지 않으세요?” 두 쇼핑객은 서로를 쳐다보며 “우리는 그냥 가격만 비교하고 있어요”라고 말한다.[28] 이러한 상황은 우리가 실제로 흔히 목격할 수 있는 장면이다.

오프라인 상점에게는 안타까운 장면이지만 이러한 고객의 요구를 충족시키는 방법이 바로 **옴니채널(Omni Channel)**[29]이다. 디지털로 변화된 소비자들의 행동에 대응하기 위한 전략의 하나인 옴니채널은 유통 분야에서 먼저 거론되기 시작하면서 새로운 유통채널 전략으로 인식하기 시작했다.[30] 스마트 모바일 장치 및 소셜네트워크와 같은 신기술의 증가 및 사용 확대와 매장 내 기술 등이 발전함에 따라 소매업체는 새로운 기회와 도전에 직면하고 있다. 온라인 경로와 물리적 경로의 경계가 모호해짐에 따라 경로 통합에 대한 새로운 접근방식인 옴니채널이 등장하고 경로에 관계없이 특별한 고객 체험을 제공하는 것이 중요해지고 있다.[31]

이처럼 이커머스시장의 급격한 증가는 온 · 오프라인 경로를 넘나들며 구매하는 옴니채널 소비 패턴 활성화로 이어지고 있다. 소비자에게는 선택의 폭이 넓어진 셈이다. 온라인 · 오프라인 어느 한쪽에만 국한시키지 않고 자유롭게 구매경로를 선택할 수 있는 플랫폼이 다양해진다는 것을 의미한다. 그리고 소매업자들은 디지털과 물리적 영역이 경쟁하는 대신 서로를 보완한다는 것을 알고 있으며 이러한 방법을 활용하여 매출을 증대시키고 비용을 절감하는데 관심을 가지고 있다.[32]

과거에 조사된 자료에 의하면 응답자들의 오직 7%만이 온라인 쇼핑객이었고, 20%는 물리적 상점의 쇼핑객이었으며, 나머지 73%인 이들은 쇼핑하는 동안 여러 경로를 이용했다는 것을 알 수 있다.[33] 또 CEMA가 2,700명의 인터넷 사용자들을 대상으로 한 최근 연구에 의하면 온라인 쇼핑과 물리적 소매상 방문 간의 강한 상관관계를 발견했다.[34] 거의 60% 응답자들이 인터넷과 물리적 소매상을 동시에 방문한다고 응답했는데 많은 쇼핑객들이 인터넷에서 구매하기 전에 먼저 물리적 점포를 방문하여 제품을 확인하고 가격이 저렴한 인터넷 쇼핑몰에서 구매하는 패턴을 보였다는 것이다. 의류 같은 제품은 인터넷으로 제품의 질감이나 색상을 명확하게 구분하기 어려운 경우가 많은데, 특정 의류브랜드 매장에서 색상이나 질감을 확인하고 해당제품을 가격이 더 저렴한 인터넷 쇼핑몰을 통해 구매할 수 있다. 그리고 많은 소비자들이 먼저 인터넷 쇼핑몰을 방문하고 결국에는 물리적 점포에서 구매하는 경우도 상당 부분을 차지했다.[35] 예를 들어, 타이어 가격을 인터넷으로 확인하고 오프라인 타이어 장착점에 가서 크게 온라인과 차이가 없다면 그냥 오프라인 장착점에서 장착하는 경우도 많이 존재할 수 있다.

이러한 옴니채널 소비패턴 속에서 최근 주목받고 있는 키워드는 바로 **쇼루밍(showrooming)**이다. 쇼루밍은 오프라인 매장에서 상품을 보고 구매는 온라인에서 하는 쇼핑패턴을 말한다. 소비자들이 쇼루밍을 하는 주된 이유는 온라인상에서보다 저렴한 가격에 제품을 구매하기 위함이지만, 기업은 소비자들이 원하는 것이 단지 '저렴한 가격'만은 아니라는 것에 주목할 필요가 있다. 쇼루밍은 취향에 맞고 품질도 좋은 제품을 합리적인 가격에 구매하려는 일종의 '가치소비' 행위라고 할 수 있다.

매장에서 상품을 살펴본 뒤 실제 구매는 온라인 등 다른 유통경로로 하는 소비행태를 '쇼루밍(showrooming)' 현상이라고 말한다.[36]

그렇다면 쇼루밍을 하는 소비자들이 오프라인 매장에서 얻고자 하는 것은 무엇일까? 매장에서 상품과 서비스를 직접 체험해보고자 하는 의도가 가장 크다. 그 밖에도 물건을 사는 쇼핑 자체가 여전히 삶의 활력이 될 수 있으며, 오프라인 매장의 고객 맞춤형 서비스와 매장 직원과의 소통은 소비자 감성을 터치하는 심리적 자극제가 될 수도 있다. 또한 오프라인 구매의 가장 큰 장점 중 한 가지는 소비자가 현장에서 바로 상품을 가져갈 수 있다는 점이다. 이러한 맥락에서 소비자들은 편리하고 가까운 근거리 쇼핑 비중을 늘리고 있다.[37] [Internet Marketing Insight 11-2]에서는 세계 유수 기업들의 옴니채널의 성공적 활용사례를 살펴볼 수 있다.

Internet Marketing INSIGHT 11-2

오프라인 기업의 옴니채널 도입 성공사례

선진 유통기업들의 옴니채널 효과[38]

성공적으로 옴니채널 전략을 추진하고 있다는 평가를 받고 있는 미국의 메이시스백화점은 가장 먼저 오프라인 매장과 온라인 쇼핑몰에서 상품과 고객들의 정보를 하나로 통합했다. 고객들은 오프라인 매장이나 온라인 쇼핑몰 중 어느 곳을 방문하더라도 동일한 상품 구색을 볼 수 있게 됐다. 메이시스는 또 고객들이 주문한 물건이 빠른 시간 내에 정확하게 배송되기만 한다면 배송 포인트는 신경쓰지 않는다는 점에 착안했다. 이 백화점은 주요 창고가 각 온라인과 우편 주문의 배송을 담당하는 것에서 더 나아가 720여 개의 메이시스 소매점을 이용해 주문한 물품이 고객과 가까운 곳에 위치하고 있는 소매점에 재고로 있을 경우에는 그곳에서 직접 배송하는 방식으로 더 빠르고 효율적인 서비스를 제공하고 있다.

메이시스는 각 지역의 지점을 거점으로 이용해 주문 당일 배송을 가능하게 했고, 온라인에서 주문 후에 가까운 지점에 재고가 있다면 원하는 고객에 한해 직접 픽업할 수 있게 하는 서비스도 제공했다. 고객의 입장에서는 온라인 쇼핑의 가장 불편한 점이었던 환불, 교환을 용이하게 했다. 뿐만 아니라 배송비 절감과 지점 내 재고의 빠른 순환을 통해 실적 개선을 이루어냈다.

미국 백화점인 노드스트롬은 소셜네트워크서비스인 핀터레스트에서 가장 많은 횟수의 'Pin'을 받은 상품만을 위한 섹션을 온라인 스토어에서 운영 중이다. 오프라인 매장에서도 관련 물품들에 표시를 해놨다. 또 인스타그램을 통해 상품을 소개하고 소비자들이 바로 구매할 수 있도록 돕는 서비스인 **'라이크 투 바이(Like2Buy)'**도 운영하고 있다.

의류업체인 C&A는 매장에 들어섰을 때 졸졸 쫓아다니는 점원에게 방해 받는 것은 싫지만 많은 사람들의 2차 의견을 듣고 싶어하는 고객들을 위해 '패션라이크(Fashion Like)'라는 서비스로 오프라인 진열대와 페이스북을 접목시켰다. 이는 C&A의 페이스북 페이지에서 방문객들이 '좋아요'를 누른 횟수가 실시간으로 옷걸이에 있는 숫자에 나타나는 방식으로 선택에 도움을 준다. 그동안 온라인 쇼핑 증가로 타격을 받았던 오프라인 유통업체들이 옴니채널 구축으로 반격에 나서고 있는 것이다.[39]

최근에 홈플러스는 홈플러스 익스프레스를 통해 전국 30여 개 도시에서 1시간 '즉시배송'

서비스를 하고 있고, 롯데마트몰은 새벽배송을 접고 주문 후 2시간 내 받을 수 있는 '바로배송' 서비스에 집중하고 있다. CJ올리브영은 2018년말 온라인 주문 상품을 인근 매장에서 즉시 배송해주는 '오늘드림' 서비스를 선보이며 퀵커머스시장에 뛰어들었는데 올해 수도권에 소형유통물류센터 6곳을 새로 열고 퀵커머스 서비스 확대에 속도를 내고 있다. 편의점들도 배달앱 등과 손잡고 퀵커머스 서비스를 하고 있다.

GS리테일은 배달앱 요기요와 손잡고 소량의 생필품을 1시간 안에 배송해주는 '요마트' 서비스를 함께 시작했다. 요마트는 GS리테일이 운영하는 슈퍼마켓 GS더프레시의 신선식품과 가정간편식(HMR), 즉석식품, 잡화 등 1만여 개 상품을 취급한다. GS리테일은 지난해 요기요 인수 당시 퀵커머스시장 규모가 2025년까지 최소 5조 원 이상으로 확대될 것으로 내다본다.

유통업계에서는 미국 최대 유통회사인 월마트와 아마존의 사례를 들어 옴니채널 전략을 완성하는 기업이 퀵커머스시장의 승자가 될 것으로 바라본다. 미국 유통업계에서는 '온라인 서비스는 아마존(1994년 설립)', '오프라인 서비스는 월마트(1962년 설립)'라는 인식이 확고하다. 월마트는 꾸준하게 점포를 늘려 미국에만 약 5천여 곳, 전 세계 28개국에 1만여 곳의 매장을 두고 있다. 다만 아마존(2020년 기준 온라인 점유율 38%)이 온라인 유통시장에서 가파른 성장세를 보이고 있어 월마트(온라인 점유율 5.8%)는 한때 위기를 느끼기도 했다.

하지만 월마트는 위기를 넘어 아마존과 경쟁을 이어가고 있는데 유통업계에서는 그 원동력으로 옴니채널 전략을 꼽는다. 월마트는 2020년 총투자비로 책정된 79억 달러(약 9조 8천억 원)의 71%인 56억 달러(약 7조 원)를 온라인부문에 투자했다. 오프라인에서도 11억 달러(약 1조 4천억 원)를 투자해 미국에서 5천여 곳으로 매장을 확장하며 옴니채널 전략을 완성해 나갔다. 아마존은 2021년 매출이 2020년보다 18% 늘었지만 영업이익은 16% 줄었다. 반면 월마트는 식료품 배달과 픽업 서비스의 호조로 퀵커머스 증가율이 70%에 이르고 있다.[40]

5. 오프라인 매장의 위기와 대응

전통적인 소매업자들은 아마존과 다른 온라인 회사들 때문에 그들이 아마도 깨닫는 것보다 더 많은 고통을 받아왔다. 점포의 판매 물량이 줄어들고 매출이 감소함에 따라 대부분의 소매업체는 거의 자동으로 인건비 절감, 비용 절감, 서비스 줄이기 등을 하지만 그것은 문제를 악화시킬 뿐이다. 매장 차별화를 위한 서비스가 더욱 줄어들게 되면 고객들은 점점 더 가격과 편의성에 집중하게 되고, 이는 온라인 소매업체들의 장점을 강화시키

는 요인으로 작용할 수 있다.[41]

최근 들어 오프라인 소매점들은 정체성 위기를 겪고 있다. 세계적인 온라인 쇼핑몰인 아마존 및 알라바바 그리고 한국의 쿠팡, 11번가, G마켓 등과 같은 많은 온라인 상점들과의 경쟁에서 오프라인 상점들은 쇼핑 경험을 연관시킬 수 있는 새로운 방법을 찾고 있다. 실제 이러한 분위기를 반영하듯 소매 분야 학자인 **도그 스테판즈(Doug Stephens)**는 '물리적 상점들은 선택에 기로에 서 있습니다'라고 말하며 과거 그들이 제공하던 가치, 즉 쉽게 쇼핑하고, 확인하고, 바로 집으로 가져갈 수 있는 가치는 더 이상 물리적 점포의 경쟁력이 되지 못한다는 점을 강조한다.

즉, 이제 물리적 상점들이 편리하고 더 저렴한 온라인 상점들과 경쟁하기를 원한다면 그들은 소비자들이 집에서 나올 가치가 있는 독특하고 개인화된 경험을 제공해야 한다는 것이다. 그는 미래의 상점들이 훨씬 더 몰입할 수 있는 공간이며 소비자의 감성을 자극하는 공간일 것이라고 예측한다.

예를 들어, 아웃도어 의류 제조업체 노스페이스(The North Face)는 최근 VR 회사 Jaunt와 협력하여 주력 상점의 쇼핑객들이 VR 헤드셋을 착용하고 요세미티 국립공원을 가상 관광하거나 스타 운동선수들과 함께 가상 암벽등반을 할 수 있도록 했다. 그들의 브랜드 임무는 탐험의 삶에 영감을 주는 것으로 노스페이스의 스토리텔링을 향상시킬 수 있다고 마케팅 관리자는 생각한다.

쇼핑객들에게 그들의 새로운 맥머도 코트 컬렉션을 소개하기 위해 노스페이스는 팝업 스토어 내에 남극 캠프의 복제품을 만들었다. 쇼핑객들은 VR 장비를 착용하고 개 썰매에 끌려가는 듯 한 환상의 세계를 느낄 수 있었다.[42]

오프라인 패션 상점들은 Iconeme 앱을 사용하게 하여 고객이 앱을 통해 마네킹에 걸쳐진 옷에 대해 더 많은 정보를 얻고 쉽게 구매하도록 할 수 있다. 사진에서 확인할 수 있듯이 Iconeme는 런던의 여러 매장에서 이 기술을 공개하여 활용하고 있는데 매장이 문을 닫더라도 앱 디스플레이의 결과로 즉각적인 피드백과 즉각적인 판매를 가능하게 하며 이는 오프라인 소매업계를 위한 마케팅 차별화 수단으로 활용될 수 있다.[43]

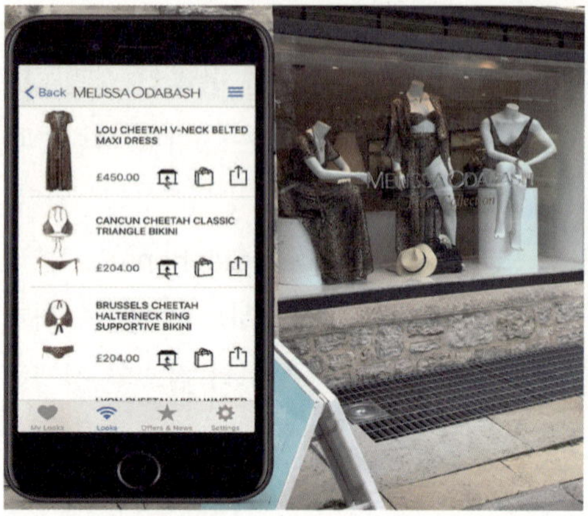

오프라인 상점의 상품에 대한 자세한 정보를 알려주고 주문까지 할 수 있는 앱(Iconeme)[44]

명품은 아직도 오프라인 상점이 강세이다. 사진은 밀라노 명품 쇼핑거리[45]

제2절 인터넷 유통경로 갈등 관리

1. 경로 갈등

일반적으로 **경로 갈등(channel conflict)**이란 '**동일한 제조업자의 상품이나 서비스를 판매하는 둘 혹은 그 이상의 유통경로 구성원 간에 발생하는 경쟁**'을 말한다. 일반적으로 경로가 잘못 설계되거나 새로운 마케팅 상황이 과거의 경로 설계를 비효과적인 것으로 만들 때 이러한 결과는 불만족스럽고 논쟁적이며 경로구성원 간의 노력을 감소시킬 수 있다.[46] 실제로 유통경로 구성원의 상대적 비중은 항상 변화하게 되는데, 이때 상호 간의 이해가 상충하게 되고, 권력구조 역시 불균형을 초래하게 되어 경로 갈등이 발생하게 되는 것이다.

특히 인터넷의 등장으로 인하여 오프라인 유통망인 영업점이나 프랜차이즈, 위탁판매업자 등이 본사와 계약을 맺은 후 제조업자가 이들 유통망을 통하여 판매하던 제품을 더 낮은 가격으로 직접 제조업자 인터넷 쇼핑몰을 통해 판매하거나 기존 유통망의 인터넷 판매를 제한하는 경우 이러한 갈등 현상은 더욱 극심하게 나타날 수 있다.[47]

한 예로서 1998년 리바이스의 경우 청바지의 판매를 자사 웹사이트로 제한한다고 발표하여 전통적인 오프라인 리바이스 소매상의 온라인 판매를 금지하였었다. 이러한 리바이스의 태도에 분개한 소매상들은 리바이스 제품 진열에 불이익을 주고, 리바이스에 대한 판촉활동을 소홀히 하는 것으로 맞서 결국 리바이스의 매출액은 1996년 대비 19%나 떨어지게 되었다. 또한 과거 에스티로더는 자사의 대표적인 크리니크(스킨케어) 브랜드를 인터넷에서 직접 판매할 계획을 세웠는데 자사의 제품을 매우 두드러지게 홍보해준 오프라인 화장품 유통업자와 온라인 및 오프라인 경로 경쟁에 정면으로 뛰어들어 갈등이 유발된 적이 있었다. IBM, 마텔(Mattel) 등에서도 유사한 충돌이 있었지만 일부 기업은 경로 충돌을 효과적으로 관리하여 우수한 다중경로 성능을 달성하였다.[48] [Internet Marketing Insight 11-3]에서 볼 수 있듯이 과거 국내에서 벌어진 서점 간의 갈등이나 자동차 업체의 인터넷 판매 거부 운동도 경로 갈등을 극명하게 보여주는 사례라고 할 수 있다.

Internet Marketing INSIGHT 11-3

경로 간의 갈등 사례

■ 온라인 서점과 물리적 서점

인터넷 서점과 물리적 서점은 온라인과 오프라인 갈등의 대표적인 보기이다. 2001년 2월만 해도 예스24를 비롯한 인터넷 서점이 이렇게 빨리 성장할 것이라고 예상한 사람은 많지 않았다. 교보문고가 온라인 서점에서 올린 하루 매출액이 7천만 원 수준인데 반해 예스24의 매출은 1억 원을 돌파했다.

도서정가제 논란은 온라인 성장에 두려움을 느낀 오프라인의 강력한 견제에서 비롯됐다는게 일반적인 해석이다. 국내 단행본시장은 연간 3조 원가량, 인터넷 서점은 이 가운데 5% 정도를 차지하고 있는 것으로 나타났다. 전자상거래가 전체 도소매 거래의 0.6%에 불과한 것과 비교하면 상당히 높은 수치이다. 게다가 인터넷 서점은 매달 20% 가까운 성장세를 거듭하고 있다. 오프라인 대형서점들이 위기의식을 느낄만 하였다.

■ 자동차 판매

온라인과 오프라인의 갈등은 자동차시장에서도 불꽃을 튀긴다. 2001년 여름 현대자동차는 27개 대리점을 영업정지시키고 2개 대리점은 아예 폐쇄했다. 이들이 리베로(libero.co.kr), 딜웨이(dealway.com) 같은 자동차 판매 사이트에 몰래 차를 팔았다는 이유이다. 자동차시장은 전통적으로 제조업체가 생산과 판매, 유통을 모두 장악하고 있다. 제3의 유통업체가 끼어들 여지가 거의 없다. 그런데 인터넷 판매업체들이 등장하면서 철옹성을 건드리기 시작했다. 2000년 말부터 선보인 자동차 판매 사이트는 2001년 9월까지 5천 대가 넘는 자동차가 이들을 통해 판매되었다. 전체 자동차 판매 대수의 1%도 안 되는 비율이지만 자동차 제조업체에겐 눈에 가시 같은 존재이다. 무엇보다 인터넷업체들의 저가 판매 전략이 거슬린다. 이들은 시가보다 최고 100만 원까지 싸게 판매했다. 자동차 제조업체로

서는 그동안 힘들게 지켜온 가격정책과 유통망의 붕괴위험을 사전에 차단해야 할 필요성이 절실해졌다.[49]

■ **기타 최근 사례**

2020년 쿠팡의 과도한 납품 가격 인하에 반발하며 거래를 끊은 기업이 있다. 거대 온라인 유통 채널로 성장한 쿠팡과 몇몇 제조업체 간에 갈등이 있었던 것이다. 바로 생활용품 생산 기업인 LG생활건강과 완구 콘텐츠 기업인 영실업이다.

LG생활건강은 2020년 6월에는 '쿠팡이 대규모 유통업자라는 우월적 지위를 이용해 거래 과정에서 상품 반품, 경제적 이익 제공 요구, 배타적 거래 강요, 경영정보 제공 등 갑질을 했다'며 공정거래위원회에 제소했다. 변신 자동차 로봇 또봇으로 유명한 영실업도 쿠팡과 납품 가격을 두고 갈등을 빚은 후 쿠팡을 통한 판매를 하지 않고 있다. 두 회사 모두 자체 온라인몰 사업을 강화하고 있다.[50]

2. 경로 갈등의 유형

경로 갈등은 제3자 개입 여부에 따라 **내부경로 갈등(internal channel conflict)** 및 **외부경로 갈등(external channel conflict)**으로 분류될 수 있다. 이러한 분류는 경로 갈등 발생 예방을 위한 경로 전략 수립에 필요한 현황 분석시 제3자 개입 여부에 따라 다른 접근법이 요구되기 때문이다.[51]

(1) 내부경로 갈등

내부경로 갈등은 기존 경로가 기업 내부의 유통경로(예: 직판 소매, 대리점 시스템 등)와 온라인 경로 간의 갈등을 의미한다. 일반적으로 기업이 온라인 사업에 진출하게 되면 가장 우선적인 갈등 요소이며 이에 대한 대안 역시 가장 우선적으로 수립되게 된다. 이러한 내부경로 갈등에는 경로 간의 시장잠식, 물리적 인프라의 비효율적 사용, 가격 갈등, 온·오프라인경로 간의 비동기성 문제 등이 제기될 수 있다.

(2) 외부경로 갈등

외부경로 갈등은 회사와 유통경로뿐만 아니라 제3자가 개입된 경우에 발생하는 경로 갈등이다. 온라인 사업은 제조업체에게 별도의 유통경로에 대한 투자 없이 직접 시장에 접근할 수 있는 가능성을 제공하게 된다. 이 경우 제조업체는 시장과의 연결고리를 통해 제품의 흐름을 조절하게 되고 역시 오프라인 경로의 외부 파트너들로부터 고객을 빼앗는 결과를 초래하게 된다. 외부의 오프라인 파트너들은 해당 기업에 대한 계약적 제한이 없는 한 경쟁사와 협력하게 될 것이 자명하다.

대부분의 산업에서 오프라인 판매가 차지하는 비율이 아직 높은 상황에서 회사의 매출에서 이들 외부경로 파트너들이 가지는 중요성을 배제하기는 어려운 상황이고, 이들과의 관계 유지와 온라인을 통한 소비자 직접접촉 사이에서 기업은 갈등을 겪을 수밖에 없는 상황이다.

실제 전자상거래의 급속한 발전은 많은 전통적인 제조기업들이 소비자의 요구를 충족시키고 비용을 절감하기 위해 온라인 경로를 구축하도록 하고 있다.[52] 이러한 이유에서 많은 오프라인 대리점들은 제조업의 온라인화에 불만을 가지게 되어 온 · 오프라인 경로 갈등이 발생하고 심화되어 경로 효율성 저하로 이어지게 된다.[53]

3. 경로 갈등의 해결

기본적으로 옴니채널의 개발은 모든 경로를 통합하고 교차경로 목표를 형성함으로써 온 · 오프라인 경로 갈등을 해결할 수 있는 기반을 마련할 수 있지만, 옴니경로의 마지막 개발 단계로서 온 · 오프라인 경로의 공존은 필연적으로 경로 갈등을 초래할 수 있다. 새로운 경로의 채택은 새로운 경로가 지리적, 소비자 무지와 같은 오래된 장벽을 무너뜨리기 때문에 경쟁 전략에도 영향을 미칠 것이다.[54] 따라서 제조기업은 경로 갈등관리 전략을 재고하는 것이 중요하며[55] 다른 구성원들과의 협력이 매우 중요할 수 있다.

제조기업이 온라인 유통망을 구축할 때 오프라인 유통망과의 협력을 통해 어떤 경로 통합을 이루어야 할까? 첫째, 일관된 고객 경험을 제공하는 것이 중요하다. 고객들이 하나의 물건을 살 때 별도의 판매조직을 통해 사던 인터넷으로 구매하든 간에 그 물건은 제조업체의 것으로 인식한다. 그러므로 제품을 구매한 곳이 인터넷이든, 오프라인이든 고객에게는 일관된 경험을 제공해야 한다. 오프라인에서 그 상품을 재구매할 때 인터넷을 통해 구매한 내역이 참조되지 않는다면(마일리지나 상품 추천 종목에 포함되지 않는다면) 그 고객이 느끼는 불쾌감은 상당히 클 것이다. 삼성의 패션몰인 SSF샵은 오프라인 상점과 온라인 상점의 마일리지를 일원화하여 각기 다른 경로를 통해 구입하여도 마일리지 혜택을 부여하고 있다.

둘째, 온라인 경로가 오프라인 판매조직의 영업 대상을 확대시킬 수 있다. 온 · 오프라인 유통경로의 충돌을 훌륭히 해결한 기업들을 보면 온라인 판매가 오프라인 판매를 위축시키지 않는다는 것을 증명하고 있음을 알 수 있다. 즉, 온라인을 통한 신규 구매시에도 오프라인 판매 조직에 해당 고객에 대한 관리 서비스를 일임하면서 이에 대한 수수료를 지급하고, 관리 고객의 재구매시에는 좀 더 큰 요율의 수수료를 지급한다. 이를 통해 각 오프라인 판매조직은 수수료 요율은 다소 낮겠지만, 더 많은 대상 고객을 유치하게 되고, 기업으로부터 받는 총금액도 높아진다. 그 결과 보다 쉬운 구매 프로세스로 구입하면서도 오프라인의 안정적인 관리 서비스까지 받게 된 고객들의 만족도는 좀 더 높아질 것이다.[56]

4. 오프라인 제품의 온라인 유통경로 전략

1) 제품별 인터넷 유통시장의 잠재력

인터넷 브랜드의 경로 전략은 경로 갈등뿐 아니라 해당제품의 온라인에서의 잠재력도 고려해야 한다. 과거 포레스터 리서치 자료는 제품의 특성 및 소비자의 구매성향에 따라

그림 11-6 | 온라인 B2C시장의 업종별 잠재력

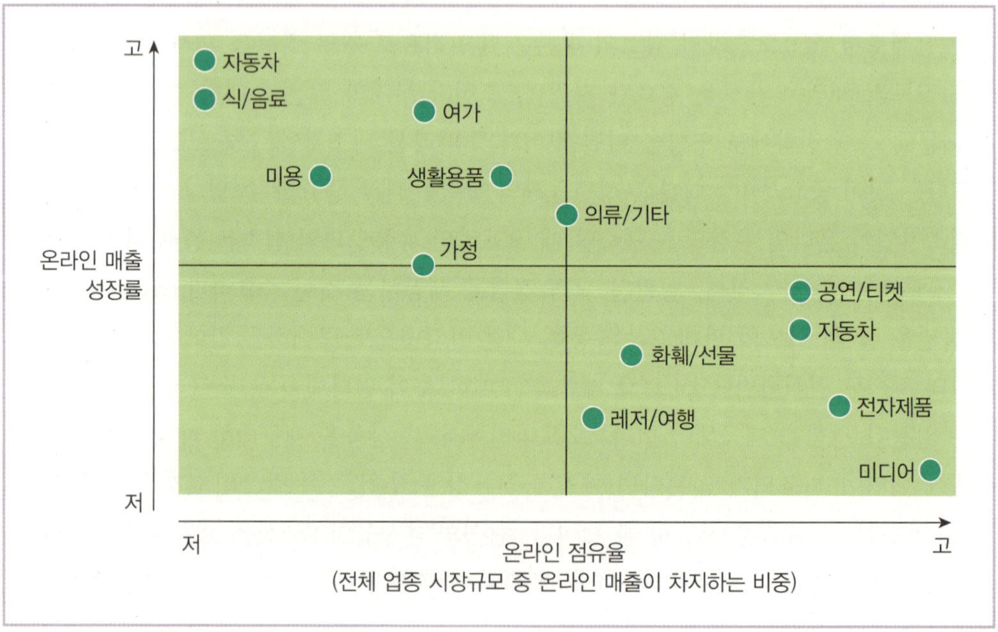

온라인 판매의 매출이 크게 달라질 수 있음을 시사하고 있다. [그림 11-6]에서 보는 바와 같이 인터넷에서 상당수준의 매출을 나타내고 있는 미디어, 전자제품, 레저/여행, 공연/티켓, 화훼/선물 등의 제품군과 잠재력이 높은 자동차, 식/음료, 여가 등의 부문으로 크게 나누어지고 있음을 알 수 있다.

2) 오프라인 기업의 인터넷 경로 전략

다음에서는 이상의 두 가지 축을 기반으로 한 세 가지 전략 즉, ① **기존 오프라인 유통경로의 보완**, ② **온라인 유통경로의 차별화**, ③ **온라인 경로로의 통합** 등에 대해 구체적으로 살펴보기로 한다.

그림 11-7 | 오프라인 기업의 인터넷 경로 전략[57]

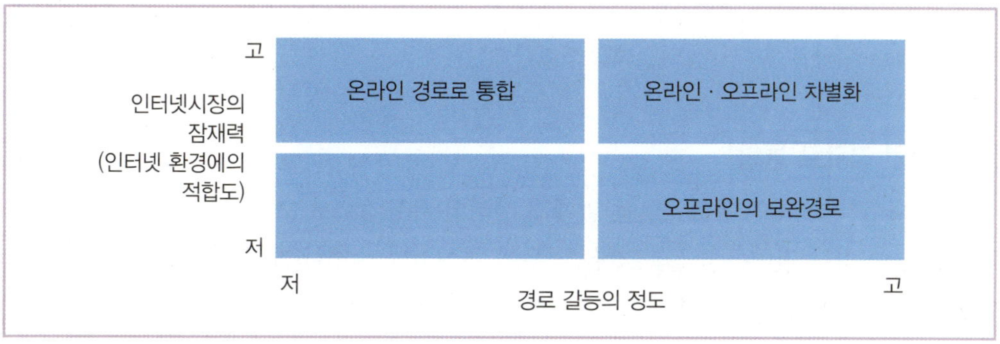

(1) 기존 오프라인 유통경로의 보완

기존 오프라인 유통경로의 보완은 인터넷을 기존 유통경로에서 제공하는 서비스를 보완하는 새로운 경로라는 개념으로 접근하는 것이다. 이를 위해 우선 인터넷 경로를 이용, 기존 유통업체의 서비스를 보완 · 강화시키는 다양한 정보를 제공한다. 또 제품에 대한 광고를 실시한다. 인터넷으로 주문, 접수 후 유통업자를 연결시켜 유통업자가 직접 팔게 하는 방법도 있다. 예를 들어 포드자동차는 인터넷 브랜드인 **포드닷컴(ford.com)**을 통해 포드자동차의 소유자 및 신규고객들에게 정비 서비스 예약, 자동차에 대한 정보 제공, 포드의 엔지니어들과의 온라인 대화, 자동차 여행계획, 대도시 교통정보 등의 인터넷 서비스를 제공하고 있을 뿐 인터넷 경로를 통한 직접판매를 실시하지 않고 있다. 기존 유통경로인 자동차 딜러들의 영업활동을 보완 · 지원해줌으로써 인터넷을 유통업자들과 연결, 기존 유통경로를 확장하는 도구로 활용하고 있는 것이다. 결과적으로 '포드' 자동차 또는 '포드닷컴'이라는 브랜드는 일관성을 유지하고 온라인과 오프라인 브랜드가 서로를 강화, 보완해주고 있는 것이다.

(2) 온라인 유통경로의 차별화

오프라인과 온라인 유통경로의 차별화를 통해 갈등의 요소를 없애고서 성공적으로 온라인 판매를 시도한 여러 기업의 예도 있다. 예를 들어, 나이키는 기존의 오프라인에서 제공하는 상품 및 서비스와는 차별화된 새로운 틈새시장을 공략하는 전략을 구사하고 있는데 마케팅 믹스를 분리하는 전략을 사용, 가격차별화(고가격 정책), 상품차별화(오프라인 매장에서 구입하기 힘든 고품질의 맞춤형 상품), 유통차별화(오프라인 매장과는 별개로 운영)를 실시하였고 동시에 오프라인 유통업자와의 관계개선을 통해 온라인 매출은 900%증가하였으며, 오프라인 매출도 10% 이상 증가하는 성과를 거두었다. 그리고 P&G는 온라인 판매를 위한 새로운 품목을 개발하여 기존의 오프라인에서 제공하는 것과 차별화되는 새로운 상품 및 서비스를 제공하였다.

(3) 온라인 경로로 통합

마지막으로 오프라인 유통경로를 없애고 온라인 유통경로로 모든 판매활동을 통합하는 경우이다. 이러한 전략은 다음과 같은 경우에 한에서만 수행할 가치가 있다. 즉, ① 기존의 오프라인 유통경로가 존재하지 않는 경우, ② 주요 소매업체들에게 중요한 이해관계가 걸려 있지 않은 특정한 분야의 특정 고객을 대상으로 할 때, ③ 인터넷 성장성이 매우 높아 기존의 오프라인 유통경로의 대체가 가능한 경우 등이다.

제3절 인터넷 소매 및 중간상의 유형

1. 소매의 변화 및 인터넷 소매의 등장

어떤 회사의 인터넷 전략이 궁극적으로 이익을 낼 것인가를 예측하는 것은 어리석은 일이나 전자상거래가 소매업에서의 경쟁력 판도를 광범위하게 바꾸리라는 것은 분명하다. 소매업에서의 근본적인 사명은 항상 다음의 4가지로 **적절한 제품(right product)**을 **적절한**

장소(right place)에서 **적절한 가격**(right price)으로 **적절한 시기**(right time)에 제공하는 것이다. 그동안 소매업자들의 이러한 사명을 만족시키기 위한 노력은 흔히 말하는 파괴적인 신기술로 인해 변화를 거듭해 왔다. 혁신적인 회사들은 이러한 **파괴적인 신기술**(disruptive technology)로 각 산업에서의 경제성을 바꾸는 새로운 경영 모델을 만들 수 있었다. 소매업에서 첫 번째 파괴적인 신기술은 **백화점**의 등장이라고 할 수 있으며, 두 번째 파괴적인 신기술은 **우편주문판매**(mail order catalog)였다. 세 번째 파괴적인 신기술은 **대형 할인점**의 등장이었으며, **인터넷을 이용한 소매업**은 네 번째 파괴적인 신기술로 자리 매김하고 있다.

소매업의 4가지 사명(제품, 가격, 장소, 시간) 중에서 인터넷 소매업자들은 처음 3가지 요소는 상당히 만족스럽게 전달할 수 있다. 책에서 화학물질까지 건물로 지어진 상점들이 따라갈 수 없을 정도로 전자상점들은 다양한 제품들을 제공하고 있으며 인터넷 소매업자들은 상상할 수 없을 정도로 매출 이익률의 유연성이 높다. 그리고 장소의 개념으로 보면 가히 인터넷은 혁명적이라고 할 수 있다. 인터넷에서는 점포의 위치가 중요하지 않다. 누구라도 언제든지 인터넷에서 웹페이지만 구축하면 전 세계를 대상으로 소매업을 할 수 있는 것이다.[58]

2. 인터넷 소매업

1) 인터넷 쇼핑몰의 본질

멀티미디어 환경의 구축에도 불구하고 여전히 인터넷상에서 쇼핑은 전통적인 쇼핑에서의 여가 경험을 완전히 대체할 수 없는 것이 사실이다. 그러면 과연 무엇이 쇼핑객들을 유인하는가 생각해보자. **엘리워스**(Ellsworth)[59]는 '많은 사람들이 있는 만큼 이유도 많다. 하지만 대부분 인터넷 쇼핑객들은 **거래속도, 편리함, 선택 용이성, 가격** 등을 인터넷 쇼핑몰을 이용하는 중요한 이유로 생각하고 있으며 온라인 사용자들을 유인하는 것은 집, 회사, 길에서 가질 수 있는 빠른 정보배달과 디지털 제품이다'라고 주장하였다.

이러한 상황에서 인터넷 쇼핑은 보통의 쇼핑과 비교해볼 때 확실히 본질적으로 매력적일 수 있다. 예를 들어, CD 소매에서 보면 보통의 점포에서 사용자는 커다란 카탈로그를 펼쳐서 디스크의 선반을 통해 보아야 하지만 인터넷 음악 사이트에서는 유능한 데이터베이스 관리자가 이러한 정보에 쉽게 접속할 수 있도록 한다. 고객에 대한 또 다른 효익은 하루 24시간 일주일에 7일 접근 가능하다는 사실이다.

일반적으로 인터넷 쇼핑은 쇼핑경험을 개발하기 위한 많은 프로세스를 가지고 있다. 셀드(Shields)[60]는 쇼핑과 연관된 다양한 문화적 · 사회적 문제와 쇼핑환경이 즐거운 소비자 경험을 창출하기 위한 관리 방법에 대한 의견을 조사하였는데, 인터넷 쇼핑은 문화적 · 사회적 규범의 조정에 있어서는 그다지 큰 문제를 유발하지 않지만 인터넷상에서 소매업은 잠재적으로 글로벌시장을 다루어야 하기 때문에 오프라인 소매보다 그 문제가 복잡할 수도 있다고 주장하였다.

2) 인터넷 쇼핑몰의 구매과정

인터넷 쇼핑몰의 구매활동들은 다음과 같이 간단히 요약될 수 있으며 [그림 11-8]에서 일목요연하게 파악할 수 있다.

- 소비자가 인터넷 사이버 쇼핑몰에 들어가 진열된 상품 가운데 원하는 것을 선정
- 상품을 고른 고객이 주문신청서를 통해 사이버 쇼핑몰에 구매를 요청

그림 11-8 | 인터넷 쇼핑몰에서 구매과정[61]

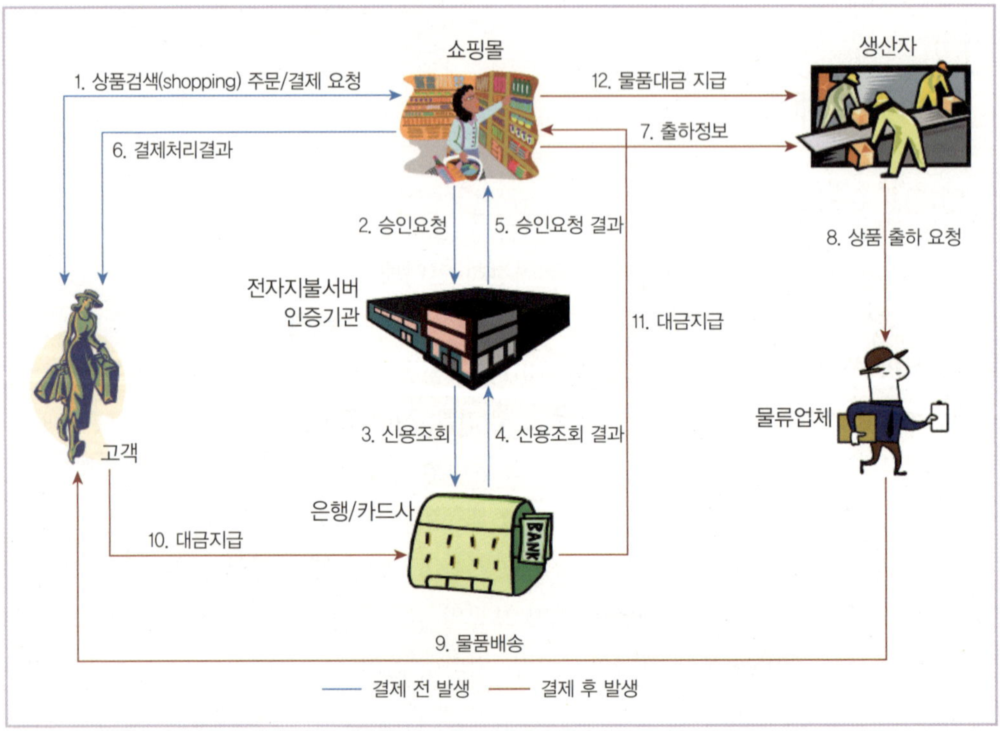

- 쇼핑몰 운영자는 인증기관에 거래 요청자가 본인이고 믿을만한 사람인지 인증해 줄 것을 요구
- 쇼핑몰 운영자는 인증된 고객의 구매요청을 승인한 뒤 고객에게 대금지불을 요구
- 고객이 신용카드, 계좌이체, 이동통신결제, 전자화폐 등의 가능한 방식으로 상품대금을 지불
- 쇼핑몰은 신용카드 결제대행서비스를 통해 은행이나 신용카드사에 고객의 신용 및 금융정보를 확인함
- 고객의 대금지불에 하자가 없으면 상품창고 또는 물류센터에 상품배달을 발주함

3) 인터넷 쇼핑몰의 특성

사이버 쇼핑몰 이용에 대한 고객 측면에서의 이점은 다음과 같이 간단하게 요약될 수 있다.

- [그림 11-9]에서 볼 수 있는 바와 같이 직접 상점을 방문하지 않아도 쉽게 원하는 상품을 빠른 시간에 찾고 구매 가능
- 365일 24시간 언제나 개점되어 있으므로 고객은 원하는 때 언제나 구매할 수 있음
- 상점을 돌아다니지 않고도 원하는 상품을 한자리에서 살 수 있음

그림 11-9 | 인터넷 쇼핑몰을 통한 구매자의 시간절약

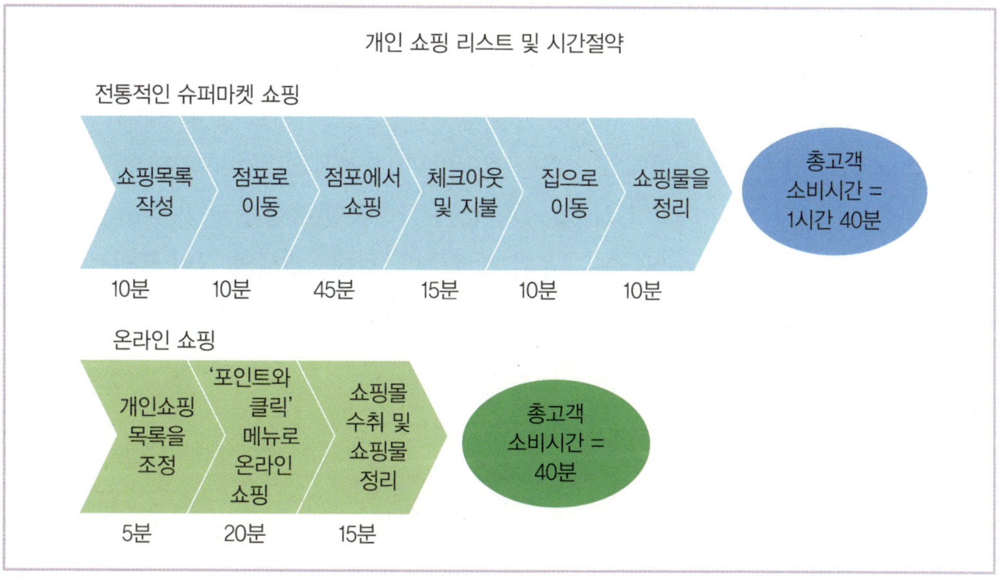

- 전 세계에 많은 상품들을 가격, 품질에 따라 비교 구매할 수 있음
- 저렴한 가격에 구매 가능

사이버 쇼핑몰의 운영자 측면에서의 이점은 다음과 같다.

- 실제 매장을 구축하는데 비용이 저렴
- 시간적 · 공간적 제약이 없음. 즉 쇼핑몰 운영자는 전 세계를 대상으로 24시간 영업 가능
- 웹 광고는 TV, 신문 등 대중매체를 이용하는 것보다 저렴하며 고객에게 맞는 제품에 대한 정보를 더 많이 전달하기 때문에 추가 수요를 창출할 수 있음

4) 인터넷 쇼핑몰의 분류

- **단순 광고**: 회사의 이미지 제고 및 생산, 판매상품에 대한 광고를 위하여 웹사이트를 운영하는 방식으로 판매를 목적으로 하는 것이 아니므로 쇼핑몰이라고 하기에는 한계점이 존재한다고 볼 수 있다. 이 경우는 판매를 목적으로 하는 것이 아니기 때문에 쇼핑몰이라고 굳이 이름 붙일 수 없는 경우도 있다.
- **판매촉진**: 판매상품의 가격, 규격 등에 대한 정보제공을 통하여 판매촉진이나 판매증대를 위한 목적으로 사용하는 경우로 주문 및 지불과 배달을 제외한 상품 카탈로그, 검색엔진 등의 쇼핑몰 기능을 가지고 있다.
- **전문몰**: 전문몰은 특정 상품만을 판매하는 경우로서 CD, 꽃, 컴퓨터 등 특정 분야의 상품을 전문적으로 판매하기 위해 설치된다. 아마존이 최근에는 책에서 다양한 상품 범주로 확대하고 있지만 초기는 전문몰의 대표적인 성공사례로 많이 거론되었다.
- **종합쇼핑몰**: 일반상품을 판매하기 위한 것이며, 백화점식으로 여러 분야의 상품을 판매하는 경우로서 인터파크나 GSshop과 같이 물리적인 유통망을 가지고 있지 않고 바로 인터넷 쇼핑몰을 운영하는 경우와 롯데닷컴, 현대쇼핑몰과 같이 물리적 유통경로를 통하여 영업을 하다가 온라인으로 그 사업영역을 확장한 경우로 나누어 볼 수 있다.[62]

골프 관련된 제품만 판매하는 전문몰 AK골프(http://www.akgolf.co.kr/)

종합쇼핑몰 GSshop(http://with.gsshop.com/)

5) 인터넷 쇼핑몰 구성요소

쇼핑몰의 입장에서 본다면 상품을 전시하고 소비자가 인터넷에 전시되어 있는 상품을 둘러보고 구매하고 결제하기까지 필요한 구체적인 절차를 살펴보아야 한다. 그 절차는 다음과 같이 네 가지로 구분될 수 있다.

(1) 상품전시

쇼핑몰과 관련된 첫 번째 구성요소는 쇼핑몰 운영자가 주관하는 상품의 전시이다. 전문몰 같은 경우 전시하는 상품은 단 한 카테고리의 상품일 수도 있지만 종합몰 같은 경우 몇천 종류의 상품일 수도 있다. 따라서 쇼핑몰 운영자는 고객에게 팔 상품인 만큼 고객이 잘 알아볼 수 있도록 전시해야 한다. 고객은 상품의 실물을 볼 수 없으므로 상품의 사진, 명세, 기능과 특성, 제조원, 가격 등이 한눈에 잘 드러나도록 해야 한다.

명품과 같은 제품은 매장 진열이 매우 중요하다.[63]

대부분의 경우 고객은 막연한 상품정보를 가지고 상품을 구매하는 경우가 많다. 이러한 경우 기업은 메이커별, 브랜드별, 가격별, 기능별 등 일목요연하게 정리된 데이터를 보여주어 고객을 구매까지 이끌도록 설득해야 한다. 특히 쇼핑몰 운영자는 상품전시에 많은 관심을 가져야 한다.

온라인 매장의 경우는 제품을 멋있게 찍은 사진뿐만 아니라 온라인으로 사기 때문에 잘 모르는 부분에 대한 자세한 정보를 제공하는 것이 중요하다(사진은 한 쇼핑몰에서 자세한 정보를 제공하는 예).

(2) 고객주문

상품전시가 성공적이라면 고객은 해당 쇼핑몰에서 상품을 구매할 것이다. 다시 말해서 고객이 마음에 드는 상품을 골랐다면 주문을 할 것이다. 고객은 상품을 주문하기 전에 가격이 얼마인지, 원하는 장소로 배송해줄 수 있는지, 그리고 상품을 구입한 후에 마음에 들지 않을 경우 환불이나 교환이 되는지 등 다양한 내용들을 확인할 것이다. 이렇듯 고객의 요구는 다양하기에 쇼핑몰 운영자는 고객의 요구사항을 미리 소비자가 쉽게 알아보고 판단할 수 있도록 구성해야 한다. 예를 들어, 기존의 실제 시장에 익숙한 50대 중반 이후의 사용자들은 상품을 직접 눈으로 확인하고 대금을 지불하고자 할 수도 있고 인터넷을 이용하는 젊은 소비자들은 상품대금을 먼저 지불하는 선결제 시스템에 좀 더 적극적일 수도 있다. 따라서 쇼핑몰 운영자는 자신이 운영하는 쇼핑몰의 특성과 쇼핑몰을 이용하는 주 고객층의 성향에 맞추어 결제 시스템을 결정해야 한다.

(3) 상품대금의 처리

상품대금을 받는 방법은 크게 세 가지가 있다. 첫째는 신용카드로 결제하는 방법이고, 둘째는 은행 온라인 무통장 입금, 셋째는 간편결제나 휴대폰 소액결제 등을 이용한 결제 방법이다. 최근에는 신용카드결제와 더불어 간편결제 시스템이 많이 이용되고 있다.

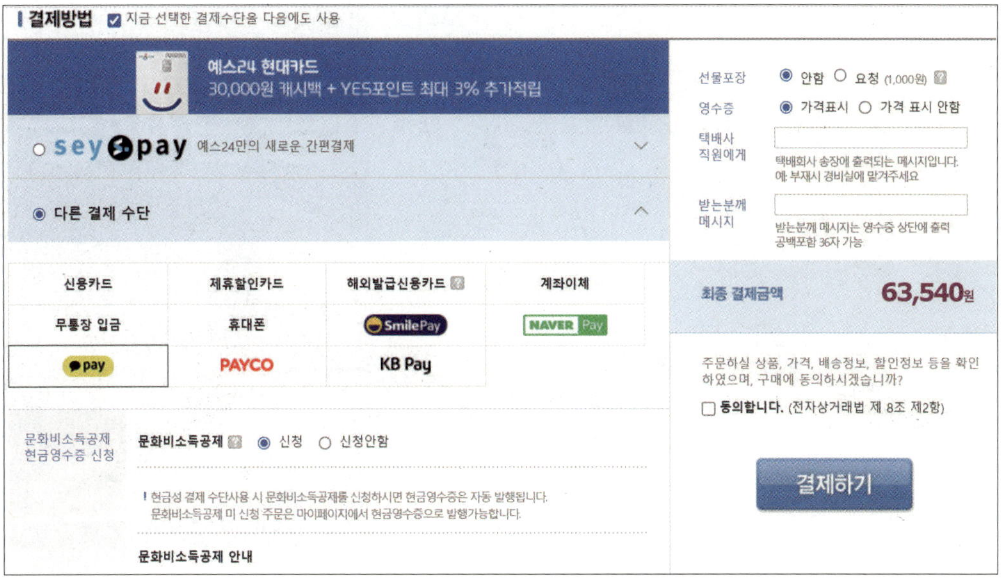

한 인터넷 서점(Yes24)에서 결제수단의 선택화면

(4) 상품배송

고객이 인터넷쇼핑몰을 이용해서 상품을 사는 가장 큰 이유 중 하나는 고객이 직접 매장에 가지 않고 앉은 자리에서 상품을 선택하고 받을 수 있다는 것이다. 따라서 상품배송은 빼놓을 수 없는 쇼핑몰의 중요한 구성요소 중의 하나이다. 온라인 쇼핑몰은 구매체결 후 배송완료까지의 상황을 실시간으로 검색할 수 있는 디렉토리를 반드시 갖추어야 할 필요가 있다. 상품배송 역시 직접 가져다주는 방법을 제외한다면 우편 등기나 소포를 활용하는 것과 전문 택배회사를 활용하는 것 등 두 가지가 가능하다.[64]

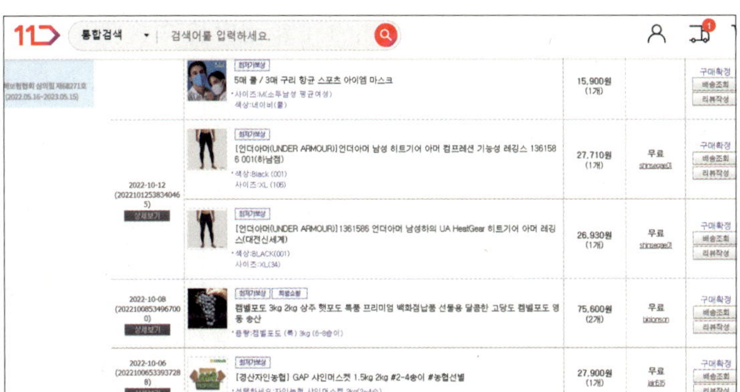

구매 후 자신의 구매정보 및 배송정보 등을 실시간으로 알 수 있게 해주는 디렉토리(11번가)

많은 기업은 배송의 신속성에 차별성을 부여해왔으며 이를 가능하게 하는 기술(드론)이 더욱 발전할 것으로 기대된다.[65]

6) 인터넷 소매업의 전략적 방향

인터넷은 고객의 입장에서 볼 때는 하나의 거래를 완성함에 있어 온라인과 오프라인의 두 경로 가운데서 온라인을 선택하는 것으로 해석될 수 있다. 이때, 인터넷 소매업의 입장에서는 이러한 두 경로 가운데 하나를 선택하는 것으로 받아들일 것이 아니라, 고객과의 거래를 완성시킴에 있어서 두 개의 경로를 적절히 활용하여 시너지 효과를 얻도록 함이 중요하다. 고객에 따라서 다른 경로 전략을 쓰는 것도 중요한데, 체험 추구형 고객을 위해서는 맞춤형 제품분류 및 웹사이트 디자인을 기반으로 한 차별화가 더욱 효과적이고, 실용적 소비를 추구하는 소비자에게는 편의성 및 가성비의 실현을 통한 차별화를 추구할 필요가 있다.[66]

그리고 인터넷 소매업은 다음과 같은 사항들에 유의하여 마케팅 전략을 실행해야 한다. 첫째, 기존의 오프라인 경로와 새로운 인터넷 경로를 함께 활용하여 두 개의 경로로부터 시너지 효과를 얻도록 해야 할 것이다. 둘째, 두 개의 경로가 서로 상충하는 것으로 볼 것이 아니라 둘 모두를 통하여 보다 많은 소비자에게 접근하게 되고 그에 따라서 시장 전체의 크기를 키워나가도록 해야 할 것이다. 셋째, 타 마케팅 믹스 변수, 특히 제품 전략과 연계하여 제품의 고급화, 상품과 서비스의 **묶음화(bundling)**, 그리고 관련제품의 교차판매 등을 함께 추구하여야 할 것이다. 예를 들어, 항공사와 여행사가 함께 항공티켓과 여행상품 및 제반 서비스를 하나의 패키지 상품으로 새롭게 제시(즉, bundling)함으로써 소비자가 각각의 제품과 서비스의 가격을 따져보기가 어렵거나 번거롭게 함과 동시에 기업에게는 새로운 매출을 갖고 오게 할 수 있다.[67]

3. 인터넷 경매

경매는 미술품, 예술작품, 중고품 등 정확히 가격을 결정하기 어려운 품목을 대상으로 입찰과 낙찰이라는 과정을 통해 매매가를 결정하는 전통적인 가격결정방식이다. 인터넷 경매는 이를 인터넷상에서 구현한 것으로써 구매자와 판매자, 그리고 이를 연결해주는 인터넷 경매업체로 구성된다. 인터넷 경매업체는 구매자와 판매자가 거래할 수 있는 장과 중개기능만을 제공하기 때문에 여타 쇼핑몰과 달리 구매비용, 물류비용, 사후처리, 재고비용에 대한 부담이 없고 거래에 따른 수수료라는 타 인터넷 비즈니스에 비해 안정적인 수입원을 확보하고 있다.

디지털 매체는 이른바 메뉴비용(가격을 변화시키고 관리하는 비용)이 오프라인에 비해 매우 낮다. 따라서 인터넷에서는 가격을 자주 변경시키는 거래모형이 훨씬 더 적합하다. 이런 측면에서 상품가격의 변동이 자주 일어나지 않는 인터넷 상점이나 인터넷 쇼핑몰 모형은 메뉴비용이 낮다는 디지털 매체의 특성을 십분 활용하고 있지 못하다. 반면 인터넷 경매는 본질적으로 가격이 변화무쌍하게 움직이는 모형이라는 점에서 인터넷의 디지털 특성에 적합하다.

또 인터넷 경매는 네트워크 효과가 철저히 작동되는 모형이다. 네트워크 효과란 사용자가 많아질수록 그 사용자의 혜택이 커진다는 원리다. 인터넷 상점이나 쇼핑몰은 네트워크 효과가 크게 일어나지 않는 반면, 인터넷 경매는 구매자가 많을수록 판매자가 몰리고 판매자가 많을수록 구매자가 몰리는 직 · 간접의 네트워크 효과가 일어나기 때문에 초기진입 성공자가 시장을 주도하면서 수익성을 도모할 수 있다. 즉, 네트워크 효과가 극명하게 일어나는 거래모형을 핵심 사업모형으로 가진 기업은 다른 거래모형을 도입하기가 쉽지만, 선발주자가 존재하는 사업모형을 후발로 도입하는 것은 쉽지 않다는 것이다. 이는 인터넷 경매와 같은 네트워크 효과형 사업모형을 가진 선발업체가 경쟁력을 계속 유지할 수 있는 하나의 설명요인이 된다.[68]

중고거래 사이트로 가장 유명한 당근마켓(Daangn Market)은 대한민국의 중고거래, 소상공인 홍보 등 생활정보 소프트웨어이다. 중고거래, 지역업체, 질문답변, 부동산, 구인구직 등 지역 내에서 발생하는 생활정보를 검색하고 게시자와 실시간으로 채팅할 수 있다. 당근마켓 서비스 이용자수가 급증했으며, 중고거래 앱 관심도 설문조사에서 중고나라보다 당근마켓에 더 높은 관심도가 있음이 확인되었다.[69]

4. 소셜커머스

소셜커머스는 소셜미디어와 온라인미디어를 활용하는 전자상거래의 일종으로, 소비자들의 인적 네트워크를 통해 모인 많은 사람들의 공동구매를 통해 상품가격을 낮추는 상거래이다. 소셜커머스라는 용어는 야후에 의해 2005년에 처음 소개되었고, 제품정보 등에 대한 사용자의 평가나 공유목록 같은 온라인 협업 쇼핑 도구의 집합을 설명하기 위해서 만들어졌으며, 주로 소셜커머스는 트위터, 페이스북 등 SNS를 활용하여 이루어지는 전자상거래 방식에 해당된다.

이러한 쇼셜커머스는 소셜네트워크와 결합하면서, 최대 수억 명에 이르는 소셜네트워크의 회원들을 잠재고객으로 확보할 수 있게 되는데, 소비자가 친구를 초대하고 그 친구가 또 다른 친구를 초대하는 과정을 통해 방문자가 늘어나게 될 뿐만 아니라, 소비자들이 소셜네트워크에 남긴 커머스 사이트의 링크는 반영구적으로 보존이 되는데, 검색이나 새로 추가된 친구가 이 링크를 통해 지속적으로 방문을 유도하게 되는 장점을 지니고 있다.

또한 커머스는 온라인 광고시장에서 가장 많은 돈을 쓰는 업종으로 광고 의존도가 매우 높지만, 소셜네트워크를 활용하면 시간이나 인력을 제외하고는 사실상 거의 비용을 들이지 않고 판매촉진이 가능해지는 경제력도 지니고 있다. 사람이 본성으로 가지고 있는 '사회성'은 특별한 인센티브 없이도 자신의 구매 경험에 대해 소셜네트워크를 통해 친구들이나 다른 사람들과 공유하게 하는데, 그로 인해 구매자나 방문객이 '입소문 마케터'의 역할을 해주는 것이다.

구매 결정에 있어 친구들의 추천은 전문가들보다도 큰 영향력을 발휘한다. 소셜네트워크는 친구들의 추천 방식으로 제품을 홍보해주기 때문에 제품을 판매할 가능성을 높여주며, 또한 친구들은 대게 같은 관심사를 갖는데, 친구들의 추천과 구매정보가 제공된다면 그만큼 본인이 원하는 제품을 빠르게 찾아낼 수 있어 구매 결정이 쉬워질 수 있다.

최근에는 이러한 커머스를 **SNS 마켓**이라는 이름으로 명명하기도 하는데 이는 블로그, 카페, 인스타그램 등 각종 사회관계망 서비스 채널을 이용하여 물품판매, 구매알선, 중개, 광고 등을 통해 수익을 얻는 산업활동이다. SNS의 기능을 활용하여 상품의 구매를 원하는 사람들을 모으는 방식으로 공동구매와 유사한 형태를 띄고 있다. 상품을 구매하는 사람이 일정 수 이상 모이지 않으면 거래가 진행되지 않음으로 소비자들이 자발적으로 SNS를 통해 홍보하게 하는, 소비자의 인맥을 활용한 E커머스에 해당한다. SNS 마켓은 주로 팔로우가 높은 인플루언서를 중심으로 의류, 건강 효소, 비타민 등 건강보조식품, 음식 등 다양하게 진행되고 있다.[70]

Internet Marketing INSIGHT 11-4

1인마켓 시장의 성장

과거에는 오프라인 상점을 보유한 유통업자나 대기업이 시장을 주도했으나 현재는 개인이 온라인상에서 구매자이면서 동시에 판매자로 활약하며 기존 시장 구조를 뒤흔들고 있다. 서울대 소비트렌드분석센터는 최근 발간한 '트렌드 코리아 2019'를 통해 1인마켓을 '세포마켓'(cell market)으로 지칭하고 올해를 이끌 10대 키워드 중 하나로 선정했다. 이는 판매활동에 참여하는 소비자들로 인해 극도로 세분화된 세포 단위의 시장이 만들어진다는 의미에서 착안한 용어다.[71] 이렇듯 '1인마켓'이 전성시대를 맞고 있다. 수년 전 블로그나 개인 온라인몰로 시작된 1인마켓은 최근 사진 기반 SNS인 인스타그램과 네이버 스마트스토어 등 간편한 전자상거래 플랫폼과 맞물려 급증세다. 마켓 개설은 물론 제품 수급과 물류배송, 결제 등 진입장벽이 크게 낮아진 덕분이다. 과거에는 상품 유통경로가 복잡하고 판매주체가 오프라인 매장에 국한됐지만 SNS로 판매자와 고객이 직접 연결되면서 1인마켓이 가능한 커머스 환경이 조성된 것이다.

특히 20~30대 젊은이들이 대거 도전한다. 청년 실업률이 10%에 육박할 정도로 취업이 어려워진 데다 자신만의 전문성, 개성을 반영한 창업을 통해 워라밸(일과 삶의 조화)을 누리려는 것이다. 국세청에 따르면 2014년 12만 8,342명이던 통신판매업 사업자수는 2017년 46.3% 늘어난 18만 7,809명으로 증가했다. 특히 인스타그램은 1인마켓 확산에 1등 공신이다. 수만 명의 팔로워를 보유한 유명인인 '인플루언서'들이 상품판매에 나서는 것. 인스타그램에서 해시태그 '#마켓'으로 검색하면 관련게시물이 160만 건이다.

네이버의 오픈마켓인 스마트스토어도 1인마켓 열풍에 한몫했다. SNS 인플루언서가 되기 어려운 경우, 스마트스토어로 손쉽게 마켓을 열고 아이디어와 제품으로 승부하는 것이다. 2016년 17만여 명이던 스마트스토어 판매자는 2017년 24만 명으로 늘었다. 이 중 70%는 20~30대다. 1인마켓 전문가인 최재명 마케팅랩소디 대표는 '판매수수료가 10% 이상인 오픈마켓에 비해 1~5% 수준으로 현저하게 낮고 네이버를 통한 검색고객 유입이 많아 젊은이들이 대거 도전한다'고 말했다.

1인마켓은 기성 브랜드에서 찾기 어려운 독특한 스타일이나 가성비가 높은 상품을 선보인다. 자신이 직접 제품을 디자인하거나 모델로 나선다. 상품은 국내 제조업체 또는 중국 등 해외에서 외주 생산하거나 사전 제작된 물건을 공급받는다. 한정수량만 판매해 재고 부담을 줄인다. 아이를 키우면서 부업으로 하거나 직장인이 투잡으로 1인마켓을 운영하는 경우도 적지 않다. 물론 주목을 받지 못해 실패하는 경우도 많다. 하지만 오프라인 창업에 비해 투자손실은 크지 않다.[72]

그림 11-10 | 통신사업자수 증가[73]

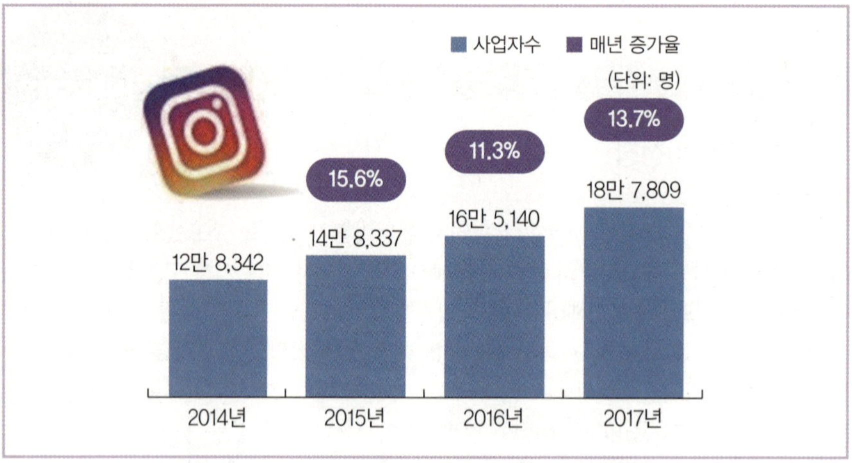

제4절 인터넷 유통에서 물류 관리

1. 물류의 기본개념

1) 물류의 정의

물류는 일반적으로 '**물적 유통(Physical Distribution)**'의 약자로서 **수송 · 하역 · 보관 · 포장 · 정보 등의 요소로 물자를 공급자로부터 수요자에게로 이동시키는 것**으로 시간적 · 장소적 가치를 창출하는 것이다. 가장 포괄적이고 현대적 영문표기로서 **로지스틱스(Logistic)**이라는 용어를 사용하는데, 로지스틱스는 전투능력과 무기를 지원하고 창조하려는 것을 목적으로 하는 인적 노력과 자원조달과정을 의미하는 군사적 용어에서 출발했으나 오늘날에는 물류보다는 더 넓은 의미로 해석된다.[74] 하지만 본서에는 물류라는 용어로 통일하여 동일한 개념으로 사용한다.

그림 11-11 | 광의의 물류, 로지스틱스

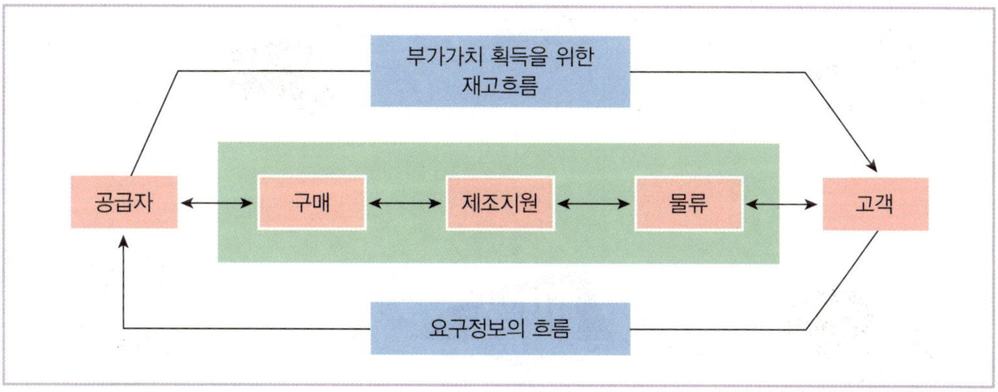

미국로지스틱스관리협의회(CLM: The Council of Logistics Management)에 의하면 '**고객의 요구사항에 합치시킬 목적으로 원초지점에서 소비지점까지 원재료, 재공품, 최종재의 보관 및 관련 정보의 흐름을 효율적이며, 비용효과적으로 계획하고, 이행하며, 통제하는 과정**'[75]으로 정의하였으며 **유럽로지스틱스협의회(ELA: The European Logistics Association)**는 '**시장의 욕구를 최소한의 비용과 자본을 사용하여 만족시킬 것을 목적으로 생산과 유통을 통하여 개발과 구매에서 최종소비자까지의 재화의 흐름을 조직, 계획, 통제, 실행하는 것**'으로 정

의하였다.

2) 물류의 전략적 의의

물류에서의 특수한 능력이 지속적 경쟁우위의 강력한 전략적 원천이라는 점을 많은 학자들이 지적하고 있지만 기업실무에서의 물류는 여전히 전통적 기업활동과는 구분되는 원가센터로 간주되고 있으며, 그 결과 물류의 전략적 역할은 상당히 과소평가되고 있다.[76]

일찍이 **마이클 포터**는 기업의 경쟁우위 원천을 **원가적 요인**과 **차별적 요인**으로 구분하면서 물류 분야에 대한 관심을 촉구하였다. 그에 의하면 개별기업에 대한 물류의 역할은 차별적 마케팅 도구 및 원가센터로 집약할 수 있다. 최근에는 전자상거래의 확산으로 인한 물류 서비스의 질적 향상 요구가 다품종, 소량, 다빈도, 적기수용으로 대두되고 있으며 아울러 인터넷 서비스를 통한 물류 서비스들이 등장하고 있다.

그림 11-12 | 물류 흐름

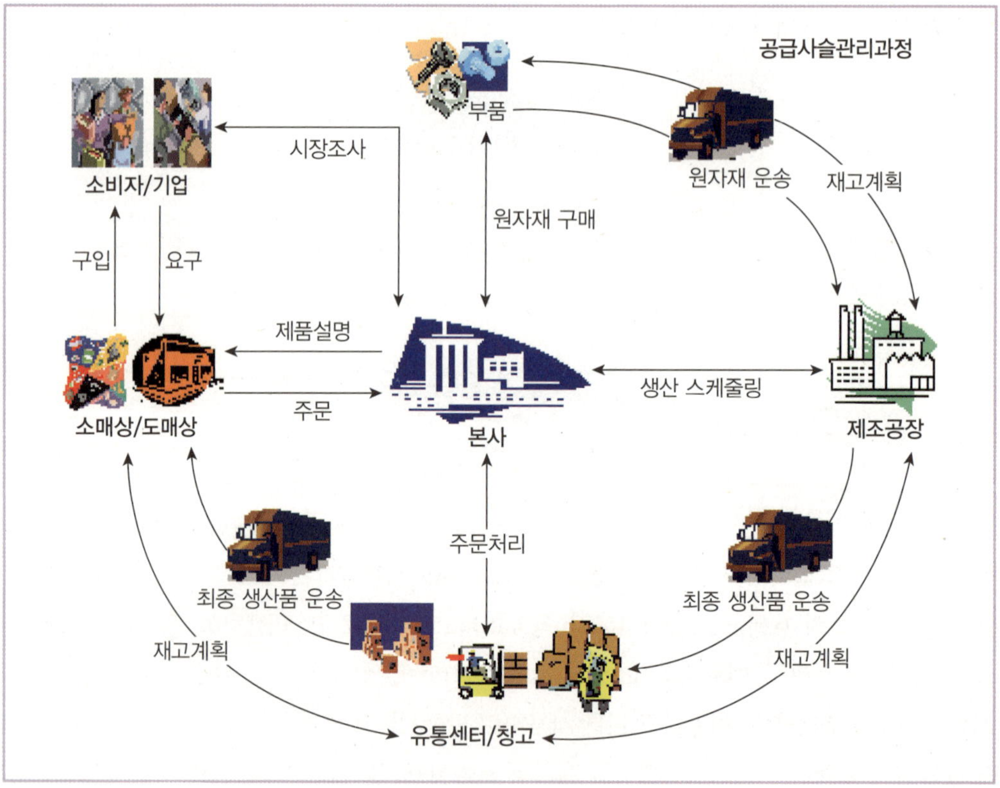

3) 전자상거래와 물류기업의 변화

물류는 인터넷 비즈니스의 성패를 가늠하는 잣대이자 비용절감의 핵심으로 등장하고 있다. 이는 기존 유통망에 비해 전자상거래가 경쟁력을 확보하기 위해서는 신속하고 신뢰성이 높은 배송 서비스 실현 및 저비용 물류구조 구축이 필수적임을 감안할 때 당연한 현상이기도 하다.

제품이 판매되면 물리적으로 전송되어야 하고 인터넷의 상업적 이용은 물류유통의 실행에 의해 완성될 수 있다. 이러한 경우에 유통은 인터넷에 맞추어 조정되고 모니터되어야 한다. 판매자는 고객에게 일련의 부가적인 온라인 서비스를 제공할 수 있는데, 예를 들어 제품의 운송 동안 제품이 어디 있는지 추적할 수 있게 하고 정확한 도착시간을 알려주는 **배송추적 서비스(tracking service)**가 고객 서비스의 좋은 될 수 있다. 소비자가 점포로부터 물건을 구입할 때는 상당부분의 유통기능을 수행한다. 그러나 인터넷 전자상거래에서는 상호작용적인 쇼핑과 유통으로 이러한 비용은 소매업자에게 지워지게 된다.[77] 그렇지만 이러한 소매업자에게 전가되는 비용도 직접 매장을 운영하지 않는 고정비용의 감소분에 의해 충분히 커버할 수 있는 부분이다.

앞으로 전자상거래 성장과 더불어 물류 서비스가 선순환구조를 이루어내기 위해서는 전문화된 고품질의 서비스와 서비스 상품의 다양화가 가능하도록 물류업체의 대형화 · 전문화가 시급히 이루어져야 할 것이다. 나아가 단순히 상품의 배송역할에 그칠 것이 아니라 물류혁신 기법과 첨단 물류정보 시스템으로 재무장하고 물류컨설팅 역량을 제고하여 가치사슬상의 물류활동을 통합하여 수준 높은 물류 서비스를 제공하는 명실상부한 **제3자 물류(the third party logistics)** 내지 **제4자 물류**를 지향해 나가야 할 것이다.

전통기업은 여전히 한국경제의 주류이다. 그러나 산업시대의 경쟁력에 집착하여 인터넷 비즈니스 기업으로의 변신을 하고자 하는 노력이 없으면 인터넷을 기반으로 한 제2라운드의 기업 간 경쟁에서 더 이상의 생존이 어려워질 것이다. 전통기업이 축적된 핵심역량을 디지털 기술과 접목할 경우 엄청난 파워 발휘가 가능해진다. 전자상거래는 더 이상의 선택의 대상이 아니며, 순수 디지털 기업만의 전유물도 아닌 시대가 도래한 것이다.[78]

2. 전자상거래와 물류기능

지금까지의 전자상거래는 전자자료교환 등을 포함하여 제조 · 납품(주문처리, 조달, 제

배송추적 서비스는 많은 물류기업들의 기본적 서비스이다.[79]

조, 유통)을 효율적으로 처리하는데 집중이 되어 왔으나 정보기술의 발달로 제품의 제조·납품절차 이외에 기업활동의 전 부문이 정보네트워크로 연결됨으로써 최근의 전자상거래 개념은 기업활동의 전 범위를 그 대상으로 하고 있다.

기업의 물류 개념이 확대됨에 따라 물류 영역은 원재료 공급업자에서부터 자재를 조달하는 조달물류, 제조공장의 생산물류, 이후 고객까지의 판매물류로 나누어지며 여기서 나타나는 정보의 흐름은 최종소비자로부터 역으로 제조자, 원재료 공급업자에게로 이동한다.

이러한 과정에서 원활하게 물류관리가 이루어지기 위해서는 물류의 5대 기능이라고 하는 **운송, 보관, 포장, 하역, 정보** 등의 제반기능이 뒷받침되어야 한다. 실제로 전자상거래에서 이상의 제반기능들은 각각 구분되어 수행되는 것은 아니고 동시에 나타날 수 있다.

1) 운송

화물의 운송비는 전체 물류의 40~50%를 차지하기에 운송은 물류에서 가장 중요한 부분이며 기능이라고 할 수 있다. 이러한 운송은 유통 단계에 따라 수·배송으로 나뉘는데, 수송은 일반적으로 대형 운송수단을 통하여 대량의 물품을 장거리에 걸쳐 이동시키는 것을 의미하며 공장으로부터 물류거점 또는 대형 고객으로의 직송이 대표적이다.

그리고 배송은 지역 간 내지 도시 간의 상품이동, 지역거점으로부터 소형 운송수단을 통하여 소매점 또는 소형 고객으로 물품을 혼재하여 다수의 고객에게 배달하는 경우도 많다. 따라서 배송의 효율화를 위해서는 치밀한 사전계획과 조정이 필요하다.

2) 하역

하역이란 물품의 운송과 보관활동의 전후에 부수적으로 행하는 물품의 반입 및 단거리

이동작업을 말한다. 하역비용도 많이 들기에 이 작업의 합리화도 물류합리화의 중요한 영역이라고 할 수 있는데 일반적으로 육상에서의 하역기능은 보통 운송과 같이 이루어지나 해운 · 항만물류의 경우는 운송과는 달리 다른 주체가 담당하기 때문에 실제로 많은 하역작업들이 존재한다.

3) 보관

보관이란 일반적으로 물품을 물리적으로 보존하고 관리하는 것으로, 보관활동은 일반적으로 창고에서 이루어진다. 보관은 물품의 수급조정을 목적으로 하는 시간조정기능과 가격조정기능을 가지고 있는데, 최근 물류를 종합 시스템(total system)적 개념으로 이해하면서부터 창고 개념이 물품의 생산과 판매의 시간적 격차를 해소하기 위한 저장과 보관의 기능뿐만 아니라 재고관리를 통하여 적시에 물품을 출하하는 역할 및 물류전체 시스템의 조정 역할을 담당하는 물류센터라는 개념으로 바뀌고 있다.

4) 포장

포장은 원래 내용물의 변형 또는 변질을 막기 위한 것이 본래의 기능이었으나 판매경쟁시대에 포장의 기능은 운반 · 하역시의 사고 또는 기온 등의 변화에 따라 내용물의 손상을 막기 위한 내용물의 보호기능, 제품의 운반 · 하역 및 소비자의 취급 · 사용에 편리한 장치를 부착하는 취급 편의 등의 전통적인 기능 외에 소비자의 구매의욕을 유발하는 내용물의 판매촉진 기능까지 수행하고 있다.

전자상거래 시스템에서 포장은 다른 기능과 연계되어져 사용되어진다. 예를 들어 공장에서 물류 시스템까지는 벌크형태로 수송되고, 물류센터에서는 고객의 욕구에 맞게 재포장 등을 할 수 있으며, 유통 단계상 고객과 더욱 가까운 곳에서 포장되고 있기에 고객욕구에 즉시대응이 가능하다.

5) 정보

물류정보 시스템은 기업 내의 다른 정보 시스템과 공통되는 면이 많은데 이러한 물류정보 시스템의 목표는 주문받은 상품을 신속 · 정확하게 보냄으로써 고객 서비스를 향상시키고, 원활하고 효율적인 물류 시스템을 운용하여 총물류비용을 삭감하는 데 있다. 정보화사회가 발전함에 따라 각 기업이 보유하고 있는 네트워크를 이용하여 기업 간, 제조업

정보화사회가 발전함에 따라 각 기업이 보유하고 있는 네트워크를 이용하여 기업 간, 제조업체와 판매업체 간, 판매업체와 소비자 간 등을 상호 연결하는 부가가치통신망(VAN: Value Added Network)을 구축한다.[80]

체와 판매업체 간, 판매업체와 소비자 간 등을 상호 연결하는 **부가가치 통신망(VAN: Value Added Network)**을 구축한다. 이러한 정보 네트워크를 이용한 기업간의 정보교류에 따라 다른 업종 간에 협력체제가 활발히 이루어지고 있으며 물류업체와 고객을 온라인으로 연결해주는 정보 네트워크 서비스를 제공하는 것이 바로 물류 정보업체의 기능이다.

물류업체들은 운송기능과 정비기능을 결합하여 고객만족을 위한 화물추적 서비스를 제공하고 있다. 즉 여러 가지 정보기술과 **지리정보시스템(GIS)** 등이 결합되어 육상 또는 해상 수송화물의 위치, 예상도착시간, 화물의 상태가 고객에게 전달될 수 있다.

3. 물류정보 시스템

1) 물류정보 시스템의 개념

물류관리와 관련하여 재화와 함께 효율적으로 관리하지 않으면 안 되는 것이 바로 재화의 흐름과 함께 반드시 수반되는 정보의 유기적 흐름관리이다. 정보가 가미되지 않은 물류관리는 수행하기가 곤란하기 때문이다.

물류정보 시스템이란 정보주체 간 수 · 배송, 포장, 하역, 보관 등의 유기적으로 결합된 정보관리 차원에서 물류의 효율화를 도모하도록 지원되는 시스템을 의미한다. 즉 종합적인 물류활동의 원활화를 위해 생산에서 소비에 이르기까지 물류활동을 유기적으로 결합하여 전체적인 물류관리를 효율적으로 수행하게 하는 정보 시스템을 의미한다.

전자상거래와 관련된 물류정보 시스템은 필연적으로 구축해야 하는 시스템으로서 고객이 원하는 시간에 상품을 신속 · 정확하게 전달해줌으로써 고객 서비스를 제고하고 물류활동에도 비능률적 요인을 제거하며, 물류와 유통 시스템의 운영효율을 높임으로써 전체 통합물류정보 시스템과의 상거래 연계성으로 물류비를 절감하는 것을 주요 목적으로 하고 있다.

2) 물류정보 시스템의 기능

(1) 기획 · 통제기능

물류정보 시스템은 물류시설의 입지결정 등에 중요한 역할을 하며, 또한 사전에 설정된 설비 · 시설 등의 활동목표 및 고객 서비스 수준 목표와 실제 활동도 및 수준을 비교하여 물류활동을 통제할 수 있는 기능이 있다.

(2) 조정기능

물류정보 시스템을 통해 정보의 공유가 가능해짐으로써 생산계획과 조달계획을 조정할 수 있다. 그러나 이를 위해서는 다음과 같은 조건들을 갖추어야 한다.

- 통합적 정보 시스템의 구축
- 하부물류정보 시스템의 정보공유
- 밀접한 관계의 물류활동 통합 수행
- 하부 시스템들의 데이터베이스, 컴퓨터 설비 등 각종 지원 공동 이용

(3) 고객서비스/커뮤니케이션 기능

인터넷 쇼핑몰에서 고객이 주문시 최초로 접하게 되는 것은 정보 시스템이기 때문에 신축성, 반응성이 필수적이다. 따라서 기업은 항상 고객에 대한 커뮤니케이션 경로가 적절하게 유지되고 있는지 총괄적으로 검토 · 점검하여 고객이 용이하게 주문할 수 있도록 지원하여야 한다.

Internet Marketing INSIGHT 11-5

인터넷 비즈니스에서 물류의 중요성

물류 인프라가 뒷받침해 주지 못한 아마존은 많은 주문과 매출액에도 불구하고 과다한 물류비용과 배달지연으로 인해 적자경영으로 빠져들었고 고객으로부터 불평이 쏟아졌다. 결과적으로 최근 아마존을 필두로 한 인터넷 기업의 주가가 곤두박질치고 있다. 반면에

전통적인 오프라인 서점인 반즈앤노블닷컴(bn.com)은 뒤늦게 인터넷 서점에 뛰어들었지만 아마존과는 달리 아직도 건재하다.
인터넷상에서 거래되는 상품에는 지식과 정보처럼 거래 즉시 온라인을 통해 제공되는 것이 있는가 하면, 실제 제품 또는 서비스를 일일이 고객에게 전달해야 하는 오프라인이 밑바탕이 되는 상품도 있다. 문제는 후자이다. 인터넷으로 물품을 주문하는 데는 1분도 채 걸리지 않지만 정작 손에 물건을 받기까지 1주일이 넘게 걸린다면 인터넷이 갖고 있는 최대 장점인 신속성이 위력을 발휘하지 못하게 된다.
인터넷을 통한 구매 고객의 불만은 배달시간 지연과 배달사고로 인한 물품 파손이 대표적이다. 반면 인터넷을 통해 상품을 공급하는 업체의 입장에서는 물류비용이 너무 비싸다는 점이 최대 걸림돌이다. 이는 고객에게 비싼 배달료를 요구하는 것 뿐 아니라 공급업체의 수익성을 현저히 저하시키는 원인이 되기도 한다.
인터넷이 21세기의 새로운 모습을 제시하고 지구촌의 정치 · 사회 · 경제 등 모든 것을 변화시킨다는 점을 부정할 사람은 아무도 없을 것이다. 전통적인 굴뚝산업인 제조업의 경우 특히 인터넷 시대에 어떻게 대응해야 할지 몰라 당황하고 있는 경우가 많다.
제조업의 경우는 부품조달 → 조립 · 가공 → 판매유통이라는 가치사슬(value chain)을 지니고 있다. 기업이 이러한 가치사슬의 사이클을 빠르게 회전시킬 수 있다면 경쟁사보다 생산성과 운영의 효율을 증대시킬 수 있다는 것은 당연한 일이다.
여기에서 핵심은 협력사로부터 부품을 조달하거나, 생산된 제품을 고객에게 전달하는 물류 프로세스가 중요한 역할을 하게 된다는 사실이다. 그러나 디지털 시대에서 한번의 클릭으로 정보는 전달이 되지만 실제 부가가치를 생성하는 물품의 제공은 너무 느려 e비즈니스의 효과가 반감된다는 점이다. 이를 극복하기 위한 전략은 물류 체계를 어떻게 합리적으로 운영할 수 있느냐 하는 운영 전략과 이를 뒷받침해 주는 물류 인프라가 핵심이다.
e비즈니스에서 물류의 특징은, 첫째 기존 유통망에 비해 전자상거래가 가격 경쟁력을 확보하기 위해서는 물류비용의 절감이 필연적이다. 둘째, 소비자 위주인 전자상거래 특성상 신속하고 정확한 배송 서비스의 구축 없이는 성장을 기대할 수 없게 된다. 셋째, 전자상거래와 관련된 물류의 경우 최종소비자의 불확실성 및 분산, 배송상품의 다양화 · 소량화 등의 이유로 효율적인 배송이 어렵다는 것들이다.
기업체 측면에서는 이를 극복하기 위해 SCM이라는 커다란 개념을 생각하게 되었다. 이는 공급체인 계획, 전자조달, 운송관리 시스템, 창고관리 시스템 같이 하위 모듈로 구성되어 있다.[81]

참고문헌 및 더 읽을거리

1 사진출처: https://www.gettyimagesbank.com/

2 Kotler, P.(1999), 「Kotler on Marketing」, The Free Press, 210-213의 내용을 재구성

3 Ghosh, S.(1998). Making business sense of the Internet. Harvard Business Review, 76(2), 126-136.

4 사진출처: https://www.gettyimagesbank.com/

5 Kumar, A., & Kashyap, A. K.(2018). Leveraging utilitarian perspective of online shopping to motivate online shoppers. International Journal of Retail & Distribution Management, 46(3), 247-263.

6 Copeland, M. T.(1923). Relation of consumers' buying habits to marketing methods. Harvard Business Review, 1(2), 282-289.

7 Duarte, P., e Silva, S. C., & Ferreira, M. B.(2018). How convenient is it? Delivering online shopping convenience to enhance customer satisfaction and encourage e-WOM. Journal of Retailing and Consumer Services, 44, 161-169.

8 사진출처: https://www.gettyimagesbank.com/

9 Christensen, C, M. and M. E. Raynor(2003). 「The Innovator's Solution」, Boston: Harvard Business Press.

10 Sorescu, A., Frambach, R. T., Singh, J., Rangaswamy, A., & Bridges, C.(2011). Innovations in retail business models. Journal of Retailing, 87, S3-S16.

11 Hoffman, D. L., Novak, T. P., & Chatterjee, P.(1995). Commercial scenarios for the web: opportunities and challenges. Journal of Computer-mediated Communication, 1(3), JCMC136.

12 Jones, R.(1994). Digital's World-Wide Web server: A case study. Computer Networks and ISDN Systems, 27(2), 297-306.

13 Poon, S., & Jevons, C.(1997). Internet-enabled international marketing: A small business network perspective. Journal of Marketing Management, 13(1-3), 29-41.

14 Dell, M.(1998). The power of virtual integration: an interview with Dell Computer's Michael Dell. Interview by Joan Magretta. Harvard Business Review, 76(2), 73-84.

15 [2022 컨슈머] ③이커머스 고성장은 끝났다 … 네 · 쿠 · 쓱, 온라인 최강자는, https://biz.chosun.com/distribution/channel/2022/01/10/

16 통계청, 한국온라인쇼핑협회/위의 글에서 재인용

17 교보증권자료/저성장기 접어든 이커머스의 변신, 고성장 끝난 온라인 쇼핑 … '고객 잡기 · 수익성 개선' 돌입, http://economychosun.com/client/news/에서 재인용

18 저성장기 접어든 이커머스의 변신, 고성장 끝난 온라인 쇼핑 … '고객 잡기 · 수익성 개선' 돌입,

http://economychosun.com/client/news/

19 무역경제신문, http://www.tradetimes.co.kr/news/

20 통계청, 위의 글에서 재인용

21 [배달 전국시대] ① 없는 것 빼고 다 배달 … 외식 지도 바꿨다, https://biz.chosun.com/distribution/

22 통계청, [배달 전국시대] ① 없는 것 빼고 다 배달 … 외식 지도 바꿨다, https://biz.chosun.com/distribution/에서 재인용

23 위의 글 내용을 수정하여 작성, 사진출처: https://www.gettyimagesbank.com/

24 Ghosh, S.(1998). Making business sense of the Internet. Harvard Business Review, 76(2), 126-136.

25 McAfee, A., Brynjolfsson, E., Davenport, T. H., Patil, D. J., & Barton, D.(2012). Big data: the management revolution. Harvard Business Review, 90(10), 60-68.

26 Akram, U., Hui, P., Khan, M. K., Tanveer, Y., Mehmood, K., & Ahmad, W.(2018). How website quality affects online impulse buying: moderating effects of sales promotion and credit card use. Asia Pacific Journal of Marketing and Logistics, 30(1), 235-256.

27 사진은 쿠팡 고객센터의 FAQ 디렉토리(https://mc.coupang.com/ssr/desktop/contact/faq)

28 Teixeira, T. S., & Gupta, S.(2015). Can You Win Back Online Shoppers. Harvard Business Review, 93(9), 117-121의 글에서 아이디어를 얻어 여러 부분을 바꾸어서 구성

29 Verhoef, P. C., Kannan, P. K., & Inman, J. J.(2015). From multi-channel retailing to omni-channel retailing: introduction to the special issue on multi-channel retailing. Journal of Retailing, 91(2), 174-181.

30 김동균, 바아이티컨설팅 지음(2016). 「마케팅의 미래 고객 인게이지먼트」, 김앤김북스, 303-311에서 참고함.

31 Piotrowicz, W., & Cuthbertson, R.(2014). Introduction to the special issue information technology in retail: Toward omnichannel retailing. International Journal of Electronic Commerce, 18(4), 5-16.

32 Rigby, D.(2011). The future of shopping. Harvard Business Review, 89(12), 65-76.

33 Sopadjieva, E., Dholakia, U. M., & Benjamin, B.(2017). A study of 46,000 shoppers shows that omnichannel retailing works. Harvard Business Review, 3, 1-2.

34 http://www.cemacity.org/gazette/file3/Webkey.htm

35 McQuitty, S., & Peterson, R. T.(2000). Selling home entertainment on the Internet: an overview of a dynamic marketplace. Journal of Consumer Marketing, 17(3), 233-248.

36 사진 및 글 마트저널 http://www.martjournal.com/news/에서 가져옴.

37 강경란(2014). 옴니채널(OMNI-CHANNEL) 소비패턴이 대세, 지금 기업에게 필요한 것은?, http://www.nielsen.com

38 한경닷컴(2015.1.16) http://www.hankyung.com/news/에서 사진 가져옴.

39 한경닷컴(2015.1.16) http://www.hankyung.com/news/

40 퀵커머스 성공 열쇠는 '옴니채널', GS리테일 CJ올리브영 행보 주목, https://www.businesspost.co.kr/?command=main

41 Rigby, D.(2011). The future of shopping. Harvard Business Review, 89(12), 65–76.

42 North Face's South Pole virtual reality brand experience, https://www.becausexm.com/blog/north-face-s-south-pole-virtual-reality-brand-experience

43 Reinartz, W.(2016). In the future of retail, we're never not shopping. Harvard Business Review, 3.

44 사진출처: https://www.facebook.com/iconeme/

45 사진출처: https://www.gettyimagesbank.com/

46 Stern, L. W., A. I. El-Ansary and A. T., Coughlan(1996). 「Marketing Channel」, Fifth Edition, Prentice-Hall, 306.

47 Tsay, A. A., & Agrawal, N.(2004). Channel conflict and coordination in the e-commerce age. Production and Operations Management, 13(1), 93–110.

48 Brown, J. R., & Dant, R. P.(2014). The role of e-commerce in multi-channel marketing strategy. In Handbook of strategic e-business management(pp. 467–487). Springer, Berlin, Heidelberg.

49 www.dot21.co.kr 2001년 9월 25일자

50 쿠팡에 의존은 그만 … 자사몰을 통한 직접 판매 열풍, http://www.sisanewszine.co.kr/news/

51 (주)컨설팅베이(2001), On-Off 통합의 유통 Channel 전략, www.consultingbay.com, premium Report, 1.

52 Du, Y., Cui, M., & Su, J.(2018). Implementation processes of online and offline channel conflict management strategies in manufacturing enterprises: A resource orchestration perspective. International Journal of Information Management, 39, 136–145.

53 Verhoef, P. C., Kannan, P. K., & Inman, J. J.(2015). From multi-channel retailing to omni-channel retailing: introduction to the special issue on multi-channel retailing. Journal of Retailing, 91(2), 174–181.

54 Verhoef, P. C., Kannan, P. K., & Inman, J. J.(2015). From multi-channel retailing to omni-channel retailing: introduction to the special issue on multi-channel retailing. Journal of Retailing, 91(2), 174–181.

55 Brynjolfsson, E., Hu, Y. J., & Rahman, M. S.(2013). Competing in the age of omnichannel retailing(Vol. 1). Cambridge: MIT.

56 송정훈(2007). 판매 채널간의 충돌을 해결하는 방법, 05–23 www.rankey.com

57 Value Corporation

58 Christensen, C. M., & Tedlow, R. S.(2000). Patterns of disruption in retailing. Harvard Business Review, 78(1), 42–42.

59 Ellsworth, J. H.(1995). Boom Town: Business are Rushing onto the Net at Warp Speed. Internet World, (June), 33–35.

60 Shields, R.(1992). 「Lifestyle Shopping: The Subject of Consumption」, Routledge, London.

61 권기덕, 김재윤(2006). 인터넷이 바꾸는 매체산업, 삼성경제연구소, CEO Information, 12.

62 이재규, 이경전(2000). 「전자상거래와 유통혁명」, 법영사, 44-46.

63 사진출처: https://www.gettyimagesbank.com/

64 김기수, 이상우(1999). 「인터넷 전자상거래: 쇼핑몰 구축에서 운영까지」, 비앤씨, 19-21의 내용을 재구성

65 사진출처: https://www.gettyimagesbank.com/

66 Souitaris, V., & Balabanis, G.(2007). Tailoring online retail strategies to increase customer satisfaction and loyalty. Long Range Planning, 40(2), 244-261.

67 임영균 외 3인 공저(2006). 「유통관리」, 학현사, 101-102의 내용에서 참고하여 작성

68 이경전(2001). 인터넷 경매가 남는 장사인 이유, dot21, 8월 22일자

69 https://ko.wikipedia.org/wiki/당근마켓

70 소셜커머스 패러다임 변화, SNS마켓의 뒷모습, https://www.koreaes.com/news/

71 "나 믿고 사보세요" … '1인마켓'이 뜬다 [S스토리], https://m.segye.com/view/

72 [MT리포트] '인스타' #마켓 사장님들 "연수입 1억, 비결요?", https://news.mt.co.kr/

73 국세청 국세통계연보/위의 글에서 재인용

74 Hanne, T., & Dornberger, R.(2017). Computational intelligence. In Computational intelligence in logistics and supply chain management(pp. 13-41). Springer, Cham.

75 Coyle, J. J and C. J. Langeley Jr(1988). 「The Management of Business Logistics」, 4th ed.

76 Bowersox, D. J., & Daugherty, P. J.(1995). Logistics paradigms: the impact of information technology. Journal of Business Logistics, 16(1), 65.

77 Alba, J., Lynch, J., Weitz, B., Janiszewski, C., Lutz, R., Sawyer, A., & Wood, S.(1997). Interactive home shopping: consumer, retailer, and manufacturer incentives to participate in electronic marketplaces. Journal of Marketing, 61(3), 38-53.

78 이재훈(2000). 전자상거래가 기존산업에 미치는 영향과 디지털 스위치 전략, Korea Marketing Association, 6월호(http://www.kmarketing.co.kr/mag/).

79 사진출처: https://www.gettyimagesbank.com/

80 사진출처: https://www.gettyimagesbank.com/

81 표삼수(2000). e-비즈니스 시대의 물류 시스템, 경영과 컴퓨터 2000년 8월호

Chapter

12 인터넷 마케팅 커뮤니케이션

Chapter 12 인터넷 마케팅 커뮤니케이션

제1절 통합적 마케팅 커뮤니케이션

1. 매체환경의 변화

1990년대 이후로 매체들이 더욱 많아지고 복잡해짐에 따라 단일매체로 소비자들과 접촉하기가 더욱 어려워지고 있으며, TV가 과거와 같이 단일의 강력한 마케팅 수단이 될 수 없다는 점에서 다양한 매체와 다양한 촉진방법들을 활용한 IMC의 역할이 더욱 중요해지고 있는 실정이다.[1]

이에 대한 한 보기로 2003년 방송된 대장금의 경우 최고시청률이 57%였는데 다채널 다매체가 확산된 2014년의 별에서 온 그대는 그 반 정도 밖에 되지 않는 시청률이었다. 2022년 인기 있었던 드라마 이상한 변호사 우영우는 17.5%로 더 낮은 시청률이다. 이는 드라마 인기도의 차이라기보다는 채널이 다양화되고 인터넷으로 소비자의 매체이용이 이동함으로써 발생한 결과라고

다양한 채널의 존재는 기업들의 광고가 소비자에게 한번에 많은 소비자들에게 노출되기 어렵다는 것을 의미한다.[2]

할 수 있다. 최근 드라마는 10%의 시청률만 넘어도 매우 성공한 드라마로 평가되는 것이 상당부분은 앞에서 언급된 채널 다양화와 인터넷(모바일) 이용확산에서 기인한 것이라고 볼 수 있다.

MBC 대장금(2003년)
- 최고 시청률 57%
- 평균 시청률 43%

SBS 별에서 온 그대(2014)
- 최고 시청률 28.1%
- 평균 사청률 26.7%

이상한 변호사 우영우(2022)
시청률 17.5%

최근의 매체 접촉 환경은 빈도가 높지 않으며 비교적 규모가 큰 방송콘텐츠에서 빈도가 높고 규모가 작은 사회적 콘텐츠 쪽으로 사람의 관심이 바뀌고 있게 됨에 따라 수백만 명이 일주일에 한번 영화를 보러가는 형태에서 수십억 명이 몇 분에 한 번씩 거의 계속해서 자신의 디지털 기기로 소셜미디어 자료를 들여다보는 양상으로 변화되었다.[3] 이러한 변화로 마케팅 커뮤니케이션에 가장 많이 구현된 도구인 전통적 매체를 통한 마케팅은 상대적으로 힘을 잃고 있다.[4] 분명 전통적 매체는 마케팅에 드는 비용이 높다. 아마도 모든 기업들은 적절한 비용으로 표적고객이나 표적청중이 누구이고 그들을 어떻게 찾아내고 그들과의 관계를 구축하기를 원할 것이다. 이러한 점에서 전통적 매체는 이용비용이 높고 이러한 정교한 고객선정 및 개인화된 마케팅이 어렵기 때문에 현재의 마케팅 주류에 적합한 매체는 아닌 것이다.[5] 이러한 점에서 기업의 마케팅 활동은 다양한 매체를 적절히 역할 분배해서 활용하는 것이 중요해지고 있으며 새로운 매체인 SNS를 적극 활용할 필요성이 높아지고 있다.[6]

2. IMC 정의 및 커뮤니케이션 목표

1) IMC의 정의

1989년 미국광고대행사 협회는 IMC(Integrated Marketing Communication)란 '**광고, DM, 판매촉진, PR 등 다양한 커뮤니케이션 수단들의 전략적인 역할을 비교 · 검토하고, 명료성과 정확성 측면에서 최대의 커뮤니케이션 효과를 거둘 수 있도록 이들을 통합하는 총괄적인 계획의 수립과정**'이라고 정의하였다.

정의에서 살펴보았던 IMC의 특징을 좀 더 자세하게 이야기해보면 다음과 같다. 첫째, IMC는 다양한 커뮤니케이션 수단을 모두 고려한다. 소비자는 일상생활에서 다양한 정보원천을 통해 상표와 접촉(contacts)한다. 예를 들어, 친구나 이웃과의 대화를 통해서나 신문, 잡지, TV 혹은 패키지를 통해서 상표와 접촉할 수 있으며, 점포 내 상품진열이나 입간판을 통해서도 상표와 접촉할 수 있다. 그러므로 인터넷 비즈니스 기업은 단순히 인터넷 광고나 홈페이지 등뿐만 아니라 인터넷에서 실시할 수 있는 다양한 이벤트, 판매촉진, PR 등 그리고 기업의 여력이 된다면 전통적인 매체인 TV, 라디오, 신문, 잡지 등을 통한 광고 등까지 소비자와 의사소통하기 위해서 효율적으로 사용할 수 있음을 고려해야 한다. 인터넷 마케팅에서는 과거의 전통적 마케팅과 달리 새로운 마케팅 도구를 많이 활용하게 된다. SEO 최적화(검색엔진 광고), 소셜미디어, 블로그, 배너 광고, 유튜브 동영상 광고 등 과거와 다른 새로운 방법을 활용하게 된다.[7]

둘째, IMC는 다양한 커뮤니케이션 수단을 통합한다. 인터넷 비즈니스 기업은 메시지의 명료성과 일관성을 극대화하기 위한 인터넷 광고, 다이렉트 메일, 판매촉진, 이벤트, PR 등의 다양한 커뮤니케이션 활동을 통합적으로 운영해야 한다. 과거에는 소비자와 커뮤니케이션을 하기 위해 광고에만 주로 의존해 왔다. 그러나 IMC의 개념이 도입되면서 기업은 다양한 커뮤니케이션 방법들을 이용하고 있다. 문제는 여러 커뮤니케이션 방법들을 어떻게 통합적으로 조정 · 통제하여 가장 설득력 있는 메시지를 창출하느냐에 있다.

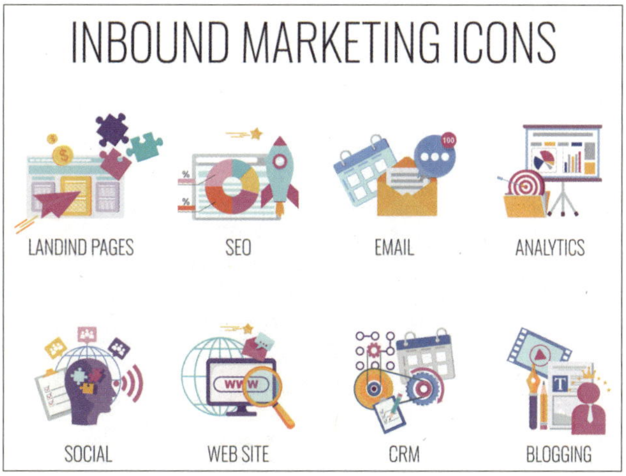

인터넷 마케팅은 사진들과 같은 전통적인 마케팅과는 다른 커뮤니케이션 수단을 활용한다.[8]

마지막으로 IMC는 각 커뮤니케이션 수단의 전략적인 역할을 할당한다. IMC를 도입하는 인터넷 마케터는 표적청중들의 반응에 영향을 미칠 수 있는 모든 커뮤니케이션 수단들을 염두에 두고 전체적인 계획을 수립할 필요가 있다.[9] 즉, IMC가 성공을 거두기 위해서는 큰 그림을 그리는 사고가 필요하다. IMC는 그림의 부분 부분을 모아서 하나의 그림을 만드는 것이 아니라, 전체 그림에 대한 구도를 먼저 잡은 다음 각 부분을 어떻게 그려야 할 것인가를 고려한다.

2) 인터넷 비즈니스 기업의 커뮤니케이션 유형

다양한 커뮤니케이션은 인터넷 비즈니스 기업에 대한 소비자의 인식(호감 또는 비호감)과 태도 그리고 구매 및 추천 여부 등 소비자의 전반적인 쇼핑 여정에 영향을 미칠 수 있다.[10] 이러한 커뮤니케이션은 크게 내부 및 외부적 커뮤니케이션으로 분류할 수 있는데 내부 커뮤니케이션은 온라인 상점과 소비자 간의 직접적인 커뮤니케이션을 말하는 것으로 디지털 광고, 디지털 서비스 상호작용 등이 그 예가 된다. 온라인 상점은 소비자와 실질적이고 직접적으로 소통하여 이를 통해 직접 소비자의 의도를 파악할 수 있다. 외부 커뮤니케이션은 온라인 상점의 직접적인 개입 없이 소비자 간의 상호작용에서 발생하는 것들을 말하는 것으로 온라인 리뷰나 온라인 커뮤니티 등이 이에 해당한다. 기업들은 이러한 외부 커뮤니케이션 데이터를 통해 소매업체의 내부 커뮤니케이션 데이터를 보완하여 더 나은 소비자 통찰력을 확립할 필요가 있다. 이러한 각 커뮤니케이션은 일방향 또는 쌍방향 커뮤니케이션 형태로 나타날 수 있다.[11]

인터넷 비즈니스 기업은 디지털 커뮤니케이션을 구체적으로 네 가지 영역([그림 12-1 참조])으로 구별할 수 있는데 월마트의 커뮤니케이션 상황을 예로 들어 설명한 것이다.

그림 12-1 | 인터넷 비즈니스 기업의 커뮤니케이션 유형[12]

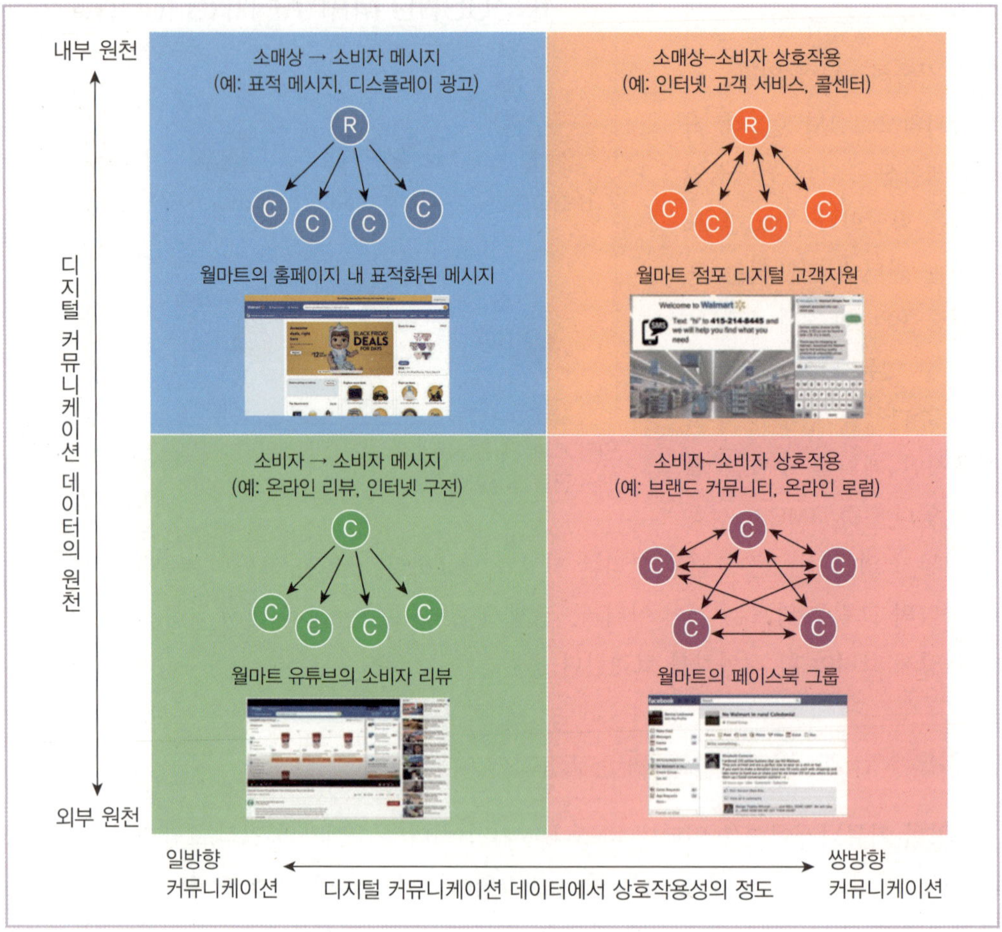

좌측(상) 분면의 소매상의 대소비자 메시지는 월마트의 고객들에 대한 일방적 커뮤니케이션을 의미하며 홈페이지의 디스플레이 또는 모바일 광고는 물론 다양한 온라인 또는 모바일 채널을 통해 고객에게 발송되는 다이렉트 메시지를 포함한다. 우측(상) 분면의 소매상과 소비자 간의 상호작용은 월마트의 e고객 서비스, 챗봇 또는 콜센터 대화를 포함하며, 일반적으로 일선에서 대고객 서비스를 제공하는 직원을 보완하기 위해 사용될 수 있다. 그리고 월마트는 이메일[13] 또는 소셜미디어[14]를 통해 고객 불만 사항을 처리할 수도 있다. 좌측(하) 분면의 소비가가 다른 소비자에게 제공하는 메시지는 월마트의 소비자가 여러 다른 소비자들에게 온라인 소비자 리뷰 또는 온라인 콘텐츠와 같은 방법으로 그들의 소매 경험을 알리고 동료들에게 제품에 대한 후원 여부를 공지하는 것을 말한다.[15] 마지막으로

우측(하) 분면의 소비자 간의 상호작용은 브랜드 커뮤니티와 온라인 포럼 등에서 소비자 간 상호작용을 통해 소매상과 제품에 대한 정보를 논의하고 교환하는 커뮤니케이션 활동을 말한다. 이 모든 상황에서 월마트는 소비자와 적극적으로 커뮤니케이션하고 소비자의 의도를 정확하게 파악하기 위한 노력을 할 필요가 있다.

3) 인터넷 비즈니스 기업의 마케팅 커뮤니케이션 목표

마케팅 커뮤니케이션 프로그램에 대한 전체적 구도를 그리기 위해 인터넷 마케터는 각 커뮤니케이션 수단들이 마케팅 커뮤니케이션의 목표를 달성하기 위해 수행해야 할 전략적 역할을 고려해야 한다. 마케팅의 궁극적인 목표인 소비자의 구매행동을 이끌어 내기 위해서는 여러 단계의 반응과정을 필요로 한다. 즉 소비자는 인지도 형성, 호의적인 태도 형성, 궁극적인 구매의도 형성 등과 같은 여러 가지 인지반응을 거친 후 최종적인 구매에 도달하게 된다.

구체적으로 인터넷에서는 사이트에 대한 **소비자 인지, 사이트 방문, 트래픽(링크 클릭, 조회, 노출), 게시물 참여, 페이지 좋아요, 이벤트 참여, 앱 설치, 동영상 플레이, 브랜드 페이지로 링크, 제품구매, 구매추천** 등 다양한 세부적 커뮤니케이션 목표가 존재한다. 그러므로 마케터는 각 커뮤니케이션 수단의 장 · 단점을 비교 · 검토하여 각 단계의 소비자 반응을 이끌어내는데 가장 효과적인 커뮤니케이션 수단들을 결합함으로써 최대의 커뮤니케이션 효과를 거둘 수 있도록 노력해야 한다.

버쏜 등(Berthon, Pitt, 그리고 Watson)은 일반적으로 전달하고자 하는 메시지가 소비자에게 어떻게 전달되는가의 과정에 대한 개념화로써 인터넷에서 마케팅 커뮤니케이션 과정을 5단계로 모델화하고 있다.[16]

(1) 서퍼(sufer)에게 인터넷 사이트를 알리는 단계

첫 번째 단계에서 인터넷 사이트의 매력성은 인터넷에 대해 잠재적으로 관심이 있는 서퍼(surfer)의 수에 달려있다. 이 단계에서 얼마나 효과적으로 기업이 그들의 존재를 서퍼에게 알렸는가를 결정하기 위해 사이트에 대한 **인지효율성(awareness effectiveness)**이 측정될 수 있다. 인터넷 광고주와 마케터는 대중 광고와 같은 TV 광고뿐만 아니라 제품 포장에 그리고 편지위쪽 인쇄문구, 명함, 그리고 팸플릿 등과 같은 다른 기업 커뮤니케이션 도구 등에 인터넷 사이트 주소를 기입하는 것을 포함하는 보편적이고 일반적으로 잘 알려진 인지화 기법들을 이용할 수 있으며, 페이스북이나 유튜브 등과 같은 곳에서 자사의 브랜드를 노출시킬 수 있다.

유튜브에는 다양한 방법의 광고를 통해 수많은 신제품이 소개되고 있다.

(2) 서퍼(surfer)로 하여금 히트(hit)하도록 유도하는 단계

두 번째 단계는 인지하는 서퍼들이 인터넷 사이트를 검색하는 것을 돕는 데 관심을 둔다. ① **적극적 검색자(active seeker)**는 의도적으로 특정 인터넷 사이트를 찾는 사람을 말하고 ② **수동적 검색자(passive seeker)**는 검색의 의도를 가지고 있지만 반드시 특정 사이트를 검색할 의도를 가지지 않은 서퍼들을 말한다. 인터넷 마케팅 관리자들의 중요한 임무는 얼마나 효과적으로 브랜드를 인지한 서퍼들 중 적극적 검색자를 촉진하고, 수동적 검색자에게 매력 있는 무엇을 제공함으로써 적극적 검색자로 만드는 것이다.

(3) 단순한 히트(hit)를 방문(visit)[17]으로 전환하는 단계

모델의 3번째 단계는 얼마나 효과적으로 기업이 인터넷 사이트 검색자들을 방문자로 전환시킬 수 있느냐 하는 것이다. 히트(hit)는 방문자들의 관심을 충분히 받고 그들을 브라우저에 오래 머물도록 설득할 수 있게 만들어져야 한다. 여기서 앞에서 제시되었던 중요한 개념인 **상호작용성(interactivity)**의 개념이 제시된다. 이전과 달리 인터넷 커뮤니케이션에서는 소비자가 커뮤니케이션의 주체가 되어 정보를 보낼 수 있는데, 곧 정보를 생산하고 전달하며 또한 그 정보순환구조 속에 소비자가 존재한다는 것이다.[18]

(4) 방문자를 구매자로 전환하는 단계

일단 서퍼들이 특정 인터넷 사이트에서 방문자가 되면 그들은 다음의 것 중 하나 또는 둘다를 실행할 수 있을 것이다. ① **대화채널의 구축**(이는 정보를 위해 전자방문자 수첩에 사인하거거나 이메일을 요청하는 것을 의미할지도 모른다), ② **주문**(단순한 주문과정을 확인하고 그렇게 하는데 대한 안전한 지불 선택(전자화폐, 신용카드, 현금 등)을 제공함으로써 촉진될지도 모른다).

방문자를 구매자로 전환하기 위한 촉진방법

(5) 구매자를 재구매자로 유지하는 단계

이 과정에서 마지막 단계는 구매를 재구매로 전환하는 것이다. 인터넷 사이트의 광고주는 구매자에게 매력을 제공하기 위해서뿐만 아니라 그러한 구매자를 재방문하고 계속적으로 제품을 재구매하는 충성적인 고객으로 변화시키기 위해 인터넷 사이트의 효율성을 고려해야 한다. 고객들은 정기적으로 개정되고 시대에 맞게 변화시키는 인터넷 사이트를 더욱 선호할 것이다. 예로서 자동차 정비소는 고객들에게 그들의 차가 서비스되어야 한다는 것을 상기시켜 주기 위해 고객들에게 문자 메시지나 카톡 메시지를 보냄으로써 지속적 구매를 유도할 수 있다. 구매를 재구매로 전환시키는 것을 **보유 효율성(재구매의 수/구매의 수)**이라고 한다.

이러한 커뮤니케이션 과정을 쉽게 요약한 것으로 **정보통 · 최환진(1999)**의 '**인터넷 효과 과정 모델**'을 예로 들 수 있는데 이를 일목요연하게 정리한 것이 [그림 12-2]와 같다.

그림 12-2 | 인터넷 마케팅 커뮤니케이션의 효과 과정

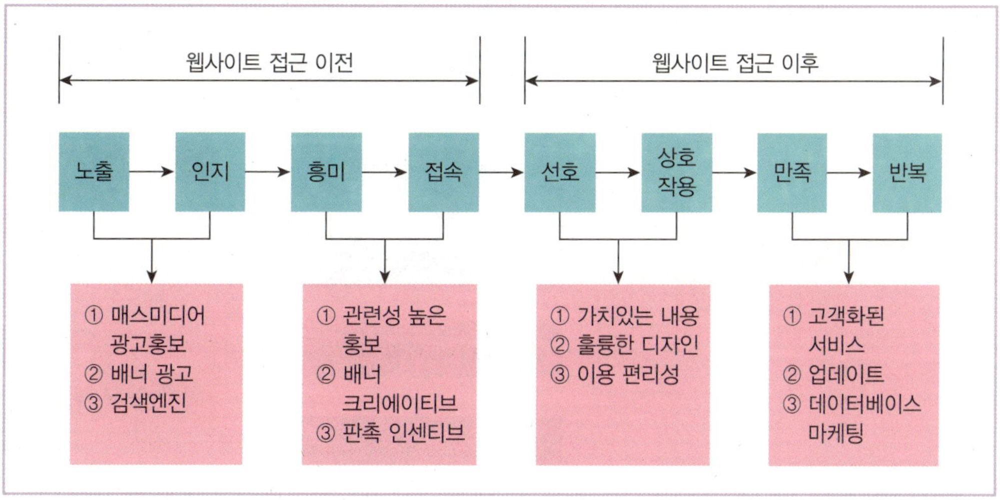

3. 인터넷 비즈니스 기업의 커뮤니케이션 계획

인터넷 사용자가 많아지고 인터넷 사이트가 급증하면서 인터넷과 고객과의 만남의 장, 커뮤니케이션의 장을 펼쳐나가는 인터넷 프로모션 활동도 다양화되고 있다. 초기 인터넷 커뮤니케이션은 사이트나 기업의 홍보수단으로 활용되었지만 이제는 고객 데이터베이스화를 통한 고객관계 마케팅의 수단으로 활용될 정도로 그 중요성과 프로세스가 달라지고 있다. 이제 인터넷 커뮤니케이션이 성공하기 위해서는 다각도의 마케팅 활동이 요구된다. 특히 인터넷 커뮤니케이션이 단순히 홍보뿐만 아니라 고객 데이터베이스 확보를 통한 판매까지 연계하는 고객 마케팅으로 이어질 때 진정한 마케팅 커뮤니케이션의 효과를 기대할 수 있다.

이를 위해 인터넷 마케팅 커뮤니케이션은 명확한 마케팅 전략에 근거하여 기획되고, 내용이 결정되며 이를 강화시켜 줄 수 있는 크리에이티브가 제작되고 프로그래밍이 구축되어야 한다. 이러한 준비과정을 거쳐 온라인과 오프라인에서 인터넷 마케팅 커뮤니케이션을 고지하는 광고 활동이 이루어지면서 인터넷 마케팅 커뮤니케이션이 집행되고 이를 통

그림 12-3 | 인터넷 마케팅 커뮤니케이션 프로세스

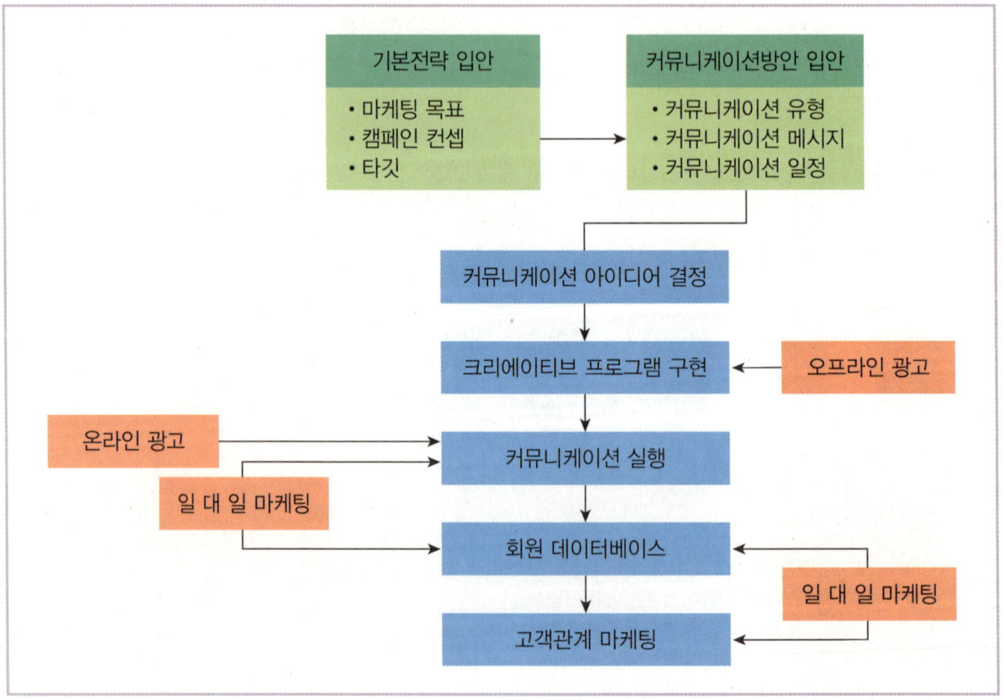

해 확보되는 고객 데이터베이스를 활용하여 고객 개개인을 표적시장으로 한 일 대 일 마케팅이 구현되게 된다. 이러한 표적 집중적인 관계 마케팅을 통해 고객과 기업은 더욱 가깝게 상호 간 커뮤니케이션이 가능하게 되고 고객만족도가 높아져 기업제품의 선호도와 매출이 제고되게 된다.[19]

Internet Marketing INSIGHT 12-1

미디어 환경 변화에 따른 소비자 매체이용[20]

미디어의 확산과 기술의 발전으로 광고매체 환경은 진화하고 있다. 이렇듯 미디어가 다변화되고 있는 시대에 광고 효과를 극대화하기 위해 기업들은 어떤 전략이 필요할까?
글로벌 정보분석기업 닐슨이 과거 발간한 Global Trust in Advertising Report에 따르면, 전 세계 소비자들은 지인의 추천 유형의 광고(83%)를 가장 신뢰했으며, 뒤를 이어 브랜드

그림 12-4 | 소비자가 신뢰하는 매체

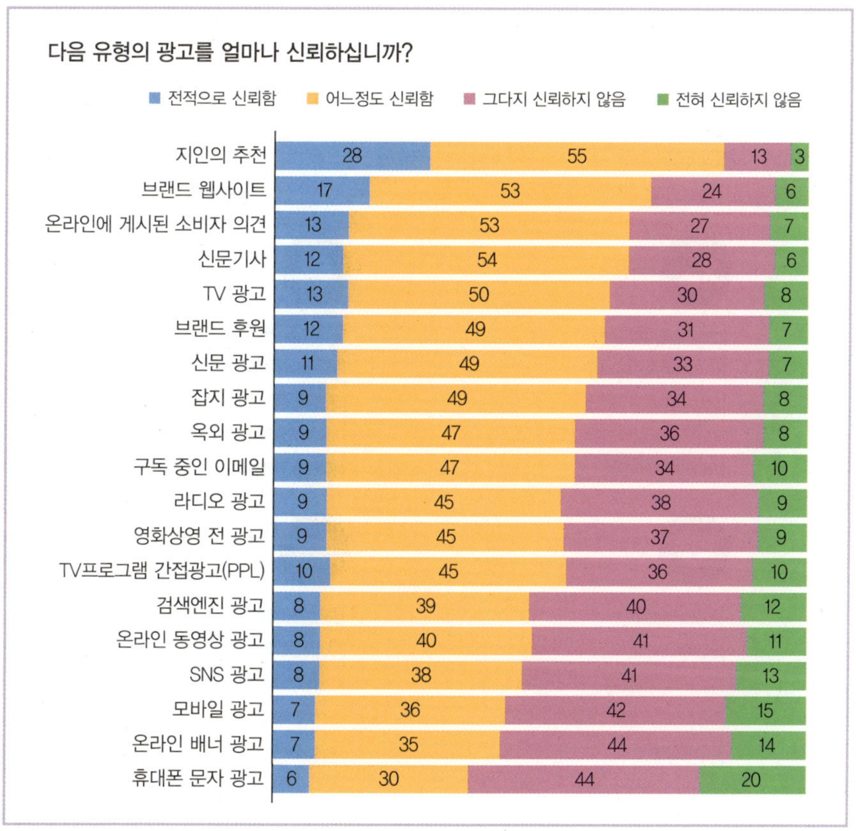

웹사이트(70%), 온라인에 게시된 소비자의 의견(66%), 신문기사(66%), TV 광고(63%)와 같은 유형의 광고를 신뢰하고 있는 것으로 나타났다. 온라인 동영상 광고(48%)나 SNS 광고(46%) 등 뉴미디어 광고를 신뢰한다는 소비자의 비율도 절반에 가깝게 나타나 광고 시장 미디어가 세분화되고 있음을 보여주었다.

한국 소비자들이 가장 신뢰하는 광고 유형 역시 지인의 추천 유형의 광고(78%)인 것으로 나타났으며, 그 외에 온라인에 게시된 소비자 의견(61%), TV 광고(52%), 브랜드 웹사이트(52%), 신문기사(49%)와 같은 유형의 광고를 신뢰하는 것으로 드러났다.

어떤 유형의 광고 메시지가 가장 인상적이었는지 조사해본 결과, 전 세계 소비자들은 실생활과 연관된 메시지(44%)를 첫 번째로 꼽았으며, 뒤를 이어 이어 건강을 주제로 한 메시지(38%), 가족관련 메시지(36%) 등을 꼽았다. 실제로 닐슨 뉴로에서 진행한 컨슈머 뉴로 사이언스 광고 테스트에서도 소비자들은 익숙한 상황이나 테마에 더욱 잘 반응하고, 더욱 잘 기억하는 경향이 있는 것으로 나타난 바 있다.

한국 소비자들 역시 전 세계 소비자들과 마찬가지로 실생활과 연관된 메시지(34%)가 가장 기억에 남는다고 응답했으나, 뒤를 이어 유머러스한 메시지(33%), 감성적인 메시지(29%), 가치지향적 메시지(25%), 건강을 주제로 한 메시지(22%) 등이 가장 기억에 남는다고 응답해 전 세계 소비자들이 가족이나 건강에 대한 관심이 더 높은 것과 비교해 차이를 보였다.

그림 12-5 | 소비자가 선호하는 광고유형

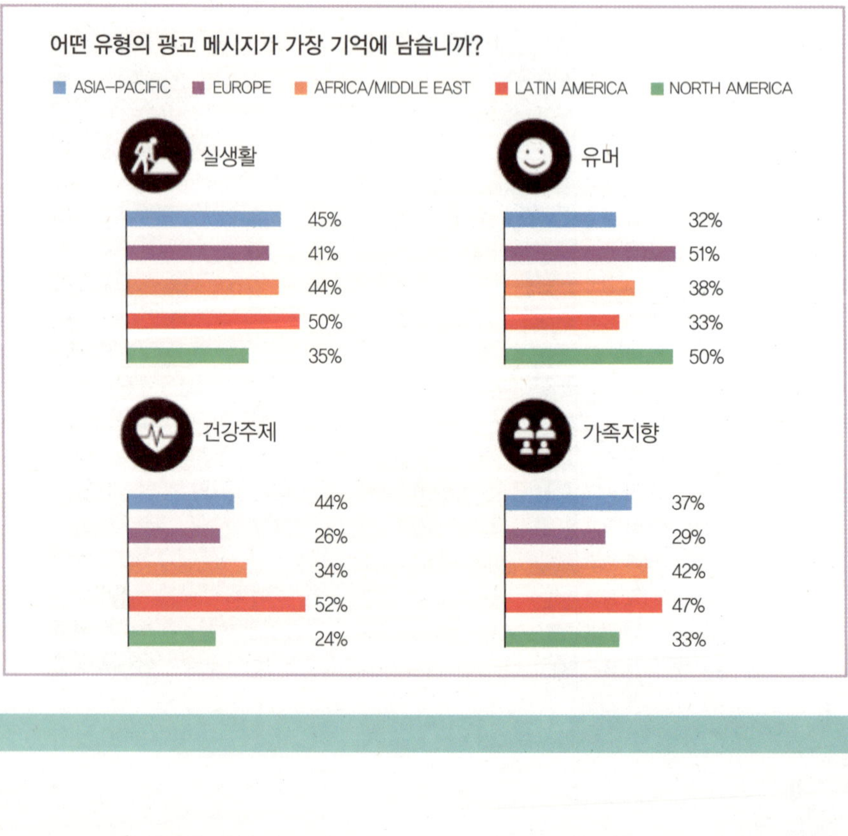

제2절 온라인 마케팅 커뮤니케이션의 유형

1. 온라인 마케팅 커뮤니케이션 도구의 영향력

영국의 통합 디지털 마케팅 회사인 **스마트인사이츠(smartsinsights)**의 자료는 다양한 디지털 마케팅 활동 중에서 가장 효과가 클 것으로 기대되는 요소로 콘텐츠 마케팅, 빅데이터 활용, 모바일 마케팅과 함께 마케팅 자동화 등을 제시하고 있다. 이들은 20여 년 전의 광고서적이나 촉진서적에서 전혀 볼 수 없었던 용어들로 지금의 촉진 및 광고시장은 과거와는 판이 바뀐 상황이라고 볼 수 있다.

그림 12-6 | 온라인 마케팅 도구에 대한 기대[21]

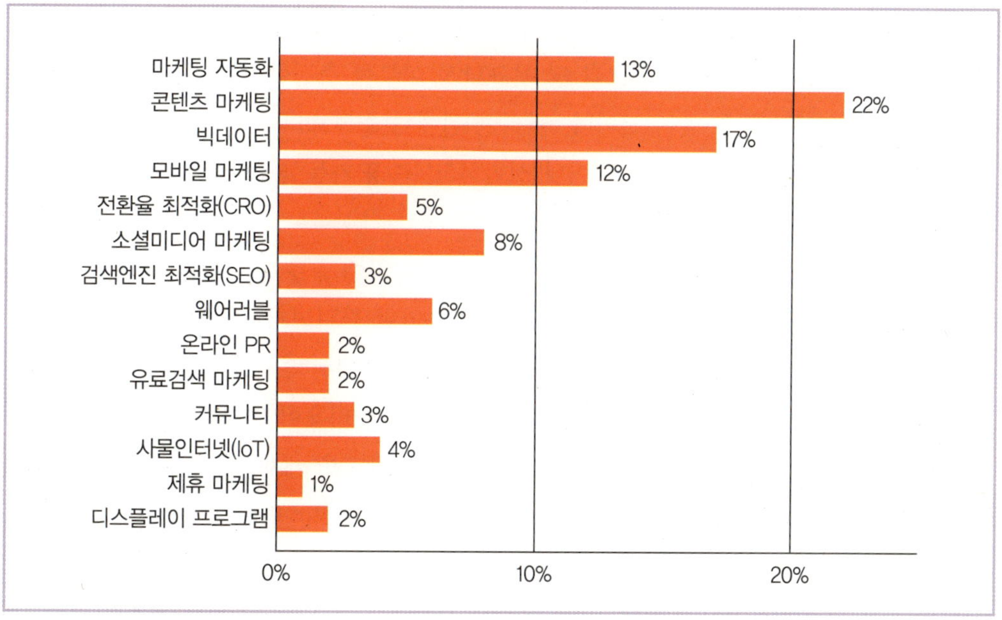

기본적으로 실무에서도 최근 강조하는 부분은 **검색엔진 최적화, 유튜브 콘텐츠 광고, SNS 및 유튜브 광고 세팅** 등과 같은 것들이다.[22] 이러한 커뮤니케이션 수단이 최근 들어 크게 주목을 받는 이유는 기본적으로 비용절감적 측면뿐만 아니라 다양한 이점이 있기 때문이다. 첫 번째 이점은 이러한 방법들이 다른 어떤 매체보다 정확하게 소비자들에게 메시지를 전달할 수 있다는 것이다. 겉으로 드러나는 통계학적 기준뿐만 아니라 신념과 기

온라인 광고는 타깃을 정확히 알고 찾아들어갈 수 있다.[23]

대에 대한 심리적 기준까지 충족한다는 것이다. 유튜브나 SNS 광고 설정 페이지를 보면 인구통계적 정보에 대한 선택은 기본이고 관심분야 그리고 해당 광고에 대한 노출 여부 등 상당히 다양한 기준으로 타깃을 설정하여 접근 가능하다는 것을 알 수 있다.

두 번째 이점은 모든 것을 측정할 수 있다는 것이다. SNS나 유튜브 그리고 구글, 네이버 등과 같은 포털은 소비자가 자사 광고에 접속한 경로나 페이지 뷰 그리고 다른 페이지로의 이동 등을 추적하고 있다. 그렇기에 정확하게 광고의 효과 및 목표달성 여부를 측정할 수 있으며 광고가 가져온 수익창출 효과도 알 수 있는 것이다. 이러한 점에서 소규모의 자영업자 및 중소기업들은 측정하기 어려운 광고방식에서 벗어나 신속하고, 측정 가능한 다이렉트 광고로 이동하는 것을 적극적으로 검토해야 한다.[24]

이러한 장점에도 불구하고 어떤 온라인 광고는 소비자에게 주목을 받기 어려운 경우가 많다. 실제 수십만 명에게 광고를 노출시켰는데 단 한번 클릭되지 못하는 일이 허다하다. 광고가 끝날 때까지 소비자에게 아무런 영향을 미치지 못하는 일이 부기기수다.[25] 이렇듯 광고비용 측면에서도 매우 큰 이점이 있지만 이러한 낮은 비용이 결과를 가지오지 못하는 경우도 많을 수 있다는 점도 알아야 한다. 유명잡지에 광고를 게재하는 비용은 **CPM(Cost Per Mile: 천 명당 비용)**으로 100만 원이라고 할 때 이는 100만 원으로 1,000명의 독자에게 광고를 노출할 수 있다는 것이다. 1인당 100원 정도 드는 셈이다. 그러나 일반 웹사이트에 광고를 게재하면 100만 원에 10만 명에게 광고를 노출시킬 수 있는 경우도 있을 것이다. 그러나 소비자들은 이 광고를 대충 훑어보고, 클릭하고, 무시하며, 당신의 광고를 기억하거나 보고도 어떠한 행동도 취하지 않을 수도 있다는 것이다.[26]

2. 다양한 유형의 인터넷 광고

인터넷 광고의 형태는 시간이 갈수록 매우 다양해지고 있다. 최근에는 인터넷 동영상 광고가 보편화되고 있고 인터넷에서 TV나 뮤직비디오를 시청함에 따라 인터넷이라는 매체는 기존의 TV 광고와 결합된 종합적인 광고매체로 발전하고 있는 것이다. 일반적으로 인터넷 광고를 나누어보면 다음과 같이 정리해볼 수 있다.

1) 배너 광고

배너란 쉽게 말하면 광고용 현수막이라고 생각하면 이해하기 편하다. 배너를 이용한 광고비용은 배너의 위치와 크기와 위치에 따라 많은 차이를 보이고 있다. 야후나 심마니와 같이 많은 네티즌들이 즐겨 찾는 인터넷 사이트에 배너 광고를 게재하는 것은 대기업들이나 할 수 있을 정도로 상당한 비용이 소요되지만 광고효과는 크다고 할 수 있다. 하지만 광고주의 관점에서, 배너 광고의 주된 문제점은 목표청중이 특정 배너를 잘 클릭하지 않으며 그에 따라 기업 또는 제품에 대한 정보를 잘 받아들이지 않는다는 점이다.[27] 그런데 이러한 의문에도 불구하고 한 조사에 따르면 배너 광고는 광고의 인지도, 브랜드 인지도, 소비자 충성도 유인 등에 영향을 미치는 것으로 결론지었으며 많은 다른 연구에서도 소비자의 브랜드 인지를 증가시키는 것을 돕고, 브랜드에 대한 태도에 영향을 주며 궁극적으로 구매 가능성을 증가시킬 수 있다고 주장하고 있다.[28]

2) 홈페이지를 이용한 광고(Advertising using Hompage)

인터넷 배너 광고가 주로 광고비를 지불하고 유명한 인터넷 사이트에 자신의 광고를 게재하는 것에 반해서, 홈페이지를 이용한 광고는 자신의 인터넷 사이트를 이용하여 자사의 상품이나 서비스에 대한 광고를 수행하는 방법으로 과도한 비용부담으로 인하여 타사의 유명한 인터넷 사이트에 배너 광고를 할 수는 없지만 자사의 홈페이지를 가지고 있는 회사에 적합한 방법이다. 홈페이지를 이용한 광고의 장점은 자사의 상품이나 서비스를 최소의 비용으로 광고할 수 있다는 것이다.

3) 가상상점(Virtual Store) 등을 이용한 광고

인터넷 광고의 가장 복합적인 형태는 가상상점이다. 가상상점은 광고와 판매가 동시에 이루어지는 곳이므로 정보제공을 위한 광고 서비스와 함께 상품판매를 위한 고객 서비스가 모두 필요하다. 가상상점 등을 이용한 광고는 자사의 인터넷 사이트를 가지고 있지는 않지만 가상상점을 이용해서 제품과 서비스를 소개하고 판매하려는 회사에 적합한 방법이다. 인터넷 쇼핑은 전 세계적으로 꾸준한 성장세를 보이고 있다.

4) 검색엔진을 이용한 광고

키워드 광고는 네이버 동의 포털에서 특정 키워드를 검색했을 때 검색결과 상단에 광고가 노출되는 방식으로 진행된다. 이러한 광고 방식은 과거의 전통적 매체의 광고 방식과 비교하여 구매로 바로 이어질 수 있는 가능성을 높이고 실시간으로 광고의 효과를 측정할 수 있다는 장점이 있지만 브랜드 이미지를 위한 광고로는 적합하지 않을 수 있다.[29]

특히 자사의 사이트를 운영하는 마케팅 관리자는 구글애널리틱스 분석이나 네이버데이터랩 등을 사용하면 사용자가 어떤 키워드로 사이트를 방문했는지 알 수 있다. 나아가 각각의 키워드로 모여든 접속별 이탈률, 세션당 페이지수와 같은 측정항목으로 분석할 수 있다. 그리고 어떤 욕구가 있는 사용자가 찾아왔는데 각 사용자가 사이트에서 어떤 반응을 보이는지 일목요연해진다.[30]

그림 12-7 | 키워드 마케팅의 작용[31]

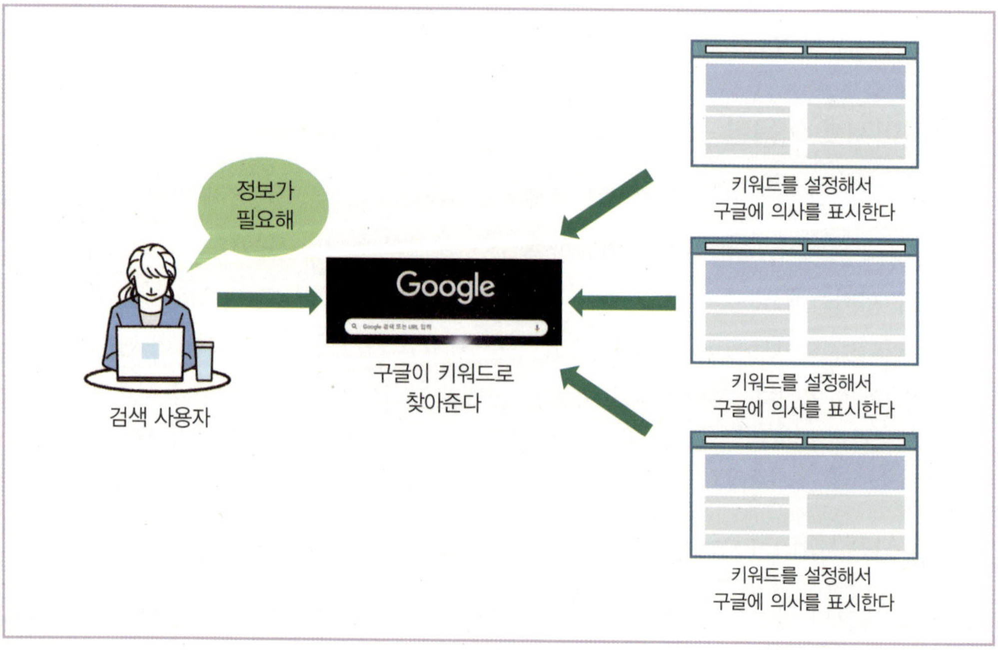

검색엔진은 검색용어와 사용자가 원하는 콘텐츠에 액세스하는 데 사용되는 링크에 따라 결과 목록을 제공하는데 이 간단한 과정은 현재 온라인 콘텐츠에 접근하는 가장 중요한 방법이다.[32] 이러한 키워드를 통한 검색을 활용할 수 있는 검색엔진은 수많은 웹사이트가 제공되기 때문에 사용자에게 올바른 페이지를 제공하는 데 중요한 역할을 한다. 구글과 같은 검색엔진은 웹페이지의 특성과 전 세계 웹에서의 존재에 따라 웹페이지의 등급을 매기기 위해 페이지 순위 알고리즘을 사용하는데, 많은 전문가들은 자사 사이트나 광고의 노출을 위해 검색엔진 최적화가 필요하다는데 동의하고 있다.[33]

검색엔진 최적화, 즉 SEO(Search Engine Optimization)는 검색엔진의 검색결과에서 상위에 표시되게 하는 전략을 말한다.[34]

검색엔진 최적화, 즉 **SEO (Search Engine Optimization)**는 검색엔진의 검색결과에서 상위에 표시되게 하는 전략을 말한다. 검색엔진을 이용해서 정보를 찾는 사용자는 보통 검색결과에서 1~2페이지, 많아야 3페이지 정도 밖에 확인하지 않는다. 이러한 사실에서 검색엔진 결과가 상위에 표시되게 하는 SEO는 사이트 접속 유인을 증대시키고 성과에도 영향을 미치는 중요한 수단이 될 수 있다.[35]

네이버에서 아이폰 14 pro라고 검색했을 때 사진과 같이 해당 홈페이지뿐만 아니라 해당 제품을 구입할 수 있는 다양한 쇼핑몰들까지 첫 화면에 뜬다.

실제 검색엔진의 검색결과는 365일 24시간 풀타임으로 소비자를 관리한다. 검색엔진의 조회수와 매출정보는 브랜드 인

그림 12-8 | 검색엔진의 역할[36]

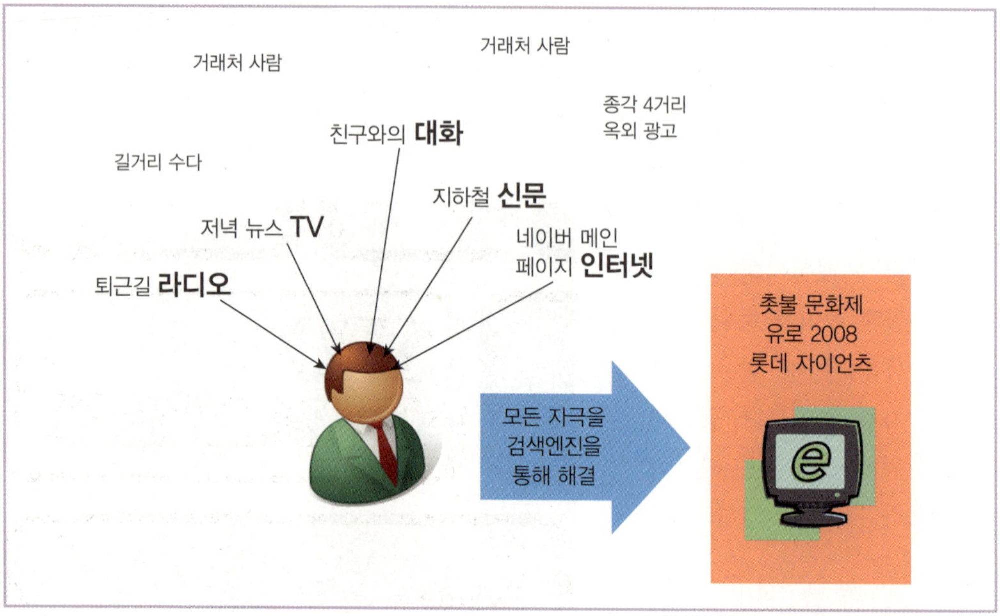

지도, 제품소개, 소비자와의 관계관리, 수요측정, 소비자 조사 등 여러 가지 정보를 마케터에게 제공할 수 있다. 적극적으로 메시지를 노출시키고 수요를 창출하는 힘은 TV 광고와 같은 적극적인 홍보활동에 비해 적을 수 있으나 자사가 창출한 수요를 지키고 소비자의 수요를 수용해 실제 매출을 발생시킨다는 점에서 매우 효과적이라고 볼 수 있다.[37]

Internet Marketing INSIGHT 12-2

구글 애드센스

구글 애드센스(Google AdSense)는 광고주를 위한 구글 애즈와 대비되는 구글의 광고 프로그램이다. 웹사이트 소유자는 애드센스에 가입함으로써 광고수익을 구글과 나눌 수 있다. 광고수익은 사용자가 애드센스 광고를 클릭함으로써 광고 게시자는 구글에 광고비를 지급하고, 구글은 그렇게 적립된 광고비를 웹사이트 제작자와 나누어 갖는다. 애드센스는 구글에 가입된 광고풀 가운데 웹페이지와 가장 연관성이 높은 광고가 나오게 되지만, 그렇지 못한 경우에 공익광고가 나오게 된다. 공익광고는 사용자가 클릭을 했다고 해도 수익이 생기지 않는다.[38]

광고시장에서 버려진 페이지들이 많다 보니 이들의 트래픽 총량은 전체 웹시장의 70% 이상을 차지했다. 구글은 여기서 새로운 롱테일 경제를 발견했다. IT의 장기적 트렌드 중 하나가 자동화를 통한 중개인(middle man)의 제거인 만큼, 구글은 광고 시스템에서 세일즈맨, 예측, 협상, 운영이라는 고비용 · 저효율 구조를, 통계와 알고리즘으로 무장한 애드센스로 대체한 것이다. 구글 계정으로 애드센스 페이지에 들어가서 소스를 퍼다가 자신이 운영하는 페이지에 붙이면 광고가 돌아간다. 이렇게 자동화를 통해 광고를 붙이고, 운영비용이 제로(zero)화 되자 하루 방문객이 단 10명뿐인 사이트나 한 달에 광고 수익이 1만원도 안되는 사이트도 광고가 돌아가기 시작했다. 광고시장에서 버려졌던 70%의 시장을 순식간에 구글이 점령해나간 것이다.

단순히 광고가 붙는 것에서만 멈추지 않았다. 광고시장은 광고와 매체를 연결해주는 장터와 같은 곳이다. 뮤지컬 제작사는 공연정보가 자주 올라오는 블로그에 광고를 노출하고 싶어하고, 토익학원은 취업 중인 대학생들이 많이 모여 있는 사이트를 찾는다. 매체 입장에서도 방문객과 연관도가 높은 광고가 게재되어야 높은 클릭률을 기대할 수 있다.

구글은 이 역시도 자동화를 통해 순식간에 진행해버린다. 애드센스가 달려있는 페이지의 내용(context)을 스캐닝하여 인식하는 것은 물론이고, 그 페이지에 도달한 사용자들의 특성을 파악하여 그에 맞는 광고를 노출하는 것이다. 여름 피서와 관련된 뉴스 페이지를 방문한 사용자를 예로 들어보자. 이전에 백화점이나 재테크 관련 사이트를 돌아다닌 사용자에게는 해외여행 광고 배너를 노출하고, 아르바이트 구직 사이트나 저렴한 쇼핑몰을 둘러봤던 사용자에게는 국내 여행을 노출하는 식이다.

이것이 바로 구글 광고사업의 두 번째 특징인 콘텍스트와 사용자 특성에 기반을 둔 '타깃

그림 12-9 | 구글의 광고 시스템[39]

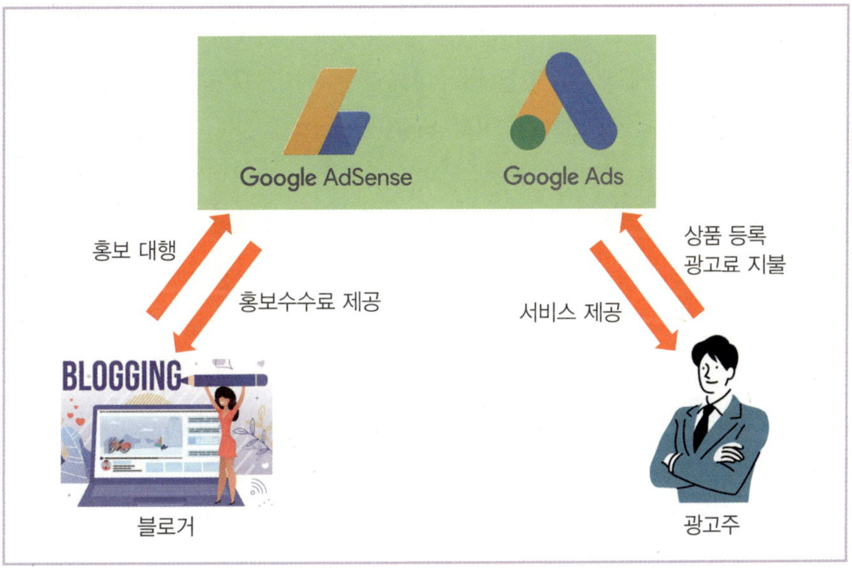

광고(Targeted Advertising)'다. 사용자들의 특성을 광고 툴이 인식하는지를 알기 위해서는 먼저 구글의 쿠키를 설명해야 한다. 쿠키(Cookie)란 웹사이트들이 사용자의 로컬하드에 저장하는 파일로, 주로 사용자의 아이디를 저장하는 텍스트 파일이다. 어떤 사용자가 G마켓 사이트에 접근했을 경우, G마켓의 서버는 사용자 PC에 저장되어 있는 G마켓의 쿠키파일을 찾는다. 쿠키가 없을 경우에는 로컬드라이브에 사용자의 아이디값을 저장한 쿠키파일을 새로 만들어둔다. 그래서 다음 방문 때 로그인하지 않은 상태에서도 이전에 어떤 아이디로 로그인했는지를 살펴보고, 그 사용자가 즐겨 찾을 만한 상품군을 전면에 보여준다. 아이디 값 외에, 로그인 · 로그아웃 시간(체류시간), 그리고 사이트내 이동경로 등도 쿠키에 저장할 수 있다.[40]

검색엔진을 통한 광고는 각 키워드별 광고가 클릭될 때마다 광고료를 지불하게 된다. 직접 자사 제품의 광고를 운영할 수도 있고 광고대행사를 통해 수수료를 지급하고 운영할 수도 있는데 구글의 광고가 운영되는 시스템은 [그림 12-9]와 같이 설명될 수 있다.

3. SNS 활용

1) 온라인 커뮤니티

지금의 SNS들이 성행하기 이전에는 온라인 커뮤니티가 매우 유행이었는데 이는 특정 브랜드에 관심이 있는 사람들 사이에서 나타나는 사회적 관계의 구조화된 집합에 기반을 둔 특화되고 지리적으로 제약되지 않는 커뮤니티로 전통적 커뮤니티와 마찬가지로 **공유된 의식**(shared consciousness), **의례와 전통**(rituals and traditions), **도덕적 책임감**(sense of moral responsibility)의 구조화된 집합에 근거한 특화된 커뮤니티[41]를 말한다.

특히 브랜드 커뮤니티는 다음이나 네이버 등과 같은 커뮤니티 중심의 사이트를 중심으로 형성되어 있다. 이러한 브랜드 커뮤니티는 의류, 자동차, 전자제품, 식료품으로 다양하며, 판매되는 상품은 거의 모든 커뮤니티를 가지고 있다고 해도 과언이 아니다. [그림 12-10]에서 볼 수 있듯이 온라인 커뮤니티는 기업이 만든 커뮤니티와 특정 소비자가 만든 커뮤니티 그리고 커뮤니티 사이트 내의 커뮤니티와 기업 온라인 홈페이지[42]의 커뮤니티로 분류할 수 있다.[43]

과거 연구에서는 우리나라에 형성되어 있는 자동차 브랜드 커뮤니티를 중심으로 브랜드 커뮤니티의 본질, 즉 브랜드 커뮤니티 안에서 어떠한 활동을 하고, 왜 이러한 활동을

■ **그림 12-10 | 온라인 브랜드 커뮤니티의 분류**

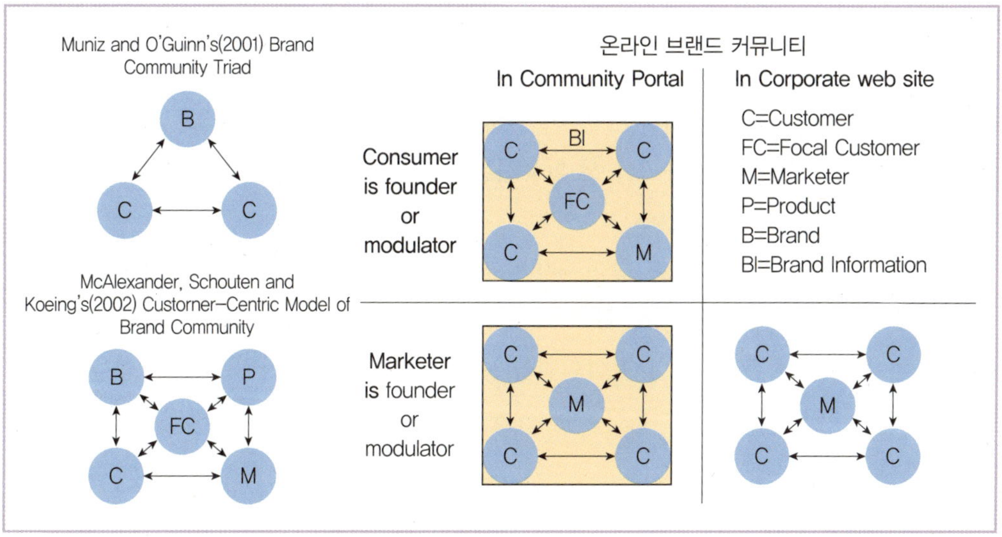

하게 되는지에 대해 심리적 측면에서 알아보고자 연구를 하였다. 그 결과 크게 여섯 가지의 브랜드 커뮤니티 활동이유를 밝혀내었다.

첫째, **신뢰성 있는 정보를 효율적으로 교환**할 수 있기 때문이다. 커뮤니티를 통해 기존 제품 사용자나 제품 전문가로부터 신뢰성 있는 정보를 쉽게 얻을 수 있으며, 효율적인 정보교환과 검색이 가능하다. 둘째, **적은 비용으로 많은 정보를 교환, 검색이 가능**함으로써 경제적인 이익을 추구할 수 있게 된다. 셋째, 브랜드를 매개로 자신의 **브랜드에 대한 애정을 표현**함과 동시에 간접적으로는 자신의 브랜드를 표현할 수 있게 된다. 넷째, 브랜드 커뮤니티의 활성화와 함께 브랜드를 매개로 인간관계 중심적인 활동들이 가능하게 되며, 이러한 활동들을 통해 자기 이미지를 표현하고, 타인과의 공유된 가치를 발견하며, 자신의 아이덴티티 발전을 가능하게 하기 때문에 브랜드 커뮤니티 활동을 한다. 다섯째, 기업의 횡포나 제품의 문제에 대해 여러 소비자가 모임으로써 소비자들의 권익을 추구하기가 용의하다. 마지막으로 다양한 정보의 공유로 소수의 이익이 아닌 다수의 이익을 추구할 수 있다는 것 등이다.

(3) 온라인 브랜드 커뮤니티를 통한 마케팅

한 브랜드 커뮤니티의 효과적인 마케팅 프로그램을 수행하기 위해서는 단순한 커뮤니티의 구축이 전부가 아니라는 것을 명심해야 한다. 자생적으로 혹은 타생적으로 탄생한 커뮤니티 안에는 회원들의 구조가 있다. 커뮤니티 활동을 하는 사람들은 크게 **단순 참여자**와 **적극 참여자** 그리고 **헌신적인 참여자**의 크게 세 가지 구조를 띤다.

대부분의 커뮤니티에서 보여지는 공통적인 특징은 바로 핵심회원이 커뮤니티에서 차지하는 비중에 매우 크다는 것이다. 그들이 전하는 의견이 대부분 커뮤니티 전체를 지배하는 경향이 있고 그들이 얼마나 열심히 활동하는가에 따라 커뮤니티의 생명력이 결정된다는 것이다.

이러한 관점에서 기업은 단순 참여자가 비적극적인 회원에서 그리고 핵심회원으로 어떻게 발전하는지를 잘 관찰하여야 하며 이 순환과정을 촉진시킬 수 있는 마케팅 프로그램을 개발할 수 있어야 한다. 또한 핵심회원을 보다 활발하게 활동하기 위한 방법을 모색할 수 있어야 할 것이다.[44]

2) SNS 마케팅

인터넷과 스마트폰의 사용이 증가함에 따라 소셜미디어 플랫폼은 현재 필수적인 마케팅 및 광고 도구가 되었다. 마케팅 실무자들은 그들의 제품을 홍보하고 그들의 브랜드에 대한 소비자 태도와 구매행동을 바꾸기 위해 항상 다양한 소셜미디어 플랫폼을 사용해 왔다.[45]

소셜네트워크서비스(SNS: Social Network Service)는 커뮤니케이션 혁명으로 불리며 대중의 인간관계 전반에 영향을 미치고 있다. SNS는 PC 중심에서 휴대폰, 스마트 패트뿐 아니라 안방의 TV 영역까지 커뮤니케이션의 통로를 확대하는 역할을 한다. 기존의 학연, 혈연, 지연의 인간관계에서 사이버공간에서 만들어지는 카페와 커뮤니티가 새로운 문화를 주도했고, 이러한 변화는 미니홈피와 블로그와 같은 2차적인 커뮤니티의 생산도 이끌었다. 하지만 다소 폐쇄적이고 소통의 제약이 존재했던 사이버상의 커뮤니케이션 통로들은 페이스북과 트위터와 같은 소셜네트워크서비스의 등장으로 유 · 무선 통신망과 결합하여 언제 어니서나 콘텐츠를 생산하고 가공하며, 확인할 수 있는 형태로 바뀌었다. 이러한 발전은 향후 인터넷 기반의 휴대폰, TV, 자동차 등에도 접목되고 4세대 통신 등 초고속 무선 통신망의 발전으로 인하여 2차성장도 기대할 수 있다.

이러한 점에서 소셜미디어는 고객의 브랜드에 대한 충성도 구축에도 유용한 방법 중 하나라고 평가되고 있기에 이의 효과는 마케팅 실무자들의 관심을 증대시키고 있다.[46] 브랜드와 고객 간의 소셜미디어를 통한 이러한 관계구축은 마케터들이 추구하는 전형적인 마케팅 목적과 활동들을 대부분 처리할 수 있다고 하였는데[47] 마케터들은 향후 그들의 마케팅 도구로 유튜브(76%), 페이스북(72%), 트위터(69%), 블로그(68%) 등의 사용을 증가시킬 것을 계획하고 있다고 한다.[48] 마케팅 실무자들은 소셜네트워크는 앞으로 제품의 판매를 위한 흥미로운 도구가 될 수 있다는 점을 강조하였는데, 기업이 그들의 마케팅 활동을 위해 소셜네트워크를 이용하는 것은 많은 위험을 내포하긴 하지만 이러한 것을 이용하지 않는 위험은 더 클 수 있다는 점을 강조하고 있다.[49]

이러한 성격을 가지고 있는 페이스북은 트위터나 블로그에 비해([표 12-1] 참고) 가장 기업 진화적이고 마케팅에 적합하도록 개발되어 있는 도구다. 또한 최근 급부상하고 있는 **인스타그램(Instagram)**은 온라인 사진 공유 및 소셜네트워크서비스로 사용자들은 인스타그램을 통해 사진 촬영과 동시에 다양한 디지털 필터(효과)를 적용하여 유저의 일상을 간단하게 사진이나 동영상으로 공유한다.[50] 모바일 시대로 바뀌면서 글은 단문으로 그리고 이미지화되어 간단하고 직관적인 형태로 진화하고 있다. 그리고 문자를 통한 공유보다는 시작적인 즐거움을 주는 SNS가 눈에 띄게 성장하고 있다.[51] 그러한 점에서 인스타그램의 인기는 당연한 것이다.[52]

특히 SNS의 주 이용자인 20대는 요약된 것이 아니라면 이왕이면 내용이 짧은 콘텐츠를 선호하는 경향을 보인다. 강렬하고 위트 있는 메시지를 함축적으로 담는 작가나 시인들이 인기를 얻는 이유가 여기에 있다. 또한 SNS 내 지인들 사이에서 활발히 공유되거나 그들이 추천해주는 콘텐츠가 소비의 기준이 된다. 모바일 기기 사용에 장소와 시간에 구애받지 않고 짧은 시간에 핵심만 소비하려면 그것을 미리 검증할 수 있는 잣대가 필요하다.[53]

| 표 12-1 | 3대 SNS 비교[54]

	트위터	페이스북	블로그
전달정보량	★(140자 이내)	★★(420자)	★★★★(제한 없음)
실시간성	★★★★	★★★	★
전파력	★★★★	★★★	★★★
네트워킹	넓음	깊음	약함
휘발성	★★★★	★★	☆
상업성	★	★★★★	★★★
연계성	★	★★★★	★★★
전달속성	푸시	푸시 & 풀	풀

SNS를 활용하면 맞춤 타깃을 설정하여 적절한 표적시장을 공략할 수 있다는 장점이 있는데 지역, 연령대, 관심사, 자사 제품 광고 인지 여부, 과거 제품 구매 여부, 자사 고객 리스트(전화번호) 등을 중복적으로 선정하여 활용함으로써 광고가 원하지 않는 청중에게 노출되는 기술을 활용할 수 있다.

그림 12-11 | SNS의 파급력[55]

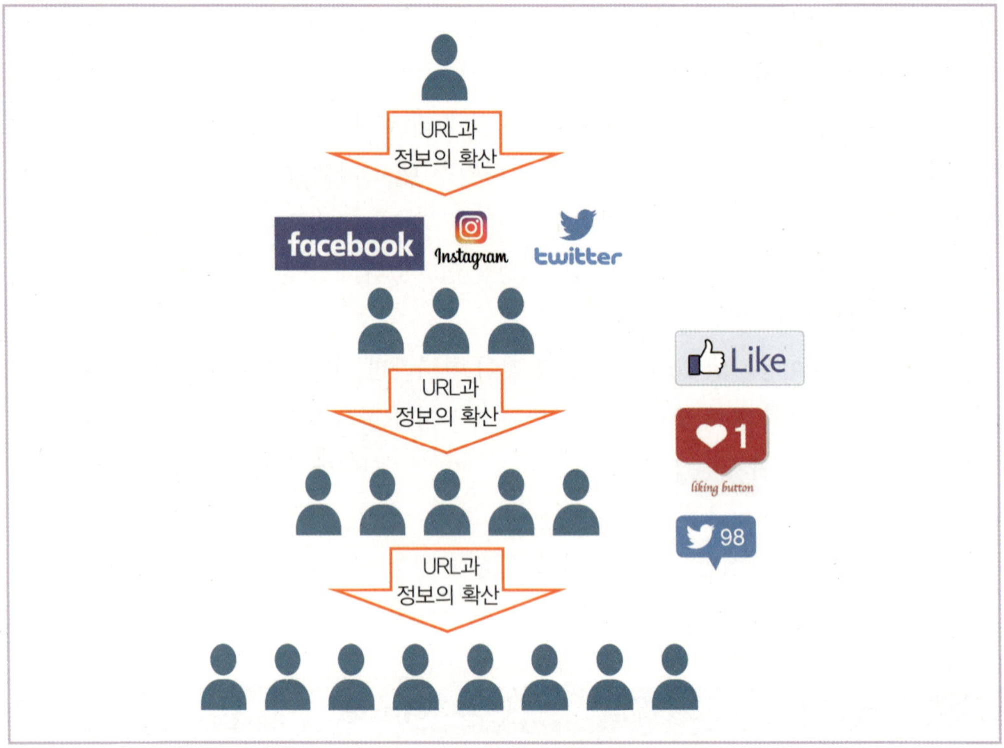

페이스북을 예를 들어보면, 2017년 1분기에 비해 2019년 1분기에 페이스북이 광고로 창출한 매출은 2배 이상이며, 페이스북의 활성 비즈니스/브랜드 페이지수만도 6천만 개가 넘는다. 많은 수의 브랜드 페이지들은 75%는 광고와 콘텐츠를 유료 프로모션 형태로 홍보하였다.[56]

그러나 무엇보다 SNS 광고가 효과를 보이기 위해서는 광고로 활용되는 콘텐츠는 재미와 정보적 요소와 같은 품질을 강화하여 제시될 필요가 있는데[57] 제품정보의 다양성, 고객과의 상호작용적 측면, 그리고 고객에 맞춤화된 제공물, 보상 프로그램 등에 의해 고객충성도가 높아질 수 있다.[58]

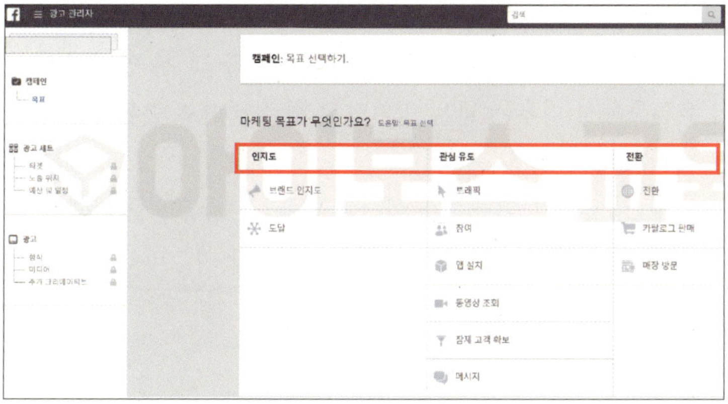

페이스북 광고 관리자 페이지: 광고 관리자로 등록하면 자사 제품의 광고를 등록할 수 있는 페이지에서 광고를 세팅할 수 있다.

결론적으로 말하면 이러한 소셜미디어 네트워크 애플리케이션 플랫폼은 의심할 여지없이 소비자 간의 관계를 증진시키고 가장 편리한 채널 중 하나이고 브랜드의 신뢰를 높이기 위해 사용되는 중요한 도구 중 하나이다. 따라서 마케팅 관리자가 소셜미디어 네트워크에서 소비자의 온라인 쇼핑 결정에 영향을 미치는 요인을 탐색하는 것은 매우 중요하다고 볼 수 있다.[59]

소셜미디어는 4장에서 설명된 바이럴 마케팅을 위한 중요한 수단이다.[60]

4. 유튜브 마케팅

유튜브는 이용자수가 20억 명이 넘는 최대 온라인 동영상 디지털 채널로 매일 10억 시간 이상의 유튜브 영상이 시청되는데, 특히 젊은 소비자들 사이에서 인기가 높다. 이제 유튜브는 수익성이 높은 Z세대를 공략하는 매개체 역할을 하는 대규모 마케팅 커뮤니케이션 플랫폼이 되었고, 구매결정 과정에 영향을 미치고 있다.[61]

유튜브가 문을 열기 이전에는 일반 컴퓨터 사용자들이 온라인에 동영상을 올려 다른 사람들에게 보여주기 위한 쉬운 방법이 많지 않았다. 유튜브는 사용하기 쉬운 환경을 강점으로 컴퓨터를 사용하는 사람이면 누구나 동영상을 올릴 수 있도록 해 몇 분 안에 수백만 명이 볼 수 있도록 하였고, 유튜브에서 다루는 넓은 범위의 주제로 비디오 공유를 인터넷 문화의 중요한 한 부분으로 자리잡게 했다.[62]

유튜브에서 광고 방식은 크게 ① 유튜브 콘텐츠 동영상을 만들어 그 동영상 내에서 브랜드를 노출시키는 방법과 ② 광고 콘텐츠를 만들어 유튜브(구글)에 광고비를 지불하고 여러 가지 형태의 노출방법을 선택하는 방법으로 나눌 수 있다.

유튜브 콘텐츠(책읽어주는 여자) 재생 화면 옆의 광고

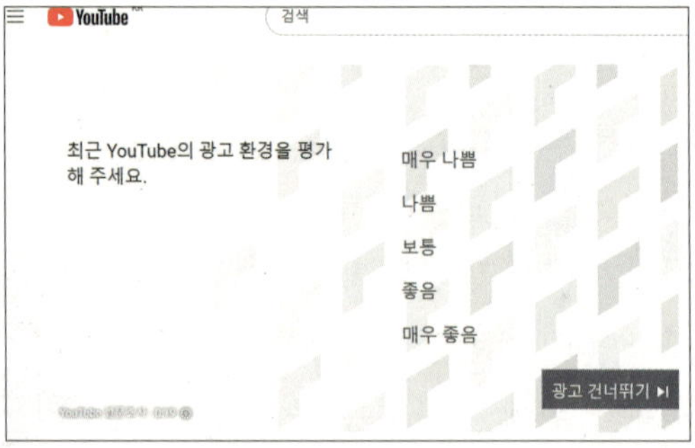

유튜브의 광고환경을 평가하는 설문

유튜브 마케팅이 효과를 보기 위해서는 콘텐츠 내에서 브랜드를 노출시키기 위해서는 시청자의 관심을 끄는 영상을 제작해야 하며 이는 소비자와의 관련성, 재미, 그리고 정보 제공 등의 역할을 하게 할 수 있다.[63] 또한 유튜브에 광고를 탑재하고자 하는 경우 해당 브랜드와 관련성 있는 콘텐츠에 노출되도록 하는 것이 중요하고 청중이 스킵하지 않고 지속적으로 볼 수 있도록 호기심을 유발할 수 있어야 한다는 점이 중요한 광고성공의 요건이 된다.

5. 인플루언서 마케팅

최근의 마케팅 동향은 입소문 캠페인의 연장선상에서 SNS, 유튜브, 개인방송 등을 통한 인플루언서 영향력을 활용하는 것이다.[64] 이제 소비자들이 소셜미디어 플랫폼으로 눈을 돌리면서 마케팅 관리자는 구매 결정에 영향을 미치는 인플루언서의 힘을 깨닫고 있다.[65] 소셜미디어를 통해 인플루언서들은 전 세계 청중들에게 다가갈 수 있다. 인플루언서 인스타그램에서의 활동은 타깃 고객을 얻는 가장 효과적인 방법 중 하나이며, 음식 인플루언서들은 특히 영향력이 크다.[66]

조사에 따르면 과거 연예인이 주로 등장하던 브랜드 동영상의 주인공이 최근 다양해지고 있는데 유명 인플루언서가 브랜드 영상에 등장한 경우는 16%로 크게 늘었다. MZ세대의 경우 연예인 등 셀럽, 키워드 검색을 통한 정보 탐색보다 일반인에 가까운 크리에이터를 더욱 신뢰하고 선호하는 경향이 반영된 결과이다. 유튜버의 엔터테이너로서의 능력과 정보력은 그들을 신뢰하게 만드는 중요한 요소이다.[67] 또한 한 연구에서는 유명 브랜드와 인플루언서의 협업은 유명하지 않은 브랜드와 인플루언서의 협업과 비교하여 메시지에 대한 소비자의 태도, 구매의도 및 인식된 신뢰도를 향상시킨 것으로 나타났다.[68] 세계적인 인기가 있는 블랙핑크는 멤버 각자가 명품 브랜드의 엠버서더로 활동하고 있으며, 해당 브랜드들은 이러한 인플루언서의 효과에 대해 긍정적인 판단을 하고 있는 듯하다.

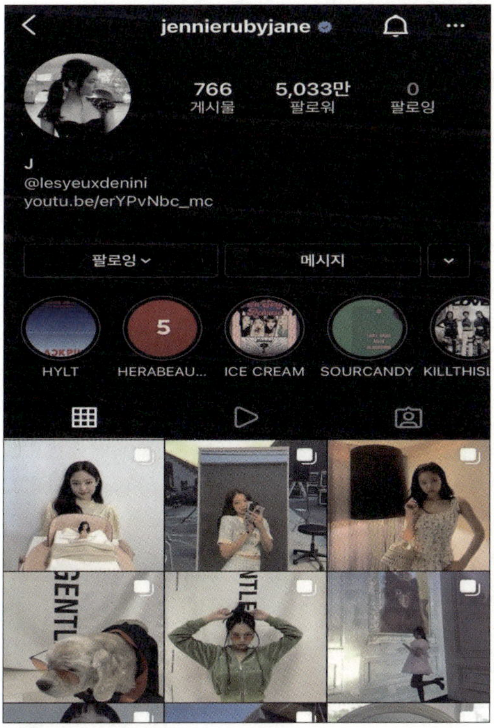

2021년 현재 국내 인스타 팔로워 1위 블랙핑크 제니 인스타[69]

화장품, 패션 분야에서 인플루언서의 영향력은 매우 크다고 볼 수 있다.[70]

Internet Marketing INSIGHT 12-3

명품 브랜드의 인플루언서 마케팅

인플루언서는 타인에게 영향력을 끼치는 사람(Influence+er)이라는 의미를 가지며 대표적으로 연예인, 방송인 등이 이에 포함된다. 대부분의 인플루언서들은 자신이 직접 운영하는 SNS를 통해 사람들과 소통한다. 이때 그들이 개인 SNS에 공유하는 특정 제품이나 브랜드는 소비자들의 구매 결정에 큰 영향을 미치기 때문에 패션업계는 인플루언서를 활용하는 인플루언서 마케팅을 도입하기 시작했고 이에 발맞추어 명품 브랜드 또한 인플루언서의 유명세를 활용하기 시작했다.

이탈리아의 명품 브랜드 '구찌(Gucci)'는 브랜드 설립 100주년을 맞이하여 구찌의 글로벌 앰버서더인 카이와 콜라보레이션을 진행해 '카이×구찌(KAI×Gucci)' 컬렉션을 선보였다. 4년째 구찌 앰버서더로 활동 중인 카이가 좋아하는 테디베어를 모티브로 삼아 의류 및 액세서리를 디자인했고 이 중 테디베어 패턴이 들어간 177만 원짜리 니트는 출시와 동시에 품절되기까지 했다. 구찌가 한국 아티스트의 이름으로 컬렉션을 출시한 것은 이번이 처음이기 때문에 그만큼 한국 인플루언서의 영향력이 높아져 패션업계가 이에 주목하고 있다는 것을 알 수 있다.

프랑스 브랜드 '샤넬(CHANEL)'은 2021 가을 겨울 기성복 쇼에 앞서 15인의 셀럽들이 쇼를 기다리는 모습을 담은 홍보용 티저 영상을 공개했다. 이때 영상에 나타난 15명 중 3명이 한국 셀럽이라는 점이 화제가 됐다. 빅뱅의 지드래곤, 블랙핑크의 제니, 그리고 모델 수주가 영상에 출연했으며 이에 대한 사람들의 반응은 매우 뜨거웠다. 특히 지드래곤은 2015년에 열린 샤넬의 '오트 쿠튀르 쇼'에 유일한 아시안인으로 참석하는 등 한국의 패션 아이콘이 글로벌 명품 브랜드의 패션쇼에 참석하며 K팝 스타의 위상이 전 세계적으로 높아지고 있다는 것을 증명하였다.[71]

프랑스의 브랜드인 '디올(Dior)'도 블랙핑크의 지수를 글로벌 앰배서더로 임명했다. 이처럼 전 세계적으로 인기를 끄는 한국 셀럽들의 영향력이 전 세계로 나아가고 있다는 점과 특히 SNS상에서 커다란 역할을 하고 있다는 점에서 많은 해외 명품 브랜드들은 한국 인플루언서들에게 주목하고 있다. 이들의 영향력이 확장함에 따라 앞으로도 명품 브랜드들의 한국 인플루언서 선호 현상은 지속될 것으로 보인다.[72]

6. 인터넷 판매촉진 및 이벤트

1) 인터넷 판매촉진

판매촉진(SP: Sales Promotion)는 '**직접적으로 소비자의 구매(예: 쿠폰, 샘플) 및 유통업자들의 협력을 자극하거나 판매원의 노력을 자극하기 위해 특정 기간 동안 제품 및 서비스의 기본적 가치를 향상시키는 마케팅 활동**'이다. 판매촉진은 광고의 대중매체나 인적판매의 판매원이라는 커뮤니케이션 수단과는 다른 커뮤니케이션 수단을 가지고 있다.

판매촉진 수단이 다른 프로모션 방법과 차이가 있는 것은 단기간에 일시적으로 이루어진다는 점이다. 이 방법은 병원의 응급처치와도 비슷한 개념이다. 즉, 판매가 부진할 때 판매를 증진시키기 위한 단기적인 처방으로 사용될 수 있다는 것을 명심해야 한다.

7. 인터넷 판매촉진의 유형

최종소비자를 목적으로 하는 판매촉진 수단에는 샘플, 쿠폰, 경품, 가격할인, 보너스팩, 리베이트 등이 있으며 이러한 수단들은 인터넷 사이트상에서 오프라인상의 촉진수단들과 결합 또는 대체되어 사용될 수 있다.

1) 샘플링

샘플링이란 기업이 소비자의 시용 구매를 장려하기 위해 특정 사이즈의 제품을 무료로 제공하는 방법이다. 인터넷 등의 정보기술 활용으로 기업은 과거보다 더 표적화된 고객에게 고객욕구에 부응하는 샘플을 제공함으로써 효과성을 높일 수 있다. 또한 인터넷이 가지는 제품의 특성에 관련하여 소위 정보재 혹은 소프트웨어 상품들의 시용 구매를 장려하는 샘플들이 많이 제공되고 있다. 소프트웨어 기업들은 자사의 데모버전을 무료로 다운로드할 수 있도록 하여 소비자의 제품사용경험을 늘리고 자사제품의 인지도를 높이는데 사용하고 있다.

책, 뉴스, 비디오, 음악, 모바일 게임과 같은 디지털 콘텐츠의 마케터들은 종종 소비자들이 제품을 구입하거나 구독에 등록하기 전에 시도할 수 있는 콘텐츠의 샘플을 무료로 제공한다. 마찬가지로 소프트웨어(예: 서비스로서의 소프트웨어)와 클라우드 기반 서비스를 판매하는 기업은 서비스를 위해 무료로 리미티드 버전 제품이나 무료 평가판을 제공할

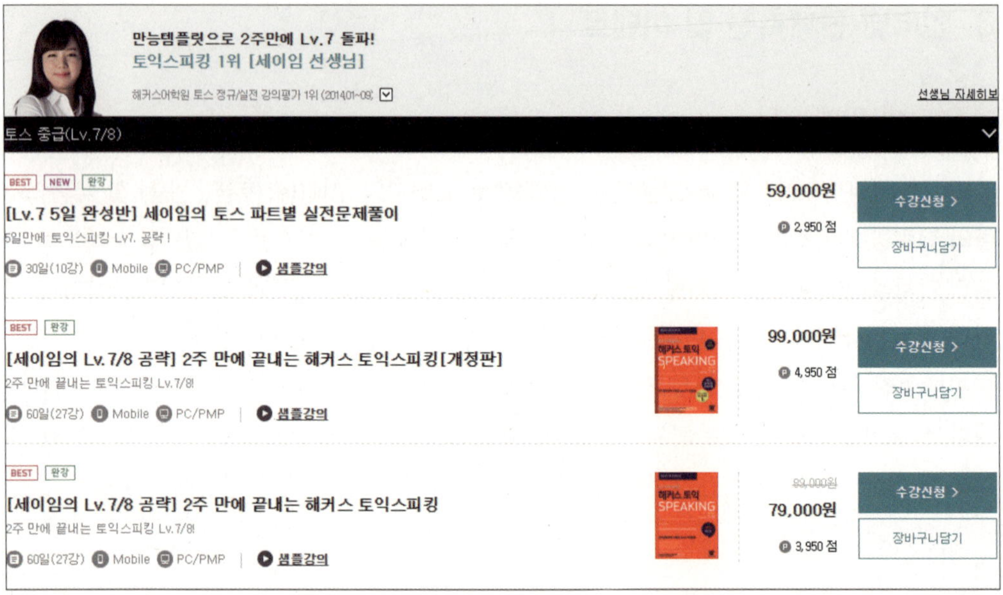

인터넷 콘텐츠 품질에 대한 평가가 힘든 경우 샘플로 소비자 선택을 높여줄 수 있다(사진은 파고다 어학원 인강 디렉토리).

수 있다. 연구에서는 콘텐츠의 무료 샘플이 수익을 증가시키는데 매우 효과적일 수 있다는 것을 발견했으며 더 높은 품질의 샘플이 콘텐츠의 판매에 더 큰 영향을 미친다는 것을 발견하였다.[73]

2) 쿠폰

쿠폰은 기업이 소비자에게 특정 제품에 대해 할인된 가격에 구매할 수 있도록 일종의 보상수단을 제공하는 촉진수단이다. 쿠폰이 갖는 일반적인 특징은 다른 판촉수단이 현재의 고객을 대상으로 하는 반면, 쿠폰은 현재의 고객을 포함하여 잠재적인 고객의 수요도 창출할 수 있는 유인을 제공한다는 점이다. 또한 쿠폰을 보유한 소비자가 그 사용시기를 결정할 수도 있다. 이러한 점은 소비자에게 차후 구매를 유도할 수 있다는 장점과 함께 일회적일 수 있는 판촉수단의 효과를 미래에도 지속시킬 수 있다는 회상 효과도 있다.

재생산비가 저렴하며 노출빈도를 극대화할 수 있다는 인터넷의 특징은 기존의 쿠폰 발행상의 문제를 해결해주면서 많이 이용되고 있다. 즉 소비자가 직접 인터넷 사이트상에 나타난 쿠폰을 프린트하여 사용함으로써 쿠폰발행에 따른 유통비용의 절감을 기대할 수 있으며 인터넷 사이트에 시간 · 공간의 제약 없이 발행함으로써 이용하고자 하는 고객이 쉽게 받을 수 있다는 점 또한 인터넷 쿠폰이 가지는 장점이라고 볼 수 있다. 그리고 인터넷을 이용한 사이버 쿠폰의 제공과정에서 부가적으로 얻을 수 있는 고객정보를 기반으로 한 데이터 축적이 가능하다는 점에서 데이터베이스 마케팅 효과도 누릴 수 있다.

온라인에서 세일관련 정보와 쿠폰제공은 매우 용이하다.[74]

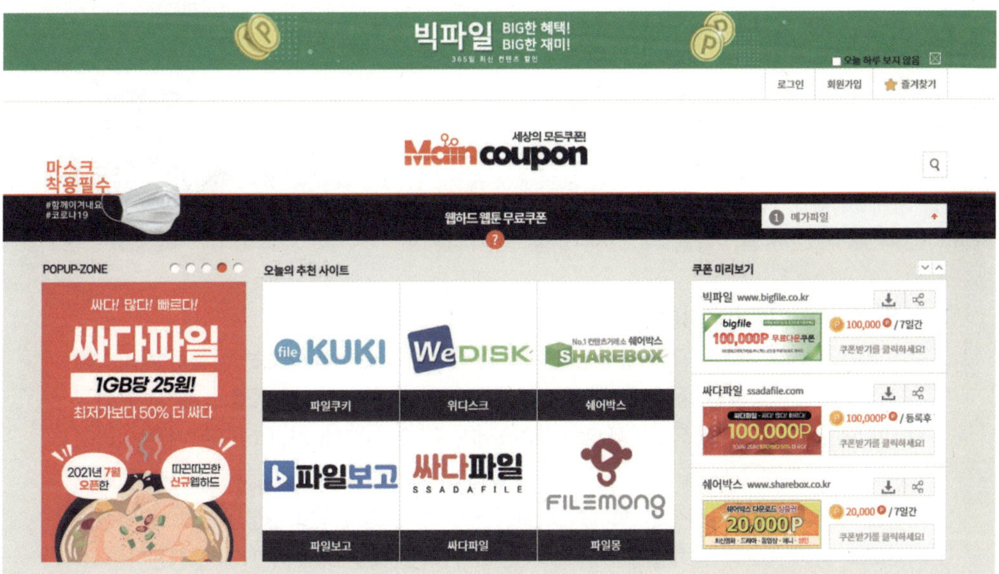

쿠폰전문 사이트(http://www.maincoupon.com/)

3) 사은품

사은품이란 일정기간 중에 소비자가 특정 상품을 정상가격으로 구입할 때 무료 또는 저렴한 가격으로 다른 상품을 소비자에게 제공하는 것을 의미한다. 인터넷상에서 사은품을 제공하는 경우 소비자가 인식하기 쉽도록 하기 위해서 홈페이지 초기화면에 제시하는 것이 좋지만 이 경우 소비자가 관심이 적거나 특정 목적을 위해 웹에 접속한 경우 소비자의 불만을 야기할 수도 있음을 유의해야 한다. 따라서 사은품으로 제시되는 제품의 경우 소비자의 관심을 충분히 유발할 수 있는 독특한 상품이거나 웹에서 제공하는 기본적인 효익과 관련이 높은 상품을 제시하는 것이 효과적이다.

4) 콘테스트와 추첨

최근 많은 사이트들이 콘테스트와 추첨의 방식을 통하여 웹사이트를 홍보한다든지 사이트의 제품과 서비스의 판매촉진을 실시하는 경우가 있다. 일반적으로 콘테스트는 응답자의 기술이나 지식을 요구하는 문제를 낸 다음 이를 맞춘 사람에게 일정액의 상금이나 상품을 주는 것이며 추첨은 상품의 구매 여부와는 상관없다는 점에서 콘테스트와 유사하나 순전한 운에 의해 당첨자가 결정되는 방식으로 상품 및 상금을 주는 것이다. 엔터테인먼트 요소가 중요해진 웹사이트의 속성에 비추어 콘테스트와 추첨은 신소비자에게 소구할 가능성이 높은 판촉 전략이라고 할 수 있다.

Internet Marketing INSIGHT 12-4

인터넷 바겐세일, 세일의 신세계를 열어라![75]

■ 인터넷 바겐세일의 기본구조

우선 기존 인터넷 쇼핑몰과의 차별성은 백화점이 강점으로 가지고 있는 상품과 서비스에서 출발해야 한다. 패션 중심의 상품구성과 차별적인 오프라인 서비스를 통해 저가 중심의 인터넷 쇼핑몰과는 경쟁구도를 달리해야 한다. 즉, 25~35세 여성 네티즌(기존 인터넷 쇼핑의 메인 고객 집단)을 표적시장으로 고가의 유명 브랜드 패션 상품을 바겐세일하고 네티즌 고객에 대한 차별적인 서비스를 실행해야 한다. 둘째 온라인상의 구매 편의성을 기반으로 하여 오프라인 채널을 지원해야 한다. 만약 인터넷 예약 구매가 실행된다면 주차 및 인파 걱정 없이 자신이 원하는 상품을 인터넷을 통해 손쉽게 구매할 수 있을 것이다. 또한 최종적으로 상품을 직접 보고 구매를 결정하고 싶다면 원하는 시간에 백화점을 방문하여 네티즌 고객을 위해 특별히 마련된 공간에서 상품을 살펴보고 구매할 수 있을 것이다. 물론 집에서 받아보기를 원한다면 택배를 통해 고급스럽게 포장된 상품을 받을 수 있을 것이다([그림 12-12] 참조).

그림 12-12 | 신세계의 인터넷 바겐세일 구조

고객	• 25~35세 여성 네티즌
상품구성	• 패션 중심의 유명 브랜드 제품 • 기존 온라인 쇼핑보다 고가 제품
판매방식	• 온라인 구매, 예약 병행 • 온라인의 구매 편의성 + 오프라인 쇼핑의 즐거움
서비스	• 우선고객으로 차별적 서비스 • 고품격 포장, 배달의 차별화, 상품 수령시 별도 공간

인터넷 바겐세일의 성공적 수행을 위해 인터넷의 특장점을 활용해야 한다.

첫째, 미디어로서의 속보성과 정보성 강화이다. 인터넷은 여타 매체에 비해 빠르고 많은 양의 정보를 전달할 수 있다. 둘째, 쇼핑 채널로서의 구매 편의성 및 오프라인 연계의 용이성이다. 시간과 공간의 무제약성은 구매의 편의성을 강조하며, 또한 인터넷 쿠폰을 통해 고객을 오프라인 매장으로 손쉽게 유도할 수 있다. 셋째, 고객 관리의 효율성이다. DB를 획득하고 관리하기 용이한 인터넷의 장점을 통해 고객 관리, 즉 CRM을 온라인 고객뿐만 아니라 오프라인 고객까지 통합적으로 실현할 수 있는 것이다.

■ 신세계, 인터넷 바겐세일

인터넷 바겐세일을 인터넷 장점을 기반으로 하여 세 단계로 구성해보았다([그림 12-13 참조]). 1단계는 신세계 세일이 시작됨을 한눈에 알 수 있는 시각적 아이콘화와 속보적인 세일 광고를 전달하는 세일 광고고지다. 2단계는 이렇게 유인된 고객들에게 인터넷만의

그림 12-13 | 신세계의 인터넷 바겐세일 캠페인 전개방향

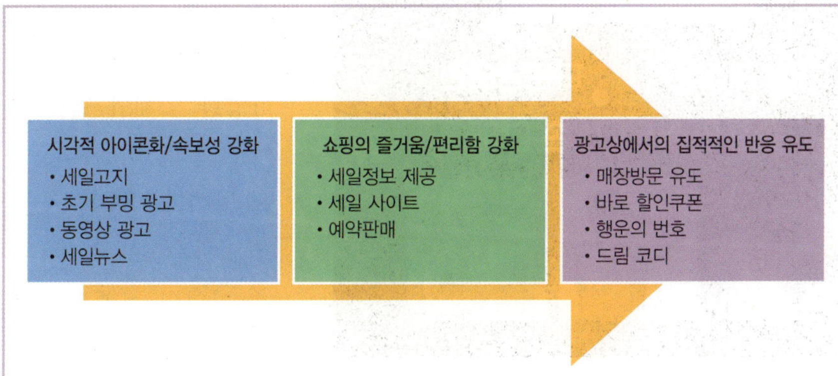

특성을 이용하여 세일정보를 제공함은 물론 편리하게 상품을 구매할 수 있게 하는 것이다. 자동 업데이트되는 e카탈로그, 바겐세일 정보의 거점인 세일 사이트, 인터넷 예약 판매 등을 생각해보았다.
3단계는 오프라인과 연계된 인터넷상의 프로모션을 통해 매장 방문을 유도함으로써 오프라인상의 판촉행사를 지원하는 것이다.

2) 인터넷 이벤트

인터넷시장이 활성화되면서 초기 인터넷 검색엔진, 뉴스그룹 , 배너교환 등의 비교적 저렴한 비용의 인터넷 프로모션의 전개에서 인터넷 사용자들의 폭발적인 증가와 기업의 마케팅비용 상승 등에 의해 차별적 경쟁우위를 차지하기 위한 대규모 이벤트가 현재 인터넷 프로모션에서 일반화되어 가고 있다.

그러나 우후죽순으로 **인터넷 이벤트(internet event)**가 늘어나면서 인터넷 이벤트에 관한 고객 관심도가 점차 떨어져 가고 있으며 인터넷의 기술적 변화속도와 인터넷시장 환경의 변화에 따른 효율적인 마케팅 전개를 위한 전략적 관점에서 통합마케팅 전략이 대두되고 있으며 이벤트 기획 또한 이러한 전략과 맞물려 기획되어져야 한다.

기업들이 인터넷 이벤트를 전개하는 목적은 크게 **회원확보, 고객유지, 브랜드 이미지 개선** 등으로 나눌 수 있다. 회원확보의 이벤트 전개는 대부분이 사이트를 오픈한 후 사이트 도메인을 알리거나 회원 DB 확보를 위한 런칭 이벤트가 많으며 다양한 경품제공 형태가 주류를 이루고있다. 고객유지 이벤트는 기존 확보된 고객을 충성고객으로 전환하기 위한 전략으로 전개되는 이벤트로 꾸준하게 고객들이 사이트를 방문하고 사이트를 인지하도록 다양한 업체와 협력하여 전개하는 협력 이벤트나 매월행사에 맞춰 전개하는 시즌별 이벤트들이다. 브랜드 이미지 개선은 기업의 브랜드를 끊임없이 고객에게 전달하여 시장의 경쟁우위 확보를 통한 경쟁력 강

인터넷 이벤트 예[76]

화나 브랜드 신뢰도를 바탕으로 다양한 이벤트와 연계하여 자연스럽게 상품구매를 유도할 수 있도록 전개하는 경우를 들 수 있다.

8. 이벤트 프로모션의 유형

인터넷 이벤트 프로모션의 유형은 크게 4가지 정도로 나누어 볼 수 있는데, 다양한 유형의 프로모션들이 다양한 형태로 결합되어 전개되고 있으며, 기본적으로 참여 네티즌에게 경품을 제공하고 있다. 또한 단순 경품 중심의 단발 이벤트에서 보다 기업의 이미지를 높일 수 있는 캠페인성 프로모션으로 발전하고 있다.

| 표 12-2 | 인터넷 이벤트 프로모션의 유형 정리

유형	내용
경품 제공형	회원가입 및 이벤트 응모시 주어지는 경품을 메리트로 제공 • 장점: 단기간에 높은 응모율을 기대할 수 있음. 단순한 로직을 제공함으로써 누구나 참여 가능 • 단점: 경품을 목표로 응모할 경우 메시지 전달력이 떨어짐 • 포인트: 표적시장이 선호하는 차별화된 경품신청이 중요. 회원확보 등 명확한 마케팅 목표설정이 중요
게임 제공형	젊은 표적시장을 대상으로 재미와 흥미를 메리트로 제공 • 장점: 시연 및 시뮬레이션을 필요로 하는 제품홍보에 효과적. 게임을 통한 흥미를 유발함으로써 높은 응모율 가능 • 단점: 메시지 내용을 벗어난 단순 게임은 효과를 기대하기 어려움 • 포인트: 전달하고자 하는 메시지와 게임의 접목이 중요. 차별화된 최신 게임을 응용하는 것이 효과적
정보 제공형	설문, 아이디어 공모전, 정보사냥 등 의견참여기회 제공 • 장점: 더욱 적극적인 참여를 유도할 수 있으며 메시지 전달력이 높음. 클라이언트 입장에서 원하는 정보를 더욱 정확히 얻을 수 있음 • 단점: 참여의 기회가 제한적이며 응모율이 떨어짐 • 포인트: 표적시장을 명확히 정하는 것이 중요함. 원하는 정보의 유형과 방법을 다양하게 하는 것이 중요함
서비스 고지형	인터넷을 통해 제공되는 서비스정보 제공 • 장점: 표적시장 마케팅을 통한 표적시장 도달률이 높음. 지속적인 관계 커뮤니케이션이 가능 • 단점: 표적시장 집중 이벤트 프로모션으로 응모율이 떨어짐 • 포인트: 표적시장 노출도를 높이기 위한 다양한 홍보활동이 중요함. 서비스 니즈를 끌어들일 수 있는 접근이 필요

9. 효과적인 인터넷 이벤트 프로모션의 활용

이벤트 프로모션이 성공하기 위해서는 입체적인 마케팅 활동이 요구된다. 인터넷에서는 특히 단순 판매뿐만 아니라 다양한 마케팅 목표에 의해 이벤트 프로모션이 기획되고 제작되므로 이에 따른 홈페이지 및 광고와의 연관성을 무시할 수 없다. 특히 최근에는 이벤트 프로모션으로 확보된 고객 데이터베이스를 활용한 고객 마케팅이 활발하므로 이 모든 일련의 활동이 함께 이루어질 때 진정한 마케팅의 성공을 기대할 수 있다.

일반적으로 기업들은 홈페이지를 제작하고, 홈페이지를 통한 고객 커뮤니케이션을 하므로 이 모든 일련의 활동이 함께 이루어질 때 진정한 마케팅의 성공을 기대할 수 있다. 그리고 이벤트 프로모션을 통하여 확보된 고객 데이터베이스는 기업의 중요한 데이터로 여겨지면서 또다시 이메일 서비스 및 표적고객 서비스와 같은 고객 일대일 마케팅을 구현하게 된다. 즉 타깃 집중적인 서비스를 통하여 고객과 기업은 한층 더 가까운 거리에서 상호 간 커뮤니케이션이 가능하게 되며, 이에 고객 만족도가 극대화되면 홈페이지로의 방문도 증가하게 된다.

그림 12-14 | 효과적인 이벤트 프로모션 활용

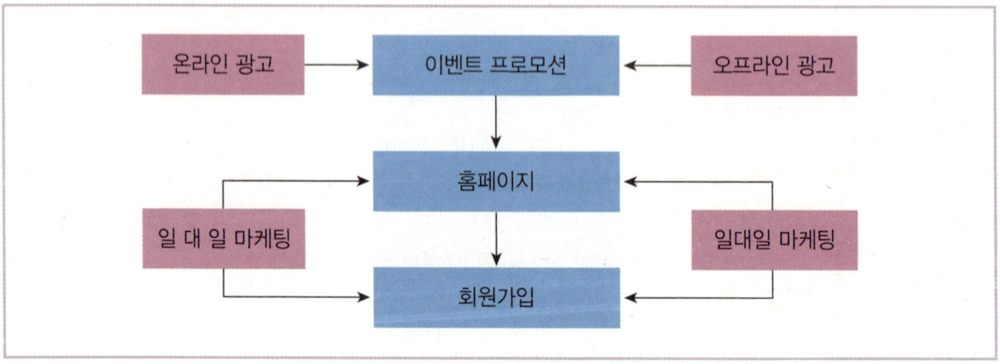

참고문헌 및 더 읽을거리

1 김찬웅, 황상윤(2007). 「1평당 26조 원의 가치, 검색마케팅 이야기」, 길벗, 50.

2 사진출처: https://www.gettyimagesbank.com/

3 Rigby, D.(2014). Online shopping isn't as profitable as you think. Harvard Business Review. August, 21, 2.

4 Rust, R. T., & Oliver, R. W.(1994). The death of advertising. Journal of Advertising, 23(4), 71–77.

5 미치 조엘 저/서동춘 역(2010). 「미래를 지배하는 식스 픽셀」, 세계사, 15에서 참고하여 작성

6 Naumovska, L., & Blazeska, D.(2016). Public relation based model of integrated marketing communications. UTMS Journal of Economics, 7(2), 175–186.

7 Tsybulskaya, A.(2022). 「Internet marketing and its benefits」./http://edoc.bseu.by:8080/bitstream/edoc/92953/1

8 사진출처: https://www.gettyimagesbank.com/

9 George, B. E. and M A. Belch(1995). 「Introduction to advertising and promotion: An Integrated Marketing Communication Perspective」, 3rd ed., Irwin Inc., 7.

10 Holmlund, M., Van Vaerenbergh, Y., Ciuchita, R., Ravald, A., Sarantopoulos, P., Ordenes, F. V., & Zaki, M.(2020). Customer experience management in the age of big data analytics: A strategic framework. Journal of Business Research, 116, 356–365.

11 Herhausen, D., Ludwig, S., Grewal, D., Wulf, J., & Schoegel, M.(2019). Detecting, preventing, and mitigating online firestorms in brand communities. Journal of Marketing, 83(3), 1–21.

12 Grewal, D., Herhausen, D., Ludwig, S., & Ordenes, F. V.(2022). The future of digital communication research: Considering dynamics and multimodality. Journal of Retailing, 98(2), 224–240.

13 Packard, G., Moore, S. G., & McFerran, B.(2018). (I'm) happy to help(you): The impact of personal pronoun use in customer-firm interactions. Journal of Marketing Research, 55(4), 541–555.

14 Herhausen, D., Ludwig, S., Grewal, D., Wulf, J., & Schoegel, M.(2019). Detecting, preventing, and mitigating online firestorms in brand communities. Journal of Marketing, 83(3), 1–21.

15 Minnema, A., Bijmolt, T. H., Gensler, S., & Wiesel, T.(2016). To keep or not to keep: Effects of online customer reviews on product returns. Journal of Retailing, 92(3), 253–267.

16 Berthon, P.(1996). Marketing communication and the world wide web. Business

Horizons, 39(5), 24-33.

17 이 단계에서, 검색(hit)과 방문(visit)은 다르다는 것이 명백하다. 단지 특정 사이트를 검색만 하는 서퍼(surfer)는 그곳에서 정보를 찾는 것 이외에 다른 것은 하지 않는다. 그들은 단순히 훑어보고 다른 곳으로 이동한다. 반면에 방문자는 인터넷 사이트와 많은 상호작용을 한다. 이는 글을 읽고 그림을 보는데 적정한 시간을 할당한다는 것을 의미하며 데이터베이스나 질문에서 충실히 답한다는 것을 의미한다. 방문자의 조작적 정의가 다소 페이지의 내용과 상세함에 달려있지만 방문자의 차별적인 특징은 인터넷 사이트와의 어떤 상호작용이 발생한다는 것이다.

18 정해동(2007). 소비자에게 힘을 실어 준 상호작용 커뮤케이션, 광고정보 5월호, 22-25.

19 안종배(2001). "고객과의 접점, 고객관계강화 수단으로 각광," AD Information, 7월호

20 그림 포함 전체 내용 닐슨리포트에서 인용, http://www.nielsen.com/kr/ko/insights/2014/2015-trust-in-ad-report.html

21 Smartinsights.com

22 아이보스 교육(https://www.ibossedu.co.kr) 교육 프로그램에서 참고

23 사진출처: https://www.gettyimagesbank.com/

24 세스 고딘 저/김태훈 역(2019). 전게서, 253.

25 세스 고딘 저/김태훈 역(2019). 상게서, 247-248.

26 세스 고딘 저/김태훈 역(2019). 상게서, 쌤앤파커스, 249.

27 Griffith, V.(1999). Management: Marketing and Advertising: New-Look Banners: the Internet is Moving a Difficult Medium. Financial Times London Edition, 9.

28 Briggs, R., and N. Hollis(1997). Advertising on the Web: Is There Response before Click-Through?. Journal of Advertising Research, 37(2), 33-45.

29 https://searchad.naver.com/

30 미나가와 아키히로 저/김성재 역(2016). 「구글 웹로그 분석: 유입률과 재방문율, 구매전환율 높이는 구글 애널리틱스 실전 가이드」, 한빛미디어, 18.

31 미나가와 아키히로 저/김성재 역(2016). 상게서. 19.

32 Erdenetsetseg, E., Purevjal, T., Chogsom, A., & Erdene, A. U. B. Effective use of digital marketing for brand building.

33 Almukhtar, F., Mahmoodd, N., & Kareem, S.(2021). Search engine optimization: a review. Applied Computer Science, 17(1).

34 사진출처: https://www.gettyimagesbank.com/

35 미나가와 아키히로 저/김성재 역(2016). 「구글 웹로그 분석: 유입률과 재방문율, 구매전환율 높이는 구글 애널리틱스 실전 가이드」, 한빛미디어, 24에서 참고하여 작성/일러스트레이터 사진출처: https://www.gettyimagesbank.com/

36 김찬웅, 황상윤(2007). 「1평당 26조 원의 가치, 검색마케팅 이야기」, 길벗, 36에서 참고하여 작성

37 김찬웅, 황상윤(2007). 상게서, 26.

38 https://ko.wikipedia.org/wiki/구글애드센스

39 박영훈, 윤중훈(2019). 「구글애드센스마케팅」, 경향비피, 18에서 인용/일러스트레이터 캐릭터 출

처: https://www.gettyimagesbank.com/

40 박준호(2011). 「인사이트 플레닝」, 다산북스, 40-44.

41 Muniz, A. M., & O'guinn, T. C.(2001). Brand community. Journal of Consumer Research, 27(4), 412-432.

42 김재범(2005). 「브랜드 커뮤니티, Brand Management」, 산업정책연구원, 443.

43 MoonTae, K. C. Suugchul and L. Jongho(2006). Building Brand Loyalty Through Online and Offline Community, International Conference of Pan-Pacificic Business Association.

44 McAlexander, J. H., Kim, S. K., & Roberts, S. D.(2003). Loyalty: The influences of satisfaction and brand community integration. Journal of marketing Theory and Practice, 11(4), 1-11.

45 Rana, M., & Arora, N.(2022). How does social media advertising persuade? An investigation of the moderation effects of corporate reputation, privacy concerns and intrusiveness. Journal of Global Marketing, 35(3), 248-267.

46 Syed-Ahmad, S. F., & Murphy, J.(2010). Social networking as a marketing tool: the case of a small Australian company. Journal of Hospitality Marketing & Management, 19(7), 700-716.

47 Choi, J.(2009). SNS, a New Focus of Communication Paradigm, Cheil Worldwide, October, 18-25.

48 Stelzner, M. A.(2014). How marketers are using social media to grow their businesses. Social Media Marketing Industry Report, 1-41.

49 Giamanco, B., & Gregoire, K.(2012). Tweet me, friend me, make me buy. Harvard Business Review, 90(7), 89-93.

50 위키백과: https://ko.wikipedia.org/wiki/인스타그램

51 임헌수(2016). 「인스타그램 마케팅」, 라온북, 27에서 참고하여 작성

52 https://www.mk.co.kr/news/economy/현대자동차, 경험 마케팅 전략과 참신함으로 무장한 콘텐츠 마케팅, 2019.11.6.

53 대학내일20대연수소(2013). 「20대가 당신의 브랜드를 외면하는 이유」, HadA, 80에서 참고하여 작성

54 김태욱, 이영균(2011). 「제대로 통하는 소셜 마케팅 7가지 법칙」, 다우, 57.

55 미나가와 아키히로 저/김성재 역(2016). 상게서, 23에서 참고하여 작성/일러스트레이터 캐릭터 출처: https://www.gettyimagesbank.com/

56 Kumar, V.(2021). Use of Social Media Marketing for E-Commerce Platforms: A Case Study of Myntra and Facebook. Editorial Write-up, 17.

57 Loiacono, E. T., Watson, R. T., & Goodhue, D. L.(2002). WebQual: A measure of website quality. Marketing Theory and Applications, 13(3), 432-438.

58 Gillespie, A., M. Krishna, C. Oliver, K. Olsen, and M. Thiel(1999). Using Stickiness to Build and Maximize Website Value, Available: www.2000.ogsm.vanderbilt.edu./Thomas,

S. G.(1999). Getting to Know You.com. US News & World Report, 127(15), 102./Liu, Y.(2003). Developing a scale to measure the interactivity of websites. Journal of Advertising Research, 43(2), 207–216./Cvijikj, I. P., & Michahelles, F.(2013). Online engagement factors on Facebook brand pages. Social Network Analysis and Mining, 3(4), 843–861./Chua, A. Y., & Banerjee, S.(2015, March). Marketing via social networking sites: A study of brand–post popularity for brands in Singapore. In Proceedings of the international multiconference of engineers and computer scientists(Vol. 1, 363–368).

59 Liang, L., & Qin, X.(2019). Research on consumers online shopping decision–making and recommendation of commodity based on social media network. Cluster Computing, 22(3), 6529–6539.

60 사진출처: https://www.gettyimagesbank.com/

61 Duffett, R.(2020). The YouTube marketing communication effect on cognitive, affective and behavioural attitudes among Generation Z consumers. Sustainability, 12(12), 5075.

62 https://ko.wikipedia.org/wiki/유튜브

63 Munaro, A. C., Hübner Barcelos, R., Francisco Maffezzolli, E. C., Santos Rodrigues, J. P., & Cabrera Paraiso, E.(2021). To engage or not engage? The features of video content on YouTube affecting digital consumer engagement. Journal of Consumer Behaviour.

64 Podder, P. S., & Tanjee, K. S.(2021). The Influence of e–WOM through SNS on Brand Perception and Consumer Purchase Intention: Study on Bangladeshi consumers.

65 Chopra, A., Avhad, V., & Jaju, A. S.(2020). Influencer Marketing: An Exploratory Study to Identify Antecedents of Consumer Behavior of Millennial. Business Perspectives and Research, 2278533720923486.

66 Rezaei, P.(2022). The role of image in developing food communication on Instagram/ Examining Intercultural YouTube Advertisements of McDonald's in Different Countries(Doctoral dissertation).

67 Acikgoz, F., & Burnaz, S.(2021). The influence of'influencer marketing'on YouTube influencers. International Journal of Internet Marketing and Advertising, 15(2), 201–219.

68 Ibáñez–Sánchez, S., Flavián, M., Casaló, L. V., & Belanche, D.(2021). Influencers and brands successful collaborations: A mutual reinforcement to promote products and services on social media. Journal of Marketing Communications, 1–18.

69 '블핑' 제니, 한국인 최초로 인스타 팔로워 '5천만' 돌파, https://www.insight.co.kr/news/356210

70 일러스트레이터 출처: https://www.gettyimagesbank.com/

71 명품 브랜드도 피할 수 없는 인플루언서 마케팅, http://www.iconsumer.or.kr/news/

72 위의 글

73 Li, H., Jain, S., & Kannan, P. K.(2019). Optimal design of free samples for digital products and services. Journal of Marketing Research, 56(3), 419–438.

74 사진출처: https://www.gettyimagesbank.com/

75 손상만, 윤정선, 김정선(2002). 인터넷 바겐세일, 세일의 신세계를 열어라!, Cheil Communications, 77-80. 사진 포함에서 인용

76 퍼블리시, 손흥민 NFT 출시 기념 이벤트 실시, https://www.epnc.co.kr/news

| 찾아보기 |

| 저자소개 |

김용호

현재 부산가톨릭대학교 경영학과 교수로 재직하고 있으며 대한경영정보학회 회장, 부산가톨릭대학교 교무처장 등의 직을 수행하였다. 부산대학교 경영학 학사, 석사, 박사를 취득하였고 저서로는 마케팅(BigBook), 마케팅 액츄얼리(도서출판 청람), 현대광고론(경문사) 등이 있으며 주 연구분야는 대학행정 서비스, 대학홍보, 공공기관 경영혁신, 사회적 기업 등이다.

김문태

현재 부산가톨릭대학교 유통마케팅학과 교수로 재직하고 있다. 부산대학교에서 박사 학위를 취득하였고 저서로는 마케팅 액츄얼리(도서출판 청람), 마케팅 아이디어 창출을 위한 소비자행동의 이해(도서출판 청람), 마케팅전략: 이론과 실제(도서출판 청람) 등이 있으며 주 연구분야는 SNS 마케팅, 브랜드 마케팅, 하이테크 마케팅 등이다.

4차 산업혁명 시대의
인터넷 마케팅(제2판)

2017년 8월 15일 1판 1쇄 발행
2023년 2월 25일 2판 1쇄 발행

저　　자 | 김용호 · 김문태
발 행 인 | 이수영
발 행 처 | 도서출판 청람
서울시 마포구 독막로 288(대흥동, 세양상가 109호)
전　　화 | 02)3272-2601~2
팩　　스 | 02)3272-2603
이 메 일 | crbooks@daum.net
홈페이지 | www.crbooks.co.kr
등　　록 | 2000년 8월 26일 제6-0509호

ISBN 978-89-5972-938-8　93320　　[정가 35,000원]